KLAUS DICKE

Effizienz und Effektivität internationaler Organisationen

Veröffentlichungen des Instituts für Internationales Recht an der Universität Kiel

Herausgegeben von

Jost Delbrück

Institut für Internationales Recht an der Universität Kiel

116

Effizienz und Effektivität internationaler Organisationen

Darstellung und kritische Analyse eines Topos im Reformprozeß der Vereinten Nationen

Von

Klaus Dicke

Duncker & Humblot · Berlin

Als Habilitationsschrift auf Empfehlung
der Wirtschafts- und Sozialwissenschaftlichen Fakultät der Universität Kiel
gedruckt mit Unterstützung der Deutschen Forschungsgemeinschaft

Die Deutsche Bibliothek – CIP-Einheitsaufnahme

Dicke, Klaus:
Effizienz und Effektivität internationaler Organisationen : Darstellung und kritische Analyse eines Topos im Reformprozess der Vereinten Nationen / von Klaus Dicke. – Berlin : Duncker und Humblot, 1994
(Veröffentlichungen des Instituts für Internationales Recht an der Universität Kiel ; Bd. 116)
Zugl.: Kiel, Univ., Habil.-Schr., 1991
ISBN 3-428-08196-X
NE: Institut für Internationales Recht ⟨Kiel⟩: Veröffentlichungen des Instituts . . .

Fremddatenübernahme und Druck:
Berliner Buchdruckerei Union GmbH, Berlin
Printed in Germany

ISSN 0720-7263
ISBN 3-428-08196-X

Gedruckt auf alterungsbeständigem (säurefreiem) Papier
gemäß der ANSI-Norm für Bibliotheken

Für Staaten im Verhältnisse unter einander kann es nach der Vernunft keine andere Art geben, aus dem gesetzlosen Zustande, der lauter Krieg enthält, herauszukommen, als daß sie ebenso wie einzelne Menschen ihre wilde (gesetzlose) Freiheit aufgeben, sich zu öffentlichen Zwangsgesetzen bequemen und so einen (freilich immer wachsenden) *Völkerstaat* (civitas gentium), der zuletzt alle Völker der Erde befassen würde, bilden. Da sie dieses aber nach ihrer Idee vom Völkerrecht durchaus nicht wollen, ... so kann an die Stelle der positiven Idee einer Weltrepublik (wenn nicht alles verloren werden soll) nur das negative Surrogat eines den Krieg abwehrenden, bestehenden und sich immer ausbreitenden *Bundes* den Strom der rechtscheuenden, feindseligen Neigung aufhalten, doch mit beständiger Gefahr ihres Ausbruchs.

Immanuel Kant, 1795

Vorwort

Der weltpolitische Umbruch nach dem Ende des Ost-West-Konfliktes hat den Vereinten Nationen nicht nur zu neuer und verstärkter Aufmerksamkeit verholfen, sondern hat auch die Debatte über eine Reform der UN neu belebt. Dabei ist die — freilich zentrale — Frage der Zusammensetzung des Sicherheitsrates der äußere Anlaß; der Kern der Reformdebatte liegt in der Frage, ob die UN über eine „Verfassung" verfügen, welche den in ihrer fünfzigjährigen Geschichte erheblich gestiegenen und gewandelten Anforderungen gerecht zu werden vermag. Die politische Willensbildung über diese Frage setzt ein klares Bild u. a. darüber voraus, welcher Absicht und Konzeption die Gründung der UN folgte, wie sich ihre Fortentwicklung darstellt, welche Reformansätze sich in der Geschichte der Organisation herausgebildet haben und wie die rechtlichen und politischen Bedingungen zu beurteilen sind, unter denen Reformen der UN möglich und durchführbar sind. Diesen Grundsatzfragen einer UN-Reform ist die vorliegende Untersuchung gewidmet. Sie steht unter der Fragestellung, ob den vielfältigen politischen und wissenschaftlichen Beurteilungen der Effizienz und der Effektivität der UN eine Perspektive zu entnehmen ist, die einen Leitfaden für die Reformdebatte darstellen kann.

Die Arbeit wurde 1992 von der Wirtschafts- und Sozialwissenschaftlichen Fakultät der Universität Kiel als Habilitationsschrift angenommen. Neuere politische Entwicklungen der UN sind bis zur 48. Generalversammlung und neuere Literatur bis zum Frühjahr 1994 berücksichtigt. Für die Zitierweise der UN-Dokumente wird auf den Dokumentenführer im „Handbuch Vereinte Nationen" bzw. auf die Einführung in *Sohns* Dokumentensammlung verwiesen.[1] Bei der Wiedergabe von Passagen aus UN-Dokumenten und fremdsprachiger Literatur wurde um der Authentizität der Texte willen das unschöne Phänomen sprachlich gemischter Texte in Kauf genommen.

Die Deutsche Forschungsgemeinschaft hat die Entstehung und Publikation der Arbeit durch ein Habilitationsstipendium und einen Druckkostenzuschuß gefördert. Für die großzügige Unterstützung bedanke ich mich herzlich. Für vielfältige Anregungen und tatkräftige Hilfe habe ich Freunden, Kollegen und Mitarbeitern zu danken. Das Institut für Internationales Recht an der Universität Kiel war der

---

[1] *Ilona Stölken*, Dokumentenführer Vereinte Nationen, in: *Rüdiger Wolfrum* (Hrsg.), Handbuch Vereinte Nationen, 2. Aufl., München 1991, 1159 - 1171; *Louis B. Sohn*, International Organization and Integration, Student Edition, Dordrecht-Boston-Lancester 1986, XXV - XXVIII.

Humus, in dem die Arbeit gedieh. Alle Freunde und Kollegen aus dem Institut wissen, was es bedeutet, wenn ich „dem Institut" meinen herzlichen Dank ausspreche. Für ihre Unterstützung im Habilitationsverfahren habe ich den Herren Professoren *Werner Kaltefleiter* und *Jürgen Hauschildt* sehr zu danken. Professor Dr. *Rüdiger Wolfrum* habe ich für kritische Lektüre einer ersten Textfassung sowie für reiche Förderung, u. a. durch die Beteiligung an verschiedenen Projekten, herzlich zu danken. Den Kolleginnen und Kollegen in der Deutschen Gesellschaft für die Vereinten Nationen danke ich für zahlreiche Gespräche, kritische Anregungen und vielfache Informationen. Mein Dank gilt auch den Mitarbeitern der Vereinten Nationen in Genf und New York und den Mitarbeitern der Bundesregierung, die mir bei der Materialbeschaffung und 1989 und 1990 bei Forschungsaufenthalten in New York und Genf behilflich waren und mit großer Geduld für Interviews zur Verfügung standen. Für ihre vorzügliche Arbeit bei der Manuskripterstellung danke ich *Rotraut Wolf* sehr herzlich. Den Mühen des Korrekturlesens verschiedener Fassungen unterzogen sich u. a. *Christina Bollin, Manuela Dinther, Michael Dreyer* und *Ursula Heinz;* für ihre Hilfe danke ich herzlich. Ganz besonderen Dank schulde ich Professor Dr. *Jost Delbrück.* Ihm verdanke ich über die Anregung zu dieser Arbeit, die intensive Förderung und Betreuung in neun Kieler Jahren und die Aufnahme der Schrift in die Veröffentlichungen des Instituts für Internationales Recht an der Universität Kiel hinaus sehr viel mehr, als ein Vorwort fassen kann.

Die Arbeit ist in einer für die Vereinten Nationen ‚turbulenten Zeit' entstanden. Ich widme sie dem Gedenken all derer, die im Dienste der Vereinten Nationen ihr Leben verloren haben.

Mainz, im September 1994

Klaus Dicke

Inhaltsverzeichnis

Kapitel 1

Fragestellung und Methode, Umfang und Rahmen des Untersuchungsfeldes

Kapitel 2

Die Entstehung internationaler Organisationen und ihre Entwicklung bis zur Gegenwart

Kapitel 3

Rekonstruktion des Topos „Effizienz und Effektivität internationaler Organisationen" im Reformprozeß der Vereinten Nationen

Kapitel 5

Schlußfolgerungen: Effizienz und Effektivität internationaler Organisationen und die Reform der Vereinten Nationen

Abkürzungsverzeichnis

a. a. O.	=	am angegebenen Ort
Abs.	=	Absatz
ACABQ	=	Advisory Committee on Administrative and Budgetary Questions
ACC	=	Administrative Committee on Co-ordination
ACUNS	=	The Academic Council on the United Nations System
Add.	=	Addendum
AFDI	=	Annuaire Française de droit international
AJIL	=	American Journal of International Law
Anm.	=	Anmerkung
APSR	=	American Political Science Review
Art.	=	Artikel
ASIL	=	American Society of International Law
Aufl.	=	Auflage
AVR	=	Archiv des Völkerrechts
Bd(e).	=	Band, Bände
bes.	=	besonders
BGBl.	=	Bundesgesetzblatt
BMZ	=	Bundesminister(ium) für Wirtschaftliche Zusammenarbeit
BT Drs.	=	Deutscher Bundestag, Drucksachen
BT PlPr.	=	Deutscher Bundestag, Plenarprotokolle
BVerfG(E)	=	Bundesverfassungsgericht (Entscheidungen)
BYIL	=	The British Year Book of International Law
bzw.	=	beziehungsweise
CanYIL	=	Canadian Yearbook of International Law
CERD	=	Committee on the Elimination of Racial Discrimination
C / F	=	*Cordier / Foote,* Public Papers of the Secretary-General
COPUOS	=	Committee on the Peaceful Use of Outer Space
Corr.	=	Corrigendum
CPC	=	Committee for Programme and Co-ordination
cte.	=	Committee
DDR	=	Deutsche Demokratische Republik
Dec.	=	Decision
ders.	=	derselbe
DGVN	=	Deutsche Gesellschaft für die Vereinten Nationen
d. h.	=	das heißt
dies.	=	dieselbe(n)
Diss.	=	Dissertation
DöV	=	Die öffentliche Verwaltung

dt.	=	deutsch(e)
E.	=	ECOSOC
EA	=	Europa Archiv
ebd.	=	ebenda
ECA	=	Economic Commission for Africa
ECE	=	Economic Commission for Europe
ECLAC	=	Economic Commission for Latin America and the Caribbean
ECOSOC	=	Economic and Social Council
ECPC	=	Enlarged Committee on Programme and Coordination
ed(s.)	=	Editor, Editors
e. g.	=	exempli gratia
EG	=	Europäische Gemeinschaft(en)
EGKS	=	Europäische Gemeinschaft für Kohle und Stahl
EPIL	=	Encyclopedia of Public International Law
EPTA	=	Enlarged Programme on Technical Assistance
ES	=	Emergency Session
ESCAP	=	Economic and Social Commission for Asia and the Pacific
ESCWA	=	Economic and Social Commission for Western Asia
et al.	=	et alii
EURATOM	=	Europäische Atomgemeinschaft
EWG	=	Europäische Wirtschaftsgemeinschaft
E + Z	=	Entwicklung und Zusammenarbeit
f.(ff.)	=	folgende
FAO	=	Food and Agricultural Organization
FAZ	=	Frankfurter Allgemeine Zeitung
Fs.	=	Festschrift
G 77	=	Gruppe der 77
GA(OR)	=	General Assembly (Official Records)
GAO	=	General Accounting Office
GATT	=	General Agreement on Tariffs and Trade
GB	=	Governing Board
ggf.	=	gegebenenfalls
GYIL	=	German Yearbook of International Law
HABITAT	=	United Nations Center on Human Settlements
HDF	=	Handbuch der Finanzwissenschaften
HDSW	=	Handbuch der Sozialwissenschaften
Hrsg.	=	Herausgeber
hrsg.	=	herausgegeben
IAEA	=	International Atomic Energy Agency
IBRD	=	International Bank for Reconstruction and Development
ICAO	=	International Civil Aviation Organization
ICCS	=	International Commission for Civil Service
ICJ	=	International Court of Justice
ICSC	=	International Civil Service Commission
IDA	=	International Development Association

IFAD	= International Fund for Agricultural Development
IFC	= International Finance Corporation
IGH	= Internationaler Gerichtshof
ILC	= International Law Commission
ILM	= International Legal Materials
ILO	= International Labour Organization
IMF	= International Monetary Fund
IMO	= International Maritime Organization
Int.	= International
IO	= International Organization
IOM	= International Organization for Migration
IRO	= International Refugee Organization
ITC	= International Trade Center
ITO	= International Trade Organization
ITU	= International Telecommunication Union
i. V. m.	= in Verbindung mit
IWF	= Internationaler Währungsfond
i.(w.)S.	= im (weiteren) Sinne
Jb.	= Jahrbuch
JIR	= Jahrbuch für Internationales Recht
JIU	= Joint Inspection Unit
JuS	= Juristische Schulung
JWTL	= Journal of World Trade Law
Kap.	= Kapitel
KPdSU	= Kommunistische Partei der Sowjetunion
KSZE	= Konferenz über Sicherheit und Zusammenarbeit in Europa
KVAE	= Konferenz über vertrauensbildende und sicherheitsbildende Maßnahmen und Abrüstung in Europa
L.	= Limited
LoN Doc.	= League of Nations Document
Mass.	= Massachusetts
m. a. W.	= mit anderen Worten
Mio.	= Millionen
mtg.	= meeting
m. w. N.	= mit weiterem Nachweis
NATO	= North Atlantic Treaty Organization
NGO(s)	= Non-Governmental Organization(s)
NILR	= Netherlands International Law Review
NJW	= Neue Juristische Wochenschrift
No.	= Nummer
OAS	= Organization of American States
OAU	= Organization of African Unity
OECD	= Organization for Economic Co-operation and Development
OEEC	= Organization for European Economic Co-operation
O.N.U.	= Organisation des Nations Unies

para. = paragraph
PPBME = Programme Planning, Budgeting, Monitoring and Evaluation
PC. = Preparatory Committee
PLO = Palestinian Liberation Organization
PV. = procès-verbaux (Verbatim Records of Meetings)
PVS = Politische Vierteljahresschrift
RdC = Recueil des Cours
Rdn. = Randnummer
REP = Report
Res. = Resolution
RGBl. = Reichsgesetzblatt
RGDIP = Revue générale de droit international public
RGW = Rat für gegenseitige Wirtschaftshilfe
S. = Seite
sess. = session
SGB = Secretary General's Bulletin
sog. = sogenannte(r,s)
SR. = Summary Records
ST = Secretariat
Stat. = Statistical
SUNFED = Special United Nations Fund for Economic Development
suppl. = supplement
u. a. = unter anderem(n)
u. ä. = und ähnliche(s)
u. a. m. = und andere(s) mehr
UdSSR = Union der sozialistischen Sowjetrepubliken
UK = United Kingdom of Great Britain and Northern Ireland
UN = United Nations
UNA-USA = United Nations Association of the United States of America
UNCDF = United Nations Capital Development Fund
UNCIO = United Nations Conference on International Organization
UNCTAD = United Nations Conference on Trade and Development
UN Doc(s). = United Nations Document(s)
UNDP = United Nations Development Programme
UNDRO = Office of the United Nations Disaster Relief Coordinator
UNEP = United Nations Environment Programme
UNESCO = United Nations Educational, Scientific and Cultural Organization
UNFPA = United Nations Fund for Population Activities
UNHCR = United Nations High Commissioner for Refugees
UNHHSF = United Nations Habitat and Human Settlement Foundation
UNICEF = United Nations Children's Fund
UNIDO = United Nations Industrial Development Organization
UNITAR = United Nations Institut for Training and Research
UNKRA = United Nations Korean Reconstruction Agency
UNO = United Nations Organization

UNOC	= United Nations Operations in the Congo
UNOID	= United Nations Organization for Industrial Development
UNRRA	= United Nations Relief and Rehabilitation Agency
UNRWA	= United Nations Relief and Works Agency for Palestine Refugees in the Near East
UNTS	= United Nations Treaty Series
UNU	= United Nations University
UNV	= United Nations Volonteers
UNYB	= United Nations Yearbook
UPU	= Universal Postal Union
u. ö.	= und öfter
U.S.	= United States
USA	= United States of America
usw.	= und so weiter
Verf.	= Verfasser
VerwArch	= Verwaltungsarchiv
vgl.	= vergleiche
VN	= Vereinte Nationen
VR	= Volksrepublik
WEU	= Westeuropäische Union
WFC	= World Food Council
WFP	= World Food Programme
WHO	= World Health Organization
WIPO	= World Intellectual Property Organization
WMO	= World Meteorological Organization
WTO	= World Tourism Organization
YBWA	= Yearbook of World Affairs
ZaöRV	= Zeitschrift für ausländisches öffentliches Recht und Völkerrecht
ZAR	= Zeitschrift für Ausländerrecht
z. B.	= zum Beispiel
ZG	= Zeitschrift für Gesetzgebung
ZgesStW	= Zeitschrift für die gesamte Staatswissenschaft
Ziff.	= Ziffer
z. T.	= zum Teil

Kapitel 1

Fragestellung und Methode, Umfang und Rahmen des Untersuchungsfeldes

§ 1 Fragestellung, erkenntnisleitendes Interesse und Methode der Untersuchung

1. Fragestellung

Die seit 1985 eingeleiteten Überlegungen[1] und Maßnahmen[2] zur Reform der Vereinten Nationen haben sowohl der politischen Diskussion als auch der wissenschaftlichen Analyse internationaler Organisationen und ihrer Bedeutung für das internationale System der Gegenwart neue Anstöße und neuen Auftrieb gegeben. Unmittelbarer Anlaß für die Einleitung eines Reformprozesses in den Vereinten Nationen war eine Finanzkrise, in welche die Organisation im 40. Jahr ihres

---

1 Von besonderer Bedeutung waren die Studie des scheidenden Inspektors der Joint Inspection Unit, *Maurice Bertrand*, Some Reflections on Reform of the United Nations, JIU / REP / 85 / 9, sowie der vom Generalsekretär der KPdSU, *Michael Gorbatschow*, verfaßte Prawda-Artikel „Reality and Guarantees for a Secure World", in: New Times 39 / 87, 3-6. Vgl. ferner den Bericht der United Nations Association der USA „A Successor Vision: The United Nations of Tomorrow". Final Panel Report, New York 1987 (UNA-USA 116) und den Abschlußbericht des „Nordic UN Project": The United Nations in Development. Reform Issues in the Economic and Social Fields. A Nordic Perspective, Stockholm 1991. Weitere Hinweise bei *Thomas M. Franck*, Soviet Initiatives: U.S. Responses — New Opportunities for Reviving the United Nations System, in: AJIL 83 (1989), 531-543 und *Klaus Dicke*, Reform der Vereinten Nationen, in: *Rüdiger Wolfrum* (Hrsg.), Handbuch Vereinte Nationen, 2. Aufl. München 1991, 663-673; *ders.*, Entwicklungspolitische Aspekte der UN-Reform, in: e + z 34 (1993), 172-174 (m. w. N.).

2 Zu unterscheiden sind Maßnahmen der Generalversammlung unter dem 1985 geschaffenen Tagesordnungspunkt „Review of the Efficiency of the Administrative and Financial Functioning of the United Nations", Einsparungsmaßnahmen des Generalsekretärs, sowie Maßnahmen der Generalversammlung und des Wirtschafts- und Sozialrates (ECOSOC) unter dem Tagesordnungspunkt „In-depth Study of the United Nations Intergovernmental Structure and Functions in the Economic and Social Fields" seit 1987. Der Reformprozeß ist dokumentiert bei *Joachim W. Müller*, The Reform of the United Nations, 2 Bde, Dordrecht 1991. Näheres bei *Frederick Lister*, Exploiting the Recent Revival of the United Nations, in: International Relations 9 (1989), 419-438; ferner *Dicke*, Reform (Anm. 1), Rdn. 13 ff. sowie unten, § 9.

Bestehens aufgrund erheblicher Beitragsrückstände sowie aufgrund zeitweiliger Beitragszurückhaltungen des Hauptbeitragszahlers, der Vereinigten Staaten von Amerika, stürzte.[3] Doch war diese Finanzkrise — wie bereits die umfangreiche politische Diskussion um die völkerrechtswidrige amerikanische Beitragszurückhaltung[4] und ihre Motivation zeigt — lediglich als Ausdruck einer tiefgreifenden politischen Krise der Weltorganisation anzusehen, die ihrerseits ihren Grund in Wandlungen des internationalen Systems zum einen und organisationsinternen Fehlentwicklungen zum andern hatte.[5] Dieser Krise der UN und den aus ihr hervorgehenden Reformbemühungen ist die vorliegende Untersuchung gewidmet.

Focus der Analyse ist dabei eine politische „Formel", die einerseits einen Konsens der UN-Mitglieder, daß die Wirksamkeit der Organisation zu erhöhen sei, widerzuspiegeln scheint und die andererseits weit über die aktuelle Reformdiskussion hinaus sehr grundsätzliche Fragen nach Funktion und Bedeutung internationaler Organisationen im internationalen System der Gegenwart aufwirft: die Formel von der „Effizienz" und / oder der „Effektivität" internationaler Organisationen. Drei Beobachtungen führten dazu, diese Formel als Ausgangspunkt und Leitfaden der Analyse zu wählen:

1. Seit Gründung der UN hat sich der Hinweis auf Effizienz und Effektivität der Organisation als eine immer wiederkehrende stereotype Zielbestimmung von in Art und Umfang höchst unterschiedlichen Reformbemühungen herausgestellt.[6] Die zahllosen Belege, die sich hierfür aus der Praxis der Organisation anführen lassen, sowie die Unbefangenheit, mit der man dabei unterstellt, es herrsche Konsens darüber, was genau unter Effizienz und Effektivität der Weltorganisation zu verstehen sei, rechtfertigen es, diese Zielbestimmung als einen *Topos für die Reform der Organisation* anzusehen. Nur einige wenige Beispiele seien genannt: Schon auf der Gründungskonferenz in San Francisco wurde ein Antrag, die ursprünglich 14 Mitglieder des executive committee der Vorbereitungskommission auf 18 zu erhöhen, damit begründet, daß dies die Effizienz des Gremiums steigern werde; das gleiche Argument wurde freilich auch für die Beibehaltung

---

3 Zur Finanzkrise und ihren Ursachen *Winfried Koschorreck,* Finanzkrise, in: Handbuch VN (Anm. 1), 148-155, sowie *Donald J. Puchala / Roger A. Coate,* The Challenge of Relevance: The United Nations in a Changing World Environment (The Academic Council on the United Nations System, Reports and Papers 1989-5), Hanover 1989, 63 ff.

4 *Richard Nelson,* International Law and U.S. Withholding of Payments to International Organizations, in: AJIL 80 (1986), 973-983, und unten, § 7.2.

5 Vgl. *Klaus Dicke / Klaus Hüfner* (Hrsg.), Die Leistungsfähigkeit des VN-Systems: Politische Kritik und wissenschaftliche Analyse, Bonn 1987, 5 f.; *Rüdiger Wolfrum* (Hrsg.), Die Reform der Vereinten Nationen. Möglichkeiten und Grenzen, Berlin 1989; *Brian Urquhart,* The United Nations System and the Future, in: International Affairs 65 (1989), 225-231; *Dicke,* Reform der UN (Anm. 1), Rdn. 3 f., 13.

6 Vgl. nur den Überblick über Expertenstudien, welche im UN-System angefertigt wurden, bei *John P. Renninger,* Improving the United Nations System, in: Journal of Development Planning 17 (1987), 85-111.

der ursprünglichen Größe des Ausschusses — die denn auch beschlossen wurde — angeführt.[7] Um einer Verbesserung der Effizienz und Effektivität der UN willen wurden in reicher Zahl neue Organe und Ausschüsse, Programme und Organisationen gegründet.[8] Überprüfung und Kontrolle der Tätigkeit der Weltorganisation auf den verschiedensten Sektoren durch wissenschaftliche Untersuchungen, die Einrichtung eigener Kontrollorgane oder die Einberufung von Staatenkonferenzen hatten und haben die Effizienz und Effektivität der UN zum Gegenstand und suchen sie zu steigern bzw. zu verbessern.[9] Erwiesene Ineffizienz und mangelnde Effektivität der Organisation wurden als Begründung für den Austritt der Vereinigten Staaten und des Vereinigten Königreichs aus der UNESCO 1984 bzw. 1985 angeführt.[10] Kritische Überprüfung, Verbesserung und Steigerung der Effizienz und Effektivität der UN ist denn auch das Ziel der Reformmaßnahmen, welche unter dem Eindruck der Finanzkrise der Weltorganisation ins Leben gerufen wurden.[11]

2. Fragen der Effizienz und Effektivität internationaler Organisationen stehen im Schnittpunkt wissenschaftlicher Analyse und politischer Reform internationaler Organisationen. Titel wie „A More Effective United Nations", „The Effectiveness of the Security Council" oder „Making the United Nations Human Rights Machinery Cost-Effective"[12] deuten ebenso wie Ansätze aus jüngster Zeit, die Effizienz und Effektivität internationaler Organisationen und insbesondere der UN neu zu bestimmen und hierfür Parameter und Kriterien zu erstellen[13], darauf

---

7 UNCIO Bd. 5, 291 (Antrag Belgiens) und 293.

8 Sowohl die Gründung etwa des UNDP als auch die Gründung von UNIDO wurden mit einer Steigerung von Effizienz und Effektivität des UN-Systems begründet. Ausführlich dazu unten, § 7.

9 *Klaus Dicke*, „To assess the adequacy and effectiveness". Überlegungen zur Verbesserung der politischen Wirksamkeit der Vereinten Nationen am Beispiel der Weltraumpolitik, in: *Dicke / Hüfner* (Anm. 5), 44-63.

10 Dazu *Klaus Dicke*, Krise und Reform der UNESCO, in: Deutsches Übersee-Institut Hamburg (Hrsg.), Jahrbuch Dritte Welt 1989. Daten, Übersichten, Analysen, München 1988, 72-88.

11 Mit GA Res. 40 / 237 vom 18. Dezember 1985 wurde der bis heute beibehaltene Tagesordnungspunkt „Review of the efficiency of the administrative and financial functioning of the United Nations" geschaffen.

12 *Gidon Gottlieb*, A More Effective United Nations? In: *John M. Paxman / George T. Boggs* (eds.), The United Nations: A Reassessment. Sanctions, Peacekeeping, and Humanitarian Assistance, Charlottesville 1973, 1-17; *Davidson Nicol*, The United Nations Security Council. Towards Greater Effectiveness, UNITAR, New York 1982; *Russel Laurence Barsh*, Making the United Nations Human Rights Machinery Cost-Effective, in: Nordic Journal of International Law 56 (1987), 183-198; dazu auch den Bericht über die Implementierung der Menschenrechte UN Doc. A / 44 / 668 vom 8. November 1989, Annex. Vgl. insgesamt auch *Urquhardt* (Anm. 5), 225.

13 *Philippe G. Le Prestre*, The Ecology of International Organization, in: International Interactions 12 (1985), 21-44; *R. Vaubel*, A Public Choice Approach to International Organization, in: Public Choice 51 (1986), 39-57; *Bruno S. Frey / Heinz Buhofer*, Ökonomische Analyse internationaler Organisationen: Erfassung und Beeinflussung, in: *Dicke / Hüfner* (Anm. 5), 11-28; *Klaus Hüfner*, Konzepte zur Effizienzmessung internationaler

hin, daß Effizienz und Effektivität internationaler Organisationen zu einem Paradigma der Analyse internationaler Zusammenarbeit werden oder doch werden können. Dieser Hinweis wird dadurch unterstrichen, daß „Effizienz" und „Effektivität" von der soziologischen und ökonomischen Organisationslehre als Attribute auch politischer Organisationen angesehen werden und die Anwendung diesbezüglicher Forschungsergebnisse im Reformprozeß der UN angemahnt wird.[14] Schließlich liegt ganz allgemein eine Beurteilung der Tätigkeit internationaler Organisationen unter Gesichtspunkten der Effektivität und Effizienz aufgrund der Tatsache nahe, daß der außergewöhnlich hohe Stellenwert, welcher ökonomischen Kategorien und Überlegungen im politischen Denken der Gegenwart zukommt, sich auch in der Theorie internationaler Organisationen niederschlägt.[15]

3. Bei näherem Hinsehen ergeben sich jedoch weder ein politischer Konsens noch übereinstimmende wissenschaftliche Definitionen, aus denen sich der Bedeutungsgehalt der Begriffe „Effizienz" und „Effektivität" im Zusammenhang mit internationalen Organisationen genauer erschließen ließe. Dies steht politisch in deutlichem Kontrast zu dem argumentativen Stellenwert, welcher den Begriffen nicht nur in Debatten, sondern auch in den Mandaten nicht weniger Organe, Nebenorgane und Reformgremien der UN zukommt. Meinen die Vertreter der heute 184 Mitgliedstaaten und meinen die Beamten der UNO jeweils das gleiche, wenn sie für eine Erhöhung der Effizienz und / oder Effektivität der UN plädieren? Und was konkret beinhalten solche Mandate, welche auf eine Stärkung und Steigerung von Effizienz und / oder Effektivität der UN hinzielen? Das oben zitierte Beispiel aus UNCIO zeigte bereits, daß mit Effizienzargumenten höchst unterschiedliche Lösungen gerechtfertigt werden können; gleiches ließe sich unschwer für Effektivitätsüberlegungen und erst recht für die Kombination von oder aber die Konkurrenz zwischen Effizienz- und Effektivitätsargumenten zeigen.

Es ist daher von nicht unerheblichem praktischen Interesse, die Kriterien zu bestimmen, nach denen die im UN-System handelnden Akteure die Effizienz und Effektivität der Organisation beurteilen,[16] und die Frage zu stellen, von welcher Konzeption[17] der Aufgaben und politischen Bedeutung einer internatio-

---

Organisationen unter besonderer Berücksichtigung ihrer politischen Aktivitäten: Beispiel Vereinte Nationen, a. a. O., 29-43.

14 *Gayl D. Ness / Steven R. Brechin,* Bridging the Gap: International Organizations as Organizations, in: IO 42 (1988), 245-273.

15 Vgl. dazu unten, S. 315 ff., sowie *Volker Rittberger,* Theorie internationaler Organisationen, in: Handbuch Vereinte Nationen (Anm. 1), 363-372, Rdn. 19 ff., 28.

16 Im Rahmen von UNITAR wurde 1984 eine Studie über Effizienz und Effektivität im UN-System angeregt, die jedoch — vermutlich auch aufgrund der Mittelkürzungen, von denen UNITAR betroffen war — nicht durchgeführt wurde.

17 Eine „Konzeption" ist im Unterschied zu einer Theorie „a general pattern of common thought", das nicht nach nachvollziehbaren methodischen Schritten erstellt, sondern dessen Gebrauch über einen längere Zeitraum hinweg immer wieder nachweisbar ist. Dazu *Walter Schiffer,* The Legal Community of Mankind. A Critical Analysis of the

nalen Organisation sich die jeweilige Auswahl der Kriterien leiten läßt. Die Relevanz dieser Fragestellung wird auch dadurch unterstrichen, daß in der wissenschaftlichen Literatur zur Krise und Reform der UN einerseits die These vertreten wird, das Nebeneinander sehr verschiedener Konzeptionen über die Aufgaben und politische Bedeutung internationaler Organisationen in Theorie und Praxis stelle eines der nachhaltigsten Hindernisse auf dem Weg zu Reformen des UN-Systems dar[18], daß andererseits aber einige Beobachter in der jüngsten Vergangenheit eine Annäherung oder gar Vermittlung solcher Konzeptionen glauben feststellen zu können.[19]

Zusammenfassend ist also folgende *Fragestellung* für die vorliegende Untersuchung zu formulieren: welche Kriterien der Effizienz und Effektivität internationaler Organisationen lassen sich in der politischen Beurteilung der Vereinten Nationen und jüngeren Ansätzen in der wissenschaftlichen Analyse internationaler Organisationen identifizieren, welche Konzeptionen internationaler Organisationen sind für Auswahl und Formulierung der Kriterien maßgebend, und welche Schlußfolgerungen lassen sich daraus für den Reformprozeß der UN ziehen?

2. Erkenntnisleitendes Interesse und Methode

Wie kann aber nun der Zusammenhang zwischen Reformbemühungen der UN, Konzeptionen über Aufgaben und politische Bedeutung internationaler Organisationen und Kriterien, nach denen deren Effizienz und Effektivität beurteilt wird, erfaßt werden? Ob hierzu das Herantragen wissenschaftlicher Definitionen der Effizienz und Effektivität internationaler Organisationen an den Reformprozeß der UN ausreichende Hilfestellung geben kann, erscheint zunächst aus zwei Gründen zweifelhaft: zum einen herrscht in den verschiedenen, mit Effizienz und Effektivität politischer Organisationen befaßten Wissenschaftsdisziplinen schon terminologisch keine Einigkeit über die Abgrenzung zwischen Effizienz und Effektivität, und es variieren die wissenschaftlichen Definitionen je nach Disziplin und angewandter Methode nicht unerheblich.[20] Zum andern stammen

---

Modern Concept of World Organization, New York 1954, 7, der allerdings nicht zwischen „Konzept" und „Konzeption" unterscheidet. Zu dieser Unterscheidung und ihrer Bedeutung unten, 316 ff.

[18] So *Paul Taylor*, Prescribing for the reform of international organization: the logic of argument for change, in: Review of International Studies 13 (1987), 19-38.

[19] Vgl. *Franck* (Anm. 1), 540 („For the first time since the creation of the United Nations, the United States, the Soviets and the nonaligned movement appear able to form a common view of the Organization's systemic capabilities: a view neither excessively optimistic nor mired in cynical pessimism"); vgl. auch *Helmut Volger*, Die Wiederentdeckung der Vereinten Nationen, in: Blätter für deutsche und internationale Politik 364 (Heft 2 / 1989), 3-15. — Beide im Text genannte Thesen sind freilich zu überprüfen.

[20] Zur Bestimmung der Begriffe Effizienz und Effektivität im Zusammenhang politischer Institutionen unten, § 2.

die Ansätze zur Analyse von Effizienz und Effektivität internationaler Organisationen fast ausschließlich aus dem Bereich der politischen Ökonomie oder sind doch von ihr beeinflußt. Die unmittelbare Anwendung ökonomischer oder doch überwiegend ökonomisch bestimmter Kriterien auf politische Institutionen sieht sich jedoch — in der Wissenschaft[21] wie in der politischen Praxis[22] — vielfältiger Kritik ausgesetzt, die in dem Einwand gipfelt, daß ein Abstellen allein auf ökonomische Kriterien politische und rechtliche Rahmenbedingungen für die Tätigkeit politischer Institutionen verkürzten oder gar völlig vernachlässigten.

Aus dem damit angesprochenen Problem ergibt sich das *erkenntnisleitende Interesse* der vorliegenden Untersuchung: es geht darum, die Vorverständnisse aufzudecken, auf deren Hintergrund Reformüberlegungen in den und für die UN angestellt und Reformstrategien formuliert werden. Dabei ist insbesondere danach zu fragen, ob der Komplexität der UN als einer von 184 Mitgliedstaaten gebildeten internationalen Organisation und ob der Komplexität notwendiger Reformprozesse zureichend Rechnung getragen wird. Letztere ergibt sich — wie bereits die einführenden Bemerkungen zu Krise und Reform der UN zeigten — daraus, daß bei der Formulierung wirksamer Reformstrategien rechtliche, politische, organisatorische und finanzielle Probleme zu berücksichtigen sind. Die Untersuchung der Formel von der Effizienz und / oder Effektivität internationaler Organisationen soll die Frage beantworten, ob und wie die Kriterien, welche zur politischen Beurteilung und wissenschaftlichen Analyse der Effizienz und / oder Effektivität der UN herangezogen werden, die vier genannten Problemebenen zu einem konsensfähigen Ausgleich bringen bzw. bringen können.

Damit sind zugleich auch einige *methodische* Vorentscheidungen getroffen, welche den Gang der folgenden Untersuchung bestimmen: zunächst ist zu fragen, was unter den „Vorverständnissen" der Formulierung von Reformstrategien internationaler Organisationen zu verstehen ist. Hierzu ist darzulegen, auf welche historischen, begrifflichen und normativen Zusammenhänge die politische Urteilsbildung über internationale Organisationen verwiesen ist, wenn sie deren Effizienz und Effektivität in den Blick nimmt und was „Effizienz" und „Effektivität" im Zusammenhang mit politischen Institutionen überhaupt bedeutet. Erste Anhaltspunkte hierfür kann ein Blick in die Staatslehre und Verwaltungswissenschaft (§ 2) geben, in deren Rahmen die Begriffe gerade in jüngeren Ansätzen Verwendung finden. Um jedoch die Besonderheiten internationaler Organisationen gerade auch im Vergleich zum Staat und nationalstaatlicher Verwaltung zureichend berücksichtigen zu können, ist weiterhin ein Blick auf die Entstehung

---

[21] Ausführlich unten, Kapitel 4.

[22] Vgl. die Stellungnahme des Vertreters Malis, als er in der Generaldebatte zu Beginn der 42. Generalversammlung zu einzelnen Reformvorschlägen Stellung nahm: „While supporting those recommendations, we emphasize that criteria for choosing measures to implement them must take account of the universality of our organization and its objectives, which can in no way be identified with those of a commercial enterprise", UN Doc. A / 42 / PV.22, Ziff. 45.

internationaler Organisationen (§ 3) und ihre Entwicklung bis in die Gegenwart (§ 4) erforderlich. Erst auf diesem Hintergrund können Kriterien der Effizienz und Effektivität internationaler Organisationen anhand der Auseinandersetzungen um die Reform der UN rekonstruiert werden (Kapitel 3). Im abschließenden Kapitel (5) sind einige Schlußfolgerungen im Hinblick auf die weitere Reform der UN zu ziehen.

Doch verfolgt die vorliegende Arbeit nicht nur ein politisch-praktisches, sondern auch ein theoretisches Interesse, das sich aus folgenden Überlegungen ergibt: Der Gebrauch von formelhaft immer wiederkehrenden Begriffen wie „Effizienz" und „Effektivität" hat in der politischen Praxis, d. h. in Debatten, Berichten, Reforminitiativen und Mandaten, eine grundsätzlich andere Funktion als in der wissenschaftlichen Analyse. In der Praxis begründen sie Beurteilungen, Strategien oder Maßnahmen, während sie im wissenschaftlichen Gebrauch den analytischen Zugriff auf Organisationen, Programme oder Maßnahmen steuern und ordnen. In ihrem praktischen Gebrauch werden sie im folgenden als Topos, in der wissenschaftlichen Verwendung als Variablen bezeichnet. Was bedeutet diese Unterscheidung?

Unter „Topoi" versteht man Gemeinplätze, argumentative Formeln, „vielseitig verwendbare, überall annehmbare Gesichtspunkte, die im Für und Wider des Meinungsmäßigen gebraucht werden und zum Wahren[23] hinführen können"[24]. Schon die Antike hat sich mit der Topik befaßt, und zwar als einer besonderen Methode der Problemerörterung[25]; sowohl in der rhetorischen Tradition politischer Philosophie[26] als auch in der juristischen Argumentationslehre[27] gehört die Topik zum Methodenkanon. „Topik" heißt die Kunst, im praktischen Diskurs

23 Der Bezug auf das Wahre ist in diesem Zusammenhang insofern nicht unproblematisch, als die Meinung gegenüber diesem Wahren lediglich als eine derivate Form, als eine Vorstufe erscheint. In der Philosophie *Platons* wurde Meinung („doxa") in der Tat in diesem Sinne verstanden. Schon bei *Aristoteles,* vollends aber in der neuzeitlichen praktischen Philosophie wird dem Begriff der Meinung jedoch eine neue Bedeutung beigelegt. Meinung bezeichnet hier eine unhintergehbare, nicht teleologisch aufhebbare Position des eigenverantwortlich urteilenden Individuums, welche in der Geschichte der Menschenrechte oft als Paradigma politischer Freiheit erscheint. Dazu *Klaus Held,* Die Zweideutigkeit der doxa und die Verwirklichung des modernen Rechtsstaats, in: *Johannes Schwartländer / Dietmar Willoweit* (Hrsg.), Meinungsfreiheit — Grundgedanken und Geschichte in Europa und USA, Kehl-Straßburg 1986, 9-29. Infofern ist *Hans Ryffel* recht zu geben, wenn er als Ziel der Verwendung von Topoi nicht das Wahre, sondern das „Richtige" ansieht (Grundprobleme der Rechts- und Staatsphilosophie. Philosophische Anthropologie des Politischen, Neuwied-Berlin 1969, 396).

24 *Theodor Viehweg,* Topik und Jurisprudenz, 2. Aufl. 1965, 10. Vgl. auch *Robert Alexy,* Theorie der juristischen Argumentation, Frankfurt 1983, 39 ff. mit Verweis auf die Topik des *Aristoteles* (40).

25 Vgl. den Hinweis auf *Nicolai Hartmann* bei *Ryffel* (Anm. 23), 394.

26 Grundlegend *J. G. A. Pocock,* The Machiavellian Moment. Florentine Political Thought and the Atlantic Republican Tradition, Princeton-London 1975, und *Ernst Vollrath,* Die Rekonstruktion der politischen Urteilskraft, Stuttgart 1977.

27 *Ryffel* (Anm. 23), 393 ff. m. w. N., *Alexy* (Anm. 24).

bei der Behandlung von Problemlösungen durch das Herantragen allgemein bekannter Gesichtspunkte an das zu lösende Problem dieses „aufzuschlüsseln" und so lösungsorientierten Erörterungen zugänglich zu machen. Als Topoi können dabei herangezogen werden Methoden der Norminterpretation, die Entstehungsgeschichte eines Problems, vergleichbare Lösungen in der Geschichte, Prinzipien, Regeln oder Grundsätze, die sich bei der Lösung verwandter Probleme bewährt haben, u. a. mehr.

Wichtiger jedoch als die methodische Bestimmung von Topoi ist für den hier vorliegenden Zusammenhang ihre politische Funktion. Topoi sind sinnvoll im Bereich des „Meinungsmäßigen", im Für und Wider des Vertretbaren, in der Situation offener Meinungsbildung, insbesondere also im Prozeß der politischen Entscheidungsfindung.[28] Ihre erste Funktion ist es, unterschiedliche Perspektiven eines Problems und seiner Lösung „beizuspielen", wie man in Anlehnung an *Hegel* diesen Vorgang umschreiben kann. In der politischen Praxis findet diese Funktion etwa darin Ausdruck, daß Parlamente ebenso wie Staatenkonferenzen in aller Regel mit einer „allgemeinen Aussprache" oder „Generaldebatte" beginnen, in denen die beteiligten Parteien bzw. Verhandlungspartner ihre jeweilige Sicht der Tagesordnung darlegen.[29] Hierbei kommt es darauf an, die Vielfalt der unterschiedlichen Gesichtspunkte, unter denen ein Problem zu betrachten ist, zusammenzutragen. Damit wird eine zweite politische Funktion von Topoi sichtbar: Topoi organisieren Konsens oder auch Dissens. Sie bringen solche Gesichtspunkte in den Diskussionsprozeß ein, die allgemein bekannt sind, die also im Repertoire der Vor-Urteile der Diskussionspartner vorhanden sind. Daraus erklärt sich die Tatsache, daß jemand, der einen Topos in die Diskussion einführt, niemals auf den Gedanken verfällt, diesen definieren zu wollen. Dies würde in der Tat eine „metabasis eis allo genos", einen Sprung vom grundsätzlich offenen Prozeß politischer Meinungsbildung in den methodisch gesicherten, aber durch Axiome, Hypothesen und Regeln der Schlußfolgerung grundsätzlich „geschlossenen" Bereich wissenschaftlicher Erkenntnis bedeuten. Ein Beispiel mag die Einführung des Topos „Gemeinsames Erbe der Menschheit" in die Seerechtsdebatte durch den Vertreter Maltas, *Pardo,* im Jahre 1967[30] geben. Der Gedanke des

---

28 Das insofern der Topik zugrundeliegende Verständnis politischer Entscheidungsfindung ist ein genuin republikanisches, wie es in klassischer Weise *Madison* in den „Federalist Papers" zum Ausdruck gebracht hat. Es ist von einem technokratischen, d. h. auch: unpolitischen Verständnis, das auf die Auswahl („choice") zwischen vorgegebenen Handlungsmustern abhebt, strikt zu unterscheiden. Dazu *Benedikt Haller,* Die auf Meinung gegründete Republik. Zur Rehabilitierung der Meinung in der politischen Philosophie der amerikanischen Revolution, in: *Schwartländer / Willoweit* (Anm. 23), 85 - 103.

29 So auch jährlich die Generalversammlung der UN; näheres bei *Klaus Dicke,* Zwischen weltpolitischer Analyse, politischem Meinungskampf und Ritual der Staatengleichheit. Die Generaldebatte der 42. Generalversammlung der Vereinten Nationen, in: VN 36 (1988), 1 - 7 (1 f.).

30 Zu diesem Beispiel *Wilhelm A. Kewenig,* Common Heritage of Mankind — politischer Slogan oder völkerrechtlicher Schlüsselbegriff? in: Fs. Hans-Jürgen Schlochauer,

„gemeinsamen Erbes der Menschheit" bedurfte keiner Definition im wissenschaftlichen Sinne; er ist in der Tat seit der patristischen Eigentumslehre wohl bekannt[31] und auch ohne diese historische Reminiszenz unmittelbar einsichtig. Andererseits aber ist der durch das Prinzip des gemeinsamen Erbes zur Geltung gebrachte Gedanke der Gemeinwohlbindung eines Nutzungsregimes, was konkrete Regulierungen angeht, unbestimmt; er ist für durchaus unterschiedliche Konkretisierungen im Einzelfall offen und gerade deshalb konsensfähig.

Diese Unbestimmtheit und Offenheit von Topoi aber ist es, welche die Wissenschaft ins Spiel bringt, und zwar zunächst in einer negativen, abgrenzenden Hinsicht. Denn die allfällige Verwendbarkeit von Topoi läßt die Topik als wissenschaftliche Methode der Erkenntnis ungeeignet erscheinen. Sie verführt zur Sophistik und kann Plausibilitäten, nicht aber Erkenntnis vermitteln. So sagt *Kant* im Blick auf die Topik, daß sich ihrer „Schullehrer und Redner bedienen konnten, um unter gewissen Titeln des Denkens nachzusehen, was sich am besten für die vorliegende Materie schickte, und darüber mit einem Schein von Gründlichkeit zu vernünfteln oder wortreich zu schwatzen".[32] Nun war *Kant* weit davon entfernt, die politische Bedeutung von Topoi zu verkennen; er selbst stellt einen im 18. Jahrhundert sehr gebräuchlichen Topos, den der „Autonomie", ins Zentrum seiner Ethik. Doch bestimmt er die Aufgabe der Wissenschaft in Ansehung solcher Topoi dahingehend, daß sie kritisch zu prüfen habe, ob ein solcher Topos sich eigne, ein Sollen oder — in seiner Sprache — ein „Gesetz der Freiheit" zum Ausdruck zu bringen. Einen Topos, welcher diese Bedingung erfüllt, nennt er einen „Typus der Beurtheilung (einer Handlungsmaxime) ... nach sittlichen Prinzipien".[33] Auf dem Wege einer kritischen Prinzipienreflexion hat die Wissenschaft demnach eine Art Normativitätsprüfung zu vollziehen. Die Forderung *Kant*s wird nicht zuletzt dadurch bestätigt, daß die wissenschaftliche Beschäftigung mit dem Topos des „gemeinsamen Erbes der Menschheit", um bei diesem Beispiel zu bleiben, dort einsetzt, wo der Topos zum Rechtsprinzip wird, ihm also normative Bedeutung beigemessen werden soll.[34]

Die Kritik *Kant*s an der Topik als Erkenntnismethode wie auch seine Bestimmung der kritischen Intention praktischer Wissenschaft liegt der in Kapitel 4 vorzunehmenden theoretischen Überprüfung des Topos von der Effizienz und/

1981, 385-406; *Rüdiger Wolfrum*, The Principle of Common Heritage of Mankind, in: ZaöRV 43 (1983), 312-337; *Thomas Fitschen*, Gemeinsames Erbe der Menschheit, in: Handbuch Vereinte Nationen (Anm. 1), 211-220.

31 Vgl. etwa *Franz Klüber*, Katholische Eigentumslehre, Osnabrück 1968, 27 ff., 133 ff.

32 *Immanuel Kant*, Kritik der reinen Vernunft, B 324 f., Akademie-Ausgabe III, Berlin 1968, 219.

33 *Kant*, Kritik der praktischen Vernunft, Akademie-Ausgabe V, Berlin 1968, 69. Vgl. *Klaus Dicke*, Menschenrechte und europäische Integration, Kehl-Straßburg 1986, 92 m. w. N.

34 Vgl. nur die Fragestellung des Aufsatzes von *Kewenig* (Anm. 30).

oder Effektivität internationaler Organisationen zugrunde. Effizienz und Effektivität werden hier als Begriffe bzw. zu operationalisierende Variablen[35] behandelt. Dabei sind neben klassischen Theorien internationaler Organisationen Ansätze aus der politischen Ökonomie der internationalen Beziehungen und der Regime-Analyse daraufhin zu befragen, nach welchen methodischen Vorgaben, unter Verwendung welcher Kriterien und auf der Grundlage welcher empirischer Ergebnisse sie die Effizienz und Effektivität internationaler Organisationen bestimmen. Zweitens ist zu fragen, ob dabei die in der Praxis angelegten Kriterien der Effizienz und Effektivität der UN bestätigt, modifiziert oder ergänzt werden. Drittens schließlich wird der *Kantischen* Forderung nach kritischer Prinzipienreflexion insofern Rechnung getragen, als nach einer möglichen Rangordnung rechtlicher, politischer, organisatorischer und finanzieller Kriterien gefragt werden soll.

Die vorliegende Untersuchung verbindet eine praktische mit einer theoretischen Fragestellung. Ihre praktische Ausrichtung auf die Reform der UN macht aufgrund der dabei zu berücksichtigenden rechtlichen, politischen, organisatorischen und finanziellen Problemlagen ein interdisziplinäres Vorgehen unerläßlich. Damit soll die Eigenständigkeit politikwissenschaftlicher Fragestellungen und Methoden keinesfalls geleugnet werden; durch ein bewußtes Anknüpfen an die gerade in Deutschland sehr fruchtbare Tradition der „gesamten Staatswissenschaften" soll jedoch für eine stärkere Öffnung und ein stärkeres Zusammenarbeiten der Rechtswissenschaft, der Philosophie, der Ökonomie und der Politikwissenschaft plädiert werden, und dies auf einem Forschungsgebiet, das in der Bundesrepublik Deutschland allzusehr vernachlässigt wurde — dem der internationalen Organisationen und ihrer Wirksamkeitsbedingungen im internationalen System der Gegenwart.

§ 2 Von der ‚Wirksamkeit des Staates' zur Frage nach „Effizienz" und „Effektivität" öffentlichen Verwaltungshandelns. Entwicklungen in der Staatswissenschaft und Verwaltungslehre

Um die Begriffe „Wirksamkeit", „Effizienz" und „Effektivität" bilden sich im politischen Denken der Neuzeit sowohl eine bestimmte Art der Beurteilung als

---

35 Operationalisierung bezeichnet die „Übersetzung" theoretisch definierter in empirisch meßbare Begriffe. Variable meint einen durch Kriterien operationalisierten Begriff, dessen Bedeutung je nach Wahl der Kriterien variiert. In der Theoriebildung unterscheidet man zwischen intervenierenden, d. h. andere Variablen bestimmenden, und abhängigen, d. h. von anderen Variablen bestimmten, Variablen. Vgl. *Manfred G. Schmidt*, Operationalisierung, in: Pipers Wörterbuch zur Politik 1, München-Zürich 1985, 635 f.; *Gerhard Lehmbruch*, Einführung in die Politikwissenschaft, Stuttgart 4. Aufl. 1971, 53 ff. sowie *K. J. Holsti*, International Politics. A Framework for Analysis, Englewood Cliffs 5. Aufl. 1988, 1-22 m. w. N.

auch verschiedene Ansätze der wissenschaftlichen Analyse politischen Handelns heraus. Schon an einem der Ursprungsorte neuzeitlicher politischer Wissenschaft, in der pragmatischen politischen Literatur der Florentiner Renaissance-Republik, hat *Francesco Guicciardini* gegenüber der Staatslehre des Naturrechts[1] den Gedanken zur Geltung gebracht, daß die Menschen eine Regierung offensichtlich nicht nach ihren Ursprüngen und metaphysischen Grundlagen, sondern nach ihren Wirkungen — ihren „effeti" — beurteilen.[2] Damit will er zum einen das Recht der „Realpolitik" gegenüber metaphysischer Spekulation über das „wahre" Wesen des Staates und die daraus herzuleitende richtige oder beste Staatsform hervorheben. Zum andern will er aber auch einer neuen, „bürgerlichen" Legitimationstheorie des Politischen Ausdruck geben, einer Legitimationstheorie, welche im politischen Urteil der Bürger ihren letzten Bezugspunkt findet.[3] Gegenstand bürgerlicher Beurteilung sind dabei die Leistungen der Regierung — d. h. des Fürsten oder des Rates — für das Gemeinwesen. *Guicciardini* siedelt damit die Rechtfertigung des Staates in einem Spannungsfeld an, dessen Pole das freie Urteil des Bürgers hier und die Leistungen bzw. „outputs" des politischen Systems dort bilden.

Guicciardini erweist sich nun insofern als Wegbereiter einer politischen Wissenschaft im modernen Sinne, als er — ähnlich wie *Machiavelli* und andere seiner oberitalienischen Zeitgenossen — für die Beurteilung der „effeti" ein erfahrungswissenschaftliches Vorgehen postuliert, um politische Einzelmaßnahmen an ‚offenkundigen Standards der Moralität und Nützlichkeit' zu bemessen.[4] Darin steckt ein sehr weitsichtiges politisches Programm; denn die dem bürgerlichen Bewußtsein des „aufgeklärten Publikums"[5] nicht mehr vermittelbare „objek-

---

[1] Der Begriff „Naturrecht" wird in der politischen Theorie und Rechtsphilosophie in dreifacher Bedeutung gebraucht: erstens im Sinne des ontologischen Naturrechts der scholastischen Tradition, zweitens im Sinne des „rationalen" Naturrechts der Aufklärung und drittens in negativer Abhebung gegen den Rechtspositivismus zur Kennzeichnung nicht-juristischer bzw. „metajuristischer" Normenbegründung. Ich verwende den Begriff Naturrecht ohne nähere Kennzeichnung allein in der erstgenannten Bedeutung.

[2] Die „Dialogo e Discorsi del Reggimento di Firenze" des *Guicciardini* (1512) referiert und interpretiert *J. G. A. Pocock,* The Machiavellian Moment. Florentine Political Thought and the Atlantic Republican Tradition, Princeton 1975, hier: 223 mit Anm. 9; vgl. auch 250.

[3] Den gleichen Legitimationsgedanken bringt etwa *Grotius* zur Geltung, wenn er in den „prolegomena" zu „De mare libero" auf das Gewissen und die öffentliche Meinung als Garanten richtiger Politik verweist *(James Brown Scott* [ed.], The Freedom of the Seas, New York 1916, 3). Zur Bedeutung der Urteilskraft des Bürgers als Ursprung politischer Legitimität siehe neben *Pocock* (Anm. 2) insbesondere *Ernst Vollrath,* Die Rekonstruktion der politischen Urteilskraft, Stuttgart 1977.

[4] *Pocock* (Anm. 2), 223: „But when we come to particular cases and to governments actually in being, we must proceed empirically: we must observe how they are working and evaluate their effects by obvious standards of morality and utility, before presuming to rank one of them before the others."

[5] Zur Genese und „Biographie" des aufgeklärten Publikums als Subjekt des bürgerlichen Staates siehe *Jürgen Habermas,* Strukturwandel der Öffentlichkeit, Darmstadt-Neuwied, 10. Aufl. 1979.

tive" politische Ethik des scholastischen Naturrechts[6] wird bei *Guicciardini* nicht kurzerhand in die Subjektivität und Beliebigkeit des „bloßen Meinens" aufgelöst[7]; vielmehr sucht er die schwindende Objektivität des Naturrechts durch zwei Instanzen zu substituieren, an denen sich eine Urteilsbildung orientieren kann: durch eine neue, erfahrungswissenschaftlich zu gewinnende Objektivität der Staatsklugheit zum einen und durch die „offenkundigen" Standards der Moral und Nützlichkeit zum andern.[8] Es ist das republikanische Programm einer auf der öffentlichen Meinung aufbauenden Regierung, welches *Guicciardini* fast dreihundert Jahre vor dessen Verwirklichung durch die amerikanische Verfassung in den Blick nimmt und zum Leitfaden politischer Wissenschaft erhebt.

Insofern *Guicciardini* die „effeti" des Staates als Kategorie der politischen Wissenschaft etabliert, gehört er zu den Begründern der zusammen mit dem modernen Staat entstehenden und sich immer weiter ausdifferenzierenden Tradition der Staatswissenschaften, die sich der Verwaltungstätigkeit des Staates im weitesten Sinne widmet. Zu dieser Tradition zählen u. a. die kameralistische Literatur des 17. und 18. Jahrhunderts, *Hegels* Analyse der „Polizey" und „Korporationen" und ihrer Bedeutung für den modernen Staat, die von ihm beeinflußte Verwaltungslehre eines *Lorenz von Stein*, die politische Ökonomie des angelsächsischen Utilitarismus, die Analyse der Bürokratie durch *Max Weber* und die interdisziplinäre „gesamte Staatswissenschaft" noch am Anfang dieses Jahrhunderts. Nach dem Zweiten Weltkrieg wurde diese Tradition in den Verwaltungswissenschaften aufgegriffen und setzt sich bis hin zu systemtheoretisch beeinflußten Analysen des Staates bzw. des „politisch-administrativen Systems"[9] und den Organisations- und Verwaltungslehren der jüngsten Vergangenheit fort. Diese Tradition der Staatslehre zeichnet sich durch folgende gemeinsame Merkmale aus:

1. Gegenstand ist der Staat als „rationale Anstalt"[10]. Damit ist erstens die Einrichtung eines staatlichen Verwaltungsapparates gemeint, durch den der Staat

---

6 Eine sehr prägnante Zusammenfassung findet sich bei *Erich Heintel*, Die naturrechtliche Fundierung des Ordo-Gedankens in der Tradition, in: *Johannes Schwartländer* (Hrsg.), Menschenrechte — Aspekte ihrer Begründung und Verwirklichung, Tübingen 1978, 19-36.

7 Gerade diese Tendenz der Auflösung objektiver Verbindlichkeit in die Subjektivität des bloßen Meinens war etwa für *Thomas Hobbes* eine deutliche Manifestation des bellum omnium contra omnes und damit ein starkes Argument für seine Konzeption des Leviathan.

8 Freilich hat er selbst dieses Programm nicht durchgehalten; als es darum ging, zur Vertreibung der Medici aus Florenz (1494) und dem neuen Regime des Consiglio Grande Stellung zu nehmen, griff er bei aller Betonung der „esperienza" letztlich doch wieder auf eine „natura dello universale" zurück. Dazu *Pocock*, 225, 227 f.

9 Zu diesem Begriff *Klaus v. Schubert*, Politisch-administratives System, in: *Dieter Nohlen* (Hrsg.), Pipers Wörterbuch zur Politik 1: Politikwissenschaft, München-Zürich 1985, 727 f.; *Renate Mayntz*, Problemverarbeitung durch das politisch-administrative System: Zum Stand der Forschung, in: PVS-Sonderheft 13 / 1982, 74-89.

überhaupt erst handlungs- und wirkungsfähig wird.[11] Dieser rationale Staatsapparat zeichnet sich durch das Gewaltmonopol sowie durch seine bürokratische Organisation aus. Sein Aufbau vollzieht sich in den absolutistischen Territorialstaaten, in denen „die Verwaltung, mit dem stehenden Heer Garant der absoluten Macht der Territorialfürsten und gleichsam unbeschränkt nach innen wirkend, ... schnell an Größe (gewinnt). Die Trennung von Hof- und Landesverwaltung, der Aufbau einer eigenen Finanzverwaltung und die Professionalisierung des Verwaltungspersonals sind entscheidende Stufen“[12]. — „Rationale Anstalt“ meint zweitens, daß der Staat von seiner Zweckerfüllung, d. h. von seinen Aufgaben und Leistungen für das Gesamtsystem der Gesellschaft her begriffen und beurteilt wird. Dabei wird entweder vom Mittel des Gewaltmonopols — so u. a. bei *Max Weber*[13] — oder aber von unterschiedlich begründeten Systematisierungen der Staatszwecke und -aufgaben[14] ausgegangen. Das Spektrum der theoretischen Positionen reicht hier von verschiedenen theoretischen Begründungen der Staatszwecke über liberal-rechtsstaatliche Lehren, denen zufolge die Legislative oder „die Rechtsordnung“ die Staatszwecke setzt und die Verwaltung sie mittels des Gewaltmonopols durchsetzt[15], bis hin zur marxistischen Theorie des Staates als „ideeller Gesamtkapitalist“, d. h. als Mittel zur unzeitgemäß gewordenen Durchsetzung objektiv falscher Interessen. Der Staat erscheint als Mittel zu im einzelnen sehr unterschiedlich begründeten und bewerteten Zwecken. — Drittens wird der Staat insoweit als „rationale Anstalt“ gesehen, als die Ökonomie des Einsatzes seiner Mittel in einem weiten Sinne — der finanziellen Ressourcen, des professionellen Personals, angemessener Verfahren, zureichender Sachkenntnis und Programmplanung, Vorkehrungen der Erfolgskontrolle usw. — ins Zentrum wissenschaftlichen Interesses rückt. Focus der Analyse ist insoweit die Bürokratie als

---

[10] So *Max Weber*, Wirtschaft und Gesellschaft, 5. Aufl., hrsg. von *Johannes Winckelmann*, Tübingen 1980, 30 u. ö.

[11] Vgl. *Reinhold Zippelius*, Allgemeine Staatslehre (Politikwissenschaft), 11. Aufl. 1991, 89 ff.

[12] So *Joachim Jens Hesse*, Staat, Politik und Bürokratie — eine Einführung, in: Politikwissenschaft und Verwaltungswissenschaft, PVS-Sonderheft 13 / 1982, 10-33 (10).

[13] *Weber* (Anm. 10), 29 f. Dazu *Christian v. Ferber*, Die Gewalt in der Politik, Stuttgart 1970, 54 ff.

[14] Einen Überblick verschafft *Günter Hesse*, Staatsaufgaben. Zur Theorie der Legitimation und Identifikation staatlicher Aufgaben, Baden-Baden 1979, 55 ff., 266 ff. — In der deutschen Politikwissenschaft geht auch die in den sechziger Jahren wiederbelebte „Regierungslehre“, die sich freilich gegenüber formalen, insbesondere systemtheoretischen Ansätzen nicht hat durchsetzen können, von einer „Systematik der öffentlichen Aufgaben“ aus. So *Thomas Ellwein*, Einführung in die Regierungs- und Verwaltungslehre, Stuttgart-Berlin-Köln-Mainz 1966, 31 ff. Dazu *Joachim Hirsch*, Ansätze einer Regierungslehre, in: *Gisela Kress / Dieter Senghaas* (Hrsg.), Politikwissenschaft. Eine Einführung in ihre Probleme, Frankfurt 1972, 231-244 m. w. N.

[15] *Otto Bachof*, Art. „Verwaltung“, in: Evangelisches Staatslexikon, Bd. II, 3. Aufl. Stuttgart 1987, 3827-3837 (3828).

Instrument optimaler staatlicher Aufgabenerfüllung.[16] Dabei macht sich der Staat — und zwar schon sehr früh — die Wissenschaft zur „Rationalisierung“ seiner Aufgabenerfüllung zunutze.[17]

2. Zweckrationalität ist in der „bürokratischen“ Staatslehre das Bindeglied zwischen Theorie und Praxis, und zwar insofern, als sie einerseits zu den wissenschaftstheoretischen Grundlagen der Staatswissenschaften gehört, gleichzeitig jedoch andererseits das Lebensgesetz sowohl der Gesellschaft als auch des Staates ist, welche es zu analysieren gilt. Die Zweckrationalität wird in einer Gesellschaft zur Leitidee, in welcher die technische Naturbeherrschung zur Lebensgrundlage wird. In dieser Gesellschaft hat der Zweckbegriff „handlungs- und erkenntnisleitende Funktion, indem er aus der Mannigfaltigkeit der möglichen und wirklichen Bewegungen überschaubare Einheiten ausgrenzt. ... Wer Zweck sagt, behauptet einen vernünftigen Willen, der den Zweck setzt, und postuliert Mittel, um ihn zu erreichen“.[18] Die Zuordnung von Zweck und Mittel und die „idealtypische“ Konstruktion zweckmäßiger Handlungsabläufe[19] erlaubt den Staats- und Sozialwissenschaften nicht nur die Isolierung gesellschaftlicher Zusammenhänge und ihre Analyse. Vielmehr kommt dem Erweis einer zweckrationalen Einrichtung des Staates auch insofern legitimierende Wirkung zu, als ein zweckrationaler Staat das Handlungsgrundgesetz der „bürgerlichen Gesellschaft“ in sich aufnimmt. Dieses Handlungsgrundgesetz ist die „ratio“ des Bürgers, des „rational man“. Der Bürger bestimmt autonom seine Zwecke, er kennt seine Bedürfnisse; er wählt zwischen ihm zur Verfügung stehenden Methoden und Instrumenten, seine Bedürfnisse zu befriedigen und seine Zwecke zu erreichen. Er verfügt zugleich aber auch über das Bewußtsein gemeinsamer Standards der „Moral und Nützlichkeit“, an denen er — vermittelt durch seine Urteilskraft — sein Handeln ausrichtet; er verfügt m. a. W. über „common sense“.[20] Und der Bürger kann sich mit einem zweckrational handelnden Staat umso mehr identifizieren, als die Verwaltungstätigkeit des Staates sich als Mittel seiner Daseinsvorsorge darstellt.

Waren in dieser Konzeption also zunächst Effektivität und Legitimität des Staates in einen über das Urteil des Bürgers vermittelten Zusammenhang gebracht, so ist die Fortentwicklung der hier angesprochenen Tradition der Staatslehre indessen gekennzeichnet durch ein zunehmendes Auseinandertreten von Effektivität hier und Legitimität dort. Hierfür sind u. a. folgende Entwicklungen maßge-

---

16 *Weber*, Wirtschaft und Gesellschaft (Anm. 10), 128 ff.

17 Dazu *Hesse* (Anm. 12), 10 f.; vgl. auch *Hans Maier*, Ältere deutsche Staatslehre und westliche politische Tradition, Tübingen 1966 m. w. N., bes. 17 ff. zur Verwaltungslehre.

18 *Hans Brockard*, Art. „Zweck“, in: *Hermann Krings / Hans Michael Baumgartner / Christoph Wild* (Hrsg.), Handbuch philosophischer Grundbegriffe, Band 6, München 1974, 1817-1828 (1823).

19 Vgl. *Weber* (Anm. 10), 2 f.

20 Vgl. etwa *Wiegand Siebel*, Rationalität und Normorientierung in der Organisation, in: ZgesStW 120 (1964), 678-685 (682).

bend: Die erste Entwicklung resultiert daraus, daß sich der aufgeklärte Absolutismus, der die bürokratische Verwaltungsorganisation hervorgebracht hat, auf die Legitimität des „productive state" berief, während das kontinentaleuropäische Bürgertum seit Ausgang des 18. Jahrhunderts gegen den aufgeklärten Absolutismus die Legitimität des „protective state" auf seine Fahnen schrieb.[21] Die Folge war, daß sich im politischen Denken ein Freiheitsbegriff entwickelte, der weniger auf politischen common sense als vielmehr auf staatsfreie Entfaltungsmöglichkeiten des Individuums zielte.[22] Nicht die Wirksamkeit der Daseinsvorsorge und Wohlfahrtsförderung durch staatliche Verwaltung, sondern „die Grenzen der Wirksamkeit des Staates"[23] und die Sphäre individueller Freiheit, von der aus diese Grenze gezogen wurde, entwickelten sich zum Legitimitätsparadigma des liberalen Rechtsstaates. Nicht die Rückkoppelung des Bürgers an die „effeti" des Staates mittels seiner Urteilskraft, sondern deren Eindämmung und Kontrolle durch Grundrechte trat in den Vordergrund bürgerlicher Legitimationstheorien.

Eine zweite Entwicklung war die zunehmende Abkehr von einem materiellen und Hinwendung zu einem formellen Verwaltungsbegriff. Nicht was der Staat tut, sondern wie er am besten einzurichten ist, um die Fülle seiner Aufgaben zu erledigen, bestimmte die Fragestellung. Diese Entwicklung fand in *Max Webers* Analyse der Bürokratie einen Höhepunkt. *Weber* unterstrich mit Nachdruck, daß „jene lebende Maschine, welche die bureaukratische Organisation mit ihrer Spezialisierung der geschulten Facharbeit, ihrer Abgrenzung der Kompetenzen, ihren Reglements und hierarchisch abgestuften Gehorsamsverhältnissen darstellt, ... ganz unvergleichlich viel besser als jegliche andere Struktur der Herrschaft" die technische Erledigung staatlicher Verwaltungsaufgaben bewerkstelligen könne.[24] Zwar hat es bis in die Gegenwart immer wieder Versuche gegeben, materielle Definitionen oder Systematisierungen staatlicher Verwaltungstätigkeit vorzulegen[25], doch gilt gerade auch angesichts der vielfältigen Änderungen und Auswei-

---

21 Hierzu *Thomas Würtenberger*, Legitimationsmuster von Herrschaft im Laufe der Geschichte, in: JuS 26 (1986), 344-349.

22 Zum deutschen politischen Denken *Maier* (Anm. 17), 21 ff. und insbesondere *Rudolf Smend*, Bürger und Bourgeois im deutschen Staatsrecht, in: *ders.*: Staatsrechtliche Abhandlungen und andere Aufsätze, 2. Aufl. Berlin 1968, 309-325. Zum angelsächsischen Denken, für das insoweit *Locke* von großem Einfluß war, vgl. *Klaus Dicke*, Menschenrechte und europäische Integration, Kehl / Straßburg 1986, 75 ff.

23 So der Titel eines der Hauptwerke des politischen Liberalismus auf dem europäischen Kontinent, *Wilhelm von Humboldts* Schrift „Ideen zu einem Versuch, die Grenzen der Wirksamkeit des Staates zu bestimmen" (1792, veröffentlicht 1851), die wiederum maßgeblichen Einfluß auf *John Stuart Mills* Schrift „On Liberty" (1859) hatte.

24 *Max Weber*, Parlament und Regierung im neugeordneten Deutschland, in: Gesammelte politische Schriften, 1921, 126 ff. (151) (Neuausgabe: Zur Neuordnung Deutschlands. Schriften und Reden 1918-1920, Gesamtausgabe I / 16, hrsg. von *Wolfgang J. Mommsen / Wolfgang Schwenther*, Tübingen 1988). Vgl. auch *Siebel* (Anm. 20), 684 f.

25 *Bachof* (Anm. 15), 3828; vgl. auch oben Anm. 14. Ferner *Ulrich Matz*, Der überforderte Staat: Zur Problematik der heute wirksamen Staatszielvorstellungen, in: *Wilhelm Hennis / Peter Graf Kielmansegg / Ulrich Matz* (Hrsg.), Regierbarkeit. Studien zu ihrer

tungen staatlicher Verwaltungstätigkeit die wissenschaftliche Aufmerksamkeit ganz überwiegend den Organisationsprinzipien und Strukturen, welche der Verwaltung eine optimale Erledigung ihrer Aufgaben ermöglichen und in diesem Sinne ihre Effektivität und Effizienz verbürgen.[26]

Diese zweite Entwicklung wird oft — gerade auch im Blick auf *Max Weber* — als „Trennung von Politik und Verwaltung" bezeichnet[27] und aus demokratietheoretischen Überlegungen heraus kritisiert. Dies ist jedoch insofern zumindest einseitig, als dabei übersehen wird, daß gerade *Max Weber* zwar die bürokratische Organisation der Verwaltung deutlich von der parlamentarischen Organisation der Politik abhebt, daß aber andererseits der Vorzug des Parlamentarismus für ihn darin liegt, besser als Aristokratie und Monarchie die Verwaltung politisch führen zu können. Damit ist *Weber* zugleich auch Kronzeuge für eine dritte Entwicklung, in der die Verwaltung eingebettet wird in das Gesamtsystem des demokratischen Verfassungsstaates. Im demokratischen Verfassungsstaat werden Effizienz und Effektivität von der Legitimität unterschieden und primär der Verwaltung bzw. Gesetzgebung und Rechtsordnung zugeordnet. Hier „geht es um Rationalität, Technizität und Leistungsfähigkeit der Organisation, also um die ‚efficiency' im Sinne der Sozialwissenschaften; (dort) handelt es sich um die ‚Legitimität' des Regierungssystems, um die Ausrichtung seines Tuns an vorhandenen Wertvorstellungen, um die Bindung der jeweiligen Organe und — nicht nur in der Demokratie — darum, daß der ‚Wille' des Souveräns die gesamte Organisation des Gemeinwesens durchdringt"[28]. Zugleich werden Effektivität und Effizienz hier und Legitimität dort aber auch aufeinander bezogen: die Verwaltung wird von der Gesetzgebung in ihrem inhaltlichen Tun bestimmt, von der Regierung geführt und von der Rechtsordnung kontrolliert.[29] *Ellwein* folgert

---

Problematisierung, Bd. 1 Stuttgart 1977, 82 - 102, und *Kurt Eichenberger*, Der geforderte Staat: Zur Problematik der Staatsaufgaben, a. a. O. 103 - 117, der von der Feststellung ausgeht, an welcher materielle Systematisierungen der Staatsaufgaben immer wieder scheitern: „Der Staat der Gegenwart steht in der Bereitschaft, ‚alle' Aufgaben aufzunehmen" (103).

26 So schreibt etwa *Thieme* der Bürokratie „Effektivität" mit der folgenden Begründung zu: „Es gibt kein Organisationsprinzip, das einen so hohen Grad von Nutzen (im Verhältnis zu den Kosten) aufweist, wie die Bürokratie. Die Anforderungen des Bürgers an die Leistungen der Verwaltung und die stets knappen Mittel der Verwaltung fordern daher notwendig eine bürokratische Arbeitsweise". *Werner Thieme*, Verwaltungslehre, 3. Aufl. Köln-Berlin-Bonn-München 1977, 117. Für die US-amerikanische Verwaltungslehre siehe *Fritz W. Scharpf*, Verwaltungswissenschaft als Teil der Politikwissenschaft, in: *ders.*, Planung als politischer Prozeß, Frankfurt 1973, 9 - 32 (10): „In zunehmender Isolation von der Politikwissenschaft entwickelte die Public Administration eine präskriptive Kunstlehre vom effizienten Verwalten . . .".

27 So etwa *Hesse* (Anm. 12), 11, mit dem Hinweis, daß sich die Trennung von Politik und Verwaltung „darin widerspiegelte, daß es faktisch unmöglich war, Minister politisch zur Verantwortung zu ziehen".

28 *Ellwein* (Anm. 14), 165.

29 Vgl. statt anderer *Thieme* (Anm. 26), 82 ff.; *Ellwein* (Anm. 14), 165 ff.

daraus für die Staatslehre: „Effizienz und Legitimität bilden Maßstäbe, die gleichzeitig gegenüber dem Regieren zu verwenden sind“[30].

Nun hat die Politikwissenschaft — in den USA ebenso wie in der Bundesrepublik Deutschland nach dem Zweiten Weltkrieg — lange Zeit überwiegend die Legitimationsaufgabe des demokratischen Verfassungsstaates und seiner Institutionen — allen voran der politischen Parteien — ins Zentrum ihrer Untersuchungen gestellt. Abgesehen von der bereits erwähnten Regierungslehre[31] wurde die Verwaltung zunächst ebenso vernachlässigt wie eine Effizienz bzw. Effektivität und Legitimität integrierende Theorie des demokratischen Verfassungsstaates.[32] In beiderlei Hinsicht sind indessen seit Beginn der siebziger Jahre erhebliche Anstrengungen zu verzeichnen, wie das bereits angeführte Sonderheft 13 der Politischen Vierteljahresschrift[33] einerseits und zahlreiche Beiträge zur „Wiederbelebung der Staatsdiskussion“[34] andererseits exemplarisch belegen. Die sich stark ausdifferenzierenden Forschungsansätze — Politikfeldanalysen, Evaluations- und Wirkungsforschung, Performanzanalysen, Theorien des „politisch-administrativen Systems“ und der „Steuerungskapazität des Staates“, um nur einige wenige zu nennen — können auf empirische Ergebnisse und Theorieentwicklungen sehr unterschiedlicher Disziplinen zurückgreifen. So stehen Fragen und Probleme der Effizienz und Effektivität der öffentlichen Verwaltung sowie deren Einbettung in das normative Gesamtgerüst des demokratischen Verfas-

---

[30] *Ellwein* (Anm. 14), 171. Vgl. auch *Peter Häberle*, Effizienz und Verfassung, in: *ders.*, Verfassung als öffentlicher Prozeß. Materialien zu einer Verfassungstheorie der offenen Gesellschaft, Berlin 1978, 290-302, der betont, daß Effizienz nie an sich, sondern immer nur in Verbindung mit Grundsätzen oder Normen als Maßstab staatlichen Handelns gelten kann.

[31] Oben Anm. 14.

[32] Dadurch wird die in der Sache überzogene Kritik von *Hirsch* (Anm. 14), 243, an der Regierungslehre aus der Perspektive der Wissenschaftsgeschichte heraus immerhin verständlich: „Auf diese Weise werden technische Effizienz einerseits und demokratische Legitimität andererseits zu teilweise konkurrierenden Beurteilungskriterien, vor deren Widersprüchlichkeit letztlich Hilflosigkeit eingestanden werden muß. Zwar wird betont, daß nicht zuletzt „efficiency“ auch Legitimität verleiht, aber man müßte zumindest auch nach der gesellschaftlichen Qualität derartiger Kriterien fragen.“

[33] Oben Anm. 9. Darin insbesondere den informativen Überblick von *Thomas Ellwein*, Verwaltungswissenschaft — die Herausbildung einer Disziplin, 34-54; *Wolfgang Fach*, Verwaltungswissenschaft — ein Paradigma und seine Karriere, 55-73; ferner *Scharpf* (Anm. 26).

[34] *Wilhelm Hennis*, Legitimität — zu einer Kategorie der bürgerlichen Gesellschaft, in: PVS Sonderheft 7 / 1976, 9-38; *Thomas Ellwein / Joachim Jens Hesse / Renate Mayntz / Fritz W. Scharpf* (Hrsg.), Jahrbuch zur Staats- und Verwaltungswissenschaft Bd. 1, Baden-Baden 1987, 261 ff. („Forum: Zur Neubelebung der Staatsdiskussion“, mit Beiträgen von *Dietrich Fürst, Helmut Willke, Claus Offe* und *Ernst-Hasso Ritter)*; *Hans Hermann Hartwich*, Die Suche nach einer wirklichkeitsnahen Lehre vom Staat, in: Aus Politik und Zeitgeschichte B 46-47 / 1987, 14. November 1987, 3-20, und den Tagungsbericht von *Wolfgang Seibel*, Staatswissenschaft — vergessene Disziplin oder neue Herausforderung? In: PVS 30 (1989), 313-316; vgl. auch *Niklas Luhmann*, Politische Theorie im Wohlfahrtsstaat, München-Wien 1981.

sungsstaates im Vordergrund verfassungs- und verwaltungsrechtlicher[35], betriebswirtschaftlicher und volkswirtschaftlicher[36], soziologischer und verwaltungswissenschaftlicher[37] Analysen und Theorieentwicklungen.

Es würde den Rahmen der vorliegenden Arbeit sprengen, auch nur holzschnittartig diese Theorieentwicklungen im einzelnen nachzuzeichnen. Da jedoch politikwissenschaftliche Analysen internationaler Organisationen, soweit sie deren Effizienz und Effektivität in den Blick nehmen, zumeist auf die Begrifflichkeit dieser Theorieentwicklungen zurückgreifen, sind zumindest einige Grundlinien zu umreißen und dabei die wichtigsten organisationstheoretischen Begriffe zu bestimmen.

Für moderne sozialwissenschaftliche Verwaltungslehren sind zunächst zwei miteinander verschränkte Theorieentwicklungen von entscheidender Bedeutung: die Rezeption der kybernetischen und funktionalistischen Systemtheorie in der Politikwissenschaft und die Herausbildung einer eigenständigen sozialwissenschaftlichen Organisationstheorie insbesondere durch Soziologie und Betriebswirtschaftslehre. Die funktionalistische *Systemtheorie* erlaubt es der Politikwissenschaft, über die idealtypische Analyse zweckrationaler Handlungsabläufe hinaus Funktionen zu identifizieren und zu untersuchen.[38] Eine Funktion wird allgemein bestimmt als „die Leistung eines Elements zur Herstellung oder Erhaltung eines bestimmten Systemzustandes oder des Zustandes eines anderen Elements im System".[39] Ein „System" wird als ein sich durch Funktionen selbst erhaltendes Ganzes begriffen. ‚Vernünftig gesetzte', intendierte Zwecke können dabei durchaus Funktionen sein; doch sind umgekehrt nicht alle intendierten Zwecke funktio-

---

35 Aus der Fülle der Literatur siehe *Bachof* (Anm. 15); *Walter Leisner*, Effizienz als Rechtsprinzip, Tübingen 1971; *Häberle* (Anm. 30); *Albert von Mutius*, Grundrechtsschutz contra Verwaltungseffizienz im Verwaltungsverfahren?, in: NJW 35 (1982), 2150-2160; *Rudolf Steinberg*, Komplexe Verwaltungsverfahren zwischen Verwaltungseffizienz und Rechtsschutzauftrag, in: DöV 35 (1982), 619-631; *Jürgen Schwarze*, Administrative Leistungsfähigkeit als verwaltungsrechtliches Problem, in: DöV 33 (1980), 581-594.

36 Statt anderer *Carl Christian von Weizsäcker*, Effizienz und Verteilungsgerechtigkeit — ein Widerspruch?, in: *Detlev Rahmsdorf / Hans-Bernd Schäfer* (Hrsg.), Ethische Grundfragen der Wirtschafts- und Rechtsordnung, Berlin-Hamburg 1988, 23-49; *Wilhelm Pfähler*, Effizienz staatlicher Tätigkeit — was ist das?, in: Finanzarchiv 42 (1984), 86-106; vgl. auch unten Anm. 49.

37 Vgl. die Beiträge in PVS Sonderheft 13 / 1982 (Anm. 9) und im Jahrbuch zur Staats- und Verwaltungswissenschaft (Anm. 34), bes. 355 ff.; ferner statt anderer *Manfred Timmermann*, Effizienz der öffentlichen Verwaltung, in: VerwArch 68 (1977), 311-326; *Rolf Kroker*, Wachstum und Effizienz der öffentlichen Verwaltung, Köln 1984; *Herbert König*, Zur Effizienz öffentlichen Handelns im Spiegel der nationalen und internationalen Diskussion, in: Die Verwaltung 13 (1980), 57-76.

38 Aus der unüberschaubaren Literatur zur Systemtheorie vgl. zum Zwecke des Überblicks *Klaus von Beyme*, Die politischen Theorien der Gegenwart, 6. Aufl. Opladen 1992, 145 ff.; *H. Willke*, Systemtheorie, Stuttgart-New York 1982; *Arno Waschkuhn*, Politische Systemtheorie. Entwicklung, Modelle, Kritik. Eine Einführung, Opladen 1987.

39 *Peter Rölke*, Funktionalismus, in: Pipers Wörterbuch zur Politik, Bd. 1, München 1985, 262-266 (262).

nal[40]; zweckrationales Handeln kann also zu Ergebnissen führen, die vom Standpunkt der Systemrationalität dysfunktional sind. Der weiterreichende Begriff der Funktion trägt dem Rechnung: er umschließt auch nicht intendierte und sich damit zweckrationaler Analyse entziehende Verhaltensweisen, Strukturen, Entscheidungs- oder Kommunikationsprozesse, welche gleichwohl zur Selbsterhaltung eines Systems beitragen. War die struktur-funktionale Systemtheorie eines *Talcott Parsons*[41] noch stark zweckrationalem Denken verhaftet, so löste der Äquivalenz-Funktionalismus *Niklas Luhmanns* die Systemtheorie in radikaler Weise von allen zweckrationalen Anklängen. *Luhmann* definiert Funktion als „ein regulatives Sinnschema, das einen Vergleichsbereich äquivalenter Leistungen organisiert".[42] Mit dieser Definition will er der Komplexität sozialer Zusammenhänge und „Kontingenz" möglicher Problemlösungen Rechnung tragen. Soziale Systeme reduzieren die Komplexität der Welt, indem sie zwischen sich selbst und ihrer Umwelt eine Grenze ziehen und System-Umwelt-Beziehungen ermöglichen. Systembildung in diesem Sinne ist für *Luhmann* Bedingung der Möglichkeit sozialen Handelns und sozialer Ordnung ebenso wie wissenschaftlicher Erkenntnis.[43]

Eine zweite Voraussetzung moderner sozialwissenschaftlicher Verwaltungslehren ist in der Entwicklung einer eigenständigen, z. T. systemtheoretisch konzipierten[44], *Organisationslehre* zu sehen. Unter „Organisation" kann grundsätzlich dreierlei verstanden werden: Organisation kann einmal das „zielgerichtete Handeln des Organisierens", sodann die Art der Organisiertheit eines sozialen Verbandes bedeuten und kann schließlich ein individuelles soziales System selbst bezeichnen.[45] Die Organisationslehre befaßt sich mit allen drei Bedeutungsvarian-

---

40 Diesen Aspekt der sog. „Sub-optimalität" und damit eine nicht unerhebliche Relativierung des „rational man" im oben geschilderten Sinn stellen etwa das bekannte „Prisoner's dilemma" oder aber Theorien des Marktversagens in den Vordergrund. Statt anderer dazu *Mancur Olson*, Die Logik des kollektiven Handelns, Tübingen 1968; für die internationalen Beziehungen statt anderer *Robert O. Keohane*, After Hegemony. Cooperation and Discord in the World Political Economy, Princeton 1984, 65-84.

41 *Talcott Parsons*, The Social System, New York-London 1966, unterscheidet vier systemerhaltende Funktionen: Adaption, Goal Attainment, Integration und Latent Pattern Maintenance — nach den Anfangsbuchstaben als „AGIL-Schema" bezeichnet, von denen Funktion 1 und 2 im Verhältnis des Systems zu seiner Umwelt, Funktion 3 und 4 innerhalb des Systems gelten.

42 *Niklas Luhmann*, Soziologische Aufklärung Bd. 1, 3. Aufl. Opladen 1972, 14.

43 Vgl. *Niklas Luhmann*, Wie ist soziale Ordnung möglich? In: *ders.*, Gesellschaftsstruktur und Semantik. Studien zur Wissenssoziologie der modernen Gesellschaft, Bd. 2, Frankfurt 1981, 195-285.

44 Zur Bedeutung der Systemtheorie für die Organisationslehre *Wilhelm Hill / Raymond Fehlbaum / Peter Ulrich*, Organisationslehre 1, 3. Aufl. Bern-Stuttgart 1981, 18; *Rainer Prätorius*, Soziologie der politischen Organisationen. Eine Einführung, Darmstadt 1984, 43; *Niklas Luhmann*, Organisation, soziologisch, in: Evangelisches Staatslexikon, 2. Aufl. 1975, 1689-1693; zurückhaltender *Jürgen Hauschildt*, Entwicklungslinien der Organisationstheorie, in: Christiana Albertina 25, Kiel 1987, 27-38.

45 So *Prätorius* (Anm. 44), 10 f.; *Hauschildt* (Anm. 44), 28, unterscheidet lediglich zwei Bedeutungen, ähnlich *Hill / Fehlbaum / Ulrich* (Anm. 44), 17.

ten, wobei im angelsächsischen Sprachraum vorwiegend von der dritten Bedeutung (institutionaler Organisationsbegriff) und in der vor allem von der Betriebswirtschaftslehre vorangetriebenen deutschen Organisationstheorie vorwiegend von den beiden erstgenannten Bedeutungen (instrumentaler Organisationsbegriff) ausgegangen wird. Die Organisationslehre ist eine präskriptive, handlungsanleitende Wissenschaft und sucht „Rezeptwissen über ‚richtiges', d. h. erfolgreiches Organisieren bereitzustellen"[46]. Ein Organisationsproblem ist definiert durch die drei Variablen „Ziele", „Mittel" und (einschränkende) „Bedingungen" und stets auf ein soziales System bezogen. Gegenstand der Organisationslehre in diesem Sinne ist „die Gesamtheit der auf die Erreichung von Zwecken und Zielen gerichteten Maßnahmen . . ., durch die ein soziales System strukturiert wird und die Aktivitäten der zum System gehörenden Menschen, der Einsatz von Mitteln und die Verarbeitung von Informationen geordnet werden"[47].

Insbesondere die betriebswirtschaftliche Organisationslehre unterscheidet sich von der Systemtheorie durch die Spezialisierung ihrer Fragestellung und durch ihr empirisches Vorgehen.[48] Durch Quantifizierungen der Variablen des Organisationsproblems ermöglicht sie empirische Organisationsanalysen und „Messungen" von Organisationen. Doch ergänzen sich Organisationslehre und Systemtheorie in der „Organisation" der verwaltungswissenschaftlichen Forschung insofern, als der Spezialisierung der Organisationslehre Generalisierungs- und Systematisierungsmöglichkeiten der Systemtheorie gegenüberstehen. Die Systemtheorie hat es ermöglicht, in einem interdisziplinären Diskurs auf der Grundlage der fundamentalen Frage nach der Möglichkeit sozialer Ordnung die Staatslehre nicht nur um neue Fragestellungen und Differenzierungen anzureichern, sondern auch die Frage nach dem Staat in einer sehr grundsätzlichen Weise wirklichkeitsnah zu diskutieren.[49]

Welche Auswirkungen die Rezeption der Systemtheorie und der Organisationslehre für die Verwaltungswissenschaft hat, läßt sich daran aufzeigen, daß den Begriffen der „Effizienz" bzw. „Effektivität" ein gegenüber älteren Ansätzen veränderter Stellenwert zukommt. *Fach* spricht insoweit zurecht von einem „theoretischen Übergang vom Rationalitäts- zum Effektivitätskalkül"[50]: War für die ältere Verwaltungslehre die Zweckrationalität und bürokratische Einrichtung der Verwaltung Garant für deren Wirksamkeit, so gewinnen im Lichte der Systemtheorie und Organisationslehre die Begriffe Effizienz / Effektivität die Funktion

---

[46] *Prätorius* (Anm. 44), 11 m. w. N.; vgl. auch *Hauschildt* (Anm. 44), 30.

[47] *Hill* u. a. (Anm. 44), 17.

[48] Dazu *Hauschildt* (Anm. 44), 33 ff.; *Roland Gzuk,* Messungen der Effizienz von Entscheidungen, Tübingen 1975, 16 ff., 181 ff.

[49] Dazu vor allem *Willke* (Anm. 34) und *Hartwich* (Anm. 34). — Freilich kann insbesondere die formalisierte Begrifflichkeit der Systemtheorie durchaus auch zu Verkürzungen, ja zu Irreführungen in der Staatsdiskussion führen. Dazu unten, S. 42.

[50] *Fach* (Anm. 33), 60.

eines Selektionskriteriums: sowohl die Systemtheorie als auch die Organisationslehre und die von ihnen inspirierten Forschungsansätze stellen die *Optimierung* der Effizienz bzw. Effektivität in den Vordergrund. Ihre Fragen richten sich also etwa darauf, welche Organisationsstrukturen Funktionen effizienter erfüllen können als andere oder darauf, welche Arrangements der oben genannten Variablen eines Organisationsproblems möglichst effektive Problemlösungen hervorbringen. Dieser Optimierungsgesichtspunkt stellt die systemtheoretisch bzw. organisationstheoretisch beeinflußte Analyse der Verwaltung prinzipiell unter einen ökonomischen Aspekt.[51] Damit ist jedoch zumindest die Gefahr gegeben, daß politische Entscheidungsfindung auf eine Wahl zwischen mehr oder weniger optimalen Handlungsentwürfen bzw. „Rezepten" reduziert wird, sich also unter der Hand ein technokratisches Modell politischer Entscheidungsfindung gegenüber dem offenen republikanischen Modell durchsetzt.[52] Die von *Guicciardini* hervorgehobene ursprüngliche Verbindung zwischen erfahrungswissenschaftlicher Beurteilung der „effeti" des Staates und einer auf freier Urteilsbildung gründenden Legitimationstheorie droht dabei hinter einer erfahrungswissenschaftlich zu erstellenden Alternative mehr oder weniger optimaler Organisationsrezepte zurückzutreten. Effizienz und Effektivität werden zu Postulaten verselbständigt, nicht aber zu Ansatzpunkten einer auch andere, normative Kriterien, etwa ‚gemeinsame Standards der Moral und Nützlichkeit', berücksichtigenden Urteilsfindung.

Auf diesem an der Staatslehre exemplarisch aufgezeigten Hintergrund lassen sich für die Bedeutung der Begriffe „Effizienz" und „Effektivität" und die historischen, politischen und normativen Zusammenhänge, auf welche ihre Anwendung auf politische Institutionen verweist, zusammenfassend folgende Aspekte festhalten:

1. Was die Bedeutung der Begriffe Effizienz und Effektivität angeht, so sticht zunächst eine terminologische Uneinheitlichkeit ins Auge. Unterscheiden einige Ansätze explizit zwischen Effizienz und Effektivität, so benutzen andere — in unterschiedlicher Ausdifferenzierung — allein den Begriff der „Effizienz". Auch fällt auf, daß die inhaltliche Bestimmung der Effizienz und Effektivität öffentlicher Verwaltung je nach Theorieansatz der einzelnen Untersuchung variiert. Nach einer allgemein akzeptierten Definition sucht man vergebens. Ohne nun verschiedenen Operationalisierungen im einzelnen nachgehen zu können, läßt die Verwendung der Begriffe insbesondere in der Verwaltungslehre jedoch folgende Unterscheidung zwischen Effizienz einerseits und Effektivität andererseits sowie Umrisse ihres jeweiligen Bedeutungsgehaltes erkennen:

---

[51] Vgl. *Pfähler* (Anm. 36); *König* (Anm. 37); *Christoph Reichardt / Herbert König*, Zur Effizienz der öffentlichen Verwaltung, in: PVS Sonderheft 13 (Anm. 9), 205-221. Einen prägnanten Überblick über die „Neue politische Ökonomie" mit weiterführenden Hinweisen gibt *Erich Hoppmann*, Ökonomische Theorie der Verfassung, in: Ordo 38 (1987), 31-45.

[52] Vgl. zu dieser Unterscheidung oben, S. 26, Anm. 28.

2. In groben Konturen ist folgende Abgrenzung zwischen den Begriffen „Effizienz“ und „Effektivität“ erkennbar, und zwar auch dort, wo auf den Begriff „Effektivität“ verzichtet und der Begriff „Effizienz“ entsprechend ausdifferenziert wird: Unter *Effizienz* wird in einer sehr allgemeinen Bestimmung das Verhältnis zwischen den eingesetzten Mitteln und dem angestrebten bzw. anzustrebenden Zweck, das Verhältnis zwischen Aufwand und Leistung verstanden. Unter *Effektivität* hingegen wird der Zielerreichungsgrad verstanden, d. h. das Verhältnis zwischen einer Ist-Leistung und einer — wie immer bestimmten — Soll-Leistung.[53] Diese Unterscheidung wird — obgleich sie in der politischen Sprache kaum je sauber getroffen wird — bei der Verwendung der Begriffe in dieser Arbeit durchgehend zugrundegelegt, wobei die Frage nach den Beziehungen und Wechselwirkungen zwischen Effizienz und Effektivität hier zunächst offenbleiben soll.

3. Die Begriffe Effizienz und Effektivität bedürfen der Operationalisierung in mehrfacher Hinsicht. Zum einen ist davon auszugehen, daß „es *die* Effizienz der Verwaltung nicht gibt, sondern daß Effizienzaussagen sinnvollerweise immer nur auf einzelne Programme, Maßnahmen . . . sowie Verwaltungsbereiche bezogen sind“.[54] Der Gegenstand, auf den Effizienz- und Effektivitätsaussagen bezogen sind, muß also jeweils ausgegrenzt und kenntlich gemacht werden. Die Effizienz und / oder Effektivität einer Organisation ist nach anderen Kriterien zu bemessen als die Effizienz / Effektivität eines Programms, einer einzelnen Maßnahme oder der Tätigkeit einer Organisation insgesamt. Der in politikwissenschaftlichen Analysen — auch internationaler Organisationen — häufig gebrauchte Begriff der „Performanz“[55] läßt diese Unterscheidung nicht immer in der gebotenen Deutlichkeit erkennen. Für die Rekonstruktion des Topos von der Effizienz und / oder Effektivität internationaler Organisationen ergibt sich daraus eine erste Frage: worauf ist die jeweilige Beurteilung genau bezogen, was ist ihr Gegenstand? Zweitens muß der jeweilige — theoretische oder praktische — Bezugspunkt angegeben werden, nach dem die Zwecke bzw. Ziele formuliert werden, die Effizienz- bzw. Effektivitätsaussagen überhaupt erst sinnvoll machen. Solche Bezugspunkte können u. a. sein die Erhaltung eines Systems — etwa des demokratischen Rechtsstaates, des internationalen Systems u. a. —, die Einhaltung und Implementierung einer oder mehrerer Rechtsnormen, die Verwirklichung eines wie immer zustandegekommenen und legitimierten politischen Programms oder aber eine — etwa durch Modellvergleiche gewonnene — theoreti-

---

[53] *Reichardt / König* (Anm. 51), 205 f., 215, dort auch zum französischen und englischen Sprachgebrauch; ferner *Eichhorn / Siedentopf*, Effizienzeffekte der Verwaltungsreform, 1976, 21 / 27; *Leisner* (Anm. 35), 6 ff.; *Timmermann* (Anm. 37), 319.

[54] *Reichard / König* (Anm. 51), 207. Vgl. auch *Timmermann* (Anm. 37).

[55] Zum Begriff *Ulrich Weihe*, Performanz, in: Pipers Wörterbuch der Politik 1, München 1985, 685 f. m. w. N.; für internationale Organisationen *Gayl D. Ness / Steven R. Brechin*, Bridging the Gap: International Organizations as Organizations, in: IO 42 (1988), 245-273 (248).

sche Bezugsgröße.[56] Als eine weitere Frage für die Rekonstruktion des Topos von der Effizienz und / oder Effektivität internationaler Organisationen ergibt sich daraus: welche Zweck- oder Zielbestimmung ist der jeweiligen Beurteilung zugrundegelegt?

4. Fragen nach der Effizienz und Effektivität öffentlicher Verwaltung werden gerade in der jüngeren verwaltungswissenschaftlichen Diskussion immer wieder mit Legitimationsfragen in Zusammenhang gebracht. Einmal wird dies dort sichtbar, wo Legitimationsfragen unmittelbar thematisiert werden. Dies geschieht in der Politikwissenschaft — und zwar in nicht unerheblichem Umfang — dort, wo Fragen der politischen Steuerung und damit auch der politischen Verwantwortung der Verwaltung behandelt werden[57], wo unter dem Stichwort der „Partizipation" Mitwirkungsmöglichkeiten des Bürgers an verwaltungsrechtlichen Genehmigungsverfahren erörtert werden[58] oder aber wo Fragen der Steigerung von Glaubwürdigkeit und „Bürgernähe" der Verwaltung[59] bzw. — gerade in jüngster Vergangenheit — der Bürokratiekritik und Verwaltungsvereinfachung[60] behandelt werden. Nicht selten stehen diese Untersuchungen unter dem Postulat, einen „die bloße normative Entgegensetzung von Politik und Verwaltung ... übergreifenden Bezugsrahmen" zu erstellen.[61] Legitimationstheoretische Vorzeichen werden in der modernen verwaltungswissenschaftlichen Diskussion zum anderen aber auch dort deutlich, wo Konzepte der Effizienz und Effektivität an normative Grenzen stoßen, so etwa bei den immer wieder diskutierten Problemen des Verhältnisses von Verwaltungseffizienz zu Grundrechten[62] oder von Effizienz und Gerechtigkeit[63]. Aus diesen — an die bei *Guicciardini* aufgezeigte historisch ursprüngliche Verbindung zwischen den „effeti" des Staates und seiner Legitimation erinnernden — theoretischen Bemühungen läßt sich eine weitere Frage für

---

56 Als eine solche kann etwa das Modell einer „optimalen" Umweltorganisation gelten; vgl. *John W. Head*, The Challenge of International Environmental Management: A Critique of the United Nations Environment Programme, in: Virginia Journal of International Law 18 (1978), 269-288.

57 Vgl. statt anderer *Renate Mayntz*, Politische Steuerung und gesellschaftliche Steuerungsprobleme — Anmerkungen zu einem theoretischen Paradigma, in: Jahrbuch zur Staats- und Verwaltungswissenschaft (Anm. 34), 89-110 m. w. N.

58 Vgl. etwa *von Mutius* (Anm. 35); weitreichende Auswirkungen hatte hier etwa die Mülheim-Kärlich-Entscheidung des Bundesverfassungsgerichts, in: BVerfGE 53, 30.

59 Dazu *Dieter Grunow*, Bürgernähe der Verwaltung als Qualitätsmaßstab und Zielbezug alltäglichen Verwaltungshandelns, in: PVS Sonderheft 13 (Anm. 9), 237-253; vgl. aber auch die z. T. kritischen Auseinandersetzungen mit den Ausstrahlungen dieser Debatte auf die Gesetzgebung, deren Focus der Begriff der „Akzeptanz" markiert. Dazu *Ernst Benda*, Akzeptanz als Bedingung demokratischer Legitimität?, Bonn 1988.

60 *Eberhard Laux*, Bürokratiekritik und Verwaltungsvereinfachung. Ursachen — Zusammenhänge — Erträge, in: DöV 41 (1988), 657-665, mit der These, diese Diskussion signalisiere „ein latentes Spannungsverhältnis zwischen der Bewertung der öffentlichen Tätigkeit durch Bürger und Politik und tatsächlicher Verwaltungsleistung" (657).

61 So *Scharpf* (Anm. 26), 18.

62 Vgl. oben Anm. 35.

63 Oben Anm. 36.

die Rekonstruktion des Topos im Reformprozeß der UN herleiten: werden Aussagen über Effizienz und / oder Effektivität internationaler Organisationen absolut getroffen oder aber in den übergreifenden Kontext eines legitimationsorientierten und normativ ausgewiesenen Konzepts internationaler Organisationen bzw. internationaler Politik eingeordnet? — Dieser Aspekt macht schließlich auf ein letztes mit Effizienz- und Effektivitätsanalysen der öffentlichen Verwaltung verbundenes Problem aufmerksam:

5. Gegenüber der dem Staat als „rationaler Anstalt" gewidmeten und vom Paradigma der Zweckrationalität geprägten älteren Verwaltungslehre sind Effizienz- und Effektivitätsanalysen modernerer Prägung durch eine stärkere Formalisierung ihres analytischen Instrumentariums gekennzeichnet. Damit ist zumindest die Gefahr gegeben, daß die theoretische Analyse politischer Einrichtungen und Zusammenhänge durch sachfremde Gesichtspunkte überlagert wird. Die Systemtheorie entnimmt ihre theoretischen Grundstrukturen der Biologie und Kybernetik und überträgt sie auf die Politik; die Organisationslehre wurde im wesentlichen am Beispiel privatwirtschaftlicher Betriebe und ihres Managements entwickelt und auf politische Institutionen übertragen. So wird immer wieder darauf aufmerksam gemacht, daß die Begriffe Effizienz und Effektivität aus dem Bereich der Privatwirtschaft in den Bereich der öffentlichen Verwaltung übertragen und damit möglicherweise sachfremde Bezugspunkte für die Bewertung öffentlicher Verwaltung herangezogen werden.[64] Ähnliches gilt für den Begriff der Organisation: Das Institut für Internationales Recht an der Universität Kiel, die Deutsche Gesellschaft für Photographie, der Deutsche Gewerkschaftsbund, das Bundesministerium für Verteidigung oder die Bundesregierung sind Beispiele für Organisationen; doch lassen sich aus dieser formalisierenden Kennzeichnung auch die Kriterien, nach denen sie effektiv und effizient zu organisieren sind, in einer für alle Beispiele gültigen Weise herleiten? Müssen nicht gerade politische Organisationen und Einrichtungen ein gewisses Maß an Ineffizienz und Ineffektivität hinnehmen bzw. dem Bürger in Rechnung stellen? Ähnliche Probleme stellen sich bei systemtheoretischen Fragestellungen: bringt nicht die für die Systemtheorie grundlegende Frage nach der Möglichkeit *sozialer* Ordnung eine Überordnung der Gesellschaft über den Staat mit sich?[65] Hieraus ergibt sich eine weitere im Zuge der Rekonstruktion des Topos von der Effizienz und / oder Effektivität internationaler Organisationen zu beantwortende Frage: werden besondere Wirksamkeitsbedingungen internationaler Organisationen als politische Institutionen explizit berücksichtigt und welche sind dies ggf., oder aber werden internationale Organisationen in der Beurteilung durch die Praxis anderen Organisationen gleichgestellt?

---

[64] Dazu ausführlich *Leisner* (Anm. 35) und *Häberle* (Anm. 30). Vgl. auch *Timmermann* (Anm. 37).

[65] Vgl. dazu nur *Willke* (Anm. 34), 287.

Zusammenfassend läßt sich festhalten, daß die Frage nach der Effizienz und Effektivität öffentlichen Verwaltungshandelns eine bestimmte, nicht zuletzt auch von wissenschaftsgeschichtlichen Faktoren beeinflußte Perspektive der Staatslehre zur Geltung bringt. Der Weg von der Frage nach den den Staat legitimierenden „effeti" über diejenige nach der Rationalität der Bürokratie hin zur Frage nach der Effizienz und Effektivität des Verwaltungshandelns stellt sich dar als ein solcher methodischer Spezialisierung und wissenschaftlicher Ausdifferenzierung. Dabei sind im Ergebnis drei Kennzeichen dieser Entwicklung hervorzuheben: erstens rückt die Frage nach den Mitteln und Leistungen staatlichen Verwaltungshandelns in den Vordergrund, zweitens werden diese nach ökonomischen und formalen, technischen Gesichtspunkten analysiert: vergleichende empirische Forschung verspricht eine Optimierung der Mittel und Leistungen; und drittens wird das Erfordernis sichtbar, empirische Einzelergebnisse in eine integrative Theorie des Staates einzubeziehen, die auch normative Fragen der Legitimation staatlichen Handelns berücksichtigt. Im folgenden ist nun der Frage nachzugehen, ob sich vergleichbare Entwicklungen auch für den seit Mitte des 19. Jahrhunderts Gestalt gewinnenden Bereich der internationalen Verwaltung aufzeigen lassen.

Kapitel 2

Die Entstehung internationaler Organisationen und ihre Entwicklung bis zur Gegenwart

Die Wirksamkeit der Verwaltung ist abhängig von ihrer Organisation — dies gilt nicht nur für die nationale, sondern in gleichem Maße auch für die internationale Verwaltung, die sich seit der Mitte des 19. Jahrhunderts in verschiedenen Entwicklungsstufen herausbildet. Bevor der Topos von der Effizienz und Effektivität internationaler Organisationen im Reformprozeß der UN rekonstruiert werden soll, sind zunächst die Entstehung internationaler Organisationen und ihre Entwicklungsstufen bis zur Gegenwart vorzustellen.

In der deutschsprachigen politikwissenschaftlichen Literatur liegen Darstellungen internationaler Organisationen — von den Europäischen Gemeinschaften abgesehen — oder der Vereinten Nationen nur in geringer Zahl vor[1]; die Behandlung des Themas ist ganz überwiegend eine Domäne der Völkerrechtswissenschaft. Diese Lücke kann und soll im folgenden nicht geschlossen werden. Um jedoch die aus den Besonderheiten des internationalen Systems sich ergebenden übergreifenden Wirksamkeitsbedingungen internationaler Organisationen

---

1 Den englischsprachigen Darstellungen aus den achtziger Jahren von *Werner J. Feld / Robert S. Jordan,* International Organizations. A Comparative Approach, New York 1983; *Clive Archer,* International Organizations, London 1983; *A. LeRoy Bennet,* International Organizations. Principles and Issues, 3. Aufl. Englewood Cliffs 1984; *Peter R. Baehr / Leon Gordenker,* The United Nations. Reality and Ideal, New York 1984; *Robert E. Riggs / Jack C. Plano,* The United Nations. International Organization and World Politics, Chicago 1988, stehen in der deutschsprachigen Literatur kaum vergleichbare Werke zur Seite: *Albrecht Weber,* Geschichte der internationalen Wirtschaftsorganisationen, Wiesbaden 1983; *Uwe Andersen / Wichard Woyke* (Hrsg.), Handwörterbuch Internationale Organisationen, Opladen 1985; *Günther Unser,* Die UNO. Aufgaben und Struktur der Vereinten Nationen, 5. Aufl. München 1992; *Peter A. Köhler,* Sozialpolitische und sozialrechtliche Aktivitäten in den Vereinten Nationen, Baden-Baden 1986, 89-547 sowie *Daniel Frei,* Die Organisation der Vereinten Nationen (UNO), Grüsch 1990. Darüber hinaus stehen einige Sammelbände zur Verfügung. Genannt seien: *Volker Rittberger / Peter J. Opitz* (Hrsg.), Forum der Welt. 40 Jahre Vereinte Nationen, Bonn 1986; *Klaus Dicke / Klaus Hüfner* (Hrsg.), Die Leistungsfähigkeit des UN-Systems. Politische Kritik und wissenschaftliche Analyse, Bonn 1987; *Rüdiger Wolfrum* (Hrsg.), Die Reform der Vereinten Nationen. Möglichkeiten und Grenzen, Berlin 1989; *ders.* (Hrsg.), Handbuch Vereinte Nationen, 2. Aufl. München 1991; *Günther Doeker / Helmut Volger* (Hrsg.), Die Wiederentdeckung der Vereinten Nationen. Kooperative Weltpolitik und Friedensvölkerrecht, Opladen 1990. Nützlich ist schließlich die „Orientierungshilfe" von *Klaus Hüfner,* Die UN und ihre Sonderorganisationen. Strukturen, Aufgaben, Dokumente, 2 Bde., Bonn 4. Aufl. 1991 f.

herauszuarbeiten, ist zumindest in Grundzügen die historische Entwicklung internationaler Organisationen darzustellen. Dabei soll die besondere Bedeutung der Vereinten Nationen hervorgehoben und deren normative Grundlage aufgezeigt werden. Dies ist nicht zuletzt auch deshalb erforderlich, weil die Ursachen der Krise der UN in der zweiten Hälfte der achtziger Jahre als auch ihrer Revitalisierung zu Beginn der neunziger Jahre nur dann in den Blick kommen, wenn man sie in den weiteren historischen und systematischen Kontext der Wirksamkeitsbedingungen internationaler Organisationen und deren Wandlungen hineinstellt.

§ 3 Die Entstehung internationaler Organisationen

Die Entwicklungsstufen und zugleich die Dynamik, welche die Entstehung einer internationalen Verwaltung und die wachsende Komplexität ihrer Organisation kennzeichnet, lassen sich an folgendem Beispiel verdeutlichen: Im Oktober 1908 und im August 1911 schlossen das Deutsche Reich und das Vereinigte Königreich zwei Regierungsabkommen zur Bekämpfung der Schlafkrankheit in ihren Besitzungen in Afrika. In den jeweiligen Präambeln dieser Abkommen heißt es gleichlautend: Die „Regierungen haben zwecks *wirksamerer* Bekämpfung der (. . .) als Schlafkrankheit bekannten Seuche die folgende Vereinbarung getroffen . . ."[2]. Mit den beiden Verträgen ist eine Zweckgemeinschaft oder — folgt man der Definition *Strupps* — eine „internationale Verwaltungsgemeinschaft" zustande gekommen[3], ein gegenüber den Vertragsparteien Drittes, das freilich zunächst amorph bleibt, sich also nicht schon automatisch in konkreten Organisationsformen niederschlägt.

Nur etwa 15 Jahre später erwies sich die deutsch-englische Verwaltungsgemeinschaft als zumindest allein nicht hinreichend wirksam, um die Schlafkrankheit in Zentralafrika zu bekämpfen. 1925 kam es auf Initiative des Gesundheitsausschusses des Völkerbundes zu einer Konferenz in London, auf der u. a. eine internationale Kommission zur Erforschung und Bekämpfung der Krankheit eingesetzt und auch ein Fonds zum Aufbringen der erforderlichen Mittel eingerichtet wurde.[4] Im Gegensatz zu der noch amorphen Verwaltungsgemeinschaft von 1908 / 1911 haben wir es 1925 schon mit vier unterschiedlichen Organisationsformen zu tun: dem Gesundheitsausschuß des Völkerbundes, der Staatenkonferenz

---

[2] *Georges Frédéric de Martens,* Nouveau Recueil Général de Traites, Göttingen 1843 ff., 3. serie II, 709; VIII, 310 (Hervorhebung K. D.).

[3] *Karl Strupp,* Internationale Verwaltungsgemeinschaften, in: *ders.* (Hrsg.), Wörterbuch des Völkerrechts und der Diplomatie, 1. Band, Berlin-Leipzig 1924, 573-577 (573): „Verwaltungsgemeinschaften i. w. S. sind auf Staatenvertrag beruhende Verbindungen zweier oder mehrerer Staaten zu dem Zwecke, eine Gemeinschaft auf einem der Verwaltung angehörenden Gebiete herbeizuführen."

[4] Dazu *C. W. Hutt,* International Hygiene, London 1927, 221 ff.

in London, der dort eingesetzen Kommission von Experten und dem dort gegründeten Fonds. Mit dieser Vielfalt von dem gleichen politischen Zweck dienenden Organisationsformen wächst der Organisation der internationalen Verwaltung in Gestalt der Koordination dieser vielfältigen Organisationsformen eine neue Aufgabe zu, die 1925 vom Gesundheitsausschuß des Völkerbundes wahrgenommen wurde. — Und noch einmal 15 Jahre später hatte sich das Organisationsgeflecht erneut erweitert. Bis dahin hatte nämlich der Völkerbund auch auf anderen Gebieten der internationalen Verwaltung ähnliche Koordinationsaufgaben wahrgenommen[5]; es zeichnete sich ab, daß damit seine Koordinationskapazität überfordert würde. Der Ruf nach Reformen wurde laut. 1939 wurde eine Kommission eingesetzt, die entsprechende Empfehlungen ausarbeiten sollte. Gegenstand ihrer Beratungen war nun nicht mehr die Koordination bestehender Organisationen, sondern eine dynamische Erweiterung der organisierten zwischenstaatlichen Kooperation einschließlich einer Organisation ihrer Koordination.[6]

Innerhalb von nur dreißig Jahren lassen sich also idealtypisch folgende Stufen in der Entwicklung der internationalen Verwaltung feststellen, in deren Ablauf das Problem ihrer Organisation zunehmend komplexer wird: 1. die Schaffung von zweckgerichteten Verwaltungsgemeinschaften zwischen einzelnen Staaten; 2. eine vielfältige organisatorische Ausgestaltung dieser Verwaltungsgemeinschaften; 3. die Koordination solcher Verwaltungsgemeinschaften auf den ihnen zugrundeliegenden Zweck hin und 4. die Organisation dieser Koordination angesichts eines dynamischen Wachstums zwischenstaatlicher Zusammenarbeit in internationalen Verwaltungsgemeinschaften. Diese — historisch nicht immer in dieser Reihenfolge ablaufenden — Stufen und die mit ihnen gegebenen Organisations- und Wirksamkeitsprobleme der internationalen Verwaltung sind zunächst näher zu untersuchen.

---

5 Vgl. *Edmund C. Mower,* International Government, Boston 1931, 481 - 520; *Walter Schiffer,* The Legal Community of Mankind. A Critical Analysis of the Modern Concept of World Organization, New York 1954, 224 ff., 243 ff.

6 Die Einsetzung der „*Bruce*-Kommission" ging auf einen Vorschlag des Generalsekretärs des Völkerbundes vom Mai 1939 zurück, einen kleinen Ausschuß mit der Aufgabe zu betrauen, „the appropriate measures of organisation which would enable the proposed collaboration to be made more effective, ensure the development and expansion of the League's machinery for dealing with technical problems, and promote the active participation of all nations in the efforts made to solve those problems" zu untersuchen. Zitiert nach *Martin Hill,* The Economic and Financial Organization of the League of Nations. A Survey of Twenty-Five Years' Experience, Washington 1946, 115. Zur Tätigkeit der Kommission unten, S. 71 ff.

1. Die Anfänge: Entstehung von Verwaltungsgemeinschaften und Verwaltungsunionen aus der Notwendigkeit internationaler Verwaltung

Die Entstehung einer internationalen Verwaltung und einer internationalen Verwaltungslehre reichen bis in die Mitte des 19. Jahrhunderts zurück.[7] Bereits *Robert von Mohl* und *Lorenz von Stein* haben erkannt, daß der Nationalstaat alleine nicht in der Lage sei, die Verfolgung menschlicher Lebenszwecke zureichend zu regulieren. Beide sahen die Notwendigkeit einer völkerrechtlichen Ergänzung der staatlichen Verwaltung. *Von Mohl* bestimmte die zukunftsweisende Aufgabe der Völkerrechtswissenschaft und des Völkerrechts dahingehend, daß Rechtssätze aufgefunden werden müssen, „welche die Verbindung der Menschen in ihrer höchsten Potenz, nämlich über das Leben des einzelnen Staates hinaus, und zwar zur Erreichung ihrer Lebenszwecke zu regeln haben"[8]. Zur Gesellschaft, d. h. zu den empirisch erfaßbaren „Verhältnisse(n) (...), wo von einem Zusammenwirken Mehrerer die Rede ist"[9], zählte er auch die „internationale, völkerrechtliche, Verbindung zur Ordnung des Nebeneinanderbestehens der gleichzeitigen, an sich von einander unabhängigen Völkerorganismen und zur gemeinschaftlichen Förderung solcher gemeinsamer Aufgaben, deren Erreichung einem einzelnen Staate nicht möglich ist"[10]. Für *von Mohl* wäre es eine Halbheit, Völkerrecht lediglich als zwischenstaatliches Koexistenzrecht anzusehen; vielmehr sei darüber hinaus auf der Grundlage staatlicher Selbständigkeit die Förderung der Staatengemeinschaft „als letztes Mittel zur Erreichung der menschlichen Lebenszwecke" in den Blick zu nehmen.[11] Denn das Souveränitätsrecht der Staaten finde seine Entsprechung in der Aufgabe, „durch geordnete Verbindung des Staates mit fremden Staaten sowohl die Lebenszwecke des eigenen Volkes, als die des gesammten Menschengeschlechtes zu fördern"[12]. Daß dieser Gedanke durchaus nicht realitätsfremder Spekulation entsprang, sondern auch in der Staa-

---

[7] Zum folgenden siehe u. a. *Hartwig Bülck*, Zur Dogmengeschichte des europäischen Verwaltungsrechts, in: *ders.*, Völkerrecht und Europäisches Recht, Berlin 1984, 138-174; *Eberhard Menzel*, Nationale und internationale Verwaltung. Vom Wandel des Verhältnisses zwischen nationaler und internationaler Regelungszuständigkeit, in: DöV 22 (1969), 1-24; *Jost Delbrück*, Internationale und nationale Verwaltung — Inhaltliche und institutionelle Aspekte, in: *G. A. Jeserich / Hans Pohl / Georg-Christoph von Unruh* (Hrsg.), Deutsche Verwaltungsgeschichte V, Stuttgart 1986, 386-403.

[8] *Robert von Mohl*, Die Pflege der internationalen Gemeinschaft als Aufgabe des Völkerrechts, in: *ders.*, Staatsrecht, Völkerrecht und Politik 1, Tübingen 1860, 579-636 (586).

[9] A. a. O., 583. Das Zusammen*wirken* wird dort auf geradezu klassische Weise zweckrational hergeleitet.

[10] A. a. O., 583 f.

[11] A. a. O., 585. *Von Mohl* ist einer der frühesten und ein entschiedener Vertreter der Völkerrechtssubjektivität sowohl internationaler Gesellschaften als auch des Individuums. Vgl. a. a. O., 588 u. ö.

[12] A. a. O., 588.

tenpraxis schon des 19. Jahrhunderts auftauchte, zeigt u. a. die Tatsache, daß in einem der frühesten Kooperationsverträge, dem *Clayton-Bulwer*-Vertrag über den Bau des Panama-Kanals vom 19. April 1850, dieses Unternehmen „for the benefit of mankind" geplant wurde.[13]

Sind es bei *von Mohl* die „Lebenszwecke des Volkes" und deren Ausweitung zu den Lebenszwecken der Menschheit, welche die Notwendigkeit einer internationalen Verwaltungszusammenarbeit begründen, so sind es bei *Lorenz von Stein* die grenzüberschreitenden Auswirkungen der „bürgerlichen Gesellschaft" i. S. *Hegels*[14], also der durch die industrielle Revolution ermöglichten und die Ökonomie vermittelten Befriedigung der Lebensbedürfnisse. Auch *von Stein* unterscheidet zwischen dem „common law einer Vielheit von gesetz- und gerichtslosen Souveränitäten nebeneinander"[15], das er auch „reines Völkerrecht"[16] nennt, auf der einen und einem aus Souveränitätseinschränkungen entstehenden internationalen Verwaltungsrecht auf der anderen Seite. Regelungsmaterie des letzteren sei die „Entwicklung" des Staates und seiner Angehörigen, näherhin „der wesentlich vom Gesetz des Wertes und dem Streben nach Verwertung beherrschte Völkerverkehr, d. h. die internationale Erwerbsgesellschaft"[17].

Sowohl die in einer zweckrationalen Anthropologie und Gesellschaftstheorie fundierte Lehre von den Verwaltungszwecken bei *von Mohl* als auch die soziologische Verwaltungslehre *von Steins* zeichnen sich damit durch zwei Momente aus: sie prognostizieren zum einen eine Verlängerung der staatlichen Verwaltung in den internationalen Bereich hinein, und sie erkennen zweitens, daß ein internationales Verwaltungsrecht die Struktur des „klassischen", auf Koexistenz und Koordination souveräner Staaten zielenden Völkerrechts durch ein neues Ordnungsmoment ergänzen, wenn nicht gar völlig verändern würde. Der Gedanke von eigenen Zwecken der Staatengemeinschaft bei *von Mohl* und der Gedanke von Souveränitätseinschränkungen bei *von Stein* sind das eigentlich Neue der

---

13 *Clayton-Bulwer*-Vertrag zwischen Großbritannien und den Vereinigten Staaten vom 19. April 1850, Art. VI, in: *Karl Strupp* (Hrsg.), Urkunden zur Geschichte des Völkerrechts I, Gotha 1911, 288-290 (290): die Parteien sollen Vertragsverhandlungen mit zentralamerikanischen Staaten aufnehmen „... for the purpose of more effectually carrying out the great design of this Convention; namely, that of constructing and maintaining the said canal as a ship-communication between the two oceans, for the benefit of mankind, on equal terms to all, and of protecting the same ...".

14 Zu *von Steins* Beziehungen zu *Hegel* siehe *Klaus Hartmann*, Reiner Begriff und tätiges Leben. Lorenz von Steins Grundkonzeption zum Verhältnis von Staat und Gesellschaft und von Rechtsphilosophie und Recht, in: *Roman Schnur* (Hrsg.), Staat und Gesellschaft. Studien über Lorenz von Stein, Berlin 1978, 65-95; zu seiner Auffassung von internationalem Verwaltungsrecht *Bodo Richter*, Völkerrecht, Außenpolitik und internationale Verwaltung bei Lorenz von Stein, Hamburg 1973; ferner *Bülck* (Anm. 7), 153 ff.

15 *Lorenz von Stein*, Einige Bemerkungen über das internationale Verwaltungsrecht, in: Schmollers Jb. 6 (1882), 1 ff., 396 ff. (23).

16 *Lorenz von Stein*, Handbuch der Verwaltungslehre 1, 3. Aufl. 1887, 248.

17 *Bülck* (Anm. 7), 155.

internationalen Verwaltungslehre. An welche praktischen Entwicklungen konnte diese Lehre anknüpfen, und wurden ihre Prognosen bestätigt?

Die Industrialisierung der europäischen Staaten im 19. Jahrhundert schuf insbesondere durch die Erfindung und Produktion von Verkehrs- und Kommunikationsmitteln — 1807 wurde die erste Schiffsdampfmaschine, 1814 die erste Eisenbahn gebaut, 1812 wurde die Zylinderdruckmaschine, 1827 die Schiffsschraube, 1846 der elektrische Zeigertelegraph erfunden[18] — die Voraussetzungen für eine schnell sich entwickelnde Ausweitung des gesellschaftlichen Lebens über nationale Grenzen hinweg. Die Ausweitung des Handels — von 1835 bis 1873 stieg der deutsche Außenhandel um 420%, und von 1873 bis 1913 noch einmal um 300%[19] — sowie die Kolonialisierung überseeischer Gebiete gaben den Anstoß für ständig zunehmende internationale Kontakte. Verkehr, Gesundheit und Kommunikation waren diejenigen Verwaltungsbereiche, auf denen sich zuerst Auswirkungen dieser Zunahme internationaler Kontakte zeigten.[20] Eisenbahnen etwa bedurften, damit grenzüberschreitende Transporte möglich waren, einheitlicher Spurweiten und einheitlicher Abfertigungsmodalitäten; mit zunehmenden internationalen Kontakten wurden Seuchen — insbesondere in den Kolonialgebieten — verbreitet und in europäische Staaten eingeschleppt und machten eine internationale Gesundheitspolitik erforderlich; es bedurfte zwischenstaatlicher Absprachen, um eine zuverlässige Beförderung von Postsendungen und eine faire Gebührenregelung zu gewährleisten — um nur einige wenige Beispiele zu geben.

Die Staaten konnten auf die damit angesprochenen Anforderungen grundsätzlich auf zweierlei Art reagieren: zum einen durch eine Angleichung bzw. Abstimmung ihrer jeweiligen nationalen Bestimmungen[21] und Verwaltungen und zum andern durch die Übertragung internationaler Verwaltungsaufgaben an gemeinsame Einrichtungen. Die erwähnten deutsch-englischen Verträge zur Bekämpfung der Schlafkrankheit beschreiten den ersten Weg: die beiden Regierungen übernehmen darin die Verpflichtung, durch gleichgerichtete Maßnahmen auf dem jeweiligen Territorium ihrer ost- und westafrikanischen Besitzungen sowie durch gegenseitige Information den gemeinsamen Zweck, die Bekämpfung der Schlafkrankheit, wirksamer als durch unkoordinierte, isolierte Maßnahmen zu bekämpfen. Sie zeigen insoweit für die damalige Zeit in der Tat „beachtenswerte Ansätze

---

[18] *Friedrich-Wilhelm Henning*, Die Industrialisierung in Deutschland 1800-1914, Paderborn 1973, 115, 119.

[19] A. a. O., 173.

[20] Dazu *Leonard S. Woolf*, International Government: Two Reports, prepared for the Fabian Research Department, together with a project by a Fabian Committee for a Supernational Authority that will prevent War, London 1916, 113 ff.

[21] Dabei wurde oft das am weitesten entwickelte nationale Recht eines Staates übernommen. Ein Beispiel ist die Übernahme des englischen Rechts im Bereich der Schiffssicherheit. Vgl. *Gerhard Breuer*, Maritime Safety Regulations, in: EPIL 11 (1989), 224-228 (225).

internationaler Solidarität"[22], als sie sich der Einsicht beugten, daß der gemeinsame Zweck allein durch die deutsch-englische Gemeinschaft erreicht werden kann. In der Tat belegt gerade die Geschichte des internationalen Gesundheitswesens im 19. Jahrhundert, daß nationale Maßnahmen — etwa rigorose Quarantänevorschriften — derart schwerwiegende Nebenwirkungen insbesondere im Bereich des Handels zeitigten, daß die Staaten sich zu internationaler Zusammenarbeit genötigt sahen.[23] Es ist also das „wohlverstandene Eigeninteresse" der Staaten, welches diese zu internationaler „Solidarität" veranlaßt und sie die ersten Schritte hin zu einer Internationalisierung der Verwaltung tun läßt. „In one department of administration after another experience showed that government could not be even reasonably efficient if it continued to be organized on a purely national basis".[24]

Tabelle 1

Internationale Flußkommissionen bis zur Gründung des Völkerbundes

Kommission	Gründung	Veränderungen
Zentralkommission für die Rheinschiffahrt	1831	1861, 1919
Europäische Donaukommission	1856	
Internationale Union des Pruth	1866	
Internationale Kommission für die Schiffahrt auf dem Kongo[a]	1885	
Internationale Donaukommission	1919	
Internationale Elbe-Kommission	1919	1922
Internationale Oder-Kommission	1919	

Ouellen: Hermann Weber, Vom Völkerbund zu den Vereinten Nationen, Bonn 1987, 172; Michael Wallace / J. Davis Singer, Intergovernmental Organization in the Global System, 1815 - 1964, in: IO 24 (1970), 239 - 287 (250 f.); Georg Dahm / Jost Delbrück / Rüdiger Wolfrum, Völkerrecht I / 1, Berlin-New York 1989, 387 - 392, dort auch zur Weiterentwicklung in die Gegenwart.

[a] Nicht in Kraft getreten.

Wohlverstandenes Eigeninteresse ist auch das Motiv für die zweite Möglichkeit, Defizite nationalstaatlicher Verwaltung angesichts eines steigenden zwischenstaatlichen Regelungsbedarfs abzubauen: die Gründung gemeinsamer Verwaltungseinrichtungen. Deren Ursprung ist in der Tatsache zu sehen, „that certain resources (e. g. rivers, fish) and certain activities (e. g. international communications) need common international action in order to be administered effectively".[25]

22 So *Franz von Liszt / Max Fleischmann*, Das Völkerrecht, systematisch dargestellt, 12. Aufl. Berlin 1925, 360.

23 *Karl Strupp*, Gesundheitsrecht, internationales, in: Wörterbuch (Anm. 3), 406 - 412 (407).

24 So *J. L. Brierly*, The Law of Nations. An Introduction to the International Law of Peace, 1. Aufl. Oxford 1928, 199.

Die frühesten solcher Einrichtungen sind internationale Flußkommissionen (vgl. Tabelle 1), zu denen seit den sechziger und siebziger Jahren des 19. Jahrhunderts eine Reihe von sog. „Verwaltungsunionen" hinzutraten (vgl. Tabelle 2). Schließlich gehören eine Vielzahl internationaler Büros mit vorwiegend technischen Aufgaben zu den internationalen Verwaltungseinrichtungen. *Strupp* faßt diese Einrichtungen unter der Bezeichnung „Verwaltungsgemeinschaften im engeren Sinne" zusammen und unterscheidet sie von den Verwaltungsgemeinschaften im weiteren Sinne. Unterscheidungsmerkmale sind einmal die „Organisiertheit" der Verwaltungsgemeinschaft im engeren Sinne, d. h. ihre Ausstattung mit eigenen Organen, sowie zum andern ihre grundsätzliche Offenheit für den Beitritt neuer Mitglieder.[26]

Tabelle 2

Internationale Verwaltungsunionen bis zur Gründung des Völkerbundes

Name	Gründungsjahr	Sitz
Intern. Telegraphen-Union ITU	1865	Paris
Weltpostverein UPU	1874	Bern
Int. Amt für Maße u. Gewichte	1875	Bern
Int. Union z. Schutz industriellen Eigentums	1885	Bern
Int. Union z. Schutz liter. u. künstl. Werke	1886	Bern
Int. Amt f. d. Veröff. der Zolltarife	1890	Brüssel
Union z. Unterdrückung d. Sklavenhandels in Afrika	1890	Zanzibar
Int. Büro z. Kontrolle d. Spirituosenhandels in Afrika	1890	Brüssel
Zentralamt f. int. Eisenbahntransporte	1893	Bern
Int. Rat zur Erforschung der See	1902	Kopenhagen
Intern. Zucker-Union	1902	Brüssel
Int. Inst. f. Agrarwirtschaft	1905	Rom
Union f. drahtlose Telegraphie	1906	Bern
Int. Amt f. öff. Gesundheit	1907	Paris
Int. Büro gg. Alkoholismus	1907	Lausanne
Int. B. f. Informat. u. Nachforschg. f. Auslandshilfe	1907	Paris
Zentralbüro f. d. int. Weltkarte	1909	Southampton
Int. Untersuchungsamt f. menschl. u. tier. Nahrung	1912	Paris
Int. Kommission z. wiss. Erforschg. d. Mittelmeeres	1919	Rom
Int. Komitee f. militär. Medizin u. Pharmazie	1921	Brüssel

In der wissenschaftlichen Auseinandersetzung mit den internationalen Verwaltungsgemeinschaften zeigen sich deutliche Unterschiede zwischen der deutschen

[25] *Rüdiger Wolfrum*, International Administration Unions, in: EPIL 5 (1983), 42-49 (43).

[26] *Strupp*, Internationale Verwaltungsgemeinschaften (Anm. 3), 573 f.

— zunächst fast ausschließlich rechtswissenschaftlichen — und der angelsächsischen — zumindest gleichgewichtig auch sozialwissenschaftlichen — Behandlung des Themas. In der deutschsprachigen Völkerrechtslehre sind internationale Verwaltungsgemeinschaften, Verwaltungsunionen oder Zweckverbände ganz überwiegend im Rahmen der Lehre von den Staatenverbindungen behandelt worden.[27] Seit *Jellineks* bahnbrechender Arbeit wird die Einteilung der Staatengemeinschaften in organisierte und nicht organisierte Verbindungen vorgenommen[28]; doch plädiert schon *Jellinek* dafür, keine vorschnellen Systematisierungen vorzunehmen, sondern „*alle* historisch gegebenen Arten der Verbindungen" genau zu untersuchen.[29]

Wenn auch die Unterscheidung zwischen organisierten und nicht organisierten Verbindungen durchgehend getroffen wird, so wird weder dem Unterscheidungsmerkmal der offenen Mitgliedschaft noch demjenigen der Ausstattung mit eigenen Organen weiterreichende Bedeutung zugesprochen. Letzteres steht in deutlichem Kontrast zu der eminenten Bedeutung, welche die Auseinandersetzung über die Organlehre in der Rechtswissenschaft gerade in Deutschland seit Beginn des 19. Jahrhunderts gehabt hat. „Organe" geben einer politischen Gemeinschaft Wirklichkeit in Raum und Zeit und ermöglichen ihre Handlungsfähigkeit, da sie das Handeln von Organwaltern der politischen Gemeinschaft zurechenbar machen.[30] Die Organlehre hatte in Deutschland politische Auswirkungen insofern, als sie es ermöglichte, „die Staatsgewalt von der Person des Monarchen zu lösen und das monarchische Amt als ein im Dienste des Staatsganzen stehendes Funktionssubjekt zu begreifen".[31] Ähnliche Konsequenzen wurden für das Völkerrecht zunächst jedoch nicht gezogen. Der Anerkennung etwa einer eigenen, sich in den Organen ausdrückenden Rechtspersönlichkeit der internationalen Verwaltungsgemeinschaften stand die Souveränität der Staaten als der alles beherrschende Grundsatz des „klassischen" Völkerrechts entgegen.[32] So weist denn auch *Strupp* darauf hin, daß die Organe der geschaffenen Einrichtungen keineswegs „als solche einer juristischen Person, sondern als die der Summe der die Union bildenden Staaten aufgefaßt werden müssen".[33] Und noch 1961 betont *Bindsched-*

---

27 *Georg Jellinek*, Die Lehre von den Staatenverbindungen, Wien 1882, 158 ff.; *Josef L. Kunz*, Die Staatenverbindungen, Stuttgart 1929, 350 ff. Für die Zeit nach dem Zweiten Weltkrieg siehe noch *Friedrich August von der Heydte*, Völkerrecht. Ein Lehrbuch I, Köln 1958, 110 ff.

28 *Jellinek* (Anm. 27), 58; *Kunz* (Anm. 27), 374.

29 *Jellinek* (Anm. 27), III.

30 Vgl. *Dieter Grimm*, Organ, in: Pipers Wörterbuch zur Politik 1, München 1985, 644 f.; *Ralf Dreier*, Organlehre, in: Evangelisches Staatslexikon, 2. Aufl. Stuttgart-Berlin 1975, 1699-1706.

31 *Dreier* (Anm. 30), 1700.

32 Solche Souveränitätsprobleme bzw. genauer: territorialen Ansprüche haben denn etwa auch bis heute den Aufbau einer die Antarktis verwaltenden internationalen Organisation verhindert. Vgl. *Rüdiger Wolfrum*, Die Internationalisierung staatsfreier Räume, Berlin-Heidelberg-New York 1984, 49 ff.

ler, der das Unterscheidungsmerkmal der Ausstattung mit Organen aufgreift, daß es sich hierbei lediglich „um eine rudimentäre Organisation" handele, da internationalen Organisationen keine zentrale Durchsetzungsgewalt zukomme und ihre Kompetenzen keinen Totalitätsanspruch erheben können.[34]

Die Wirksamkeit der Verwaltungsunionen wird in dieser Lehrtradition somit aus der Zweckrationalität *staatlichen* Handelns hergeleitet und im Lichte der Souveränität der Staaten mit engen Schranken versehen. Sehr deutlich wird dies in ihrer Definition als „Zweckverbände"[35], wobei der Zusatz „besondere" allerdings verdeutlichen kann, daß den Verwaltungsunionen eine gewisse Übergangsstellung von den ersten beiden Entwicklungsstufen internationaler Organisationen — amorphe und organisierte Verwaltungsgemeinschaften — zu der dritten und vierten Stufe zukommt: „besondere Zwecke" bedeutet zum einen, daß die Staaten in den Gründungsverträgen die Zwecke der internationalen Gemeinschaften souverän bestimmen. Kommen dabei Zweckverbände zustande, deren Mitgliedschaft für andere Staaten offen ist, dann bedeutet dies jedoch, daß diesen Zwecken ein gewisser Eigenwert zukommt. Der Universalitätsanspruch solcher Gemeinschaften weist über die „Setzung" der entsprechenden Zwecke durch souveräne Staaten zumindest insofern hinaus, als ihre Verfolgung allen Staaten angetragen wird. Zum anderen legt die Bezeichnung „besondere Zweckverbände" jedenfalls in einer philosophischen Betrachtung die Frage nahe, ob es nicht auch einen oder mehrere „allgemeine" Zweckverbände oder doch allgemeine internationale Zwecke gibt. Beide Überlegungen verweisen auf *von Mohl* und *von Stein* zurück und werden zu Beginn des Jahrhunderts in der angelsächsischen Forschung aufgegriffen.

In der angelsächsischen Literatur tritt unter dem Paradigma des „international government" der bereits bei *von Mohl* und *von Stein* durchscheinende soziologische Ansatz deutlich in den Vordergrund. Das wohl einflußreichste Werk, das 1916 erschienene Buch des Briten *Woolf*[36], verfolgt die Absicht, eine systematisierende Bestandsaufnahme verschiedenster Formen internationaler Gemeinschaftsbildungen vorzunehmen und diese Formen in einer einheitlichen „internationalen Organisation" zusammenzufassen. Es enthält im Anhang den Völkerbundsentwurf der Fabian-Society. *Woolf* stellt die Entstehung internationaler Verwaltungsunionen in den größeren Zusammenhang verschiedener Internationalisierungsvorgänge. Er geht aus von einer Internationalisierung der gesellschaftlichen Be-

---

33 *Strupp*, Internationale Verwaltungsgemeinschaften (Anm. 3), 575.

34 *Rudolf Bindschedler*, Internationale Organisationen, in: *Karl Strupp / Hans-Jürgen Schlochauer*, Wörterbuch des Völkerrechts Band 2, Berlin 1961, 70-89 (71).

35 So *von Liszt / Fleischmann* (Anm. 22), 219 f.: „Die besonderen Zweckverbände der Staaten sind Vereinigungen einer größeren oder kleineren Staatengruppe zur gemeinsamen Verfolgung bestimmter gemeinsamer Zwecke. Sie werden auch als internationale Verwaltungsgemeinschaften bezeichnet."

36 *Woolf* (Anm. 20); vgl. auch *Mower* (Anm. 5); dort 3 ff. auch zum Begriff „international government".

ziehungen.[37] Zweitens verweist er auf die Entstehung einer internationalen Diplomatie, als deren Kristallisationspunkte er die zahlreichen Staatenkonferenzen ansieht, auf denen die Staaten internationale Vereinbarungen treffen. In diesem Zusammenhang erörtert er auch die Verwaltungsunionen, die er als auf Dauer gestellte Staatenkonferenzen begreift. Drittens schließlich weist er auf die große Anzahl internationaler Kongresse hin, auf denen sich seit Mitte des 19. Jahrhunderts Wissenschaftler, Künstler, Geschäftsleute, Arbeiter usw. mit ausländischen Kollegen austauschten und gemeinsame Probleme besprachen. Obgleich diese Kongresse privaten Charakters waren, nahmen sie doch bald „offizielle" Bedeutung an. So begannen die Regierungen bald, solche Kongresse finanziell zu unterstützen und in einigen Fällen auch, „offizielle" Vertreter dorthin zu entsenden. Für die Entstehung eines „international government" haben die internationalen Kongresse drei Auswirkungen: einmal schaffen sie ein Bewußtsein für „internationale Zwecke", für solche Probleme, welche aus der Internationalisierung des gesellschaftlichen Lebens entstehen; zweitens regen sie internationale Übereinkommen zwischen den Staaten, die *Woolf* unter dem Begriff „international legislation"[38] zusammenfaßt, an; drittens schließlich dienen sie in vielen Fällen als Keimzelle für die Entstehung einer internationalen Verwaltungsunion.

Die von *Woolf* inspirierte Lehre vom international government markiert insofern einen Übergang, als hier die Organisationsformen internationaler Gemeinschaften nicht nur dargestellt werden, sondern aus ihrer Organisiertheit bereits erste konzeptionelle Konsequenzen gezogen werden. Ihre „Zwecke" werden nicht aus der souveränen Zwecksetzung der Staaten hergeleitet[39], sondern werden als solche der internationalen Gesellschaft angesehen, die sich zu deren Verfolgung organisiert. Zu einer einheitlichen und wirksamen Organisationsform der internationalen Gesellschaft zu finden, ist das von ihm angestrebte Ziel. *Woolfs* Lehre vom international government steht damit am Übergang von organisierten Verwaltungsgemeinschaften zu *der* internationalen Organisation.

---

37 *Woolf* (Anm. 20), 98: „In the eighteenth century the number of persons in these islands who had any relations with any inhabitants of Sweden could probably be counted on the fingers of two hands; to-day any person who buys a box of matches is linked by an intricate chain of relationship with hundreds of Swedish woodcutters, factory workers, employers, railway men, and shippers."

38 Zur Geschichte und Problematik des Begriffes „international legislation" *Klaus Dicke,* Völkerrechtspolitik und internationale Rechtsetzung. Grundlagen, Verfahren, Entwicklungstendenzen, in: ZG 3 (1988), 193-224 (198 ff.).

39 *Woolf* (Anm. 20), 28, 80, 218 u. ö., hält denn auch Souveränitätslehren — von seiner soziologischen Prämisse her konsequent — für insofern einseitig, als sie genuin gemeinsame Interessen ausblenden.

2. Das neue Motiv der kollektiven Sicherheit und die Fortentwicklung der ‚internationalen Arbeitsgemeinschaft': Der Völkerbund und seine Wirksamkeit

Mit der Gründung des Völkerbundes gewinnt der Begriff der „internationalen Organisation" seine bis heute gültigen Konturen.[40] Es sind drei Elemente, welche der Völkerbund über die internationalen Verwaltungsgemeinschaften hinaus in die internationalen Beziehungen einführt: erstens tritt neben die Notwendigkeit internationaler Gemeinschaftsbildung bzw. internationaler Verwaltung mit dem Gedanken der kollektiven Sicherheit ein zweites die Staaten zum Zusammenschluß in internationalen Organisationen bewegendes Motiv; zweitens geben die Organisationsform des Völkerbundes sowie die Praxis, welche diese mit Leben füllt, internationalen Organisationen prägende Gestalt; und drittens setzt sich in der Analyse der internationalen Beziehungen der Begriff „internationale Organisation" durch. Mit jedem dieser drei Elemente kommen zugleich neue Bedingungen und Probleme der Wirksamkeit internationaler Organisationen zur Geltung.

a) Entstehung, Aufbau und Tätigkeit des Völkerbundes

Die Völkerrechtswissenschaft betrachtet die Gründung des Völkerbundes im allgemeinen als das Ende des sog. „klassischen Völkerrechts".[41] Die den Ersten Weltkrieg beendenden Friedensverträge gehören der Form nach noch zu den Ordnungselementen, welche die Epoche des klassischen Völkerrechts geprägt hatten. In der langen Tradition der großen Friedensverträge von 1648, 1713, 1763, 1815 und 1856 stehend[42], streben sie eine Gesamtregelung der internationalen Beziehungen nach Beendigung kriegerischer Auseinandersetzungen an. Noch einmal hatte eine diplomatische Konferenz nach der Beendigung eines Krieges das Institut des Friedensvertrages als ein wirksames Instrument benutzt, um dem Grundsatz des klassischen Völkerrechts „finis belli pax"[43] in einer umfassenden

---

[40] Vgl. *Inis L. Claude,* Swords into Plowshares. The Problems and Progress of International Organization, 4. Aufl. New York 1971, 41: „nineteenth-century institutions provided the ancestry, but the League of Nations provided the parentage, of international organization as we know it today". Zum Begriff „International Organization" *Pitman B. Potter,* Origin of the Term International Organization, in: AJIL 39 (1945), 803-806.

[41] Statt anderer *Otto Kimminich,* Einführung in das Völkerrecht, 3. Aufl. München-New York 1987, 77 ff., 82 ff.; *Georg Dahm / Jost Delbrück / Rüdiger Wolfrum,* Völkerrecht I / 1, Berlin-New York 1989, 13 f.

[42] Dazu *Jörg Fisch,* Krieg und Frieden im Friedensvertrag, Stuttgart 1979; *Heinz Duchhard,* Gleichgewicht der Kräfte, Convenance, Europäisches Konzert. Friedenskongresse und Friedensschlüsse vom Zeitalter Ludwigs XIV. bis zum Wiener Kongreß, Darmstadt 1976; *Winfried Baumgart,* Vom Europäischen Konzert zum Völkerbund. Friedensschlüsse und Friedenssicherung von Wien bis Versailles, 2. Aufl. Darmstadt 1987.

[43] Zu diesem Grundsatz und seiner rechtlichen Bedeutung *Herbert Krüger,* Finis belli pax est, in: JIR 11 (1962), 200-212; zur völkerrechtshistorischen Einordnung des Grund-

Nachkriegsordnung Geltung zu verschaffen.[44] Inhaltlich jedoch betreten der Versailler Vertrag und die Pariser Vorortverträge völkerrechtliches und politisches Neuland. Denn zum einen werden andere wichtige Ordnungselemente des klassischen Völkerrechts entweder beseitigt oder doch modifiziert, und zum andern werden neue Ordnungselemente eingeführt, allen voran die Organisation des Völkerbundes, dessen Satzung jeweils Teil I der den Ersten Weltkrieg beendenden Friedensverträge bildete.

Das Konzept des Völkerbundes ist ideengeschichtlich zurückzuführen auf den Gedanken eines ständigen Zusammenschlusses oder Bundes der Staaten, in dem — nach einigen Vorläufern im 15. und 16. Jahrhundert — insbesondere seit dem Friedensplan des *Abbé de St. Pierre* im Anschluß an den Utrechter Frieden von 1713 eine unabdingbare Voraussetzung für die Aufrechterhaltung des Friedens und der Herrschaft des Rechts in den zwischenstaatlichen Beziehungen gesehen wurde.[45] Seit *Walther Schückings* Schrift „Die Organisation der Welt"[46] ist dieses Konzept mit dem Paradigma „internationale Organisation", welches dasjenige des „international government" abzulösen beginnt, untrennbar verbunden.[47] Praktisch hatte dieses Konzept bis zum Ausbruch des Ersten Weltkrieges jedoch nur insofern Auswirkungen, als sich in den beiden letzten Jahrzehnten des 19. Jahrhunderts in den europäischen Staaten eine internationale Pazifismusbewegung bildete, auf deren Betreiben die beiden Haager Friedenskonferenzen von 1899 und 1907 zustande kamen. Auf diesen Konferenzen wurden Kodifizierungen kriegsrechtlicher Normen vorgenommen und u. a. mit der Einrichtung des Ständigen Internationalen Schiedshofes (1907) die Möglichkeiten der friedlichen Streiterledigung erweitert.[48] Erst der Ausbruch des Ersten Weltkrieges ließ in breitem Umfang eine Reihe von Vorarbeiten und Entwürfen für eine nach Beendigung des Krieges zu gründende internationale Organisation reifen.[49] Neben dem bereits

---

satzes *Jost Delbrück / Klaus Dicke*, Zur Konstitution des Friedens als Rechtsordnung, in: *Uwe Nerlich / Trutz Rendtorff* (Hrsg.), Nukleare Abschreckung — Politische und ethische Interpretationen einer neuen Realität, Baden-Baden 1989, 797-818 (807 f.).

44 Zum Institut des Friedensvertrages insgesamt *Wilhelm G. Grewe*, Peace Treaties, in: EPIL 4 (1982), 102-110 (108 ff.).

45 Zur Ideengeschichte des Völkerbundes siehe insbesondere *Schiffer* (Anm. 5); die „Friedenspläne" seit der Renaissance sind dokumentiert bei *Karl von Raumer*, Ewiger Friede. Friedensrufe und Friedenspläne seit der Renaissance, Freiburg-München 1953, und ausführlich interpretiert bei *Jacob Ter Meulen*, Der Gedanke der Internationalen Organisation in seiner Entwicklung, 3 Bde, Den Haag 1921-1940; vgl. auch *Unser* (Anm. 1), 2 f.

46 Leipzig 1909.

47 Vgl. *Potter* (Anm. 40). Zur Bedeutung *Schückings* auch *Karl Josef Partsch*, Die Ideen Walther Schückings zur Friedenssicherung, Kiel 1985.

48 *Hermann Weber*, Völkerbund, in: Handbuch Vereinte Nationen (Anm. 1), 1015-1020, Rdn. 5.

49 Zur Vorgeschichte des Völkerbundes *Walther Schücking / Hans Wehberg*, Die Satzung des Völkerbundes, 3. Aufl., 1. Bd., Berlin 1931, 1-26; *Schiffer* (Anm. 5), 189 ff.; *F. S. Northedge*, The League of Nations. Its Life and Times 1920-1946, Leicester 1986;

erwähnten Entwurf der Fabian-Society[50] sind dies insbesondere Überlegungen und Vorarbeiten der britischen „League of Nations Society" und der amerikanischen „League to Enforce Peace". Die amerikanische und die britische Regierung nahmen sich dieser Überlegungen schnell an und erarbeiteten ihrerseits Entwürfe. In seinen berühmten 14 Punkten forderte der amerikanische Präsident *Wilson* die Gründung einer „general association of Nations ... under specific covenants for the purpose of affording mutual guarantees of political independence and territorial integrity to great and small States alike".[51]

Es war denn auch der amerikanische Präsident, der auf der Pariser Friedenskonferenz mit Nachdruck die Gründung des Völkerbundes vorantrieb. Auf der Basis eines amerikanisch-britischen Textes, des *Hurst-Miller*-Entwurfs[52], wurde von einer Völkerbundskommission der Pariser Friedenskonferenz[53] unter Vorsitz *Wilsons* die Satzung des Völkerbundes in relativ kurzer Zeit ausgearbeitet. Am 11. April 1919 lag der Text vor, am 28. April wurde er von der Konferenz gebilligt und am 28. Juni 1919 als Teil I des Friedensvertrages von Versailles — und danach als Teil I der Vorortverträge — unterzeichnet.[54] Die Satzung des Völkerbundes trat am 10. Januar 1920 in Kraft.

Die *Souveränität* der Staaten, die große Errungenschaft von 1648, wird in der Neuordnung übernommen und unterstrichen. Es sind die „hohen vertragsschließenden Parteien", welche die Satzung des Völkerbundes annehmen (Präambel); weder der Bundesversammlung noch dem Völkerbundsrat wird in irgendeiner Form eine die Staaten bindende Entscheidungsgewalt übertragen.[55] Auch spricht Art. 2 der Satzung — insoweit konsequent — nicht ausdrücklich von Organen, sondern von „Instrumenten"[56]; deren grammatikalisches Subjekt sind die „Handlungen des Bundes", deren logisches Subjekt jedoch sind — wie insbesondere auch das nachfolgende Auftreten der Staaten in den Organen des Völkerbundes

---

Hermann Weber, Vom Völkerbund zu den Vereinten Nationen, Bonn 1987, 16 ff.; das Standardwerk ist nach wie vor das reich dokumentierte Werk von *David Hunter Miller*, The Drafting of the Covenant, 2 Bde. New York-London 1928.

[50] Oben Anm. 20 und 36.

[51] *J. B. Scott* (Hrsg.), President Wilson's Foreign Policy. Messages, Addresses, Papers, New York 1918, 355 f. Vgl. auch *Weber* (Anm. 49), 16 ff.

[52] In diesen gemeinsamen Text gingen neben einem amerikanischen, britischen und französischen Regierungsentwurf auch verschiedene Texte *Wilsons* ein. Von großem Einfluß war neben Vorschlägen von *Lord Cecil* und *Lord Phillimore* auch eine programmatische Schrift von General *Smuts*, The League of Nations. A Practical Suggestion, 1918. — Ein deutscher Entwurf, der im wesentlichen aus der Feder *Walther Schückings* stammte, wurde in Paris offiziell nicht zur Kenntnis genommen.

[53] Die Resolution zur Einsetzung der Kommission bei *Northedge* (Anm. 49), 38.

[54] Deutscher Text in: RGBl. 1919, 717 ff.

[55] *Schiffer* (Anm. 5), 207 m. w. N. Für Abstimmungen galt grundsätzlich Einstimmigkeit (Art. 5), nur in geregelten Ausnahmen eine 2 / 3-Mehrheit.

[56] In der englischen Fassung lautet Art 2: „The Action of the League under this Covenant shall be effected through the instrumentality of an Assembly and of a Council, with a Permanent Secretariat".

zeigt[57] — die Mitgliedstaaten. Dennoch macht sich in der Völkerbundsatzung ein gewandeltes Souveränitätsverständnis geltend. Dies zeigt sich vor allem darin, daß die Souveränität ihrer völkerrechtlichen Spitze beraubt wird. Im klassischen Völkerrecht gipfelte die Souveränität im freien Kriegsführungsrecht der Staaten[58]: Wenn ein Staat seine Rechte mit andern Mitteln nicht glaubte verteidigen oder sicherstellen zu können, stand ihm der Krieg als Mittel der Rechtsdurchsetzung zur Verfügung. Ein Krieg war „gerecht" i. S. des Völkerrechts, wenn er förmlich erklärt wurde. Das freie Kriegsführungsrecht und die Möglichkeit eines „gerechten Krieges" werden nun in der Satzung des Völkerbundes erheblich eingeschränkt. Ein „gerechter" Krieg — i. S. seiner völkerrechtlichen Legalität — war damit allein unter zwei Voraussetzungen möglich: einmal in dem Fall, daß ein Staat die in Art. 11 ff. festgelegten Verfahren durchlaufen hatte, ohne daß es zu einer konfliktbereinigenden Lösung gekommen wäre[59], oder zum andern im Falle eines Sanktionskrieges des Völkerbundes selbst.[60] Die Art. 11 bis 15 der Völkerbundsatzung schalten der souveränen Entscheidung zum Krieg eine Reihe von Verfahren vor, die auf eine friedliche Streiterledigung hinzielen und selbst bei deren Scheitern eine dreimonatige „Abkühlungsperiode" vorsehen (Art. 12 Abs. 1). Man kann in diesen Bestimmungen durchaus eine ausdifferenzierte und erheblich erweiterte Form der sog. „Mediationsartikel" sehen, welche seit 1856 in Friedensverträgen auftauchen.[61] Neu ist hingegen die dogmatische Einbettung der verfahrensrechtlichen Einschränkung des Kriegsführungsrechtes in eine Internationalisierung der Friedenssicherung im Rahmen eines Systems der kollektiven Sicherheit.[62] Bereits in der Präambel werden Verpflichtungen der Mitgliedstaaten, nicht zum Kriege zu schreiten, sowie die Achtung des Rechts als Wege zur Erreichung der Ziele des Völkerbundes — „Förderung der Zusammenarbeit unter den Nationen" und „Gewährleistung des internationalen Friedens und der interna-

---

57 Als in einer der ersten Sitzungen des Völkerbundsrates der italienische Delegierte erklärte, der Rat sei keine Regierungskonferenz, vielmehr seien die Delegierten frei, als Mitglieder einer internationalen Körperschaft zu agieren, protestierte der britische Delegierte heftig. Und in der Tat hatte die erste Völkerbundsversammlung erklärt, die Mitglieder des Rates seien „ihren eigenen Regierungen und nur diesen verantwortlich". *Schiffer* (Anm. 5), 237 m. w. N.

58 Dazu *Kimminich* (Anm. 41), 70 ff.; *Schiffer* (Anm. 5), 193 f.; *Jost Delbrück / Klaus Dicke*, The Christian Peace Ethic and the Doctrine of Just War from the Point of View of International Law, in: GYIL 28 (1985), 194-208 (198 ff.) m. w. N.

59 Das am 2. Oktober 1924 unterzeichnete Protokoll zur friedlichen Erledigung internationaler Streitigkeiten, welches freilich nie in Kraft trat, sollte diese Lücke verfahrensrechtlich schließen. Materiell wurde diese Lücke vom *Briand-Kellogg*-Pakt vom 27. August 1928 und dem darin enthaltenen Kriegsverbot geschlossen, dem fast die gesamte damalige Staatengemeinschaft beitrat. Das Protokoll und der *Briand-Kellogg*-Pakt sind abgedruckt bei *Jost Delbrück* (Hrsg.), Friedensdokumente aus fünf Jahrhunderten, Kehl-Straßburg 1984, 54 f., 56 f. Vgl. dazu *Karl-Ulrich Meyn*, Kriegsverbot und Gewaltverbot, a. a. O., 35-47 (37 ff.).

60 Dazu *Delbrück / Dicke* (Anm. 58), 201.

61 Dazu *Baumgart* (Anm. 42), 14-16.

62 Dazu *Jost Delbrück*, Collective Security, in: EPIL 3 (1982), 104-114.

tionalen Sicherheit" — bezeichnet. In Art. 11 wird dann jeder Krieg bzw. jede Kriegsdrohung als Angelegenheit des ganzen Bundes bezeichnet mit der Konsequenz, daß im Falle eines von einem Mitglied rechtswidrig geführten Krieges alle Völkerbundsmitglieder automatisch zu Sanktionen verpflichtet sind (Art. 16). In Art. 17 werden die Bestimmungen der kollektiven Sicherheit auf Nicht-Mitglieder ausgedehnt, unter der Voraussetzung freilich, daß diese der Einladung, sich den Bestimmungen zu unterwerfen, Folge leisten.

Die Regelungen der kollektiven Sicherheit in der Völkerbundsatzung sollen das vom Wiener Kongreß 1815 geschaffene Ordnungssystem des „Europäischen Konzerts" ersetzen. Obgleich das Europäische Konzert 1914 formal noch bestand[63], trat es nicht in Erscheinung und wurde es nicht zur Verhinderung des Ersten Weltkrieges eingesetzt. Das System der kollektiven Sicherheit unter dem Völkerbund war im Unterschied zum Europäischen Konzert insofern zu einer auf Universalität angelegten und auf Dauer gestellten Einrichtung geworden, als es erstens in einem zwar nicht allen Staaten in gleicher Weise zugänglichen, aber materiell doch an alle Staaten gerichteten internationalen Vertrag[64] niedergelegt war und als es zweitens durch die Organisation des Völkerbundes und seine Organe, insbesondere den Völkerbundsrat, als ständige Einrichtung institutionalisiert[65] wurde. Eine gewisse Privilegierung der Großmächte, in welcher sich deren besondere Verantwortung für die Aufrechterhaltung des Weltfriedens niederschlagen sollte, war auch in der Völkerbundsatzung vorgesehen, denn der Völkerbundsrat setzte sich nach deren ursprünglicher Fassung aus den Alliierten und Assoziierten Hauptmächten[66] sowie vier von der Bundesversammlung zu bestimmenden Staaten zusammen (Art. 4). Diesem — wenn man so will: — ständischen Element in der Völkerbundsatzung, das die notwendige Machtbasis für seine Wirksamkeit darstellen sollte, stand jedoch ein egalitäres zur Seite. Bereits *Wilson* hatte in seinen 14 Punkten eine gleiche Einbeziehung großer *und* kleiner Staaten in den Völkerbund gefordert; und die auf der Basis der Staatengleichheit organisierte Repräsentation der Mitglieder in der Völkerbundversammlung (Art. 3[67])[68]

---

[63] Zum Niedergang des Europäischen Konzerts *Baumgart* (Anm. 42), 16 ff. sowie *Stanley Hoffmann*, International Systems and International Law, in: *Richard B. Gray* (Hrsg.), International Security Systems. Concepts and Models of World Order, Ithaca 1969, 127-162 (143).

[64] Zur Rechtsnatur und Mitgliedschaft des Völkerbundes *L. Oppenheim / H. Lauterpacht*, International Law. A Treatise, Bd. 1, 8. Aufl. London-New York 1955, 380 ff.

[65] *Hans Morgenthau*, Politics among Nations, 6. Aufl., überarbeitet von *Kenneth W. Thompson*, New York 1985, 490 f.

[66] Frankreich, Großbritannien, Italien, Japan und die Vereinigten Staaten von Amerika. Da die USA dem Völkerbund nicht beitraten, hatten diese Mächte jedoch zu keiner Zeit des Völkerbundes eine Mehrheit im Völkerbundsrat. Bei ihrem Beitritt zum Völkerbund erhielten das Deutsche Reich (1926) und die Sowjetunion (1934) ständigen Sitz im Rat. Die Zahl der nicht-ständigen Sitze wurde 1923 von 4 auf 6, 1926 auf 9 und 1939 auf 11 Sitze erhöht. Siehe *Schücking / Wehberg* (Anm. 49), 462-479.

[67] Art. 3 sieht vor, daß jeder Staat mit drei Repräsentanten, jedoch nur mit einer Stimme vertreten ist. *Wilson* sah darin eine „proper and very prudent concession to the

ist neben der kollektiven Garantie der territorialen Unversehrtheit und bestehenden politischen Unabhängigkeit *aller* Bundesmitglieder (Art. 10)[69] einer der markantesten Unterschiede zwischen dem Völkerbund und dem Europäischen Konzert. Die politische Akzentuierung der Staatengleichheit — welche das allen Staaten zustehende Recht, zum Kriege zu schreiten, aufgrund der höchst unterschiedlichen militärischen und ökonomischen Machtpotentiale eben nicht sichern konnte — sollte sich als eine der wichtigsten Weichenstellungen für die Entwicklung internationaler Organisationen bis zum heutigen Tage herausstellen. Ein Beispiel mag dies verdeutlichen: Mußte 1831 der niederländische König noch im Vorzimmer der Macht auf die Entscheidung der im Europäischen Konzert tagenden Großmächte warten[70], so hat 1936 der äthiopische Kaiser *Haile Selassie* die Völkerbundversammlung nutzen können, um in einer sehr bewegenden, in ihrer Eindringlichkeit an den Melier-Dialog[71] erinnernden Rede[72] die Verpflichtungen des Völkerbundes seinem Land gegenüber einzufordern. Was zeigt dieses Beispiel?

In drei Punkten ist dieses erste Auftreten eines Staatsoberhauptes vor dem Völkerbund[73] geradezu paradigmatisch für die Konstruktionsfehler des Völkerbundes einerseits, aber auch für die weitere Entwicklung internationaler Organisationen andererseits. Erstens gab es beim Auftreten des Kaisers Tumulte auf der Tribüne der Völkerbundversammlung; die öffentliche Meinung, auf deren morali-

---

practically universal opinion of plain men everywhere", eine Verwirklichung seiner Vorstellung der Völkerbundsversammlung als Organ der öffentlichen Meinung der Welt, und nicht nationaler politischer Interessen. Für *Schiffer* (Anm. 5), 239 f. (dort 239 das Zitat *Wilsons)*, ist auch dies ein Punkt, an dem „the fundamental conflict inherent in the League of Nations idea ... becomes apparent. The conditions which the League was intended to realize had to exist already if the organization were to fulfill its tasks" (240).

68 *Schiffer* (Anm. 5), 229, weist in diesem Zusammenhang darauf hin, daß China, ein Staat, der vor 1914 kaum als Mitglied der — eurozentristischen — Staatengesellschaft angesehen wurde, zu den Gründungsmitgliedern des Völkerbundes gehörte. Ferner verweist er zutreffend auf Art. 11 Abs. 2 der Völkerbundsatzung, nach dem *jedem* Bundesmitglied das Recht zukam, Rat oder Versammlung auf friedensbedrohende Umstände aufmerksam zu machen (233).

69 Zur entsprechenden — bzw. eben nicht entsprechenden — Praxis des Konzerts *Hoffmann* (Anm. 63), 143.

70 Obgleich König *Wilhelm* das Konzert angerufen hatte, protestierte er gegen die Nicht-Beteiligung der Niederlande am Schiedsverfahren in London, erkannte dann aber das Ergebnis an, das zur Gründung des Königreiches Belgien führte. Vgl. *Adolph Michaelis,* Historisch-diplomatische Darstellung der völkerrechtlichen Begründung des Königreichs Belgien, Stuttgart-Tübingen 1836, 50 ff.

71 *Thukydides,* Geschichte des Peloponnesischen Krieges, hrsg. und übersetzt von *Georg Peter Landmann,* München 1973, Bd. 2, 431-440.

72 League of Nations, Official Journal, Special Supplement No. 151, 22-25.

73 Vgl. zum folgenden die Schilderung bei *George Scott,* The Rise and Fall of the League of Nations, New York 1974, 317 f., und *Frederick L. Schuman,* International Politics. An Introduction to the Western State System, 2nd ed., New York-London 1937, 676 ff.

sche Autorität *Wilson* so sehr gesetzt hatte, machte sich auf ihre Weise bemerkbar. Hintergrund war die Tatsache, daß Italien und einige andere Staaten den italienischen Einmarsch in Abessinien dadurch zu rechtfertigen versuchten, daß dem Regime *Haile Selassies* die moralische und rechtliche Legitimität unter Hinweis u. a. auf Sklavenhaltung in Abessinien abgesprochen wurde. Nach der Logik des klassischen Völkerrechts hätte hier möglicherweise eine „iusta causa" zum Kriege vorgelegen. Eine internationale Organisation, welche jedoch in einer weitgehenden Einschränkung des „gerechten Krieges" ihre Existenzgrundlage findet, kann nur dann erfolgreich sein, wenn sie andere als kriegerische Wege eröffnet, um konkurrierende Gerechtigkeitsansprüche wirksam zum Ausgleich zu bringen.[74] Es stellt sich ihr m. a. W. die für ihre Wirksamkeit unerläßliche Aufgabe der „Hegung" der internationalen Politik durch die Förderung internationaler Gerechtigkeit zumindest in solchen Bereichen, in denen zwischen den Staaten friedensbedrohende Streitigkeiten entstehen können.[75] — Zweitens war der inhaltliche Kern der Rede *Haile Selassies* ein Appell an den Völkerbund, die Garantien zu erfüllen, auf welche sein Volk vertraut habe. Im Blick auf seine früheren, nicht erfüllten Bitten um Finanzhilfe sagte der Kaiser: „I was defending the cause of all small peoples who are threatened with aggression". Dieser Satz könnte als Leitmotiv über den unzähligen Reden stehen, mit denen Staats- und Regierungschefs oder Außenminister mittlerer und kleinerer Staaten seit 1945 ihre „Unterstützung" der Vereinten Nationen etwa in der jährlichen Generaldebatte bekundeten. Die politische Gleichstellung mit den wirtschaftlich und militärisch überlegenen Mächten zu erlangen, sollte das für die überwiegende Zahl von Staaten — gerade auch von nach 1945 neu entstehenden Staaten — wichtigste Motiv zum Beitritt und zur Mitwirkung in internationalen Organisationen werden.[76] Schon 1936 weist

---

[74] Art. 19 der Völkerbundsatzung sah deshalb vor: „Die Bundesversammlung kann von Zeit zu Zeit die Bundesmitglieder zu einer Nachprüfung der unanwendbar gewordenen Verträge und solcher internationaler Verhältnisse auffordern, deren Aufrechterhaltung den Weltfrieden gefährden könnte". Doch ist dieser vorwiegend auf Territorialfragen bezogene Artikel, der insoweit in einer gewissen Spannung zu Art. 10 stand, niemals zur Anwendung gekommen. Vgl. *Wilhelm G. Grewe*, Peaceful Change, in: EPIL 7 (1984), 378-384 (382 f.); *Schiffer* (Anm. 5), 219 f.

[75] Vgl. dazu *Klaus Dicke*, Gerechtigkeit schafft Frieden, in: *Max Müller* (Hrsg.), Senfkorn. Handbuch für den katholischen Religionsunterricht III / 1, Stuttgart 1987, 349-372; *ders.*, Gewaltverzicht im Rahmen der KVAE? Eine Prüfung von Gewaltverzichtsabkommen aus völkerrechtlicher und politischer Sicht, in: Beiträge zur Konfliktforschung 15 (1985), 23-35 (26).

[76] *Oppenheim / Lauterpacht* (Anm. 64), 277 f. weisen darauf hin, daß schon vor dem Völkerbund kleinere Mächte einen Vorteil darin gesehen haben, einen Teil ihrer „theoretischen Gleichheit" zu opfern — d. h. sich u. U. auch ständisch organisierten Organen wie dem Völkerbundsrat zu unterwerfen —, um Unabhängigkeitsgarantien „within the framework of an effective political organisation of States" zu erhalten. Auf die Rolle der Klein- und Mittelstaaten und ihr Engagement für Völkerbund und Vereinte Nationen weist auch hin *Jürgen Heideking*, Völkerbund und Vereinte Nationen in der internationalen Politik, in: Aus Politik und Zeitgeschichte B 36 / 83, 10. September 1983, 3-16 (8). Für die UN siehe insbesondere *Inis L. Claude*, Collective Legitimization as a Political Function of the United Nations, in: IO 20 (1966), 367-379. Vgl. auch unten, § 7.

somit *Haile Selassie* darauf hin, daß die Souveränität der Staaten durch die Gründung einer allgemeinen internationalen Organisation nicht nur nicht zum Anachronismus wird, sondern geradezu eine Renaissance erleben sollte. — Drittens schließlich fuhr *Haile Selassie* nach dem zitierten Satz fort: „The problem today ... is a much wider one. ... It is the very existence of the League of Nations, ... in a word, it is international morality that is at stake". Auch hier ist eine Parallele zum Melier-Dialog zu ziehen: Internationale Moralität ist keine wirksame Garantie kollektiver Sicherheit. Sieht man den Völkerbund allein unter der Perspektive seines Hauptarchitekten *Wilson,* so ist er an seinen eigenen idealistischen Prämissen gescheitert.[77] Die moralische Autorität der öffentlichen Meinung erwies sich spätestens im Abessinien-Fall als unzuverlässig und brüchig. Nachdem die Polizei den Tumulten auf der Tribüne der Völkerbundversammlung ein Ende bereitet und nachdem *Haile Selassie* der Versammlung seinen Appell vorgetragen hatte, schwieg sie. Daraus ist zwar kein Einwand gegen die Aufgabe internationaler Organisationen herzuleiten, auch zur Entwicklung einer internationalen Ethik[78] beizutragen; es ist aber festzuhalten, daß Moralität in der internationalen Politik — wie in der Politik überhaupt — kein zureichender Sicherheitsfaktor und für sich allein kein ausreichendes Motiv allgemeiner Rechtsbefolgung ist.[79] Kollektive Sicherheit durch internationale Organisationen bedarf m. a. W. entweder eigener Machtmittel zu ihrer Durchsetzung oder aber der Einbettung in solche Machtstrukturen, deren stabilisierende Wirkungen ihnen eine sozusagen indirekte, d. h. nicht über Zwangsmechanismen vermittelte Wirksamkeit ermöglichen.

Beides war für den Völkerbund an sich gegeben; doch fehlte den Staaten der politische Wille, die vorhandenen Mittel einzusetzen, um dem System der kollektiven Sicherheit Wirksamkeit zu verleihen. So hat denn auch die politische Entwicklung nach der Abessinien-Krise dem Urteil *Haile Selassies* recht gegeben, daß der Völkerbund handlungsunfähig würde, wenn die Staaten sich ihren Sanktionspflichten aus Art. 16 versagten. Der nicht erfolgte Beitritt der Vereinigten

---

77 Sehr ausführlich und differenziert dazu *Schiffer* (Anm. 5).

78 *Morgenthau* (Anm. 65), 248 ff., 279 ff., hat in seiner sehr ausführlichen Analyse der internationalen Moral und öffentlichen Meinung darauf aufmerksam machen können, daß eine friedensverbürgende internationale Moral oder öffentliche Meinung angesichts nationalistischer und partikularistischer Ideologien gerade nicht existiere und insofern eine Aufgabe, nicht aber ein Faktum darstelle, auf welches man zur Begründung einer internationalen Organisation zurückgreifen könne. Vgl. dazu auch *Delbrück / Dicke* (Anm. 58), 802 ff. m. w. N.

79 *Delbrück* (Anm. 62), 108 f., weist zutreffend darauf hin, daß der Sanktionsautomatismus nach Art. 16 in praxi bedeutete, daß „it was left to the individual member's discretion to decide to what extent it would join in the economic, financial and other measures against the aggressor". Ein Vorschlag, Art. 16 diesbezüglich zu ändern (1921), fand ebensowenig die Zustimmung der Staaten wie eine Verschränkung des Kriegsverbotes im *Briand-Kellogg*-Pakt mit dem Sanktionsmechanismus des Völkerbundes. Vgl. allgemein auch *Delbrück / Dicke* (Anm. 58), 798, Anm. 5, mit Hinweis auf die in dieser Hinsicht äußerst realistischen Ausführungen *Kants*.

Staaten von Amerika, das Scheitern der Sanktionsmechanismen der kollektiven Sicherheit zuerst im Mandschukuo-Konflikt und dann insbesondere im Abessinien-Fall, die Rückkehr zu einem System von gleichgewichtssichernden Bündnis- und Beistandspakten am Völkerbund vorbei schon in den zwanziger Jahren, und schließlich die Wiederaufnahme der Praxis von Geheimabkommen, denen die Gründer des Völkerbundes in besonderer Weise den Kampf angesagt hatten[80] — all dies trug dazu bei, daß sich das System der kollektiven Sicherheit nach der Völkerbundsatzung gegenüber den Machtrealitäten als unwirksam erwies. Daran konnte auch die völkerrechtliche Weiterentwicklung des partiellen Kriegsverbotes durch den *Briand-Kellogg*-Pakt hin zu einem generellen Kriegsverbot[81] und durch die *Stimson*-Doktrin hin zu einem Annexionsverbot[82] nichts ändern. Äthiopien, die Rheinland-Frage, der spanische Bürgerkrieg, der „Anschluß" Österreichs und die Annexion der Tschechoslowakei sowie schließlich der Beginn des Zweiten Weltkrieges sahen den Völkerbund praktisch untätig.[83] Der Ausschluß der UdSSR nach der Intervention in Finnland 1939 ist die Ausnahme, welche die Regel bestätigt.

Gleichwohl ist in der Völkerbundsatzung der erste wichtige Schritt hin zu einer Internationalisierung der Friedenssicherung zu sehen. Art. 11 und die entsprechenden Verfahrens- und Sanktionsvorschriften leiteten einen Prozeß der Völkerrechtsentwicklung ein, der dazu führte, das völkerrechtliche Institut der souveränen, den Staaten freistehenden Entscheidung über Krieg und Frieden zu beseitigen und eine rechtliche Verantwortung der Staatengemeinschaft als ganzer für die Friedenssicherung zu etablieren. Insoweit geht die Völkerbundsatzung gegenüber dem Ansatz der beiden Haager Friedenskongresse, einerseits eine obligatorische Schiedsgerichtsbarkeit herbeizuführen und andererseits den Krieg durch einschränkende Normierungen der Kriegsführung zu „hegen"[84], neue Wege. Das weiterführende Moment besteht in der Gründung einer Organisation selbst, welche die internationale Verantwortung für den Frieden darstellen[85] und

---

80 *Schiffer* (Anm. 5), 196 f.; *Klaus Dicke*, Zur Bedeutung der Publizität in den internationalen Beziehungen, in: Fs. Johannes Schwartländer, Tübingen 1988, 121 - 130.

81 Dazu *Meyn* (Anm. 59), m. w. N.

82 *Dahm / Delbrück / Wolfrum* (Anm. 41), 361 ff.

83 Vgl. statt anderer *Pitman A. Potter*, An Introduction to the Study of International Organization, 5. Aufl. New York-London 1948, 245.

84 Den Begriff prägte *Carl Schmitt*, Der Nomos der Erde im Völkerrecht des Jus Publicum Europaeum, Köln 1950, 43 f. u. ö.; vgl. auch *Kimminich* (Anm. 41), 77.

85 In der philosophischen Institutionenlehre hat *Arnold Gehlen* in seinem Buch „Urmensch und Spätkultur", Frankfurt 1974, den Gedanken entwickelt, daß sich die Bedeutung von Institutionen nicht einem auf zweckrationales, sondern vielmehr auf darstellendes Handeln gerichteten Denken erschließt. Die in der politischen Theorie sehr zu unrecht vernachlässigte Kategorie des darstellenden Handelns ist im hier zu untersuchenden Zusammenhang insofern von Bedeutung, als politische Ideen wie Friede und Gerechtigkeit ihre Wirksamkeit und Wirklichkeit institutionellen Konkretisierungen und nicht technischen Verwirklichungen etwa nach der Art eines Bauplanes verdanken. Die „Gestalt einer regulären und dauernden Institution" aber fehlte dem Europäischen Konzert

deren Wirksamwerden erleichtern sollte. Zugleich treten in der Geschichte des Völkerbundes zwei Wirksamkeitsbedingungen der Friedenssicherung durch internationale Organisationen hervor, die bei den Beratungen über die UN-Charta denn auch in den Vordergrund rücken sollten: einmal die Notwendigkeit, die Leerstelle, welche durch den Wegfall des „liberum ius ad bellum" entstanden war, durch Vorkehrungen zur Förderung internationaler Gerechtigkeit zu kompensieren, und zum andern das Erfordernis einer Ankopplung des Systems kollektiver Sicherheit an eine dessen Durchsetzung garantierende Machtstruktur sei es der Organisation selbst, sei es des internationalen Systems, in welches sie eingebettet ist.

Konnte der Völkerbund das Ziel der „Gewährleistung des internationalen Friedens und der internationalen Sicherheit" in der Praxis nicht erreichen, so hat seine Tätigkeit in Bezug auf die in der Präambel bescheidener formulierte Zielsetzung, die Zusammenarbeit unter den Nationen zu „fördern", zu einem erheblichen Ausbau internationaler Verwaltungstätigkeit beigetragen. Ihr kommt damit grundlegende Bedeutung für die weitere Entwicklung internationaler Organisationen zu.[86] *Woolfs* Gedanke einer zentralisierten internationalen Verwaltungsgemeinschaft wurde bei der Vorbereitung der Völkerbundsatzung insbesondere von *Smuts* und *Lord Cecil* aufgegriffen. Zudem waren im Ersten Weltkrieg weit über die bestehenden Verwaltungsgemeinschaften hinaus vielfältige Formen der organisierten Zusammenarbeit zwischen den alliierten und assoziierten Mächten entstanden.[87] Nicht zuletzt auf dem Hintergrund der dabei gewonnenen Erfahrungen wurde das Ziel einer Förderung der zwischenstaatlichen Zusammenarbeit in die Satzung des Völkerbundes aufgenommen. Dort wird es ausgefüllt durch die Art. 22 bis 25, in denen Fragen der „Arbeitsgemeinschaft der Völker"[88] geregelt werden.[89] Nach Art. 22 übernimmt der Bund im Rahmen des Mandatssystems eine Treuhänderschaft für „das Wohlergehen und die Entwicklung" der Völker in den Mandatsgebieten.[90] Art. 23 ruft die Mitgliedstaaten u. a. zu sozial- und

---

im Unterschied zum Völkerbund — so der französische Historiker *Dupuis*, zitiert nach *Baumgart* (Anm. 42), 18.

86 Dazu insbesondere *Victor-Yves Ghébali*, The League of Nations and Functionalism, in: *A. J. R. Groom / Paul Taylor* (Hrsg.), Functionalism: Theory and Practice in International Relations, New York 1975, 141 - 161 (156): „In two decades a complete reversal of the principles embodied in the Preamble of the Covenant had taken place: the League had not succeeded even in *promoting* collective security while it had actually *achieved* a considerable degree of functional cooperation". Vgl. auch *Weber* (Anm. 49), 86.

87 Vgl. *Northedge* (Anm. 49), 11 f.; *Ghébali* (Anm. 86), 147, betont, daß die leitenden Beamten zahlreicher Völkerbundkommissionen ihre internationalen Erfahrungen in der interalliierten Kooperation während des Weltkrieges gewonnen hatten. Mit Beispielen *(Jean Monnet, Arthur Salter)* auch *Heideking* (Anm. 76), 5.

88 So formulieren *Schücking / Wehberg* (Anm. 49), 62 u. ö. mit deutlichen Anklängen an den „arbeitenden Staat" *Lorenz von Steins.*

89 Zu weitergehenden Vorschlägen, die sich in der Völkerbundkommission der Pariser Friedenskonferenz freilich nicht durchsetzen konnten, vgl. *Ghébali* (Anm. 86), 142.

90 Zum Mandatssystem *Weber* (Anm. 49), 82 - 86; *Northedge* (Anm. 49), 192 ff.

gesundheitspolitischen Maßnahmen auf nationaler und internationaler Ebene auf und bekleidet den Völkerbund mit der Aufgabe, die Durchführung von Verträgen bezüglich des Mädchen- und Kinderhandels, des Handels mit Opium und anderen schädlichen Mitteln und einiger Aspekte des Waffen- und Munitionshandels zu überwachen.[91] Hervorzuheben ist, daß Art. 23 auf bereits geschlossene oder noch zu vereinbarende internationale Übereinkommen bezogen ist, mit denen dem Völkerbund internationale Verwaltungsaufgaben übertragen werden konnten und in der Tat auch in großem Umfang übertragen wurden.[92] Hinter Art. 23 wird die Zielsetzung deutlich, die Mitgliedstaaten über das Instrument des internationalen Vertragsschlusses als „Gesetzgeber" der Staatengesellschaft[93] in die Arbeit des Völkerbundes einzubeziehen, zugleich den Abschluß internationaler Abkommen aber nicht dem Zufall zu überlassen, sondern durch fachliche Vorarbeiten des Völkerbundes planvoll zu steuern.[94]

Stärker noch spricht der Gedanke zentralisierter internationaler Verwaltung aus Art. 24 der Völkerbundsatzung. Art. 24 sieht eine Unterordnung der bestehenden und neu zu gründenden internationalen Verwaltungsgemeinschaften unter den Völkerbund vor; freilich wurden in der Praxis nur sechs Büros oder Kommissionen — mit Ausnahme des *Nansen*-Amtes von geringer Bedeutung — dem Völkerbund unterstellt.[95]

Von den zahlreichen internationalen Verwaltungsaufgaben, die der Völkerbund seit Beginn seiner Tätigkeit wahrgenommen hat, sind exemplarisch die folgenden hervorzuheben: Im *humanitären Bereich* sind die Minderheitenschutzverträge und ihre Kontrolle durch den Völkerbund, der Kampf gegen die Sklaverei im Rahmen des Mandatssystems und insbesondere die Heimschaffung von Kriegsgefangenen[96] und die Flüchtlingshilfe[97] zu nennen. Dabei hat die Wahrnehmung

---

91 In dieser Überwachungsfunktion hatte der Völkerbund freilich kein Monopol. Auch Frankreich und die Niederlande etwa übernahmen im Rahmen multilateraler Verträge ähnliche Funktionen.

92 Vgl. dazu den Überblick bei *Schücking / Wehberg* (Anm. 49), 62 ff.; ferner dort (2. Aufl. 1924), 718 ff.; einen vollständigen Überblick gibt das Dokument „List of Conventions with Indication of the Relevant Articles Conferring Powers on the Organs on the League of Nations", LoN Doc. C.100. M.100 von 1945.

93 Zu dieser — problematischen — Vorstellung *Dicke* (Anm. 38), 196 f., 217 ff.

94 Dazu *Schücking / Wehberg*, 2. Aufl. (Anm. 92), 718; *Ghébali* (Anm. 86), 143, der freilich die Abhängigkeit des Völkerbundes von zwischenstaatlichem Vertragsschluß als Schwäche der Organisation ansieht. Zu Art. 23 siehe auch *Martin D. Dubin*, Toward the Bruce Report: The Economic and Social Programs of the League of Nations in the Avenol Era, in: *United Nations Library* (Hrsg.), The League of Nations in Retrospect. Proceedings of the Symposium organized by the United Nations Library and the Graduate Institute of International Studies, Berlin-New York 1983, 42-72 (43).

95 Dazu näheres unten, S. 67 f.

96 Bis 1922 waren es 420.000 Kriegsgefangene aus 26 Ländern, die durch Vermittlung und Hilfe des Völkerbundes in ihre Heimatstaaten zurückkehren konnten, *Weber* (Anm. 49), 116. — Zum Minderheitenschutz durch den Völkerbund siehe *Christoph Gütermann*, Das Minderheitenschutzverfahren des Völkerbundes, Berlin 1979.

97 Insbesondere handelte es sich um russische, armenische und griechische Flüchtlinge.

der letztgenannten Aufgabe eine sehr komplexe organisatorische Ausgestaltung unter dem Hohen Flüchtlingskommissar erfahren.[98] In *Wirtschafts- und Finanzfragen* machte sich der Völkerbund um den Wiederaufbau des österreichischen Finanzsystems nach dem Ersten Weltkrieg verdient; die Finanzorganisation des Völkerbundes hatte einen ihrer wichtigsten Erfolge im Abbau von Doppelbesteuerungen zu verzeichnen.[99] Eine wirtschaftliche Tätigkeit konnte der Völkerbund nur sehr beschränkt entfalten, zum einen wegen der Zurückhaltung der USA und zum andern aufgrund der strikten „Weigerung der Franzosen, internationale Organisationen in die Diskussion von Kernfragen der Wirtschafts- und Finanzordnung wie Reparationen und interalliierte Kriegsschulden einzuschalten".[100] Im Bereich der *Sozialpolitik* ist an erster Stelle auf die ebenfalls durch den Versailler Vertrag gegründete internationale Arbeitsorganisation (ILO) zu verweisen; sie hat bis 1939 67 Konventionen und 66 Empfehlungen erarbeitet.[101] Der Völkerbund selbst hat sich der Unterdrückung des Sklavenhandels und des Kinder- und Mädchenhandels und dem Kinderschutz gewidmet. Schließlich nahm die *Gesundheitspolitik,* und hier insbesondere die Bekämpfung der Cholera und des Opiummißbrauchs, einen hohen Stellenwert ein.

Zur Wahrnehmung seiner Aufgaben in den genannten Bereichen stand dem Völkerbund zwar keine die Mitgliedstaaten bindende Entscheidungsgewalt zur Verfügung; doch lassen sich mit *Ghébali*[102] die folgenden sechs Handlungsformen unterscheiden, derer sich der Völkerbund bedienen konnte:

1. Die *Vorbereitung multilateraler Abkommen* und die *Einberufung von Staatenkonferenzen* zu deren Verabschiedung: Bis 1930 konnte der Völkerbund an der Entstehung von etwa 30 Konventionen mitwirken, welche Fragen des Eisenbahnverkehrs, der Liberalisierung des Schiffsverkehrs, der Arzneimittelkontrolle und -vereinheitlichung, der Vereinfachung von Zollformalitäten u. a. international regelten.

2. *Technische Hilfe:* Auf Anforderung der Regierungen leisteten die Fachorganisationen des Völkerbundes Hilfestellung bei der Reform nationaler Gesundheitssysteme, der Errichtung oder dem Umbau eines Eisenbahnnetzes, bei Reformen des Währungs- oder Finanzsystems u. a. Herausragende Beispiele sind die Einführung einer neuen Währung in Danzig und die Finanzreform in Österreich und Ungarn 1922-1926.

---

98 *Ghébali* (Anm. 86), 147.

99 Zur Tätigkeit der Finanzorganisation insgesamt *Hill* (Anm. 6), mit einem nützlichen Verzeichnis der wichtigsten Dokumente des Völkerbundes zu ökonomischen und finanziellen Fragen (145 ff.).

100 *Heideking* (Anm. 76), 11.

101 Über Geschichte und Tätigkeit der ILO informiert umfassend *Victor-Yves Ghébali,* The International Labour Organisation. A Case Study on the Evolution of U.N. Specialised Agencies, Dordrecht-Boston-London 1989. Vgl. auch *Peter A. Köhler,* ILO — Internationale Arbeitsorganisation, in: Handbuch Vereinte Nationen (Anm. 1), 339-347.

102 *Ghébali* (Anm. 86), 148-150.

3. *Beratung der politischen Organe des Völkerbundes:* Rat und Versammlung übertrugen die Regelung technischer Details bei solchen Aufgaben, die ihnen auf der Grundlage der Friedensverträge bzw. bei Fragen der internationalen Sicherheit zukamen, häufig den Fachorganisationen. Die beratende technische Kommission für Verkehr und Transit etwa übernahm die Hafenregelungen bei der Erarbeitung des Memelstatuts 1924.

4. *Kontrolle internationaler Abmachungen:* Die unter der Ägide des Völkerbundes geschlossenen Konventionen sahen jeweils eine Implementierungskontrolle durch entsprechende Fachorgane des Völkerbundes vor. In der Regel hatten die Staaten über die Erfüllung der von ihnen eingegangenen Verpflichtungen zu berichten; in einigen Fällen unternahmen die Fachorgane auch eigene Untersuchungen. Falls sie es für erforderlich hielten, forderten sie auch zusätzliche Erklärungen der entsprechenden Regierungen an und gaben dem Rat Empfehlungen für Sanktionen. Insbesondere in der Bekämpfung des Drogenhandels hat sich dieses Berichtssystem als erfolgreich erwiesen.

5. *Informationssammlung und Publikation:* Insbesondere im Wirtschafts- und Gesundheitsbereich gaben die Fachorgane des Völkerbundes eine Fülle von Statistiken und Bulletins heraus, die den nationalen Verwaltungen oft hilfreiche Informationsgrundlagen boten.

6. *Schlichtung:* Die Beratende Kommission für Verkehr und Transit war mit Schiedsaufgaben, u. a. hinsichtlich der Interpretation von Bestimmungen der Friedensverträge in Verkehrsfragen, betraut. 14 von 17 Streitigkeiten, die dem Völkerbund vorgelegt wurden, konnten auf diese Weise geschlichtet werden.

Es stößt aus verschiedenen Gründen auf einige Schwierigkeiten, das Organisationsgeflecht, das sich zur Erledigung dieser Aufgaben im Völkerbund und um den Völkerbund herum entwickelte, systematisch darzustellen. Dies liegt vor allem daran, daß dem Völkerbund in einer unübersehbaren Fülle nicht nur von Konventionen, sondern auch von nicht unter seiner Ägide zustandegekommenen Verträgen Aufgaben zugesprochen wurden, für deren Wahrnehmung oft eigene Kommissionen oder Gremien geschaffen wurden. Das hierfür vorgesehene Koordinationsinstrument des Art. 24 hat sich in der Praxis jedoch als unwirksam erwiesen[103]: die Vereinigten Staaten von Amerika haben sich nach der Nicht-Ratifizierung des Versailler Vertrages nicht bereit gefunden, Organisationen, in denen sie Mitglied waren, unter die Aufsicht des Völkerbundes zu stellen.[104]

---

103 Dazu *George A. Codding*, The Relationship of the League and the United Nations with the Independent Agencies, in: Annals of International Studies 1 (1970), 65-87 (70 ff.).

104 *Schücking / Wehberg*, 2. Aufl. (Anm. 92), 751 für die Hygiene-Organisation. Die Vereinigten Staaten haben etwa die Waffenhandelskonvention *(Delbrück*, Friedensdokumente 2 [Anm. 59], 1189) nicht ratifiziert, weil nach Art. 5 ein Internationales Büro unter der Aufsicht des Völkerbundes errichtet werden sollte; vgl. *Schücking / Wehberg* 732; *Codding* (Anm. 103), 71 m. w. N.

Andererseits jedoch war die Teilnahme von Nicht-Mitgliedern des Völkerbundes für internationale Konventionen oft eine entscheidende Voraussetzung ihrer Wirksamkeit. Auch waren die 1920 bereits existierenden Verwaltungsunionen und Büros nur in den seltensten Fällen bereit, sich dem Völkerbund zu unterstellen.[105] Die UPU, die ITU oder das Internationale Institut für Agrarwirtschaft etwa wurden nie der Aufsicht des Völkerbundes unterstellt.[106] Finanzielle Gründe kamen hinzu: drohende zusätzliche Belastungen des Völkerbundbudgets haben die Mitglieder des Völkerbundes daran gehindert, von Art. 24 Gebrauch zu machen. Aber nicht nur das Fehlschlagen von Art. 24, sondern auch das Fehlen von Bestimmungen in der Satzung, welche die Zuordnungen der einzelnen Organe, Kommissionen und Organisationen regeln, erschwert eine Darstellung des Völkerbundsystems. So kann die folgende Übersicht denn auch lediglich einen groben, statischen Überblick über den Aufbau und die Organisation des Völkerbundes geben.

Schaubild 1

Aufbau und Organisation des Völkerbundes

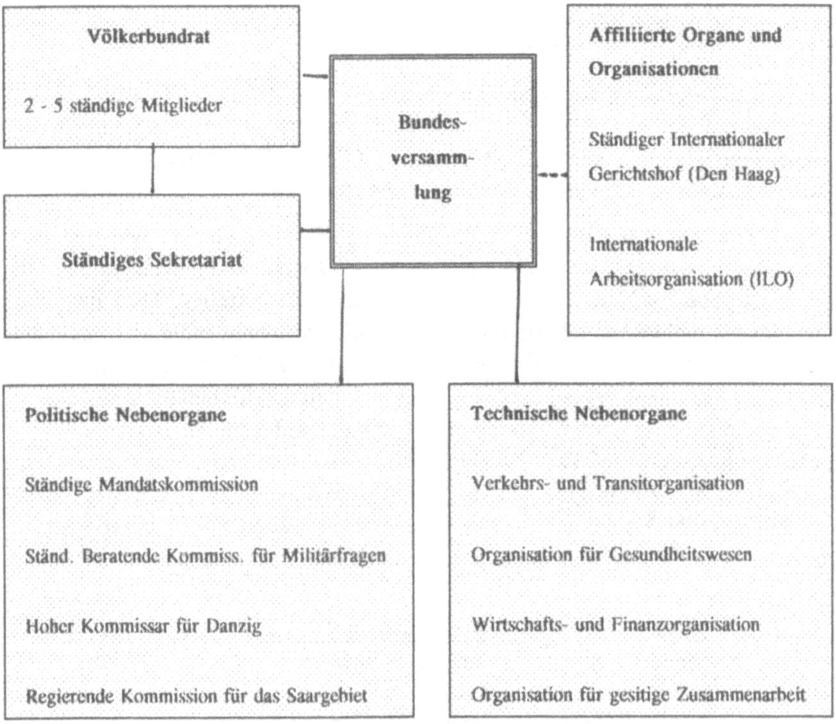

[105] *Ghébali* (Anm. 86), 143.

[106] *Weber* (Anm. 49), 172 f. zählt 26 internationale technische Organisationen auf, die — entgegen Art. 24 — nicht unter die Aufsicht des Völkerbundes gestellt wurden.

b) Wachstum der „technischen" Tätigkeiten und der Bruce-Bericht

In der Satzung des Völkerbundes hatte nicht nur der Gedanke *Woolfs* von einer Zentralisierung des „international government" Niederschlag gefunden; auch seine Einschätzung der internationalen Tätigkeiten in den Bereichen jenseits der kollektiven Sicherheit als im wesentlichen unpolitischer und technischer Natur wurde weithin geteilt. So unterschied man zumindest im ersten Jahrzehnt des Völkerbundes scharf zwischen dessen politischer Tätigkeit, die sich aus den Friedensverträgen ergab bzw. mit dem System der kollektiven Sicherheit zusammenhing, einerseits und den unpolitischen, „technischen" Tätigkeiten des Bundes andererseits.[107] Konsequent wurden die Fachorganisationen „technische" Organisationen genannt, und in der Organisation der internationalen „Arbeitsgemeinschaft" wurde dem Experten eine wichtige Stellung eingeräumt. Sowohl in die technischen Organisationen als auch in eine Reihe von Kommissionen des Völkerbundes wurden neben den Regierungsvertretern eine Reihe von Sachverständigen, welche aufgrund ihres Fachwissens und ausdrücklich unabhängig von einem Regierungsauftrag mitwirken sollten, berufen.[108]

Dieser grundsätzlich unpolitische Ansatz der internationalen Zusammenarbeit jenseits der Friedenssicherung läßt sich aus einer Reihe von zeitgeschichtlichen Umständen erklären. Schon im Zusammenhang mit der Verwaltungslehre wurde darauf hingewiesen, daß zu Beginn des Jahrhunderts auch im nationalstaatlichen Rahmen die strikte Unterscheidung zwischen Politik und Verwaltung in allen Industriestaaten bestimmend ist. Weiterhin hat etwa die Freihandelsbewegung, der eine nicht zu unterschätzende Bedeutung auch für die Ausbreitung des Völkerbundgedankens zukommt[109] und der sich etwa *Woolf* verpflichtet wußte, nicht nur auf eine internationale gesellschaftliche Zusammenarbeit hingewirkt, sondern

---

[107] Vgl. etwa *Otto Göppert,* Der Völkerbund (Handbuch des Völkerrechts 4 I B), Stuttgart 1938, der nach der Behandlung der kollektiven Sicherheit fortfährt mit der „politischen Verwaltungstätigkeit" (550 ff.: Völkerbundsmandate, Schutz der Minderheiten, Memelgebiet, Danzig und Saarland) und der „Tätigkeit auf technischem Gebiet" (623 ff.: Wirtschaft und Finanzen, Verkehr und öffentliche Arbeiten, Gesundheit, geistige Zusammenarbeit, Zusammenarbeit mit China, Sklavereifrage, soziale Frage, Bekämpfung des Opiumsmißbrauchs, Flüchtlingshilfe und Arbeitsfragen). Mit zahlreichen Hinweisen auch *Schiffer* (Anm. 5), 224 f., 244., der die scharfe Trennung von politischen und technischen Fragen ins Zentrum seiner Kritik am Völkerbund stellt.

[108] So sahen u. a. die Kommission für geistige Zusammenarbeit (am 15. Mai 1922 vom Rat aufgrund einer Empfehlung der Bundesversammlung eingesetzt), die zeitweilige Beratende Kommission für Sklavereifragen (am 12. Juni 1924 vom Rat eingesetzt) oder die Kommission für Wirtschafts- und Finanzwesen (am 27. Oktober 1920 nach der Brüsseler Finanzkonferenz provisorisch eingesetzt) die Mitgliedschaft von Sachverständigen vor. Im einzelnen siehe *Schücking / Wehberg,* 2. Aufl. (Anm. 92), 746 ff.

[109] Vgl. die Vortragssammlung des belgischen Industriellen *Henri Lambert,* Pax Economica. Freedom of International Exchange, Boston 1917. Die Schrift wurde von der „International Free Trade League" in Boston, Mass. verlegt und in mehreren Auflagen vertrieben. Im Anhang, der u. a. einen offenen Brief an *Woodrow Wilson* von 1914 enthält, ist das publizistische Wirken der International Free Trade League dokumentiert.

auch innerstaatlich die Freiheit von einer protektionistischen Zollpolitik gefordert. Internationale Zusammenarbeit wird hier als gesellschaftlich-ökonomische Angelegenheit propagiert und dem Grundbegriff des Politischen, der Macht, explizit entgegengesetzt.[110] Und schließlich bestand ein Großteil der internationalen Zusammenarbeit vor dem Ersten Weltkrieg — etwa auf den Gebieten des Verkehrs, der Kultur oder der Gesundheit — in wissenschaftlichen und anderen nichtstaatlichen Aktivitäten, deren sich der Staat — national wie international[111] — erst langsam anzunehmen begann.

In der Praxis des Völkerbundes zeigte sich demgegenüber jedoch schon zu Beginn der dreißiger Jahre, daß eine Organisation der internationalen Zusammenarbeit außerhalb des Systems der kollektiven Sicherheit auf der Grundlage der genannten Prämissen — zentrale Koordination und Trennung von politischen und technischen Aktivitäten — nicht möglich war. Im Völkerbund und — bedingt durch die Mitgliedschaftsprobleme — um den Völkerbund herum war ein nur schwer überschaubares Geflecht von Kommissionen, Organisationen, Ämtern, Büros und Ausschüssen entstanden, denen mehr und mehr Aufgaben übertragen wurden. Die nach Art. 23 der Satzung eingesetzte Ständige Beratende Kommission zur Unterdrückung des Mädchen- und Kinderhandels etwa wurde schon bald in eine Beratende Kommission für Kinder- und Jugendschutz und 1935 in eine Beratende Kommission für soziale Fragen umgewandelt.[112] Verbunden damit war eine Ausweitung ihres Mandates und ihrer Tätigkeit nicht nur in quantitativer, sondern auch in qualitativer Hinsicht. Die Kommission erarbeitete in der Folgezeit — seit 1938 auch im Zusammenwirken mit der Gesundheitsorganisation und der ILO — *internationale Programme* unter anderem zur Ausbildung von Sozialarbeitern, zur Rehabilitation von Prostituierten und entlassenen Strafgefangenen, zur Strafrechtsreform und Hilfe für bedürftige Ausländer. Sie unternahm damit Schritte zur politischen Programmplanung auf internationaler Ebene. Kompetenz-

---

110 *Lambert* (Anm. 109), 67 f. Mit weiteren Belegen auch *Schiffer* (Anm. 5), 224 ff.

111 Ein Beispiel bietet die Geschichte der World Meteorological Organization (WMO), deren Entstehungsgeschichte bis ins Jahr 1780 zurückreicht. Die damals gegründete „Societas Meteorologica Palatina“ sammelte und veröffentlichte Daten von bis zu 40 Meßstationen. Nach Staatenkonferenzen von 1853 bzw. 1873 wurde sie von den Staaten u. a. durch Meldung von Beobachtungen heimkehrender Schiffe und eine Vereinheitlichung der Meßinstrumente und -symbole unterstützt. Als 1879 in Rom die Internationale Meteorologische Organisation gegründet wurde, stritt man sich darüber, ob das Internationale Meteorologische Komitee als deren Hauptorgan aus Staatenvertretern oder Wissenschaftlern bestehen sollte. Man einigte sich auf die Direktoren der nationalen Wetterdienste. Erst 1947 beschloß dieses Gremium, die Internationale Meteorologische Organisation in eine zwischenstaatliche Organisation umzuwandeln, und zwar mit der Begründung, dies sei der Finanzierung und Durchsetzung der Beschlüsse förderlich. Die Versammlung der Direktoren der nationalen Wetterdienste existiert als Exekutivausschuß der WMO weiter, ist jedoch einem „politischen“ Organ, dem Meteorologischen Weltkongreß, der alle vier Jahre tagt, unterstellt. *Christian Koenig*, WMO — Weltorganisation für Meteorologie, in: Handbuch Vereinte Nationen (Anm. 1), 1142-1148, Rdn. 2-4, 8 f.

112 Dazu *Dubin* (Anm. 94) m. w. N.

überschneidungen und Verdoppelung oder doch Überlappungen von Tätigkeiten, welche aus dieser inhaltlichen Ausweitung resultierten, ließen eine zentrale Koordination und in gewissem Umfang auch eine einzelne Organisationen übergreifende politische Planung der einzelnen Tätigkeiten erforderlich erscheinen.

In dieser Situation entsteht ein erster Topos zur Reform internationaler Organisationen. Seit Mitte der zwanziger Jahre läßt sich die bis auf den heutigen Tag nicht mehr verstummende Kritik an der unkontrollierten Proliferation internationaler Organisationen und Gremien vernehmen.[113] Unter dem Motto „weniger ist mehr"[114] will diese Kritik der Tendenz Einhalt gebieten, bei neu entstehenden Problemen der internationalen Zusammenarbeit stets gleich neue Gremien zu gründen. Die Überschaubarkeit und Koordinierbarkeit des bereits bestehenden Geflechts internationaler Organisationen solle gewahrt bzw. gegebenenfalls verbessert, nicht aber durch immer mehr neue, konkurrierende bzw. sich in ihrer Tätigkeit vielfach überlappende Organisationen gefährdet werden. Insofern geht es dieser Kritik um „ein förderndes Miteinander der Führung internationaler Angelegenheiten"[115], d. h. um die politische Steuerung internationaler Organisationen. Doch auf welcher Ebene sollte das „fördernde Miteinander" herbeigeführt, auf welcher Ebene sollte über die „Führung internationaler Angelegenheiten" entschieden werden? Die Praxis des Völkerbundes selbst sollte bald eine Antwort auf diese Frage geben und damit entscheidende Weichenstellungen für die weitere Entwicklung internationaler Organisationen vornehmen.

Mitte der dreißiger Jahre wurde im Völkerbund ein Reformprozeß eingeleitet, in dessen Zentrum eine Reorganisation der sog. „technischen" Aktivitäten des Bundes stand. Vorangetrieben durch den damaligen Generalsekretär *Avenol*, einen französischen Finanzexperten[116], hatte dieser Reformprozeß politisch zum Ziel, das sich abzeichnende Scheitern des Völkerbundes im Bereich der kollektiven Sicherheit durch einen Ausbau und eine Verstärkung der ökonomischen, sozialen, kulturellen und humanitären Tätigkeiten des Bundes zu kompensieren.[117] Die Reformüberlegungen fanden ihren Abschluß im sog. *Bruce*-Bericht,

---

113 *Schücking / Wehberg* (Anm. 92), 758 mit Hinweis auf bereits frühere Äußerungen *Schückings; von Liszt / Fleischmann* (Anm. 22), 220; für die Zeit nach der Gründung der UN *Hans Wehberg*, Entwicklungsstufen der internationalen Organisation, in: Die Friedenswarte 52 (1953 / 55), 193 - 218 (212: „... Übermaß an internationaler Organisation..."); *Bindschedler* (Anm. 34), 71; *Georg Schwarzenberger*, Formen und Funktionen übernationaler Integrationen in der heutigen Welt, in: EA 12 (1957), 10299 - 10304 (10299: „Hypertrophie internationaler Institutionen und Organe").

114 So *von Liszt / Fleischmann* (Anm. 22), 220, Anm. 1.

115 Ebd.

116 Zum Einfluß *Avenols* auf die Reformdiskussion ausführlich *Dubin* (Anm. 94).

117 Dieses Ziel fand die ausdrückliche Unterstützung der USA. Am 2. Februar 1939 hatte Secretary of State *Cordell Hull* an den Generalsekretär des Völkerbundes geschrieben: „The League ... has been responsible for the development of mutual exchange and discussion of ideas and methods to a greater extent and in more fields of humanitarian and scientific endeavor than any other organization in history. The U.S. Government

benannt nach dem Vorsitzenden der 1938 eingesetzten Reformkommission, dem ehemaligen Premierminister Australiens *Stanley M. Bruce*. Der *Bruce*-Bericht[118] wurde am 22. August 1939 vorgelegt; seine Implementierung ging im Beginn des Zweiten Weltkrieges unter.[119] Aus zwei Gründen handelt es sich bei diesem Bericht um eines der wichtigsten Dokumente in der Geschichte internationaler Organisationen: zum einen spiegelt er in deutlichem Kontrast zur Völkerbundsatzung, aber die Erfahrungen aus der Praxis aufnehmend, eine bis heute maßgebliche Konzeption internationaler Organisationen wider, und zum andern hat der Bericht und haben auch die Diskussionen, welche zu seinem Abschluß geführt haben, vieles von dem vorweggenommen, was die UN-Charta zur Regelung der wirtschaftlichen und sozialen Tätigkeiten der UN vorsieht.[120]

Der Bericht beginnt mit einer terminologischen Vorbemerkung: Die Unterscheidung in politische und technische Angelegenheiten sei unangemessen, da schon im innerstaatlichen Bereich die sog. „technischen" Angelegenheiten meist politisch umstritten seien; der Ausschuß ziehe für seinen Bericht daher die Formulierung „wirtschaftliche und soziale Fragen" vor.[121] Es folgen dann drei analytische Abschnitte über die Notwendigkeit internationaler Zusammenarbeit auf wirtschaftlichem und sozialem Gebiet, über die Tätigkeit des Völkerbundes in diesen Bereichen sowie über die Notwendigkeit ihrer Weiterführung und Ausdehnung. Am Schluß stehen die Vorschläge des Ausschusses; angehängt ist der Entwurf einer Satzung für den vorgeschlagenen Zentralen Ausschuß für wirtschaftliche und soziale Fragen.

---

looks forward to the development and expansion of the League's machinery for dealing with the problems in those fields and to the participation by all nations in active efforts to solve them. ... It will continue to collaborate in those activities and will consider in a sympathetic spirit means of making its collaboration more effective". Zitiert nach *Hill* (Anm. 6), 115.

118 Le développement de la collaboration internationale dans la domaine économique et social, LoN Doc. A 23. 1939 vom 22. August 1939. Zum Bericht siehe *S. Engel*, League Reform: An Analysis of Official Proposals and Discussions. 1936-1939, in: Geneva Studies XI (1940), 60-67; 125-135; *Hill* (Anm. 6), 110 ff.; *L. Lary Leonard*, International Organization, New York-Toronto-London 1951, 340; *J. Eugene Harley*, Documentary Textbook on the United Nations, 2. Aufl. Los Angeles 1950, 75 ff.; *Schiffer* (Anm. 5), 251 ff.; *Ghébali* (Anm. 86), 154-156; *ders.*, La Société des Nations et la réforme Bruce. 1939-1940, Genf 1970 (dort 89 ff. Abdruck des Berichts); *Dubin* (Anm. 94).

119 Nach Billigung des Berichtes durch die Völkerbundsversammlung wurden zwar erste Schritte zur Verwirklichung unternommen, im Frühjahr 1940 jedoch eingestellt. Vgl. *Dubin* (Anm. 94).

120 Vgl. *Herman Finer*, The United Nations Economic and Social Council, Boston 1946, 79 ff.; *Ruth B. Russell / Jeannette E. Muther*, A History of the United Nations Charter. The Role of the United States 1940-1945, Washington 1958, 304 ff., 313 f.; *Leland M. Goodrich / Edvard Hambro / Anne Patricia Simons*, Charter of the United Nations. Commentary and Documents, 3rd ed., New York-London 1969, 370 f., 405; *Rainer Lagoni*, Art. 61, in: *Bruno Simma* u. a. (Hrsg.), Charta der Vereinten Nationen. Kommentar, München 1991, 772 ff., Rdn. 1.

121 Der Bericht wird im folgenden zitiert nach dem Abdruck in *Ghébali* (Anm. 118). Hier S. 91 f.

Im ersten Teil wird zunächst unterstrichen, daß die Aktivitäten des Völkerbundes auf wirtschaftlichem und sozialem Gebiet — welche 60% seines Budgets ausmachten — Ergebnis des faktischen Zusammenwachsens der internationalen Gesellschaft seien und als ein „facteur essentiel du développement d'une civilisation pacifique" angesehen werden müssen.[122] Hier wird die zwar schon in der ILO-Satzung[123], nicht aber in der Satzung des Völkerbundes zum Ausdruck gebrachte Verbindung zwischen Friedenssicherung und einer internationalen Wirtschafts- und Sozialpolitik deutlich als „Arbeitsgrundlage" einer allgemeinen internationalen Organisation formuliert. Von der Trennung in politische und technische Aktivitäten wird also nicht nur verbal Abschied genommen, sondern die konzeptionelle Grundlage internationaler Organisationen wird wesentlich erweitert, ohne daß dies bereits — in diesem sehr pragmatischen Dokument — näher ausgeführt würde. Die Internationalisierung des gesellschaftlichen Lebens nach dem Ersten Weltkrieg — das Wachstum von Handel und Verkehr, die rasche Industrialisierung der meisten damals existierenden Staaten, einhergehend mit ihrem sozialen Wandel von Agrar- zu Industriegesellschaften — mache eine effiziente Zusammenarbeit der Staaten zum gegenseitigen Nutzen erforderlich. Insbesondere bei der Lösung wirtschaftlicher und sozialer Ordnungsfragen gelte es, die Erfahrungen gegenseitig auszutauschen, zumal sich die Wirtschaftsstruktur der Staaten mehr und mehr angleiche. Auch habe die Zahl derjenigen Probleme deutlich zugenommen, die nur durch gemeinsame Anstrengungen der Staaten bewältigt werden können. Nehme man die wechselseitige Abhängigkeit und Verschränkung von wirtschaftlichem und sozialem Wandel hinzu, sei aus allem die Notwendigkeit einer ständigen zwischenstaatlichen Organisation ersichtlich.

Im folgenden Abschnitt werden dann die Methoden der Zusammenarbeit im Völkerbund analysiert und die Erfahrungen reflektiert, welche die Staatenvertreter mit dieser Organisation in Genf auf wirtschaftlichem und sozialem Gebiet gemacht haben. Durch die Mitarbeit in den verschiedensten Organen und Kommissionen des Völkerbundes habe sich insbesondere gezeigt, wie eng die „technischen" Probleme sachlich miteinander verwoben und verflochten sind: „On se rend plus exactement compte aujourd'hui de l'etroite interdépendence de ces divers problèmes"[124]. So habe denn auch der Völkerbund mehr und mehr Anstrengungen zur Koordination seiner entsprechenden Tätigkeiten vornehmen müssen

[122] A. a. O., 92.

[123] UNTS 15, 35. Satz 1 der Präambel lautet: „Whereas universal and lasting peace can be established only if it is based upon social justice; ...".

[124] *Ghebali,* La Société (Anm. 118), 103 mit folgenden erläuternden Beispielen: „La prévoyance sociale, la protection de l'enfance, la protection de la famille, sont directement liées aux problèmes que soulève l'amélioration du logement et de l'alimentation. Ceux-ci, à leur tour, dépendent, à maints égards, des conditions économiques, des facilités de transport et des méthodes d'imposition. Ce sont là des questions que toutes les administrations devraient étudier et résoudre dans un esprit de compréhension scientifique. Derrière tous ces grands problèmes, il en est un autre plus important qui, en un sens, les domine, c'est le problème démographique ..." — ein locus classicus der „Interdependenz".

bis hin zu einer Reorganisation des Sekretariates. Insgesamt stelle sich der Völkerbund mit seinen „Ressourcen“ als ein Instrument für die Staaten dar, „de la manière la plus économique possible:

> a) De réunir et de dépouiller des données provenant du monde entier; b) D'obtenir les services des meilleurs spécialistes du monde qui prêtent gracieusement leurs concours pour le bien de la cause; c) D'organiser des réunions d'experts étudiant les mêmes problèmes, afin de leur permettre de discuter en commun leurs préoccupations, leurs succès et leurs échecs; d) D'établir les liaisons indispensables entre les experts et ceux qui assument les responsabilités de la politique à suivre; e) De donner constamment et automatiquement aux hommes d'Etat des occasions de se réunir et de discuter leur politique; f) De fournir ainsi les moyens propres à améliorer la compréhension des objectifs visés par les différentes nations et de la politique suivie par elles; g) D'assurer le mécanisme nécessaire pour la conclusion de conventions internationales.“ [125]

Eine kurze abschließende Würdigung des Völkerbundes [126], in der die Verbindung von fachlicher Kooperation und Friedenssicherung noch einmal hervorgehoben wird, wird unterstrichen durch ein Zitat aus dem bereits erwähnten Brief des amerikanischen Außenministers an den Generalsekretär. [127]

Insbesondere mit der Auflistung der „Ressourcen“ des Völkerbundes antwortet der Bericht zumindest implizit auf den wesentlichen Aspekt des eben angeführten Reformtopos: das „fördernde Miteinander der Führung internationaler Angelegenheiten“ ist unter Nutzen-Kosten-Gesichtspunkten am effizientesten auf der internationalen Ebene selbst zu gewährleisten, und zwar im Rahmen einer allgemeinen internationalen Organisation, die durch eigene politische Programmatik ihre Tätigkeit planvoll koordiniert. Wenn auch zunächst an die Staaten appelliert wird, in ihren eigenen Regierungen eine bessere Koordination vorzunehmen und die Tätigkeit des Völkerbundes auf wirtschaftlichem und sozialem Gebiet einer breiteren Öffentlichkeit bekannt zu machen [128], so richten sich doch die eigentlichen Vorschläge des Berichtes auf eine Reorganisation des Völkerbundes selbst. In folgenden vier Punkten sei es erforderlich „d'augmenter le rendement de l'oeuvre dans son ensemble“:

> „a) De réunir toute cette partie de l'activité de la Société sous la surveillance d'un organisme qui devrait être à la fois efficace et représentatif; b) De tenir compte du fait que l'extension de la nature même des travaux a pour conséquence une interdépendence de plus en plus grande des activités des diverses organisations et que, par suite, un centre directeur de coordination est de plus en plus nécessaire; c) De donner un nouvel et vigoureux essor à cette oeuvre elle-même, résultat que l'on peut naturellement escompter si l'on réussit à la faire mieux connaître du grand public et si elle devient l'objectif essentiel des organes directeurs ...; d) De fournir

---

125 A. a. O., 104 f.

126 „... la Société représente les aspirations de l'humanité vers une coopération plus active et une meilleure organisation au service de la paix mondiale“, a. a. O., 105.

127 Oben, Anm. 117. Ein weiteres Mal wird dieser Brief zitiert a. a. O., 107.

128 A. a. O., 106.

aux Etats non membres de la Société l'occasion de prendre la plus large part possible à l'oeuvre elle-même ainsi qu'à sa direction et à sa surveillance."[129]

Um diese Ziele zu erreichen, solle ein Zentraler Ausschuß für wirtschaftliche und soziale Fragen aus zunächst 24 Mitgliedern gebildet und mit der Aufgabe betraut werden, die Arbeit des Völkerbundes im wirtschaftlichen und sozialen Bereich zu koordinieren. Er solle effektiv und repräsentativ zugleich sein. Dieser Ausschuß solle das Budget für diese Tätigkeiten vorbereiten und überdies mit organisatorischen Kompetenzen ausgestattet sein: nach eigenem Ermessen und im Rahmen des Budgets soll er Ausschüsse gründen und Experten heranziehen können.[130] Der Generalsekretär solle jährlich einen gesonderten Bericht über die wirtschaftlichen und sozialen Aktivitäten des Bundes erstellen, um deren Integration mit der politischen Tätigkeit von Versammlung und Rat zu ermöglichen, aber auch um sie von den Belastungen der „politischen" Fragen freizuhalten.[131]

Im Ergebnis wurde damit die Kritik des oben erwähnten Reformtopos nicht beachtet: nicht nur wurde für ein neues Problem — das der Koordination — die Gründung eines neuen Organs vorgeschlagen, sondern dieses Organ sollte seinerseits mit Organisationskompetenzen ausgestattet sein. Damit war einer weitergehenden Proliferation internationaler Einrichtungen der Weg geebnet. Begründet wurde dieser Vorschlag seinerseits mit Effizienz- und Effektivitätsargumenten: die vorgeschlagene Lösung stellt sich für die Mitgliedstaaten ökonomisch als die am wenigsten aufwendige und hinsichtlich der Zielerreichung der Organisation als auch hinsichtlich des gegenseitigen Nutzens der Mitgliedstaaten als die erfolgversprechendste dar. Mit der Feststellung der Interdependenz wirtschaftlicher und sozialer Problemlagen und der daraus abgeleiteten Koordinations- und Organisationskompetenz des einzurichtenden neuen Organs ist die letzte Stufe in der Entwicklung internationaler Organisationen erreicht: wenn auch in den Grenzen des Budgets und nach wie vor als Instrument der Mitgliedstaaten, organisiert sich doch die allgemeine und universale Organisation, welche der *Bruce*-Bericht im Auge hat, selbst.

Mit diesem vom *Bruce*-Bericht vollzogenen Schritt hat der *Begriff der Internationalen Organisation* seinen bis heute maßgeblichen Bedeutungsgehalt gewonnen, und es ist kein Zufall, daß sich der Begriff seit den vierziger Jahren in Wissenschaft und Praxis dort durchsetzt, wo früher von internationaler Verwaltung oder international government die Rede war.[132] Welche Komponenten beinhaltet der Begriff?

---

129 A. a. O., 108.

130 „. . . et il aurait qualité pour instituer de nouveaux comités dans les limites fixées par le budget, ainsi que pour modifier la structure actuelle des organisations économique et sociale, au cas où il le jugerait opportun", a. a. O., 109.

131 Dazu besonders *Finer* (Anm. 120), 83.

132 *Charles G. Fenwick*, International Law, 4th ed. New York 1965, 246. Im italienischen, französischen und insbesondere angelsächsischen Sprachraum erscheinen eine Fülle von Monographien zum Thema „internationale Organisation". Hervorzuheben sind

Zunächst ist die Tatsache zu beachten, daß er bis Anfang der sechziger Jahre sowohl im Singular als auch im Plural geläufig ist. Im ersten Falle umschreibt er das Strukturmoment des internationalen Systems, das *Schücking* in seiner Schrift dargestellt hat[133] und das durch das System kollektiver Sicherheit wie auch durch die Institutionalisierung der zwischenstaatlichen Kooperation Verwirklichung fand. „Internationale Organisation" bezeichnet die Entwicklung institutioneller Vorkehrungen zu einer auf Dauer gestellten Friedenssicherung und zwischenstaatlicher Zusammenarbeit auf der Grundlage des Völkerrechts. Im zweiten Fall ist eine institutionelle Form gemeint: „Internationale Organisationen" sind zwischenstaatliche Einrichtungen, die in der Regel über ein „Versammlung" genanntes Plenarorgan, über ein „Rat" genanntes Exekutivorgan und über ein Sekretariat verfügen. Zutreffend formuliert *Heideking:* „Heute meint der Begriff „internationale Organisation" ... sowohl eine bestimmte institutionelle Form als auch ein aus der Beschränkung geborenes Prinzip: Friedenssicherung durch die Koordinierung und den Ausgleich der Interessen souveräner Staaten auf globaler Ebene".[134]

Wie stellt sich nun diese Verbindung von Prinzip und Form im Neuansatz einer universalen internationalen Organisation nach dem Zweiten Weltkrieg dar?

§ 4 Friedenssicherung und internationale Kooperation: Die Entwicklung internationaler Organisationen seit Gründung der Vereinten Nationen

1. Die Gründung der UNO und die Struktur ihrer Charta

a) Die Gründungsgeschichte der UNO

Die Gründungsgeschichte der Organisation der Vereinten Nationen weist gegenüber der Entstehungsgeschichte des Völkerbundes einige Besonderheiten auf, die sich in der Gestaltung ihrer Charta niederschlagen sollten. Ein erster Unterschied ist in der Dauer und Intensität der Vorbereitungsarbeiten zu sehen: Nicht nur begannen die Vorüberlegungen zur Gründung der UNO insbesondere in den

---

vor allem: *F. Florino,* Le organizzazioni internazionali, Mailand 1949; *A. Migliazza,* Il fenomeno dell' organizzazione e la communità internazionale, Mailand 1958; *Stanley Hoffmann,* Organisations internationales et pouvoirs politiques des Etats, Paris 1954; *Potter* (Anm. 83). Im deutschen Sprachraum blieb die Schrift *Walther Schückings* für lange Zeit die einzige bedeutende Monographie zum Thema „Internationale Organisation". Lediglich die Völkerrechtswissenschaft hat das Thema immer wieder behandelt; vgl. dazu *Bindschedler* (Anm. 34), m. w. N.

133 Siehe oben, S. 56 f.

134 *Heideking* (Anm. 76), 5.

Vereinigten Staaten bereits mit dem Ausbruch des Zweiten Weltkrieges[1], sondern die Pläne zur Gestaltung der Organisation nahmen auch in Beratungen zwischen den Aliierten — zunächst den Vereinigten Staaten und dem Vereinigten Königreich, später unter Beteiligung der Sowjetunion und zuletzt auch Chinas und Frankreichs — schrittweise konkrete Gestalt an. Ein zweiter Unterschied ist darin zu sehen, daß die Gründung der UNO unabhängig und unbelastet von Verhandlungen über Friedensverträge erfolgte.

Sowohl der Name als auch der Grundgedanke der „Vereinten Nationen" gehen unmittelbar auf die Anti-Hitler-Koalition des Zweiten Weltkrieges zurück[2], die sich spätestens mit dem Kriegseintritt der Vereinigten Staaten zu formieren begann. Bereits bei Ausbruch des Krieges hatten im State Department der Vereinigten Staaten umfangreiche wissenschaftliche Untersuchungen und politische Überlegungen begonnen, wie eine Nachkriegsordnung zu gestalten sei. Kern dieser frühen Überlegungen war die Vorstellung einer von den angelsächsischen Demokratien geführten und mit eigener Polizeistreitmacht ausgestatteten Weltorganisation auf völkerrechtlicher Grundlage, deren Aufgabe es sein sollte, eine Abrüstung der Aggressorstaaten herbeizuführen und eine Neuordnung der Weltwirtschaft vorzunehmen. Der deutsche Angriff auf die Sowjetunion und der britische Allianzvertrag mit der Sowjetunion von 1941 machten die Absprache konkreter Schritte erforderlich: der amerikanische Präsident *Roosevelt* und der britische Premierminister *Churchill* trafen sich zur Abstimmung der Nachkriegsziele auf einem britischen Kriegsschiff in der Bucht von Neufundland. *Churchill* schwebte ein reformierter und durch regionale Untergliederungen ergänzter Völkerbund vor, während *Roosevelt* eine Bestrafung und dauerhafte Entmachtung der Schuldigen des Zweiten Weltkrieges sowie eine von einer amerikanisch-britischen Allianz getragene Friedenssicherung nach Beendigung des Krieges anstrebte. In der Atlantik-Charta vom 14. August 1941[3] machten sie „certain common principles in the national policies of their respective countries on which they base their hopes for a better future of the world" bekannt. Inhaltlich setzte sich zwar *Roosevelt* weithin mit seinen Vorstellungen durch, doch wurde die

---

1 *US Department of State* (Hrsg.), Postwar Foreign Policy Preparation 1939-1945, Washington 1949; dazu *Inis L. Claude,* Swords into Plowshares, 4. Aufl. New York 1971, 58.

2 Zur Gründungsgeschichte der Vereinten Nationen *Ruth B. Russell / Jeannette E. Muther,* A History of the United Nations Charter. The Role of the United States, Washington 1958; *J. Eugene Harley,* Documentary Textbook on the United Nations, 2. Aufl. Los Angeles 1950; *Herrmann Weber,* Vom Völkerbund zu den Vereinten Nationen, Bonn 1987; *ders.*, Entstehungsgeschichte der UNO, in: *Rüdiger Wolfrum* (Hrsg.), Handbuch Vereinte Nationen, München, 2. Aufl. 1991; *Wilhelm G. Grewe,* Entstehung und Wandlungen der Vereinten Nationen, in: *Bruno Simma* et al. (Hrsg.), Charta der Vereinten Nationen, Kommentar, München 1991, XXIII ff.

3 Abgedruckt bei *Harley* (Anm. 2), 169 f.; *Russell / Muther* (Anm. 2), 975; dt. Übersetzung bei *Weber* (Anm. 2), 176 f. Zur Geschichte und Bedeutung *Hans Jürgen Schlochauer,* Atlantic Charter, in: EPIL 9 (1986), 10-12.

Frage der konkreten Gestalt einer neuen Staatenorganisation immerhin offengehalten.

Der Zuständigkeit einer solchen Organisation wurde jedoch schon hier ein breiter Rahmen vorgegeben. In Prinzip 5 der Atlantic Charter bringen *Roosevelt* und *Churchill* ihr Bestreben zum Ausdruck, „to bring about the fullest collaboration between all nations in the economic field with the objective of securing, for all, improved labour standards, economic advancement and social security". Diese sehr weitgesteckten Ziele der internationalen Zusammenarbeit im wirtschaftlichen und sozialen Bereich gehen weit über die Satzung des Völkerbundes hinaus und führen die Entwicklung internationaler Sozial- und Wirtschaftspolitik fort, welche in der Kommission des Völkerbundes für soziale Fragen und im *Bruce*-Bericht erste praktische Ansätze[4] gefunden hatte. Lediglich das Ziel der „improved labour standards" hatte in Gestalt der ILO und ihrer Tätigkeit bereits eine organisatorische Ausgestaltung und auch praktische Ergebnisse aufzuweisen. Von Bedeutung ist ferner, daß diese Zielsetzung im wirtschaftlichen und sozialen Bereich in einen untrennbaren Zusammenhang mit der Friedenssicherung gestellt wurde. Denn im sechsten Prinzip werden ausdrücklich zwei Bestimmungsmomente des zu stiftenden Friedens benannt: der Friede soll Sicherheit für alle Nationen in ihren eigenen Grenzen gewährleisten sowie „afford assurance that all the men in all the lands may live out their lifes in freedom from fear and want". Wie bereits im Versailler Vertrag und der ILO-Satzung, nicht aber in der Satzung des Völkerbundes, ist hier ein enger Bezug zwischen Friedenssicherung in einem engen, auf die Abwehr territorialer Veränderungen und den Schutz vor Aggression bezogenen Sinne und der letztlich menschenrechtlich begründeten Friedensförderung durch internationale Kooperation auch auf wirtschaftlichem und sozialem Gebiet formuliert. Damit schreibt die Atlantik-Charta der internationalen Zusammenarbeit Aufgaben zu, die das Bürger-Staat-Verhältnis unmittelbar betreffen und bislang ausschließlich souveräner nationaler Regelung unterlagen.

Nach ihrem Eintritt in den Zweiten Weltkrieg im Dezember 1941 gelang es den Vereinigten Staaten bald, eine Kriegsallianz auf breiter Basis zustandezubringen. In der am 1. Januar 1942 verkündeten und von 42 Nationen gezeichneten „Erklärung der Vereinten Nationen"[5] — der sich bis Kriegsende weitere 21 Staaten anschließen sollten[6] — bekennen sich diese Staaten zu den Prinzipien der Atlantik-Charta und schließen sich zu „a common struggle against savage and brutal forces seeking to subjugate the world" zusammen. Die Erklärung enthält zwar keine Aussagen zu konkreten Organisationsfragen der Nachkriegsordnung, betont aber prinzipiell, „that complete victory over their enemies is essential to defend life, liberty, independence and religious freedom, and to

---

4 Siehe oben S. 71 ff.

5 *Harley* (Anm. 2), 171; *Russell / Muther* (Anm. 2), 976; dt. bei *Weber* (Anm. 2), 177.

6 Vgl. die Tabelle bei *Weber* (Anm. 2), 179 - 182.

preserve human rights and justice in their own lands as well as in other lands"[7]. Damit wird die breite Zielsetzung der Atlantik-Charta noch einmal unterstrichen.

Erst nach sowjetisch-amerikanischen Gesprächen des Jahres 1942 konkretisierte sich das organisatorische Konzept, nach dem den Großmächten nach Beendigung des Krieges die Hauptverantwortung dafür übertragen werden sollte, den Weltfrieden notfalls mit Sanktionsgewalt zu sichern. Dieses Konzept fand auf der Moskauer Außenministerkonferenz im Oktober 1943 auch die Zustimmung des Vereinigten Königreichs, welches damit von seinen — Commonwealth-konformen — Regionalplänen abrückte. In der Vier-Mächte-Erklärung vom 30. Oktober 1943[8] heißt es unter Punkt 4: die Mächte erklären gemeinsam, „that they recognize the necessity of establishing at the earliest practicable date a general international organization, based on the principle of the souvereign equality of all peace-loving states, and open to membership to all such states, large and small". Die Vereinigten Staaten hatten damit der Gründung einer allgemeinen internationalen Organisation mit der Mitgliedschaft zumindest aller an der Kriegsallianz beteiligten Staaten grundsätzlich ihre Zustimmung erteilt.

Organisatorische Einzelheiten für die neuzugründende Weltorganisation unterbreiteten erstmals die im US-State Department unter Federführung von *Leo Pasvolsky* erarbeiteten „Tentative Proposals for a General International Organization"[9], denen nach intensiven Vorbereitungen ein sog. „Outline-Plan" vorausgegangen war. Hier zeichnet sich bereits deutlich die Konzeption einer primär der Friedenssicherung gewidmeten internationalen Organisation mit den Hauptorganen Sicherheitsrat, Generalversammlung und Internationaler Gerichtshof ab. Die Kompetenzen der beiden erstgenannten Organe sollten im Unterschied zur Völkerbundsatzung jedoch deutlicher hervorgehoben und voneinander abgegrenzt werden.[10] Grundgedanke der kollektiven Sicherheit war die Solidarität der vier Großmächte, nicht gegeneinander und gegen andere Mächte Krieg zu führen und zur Aufrechterhaltung des Friedens Sanktionstruppen bereitzustellen. Dieser Gedanke von der „moralischen Verpflichtung" der Großmächte[11] und der Indienstnahme, freilich auch Anerkennung und Absicherung ihres machtpolitischen Potentials, aus dem heraus ihr ständiger Sitz und ihr Veto-Recht im Sicherheitsrat gerechtfertigt wurde, sah sich bis zur Gründung der Vereinten Nationen starker Kritik von Seiten der mittleren und kleineren Staaten, insbesondere Lateinamerikas[12], gegenüber. Erst die Zusicherung einer möglichen Revision der Charta nach

---

7 *Harley* (Anm. 2), 171.

8 *Harley* (Anm. 2), 172; *Russell / Muther* (Anm. 2), 977; dt. bei *Weber* (Anm. 2), 177 f.

9 *Russell / Muther* (Anm. 2), 995 ff.

10 *Oscar Schachter*, United Nations Charter, in: EPIL 5 (1983), 288.

11 *Weber*, Entstehungsgeschichte (Anm. 2), Rdn. 10.

12 Vgl. etwa die Stellungnahme Perus auf der Konferenz von San Francisco, in welcher der Hoffnung Ausdruck gegeben wird, das Veto-Recht möge in der Praxis hinter der moralischen Pflicht zur Einstimmigkeit für die Wahrung des Weltfriedens zurücktreten,

zehn Jahren — insbesondere durch die Vereinigten Staaten —, die in Art. 109 Abs. 3 festgeschrieben wurde, konnte diese Staaten letzlich dazu bewegen, der privilegierten Stellung der Großmächte in der neuen Organisation zuzustimmen.

Eine mit den drei anderen Mächten abgestimmte Fassung der „Tentative Proposals" diente der für August 1944 nach Dumbarton Oaks einberufenen Konferenz der vier Großmächte als Grundlage, einen Satzungsentwurf für eine allgemeine internationale Organisation zu erarbeiten.[13] Die am 9. Oktober 1944 verabschiedeten „Dumbarton Oaks Proposals"[14] lassen die Grundzüge der späteren Charta bereits deutlich erkennen. Sie sehen die Gründung einer einheitlichen internationalen Organisation[15] mit umfänglichen Aufgabenstellungen vor. In Einzelheiten noch über die Vorschläge des *Bruce*-Berichtes hinausgehend, ist eine gegenüber der Satzung des Völkerbundes deutlich stärkere Ausdehnung auf den wirtschaftlichen und sozialen Bereich einschließlich der dazu erforderlichen organisatorischen Vorkehrungen vorgesehen. Von den noch offengebliebenen Fragen — u. a. Mitgliedschaft der sowjetischen Unionsrepubliken, Abstimmungsmodus der Generalversammlung und des Sicherheitsrates, Aufnahme der Menschenrechte in die Charta — konnte auf der Konferenz von Jalta im Februar 1945 immerhin die entscheidende Frage der Abstimmungmodalitäten des Sicherheitsrates geklärt werden. Die sog. Jalta-Formel, deren Inhalt den übrigen Staaten erst mit der Einladung zur Gründungskonferenz nach San Francisco mitgeteilt wurde[16], sieht vor, daß der Sicherheitsrat in anderen als Verfahrensfragen mit der Mehrheit von sieben Stimmen entscheidet, wobei die Stimmen der fünf ständigen Mitglieder — Frankreich war inzwischen dazugetreten — in diesen sieben Stimmen enthalten sein müssen.

---

in: UNCIO XI, 168. — Die Haltung der lateinamerikanischen Staaten wurde entscheidend vorgeprägt auf einer Interamerikanischen Konferenz zu Fragen des Krieges und Friedens, die vom 21. Februar bis 8. März 1945 in Mexico City stattfand. Dort wurde u. a. ein Bericht des Interamerikanischen Juristenrates zu den Dumbarton Oaks-Vorschlägen diskutiert. Dazu *Harley* (Anm. 2), 379 ff.; *Russell / Muther* (Anm. 2), 554 ff.

13 Dazu *Hans-Jürgen Schlochauer*, Dumbarton Oaks Conference (1944), in: EPIL 5 (1983), 10-12 m. w. N. Die Konferenz war in zwei Phasen geteilt (21. August bis 28. September Verhandlungen zwischen den USA, dem Vereinigten Königreich und der Sowjetunion; 29. September bis 7. Oktober Verhandlungen USA, Vereinigtes Königreich und China), da die Sowjetunion direkte Verhandlungen mit China ablehnte.

14 *Russell / Muther* (Anm. 2), 1019 ff.; *Harley* (Anm. 2), 327-340.

15 Die Sowjetunion hatte eine Trennung in zwei gesonderte, der Friedenssicherung und der wirtschaftlich-sozialen Zusammenarbeit gewidmete Organisationen erwogen; *Schlochauer* (Anm. 13), 10.

16 *Harley* (Anm. 2), 533. Die Formel lautet:

„1. Each member of the Security Council should have one vote.

2. Decisions of the Security Council on procedural matters should be made by an affirmative vote of seven members.

3. Decisions of the Security Council on all other matters should be made by an affirmative vote of seven members including the concurring votes of the permament members; provided that, in decisions under Chapter VIII, Section A, and under the second sentence of Paragraph 1 of Chapter VIII, Section C, a party to a dispute should abstain from voting."

Die nunmehr fünf für die Friedenssicherung hauptverantwortlichen Mächte luden als „sponsoring powers" alle Staaten, welche die Erklärung der Vereinten Nationen gezeichnet hatten bzw. ihr beigetreten waren, zur Gründungskonferenz der UNO nach San Francisco ein. Vom 25. April bis 26. Juni 1945 berieten 50 Staaten[17] auf der Grundlage der Dumbarton Oaks-Proposals das Gründungsdokument der Organisation der Vereinten Nationen. Die Konferenz hatte vier Kommissionen eingerichtet, die jeweils wiederum in mehrere Ausschüsse unterteilt waren.[18] Die Aufnahme jeder einzelnen Bestimmung in die Charta bedurfte einer 2 / 3-Mehrheit der anwesenden Staaten. Am 25. Juni 1945 konnte die Charta verabschiedet werden, einen Tag später wurde sie von den 50 anwesenden Staaten unterzeichnet. Die Charta der Vereinten Nationen trat am 24. Oktober 1945 in Kraft, nachdem die Mehrzahl der Gründerstaaten und die Sowjetunion als letztes der ständigen Mitglieder des Sicherheitsrates die Ratifikationsurkunde hinterlegt hatten.

Es erscheint auf den ersten Blick erstaunlich, daß der Völkerbund bei der Gründungsgeschichte der Vereinten Nationen so gut wie keine Rolle spielte.[19] Zwar hat das Vereinigte Königreich an einen modifizierten und durch einen regionalen Unterbau ergänzten Völkerbund anknüpfen wollen, doch wurden aufgrund der politischen Belastung des Völkerbundes gerade im Bereich des Systems der kollektiven Sicherheit alle Anklänge an die Genfer Organisation tunlichst vermieden. Die Nicht-Beteiligung der Vereinigten Staaten, der Ausschluß der Sowjetunion nach dem Einmarsch in Finnland im Dezember 1939, die Verquikkung des Völkerbundes mit den Pariser Friedensverträgen und das Scheitern des Sanktionsautomatismus nach Art. 16 der Satzung waren die ausschlaggebenden Gründe dafür, daß man — „in a rather childish manner"[20] — den Völkerbund

[17] Von den 47 Staaten, welche die Erklärung der Vereinten Nationen unterzeichnet hatten, fehlte Polen, weil die Großmächte sich auf eine Anerkennung der polnischen Regierung nicht einigen konnten. Im Laufe der Konferenz wurden Weißrußland und die Ukraine sowie Argentinien und Dänemark zusätzlich eingeladen.

[18] Zur Organisation der Konferenz *Harley* (Anm. 2), 540-544. Die Konferenzdokumente sind zwischen 1945 und 1955 in 22 Bänden unter dem Titel „Documents of the United Nations Conference on International Organization" (UNCIO) publiziert worden.

[19] Der Völkerbund existierte bis April 1946. Am 8. April 1946 trat die Versammlung zu ihrer letzten Sitzung zusammen, an deren Ende sie die ersten Resolutionen der UN-Generalversammlung unterstützte. Das Vermögen des Völkerbundes ging auf die Vereinten Nationen über. Zum Ende des Völkerbundes *L. Lary Leonard,* International Organization, New York-Toronto-London 1951, 59.

[20] So *Pitman A. Potter,* An Introduction to the Study of International Organization, 5. Aufl. New York-London 1948, 256. Ähnlich *J. L. Brierly,* The League of Nations and the Charter, in: BYIL 23 (1946), 83-94 (83 f.), der das schlechte Gewissen der Staaten angesichts der Nichterfüllung ihrer Pflichten aus Art. 16 als Grund dafür anführt, daß das Scheitern des Völkerbundes nur unzureichend analysiert worden sei. Dem ist jedoch zu widersprechen. *Brierly* ist neben anderen Äußerungen auf der Konferenz von San Francisco die recht ausführliche Stellungnahme Frankreichs entgegenzuhalten. Darin heißt es u. a.: „The final failure of the former League of Nations was not due to a defect in its institutions. ... The failure could only be attributed to a weakening of wills", UNCIO III, 380.

weitestgehend ignorierte und sich auch der Erfahrung seiner Beamten, wenn überhaupt, dann nur äußerst zurückhaltend bediente.[21] Wenn dennoch frühe Kommentatoren der UN-Charta eine starke Kontinuität der neuen Weltorganisation mit dem Völkerbund betonen[22], so bezieht sich dies wohl in erster Linie auf den Grundgedanken der Friedenssicherung durch eine internationale Organisation sowie auf die Praxis des Völkerbundes, vor allem auch in den Bereichen jenseits der kollektiven Sicherheit. Insbesondere auf der Konferenz von San Francisco wurde indessen verschiedentlich das Bemühen deutlich, aus den Erfahrungen des Völkerbundes — und zwar in erster Linie aus dem Scheitern einzelner Bestimmungen seiner Satzung — zu lernen.[23] Ermöglicht wurde dies nicht zuletzt dadurch, daß eine Reihe der in San Francisco versammelten Persönlichkeiten Erfahrungen mit dem Völkerbund hatten sammeln können; mit Feldmarschall *Smuts*[24] gehörte der Konferenz sogar ein prominenter Protagonist des Völkerbundes an. Wie stellt sich nun im Ergebnis der Aufbau der Organisation und der rechtliche Rahmen für ihre Tätigkeit — auch im Vergleich zum Völkerbund — dar?

b) Aufbau und Inhalt der Charta

Die Charta der Vereinten Nationen besteht aus einer Präambel und 111 Artikeln, die in 19 Kapitel unterteilt sind; ihr angehängt ist als integraler Bestandteil das Statut des Internationalen Gerichtshofes. Bereits in der Präambel und in Kapitel I, das die *„Ziele und Grundsätze“* der Organisation festlegt, ergibt sich ein deutlicher Unterschied zur Völkerbundsatzung: sowohl in der Präambel als auch — in rechtlich verbindlicher Weise[25] — in Art. 1 sind die Ziele der Organisation ausführlich formuliert. Nach der Präambel wie nach Art. 1 ist es das oberste Ziel der Organisation, den Weltfrieden und die internationale Sicherheit zu *wahren.* In Art. 1 Ziff. 1 werden zwei Wege zur Erreichung dieses Zieles unterschie-

---

21 Australien stellte im 1. Ausschuß der 2. Kommission der Konferenz von San Francisco den Antrag, zur Beratung der Verfahrensfragen der Generalversammlung je einen Vertreter des Völkerbundes, von UNRRA, der ILO und der FAO hinzuzuziehen. Der Ausschuß faßte den Beschluß, Vertreter dieser Organisationen ausschließlich zu Budgetfragen zu hören. UNCIO VIII, 331.

22 So *Leland M. Goodrich,* From League of Nations to United Nations, in: IO 1 (1947), 3-21; *Paul Baradon,* Die Vereinten Nationen und der Völkerbund in ihrem rechtsgeschichtlichen Zusammenhang, Hamburg 1948; siehe auch *F. P. Walters,* Dumbarton Oaks and the League. Some Points of Comparison, in: International Affairs 21 (1945), 141-154 (143 ff.), und — sehr differenziert — *Brierly* (Anm. 20), 83 f.

23 Vgl. etwa UNCIO III, 189 f., 363, 380 f.; VI, 128, 431 f., 495 f., 507; VIII, 52 f., 57, 202. 331.

24 *Smuts* leitete die Kommission, welche die Generalversammlung behandelte.

25 Auch die Präambel der UN-Charta ist rechtlich verbindlich; doch formuliert sie nicht in systematischer Absicht die Ziele der Organisation, sondern legt die Gründe für ihre Entstehung dar. Zu ihrer Redaktionsgeschichte und Auslegung *Rüdiger Wolfrum,* Präambel, in: Kommentar (Anm. 2), 1-5. Zur Auslegung von Art. 1 *ders.*, Kommentar zu Art. 1, a. a. O., 6-13 m. w. N.

den: einmal wirksame Kollektivmaßnahmen und zum andern die Bereinigung internationaler Streitigkeiten „durch friedliche Mittel nach den Grundsätzen der Gerechtigkeit und des Völkerrechts“; dem entspricht die Unterteilung der dieses Ziel umsetzenden Vorschriften zur Friedenssicherung in „Maßnahmen bei Bedrohung oder Bruch des Friedens und bei Angriffshandlungen“ (Kap. VII) einerseits und die friedliche Streitbeilegung (Kap. VI) andererseits. Art. 1 Ziff. 2 zielt auf eine *Festigung* des Weltfriedens durch die Entwicklung freundschaftlicher Beziehungen auf der Grundlage „der Achtung vor dem Grundsatz der Gleichberechtigung und Selbstbestimmung der Völker“ und durch „andere geeignete Maßnahmen“. Ein drittes Ziel richtet sich auf die Herbeiführung einer internationalen Zusammenarbeit, um „internationale Probleme wirtschaftlicher, sozialer, kultureller und humanitärer Art zu lösen und die Achtung vor den Menschenrechten und Grundfreiheiten ... zu fördern und zu festigen“ (Art. 1 Ziff. 3). Viertens sollen die Vereinten Nationen ein Mittelpunkt sein, „in dem die Bemühungen der Nationen zur Verwirklichung dieser gemeinsamen Ziele aufeinander abgestimmt werden“ (Art. 1 Ziff. 4).

Mit dem Zielkatalog in Art. 1 sind bereits auf Charta-Ebene wichtige Vorentscheidungen hinsichtlich der Wirksamkeitsbedingungen der Organisation getroffen. Das gilt sowohl für einzelne Zielbestimmungen als auch für die rechtliche Funktion des Zielkatalogs insgesamt. Zunächst zur Friedenswahrung: Bis in den Wortlaut hinein („*wirksame* Kollektivmaßnahmen“) schlägt sich in Art. 1 Ziff. 1 das Bemühen der Gründer der UN nieder, der neuen Organisation diesbezüglich gegenüber dem Völkerbund zu größerer Wirksamkeit zu verhelfen. Hatte der Völkerbund im Bereich der kollektiven Sicherheit in einer oft als „legalistisch“ bezeichneten Weise[26] minuziös ein Verfahren normiert, nach dem unter klar umschriebenen Tatbeständen die Staaten bis hin zum Ergreifen von Sanktionen verpflichtet waren, so verfolgt die Charta einen differenzierenden Ansatz. Kapitel VI greift die in Art. 2 Ziff. 3 normierte Staatenverpflichtung zur friedlichen Streitbeilegung auf, ohne sie jedoch an ein obligatorisches Verfahren zu knüpfen.[27] Weder wird auch nur ein einzelnes Verfahren geschweige denn ein abgestuf-

---

26 Dazu und zum folgenden *Brierly* (Anm. 20), 84 ff. und *Jost Delbrück*, Peacekeeping by the United Nations and the Rule of Law, in: Declarations on Principles. Fs. Bert A. V. Röling, Leyden 1977, 73-99. Vgl. auch die brasilianische Delegierte *Bertha Lutz* in San Francisco: „It seems to me, who only knew the old League from a distance, that the Covenant was juridically a more perfect instrument than the Charter may become but that in this conference there is perhaps an even greater desire to translate aspirations into realizations“, UNCIO VIII, 57.

27 So konnten die Staaten in der nachfolgenden Praxis dies dahingehend auslegen, die Charta gehe bei der friedlichen Streiterledigung vom Grundsatz der freien Mittelwahl aus. So die „Declaration on Principles of International Law Concerning Friendly Relations and Cooperation Among States in Accordance with the Charter of the United Nations“, GA Res. 2625 (XXV) vom 24. Oktober 1970. Kritisch zu dieser Auslegung *Christian Tomuschat*, Neuformulierung der Grundregeln des Völkerrechts durch die Vereinten Nationen: Bewegung, Stillstand oder Rückschritt?, in: EA 38 (1983), 729-738 (734 f.)

ter Prozeß der friedlichen Streitbeilegung vorgeschrieben noch werden für den Fall eines Verstoßes gegen Art. 33 Sanktionen vorgesehen. Die Funktionen des Sicherheitsrates und der Generalversammlung[28] beschränken sich — mit Ausnahme der Anordnung von Untersuchungen durch den Sicherheitsrat — auf Empfehlungen, und dies auch nur in solchen Fällen, in denen die Streitigkeit die Wahrung des Weltfriedens und der internationalen Sicherheit gefährden kann. Ein diesbezügliches Untersuchungs- und Feststellungsrecht kommt allerdings nach Art. 34 dem Sicherheitsrat zu, der im Falle einer Friedensbedrohung nach Kap. VII tätig werden kann. Was geschieht aber nun, wenn die friedliche Streitbeilegung versagt?

Für diesen Fall sieht die Charta mit Kap. VII einen anderen Ansatz vor, in dessen Zentrum nicht mehr die Mitgliedstaaten, sondern der Sicherheitsrat steht. Er stellt nach Art. 39 fest, ob eine Bedrohung oder ein Bruch des Friedens bzw. ob eine Angriffshandlung vorliegt[29] und beschließt über ggf. zu ergreifende Maßnahmen. „Wirksame Kollektivmaßnahmen" nach Art. 1 Ziff. 1 setzen also einen Beschluß des Sicherheitsrates voraus; die Charta sucht damit eines der Wirksamkeitsdefizite des Systems der kollektiven Sicherheit unter dem Völkerbund zu beheben.[30] Mittel dafür ist ein politisches, von rechtlichen Restriktionen weitgehend freies Handeln[31] der vereinten Kräfte aller Mitglieder der Vereinten Nationen durch den Sicherheitsrat. Ihm übertragen die Mitglieder der UN in Art. 24 die „Hauptverantwortung für die Wahrung des Weltfriedens und der Internationalen Sicherheit", und zwar ausdrücklich „um ein schnelles und wirksames Handeln der Vereinten Nationen zu gewährleisten".[32] Auch kann der Sicherheitsrat nach Art. 41 beschließen, „seinen Beschlüssen Wirksamkeit zu verleihen"; er kann ferner — nach Art. 42 — Streitkräfte einsetzen, deren Erstellung und

---

sowie *Klaus Dicke*, Der kategorische Konjunktiv der Friedenssicherung, in: VN (1989), 91-94 (92).

28 Zur Rolle der Generalversammlung *Rüdiger Wolfrum*, Ursprüngliche Aufgabenzuweisung und jetzige Aktivitäten der Vereinten Nationen: Faktischer Wandel und normative Bewertung, in: *ders.* (Hrsg.), Die Reform der Vereinten Nationen. Möglichkeiten und Grenzen, Berlin 1989, 129-156 (136 m. w. N.).

29 Mit der Aggressionsdefinition (GA Res. 3314 (XXIX) vom 14. Dezember 1974) hat die Generalversammlung dem Sicherheitsrat Entscheidungskriterien empfohlen; doch betont Art. 4 der Aggressionsdefinition, daß die Aufzählung in Art. 3 nicht vollständig sei und der Sicherheitsrat „may determine that other acts constitute aggression under the provisions of the Charter". Zur Aggressionsdefinition siehe *Benjamin B. Ferencz*, Aggression, in: EPIL 3 (1982), 1-6 m. w. N.

30 Vgl. oben S. 59 ff., ferner die Stellungnahme Frankreichs zu den Dumbarton Oaks-Vorschlägen, in: UNCIO III, 380 f.; vgl. auch — im Ergebnis freilich kritisch — *Brierly* (Anm. 20), 87 ff. sowie *Delbrück* (Anm. 26), 77 f.

31 Diese politische, in scharfem Kontrast zum Legalismus des Völkerbundes stehende Gestaltung ist bewußt vorgenommen worden. Dazu *Delbrück* (Anm. 26), 78 sowie *Stanley Hoffmann*, International Organization and the International System, in: IO 24 (1970), 389-413.

32 Zu Art. 24 *Jost Delbrück*, Kommentar zu Art. 24, in: VN-Kommentar (Anm. 2), 364-374.

Operieren die Art. 43 bis 47 regeln oder — nach Art. 48 — einen Staat oder Staaten mit der Durchführung von Maßnahmen beauftragen. All diese Bestimmungen der Charta spiegeln das Bemühen wider, die Wirksamkeit der kollektiven Sicherheit gegenüber dem Völkerbund durch eine Zentralisierung der Entscheidungsgewalt beim Sicherheitsrat sowie dadurch zu verbessern, daß diesem Organ ein breiter politischer Ermessensspielraum eingeräumt und ein Durchsetzungsinstrumentarium zur Verfügung gestellt wird. Die auf das Handeln der Organisation selbst zielenden Bestimmungen markieren einen wichtigen Schritt weg vom lediglich koordinierenden Ansatz des Völkerbundes hin zu einem „organischen" Ansatz, einer „more perfect union", wie *Brierly* in den Worten der amerikanischen Verfassung sagt[33] — freilich um den Preis des Veto-Rechtes der ständigen Mitglieder des Sicherheitsrates nach Art. 27 Abs. 3.

Auch die in Art. 1 Ziff. 3 und 4 normierten Ziele der Organisation spiegeln die Ausweitung des Konzepts einer allgemeinen internationalen Organisation wider. Sie greifen verschiedene Momente auf, welche im *Bruce*-Bericht Niederschlag gefunden hatten. Zusammen mit den Zielen aus Art. 1 Ziff. 1 und 2 bestätigen sie die in der Atlantik-Charta niedergelegte Konzeption einer untrennbaren Verschränkung von Friedenssicherung und zwischenstaatlicher Zusammenarbeit in wirtschaftlichen und sozialen Fragen sowie zur Förderung der Menschenrechte. Materiell wird im Zielkatalog des Art. 1 nicht nur die Friedenssicherung über die Kriegsverhütung hinaus um die Dimension einer Friedensfestigung (Ziff. 2) und Frieden*sförderung* (Ziff. 3) erweitert; sondern es soll auch die internationale Zusammenarbeit in nicht unmittelbar mit der Friedenssicherung zusammenhängenden Bereichen durch die Organisation gefördert werden.[34] Dabei soll die Organisation nicht nur eine solche Zusammenarbeit „herbeiführen" — d. h. also initiativ werden und Hilfsfunktionen erfüllen, etwa durch die Überwindung technischer Hindernisse und Hemmnisse bzw. die Einberufung und Organisation von

[33] *Brierly* (Anm. 20), 89, der jedoch angesichts der Abstimmungsmodalitäten im Sicherheitsrat sowie der Kompetenzverteilung zwischen Sicherheitsrat und Generalversammlung keine „serious innovation" gegenüber dem Völkerbund zu sehen vermag.

[34] Das Ziel in Art. 1 Ziff. 3 wird in der Literatur i. S. einer positiven Friedensförderung auf das oberste Ziel der UN, die Friedenssicherung bezogen (so etwa *Wolfrum*, Kommentar zu Art. 1 (Anm. 25), Rdn. 5). Diese Interpretation stützt sich zutreffend auf den Wortlaut von Art. 55, der eine solche Beziehung herstellt (vgl. *Rüdiger Wolfrum*, Kommentar zu Art. 55, a. a. O., Rdn. 1 f.). Der Wortlaut von Art. 1 Ziff. 3 für sich genommen könnte hingegen die Auffassung nahelegen, es handele sich bei dem Ziel „internationale Zusammenarbeit" um eine neben der Friedenssicherung stehende eigenständige Bestimmung. Die Charta ist hier — wie auch in anderen Bestimmungen — nicht sehr klar und systematisch. Zum Friedensbegriff der Charta umfassend *Jost Delbrück*, Rechtsprobleme der Friedenssicherung durch Sicherheitsrat und Generalversammlung der Vereinten Nationen, in: *Wilhelm A. Kewenig* (Hrsg.), Die Vereinten Nationen im Wandel, Berlin 1975, 131-155 (133-143), sowie *Albrecht Randelzhofer*, Der normative Gehalt des Friedensbegriffs im Völkerrecht der Gegenwart, in: *Jost Delbrück* (Hrsg.), Völkerrecht und Kriegsverhütung. Zur Entwicklung des Völkerrechts als Recht friedenssichernden Wandels, Berlin 1979, 13-39.

Staatenkonferenzen[35] —, sondern sie soll darüber hinaus ein Forum der Abstimmung gemeinsamer Ziele darstellen, also wohl auch mit politisch-planerischen Aufgaben i. S. des *Bruce*-Berichts betraut sein. Zwar wird Art. 1 Abs. 4 im Lichte der — recht spärlichen — nachfolgenden Praxis meist dahingehend ausgelegt, daß er ein Konsenserfordernis für die in Ziff. 1 bis 3 genannten Ziele postuliere[36]; aber die Praxis gibt durchaus weitergehende Hinweise: So rechtfertigte die Gründungsresolution der United Nations Conference on Trade and Development (UNCTAD)[37], die sich u. a. auf Art. 1 Ziff. 4 bezieht, in ihrer Präambel die Einrichtung von UNCTAD u. a. damit, „that adequate and effectively functioning organizational arrangements are essential if the full contribution of international trade to the accelerated economic growth of the developing countries is to be successfully realized *through the formulation and implementation of the necessary policies*". Ähnlich betont der Generalsekretär mit Blick auf den ECOSOC, daß dessen „most important role is obviously to formulate policy — especially in an interdisciplinary perspective. The United Nations Charter (chapters IX and X) clearly envisages the Council as the main policy-making body, under the aegis of the General Assembly, in the fields of economic and social development and human rights. Thus, policy formulation and co-ordination are two of its main responsibilities".[38] Ohne hier bereits auf Einzelheiten einzugehen, ist doch festzuhalten, daß die „Politikformulierung" als eigenständige Aufgabe der UN und ihrer Organe anzusehen ist, daß sie von der „Koordination" unterschieden wird und daß effektive Organisation auf diese Aufgabe bezogen wird.

Wie schon das Ziel in Art. 1 Ziff. 1, so wird auch das Ziel des Art. 1 Ziff. 3 durch ein gesondertes Kapitel der Charta mit Durchführungsbestimmungen versehen. Kapitel IX regelt die „Internationale Zusammenarbeit auf wirtschaftlichem und sozialem Gebiet". Zunächst werden in Art. 55 einzelne Sachgebiete der Förderung durch die UN anempfohlen (Verbesserung des Lebensstandards, Vollbeschäftigung, Voraussetzungen für wirtschaftlichen und sozialen Fortschritt und

---

35 Hierzu ausführlich *Klaus Dicke,* Völkerrechtspolitik und internationale Rechtsetzung. Grundlagen — Verfahren — Entwicklungstendenzen, in: ZG 3 (1988), 193-224.

36 Die Auslegung kann sich stützen auf GA Res. 1495 (XV) vom 17. Oktober 1960 und GA Res. 32 / 155 vom 19. Dezember 1977 („... in order to resolve effectively international problems an ever increasing degree of harmony and cooperation among nations is called for ..."). Vgl. *Leland M. Goodrich / Edvard Hambro / Anne Patricia Simons,* Charter of the United Nations. Commentary and Documents, 3. Aufl. New York-London 1969, 35, die freilich auch betonen, daß „the basic idea that there must be harmonization of the policies and actions of States if the Organization is to achieve practical results has underlaid all the activities of the Organization" (36).

37 GA Res. 1995 (XIX) vom 30. Dezember 1964 (Hervorhebung K. D.). Zur Bedeutung der Resolution und der darin genannten Wirksamkeitsbedingung der „organizational arrangements" unten, S. 202 ff.

38 Review of the Agreements of the United Nations and the Specialized Agencies and the IAEA, Report by the Secretary-General, UN Doc. E / 5524 vom 30. Mai 1974, Ziff. 13.

Aufstieg, internationale Probleme wirtschaftlicher, sozialer, gesundheitlicher und verwandter Art, Kultur und Erziehung, Achtung und Verwirklichung der Menschenrechte und Grundfreiheiten). In Art. 56 verpflichten sich die Mitglieder, zur Erreichung der in Art. 55 aufgelisteten Ziele „gemeinsam und jeder für sich mit der Organisation zusammenzuarbeiten". Hier wird die Aufforderung der Präambel an die Staaten, „internationale Einrichtungen in Anspruch zu nehmen, um den wirtschaftlichen und sozialen Fortschritt aller Völker zu fördern", sowie die sich aus Art. 2 Ziff. 2 ergebende Pflicht zur Erfüllung der Charta-Verpflichtungen wiederholt. Die Bedeutung des Art. 56 liegt wohl hauptsächlich darin, daß er auf die UNO als eigenständige Rechtspersönlichkeit verweist.[39] Art. 57 bis 59 beziehen sich auf die Sonderorganisationen[40], und Art. 60 weist die Wahrnehmung der in Kapitel IX angesprochenen Aufgaben der Generalversammlung und dem unter ihrer Autorität stehenden Wirtschafts- und Sozialrat (ECOSOC) zu, dessen Kompetenzen im nachfolgenden Kapitel X geregelt sind.

Mit der Einrichtung des ECOSOC wird dabei unmittelbar auf den Vorschlag der *Bruce*-Kommission zurückgegriffen, ein eigenes Organ mit der Koordination wirtschaftlicher und sozialer Aktivitäten zu betrauen. Schon dies deutet darauf hin, daß man in San Francisco von einer dynamischen Ausweitung der wirtschaftlichen, sozialen, humanitären und kulturellen Aufgaben der Organisation ausging. Mit den Menschenrechten war ein gegenüber der Praxis des Völkerbundes neues Tätigkeitsgebiet bereits im Blickfeld der Konferenz; vor allem aber war es die der Charta zugrundeliegende enge Verbindung von Friedenssicherung und der Herbeiführung internationaler Gerechtigkeit[41], welche zu der sehr offen formulierten Kompetenz der Weltorganisation in wirtschaftlichen, sozialen, humanitären und kulturellen Fragen führte. Nicht zuletzt ist dies jedoch auch auf dem Hintergrund eines gegenüber der Zeit vor dem Zweiten Weltkrieg gewandelten Staats- und Politikverständnisses zu sehen. Mit dem „New Deal" hatte sich 1933 in den Vereinigten Staaten eine „interventionistische" Sozialpolitik durchgesetzt, die auch in westeuropäischen Staaten nach dem Kriege um sich griff; so hat in Frankreich noch 1945 der Staat wichtige gesellschaftspolitische Aufgaben von den Gewerkschaften an sich gezogen.[42] Auf diesem Hintergrund konnte — gerade auch angesichts der sozialen Not im Nachkriegseuropa — auch internationalen Organisationen ein stärkerer Durchgriff auf die Gesellschaften der Mitgliedstaaten zugestanden werden, als dies zur Zeit der Gründung des Völkerbundes überhaupt denkbar gewesen wäre. Eine nachhaltige Rolle dürften dabei die positiven Erfahrungen gespielt haben, welche von der 1943 ins Leben gerufenen

---

39 *Rüdiger Wolfrum,* Kommentar zu Art. 56, in: VN-Kommentar (Anm. 2), Rdn. 2.

40 Dazu unten, S. 98 ff.

41 Feldmarschall *Smuts* sah darin die wichtigste Neuerung der UN-Charta gegenüber dem Völkerbund: „We have seen that social and economic unrest is one of the most prolific causes of war. We have learned our lesson", UNCIO VIII, 53.

42 *Bruno Seidel,* Sozialpolitik 1, in: HDSW 9, Göttingen 1956, 532-539.

Flüchtlingshilfsorganisation United Nations Relief and Refugee Administration (UNRRA)[43] ausgegangen sind. Zudem hatte die Erfahrung des Totalitarismus insofern zu einem Wandel des Staats- und Politikverständnisses geführt, als die Bindung des Staates an — auch international — zu sichernde Menschenrechte zumindest in den westlichen Demokratien als Bedingung seiner Autorität angesehen wurde.[44] So wird in den Zielen der UNO nicht zuletzt auch ein neues Grundverständnis politischer Ordnung überhaupt sichtbar.

Die Frage nach der rechtlichen Funktion des Zielkatalogs in Art. 1 insgesamt ist verschiedentlich Gegenstand politischer und juristischer Auseinandersetzungen gewesen.[45] Bei Art. 1 handelt es sich um eine kompetenzbegründende Norm, die der Organisation und ihren Organen sehr weitgehende Handlungsbefugnisse im zwischenstaatlichen Bereich einräumt. Der Internationale Gerichtshof hat 1962 in seinem Gutachten „Certain Expenses of the United Nations" deutlich gemacht, daß bei Handlungen eines Organs, welche zur Erfüllung der Ziele von Art. 1 „angemessen" sind, die begründete Vermutung bestehe, daß das betreffende Organ nicht ultra vires gehandelt habe.[46] Darüber hinaus macht die Auflistung in Art. 1 Ziff. 3 die Achtung der Menschenrechte und Grundfreiheiten zu einer „internationalen Angelegenheit", einer Angelegenheit also, welche nicht mehr ausschließlich in die innere Zuständigkeit der Staaten fällt. Dabei stellt die in Art. 55 wiederholte Formulierung „ohne Unterschied der Rasse, des Geschlechts, der Sprache oder der Religion" insofern bereits auch eine Umsetzung des Zieles „Förderung der Menschenrechte" dar, als sie konkrete völkerrechtliche Diskriminierungsverbote enthält. Im übrigen aber sind die Ziele so formuliert, daß sie einer Konkretisierung auf dem Wege der Umsetzung in durchführbare politische Programme bedürfen. So läßt sich aus dem umfangreichen Zielkatalog des Art. 1 die Schlußfolgerung ziehen, daß die Charta „als Handlungsrahmen konzipiert und auf eine dynamische Entwicklung angelegt (ist), wobei dem politischen Gestaltungsspielraum der Organe der Vereinten Nationen ein weiter Raum eröffnet wird".[47] Ehe sich die Charta nun den diesen Gestaltungsspielraum ausfüllenden Organkompetenzen zuwendet, werden mit den „Grundsätzen" und auch mit

---

43 Zu UNRRA siehe unten, S. 99.

44 Dazu *Klaus Dicke,* Menschenrechte und europäische Integration, Kehl-Straßburg 1986, bes. 113 ff. m. w. N.

45 Siehe *Goodrich / Hambro / Simons,* (Anm. 36), 25 ff.; *Wolfrum* (Anm. 25); *Albrecht Randelzhofer,* Ziele und Grundsätze der UN, in: Handbuch Vereinte Nationen (Anm. 2), 1151-1158.

46 ICJ Reports 1962, 168. Zur „implied powers"-Lehre *Alfred Verdross / Bruno Simma,* Universelles Völkerrecht, 3. Aufl. Berlin 1983, § 780, und *Krzysztof Skubiszewski,* Implied Powers of International Organitations, in: *Yoram Dinstein* (ed.), International Law at a Time of Perplexity, Dordrecht 1989, 855-868, der zu Recht auch auf die Schranken hinweist. Vgl. auch die Debatten im 1. Ausschuß der Generalversammlung zur „Uniting for Peace"-Resolution von 1950, GAOR 5th sess., 1st cte., 356th mtg. vom 10. Oktober 1950, Ziff. 27 f., 51; 360th mtg. vom 12. Oktober 1950, Ziff. 35.

47 *Wolfrum,* Ursprüngliche Aufgabenzuweisung (Anm. 28), 130.

den Mitgliedschaftsregeln auf das internationale System insgesamt bezogene rechtliche Wirksamkeitsbedingungen der Organisation festgelegt.

Die in Art. 2 niedergelegten *Grundsätze* der UNO-Charta beziehen sich ausdrücklich auf das Handeln der Organisation und ihrer Mitglieder. Es sind dies im einzelnen:

1. die souveräne Gleichheit aller Mitglieder (Ziff. 1);
2. Erfüllung der Charta-Verpflichtungen nach Treu und Glauben (Ziff. 2);
3. Verpflichtung zur Beilegung internationaler Streitigkeiten (Ziff. 3);
4. Verbot der Androhung und Anwendung von Gewalt in den internationalen Beziehungen (Ziff. 4);
5. Pflicht der Mitglieder, die Organisation bei der Durchführung von Zwangsmaßnahmen zu unterstützen (Ziff. 5);
6. Verpflichtung der Organisation, dafür Sorge zu tragen, daß auch Nicht-Mitglieder die Grundsätze der Charta zur Aufrechterhaltung des Weltfriedens und der internationalen Sicherheit beachten (Ziff. 6);
7. Verbot für die Organisation, sich in die inneren Angelegenheiten der Mitglieder einzumischen (Ziff. 7). Maßnahmen nach Kapitel VII sind hiervon ausgenommen.

Den Grundsätzen der UN-Charta wird durch Art. 103 insofern besonderer Nachdruck verliehen, als danach die Charta-Verpflichtungen Vorrang vor Verpflichtungen aus anderen internationalen Abmachungen haben. *Verdross / Simma* leiten daraus einen ius cogens-Charakter der Ziele und Grundsätze der UN-Charta ab[48] — für den in Art. 1 Ziff. 3 angegebenen Standard des Menschenrechtsschutzes, für Art. 2 Ziff. 1 und Art. 2 Ziff. 4 sicher zutreffend. Selbst wenn man die übrigen Ziele und Grundsätze nicht zum ius cogens rechnet, ist doch davon auszugehen, daß sie im Interesse der Staatengemeinschaft als ganzer formuliert und insgesamt Bestandteil der völkerrechtlichen Verfassung der Staatengemeinschaft, d. h. zugleich auch: Ausdruck der das moderne Völkerrecht prägenden Wertgrundlage sind.[49] Ohne hier schon auf die Bedeutung der Grundsätze im einzelnen einzugehen[50], sind doch zwei Momente festzuhalten: erstens sind die Vereinten Nationen als Träger „verfassungsrechtlicher" Grundsätze der Staaten-

---

[48] *Verdross / Simma* (Anm. 46), §§ 94 ff., 524 ff.

[49] Dazu *Humphrey Waldock,* General Course of Public International Law, in: RdC 106 (1962 II), 1-251 (35): „The United Nations has come more and more to wear the look of a true political organisation of the world and the Charter that of a world constitution". Vgl. auch *Georg Dahm / Jost Delbrück / Rüdiger Wolfrum,* Völkerrecht I / 1, Berlin-New York 1989, 32; *Klaus Dicke,* Die UN-Charta — Ausbau und ungenutzte Möglichkeiten, in: Hanns-Seidel-Stiftung (Hrsg.), Nach Überwindung des Ost-West-Konflikts. Gedanken zur „Neuen Weltordnung", München 1994, 48-75.

[50] Dazu *Randelzhofer,* Ziele und Grundsätze (Anm. 45). Vgl. auch unten, § 11.

gemeinschaft mehr als eine beliebige „Zweckgemeinschaft"; ihre Charta inkorporiert allgemeine, normative Zwecke. Zweitens beinhalten die Grundsätze — und hier insbesondere diejenigen des Art. 2 Ziff. 1 und Ziff. 7 — zugleich auch Schranken für die Tätigkeit der Organisation. Gerade diese beiden Grundsätze haben denn auch in der Praxis den Mitgliedstaaten immer wieder Gelegenheit geboten, Handlungs- und Regelungsansprüchen der Organisation Souveränitätsvorbehalte entgegenzustellen.[51]

Zur universalen Anerkennung der UN-Charta als „Verfassung der Staatengemeinschaft" haben nicht zuletzt die *Mitgliedschaftsregelungen* in Kapitel II beigetragen. Sie markieren einmal mehr einen wesentlichen Unterschied zwischen der Charta und der Satzung des Völkerbundes. Ursprüngliche Mitglieder sind nach Art. 3 die Teilnehmerstaaten der Konferenz von San Francisco bzw. die Unterzeichnerstaaten der Erklärung der Vereinten Nationen, welche die Charta ratifizierten. Die ursprünglichen Mitglieder waren also — anders als beim Völkerbund — nicht an die Ratifizierung friedensvertraglicher Regelungen gebunden. Mitglied der UN können darüber hinaus „alle sonstigen friedliebenden Staaten" werden, welche die Charta-Verpflichtungen übernehmen und „nach dem Urteil der Organisation fähig und willens sind, diese Verpflichtungen zu erfüllen" (Art. 4 Abs. 1).[52] Die auf einer recht großzügigen Auslegung beruhende praktische Anwendung dieses Artikels[53] durch die Generalversammlung, die nach Art. 4 Abs. 2 auf Empfehlung des Sicherheitsrates[54] über die Aufnahme zu entscheiden hat, führte dazu, daß die UNO heute eine Universalität der Mitgliedschaft fast erreicht hat.[55] Die Charta sieht kein allgemeines Austrittsrecht vor, und dies aus zwei Gründen: einmal erscheint ein Austritt mit den universalen Zielen der Organisation unvereinbar; zum andern hatten Erfahrungen mit den Austrittsregeln des Völkerbundes gezeigt, daß dabei zumindest die Gefahr besteht, die Staaten

---

[51] Vgl. nur für den Bereich der friedlichen Streitbeilegung *Tomuschat* (Anm. 27), 734, der der „Manila-Deklaration" einen geradezu souveränitätsdevoten Tonfall bescheinigt.

[52] Dazu *Goodrich / Hambro / Simons* (Anm. 36), 88 ff. In San Francisco wurden alle weitergehenden Mitgliedschaftskriterien — so auch das Erfordernis demokratischer Institutionen — abgelehnt. Für den Willen, die Verpflichtungen aus der Charta zu erfüllen, genügt nach der Geschäftsordnung des Sicherheitsrates eine Erklärung des betreffenden Staates, vgl. *Goodrich / Hambro / Simons*, 91.

[53] Dazu *Hans-Joachim Schütz*, Mitgliedschaft, in: Handbuch Vereinte Nationen (Anm. 2), 608 - 613; *David Mitrany*, The United Nations in Historical Perspective, in: *Kenneth J. Twitchett* (ed.), The Evolving United Nations: A Prospect for Peace, London 1971, 157 - 190 (160); *John Dugard*, Recognition and the United Nations, Cambridge 1987, 51 ff.; *Günther Unser*, Die UNO. Aufgaben und Struktur der Vereinten Nationen, 5. Aufl. München 1992, 118 ff.

[54] Lediglich in den ersten zehn Jahren des Bestehens der UNO wurde im Sicherheitsrat das Prinzip der Universalität „auf dem Altar des kalten Krieges geopfert", so *Dugard* (Anm. 53), 58.

[55] Vgl. die jährliche Liste der Mitglieder in der Zeitschrift Vereinte Nationen, zuletzt VN 42 (1994), 42 ff.

könnten mit Austrittsdrohungen Zugeständnisse von den Organen der Organisation erpressen.[56] Damit hat die UN-Charta im Ergebnis in einem zweifachen Sinne universalen Charakter: Zum einen richtet sie sich materiell, insbesondere was ihre Ziele und Grundsätze angeht, an alle Staaten und konstituiert eine Staatengemeinschaft im rechtlichen Sinne; zum andern umfaßt sie formell — bis auf wenige Ausnahmen — alle Mitglieder der Staatengemeinschaft. Somit bestätigen auch die Mitgliedschaftsregelungen, daß es sich bei den Vereinten Nationen nicht mehr um eine „besondere Zweckgemeinschaft" der Staaten, sondern um eine allgemeine internationale Organisation handelt, d. h. eine Organisation, die Zwecke verfolgt, welche die Staaten als Mitglieder der Staatengemeinschaft haben *sollen.*[57]

Kapitel III der Charta besteht aus zwei Artikeln, deren erster die *Organe* der UN aufzählt (Art. 7) und deren zweiter die Gleichberechtigung von Mann und Frau bei der Besetzung von Stellen im UN-System sicherstellen will. Art. 7 Abs. 1 nennt sechs Hauptorgane der UNO: die Generalversammlung und den Sicherheitsrat, den Wirtschafts- und Sozialrat, den Treuhandrat, den Internationalen Gerichtshof und das Sekretariat. Gegenüber der Völkerbundsatzung sind der ECOSOC und der Treuhandrat neu; das Sekretariat und der IGH werden gegenüber dem Sekretariat des Völkerbundes und dem Ständigen Internationalen Gerichtshof aufgewertet. Auch der Gebrauch des Begriffs „Organe" und die Auflistung selbst sind gegenüber der Satzung des Völkerbundes neu; sie bringen zumindest politisch — wie bereits die Präambel und Art. 56 — eine gegenüber der Völkerbundszeit gefestigtere Stellung internationaler Organisationen als Rechtspersönlichkeit und eigenständiger politischer Akteur des internationalen Systems zum Ausdruck.

Bedeutender als die Auflistung ist jedoch die Kompetenzstruktur, die sich aus den verschiedenen einzelnen Organen gewidmeten Kapiteln der Charta ergibt.[58] Es genügt hier, die wichtigsten Grundzüge zusammenzufassen. Die größte Bedeutung für das Handeln der Organisation kommt dem Sicherheitsrat und der Generalversammlung und unter deren Autorität dem ECOSOC zu. Der *Sicherheitsrat* wird nach Art. 28 „so organisiert, daß er seine Aufgaben ständig wahrnehmen kann". Obgleich die Praxis des Völkerbundes bereits in diese Richtung wies, ist doch die obligatorische Einrichtung ständiger Vertretungen der Sicherheitsrats-

56 Dazu umfassend *Gerhard Oser*, Austritt, Ausschluß und Suspension der Mitgliedschaft in den Vereinten Nationen mit Rückblick auf die Zeit des Völkerbundes, Bonn 1971.

57 Diese Unterscheidung zwischen einer Gesellschaft, d. h. einem Zweckarrangement, das sich in der Erfüllung des Zwecks zumindest potentiell aufhebt, und einer politischen Gemeinschaft, d. h. einem Zusammenschluß politischer Akteure zu Zwecken, die alle haben sollen, liegt der Vertragslehre *Kants* zugrunde. Siehe m. w. N. *Dicke* (Anm. 44), 149.

58 Kapitel IV: Generalversammlung; V: Sicherheitsrat; X: ECOSOC; XIII: Treuhandrat; XIV: IGH; XV: Sekretariat.

mitglieder am Sitz der UNO (Art. 28 Abs. 1) ein Novum. Diese Organisationsvorschrift soll der Effektivitätssteigerung des Organs ebenso dienen wie die Kann-Vorschrift in Art. 28 Abs. 2, nach welcher die Ratsmitglieder „nach Wunsch" durch ein Regierungsmitglied oder durch einen anderen Delegierten vertreten sein können. Doch waren in der Praxis Sitzungen des Sicherheitsrates auf Außenministerebene äußerst selten[59]; die Generalversammlung fordert das Organ u. a. in ihrer Deklaration zur Konfliktprävention von 1988 auf, von dieser Möglichkeit stärkeren Gebrauch zu machen. Generalsekretär *Boutros Ghali* hat in seinem Bericht „An Agenda for Peace" von 1992 entsprechende Vorschläge seiner Vorgänger wiederholt.[60] Nach Art. 29 kann der Sicherheitsrat zur Erledigung seiner Aufgaben Nebenorgane einsetzen.[61]

Die bereits oben geschilderten Handlungskompetenzen des Sicherheitsrates sind nach dem Willen der Charta (vgl. Art. 24) deutlich von denen der *Generalversammlung* abgegrenzt. Deren Kompetenzen sind materiell breiter und umfassen alle Bereiche der internationalen Politik; formell hingegen sind sie auf Empfehlungen, die sich an die Staaten, andere Organe oder die Sonderorganisationen der UN bzw. andere internationale Organisationen richten können, beschränkt. Dem von der Zusammensetzung her egalitären Organ kommt nach Art. 10 und 11 die Kompetenz zu, alle Fragen und Angelegenheiten zu erörtern, die „in den Rahmen dieser Charta fallen" oder Befugnisse der UN-Organe betreffen. Dies gilt auch für grundsätzliche Fragen der Friedenssicherung (Art. 11 Abs. 1) und sogar für Fragen der Wahrung des Weltfriedens (Art. 11 Abs. 2). Die Generalversammlung kann ferner die Aufmerksamkeit des Sicherheitsrates auf Situationen lenken, welche Frieden und Sicherheit gefährden können. Art. 12 allerdings macht eine Einschränkung, welche der „Hauptverantwortung" des Sicherheitsrates für die Wahrung des Weltfriedens Rechnung trägt: Zu einer Streitigkeit oder Situation, mit welcher der Sicherheitsrat befaßt ist, darf die Generalversammlung keine Empfehlungen abgeben, es sei denn auf Aufforderung des Sicherheitsrates

---

59 1970 tagte der Sicherheitsrat auf Außenministerebene; 1985 kam es zu einem Außenministertreffen aus Anlaß des 40-jährigen Bestehens der Organisation. — Auf Initiative Großbritanniens trafen sich im Januar 1992 die Staats- und Regierungschefs der Mitglieder des Sicherheitsrates, um über die Konsequenzen aus der mit Ende des Ost-West-Konflikts wiedererlangten Handlungsfähigkeit des Organs zu beraten, vgl. UN Doc. S / PV.3046 (1992).

60 GA Res. 43 / 51 vom 5. Dezember 1988, dazu *Dicke* (Anm. 27); UN Doc. S / 24111 (1992).

61 Der Sicherheitsrat verfügt über folgende Ausschüsse: drei ständige Ausschüsse (Committee of Experts on Rules of Procedure, Committee on Council Meetings away from Headquaters, Committee on the Admission of New Members), in denen alle Ratsmitglieder vertreten sind; einen Generalstabsausschuß nach Art. 45 - 47 der Charta; fünf ad hoc-Ausschüsse. Weiterhin sind zwischen 1948 und 1992 26 Peace-keeping-Missionen zu den Einrichtungen des Sicherheitsrates zu zählen. Über sie und über die Mitgliedschaft im Sicherheitsrat informiert *New Zealand Ministry of Foreign Affairs* (Hrsg.), United Nations Handbook 1992, Wellington 1992, 59 ff. Vgl. auch *Unser* (Anm. 53), 81 ff.

hin. Mit der Resolution „Uniting for Peace" hat die Generalversammlung 1950 jedoch ihr Recht geltend gemacht, bei Handlungsunfähigkeit des Sicherheitsrates eine subsidiäre Verantwortung für die Wahrung des Weltfriedens auszuüben.[62]

In Art. 13 und 14 werden die Aufgaben der Generalversammlung spezifiziert: Nach Art. 13 Abs. 1 veranlaßt sie Untersuchungen und gibt Empfehlungen ab, um die politische Zusammenarbeit zu fördern und die fortschreitende Entwicklung und Kodifikation des Völkerrechts zu begünstigen, ferner um die internationale Zusammenarbeit zur Erreichnung der in Art. 55 i. V. m. Art. 1 Ziff. 3 genannten Ziele zu fördern. Art. 14 gibt ihr ein Empfehlungsrecht für den Bereich der friedlichen Streitbeilegung und den seit den dreißiger Jahren sog. „Friedlichen Wandel". Diese Bestimmung geht zurück auf Art. 19 der Völkerbundsatzung; sie ist im Vergleich zu dieser Vorschrift gleichzeitig enger und weiter. Enger ist sie insofern, als die Möglichkeit einer Vertragsrevision nicht ausdrücklich vorgesehen ist[63]; weiter ist sie aber insofern, als die „broad powers entrusted to the General Assembly will enable it to render effective aid in the difficult process of ‚Peacefull Change'".[64] Art. 14 ist zusammen mit der Bestimmung der Präambel zu lesen, die UN sollen Bedingungen schaffen, „unter denen Gerechtigkeit und die Achtung vor den Verpflichtungen aus Verträgen und anderen Quellen des Völkerrechts gewahrt werden können".[65] Damit bekräftigt die Charta einerseits den völkerrechtlichen Grundsatz „pacta sunt servanda", führt jedoch andererseits ein übergesetzliches Korrektiv in den Prozeß der friedlichen Streitbeilegung ein. Art. 14 der UN-Charta ist gegenüber Art. 19 der Völkerbundsatzung insofern realistischer, als er die Möglichkeit zwischenstaatlicher Konflikte, die es zu bereinigen gilt, nicht auf vertragliche Fixierungen zumeist von Gebietsregelungen beschränkt, sondern jeden potentiellen Konflikt einbezieht.[66] Mit ihrer Kompetenz aus Art. 14 soll die Generalversammlung — wie auch die allerdings äußerst spärliche auf Art. 14 zurückgreifende Praxis zeigt — zumindest im Ansatz jene Leerstelle ausfüllen, welche die Beseitigung des liberum ius ad bellum als Mittel der Rechtsdurchsetzung durch die Völkerbundsatzung und durch das Gewaltverbot in Art. 2 Ziff. 4 der UN-Charta hat entstehen lassen.

---

[62] GA Res. 377 (V) vom 3. November 1950; dazu *Delbrück*, Kommentar zu Art. 24 und Art. 25 (Anm. 32); *Wolfrum*, Ursprüngliche Aufgabenzuweisung (Anm. 28), 132 m. w. N., und *Barbara Nolte*, Uniting for Peace, in: Handbuch Vereinte Nationen (Anm. 2), 950-956.

[63] Zu den Gründen siehe UNCIO VIII, 202.

[64] So ein Bericht des State Department an den amerikanischen Präsidenten, wiedergegeben bei *Goodrich / Hambro / Simons* (Anm. 36), 143.

[65] Beide Bestimmungen sind Teile eines Kompromisses, der auf der Konferenz von San Francisco geschlossen wurde. Näheres zur Entstehungsgeschichte von Art. 14 bei *Otto Kimminich*, in: Kommentar (Anm. 2), 239-247, Rdn. 1 ff.

[66] Zu diesem erweiterten Konfliktbegriff der UN-Charta *Jost Delbrück*, Friedlicher Wandel, in: Handbuch Vereinte Nationen (Anm. 2), 191-201; *Klaus Dicke*, Konflikte allgemein, a. a. O., 418-425.

Schließlich hat die Generalversammlung nach Art. 17 den Haushaltsplan der Organisation zu prüfen und zu genehmigen. Sie soll einen Verteilungsschlüssel festsetzen, nach dem sich die Ausgaben der Organisation auf die Mitglieder verteilt. Weitere Vorgaben macht die Charta nicht. Auch Finanz- und Haushaltsabmachungen mit den Sonderorganisationen werden von der Generalversammlung geprüft und genehmigt; die Haushalte der Sonderorganisationen selbst hingegen kann sie lediglich prüfen mit dem Ziel, Empfehlungen an diese zu richten.

Der *ECOSOC* besteht aus 54 von der Generalversammlung gewählten Mitgliedern.[67] Neben der Befugnis, Untersuchungen und Berichte zu den in Art. 55 genannten Gebieten zu erstellen und Empfehlungen an Mitglieder und Sonderorganisationen abzugeben, Übereinkommen zu entwerfen und Staatenkonferenzen einzuberufen, kommt ihm nach Art. 63 und 64 die Aufgabe zu, die Tätigkeit der Sonderorganisationen und ihre Zusammenarbeit mit der UNO zu koordinieren.[68] Von dieser Koordinationsaufgabe erwartete die Konferenz von San Francisco ausdrücklich einen Beitrag

> „to the attainment of peace in this world by substituting the method of joint action for unilateral action, and by progressively shifting the emphasis of international cooperation to the achievement of positive ends in lieu of the negative purpose of preventing the outbreak of war by way of organized security measures. In seeking to coordinate these efforts and in promoting the effectiveness of these various forms of international cooperation ... (ECOSOC) may indeed be expected to become the principal instrument ‚for the organization of peace'."[69]

Nach Art. 66 kann der ECOSOC für Mitglieder oder Sonderorganisationen auf Ersuchen und mit Genehmigung der Generalversammlung „Dienste leisten". Art. 68 schließlich gibt ihm eine spezifizierte Organisationskompetenz: er setzt Kommissionen ein für wirtschaftliche und soziale Fragen, für die Förderung der Menschenrechte sowie darüber hinaus solche, die ihm für die Erledigung seiner Aufgaben erforderlich erscheinen.[70] Im Ansatz war auch diese Kompetenz im *Bruce*-Bericht bereits vorgesehen.

Eine Ausweitung seiner Kompetenzen im Vergleich zum Völkerbund hat auch der *Generalsekretär* erfahren.[71] Er kann nach Art. 99 die Aufmerksamkeit des Sicherheitsrates auf Angelegenheiten lenken, die nach seiner Auffassung geeignet

---

67 Ursprünglich waren 18 Mitglieder vorgesehen. 1965 wurde die Anzahl auf 27, 1973 auf 54 Mitglieder erhöht. Nachweise in: New Zealand Handbook 1992 (Anm. 61), 73 ff.; dort auch eine Übersicht über bisherige Mitglieder.

68 Dazu unten, S. 100 ff.

69 So der Bericht des 3. Ausschusses der 2. Kommission, Doc. 861 II / 3 / 55 (1) vom 8. Juni 1945, in: UNCIO X, 279.

70 Dazu *Karl-Josef Partsch,* Kommentar zu Art. 68, in: VN-Kommentar (Anm. 2), 831 - 841, mit reichen Belegen für die Praxis.

71 *Stephen M. Schwebel,* United Nations Secretary-General, in: EPIL 5 (1983), 341 - 345. Zum Generalsekretär und seinen Funktionen ausführlich unten § 6.

sind, den Weltfrieden und die internationale Sicherheit zu gefährden. Damit ist ihm gegenüber seinem Genfer Vorgänger eine deutlich stärkere politische Rolle beigemessen, die von den Amtsinhabern denn auch in der Praxis — unter einer oft sehr weiten Interpretation von Art. 99 — wahrgenommen wurde. Das unter seiner Leitung stehende Sekretariat[72] soll nach dem Willen der Charta eine genuin internationale Behörde sein; die Bediensteten der UN sind allein der Organisation verantwortlich und an keine Weisungen der Regierungen gebunden (Art. 100). Ihre Bestellung erfolgt — auch dies ein Unterschied zur Völkerbundsatzung[73] — ausschließlich durch den Generalsekretär. Bei ihrer Auswahl soll ein „Höchstmaß an Leistungsfähigkeit, fachlicher Eignung und Ehrenhaftigkeit" „ausschlaggebend" sein. Dies ist die einzige Aussage der Charta in Bezug auf die Effizienz der Organisation. Eine Auswahl des Personals auf möglichst breiter geographischer Grundlage wird demgegenüber lediglich als ‚wichtiger' und mitzuberücksichtigender Umstand bezeichnet (Art. 101 Abs. 3).

Diese Schilderung der Charta-Struktur mag genügen, um folgende aus der Charta sich ergebenden rechtlichen Wirksamkeitsbedingungen der Organisation festzuhalten, an denen die Praxis der UN, aber auch Reformvorschläge und -maßnahmen zu beurteilen sind, aus denen sich zugleich aber auch weiterführende Fragen hinsichtlich einer genaueren Bestimmung des Topos „Effizienz und Effektivität internationaler Organisationen" ergeben:

1. Im Bereich der Friedenswahrung ist die Charta vom deutlichen Willen ihrer Gründer getragen, die Wirksamkeit der Organisation gegenüber dem Völkerbund zu erhöhen. Dem Sicherheitsrat werden — freilich als einzigem Organ — in diesem Bereich bindende Entscheidungsbefugnisse zugewiesen. Doch stehen diese von vornherein unter dem Erfordernis der Einstimmigkeit der ständigen Mitglieder. Wie hat die UNO in der Praxis die damit errichtete Hürde für ihre Wirksamkeit im Bereich der Friedenswahrung bewältigt?

2. Im Bereich der wirtschaftlichen, sozialen, kulturellen und humanitären Zusammenarbeit kommt der Organisation insgesamt und besonders der Generalversammlung und dem ECOSOC die Aufgabe zu, die Effektivität zwischenstaatlicher Zusammenarbeit zu fördern und zu verbessern. Woran bemißt sich diese Effektivität, insbesondere im Blick auf die Ziele und Grundsätze der Organisation? Wie hat die Organisation in der Praxis diesen Auftrag der Charta eingelöst?

3. Friedenswahrung, Friedensförderung und internationale Kooperation sind in der Charta zu einem integrierten Konzept einer universalen internationalen Organisation verschmolzen, die als solche unter ein dynamisches Effektivitäts-

---

[72] Art. 7 nennt das Sekretariat, nicht aber den Generalsekretär als Hauptorgan der UN.

[73] *Thomas M. Franck*, Nation against Nation. What Happened to the U.N. Dream and What the U.S. can do about it, New York-Oxford 1985, 95. — Freilich wird der Generalversammlung die Kompetenz zugesprochen, Personalstatuten zu erlassen.

gebot gestellt wird. Leistungsfähiges Personal, im Blick auf die Ziele der Organisation zweckdienliche Ausweitung ihres institutionellen Gerüsts und weite politische Ermessensspielräume der Organe sind die Eckpunkte dieses Gebots. In welchem Maße wurde es von der Praxis mit Leben gefüllt?

4. Obgleich die Eigenständigkeit der Organisation als Handlungssubjekt in den internationalen Beziehungen im Vergleich zur Völkerbundsatzung sehr deutlich hervortritt, sind — abgesehen von Maßnahmen des Sicherheitsrates nach Kapitel VII — die Kompetenzen so gestaltet, daß sie die Souveränität der Staaten unangetastet lassen. Die Organe „empfehlen", „fördern", „begünstigen", „untersuchen", „erörtern" und „berichten". Sind diese Kompetenzen ausreichend, um ein wirksames Handeln der Organisation zu gewährleisten? Stehen sie nicht in einem gewissen Widerspruch zu dem oben erwähnten Effektivitätsgebot? Was bedeutet es in diesem Zusammenhang, daß die Ziele der Organisation der Umsetzung in praktikable politische Programme bedürfen und diese Aufgabe Organen zugeschrieben wird, die Mehrheitsentscheidungen auf der Grundlage des Prinzips „one state — one vote" treffen? Und schließlich: welche Konsequenzen hat es, daß mit dieser Kompetenz- und Verfahrensregelung die Charta gegenüber der Völkerbundsatzung den Experten — trotz einschlägiger Vorschläge auf der Konferenz von San Francisco[74] — deutlich hinter dem Politiker zurücktreten läßt?

5. Die Charta widmet gegenüber der Satzung des Völkerbundes organisatorischen Überlegungen breiten Raum und macht damit die UNO schon auf der Ebene ihrer „Verfassung" auch organisationssoziologischen bzw. verwaltungswissenschaftlichen Fragestellungen im oben (§ 2) erläuterten Sinne zugänglich. Die allgemeinen (Art. 7 Abs. 2) und für fast alle Organe auch spezifizierten Einrichtungskompetenzen stellen im Zusammenspiel mit dem Effektivitätsgebot die Weichen für ein starkes organisatorisches Wachstum der neugegründeten Organisation. Angesichts der schon in der späten Völkerbundzeit laut werdenden Kritik an einer unkontrollierten Proliferation internationaler Einrichtungen stellt sich die Frage, ob die in der Charta vorgesehenen Instrumente der Koordination und Steuerung, und hier insbesondere der ECOSOC, sich in der Praxis bewährt haben.

6. Gegenüber dem *Bruce*-Bericht fehlen in der Charta — abgesehen von Art. 101 Abs. 3 — jegliche Effizienzüberlegungen. Weder ist in den Haushaltsvorschriften ein Wirtschaftlichkeitsgrundsatz festgehalten, geschweige denn operationalisiert, noch sind die Einrichtungskompetenzen der verschiedenen Organe explizit an Budgetgrenzen gebunden. Welche Konsequenzen ergeben sich aus diesem Hintanstellen von Effizienzgesichtspunkten bei dem gleichzeitigen Nachdruck, welchen die Charta auf die Ziele der Organisation und ihre Erfüllung legt, für die Praxis der UN?

---

74 Vgl. den Vorschlag Norwegens unter ausdrücklicher Berufung auf den *Bruce*-Bericht in: UNCIO III, 363.

Diese Fragen finden z. T. eine Antwort in der Entstehung und Entwicklung des UN-Systems; zugleich führen sie jedoch Entwicklungstendenzen vor Augen, aus denen sich die Notwendigkeit einer permanenten Reform des UN-Systems ergibt. Um an die Wurzeln des Reformprozesses der UN vorzustoßen, ist zunächst eine Schilderung von Entstehung und Wachstum des UN-Systems und ein Herausarbeiten dieser Entwicklungstendenzen erforderlich.

2. Entstehung und Wachstum des UN-Systems

Der Begriff des „UN-Systems"[75] weist vier miteinander verwobene, analytisch aber doch voneinander zu unterscheidende Momente auf. Erstens bezeichnet man als UN-System — im Unterschied zur Organisation der Vereinten Nationen (UNO) — die Gesamtheit derjenigen auch im völkerrechtlichen Sinne autonomen Organisationen, die unter dem Dach der UN zusammengefaßt sind. Dies sind neben der UNO selbst derzeit 16 Sonderorganisationen.[76] Zweitens gehört zum UN-System eine kaum überschaubare, wechselnde Anzahl von Neben- und Spezialorganen, Ausschüssen, Programmen, Fonds und ähnlichen Einrichtungen, welche in aller Regel von der Generalversammlung oder dem ECOSOC zur Erfüllung einzelner materieller Charta-Ziele oder aber einzelner, solche Charta-Ziele umsetzender politischer Programme eingesetzt werden. Drittens gehört zum UN-System eine ebenfalls nur schwer überschaubare Anzahl von Einrichtungen, welche der administrativ-organisatorischen oder aber der inhaltlichen Koordination, sei es der Sonderorganisationen mit der UNO oder sei es der UNO-Einrichtungen untereinander, dienen. Viertens ist das UN-System gekennzeichnet durch ein außerordentlich dynamisches organisatorisches Wachstum, welches — nicht zuletzt zur Abschätzung realistischer Reformstrategien — der Erklärung bedarf. Diese vier Momente sind im folgenden zu erläutern.

Im Unterschied zum Völkerbund selbst haben die neben ihm stehenden „technischen" Organisationen den Zweiten Weltkrieg überdauert. Schon die Praxis des Völkerbundes im Bereich der wirtschaftlichen und sozialen Zusammenarbeit hatte nach dem Scheitern des in Art. 24 seiner Satzung vorgesehenen zentralistischen Ansatzes internationaler Verwaltung die Notwendigkeit gezeigt, die rasch wachsenden Tätigkeiten der sich auf diesen Gebieten unabhängig voneinander entfaltenden Organisationen zu koordinieren. Das Bemühen um Koordination trat denn auch bei der Gründung der Vereinten Nationen ins Zentrum der Überle-

---

[75] Zum Begriff „UN-System" *Mahdi Elmandjra,* The United Nations System. An Analysis, London 1973; *Maurice Bertrand,* The U.N. in Profile. How its Resources are Distributed, UNA-USA, New York 1986 (auszugsweise wiedergegeben in: *Klaus Dicke / Klaus Hüfner* (Hrsg.), Die Leistungsfähigkeit des VN-Systems: politische Kritik und wissenschaftliche Analyse, Bonn 1987, 80). Kritisch zum Begriff *Robert I. McLaren,* The UN System and its Quixotic Quest for Coordination, in: IO 34 (1980), 139-148.

[76] Einen Überblick über die Sonderorganisationen gibt Tabelle 3, unten S. 101.

gungen, wie eine kohärente und einheitliche „Führung der internationalen Angelegenheiten“ in den von Art. 1 Ziff. 3 und Art 55 der Charta benannten Politikfeldern herbeizuführen sei.[77] Auf der Konferenz von San Francisco gab es nur wenige Stimmen, die sich für eine zentralistisch organisierte „Zusammenarbeit“ in diesen Bereichen unter der Ägide der UNO einsetzten.[78] Im Ergebnis ersetzt die Charta den zentralistischen Ansatz des Art. 24 der Satzung des Völkerbundes durch ein Konzept der „funktionalen Dezentralisation“.[79] Was gab den Ausschlag für dieses Konzept?

Ein erster Grund ist darin zu sehen, daß die Staaten nach dem Zweiten Weltkrieg in sehr viel stärkerem Ausmaß als noch in der Völkerbundszeit sich für zwischenstaatliche Zusammenarbeit im Rahmen internationaler Organisationen öffneten. In Europa wurden nach dem Zweiten Weltkrieg verschiedene regionale Organisationen gegründet — die OEEC (1948, seit 1961 OECD), Benelux (1948), der RGW (1949), die WEU (1949), der Europarat (1950), die EGKS (1952), später die EWG und EURATOM (1957), der Nordische Rat (1953) —, in deren Satzungen z. T. weit über eine bloße Zusammenarbeit hinausgehende Integrationsziele Niederschlag fanden.[80] In Amerika wurde 1948 auf der Grundlage einer schon seit 1889 bestehenden interamerikanischen Zusammenarbeit die OAS gegründet. Unter dem Eindruck des Zweiten Weltkrieges entfaltete der Gedanke der Eindämmung nationalstaatlicher Souveränität — in welcher man weithin die Hauptursache der beiden Weltkriege sah — durch internationale Organisationen große Faszination in der Öffentlichkeit; nicht zuletzt daraus erklären sich die immens hohen Erwartungen, welche die Öffentlichkeit — besonders in den USA — den UN entgegenbrachte.[81]

Der zweite und im Hinblick auf die Entstehung des UN-Systems wichtigste Grund für das Konzept der funktionalen Dezentralisation liegt darin, daß bei Gründung der Vereinten Nationen bereits sieben internationale Organisationen mit globalem Zuschnitt im Bereich wirtschaftlicher, sozialer und humanitärer Angelegenheiten neu gegründet oder wiederbelebt worden waren. Bereits im Juni 1943 war auf Initiative der Vereinigten Staaten hin in Hot Springs die Gründung der Food and Agricultural Organization (FAO) eingeleitet worden. Die USA beabsichtigten mit ihrem Vorstoß u. a., die Bereitschaft der Staaten zu zwischenstaatlicher Zusammenarbeit in wirtschaftlichen und sozialen Fragen zu

77 Dazu *George A. Codding*, The Relationship of the League and the United Nations with the Independent Agencies, in: Annals of International Studies 1 (1970), 65-87; *C. Wilfred Jenks*, Co-ordination in International Organization: An Introductory Survey, in: BYIL 28 (1951), 29-89; *Elmandjra* (Anm. 75), 37 ff.; *Klaus Dicke*, Art. Dezentralisierung, in: Handbuch Vereinte Nationen (Anm. 2), 77-85, m. w. N.

78 *Codding* (Anm. 77), 76; *Russell / Muther* (Anm. 2), 306.

79 *Jenks* (Anm. 77), 37 f.

80 Vgl. *Wichard Woyke*, Europäische Zusammenschlüsse, in: Pipers Wörterbuch der Politik Bd. 5, München-Zürich 1984, 138-144.

81 Dazu ausführlich *Franck* (Anm. 73), 6 ff.

testen.[82] Ebenfalls 1943 und wiederum auf amerikanische Initiative hin wurde die United Nations Relief and Rehabilitation Administration in Washington gegründet. Der Zentralausschuß dieses größten Flüchtlingshilfswerkes in der Geschichte wurde von den USA, der Sowjetunion, dem Vereinigten Königreich und China, später auch Frankreich und Kanada, gebildet.[83] Im Juli 1944 folgte in Bretton Woods die Gründung des International Monetary Fund (IMF) und der Weltbank (International Bank for Reconstruction and Development, IBRD); im Dezember 1944 schließlich wurde in Chicago die Gründung der International Civil Aviation Organization (ICAO) beschlossen. Schon die Tatsache, daß alle diese Organisationen mit eigenen, unabhängigen Willensbildungsorganen ausgestattet wurden, verlieh ihnen einen Grad an Autonomie und Autorität, der es zumindest äußerst schwierig erscheinen lassen mußte, diese Organisationen unter einer zentralen Führung zu steuern. Dies gilt in noch größerem Maße für die bereits seit längerer Zeit bestehenden Organisationen, namentlich die UPU, die ITU und die ILO. Politisch war kaum zu erwarten, daß diese Organisationen einer Steuerung durch die UNO größere Sympathien entgegenbringen würden als der Intention von Art. 24 der Völkerbundsatzung. Zudem hätte rechtlich eine zentrale Steuerung dieser Organisationen durch die UNO wohl Satzungsänderungen hinsichtlich der Entscheidungskompetenzen der jeweiligen Plenarorgane[84] erforderlich gemacht.

Ein dritter Grund für das Konzept der funktionalen Dezentralisation ist schließlich darin zu sehen, daß 1945 ein zentralistischer Ansatz etwa nach Art des Art. 24 der Völkerbundsatzung auch politisch nicht erstrebenswert erschien. Es war — zumal nach den Erfahrungen des Völkerbundes — bis zum Oktober 1945 keineswegs sicher, daß alle Ständigen Mitglieder des Sicherheitsrates die Charta der Vereinten Nationen auch ratifizieren würden. So war es das politische Bemühen insbesondere des Vereinigten Königreiches und der Vereinigten Staaten, negative Auswirkungen eines möglichen Scheiterns der UNO auf die internationale Zusammenarbeit generell zu verhindern. Deshalb drängte man in den genannten Organisationen — und ebenso auf einer noch vor Inkrafttreten der Charta tagen-

---

82 *Codding* (Anm. 77), 76 f. Zur Gründung der FAO auch *Hans-Joachim Schütz*, FAO — Ernährungs- und Landwirtschaftsorganisation der Vereinten Nationen, in: Handbuch Vereinte Nationen (Anm. 2), 130-143, und *Unser* (Anm. 53), 157 ff. Das Internationale Institut für Landwirtschaft ging in der FAO auf.

83 Zur Geschichte und Tätigkeit von UNRRA siehe *Alfred de Zayas*, United Nations Relief and Rehabilitation Activities, in: EPIL 5 (1983), 338-341.

84 Vgl. etwa Satzung der FAO (UNTS 1, 207 ff.; BGBl. 1971 II, 1033), Art. IV oder Satzung der UNESCO (UNTS 1, 238 ff.; BGBl. 1971 II, 471), Art. IV Abs. 2; Satzung der ICAO (UNTS 8, 315 ff., BGBl. 1956 II, 411), Art. 49. — Daß eine solche Satzungsänderung freilich kein prinzipiell unüberwindliches Hindernis darstellte, zeigt ebenfalls das Beispiel ICAO: Auf Drängen der UN-Generalversammlung wurde bei Abschluß des Sonderabkommens der ICAO mit der UNO die Satzung durch Einfügung eines Art. 93 bis dahingehend geändert, daß die Mitgliedschaft eines nicht in die UN aufgenommenen oder ausgeschlossenen Staates auch in der ICAO erlischt. Der Vorstoß der Generalversammlung richtete sich gegen Franco-Spanien.

den interalliierten Konferenz der Erziehungsminister, auf der die Gründung einer United Nations Educational and Scientific Organization (UNESCO) beschlossen wurde[85] — auf möglichst universale Mitgliedschaft auch unabhängig vom Inkrafttreten der UN-Charta.

Ein durchaus beachtliches Ausmaß an „funktionaler Dezentralisation" war somit im Sommer 1945 ein Faktum, auf welches die Konferenz von San Francisco reagieren mußte. Hatten die Dumbarton Oaks-Vorschläge schon vier einschlägige Vorschriften enthalten, so bilden insgesamt 12 Artikel der UN-Charta[86] die Grundlage des komplizierten, einen Reformprozeß auf Dauer begründenden Systems der funktional-dezentralisierten Zusammenarbeit und ihrer Koordination. Art. 59 schreibt „der Organisation" das Recht zu, die Staaten zu „veranlassen", zur Verwirklichung der in Art. 55 genannten Ziele in Verhandlungen über die Gründung neuer Sonderorganisationen zu treten. Bis 1986 erhöhte sich die Anzahl der zum UN-System zählenden Sonderorganisationen auf 16, von denen allerdings nur drei — die World Intellectual Property Organization (WIPO), der International Fund for Agricultural Development (IFAD) und die United Nations Industrial Development Organization (UNIDO) — nach 1960 gegründet wurden. Die Einrichtung einer International Trade Organization (ITO) scheiterte 1948; sie sollte u. a. das 1947 geschlossene General Agreement on Tariffs and Trade (GATT) verwalten, das in der Folgezeit eine eigene, z. T. mit der United Nations Conference on Trade and Development (UNCTAD) verwobene, komplexe Organisationsstruktur ausgebildet hat. Das GATT ist jedoch keine Sonderorganisation. Das trifft auch auf die 1957 gegründete Internationale Atom-Energie Agentur (IAEA) zu, die eine unabhängige zwischenstaatliche Einrichtung unter der Ägide der Vereinten Nationen darstellt und nicht dem ECOSOC, sondern der Generalversammlung unmittelbar berichtet. Beide werden jedoch als „autonome Organisationen im UN-System" zum UN-System hinzugerechnet. In einer gewissen Verbindung zur UNO steht auch die 1975 in eine zwischenstaatliche Organisation überführte World Tourism Organization (WTO)[87], die jedoch ebenfalls nicht als Sonderorganisation gem. Art. 57 der UN-Charta gelten kann. Die 1948 gegründete International Refugee Organization (IRO) schließlich wurde 1952 wieder aufgelöst.[88] Einen Überblick über die Sonderorganisationen gibt

---

85 Zur Gründungsgeschichte der UNESCO, die einerseits auf die seit 1942 tagende interalliierte Erziehungsministerkonferenz zurückgeht, andererseits jedoch mit der Gründungsgeschichte der UNO eng verwoben ist, *Hans-Heinz Krill*, Die Gründung der UNESCO, in: Vierteljahreshefte für Zeitgeschichte 16 (1968), 246-279.

86 Es sind dies die Art. 17 Abs. 3, 57 Abs. 1, 58, 59, 60, 62 Abs. 1, 63 Abs. 1, 64, 66 Abs. 2, 70, 91 und 96. Vgl. *Dicke* (Anm. 77), Rdn. 5. Zur Entstehung des UN-Koordinationssystems auch UN Doc. E / 5524 / Add. 1, Ziff. 28 ff.

87 *Klaus Dicke*, WTO — Weltorganisation für Tourismus, in: Handbuch Vereinte Nationen (Anm. 2), 1148-1150.

88 Die IRO trat an die Stelle der am 30. September 1948 aufgelösten UNRRA. Nach der Auflösung der IRO am 28. Februar 1952 wurden deren Aufgaben vom Hohen Flüchtlingskommissar der UN (UNHCR) wahrgenommen, einem Nebenorgan der Gene-

Tabelle 3

Die Sonderorganisationen im UN-System

Organisation	Satzung In Kraft	Satzung BGBl.	GA Res.	Mitglieder (1988)	Mitglieder (1992)
ILO	1919	1957 II, 317	50 (I)	150	157
FAO	1945	1971 II,1033	50 (I)	158	164 (+ 1 assoz.)
UNESCO	1945	1971 II, 471	50 (I)	158	170 (+ 3 assoz.)
WHO	1948	1974 II, 43	124 (II)	165 (+ Namibia)	175
IMF	1944	1952 II, 637	124 (II)	151	165
IDA	1960	1960 II,2137	136	142	
IBRD	1944	1952 II, 637	124 (II)	151	161
IFC	1956	1956 II, 747	133	146	
ICAO	1947	1956 II, 411	50 (I)	157	168
UPU	1871	1986 II, 201	124 (II)	168	168
ITU	1865	1976 II,1089	124 (II)	163	167
WMO	1873/ 1950	1970 II, 18	531 (VI)	160	160
IMO	1958	1965 II, 313	204 (III)	131	136
WIPO	1970	1970 II, 293	3346 (XXIX)	121	129
IFAD	1977	1978 II,1405	143	148	
UNIDO	1966/ 1985	1985 II,1215 1987 II, 29	2152 (XXI)	150 (+ Namibia)	155
GATT	1947	1951 II, 173		96	103
IAEA	1957	1957 II, 1357		113	113
[WTO	1975	1976 II, 23		109 (+ 4)	109 (+ 4)]

Die UN-Charta sieht in Art. 57 Abs. 1 vor, daß durch zwischenstaatliche Übereinkunft gegründete „Sonderorganisationen" mit den Vereinten Nationen in Beziehung gebracht werden. Art. 67 führt dazu aus, daß der ECOSOC mit den fraglichen Organisationen Abkommen schließt, in denen die Beziehungen geregelt werden; diese Abkommen bedürfen der Zustimmung der Generalversammlung. Zur inhaltlichen Koordination der Tätigkeit gibt die UNO (Art. 58) Empfehlungen an die Sonderorganisationen; der ECOSOC „kann" durch Konsultationen und Empfehlungen deren Tätigkeit koordinieren (Art. 63 Abs. 2). Er kann ferner sowohl regelmäßige Berichte der Sonderorganisationen erwirken als auch Abmachungen mit diesen treffen, um Implementierungsberichte hinsichtlich der an die Sonderorganisationen ergangenen Empfehlungen zu erhalten (Art. 68 Abs. 2). Art. 17 Abs. 3 schließlich ermächtigt die Generalversammlung, den Verwaltungshaushalt der Sonderorganisationen zu prüfen mit dem Ziel, Empfehlungen an diese zu richten.

---

ralversammlung, das mit Res. 319 (IV) vom 3. Dezember 1949 gegründet worden war (Statut: Anhang zu Res. 428 (V) vom 14. Dezember 1950). Dazu *Atle Grahl-Madsen*, Refugees, United Nations High Commissioner, in: EPIL 5 (1983), 255-258 m. w. N.

Rechtlicher Kern dieses nicht gerade übersichtlichen und kohärenten Koordinationsinstrumentariums[89] sollten die mit den Sonderorganisationen zu schließenden Sonderabkommen („special agreements") werden. Die Chance, das Koordinationsinstrumentarium durch eine entsprechende Gestaltung der Sonderabkommen wirksam zu gestalten, hat der ECOSOC jedoch nicht zuletzt dadurch vertan, daß er sich als Verhandlungspartner für das erste und damit auch modellhafte Sonderabkommen ausgerechnet die ILO aussuchte. Die ILO hatte sich 1944 durch die sog. „Philadelphia-Declaration" ein Programm gegeben, das eine Reihe von Aufgaben der UNO und speziell des ECOSOC in den von Art. 55 benannten Bereichen umfaßte; sie sah in der UNO und im ECOSOC einen Konkurrenten.[90] Als der ECOSOC Anfang 1946 bereit war, in Verhandlungen mit den Sonderorganisationen einzutreten, hatte die ILO bereits ein Abkommen entworfen. Nach nur viertägigen Verhandlungen mit dem zuständigen Ausschuß des ECOSOC kam ein Abkommen zustande, welches die ILO als außerordentlich zufriedenstellend würdigte. Die anderen Sonderorganisationen „quickly developed what might be called a ‚most favored agency' policy"[91].

Obgleich viele der Sonderabkommen[92] ausdrücklich von „effective coordination" sprechen[93], stellen sie inhaltlich doch wohl eher bloße Informations- und Kommunikationsabsprachen denn wirksame Kooperations- oder gar Koordinationsinstrumente dar. Die Autonomie der Sonderorganisationen wird in den Abkommen mit der Weltbankgruppe (IBRD, IFC, IDA) ausdrücklich betont; die UNESCO hebt sie in ihrer Satzung hervor.[94] Im übrigen liegt ihre Anerkennung

---

89 *Jenks* (Anm. 77), 52, betont zurecht, daß mit Blick auf die Sonderorganisationen „no clear distinction is drawn in the Charter between the promotional and the co-ordination functions of the United Nations". Daß es dem ECOSOC darüber hinaus an klaren Vorstellungen über seine Aufgaben und Möglichkeiten fehlte, als er daranging, die Sonderabkommen mit den Sonderorganisationen zu schließen, betont *Codding* (Anm. 77), 78.

90 Dazu *Ernst B. Haas*, Beyond the Nation State, Stanford 1964, 155 ff. (155: „The projected UN was viewed as a dangerous rival in 1943 and 1944"); *John H. E. Fried*, Relations between the United Nations and the International Labour Organization, in: APSR 41 (1947), 963-977; *Codding* (Anm. 77), 78 ff.

91 *Codding* (Anm. 77), 79.

92 Über das Aushandeln und den Inhalt der Sonderabkommen informiert ausführlich das Repertory of Practice of the United Nations Organs III, New York 1955, 321-379, dort (343 ff.) auch eine Analyse der einzelnen Abweichungen. Vgl. ferner Supplement 2,III, New York 1964, 105-113; Supplement 3,II, New York 1971, 404-408; Supplement 4,II, New York 1982, 80-85. Ferner siehe UN Doc. E / 5524 und Add. 1 sowie *Codding* (Anm. 77), 80 ff.; *Jenks* (Anm. 77), 63 ff. und *Rudolf von Hanstein*, Der Einfluß der Vereinten Nationen auf die Sonderorganisationen — Anspruch und Wirklichkeit. Eine Untersuchung am Beispiel der Auseinandersetzungen im Hinblick auf die Dekolonisierung, Frankfurt-Bern-New York-Paris 1988, 96 ff. m. w. N.

93 Vgl. Abkommen UN-UPU (UNYB 1947 / 48, 906 ff.), Art. 4 Abs. 3: UPU „will cooperate ... to make co-ordination of the activities of specialized agencies and those of the UN fully effective". Fast wortgleich noch das Abkommen mit der WIPO vom 17. Dezember 1974 (GA Res. 3346 (XXIX), Annex), Art. 2.

— wie der Verwaltungsrat der ILO in einer interpretierenden Erklärung deutlich gemacht hat — den Abkommen generell zugrunde.[95] Regelmäßig wird in Art. 1 die besondere Kompetenz der Sonderorganisationen in ihrem jeweiligen Aufgabenbereich anerkannt.

Der Inhalt der Sonderabkommen läßt sich wie folgt zusammenfassen: Die UNO und die Sonderorganisationen verpflichten sich gegenseitig, Vorschläge für die Tagesordnung ihrer Organe entgegenzunehmen; die Sonderorganisationen können solche Vorschläge dem ECOSOC und dem Treuhandrat unterbreiten. Sie verpflichten sich, Vorschläge von UNO-Organen den für die Erstellung der Tagesordnung zuständigen Organen weiterzuleiten sowie in ihren Jahresberichten an den ECOSOC über Maßnahmen zu berichten, die sie aufgrund von UNO-Vorschlägen ergriffen haben. Das Vorschlagsrecht der UNO-Organe bezieht sich ausdrücklich auf die inhaltliche Tätigkeit der Sonderorganisationen wie auch auf Koordinationsmaßnahmen (vgl. dazu Art. 58 der Charta). Ferner verpflichten sich die Sonderorganisationen, mit Koordinationsgremien, welche die UNO einrichtet, zusammenzuarbeiten. Vertreter der UNO bzw. der Sonderorganisationen können — wie Art. 70 der Charta vorsieht — ohne Stimmrecht an den Beratungen der jeweils anderen Organisation teilnehmen. Ein Austausch von Informationen und Dokumenten wird vereinbart. Schließlich verpflichten sich die Sonderorganisationen, dem Sicherheitsrat, dem Treuhandrat und dem IGH auf Ersuchen Amtshilfe zu leisten.

Trotz gelegentlicher Kritik und verschiedenen Reformvorstößen hat eine Revision der Sonderabkommen, wie sie Anfang der siebziger Jahre vorgesehen war, bis heute nicht stattgefunden.[96] Es ist auch äußerst unwahrscheinlich, daß diese Abkommen in absehbarer Zeit geändert oder ergänzt werden: zum einen hat der politische Druck, welchen die Generalversammlung insbesondere in der Dekolonisierungsfrage und in der Apartheidpolitik auf die Sonderorganisationen ausübte, deren Autonomiebestrebungen noch zusätzlich bestärkt.[97] Zum andern richten sich die Bestrebungen, die Koordination im UN-System zu verbessern, auf eine Fülle von Koordinationsgremien, welche der ECOSOC und die Generalversammlung seit 1946 — z. T. auf der Grundlage der Sonderabkommen — geschaffen

---

94 Art. X sagt in Bezug auf das mit der UN zu schließende Sonderabkommen: „The agreement shall provide for effective co-operation between the two organizations in the pursuit of their common purposes, and at the same time shall recognize the autonomy of this Organization, within the fields of its competence as defined in this constitution". Bemerkenswert ist, daß mit der Betonung „gemeinsamer Ziele" zum einen eine zumindest partielle Überlappung des Tätigkeitsbereichs von UNO und UNESCO festgestellt zu werden scheint, und zum andern die Kooperation mit der UNO zumindest dem Wortlaut nach auf diesen Bereich der Überschneidungen eingeschränkt werden kann.

95 *Jenks* (Anm. 77), 64.

96 *Elmandjra* (Anm. 75), 123; UN Doc. E / 5542 vom 30. Mai 1974. Vgl. auch ECOSOC Dec. 1768 (LIV) vom 18. Mai 1973 und GA Res. 32 / 197 vom 20. Dezember 1977, Annex, Ziff. 57.

97 Vgl. *von Hanstein* (Anm. 92).

haben. Das wichtigste dieser Gremien zur Koordination mit den Sonderorganisationen ist das 1946 gegründete[98] *Administrative Committee on Co-ordination* (ACC), dem der Generalsekretär als Vorsitzender sowie die Verwaltungschefs der Sonderorganisationen und der IAEA angehören. Die ursprüngliche Aufgabe des dreimal jährlich tagenden ACC war die Implementierungskontrolle der Sonderabkommen. Sieben Hilfsorgane arbeiten dem ACC zu.[99] *Baehr / Gordenker* haben das ACC nicht ganz zu unrecht ein „gathering of feudal lords"[100] genannt, denn im ACC sind die Verwaltungsinteressen der Sonderorganisationen fast unter sich; allein der Generalsekretär vertritt das Gesamtinteresse des UN-Systems, eine Repräsentanz und Kontrolle der Mitgliedstaaten fehlt völlig. Welche Folgen das haben kann, zeigt folgendes Beispiel aus der 2. Hälfte der achtziger Jahre: als der Verwaltungsrat der WIPO sich mit einer Empfehlung der Generalversammlung konfrontiert sah, die Ergebnisse einer Studie der Joint Inspection Unit umzusetzen, beschloß er, die Angelegenheit vor das ACC zu tragen und auf eine generelle Empfehlung des ACC zur Beachtung von JIU-Empfehlungen hinzuwirken,[101] m. a. W. die Angelegenheit erstens im verwaltungsinternen Kreislauf des UN-Systems zu belassen und zweitens durch Verallgemeinerung wirkungslos zu machen.

Spätestens seit der Schwerpunktverlagerung in der Tätigkeit fast aller Sonderorganisationen auf den Bereich der Entwicklungshilfe stellen die Sonderabkommen kein geeignetes organisationsrechtliches Instrumentarium für den ständig steigenden Koordinationsbedarf im UN-System mehr dar.[102] Dennoch sind sie insofern eine wichtige Grundlage für die Beurteilung der Effizienz und Effektivität der UN, als sie über die UN-Charta hinaus besondere *Effizienzgrundsätze* ins Organisationsrecht des UN-Systems einführen, und dies in dreifacher Hinsicht: In Bezug auf das *Personal* wird das Ziel, einen einheitlichen civil service für das gesamte UN-System zu schaffen, unterstrichen.[103] Dazu sollen gemeinsame Qualifikationsstandards und einheitliche Einstellungsvoraussetzungen erstellt werden. In bezug auf die *Tätigkeit* soll Doppelarbeit und sollen Überschneidungen

---

[98] ECOSOC Res. 13 (III) vom 21. Februar 1946 und Res. 166 (VII) vom 29. August 1948.

[99] *Elmandjra* (Anm. 75), 74 ff.; *J. Berteling*, Inter-Secretariat Coordination in the United Nations System, in: NILR 24 (1977), 21-42 m. w. N. Zur Tätigkeit und Reform des ACC unten, 256 ff.

[100] *Peter R. Baehr / Leon Gordenker*, The United Nations. Reality and Ideal, New York 1984, 33.

[101] Interview Genf, September 1989.

[102] So insbesondere *Elmadjra* (Anm. 75), 123. Zum Koordinationsbedarf im UN-System insgesamt unten, 230 ff.

[103] Art. 9 Abs. 1 des Abkommens mit der UPU: die UN und die UPU „recognize the desirability, in the interests of most efficient use of personnel and resources, of avoiding the establishment of competitive or overlapping services". Das Abkommen mit der Weltbank (UNYB 1947 / 48, 872 ff.), sieht in Art. 10 vor, daß die Parteien „consult from time to time ... to assure the most efficient use of the services and facilities of the two organizations."

insbesondere bei der Erstellung von Statistiken sowie in der technischen Hilfe, vermieden werden.[104] Und schließlich sollen im Bereich der *Finanzierung* Budgetangleichungen vorgenommen und Absprachen getroffen werden, um ein Höchstmaß an Wirtschaftlichkeit zu gewährleisten.[105] Diese drei Effizienzgrundsätze gehören zum Kern des internen Organisationsrechts im UN-System. Sie müssen als normative Vorgaben bei der Beurteilung der faktischen Effizienz des Systems sowie als Richtlinien für Reformansätze im Bereich der Koordination Berücksichtigung finden. An ihnen wird schließlich auch die Effektivität des ACC und diejenige der anderen, im Zuge des inneren Wachstums der UNO selbst entstandenen Koordinationsorgane zu messen sein.[106]

Von den Sonderorganisationen zu unterscheiden sind die Ausschüsse, Nebenorgane und Hilfseinrichtungen, welche die Generalversammlung und der ECOSOC auf der Grundlage ihrer Einrichtungskompetenzen zur Erfüllung der ihnen zugewiesenen Aufgaben gegründet haben. Bei diesen handelt es sich nicht um völkerrechtlich eigenständige Organisationen. Sie sind in der Regel repräsentativ zusammengesetzt — nur vergleichsweise wenige Organe oder Ausschüsse sind Expertengremien, und selbst die Auswahl von Experten erfolgt strikt nach ausgewoge-

Tabelle 4

Das Ausschußsystem der Generalversammlung

1. Ausschuß	Abrüstung und internationale Sicherheit
2. Ausschuß	Wirtschaft und Finanzfragen
3. Ausschuß	Soziale, humanitäre und kulturelle Fragen
4. Ausschuß	Besondere Politische Fragen und Entkolonisierung
5. Ausschuß	Verwaltungs- und Budgetfragen
6. Ausschuß	Rechtsfragen
Allgemeiner Ausschuß	Tagesordnung u. Organisation der GV
Vollmachtenausschuß	Prüfung der Vollmachten
Beratender Ausschuß für Verwaltungs- u. Haushaltsfragen (ACABQ)	Finanzprüfung, Beratung der GV in Verwaltungs- u. Haushaltsfragen
Beitragsausschuß	Beratung der GV in Beitragsfragen

104 Vgl. etwa Art. 13 des Abkommens mit der WHO (UNYB 1947 / 48, 919 ff.): Die Organisationen kommen überein „to strive for maximum co-operation, the elimination of all undesirable duplication between them, and the most efficient use of their technical personnel in their respective collection, analysis, publication and dissemination of statistical information“. Vgl. auch Art. XIV desselben Abkommens.

105 Art. XV des Abkommens mit der WHO: die WHO „recognizes the desirability of establishing close budgetary and financial relationships with the United Nations in order that the administrative operations of the United Nations and of the specialized agencies shall be carried out in the most efficient and economical manner possible . . .“.

106 Unten, § 8.

ner regionaler Verteilung — und politisch von der Generalversammlung abhängig.[107] Ihre Tätigkeit wird in der Regel über die jeweiligen, oft von Jahr zu Jahr erneuerten oder ergänzten Mandate sowie über die im Anschluß an die jährlichen Berichte verabschiedeten Resolutionen des ECOSOC bzw. der Generalversammlung gesteuert und kontrolliert.

Dabei sind folgende Gruppen von Einrichtungen zu unterscheiden:[108]

1. das ständige Ausschußsystem der Generalversammlung, bestehend aus sieben Hauptausschüssen, zwei Verfahrensausschüssen und zwei ständigen Ausschüssen; sie organisieren die Arbeit der Generalversammlung;
2. Unterausschüsse und Hilfsorgane der Generalversammlung (1989: 42), die nach Bedarf eingerichtet werden und mit mehr oder minder umfangreichen Einzelfragen befaßt sind;
3. das System der Kommissionen und Ausschüsse des ECOSOC (1989: 22), das eine regionale und funktionale Gliederung aufweist;
4. Nebenorgane und Programme, die nach Umfang der Aufgaben und Struktur den Sonderorganisationen vergleichbar sind und die entweder über den ECOSOC oder unmittelbar der Generalversammlung berichten; und
5. andere Einrichtungen.

Das ständige Ausschußsystem der Generalversammlung[109] wurde bereits 1946 geschaffen und beruht auf der Geschäftsordnung dieses Hauptorgans. Die zehn Ausschüsse (vgl. Tabelle 4) organisieren die Arbeit der Generalversammlung; die Hauptausschüsse erarbeiten in der Regel Resolutionsentwürfe. Die meisten Tagesordnungspunkte werden vor der Beratung im Plenum an einen der Hauptausschüsse, in denen jeder Mitgliedstaat vertreten sein kann, überwiesen. Wie der Allgemeine Ausschuß, bestehend aus 29 Mitgliedern, darunter der Präsident und die Vizepräsidenten der Generalversammlung sowie die Vorsitzenden der sieben Hauptausschüsse, der Vollmachtenausschuß und der Beitragsausschuß treten sie nur während der regulären Sitzungsperiode — bzw. während Sonder- oder Notstandssitzungen — der Generalversammlung zusammen. Das ACABQ

[107] Dazu insgesamt *Beate Lindemann / Dagmar Hesse-Kreindler*, Ausschußsystem, in: Handbuch Vereinte Nationen (Anm. 2), 26-34; *Klaus Hüfner*, UN-System, a. a. O., 966-973.

[108] Die Einteilung folgt im wesentlichen dem New Zealand Handbook (Anm. 61); das UN Yearbook differenziert etwas weiter aus und zählt — samt Arbeitsgruppen und Unterausschüssen der in 1. bis 5. genannten Einrichtungen — für 1984 133 Gremien. Vgl. UNYB 1984, 1311 ff. Einen Überblick über die Einrichtungen des UN-Systems mit Stand vom 1. Februar 1993 gibt auch VN 41 (1993), 41.

[109] Vgl. *Norbert Prill*, Ausschußsystem, in: *Rüdiger Wolfrum / Norbert J. Prill / Jens A. Brückner* (Hrsg.), Handbuch Vereinte Nationen, 1. Aufl. München 1977, 22-28; *Christian Tomuschat*, Generalversammlung, in: Handbuch Vereinte Nationen (Anm. 2), 225-234; *M. J. Peterson*, The General Assembly in World Politics, Winchester MA 1986, 152 ff., 265 ff.

und der Beitragsausschuß bestehen aus Finanzexperten (16 bzw. 18); sie beraten den fünften Ausschuß in Verwaltungs- und Budgetfragen.

Während dieses Ausschußsystem der Generalversammlung seit 1946 im wesentlichen unverändert[110] besteht, ist bei den einzelnen Problembereichen gewidmeten Ausschüssen, Unterausschüssen und Hilfseinrichtungen der Generalversammlung eine signifikante Zunahme in den sechziger und siebziger Jahren zu verzeichnen. Von den 41 hierher zu rechnenden Gremien, welche das New Zealand Handbook 1989 auflistet, wurden 11 bis 1959, 11 zwischen 1960 und 1969 sowie 12 zwischen 1970 und 1979 gegründet (vgl. unten Tabelle 5). Die Tätigkeit dieser Hilfseinrichtungen reicht vom Management des Personals über Finanzkontrolle und Evaluierung bis hin zur Politikformulierung und Vorbereitung völkerrechtlicher Verträge. Sie entlasten die Tätigkeit der Generalversammlung und erlauben eine kontinuierliche Sacharbeit über die wenige Wochen dauernde Sitzungsperiode der Generalversammlung hinaus.

Auch der ECOSOC hat von seiner Einrichtungskompetenz nach Art. 68 der UN-Charta Gebrauch gemacht und sich einen aus 22 Kommissionen und Ausschüssen bestehenden Unterbau geschaffen.[111] Er verfügt über sechs Fachkommissionen (Statistik, Bevölkerung, Soziale Entwicklung, Menschenrechte, Status der Frau, Betäubungsmittel) sowie über 5 Regionale Wirtschaftskommissionen. Weiterhin stehen ihm sechs stehende Ausschüsse (NGOs, Intergovernmental Agencies, Siedlungsfragen, das Committee on Programme and Coordination (CPC), der Ausschuß für natürliche Ressourcen, eine Kommission für transnationale Unternehmungen) und weitere sechs Expertenausschüsse (Verbrechensvorbeugung, Entwicklungsplanung, Steuerexperten, Verwaltungs- und Finanzexperten, Transport gefährlicher Güter, Internationale Standards der Rechnungslegung) zur Verfügung.

Eine weitere Gruppe von UN-Einrichtungen besteht aus Organen und Programmen, welche z. T. in Umfang und Tätigkeit den Sonderorganisationen vergleichbar sind und über den ECOSOC der Generalversammlung berichten oder sonstige Aufgaben erfüllen. 1989 betrug ihre Anzahl 13. Hierzu zählen Fachorgane wie der UNHCR, das Kinderhilfswerk UNICEF, die Welthandelskonferenz (UNCTAD), die beiden Programme für Entwicklung (UNDP) und Umwelt (UNEP), das Welternährungsprogramm (WFP) und der Welternährungsrat (WFC), ferner die größeren Sonder-Fonds der UN (Bevölkerung, Drogenmißbrauch, Capital Development Fund).

Neun „andere" Einrichtungen sind mit Forschungs-, Ausbildungs- oder Nothilfemaßnahmen betraut. Das United Nations Institut for Training and Research

---

110 Der besondere politische Ausschuß wurde von der 48. Generalversammlung mit dem Treuhandausschuß zusammengelegt. Er ging auf den Palästina-Ausschuß zurück und wurde 1956 auf eine ständige Basis gestellt. Dazu den Bericht in VN 42 (1994), 61 f.

111 Dazu *Karl Josef Partsch*, Kommentar zu Art. 68, in: VN-Kommentar (Anm. 2); vgl. dort die Übersicht bei Rdn. 18.

(UNITAR) etwa oder die United Nations University (UNU) sind mit UN-bezogenen Forschungs- und Ausbildungsaufgaben betraut. Diese Organe verfügen über eine eigene Verwaltung; ihr Mandat wurde zwar von der Generalversammlung beschlossen, doch kommt ihnen faktisch eine derjenigen der Sonderorganisationen vergleichbare Unabhängigkeit zu. — Zu erwähnen sind schließlich die ausschließlich im Bereich des Menschenrechtsschutzes operierenden Vertragsorgane wie z. B. der Ausschuß zur Überprüfung des Übereinkommens zur Beseitigung jeder Form von Rassendiskriminierung (CERD); sie wurden von völkerrechtlichen Verträgen zum Schutz der Menschenrechte eingesetzt, um die Einhaltung der von den Staaten eingegangenen Verpflichtungen zu überprüfen. Ihre Finanzierung [112] und die Organisation ihrer Tagungen werden von der UNO verwaltet.

Tabelle 5

Organisatorisches Wachstum des UN-Systems

Jahr	Sonder-organisationen	Hilfsorgane der GV	ECOSOC	Neben-organe	Progr.	Andere	ges. %
1945-49	11	7	10	3	1	32	30,8
1950-59	3	4	2	0	0	9	8,7
1960-69	1	11	4	7	1	24	23,0
1970-79	3	12	6	3	4	28	26,9
1980-89	1	7	0	0	3	11	10,6
Total	*19*	*41*	*22*	*13*	*9*	*104*	*100,0*

Die auffallendste Tendenz bei der Gründung von solchen Einrichtungen wird aus *Tabelle 5* ersichtlich: Fast ein Drittel aller Einrichtungen wurden bis 1949, also in der Aufbauphase der Organisation gegründet. In den fünfziger Jahren ist ein deutlicher Rückgang zu verzeichnen, während in den sechziger und siebziger Jahren die Neugründungen wieder stark ansteigen. Deutlich rückläufig sind die Zahlen in den achtziger Jahren. Ein genaueres Bild vermittelt jedoch ein Blick in die einzelnen Säulen. Während die Gründung von Sonderorganisationen rückläufig ist, nimmt die Gründung von Hilfsorganen der Generalversammlung in den sechziger und siebziger, die Gründung von „anderen" Einrichtungen in den siebziger und achtziger Jahren deutlich zu. [113] In den sechziger Jahren ist darüber hinaus die Gründung neuer Nebenorgane und Programme auffallend hoch. [114]

---

112 Die Finanzierung wird in aller Regel von den Vertragsstaaten der entsprechenden Abkommen getragen. Dennoch leisten die Vereinten Nationen insofern einen Beitrag, als sie Konferenzeinrichtungen und Übersetzungsdienste sowie andere Hilfsdienste, insbesondere durch das Genfer Menschenrechtszentrum zur Verfügung stellen.

113 Zu den — hier ausgeklammerten — Einrichtungen zur Friedenssicherung siehe *Michael Bothe*, Friedenserhaltende Maßnahmen, in: Kommentar (Anm. 2), 535-558;

Diese organisatorische Wachstumstendenz des UN-Systems steht in deutlichem Kontrast zu frühen Aussagen der Generalversammlung, die in einem weiteren organisatorischen Ausbau des UN-Systems durchaus effektivitätshemmende Momente sahen. Schon 1949 haben der ECOSOC und die Generalversammlung die Proliferation und die damit zwangsläufig gegebene Überlappung von Programmen im UN-System beklagt.[115] Wie jedoch schon bei der Reform des Völkerbundes die Warnung vor organisatorischen Ausweitungen nicht beachtet wurde[116], so hat sich auch die Generalversammlung über ihre eigenen, in Res. 310 (IV) sehr ausdifferenzierten Richtlinien für die Einrichtung neuer Neben- und Unterorgane hinweggesetzt. Dies geschah in aller Regel unter Hinweis darauf, daß die jeweils neu geschaffenen Organe bzw. Programme und die sie verwaltenden Ausschüsse, Kommissionen, Fonds und sonstigen Gremien eine Steigerung der Effektivität der UN mit sich brächten.[117] Hinsichtlich der Einrichtung neuer Organe und Untergliederungen des UN-Systems liegen also deutlich widersprüchliche Aussagen über die Effektivität der UN vor. Dieser Widerspruch kann nur dadurch erklärt und möglicherweise einer Auflösung zugeführt werden, daß die jeweiligen Aussagen über die Effektivität des UN-Systems im einzelnen näher analysiert werden. Daß dieser — am organisatorischen Wachstum der UN festgemachte — Widerspruch jedoch einerseits an die Wurzeln der Reformbedürftigkeit des UN-Systems und der jüngsten Reformgeschichte heranführt und andererseits auf eine Vielzahl miteinander verschränkter Effektivitäts- und Effizienzprobleme im UN-System verweist, ergibt ein Blick auf die folgenden, mit dem organisatorischen Wachstum verbundenen Wandlungstendenzen des UN-Systems über die fast 50 Jahre seines Bestehens hinweg[118]:

1. *Die Mitgliedschaftsentwicklung der UN:* Die UN haben heute eine universale Mitgliedschaft nahezu erreicht. Im August 1993 hatte die Organisation 184 Mitglieder. Damit hat sich die urspüngliche Mitgliedschaft mehr als verdreifacht. 1955 betrug die Anzahl der Mitglieder 76, von 1956 bis 1959 traten 7 weitere Staaten hinzu. 1960 jedoch stieg die Mitgliedschaft um 17 Staaten.[119] Es war

---

Karin Rudolf, Friedenstruppen, in: Handbuch Vereinte Nationen (Anm. 2), 180-191; Vereinte Nationen 41 (1993), 41; *Unser* (Anm. 53), 82 ff.

114 Zum Wachstum des UN-Systems vgl. auch *Klaus Hüfner,* Die UN und ihre Sonderorganisationen. Strukturen, Aufgaben, Dokumente, Bonn 4. Aufl. 1991 f., und *Peter J. Opitz,* Die Vereinten Nationen im Wandel: Struktur- und Funktionsveränderungen, in: *ders. / Volker Rittberger* (Hrsg.), Forum der Welt. 40 Jahre Vereinte Nationen, Bonn 1986, 45-76.

115 ECOSOC Res. 289 (IX) vom 9. August 1949, Annex; GA Res. 310 (IV) vom 24. November 1949.

116 Dazu oben, S. 75.

117 Exemplarisch sei verwiesen auf die Gründungsresolutionen von UNCTAD, des UNDP und der UNIDO. Ausführlich hierzu unten, § 7.

118 Dazu insgesamt *Kewenig* (Hrsg.), Die Vereinten Nationen im Wandel (Anm. 34); *Franck* (Anm. 73); *Opitz* (Anm. 114); *Wolfrum* (Anm. 28); *David A. Kay* (Hrsg.), The Changing United Nations. Options for the United States, New York 1977.

119 *Dugard* (Anm. 53), 55 ff.; *Schütz* (Anm. 53); *Opitz* (Anm. 114), 61 f.

dies das Jahr, in welchem die Generalversammlung die „Declaration on Granting the Independence to Colonial Countries and Peoples“ [120] beschloß, mit der die UN nicht nur den Kolonialismus als völkerrechtswidrig verurteilten, sondern den begonnenen Dekolonisierungsprozeß beschleunigten. Den neu entstandenen Staaten Afrikas, Asiens und der Karibik wurde durch die Aufnahme in die UN — oft unter Hintanstellung herkömmlicher Kriterien der Staatlichkeit — Legitimation [121] verliehen. Die Mitgliedschaft in den UN gehörte von vorneherein zum staatlichen Selbstverständnis der neu entstandenen Staaten, und zwar nicht zuletzt deshalb, weil technische Hilfe durch die UN — insbesondere in den Bereichen Verwaltung und Wirtschaft — nicht selten fehlende oder unzureichend ausgebildete Staatsfunktionen substituierte und weil die Mitgliedschaft in der Organisation es den neu entstandenen Staaten ermöglichte, überhaupt an der internationalen Politik teilzuhaben. Die Existenz von und die Mitwirkung in UN-Organen hatte somit — wie auch die Organisation insgesamt — für die neuen Staaten eine gänzlich andere Bedeutung als für die Gründungsmitglieder. [122] Der damit entstehende Konflikt zwischen verschiedenen Konzeptionen der UN und ihrer Aufgaben ist ein erster Schwerpunkt der in Kapitel 3 vorzunehmenden Analyse. — Daß dieser Konflikt mit Effektivitäts- und Effizienzfragen der UN unmittelbar verbunden ist, zeigt eine Reihe weiterer, mit der Mitgliedschaftsentwicklung in den UN verbundener Wandlungstendenzen der Organisation:

2. *Wandel der Aufgaben und Anforderungen an das UN-System:* Den schon 1946 im Rahmen des Programms für technische Hilfe [123] begonnenen operativen Tätigkeiten der UN und ihrer Organe galt aufgrund ihres ökonomischen und sozialen Entwicklungsstandes das Hauptinteresse der neuen Mitglieder. Gestützt auf das Programm der Art. 1 Ziff. 3, 55 und 56 der Charta entwickelte sich die UN seit Beginn der sechziger Jahre rapide zu einer Organisation, die zeitweilig mehr als 80% ihres Haushaltes für Entwicklungstätigkeit aufwendete. [124] Damit

---

120 GA Res. 1514 (XV) vom 14. Dezember 1960 (Abstimmungsergebnis: 89 gegen 0 bei 9 Enthaltungen); dazu *Philip Kunig,* Entkolonisierung, in: Handbuch Vereinte Nationen (Anm. 2), 104-110.

121 Dazu *Opitz* (Anm. 114), 48 ff.; *Kunig* (Anm. 120), Rdn. 9. Legitimation meint hier politische, nicht jedoch auch automatisch völkerrechtliche Anerkennung, wenn auch *Dugard* (Anm. 53) dies gleichzusetzen scheint.

122 Vgl. den Vertreter Sri Lankas in der Generaldebatte 1991: „The security and development of a small country like Sri Lanka depends largely on the United Nations“, UN Doc. A / 46 / PV. 5, Ziff. 87.

123 Unter „technischer Hilfe“ versteht man Maßnahmen wie die Entsendung von Experten oder Ausbildung, um Entwicklungsländer beim Aufbau eigener Verwaltungen bzw. bei der Bewältigung von Verwaltungsaufgaben zu unterstützen und zu fördern. Die Tätigkeit der UN auf diesem Gebiet beginnt mit GA Res. 52 (I) vom 2. November 1946; erste Programme enthalten GA Res. 200 (III) vom 4. Dezember 1948 und 246 (III) vom selben Tage. Auf Anregung der Vereinigten Staaten wurde am 16. November 1949 mit GA Res. 304 (IV) das „Expanded Programme of Technical Assistance“ gegründet. Dieses Programm ist 1965 im UNDP aufgegangen. Zum Ganzen *Tobias Stoll,* Technische Hilfe, in: Handbuch Vereinte Nationen (Anm. 2), 828-838, und unten, 255 ff.

stellt sich jedoch eine völkerrechtlich zu beantwortende Frage mit weitreichender Bedeutung für das gesamte UN-System: ist die Ausweitung der operativen Tätigkeiten der Organisation um ihrer Effektivität willen notwendig, wie dies etwa entwicklungspolitische Resolutionen der Generalversammlung aus den frühen sechziger Jahren nahelegen?[125] Oder aber überschreiten die UN mit operativen Tätigkeiten generell die ihnen von der Charta gesteckten Grenzen ihrer Handlungsmöglichkeiten, wie dies in jüngster Vergangenheit etwa *Conforti*[126] — durchaus in Übereinstimmung mit Rechtsmeinungen verschiedener Mitgliedstaaten[127] — vertreten hat? Wird m. a. W. das Argument der Effektivitätssteigerung zur Rechtfertigung von ultra vires-Akten der Organisation herangezogen? — Diese Rechtsfrage ist ein zweiter in Teil 3 zu behandelnder Schwerpunkt. Ihr korrespondiert ein politischer Konflikt, der sich an einem weiteren Wandlungsprozeß im UN-System festmachen läßt:

3. *Wandel der Mehrheitsverhältnisse:* In der Generalversammlung und — nach zweimaliger Erhöhung seiner Mitgliederzahl — im ECOSOC sowie in allen von diesen Hauptorganen eingesetzten Neben- und Unterorganen gewinnen die neu beigetretenen Staaten bald eine solide Zweidrittel-Mehrheit. Im Zuge der Gründung von UNCTAD schließen sie sich zur „Gruppe der 77" zusammen und bilden einen erstaunlich kohärenten Stimmenblock, der vom gemeinsamen Selbstverständnis dieser Staaten als „Entwicklungsländer" und von dem sie leitenden Bewußtsein zusammengehalten wird, daß ihr einziges Machtpotential in ihrer UN-Mitgliedschaft und der damit gegebenen Stimmenmehrheit in der Generalversammlung liegt.[128] Diese Stimmenmehrheit drängt seit Beginn der sechziger Jahre die westlichen Staaten in die Position einer Minderheit, die zwar in Verhandlungen ihr politisches und ökonomisches Gewicht einsetzen, grundsätzlich jedoch nicht verhindern kann, daß sie in den Entscheidungen der Generalversammlung — in Haushaltsfragen sogar regelmäßig — überstimmt wird. Da dies sowohl bei Neueinrichtungen als auch insbesondere bei Haushaltsentscheidungen ein deutliches Auseinandertreten von Entscheidungsmacht und Finanzbeiträgen be-

---

124 Dazu *Wolfrum* (Anm. 28), 141 - 149.

125 Sowohl in der Resolution „Concerted action for economic development of economically less developed countries" (GA Res. 1515 (XV) vom 15. Dezember 1960) als auch in den Resolutionen über die erste Entwicklungsdekade (GA Res. 1710 (XVI) vom 19. Dezember 1961 und GA Res. 1715 (XVI) vom selben Tage) wird mit Nachdruck eine Ausweitung der technischen Hilfe empfohlen; alle drei Resolutionen wurden ohne Gegenstimme verabschiedet. Lediglich bei Res. 1715 enthielten sich 9 Staaten der Stimme.

126 *Benedetto Conforti*, Prolifération organique, prolifération normative et crise des Nations Unies: Réflexions d'un juriste, in: Académie de droit international de la Haye (Hrsg.), L'adaption des structures et méthodes des Nations Unies, Dordrecht-Boston-Lancaster 1986, 153 - 168.

127 Vgl. *Alain Pellet*, Kommentar zu Art. 55, in: *Jean-Pierre Cot / ders.*, La Charte des Nations Unies. Commentaire article par article, Paris-Brüssel 1985, 841 - 861 (853 f.).

128 Dazu *Sabine von Bennigsen*, Block- und Gruppenbildung, in: Handbuch Vereinte Nationen (Anm. 2), und unten, S. 236.

deutete, drängten die Hauptbeitragszahler — die westlichen Industriestaaten — zunehmend darauf, daß auf dem Verhandlungswege herbeigeführte Konsensentscheidungen Mehrheitsentscheidungen ersetzen. Auch die damit verbundenen Verfahrensdiskussionen — die einen weiteren Focus der nachfolgenden Analyse darstellen — stellen die Organisation vor Effizienz- und Effektivitätsfragen: der Frage, welches Entscheidungssystem effizienter[129] ist, läßt sich die Frage gegenüberstellen, bei welchem Verfahren die Effektivität des Systems insgesamt besser gewährleistet[130] ist. — Nimmt man die beiden zuletzt genannten Wandlungstendenzen zusammen, so ergibt sich ein weiteres Effektivitätsproblem der Organisation, auf welches näher einzugehen ist. Es resultiert letztlich aus der

4. *Charta-Struktur im Bereich des Art. 55:* Anders als im Bereich der Friedenswahrung und Friedenssicherung sind die Aufgaben der Organisation im Bereich des Art. 55 offen formuliert und bedürfen der Konkretisierung und Präzisierung durch die Formulierung operativer Programme, d. h. durch legislative Tätigkeit. Träger dieser Tätigkeit ist nicht der „oligarchische" Sicherheitsrat, sondern die „egalitäre" Generalversammlung, die mit der zunehmenden Bedeutung entwicklungspolitischer Tätigkeiten der UN ins Zentrum rückt.[131] Parallel zum organisatorischen Wachstum der UN ist insoweit auch von einem Anwachsen normsetzender Tätigkeiten der Generalversammlung auszugehen.[132] Doch verfügt die Generalversammlung rechtlich über keine Legislativbefugnisse. Trotz aller Bemühungen von seiten der Entwicklungsländer, solche Legislativbefugnisse auf dem Wege interpretatorischer Fortschreibung des Charta-Rechtes herzuleiten[133], bleibt die einzige unmittelbar wirksam werdende Tätigkeitsform, welche der Generalversammlung im Bereich der Ziele des Art. 55 zu Gebote steht, die Einrichtungskompetenz, verbunden mit der Haushaltsfestlegung und in deren Rahmen der Erhöhung der Mittel für operative Tätigkeiten bzw. technische Hilfe. Aus dieser Perspektive erscheint das organisatorische Wachstum des UN-Systems als ein Surrogat für mangelnde Effektivität der Generalversammlung, nämlich für das Fehlen legislativer Befugnisse.

5. *Keine zentrale Koordinationsinstanz:* Dem oben erläuterten Interesse der Mehrheit in der Generalversammlung an möglichst vielen Einrichtungen, denen

---

129 Die sich des Konsensverfahrens bedienende Dritte Seerechtskonferenz der Vereinten Nationen (1973 - 1982) zeigt in aller Deutlichkeit, mit welchem enormen Aufwand dieses Verfahren verbunden ist.

130 So haben etwa die Vereinigten Staaten durch ihre Beitragszurückhaltungen die Effektivität des Systems erheblich eingeschränkt, um konsensuale Haushaltsentscheidungen herbeizuführen. Näheres unten S. 213 ff.

131 *Ulrich Scheuner,* Aufgaben und Strukturwandlungen im Aufbau der Vereinten Nationen, in: *Kewenig* (Hrsg.), Die Vereinten Nationen im Wandel (Anm. 34), 189 - 235 (191 ff.).

132 Statt anderer *Conforti* (Anm. 126).

133 Statt anderer *Mohammed Bedjaoui,* Towards a New International Economic Order, Paris 1981.

Mittel für die Durchführung von Projekten zugewiesen werden können, steht keine hemmende und keine zentral koordinierende Instanz im UN-System entgegen. So lassen sich in vielen Sonderorganisationen ähnliche Wachstums- und Ausweitungstendenzen beobachten mit der Konsequenz, daß am Ende der siebziger Jahre ein Überblick über die Entwicklungstätigkeit des UN-Systems insgesamt so gut wie unmöglich erscheint.[134] Einer zentralen Kontroll- oder Koordinationsinstanz haben sich die westlichen und die sozialistischen Staaten politisch entgegengestellt, und zwar aus machtpolitischen Gründen. Man glaubte, viele kleine Organisationen leichter unter Kontrolle halten zu können als eine zentral gesteuerte Organisation mit einem entsprechenden Entscheidungspotential.[135] So wird das Wachstum des UN-Systems begleitet von der beständig perpetuierten Forderung nach effektiver Koordination im UN-System. Das hierfür vorgesehene Organ freilich, der ECOSOC, ist wohl das am wenigsten seinen Charta-Funktionen entsprechende Organ der UNO.[136]

6. *Vertrauen in Administration:* Schließlich kommt ein sechster wachstumsfördernder Faktor hinzu: das Vertrauen vieler Mitgliedstaaten in den Verwaltungsstaat, dem das Organisieren i. S. des Einrichtens als an sich effizienz- und effektivitätssteigernd gilt. Die westlichen Industriestaaten haben nach dem Zweiten Weltkrieg einen erheblichen Ausbau ihres administrativen Apparates gerade im Bereich der Wirtschafts- und Sozialverwaltung erlebt. Die wohlfahrtsstaatlichen Anklänge der UN-Charta mögen bei den westlichen Staaten die Bereitschaft gefördert haben, einem organisatorischen Ausbau des UN-Systems zuzustimmen, handelte es sich doch letztlich um das gleiche Mittel, dessen sie sich beim Ausbau ihrer nationalen Apparate der Sozial- und Wohlfahrtspolitik bedienten.[137] Daß jedoch mit der Skepsis, welche dem Verwaltungsstaat und der Bürokratie seit Ende der siebziger Jahre in den westlichen Industriestaaten entgegengebracht wird[138], auch das Wachstum internationaler Organisationen nicht mehr als selbstverständlich bzw. als aus sich heraus effektivitätsfördernd hingenommen wird, kann kaum überraschen. So begegnen insbesondere die westlichen und die sozialistischen Staaten in den achtziger Jahren den ungehemmten Wachstumstendenzen des UN-Systems mit dem Rezept, Neugründungen einzustellen und statt dessen die Effizienz bestehender Organisationen und Organe zu erhöhen. Insofern tritt der Gedanke der Organisationseffizienz politisch in Widerspruch zu Strategien der Effektivitätssteigerung durch Neugründungen.

---

134 Erst 1986 wurde ein voluminöses „Directory" erstellt.

135 Vgl. schon *J. L. Brierly,* The Law of Nations, 6. Aufl. Oxford 1963, 100-104.

136 Vgl. statt anderer *Wolfrum* (Anm. 28), 145 ff.

137 *Charles William Maynes,* The United Nations: Out of Control or out of Touch? In: The Yearbook of World Affairs 1977, 98-111.

138 *Maynes* a. a. O., 105 f. („this golden age of bureaucracy is coming to an end, both domestically and internationally") mit Hinweis u. a. auf Reprivatisierungsvorgänge in westlichen Industriegesellschaften.

Damit sind die wichtigsten Entwicklungstendenzen und Spannungsfelder im UN-System bezeichnet, die durch eine Aufschlüsselung verschiedener Effizienz- und Effektivitätsvorstellungen näher analysiert werden sollen.

3. Zusammenfassung

Der Überblick über das Aufkommen und die Behandlung von Effektivitäts- und Effizienzfragen in den Staats- und Verwaltungswissenschaften hatte gezeigt, daß die Begriffe „Effizienz" und „Effektivität" eine bestimmte Perspektive bezeichnen, aus der heraus öffentliches Verwaltungshandeln betrachtet wird. Diese Perspektive ist diejenige der „Organisation" in einem weitgehend technischen Verständnis, welche staatliches Handeln einerseits empirischen ökonomischen und sozialwissenschaftlichen Analysen öffnet, andererseits jedoch dahin tendiert, die historisch ursprüngliche Verbindung zwischen den „effeti" und der Legitimation des Staates aufzulösen. Hinter der Frage nach der Optimierung von Verwaltungsleistungen durch organisatorische Änderungen etwa treten normative Frage — wie z. B. die nach dem inhaltlichen „System" der Verwaltungsleistungen oder nach politischer „Integration" durch die „effeti" des Staates — zunächst zurück, werden jedoch insofern eingefordert, als die Frage nach der Möglichkeit einer empirische Ergebnisse der Verwaltungswissenschaften integrierenden, übergreifenden Staatstheorie mit zunehmender Intensität gestellt und interdisziplinär diskutiert wird.

In der Geschichte internationaler Organisationen lassen sich durchaus analoge Entwicklungen nachzeichnen. Historisch aus der Notwendigkeit grenzüberschreitender Verwaltungszusammenarbeit entstanden, trat in der Begründung internationaler Organisationen die die internationale Politik seit jeher bestimmende Idee des Friedens als Leitgedanke „internationaler Organisation" seit Gründung des Völkerbundes in den Vordergrund. In Ansätzen schon in der Praxis des Völkerbundes, ausdrücklich jedoch in der UNO-Charta tritt die Intention eines weltweiten „Sozialausgleichs" im Sinne einer gerechten Gestaltung der internationalen Beziehungen durch zwischenstaatliche Kooperation hinzu. In der Zielsetzung der UN-Charta werden beide Zielrichtungen miteinander verschmolzen, organisatorisch jedoch durch den Sicherheitsrat hier und die Generalversammlung und den ECOSOC dort in prinzipiell unterschiedlicher Weise ausgestaltet. Die Charta der UN stellt sich dar als ein völkerrechtlich verbindlicher Ordnungsentwurf für die Staatengemeinschaft mit den Schwerpunkten Friedenssicherung und internationale Gerechtigkeit. Die UN ist „Organisation" in einem doppelten Sinne: sie ist einerseits eine Einrichtung, die für die Friedenssicherung und Streitbeilegung und für die internationale Zusammenarbeit im internationalen System Organe und Verfahren bereitstellt, und sie ist andererseits „Organisation der Welt", der Versuch also, die Staatengemeinschaft im Sinne der normativen Vorgaben der UN-Charta zu „verfassen". In ihr findet der Friedens- und Gerechtigkeitsanspruch des Rechts Ausdruck und Darstellung im internationalen System. Bis in die sechziger Jahre hinein spiegelt die Literatur zur UN und zu internationalen Organisationen generell diese Perspektive insofern wider, als von „internationaler Organisation" im Singular die Rede ist und dies mit einer normativen Gestaltung der internationalen Politik unter den Ideen des Friedens und der Gerechtigkeit verbunden wird.[139]

Indessen bietet die Entwicklung des UN-Systems bis zum Ende der achtziger Jahre ein Bild, das von einem dynamischen Wachstum der Mitglieder, der Aufgaben und Tätigkeiten sowie der organisatorischen Untergliederungen gekennzeichnet ist. Das UN-System vereinigt heute in sich 17 eigenständige internationale Organisationen und eine Vielzahl formell zwar von einem Hauptorgan abhängiger, faktisch jedoch weitgehend selbständiger Organisationseinheiten. Es umfaßt sowohl eine allgemeine, d. h. in ihrer Zielsetzung nicht begrenzte Organisation — nämlich die UNO selbst — als auch solche Organisationen, die mit mehr oder weniger eingeschränkten funktionalen Sachbereichen der internationalen Beziehungen befaßt sind, die aber im Unterschied zu den früheren Verwaltungsunionen nicht mehr nur technische, sondern — wenn auch sektoral begrenzt — mehr und mehr ordnungspolitische Funktionen wahrnehmen. Das UN-System umfaßt universale Organisationen und regionale Organisationseinheiten — etwa die regionalen Wirtschaftskommissionen. Schon insofern kann davon ausgegangen werden, daß sich im UN-System die Problematik internationaler Organisationen generell widerspiegelt.

Die Vielzahl von Organisationsformen, die sich in den 45 Jahren des Bestehens des UN-Systems herausgebildet hat, ist auf die wohl hervorstechendste Entwicklungstendenz des UN-Systems zurückzuführen: auf sein organisatorisches Wachstum. Rezept für die Lösung neu entstehender Aufgaben scheint über die Jahre hinweg immer wieder die Neugründung eines Gremiums bzw. Organs gewesen zu sein, freilich um den Preis sinkender Steuerungsfähigkeit des Systemganzen, wie sich in den zahlreichen Forderungen nach effektiver Koordinierung zeigt. Im Zusammenhang damit wurde auch auf die Schwerpunktverlagerung auf Entwicklungstätigkeit, verbunden mit einem starken Anwachsen des Bedarfs an operativer und politisch-programmatischer bzw. ordnungspolitischer Tätigkeit hingewiesen. Dieser Bedarf kann jedoch von Organen, denen die Charta keine legislatorischen, wohl aber empfehlende und organisatorische Kompetenzen einräumt, nur unzureichend gedeckt werden.

Damit treten Organisationsfragen fast zwangsläufig in den Vordergrund der Bemühungen im UN-System, die Leistungsfähigkeit der Organisation neu entstehenden Anforderungen anzupassen. Schon ein flüchtiger Blick auf die einleitend

---

139 Verwiesen sei nur auf die Schriften *Walther Schückings* einerseits und *Inis Claude's* „Swords into Plowshares" andererseits. Zum Begriff „Internationale Organisation" in diesem Sinne vgl. *Pitman B. Potter*, Origin of the Term International Organization, in: AJIL 39 (1945), 803-806.

angesprochenen Reformdiskussionen in den UN seit Mitte der achtziger Jahre liefert deutliche Hinweise darauf, daß diese Organisationsfragen in einer vorwiegend technischen Perspektive gesehen und von normativen Fragen zumindest tendenziell abgekoppelt werden. Schlaglichtartig läßt sich dies an einer kleinen sprachlichen Nuance bei der Initiative für die Reformüberlegungen in der zweiten Hälfte der achtziger Jahre verdeutlichen: der japanische Außenminister *Abe* hat bei der Generaldebatte aus Anlaß des 40-jährigen Bestehens der UN vorgeschlagen, die Generalversammlung solle über eine Steigerung der Effizienz und Effektivität der Organisation mit dem Ziel, die Glaubwürdigkeit der Organisation wiederherzustellen, beraten und ein entsprechendes hochrangiges Expertengremium einsetzen.[140] Die Generalversammlung ist diesem Vorschlag zwar gefolgt und hat den entsprechenden Tagesordnungspunkt „Review of the Efficiency of the Administrative and Financial Functioning of the United Nations"[141] genannt. Damit wurde die normative Frage der „Glaubwürdigkeit"[142] der Organisation indessen hinter — in der Tat drängende — technisch-administrative Fragen zurückgestellt.

Für die nun folgende Rekonstruktion der Topoi „Effizienz" und „Effektivität" internationaler Organisationen im politischen Sprachgebrauch der Akteure des UN-Systems ergeben sich daraus zwei Fragen: 1. Findet der Eindruck Bestätigung, daß der Verwendung der Topoi „Effizienz" und „Effektivität" und der damit verbundenen Urteile über internationale Organisationen eine technische und / oder primär ökonomische Perspektive „internationaler Organisation" zugrundeliegt, und welche Konsequenzen ergeben sich ggf. daraus? 2. Bedeutet dies, daß die Ordnungsvorgaben der UN-Charta und die zugrunde liegenden Ideen des Friedens und der Gerechtigkeit von der Frage der „Organisation" internationaler Organisationen abgekoppelt werden oder aber lassen sich insbesondere in den Reformdiskussionen der UN Ansätze zu einer organisationstechnische und normative Fragen verbindenden Sichtweise ausmachen?

---

140 GAOR, 40. sess., PV. 7, 22 ff.

141 Die Generalversammlung hat mit GA Res. 40 / 237 vom 18. Dezember 1985 ein Gremium von 18 Experten mit einer Untersuchung zu diesem Thema beauftragt. Näheres unten, § 9.

142 Dazu vor allem *B. G. Ramcharan,* Keeping Faith with the United Nations, Dordrecht-Boston-Lancaster 1987.

Kapitel 3

Rekonstruktion des Topos „Effizienz und Effektivität internationaler Organisationen" im Reformprozeß der Vereinten Nationen

Politische Urteile sind im Unterschied zu wissenschaftlichen Definitionen und theoretischen Analysen unmittelbar handlungsbezogen. Wenn der amerikanische oder der sowjetische Außenminister die Ineffektivität der UN beklagen[1] oder wenn Generalsekretär *U Thant* feststellt: „the U.N. has ten years to become effective or disappear"[2], so handelt es sich hierbei um politische Urteile. Es geht diesen Äußerungen nicht darum, die Frage zu beantworten, an welchen Kriterien etwa die Effektivität der Organisation gemessen werden kann oder ob überhaupt wissenschaftliche Aussagen über die Effektivität einer internationalen Organisation möglich sind. Vielmehr wird die Ineffektivität und / oder die Ineffizienz der UN festgestellt, um eine Handlung zu fordern oder — etwa im Falle des Austritts der Vereinigten Staaten aus der UNESCO — zu begründen. Dabei wird unterstellt, daß die Addressaten solcher Forderung oder Begründung wissen, was im einzelnen mit „Effizienz" und „Effektivität" bzw. „Ineffizienz" und „Ineffektivität" der Organisation gemeint ist.

Ob ein solches „Wissen" indessen vorhanden ist und — falls ja — welchen Inhalt es aufweist, soll im folgenden Kapitel näher untersucht werden. Es geht einerseits darum, unterschiedliche Handlungen und Handlungsstrategien zusammenzustellen, die unter Hinweis auf — mangelnde oder zu steigernde — Effizienz und Effektivität der UN gefordert oder begründet werden; andererseits sind die diesen Handlungen vorgelagerten Überlegungen und Debatten daraufhin zu befragen, welche Aussagen und Auffassungen der im UN-System handelnden Akteure

---

1 So etwa der amerikanische Außenminister *Byrnes* während der Aserbeidschan-Krise (Foreign Relations of the United States VII, 347): „(the) UN will die in its infancy of inefficiency and ineffectiveness", oder *Andrej Gromyko* während der Generaldebatte der 31. Generalversammlung: „Is the United Nations potential always fully exploited whenever tension grows or blood is shed in any given part of the world? No. The United Nations does not always measure up to the situation. ... As a result, people's faith in the effectiveness of the United Nations and its ability to give the necessary support to the victims of aggression is undermined", in: A / 31 / PV. 31, Ziff. 151 f.

2 Generalsekretär *U Thant* 1969, zitiert bei *Charles William Maynes*, The United Nations in Today's World, in: *Toby T. Gati* (ed.), The US, the UN, and the Management of Global Change, New York-London 1983, 329-342 (329).

über die Effizienz und Effektivität der UN dabei zutage treten und welche Kriterien hierfür bestimmend sind.

Die Rekonstruktion soll in folgenden Schritten vorgenommen werden: Zunächst sollen die Aussagen des Generalsekretärs zur Effizienz und Effektivität der Organisation, die in dessen Jahresberichten an die Generalversammlung enthalten sind, untersucht werden (§ 5). Daran anschließend ist zu fragen, durch welche Reformmaßnahmen die Mitgliedstaaten die UN vor der umfassenden Reformdiskussion seit 1985 effizienter und effektiver zu gestalten suchten (§ 6). Es handelt sich in beiden Paragraphen um historische Längsschnittanalysen, in denen einerseits Konstanten sowie Veränderungen und Verschiebungen in der Beurteilung der Organisation und andererseits verschiedene Perspektiven dieser Beurteilung herauszuarbeiten sind. Auf dem Hintergrund der dabei zutage tretenden Kriterien der Effizienz und Effektivität der UN sind die Positionen der Mitgliedstaaten (§ 7) und ist schließlich der Reformprozeß nach 1985 daraufhin zu untersuchen, ob und in welchem Maße in ihm strukturelle Defizite der Effizienz und Effektivität der Organisation (§ 8) in den Blick genommen und behoben werden konnten (§ 9). Den Abschluß des Kapitels bildet ein zusammenfassender Überblick über die Kriterien, nach denen Effizienz und Effektivität internationaler Organisationen in der Praxis beurteilt werden (§ 10).

§ 5 Effektivität und Effizienz der UN in den Jahresberichten des Generalsekretärs

Der Generalsekretär der UN ist der oberste Repräsentant der Organisation gegenüber den Mitgliedstaaten und anderen Völkerrechtssubjekten. Insofern spiegelt sich in seiner Rolle in der Tat der Gesamtauftrag der Vereinten Nationen wider.[3] Neben der damit gegebenen Gesamtverantwortung für die Organisation kommt ihm indessen als Verwaltungschef der UN sowie aufgrund seiner politischen Funktionen insbesondere im Rahmen der Friedenssicherung eine spezielle Verantwortung für die Effizienz und Effektivität der UN zu: Als oberster internationaler Beamter im UN-System trägt er — von der Haushaltsvorbereitung über das Personalmanagement bis hin zur Durchführung von UN-Operationen — die primäre Verantwortung für die administrative Effizienz der Organisation, zumal die Charta ausschließlich im Zusammenhang mit der vom Generalsekretär vorzunehmenden Einstellung des Personals „Effizienz“ als normatives Ziel anführt.[4]

---

[3] *Pérez de Cuéllar,* The Role of the UN Secretary-General, in: *Adam Roberts / Benedict Kingsbury* (eds.), United Nations — Divided World. The UN's Role in International Relations, Oxford 1988, 61 - 77 (61): „To understand correctly the role of the Secretary-General is to appreciate the whole mission of the United Nations.“

[4] Art. 101 Abs. 3; dazu oben S. 95.

Aufgrund seiner politischen Funktionen trägt er eine besondere Verantwortung für die Zielverwirklichung und Effektivität der Organisation.[5]

In der folgenden Analyse der Jahresberichte des Generalsekretärs über die Arbeit der Organisation, die er der Generalversammlung gemäß Art. 98 der Charta vorlegt, geht es primär um die Frage, worin der Generalsekretär aufgrund seiner Gesamtverantwortung für die UN, aufgrund seiner besonderen politischen Verantwortung im Organgefüge der Organisation sowie aufgrund seiner administrativen Aufgaben die Hauptprobleme der Effizienz und Effektivität des UN-Systems sieht und welche Maßnahmen er zu deren Verbesserung empfiehlt. In der Auswertung der Jahresberichte wird insgesamt darauf zu achten sein, ob sich im zeitlichen Ablauf der Berichte eine Verschiebung dieser Probleme, der Beurteilung des Generalsekretärs und der von ihm empfohlenen oder ergriffenen Maßnahmen abzeichnet und ggf. wie diese zu würdigen ist. Um die Perspektive, aus der heraus der Generalsekretär seine Beurteilungen vorlegt, näher fassen zu können, ist vorab die Bedeutung der Jahresberichte im Rahmen der politischen und administrativen Funktionen des Generalsekretärs zu erläutern.

1. Die Jahresberichte des Generalsekretärs im Rahmen seiner politischen und administrativen Funktionen

Die Charta stattet den Generalsekretär mit folgenden Befugnissen aus: Er ist der oberste Verwaltungsbeamte der UN[6] und tritt als solcher in den Sitzungen des Sicherheitsrates, der Generalversammlung, des ECOSOC und des Treuhandrates auf. Er übt ferner solche Funktionen aus, mit denen diese Hauptorgane ihn betrauen. Dem Sicherheitsrat kann er jede Angelegenheit[7] unterbreiten, die seiner Einschätzung nach den Frieden und die internationale Sicherheit beeinträchtigt. Er ist frei von Weisungen seitens der Regierungen und anderer Autoriäten außerhalb der Organisation. Schließlich ernennt er die Mitarbeiter des Sekretariates. Weitere wichtige Kompetenzen schreiben ihm die Geschäftsordnungen des Sicherheitsrates und der Generalversammlung zu. Anzuführen ist insbesondere das Recht, in den Debatten des Sicherheitsrates zu intervenieren,[8] und die

---

[5] Vgl. *Pérez de Cuéllar* (Anm. 3), 63.

[6] Unter den Generalsekretären bzw. Generaldirektoren der Sonderorganisationen gilt er als primus inter pares; im Koordinationsgremium zwischen der UNO und den Sonderorganisationen, dem ACC, führt er den Vorsitz.

[7] Der in Art. 99 verwendete Begriff der „Angelegenheit" („matter") ist breiter als der in Kapitel VI und VII verwendete Begriff „Situation" und gibt dem Generalsekretär insoweit einen weiten Beurteilungsspielraum. Dazu *Klaus Dicke*, Konflikte allgemein, in: *Rüdiger Wolfrum* (Hrsg.), Handbuch Vereinte Nationen, 2. Aufl. München 1991, 418-425, Rdn. 5, 24.

[8] Zur Entstehungsgeschichte dieses Rechtes *Arthur W. Rovine*, The First Years: The Secretary-General in World Politics 1920-1970, Leyden 1970, 215 f. und *Thomas M.*

Möglichkeit, dem Sicherheitsrat als Berichterstatter zur Verfügung zu stehen sowie seine Aufgabe, durch vorbereitende Berichte Beratungen und Entscheidungen der Generalversammlung in allen Bereichen der Tätigkeit einschließlich des Haushalts vorzustrukturieren.[9]

Kapitel XV der Charta schreibt dem Generalsekretär der Organisation damit administrative und — freilich nicht sehr genau umschriebene — politische Kompetenzen zu, welche in der Geschäftsordnung der Generalversammlung z. T. ergänzt und konkretisiert werden.[10] Zu diesen Kompetenzen gehört auch seine Aufgabe, der Generalversammlung jährlich einen Bericht über die Tätigkeit der Organisation zu erstatten. Die dahingehende Bestimmung des Art. 98 der Charta

---

Franck, Nation against Nation. What Happened to the U.N. Dream and What the US Can Do About it, New York-Oxford 1985, 123 m. w. N.

9 *Hubertus von Morr,* Generalsekretär, in: Handbuch Vereinte Nationen (Anm. 7), 220-225. Der Bedarf an sekretariatsgestützter Arbeit ist mit dem Anstieg der Mitgliedschaft, der Konzentration auf Entwicklungsfragen, der zunehmenden politischen Rolle des Generalsekretärs und in jüngster Vergangenheit besonders der Zunahme von Peace-Keeping-Einsätzen enorm gestiegen. So bereits *Leland M. Goodrich,* The Political Role of the Secretary-General, in: IO 16 (1962), 720-735 (728); vgl. auch *Paul C. Szasz,* The Role of the UN Secretary-General: Some Legal Aspects, in: New York University Journal of International Law and Politics 24 (1991), 161-198 (186 ff.). *Robert E. Riggs / Jack C. Plano,* The United Nations. International Organization and World Politics, Chicago 1988, 110, weisen in diesem Zusammenhang zutreffend auf Unterschiede zwischen dem Generalsekretär der UN und den Generaldirektoren bzw. Generalsekretären der Sonderorganisationen hin: Der UN-Generalsekretär hat zwar nach Regel 13 (G) der Geschäftsordnung der Generalversammlung ein Vorschlagsrecht für die Tagesordnung der Generalversammlung, doch legt er nicht wie die Spitzenbeamten der Sonderorganisationen ein komplettes „legislative programme" vor. Sein Einfluß hängt demnach in starkem Maße davon ab, inwieweit er über die Berichte, die zahlreiche Tagesordnungspunkte vorbereiten, konsensbildend wirken kann.

10 Zum folgenden *Leland M. Goodrich / Edvard Hambro / Anne Patricia Simons,* Charter of the United Nations. Commentary and Documents, 3. Aufl. New York-London 1969, zu Art. 98; *Bruno Simma* u. a. (Hrsg.), Charta der Vereinten Nationen. Kommentar, München 1991, zu Art. 97-99; *Stephen M. Schwebel,* The Secretary-General of the United Nations, 1952; *Goodrich,* The Political Role (Anm. 9); *Rovine* (Anm. 8); *Mary Petrolia-Ammaniti,* The Position of the Secretary General of the United Nations in the Organization and in the International Community, in: The Law of the United Nations (Thesaurus Acroasium II), Thessaloniki 1976, 353-368 mit zahlreichen Hinweisen auf die ältere Literatur; *Schwebel,* United Nations Secretary-General, in: EPIL 3 (1982), 341-345; *Brian Urquhart,* Die Rolle des Generalsekretärs, in: Außenpolitik 36 (1985), 254-260; *Diego Cordovez,* Strengthening United Nations Diplomacy for Peace: The Role of the Secretary-General, in: UNITAR (ed.), The United Nations and the Maintenance of International Peace and Security, Boston-Dordrecht-Lancaster 1987, 161-176; *Nabil Elarabi,* The Office of the Secretary-General and the Maintenance of International Peace and Security, a. a. O., 177-209; *Thomas M. Franck,* Finding a Voice: How the Secretary-General Makes Himself Heard in the Council of Nations, in: *Jerzy Makarczyk* (ed.), Essays in International Law in Honour of Judge Manfred Lachs, The Hague-Boston-Lancaster 1984, 481-491; *ders.,* Nation against Nation (Anm. 8), 117-133; *Pérez de Cuéllar* (Anm. 3); *von Morr* (Anm. 9); *Szasz* (Anm. 9); *Kjell Skjelsbaek,* The UN Secretary-General and the Mediation of International Disputes, in: Journal of Peace Research 28 (1991), 99-115.

trug, obgleich sie eine vom Völkerbund geübte Praxis für die UN rechtlich festschrieb, dennoch dazu bei, daß sich das Amt des UN-Generalsekretärs gegenüber demjenigen des Generalsekretärs des Völkerbundes durch eine eigenständige, betont politische Komponente unterscheiden sollte. Hatten sich nämlich die Generalsekretäre des Völkerbundes strikt darauf beschränkt, lediglich einen neutralen Bericht über die Tätigkeit der Organisation vorzulegen[11], so nutzen die Generalsekretäre der UN die Jahresberichte von Anfang an, um darüber hinaus in einer politischen Einführung zum eigentlichen Bericht dem politischen Selbstverständnis ihrer Amtsführung „Gehör zu verschaffen“[12] und zu weltpolitischen Fragen aus der Perspektive der Organisation Stellung zu nehmen. Ein solches politisches oder „staatsmännisches“ Selbstverständnis der Rolle des Generalsekretärs war bei den Gründern der UN durchaus nicht unumstritten.[13] Ironischerweise hat nicht zuletzt die politische Zurückhaltung der Generalsekretäre des Völkerbundes, auf der noch die zweite Völkerbundversammlung nachdrücklich insistiert hatte[14], wesentlich dazu beigetragen, die Gründungsväter der UN zu ermutigen, dem Generalsekretär auch politisch größeres Gewicht einzuräumen.

Vergleicht man die Jahresberichte schon des ersten UN-Generalsekretärs mit denen seiner Vorgänger im Völkerbund, so stechen denn auch zwei inhaltliche Unterschiede deutlich ins Auge. Erstens sah sich der Generalsekretär des Völkerbundes strikt an die politischen Auffassungen der Regierungen der Mitgliedstaaten gebunden und verzichtete konsequent darauf, die Belange der Organisation etwa auch gegen Auffassungen und Praxis der Mitgliedstaaten zur Geltung zu bringen. Demgegenüber machen es die Generalsekretäre der UN sogar zur Regel, die Einhaltung von Charta-Verpflichtungen anzumahnen[15] und erwecken dabei in jüngerer Vergangenheit sogar den Eindruck, daß sie auf die Mitgliedstaaten „like stern schoolmasters lecturing a disappointing class“[16] einreden. Zweitens erfüllte der Generalsekretär des Völkerbundes mit seinem Jahresbericht eine Art „Buchhalterfunktion“; er zeigte — selbst in den Jahren des Weltkrieges — durch eine Auflistung der faktischen Tätigkeit, daß der Völkerbund existiere und arbeite. Der Generalsekretär der UN geht darüber jedoch in zweifacher Weise hinaus: zum einen gibt er in der Einleitung[17] zu dem — in einzelne Politikbereiche

---

11 *Rovine* (Anm. 8), 26 ff.

12 *Franck,* Finding a Voice (Anm. 10).

13 *Evan Luard,* A History of the United Nations I, London 1982, 343: *Roosevelt* etwa hat sich dafür, *de Gaulle* und *Stalin* haben sich dagegen ausgesprochen.

14 *Rovine* (Anm. 8), 102.

15 *Goodrich* (Anm. 9), 726, weist zutreffend darauf hin, daß die Generalsekretäre die UN-Charta von Anfang an als „Verfassung“ und nicht als einfachen völkerrechtlichen Vertrag interpretierten.

16 *Franck,* Nation against Nation (Anm. 8), 133.

17 Die Berichte des Generalsekretärs werden als erstes Dokument der GAOR eines jeden Jahres veröffentlicht. *Hammarskjöld* führte in seiner Amtszeit die Praxis ein, dem Jahresbericht eine vor Beginn der Generalversammlung veröffentlichte „Einleitung zum

gegliederten, über die Tätigkeit der Organisation im vergangenen Jahr berichtenden — Hauptteil seines Jahresberichtes eine Art „state of the world — address“[18], eine durchaus eigenständige Beurteilung weltpolitischer Entwicklungen aus der Perspektive der Charta und der Aufgaben der UN; zum andern ergreift er die Gelegenheit, eigene Initiativen und Vorschläge zu unterbreiten und zu begründen, und zwar sowohl in Bezug auf die Organisation selbst und ihre Politik als auch in Bezug auf weltpolitische Konflikte und Probleme. Damit macht der Generalsekretär sich — gestützt auf Art. 98 der Charta — zum Sprecher eines genuin internationalen Interesses, welches mehr als die Summe der Interessen der Mitglieder darstellt und seine normative Verankerung in der Charta der UN hat.[19]

Es ist das Verdienst der bisherigen Amtsinhaber, diesen Rahmen mit politischem Inhalt gefüllt und das Amt des Generalsekretärs weit über die Funktion eines „Sekretärs“[20] der Mitgliedstaaten und UN-Organe hinaus ausgestaltet zu haben. So gelang es schon dem ersten Generalsekretär, dem Norweger *Trygve Lie,* und in noch stärkerem Maße seinem Nachfolger *Dag Hammarskjöld,* durch eigenständige Initiativen im Bereich der Friedenssicherung in weiter Interpretation von Art. 99 eine diplomatische und politische Handlungsfähigkeit des Generalsekretärs zu etablieren. Dem Generalsekretär kommt heute aufgrund der praktischen Ausfüllung des Amtes sowohl eine eigenständige und weiterhin wachsende Rolle in der Friedenssicherung als auch eine breite Initiativ- oder sogar Prärogativ-Funktion[21] für die UN-Politik insgesamt zu. Beides hat nach Ende des Ost-West-Konflikts bei den Mitgliedstaaten grundsätzlich Anerkennung gefunden.

Bericht des Generalsekretärs über die Tätigkeit der Organisation“ vorzuschalten. Bis 1977 hatte der Generalsekretär in seinem umfangreichen, gelegentlich über 200 Seiten starken Jahresbericht über alle Tätigkeitsbereiche der UN berichtet, dabei jedoch relativ zurückhaltend analysiert (dazu UN Doc. JIU / REP / 88 / 1, Ziff. 21). Seither legt er nur noch die frühere Einleitung als Jahresbericht vor, während das UNYB ausführlich über die Tätigkeit der Organisation unterrichtet. Die Einleitungen in die Jahresberichte *Lies, Hammarskjölds* und *U Thants* sind veröffentlicht in der Sammlung *Andrew W. Cordier / Wilder Foote,* Public Papers of the Secretary-General of the United Nations, Bd. I-VIII, New York-London 1969 ff.; *Pérez de Cuéllars* Jahresberichte sind 1991 (New York) unter dem Titel „Anarchy or Order. Annual Reports 1982-1991“ gesammelt veröffentlicht worden. Seit 1976 veröffentlicht die Zeitschrift „Vereinte Nationen“ die Jahresberichte in deutscher Sprache. — Die Einleitungen *Lies* und *Hammarskjölds* werden nach der Ausgabe *Cordier / Foote* (im folgenden: CF mit Band- und Seitenangabe), die der übrigen Generalsekretäre nach den GAOR zitiert.

18 *Franck,* Nation against Nation (Anm. 8), 118; vgl. auch *Inis L. Claude,* Swords into Plowshares, 4. Aufl. 1971, 207 f.

19 Vgl. dazu schon den Bericht der Preparatory Commission, UN Doc. PC / 20, 1945: „But the Secretary-General, more than anyone else, will stand for the United Nations as a whole. In the eyes of the world, no less than in the eyes of his own staff, he must embody the principles and ideals of the Charter to which the organization seeks to give effect.“

20 Zum Namen „Generalsekretär“ vgl. *Goodrich / Hambro / Simons* (Anm. 10), 573.

21 So *Franck,* Nation against Nation (Anm. 8), 129. Beispiele sind *Hammarskjölds* Handeln in der Kongo-Krise, *Waldheims* Initiative zur Befassung der Generalversammlung mit dem internationalen Terrorismus, *Pérez de Cuéllars* Vorschläge zur Konfliktprä-

Dabei haben sich die Amtsinhaber immer wieder bemüht, deutlich zu machen, daß die Autorität des Generalsekretärs nicht primär — wie etwa die des amerikanischen Präsidenten, mit dem der UN-Generalsekretär gelegentlich verglichen wird — auf die politische Unterstützung durch eine Wählermehrheit zurückzuführen ist[22], sondern auf zwei eigenständigen Säulen ruht: auf der Charta der UN, wie sie sich in der Interpretation des Generalsekretärs darstellt[23], zum einen und auf seiner Neutralität zum andern. Die erste Säule konnten die Generalsekretäre u. a. dadurch festigen, daß sie die Bestimmungen der Charta über die Kompetenzen des Amtes als offene Vorschriften verstanden, welche um der Effektivität der Organisation insgesamt willen eine Reihe von Annexkompetenzen insbesondere diplomatischer Art[24] erfordern. Auf dieser Grundlage hat *Hammarskjöld* etwa persönliche Beauftragte entsandt oder, unter ausdrücklicher Betonung, dies aus eigenem Recht und nicht auf Veranlassung der Generalversammlung zu tun, Verhandlungen in China zur Befreiung amerikanischer UN-Soldaten geführt.[25] *Waldheim, Pérez de Cuéllar* und *Boutros-Ghali* haben auf derselben Grundlage immer wieder betont, der Generalsekretär bedürfe zur wirksamen Ausübung seiner Charta-Verpflichtungen eines eigenen Apparates zur Informationsbeschaffung und Früherkennung von potentiellen Konfliktsituationen[26]; einige der diesbezüglichen Vorschläge insbesondere *Pérez de Cuéllars* wurden denn auch von der Generalversammlung ausdrücklich aufgegriffen.[27]

Das Erfordernis der Neutralität fordert dem Generalsekretär nicht selten schwierige diplomatische Balance-Akte ab. Er muß sich nicht nur neutral verhalten, sondern von den Mitgliedstaaten als neutral akzeptiert und anerkannt werden.[28] Für seine Initiativen muß er sich der Unterstützung nicht nur der ständigen

---

vention und jüngst *Boutros-Ghalis* Vorschläge in seinem Bericht „An Agenda for Peace", UN Doc. S / 24111 = A / 47 / 277 vom 17. Juni 1992.

22 Vgl. *Peter R. Baehr / Leon Gordenker,* The United Nations. Reality and Ideal, New York-Westport-London 1984, 31 ff.; *Riggs / Plano* (Anm. 9), 101 f., 107 ff. Vgl. in diesem Zusammenhang auch *Pérez de Cuéllar* (Anm. 3), der mit Nachdruck fordert, daß der Bewerber für das Amt des Generalsekretärs keine „Wahlkampagne" führen solle.

23 Zutreffend verweist *Franck,* Finding his voice (Anm. 10), in diesem Zusammenhang auf die Praxis der Generalsekretäre hin, zu umstrittenen Fragen Rechtsgutachten des Rechtsberaters vorzulegen. Daß dies ein durchaus erfolgversprechendes Instrument bei der Suche nach Kompromissen sein kann, hat sich bei den Verhandlungen der Reformresolution 41 / 213 gezeigt: der Streit darum, ob eine Verabschiedung des Haushaltsplanes obligatorisch im Konsens erfolgen müsse oder nicht wurde dadurch bereinigt, daß der Rechtsberater ein vermittelndes Rechtsgutachten vorlegte, welches der Resolution angehängt wurde. Vgl. unten, S. 295.

24 Vgl. *Rovine* (Anm. 8), 204.

25 *Franck,* Nation (Anm. 8), 136.

26 Ein frühes Beispiel aus der Praxis: Generalsekretär *Lie* hat betont, er hätte in der Korea-Krise anders gehandelt, wenn er von den Kriegsvorbereitungen frühzeitig gewußt hätte. CF I, 233 f.

27 Ausführlich unten, S. 149 f., 190 f.

28 Dazu *Pérez de Cuéllar* (Anm. 3), 70. Anders freilich *Hammarskjöld,* dazu unten, S. 134.

Mitglieder des Sicherheitsrates, sondern auch zumindest einer Mehrheit der Mitgliedstaaten einschließlich der jeweils betroffenen Konfliktparteien vergewissern. Hierbei kann sich die Schwäche des Generalsekretärs, nicht von einer Wahlmehrheit in einer Wahlkampagne bestellt zu werden[29] und zumindest über keine militärischen Machtmittel zu verfügen[30], als seine eigentliche Stärke erweisen. Doch zeigen sich im Hinblick auf die Neutralität des Generalsekretärs deutlich auch die Grenzen des Amtes: die Sowjetunion hat dem ersten Generalsekretär wegen seines Verhaltens im Korea-Konflikt nach der — rechtlich zumindest fragwürdigen — Verlängerung seiner Amtszeit durch die Generalversammlung[31] die Anerkennung versagt; nach anfänglicher Unterstützung *Hammarskjölds* im Kongo-Konflikt hat ihm ebenfalls die Sowjetunion bald ihr Vertrauen entzogen und die Abschaffung des Generalsekretärs als politisches Organ sowie seine Ersetzung durch eine paritätische „Troika" gefordert. Um seiner Neutralität willen hat Generalsekretär *U Thant* darauf verzichtet, anläßlich des Vietnam-Krieges von Art. 99 Gebrauch zu machen, was dennoch Entfremdungen zwischen ihm und den Vereinigten Staaten nicht verhindern konnte. Freilich beruhen umgekehrt gerade die diplomatischen Erfolge *Pérez de Cuéllars* u. a. auf seiner vorsichtigen und umsichtigen Rückendeckung bei den ständigen Mitgliedern des Sicherheitsrates sowie den politischen Gruppierungen der Mitgliedstaaten.

Insgesamt ist es den Generalsekretären gelungen, das Amt des UN-Generalsekretärs „from one modeled on the role of the British civil servant to one inhabited by the first global statesman" zu entwickeln.[32] Die skeptische Beurteilung von *Franck*, daß sich im Amt des Generalsekretärs eine der amerikanischen Illusionen hinsichtlich der UN von 1945 habe durchhalten können und „close scrutiny of it is overdue"[33], scheint schon insofern überzogen, als die Generalversammlung — und zwar unter ausdrücklicher Zustimmung der Sowjetunion — 1988 in ihrer Deklaration zur Konfliktprävention die eigenständige politische Rolle des Generalsekretärs nicht nur anerkannt, sondern zusätzlich ausgeweitet hat.[34] In einer hierauf aufbauenden Deklaration, mit der das Instrumentarium und die Verfahren des „fact finding" im Rahmen der Früherkennung und Prävention von Konflikten ausgebaut werden soll, zeigt sich noch deutlicher, daß der Generalsekretär in

---

29 Der Generalsekretär wird vom Sicherheitsrat vorgeschlagen und von der Generalversammlung bestellt. Der Vorschlag des Sicherheitsrates unterliegt dem Vetorecht seiner ständigen Mitglieder.

30 *Goodrich* (Anm. 9), 731: „Like the Pope, he has no fighting battalions at his command and is restricted largely to the use of scillful diplomacy. The Secretary-General is not in the position of a popularly elected head of State who has a large constituency to which he can appeal in case of conflict with rival authorities". Gelegentlich haben Generalsekretäre ihre Autorität auf die „Völker" der Vereinten Nationen zurückgeführt.

31 Vgl. *Rovine* (Anm. 8), 264 ff.

32 *Franck*, Nation against Nation (Anm. 8), 122.

33 A. a. O., 118.

34 Vgl. *Roberto Lavalle*, The „Inherent Powers" of the UN Secretary-General in the Political Sphere: A Legal Analysis, in: NILR 37 (1990), 22-36 m. w. N.

eine Rolle hineingewachsen ist, die ursprünglich dem Sicherheitsrat zugeschrieben wurde: in einem Konfliktfall der Weltöffentlichkeit und den Konfliktparteien zu zeigen, daß die Vereinten Nationen sich der Angelegenheit annehmen und damit das internationale Interesse der UN-Charta politisch zu repräsentieren.[35]

Dagegen hat jedoch die politische Rolle des Generalsekretärs seine *administrativen Funktionen*[36] und damit auch die Rolle des von ihm geleiteten Sekretariates[37] in mancherlei Hinsicht negativ beeinträchtigt. Zwar ist der Einfluß des Sekretariates insbesondere in der Vorbereitung der UN-Programme beständig gestiegen; andererseits aber ist gerade die große politisch-diplomatische Bedeutung des Generalsekretärs eine der Ursachen dafür gewesen, daß die Mitgliedstaaten sowohl bei der Besetzung von Sekretariatsstellen als auch in der Sacharbeit des Sekretariates den Handlungsmöglichkeiten des Generalsekretärs enge Grenzen setzten. Die Besetzung des Sekretariates ist weitgehend einem regionalen Verteilungsschlüssel unterworfen worden. Die Kriterien des Art. 101 Abs. 3 der Charta sind dabei gerade nicht in der von der Charta vorgesehenen Rangordnung angewandt, sondern die Effizienz ist dem regionalen Proporz untergeordnet worden.[38] Weiterhin sind die Befugnisse des Generalsekretärs als oberster Verwaltungsbeamter durch eine Fülle von detaillierten administrativen Richtlinien für die Verwaltung des UN-Systems von seiten der Generalversammlung eingegrenzt worden. Zu erinnern ist etwa an den Organisationsplan, den die Vorbereitungskommission dem Generalsekretär zur Organisation des Sekretariates vorlegte,[39] oder an vielfältige organisatorische, personal- und haushaltspolitische Vorgaben der Generalversammlung. Und schließlich üben die Mitgliedstaaten auf die Sacharbeit des Sekretariates einen derartigen Einfluß aus, daß ein Mitarbeiter des Sekretariates dessen derzeitige Arbeitsweise zutreffend als „management by con-

[35] GA Res. 46/59 vom 9. Dezember 1991. Vgl. *M. C. Bourloyannis*, Fact-Finding by the Secretary-General of the United Nations, in: New York University Journal of International Law and Politics 22 (1989/90), 641-669. — Siehe auch bereits *Petrolia-Ammaniti* (Anm. 10), 368 mit Hinweis auf entsprechende Äußerungen der indischen Ministerpräsidentin *Indhira Ghandi*.

[36] Der ursprüngliche amerikanische Gedanke, die administrativen Funktionen einem Generalsekretär und die politischen Funktionen einem „Präsidenten" zu übertragen, waren bereits in den Dumbarton Oaks-Vorschlägen fallengelassen worden. Dazu *Rovine* (Anm. 8), 203 f.

[37] Das Sekretariat, nicht aber der Generalsekretär wird in Art. 7 der Charta als eines der Hauptorgane der UN aufgeführt. Andererseits schreiben jedoch die Art. 98 und 99 die genuin politischen Funktionen dem Generalsekretär zu.

[38] Dazu *Dieter Göthel*, Zwischen Eignung und Proporz. Die nationale Repräsentation im Sekretariat der Vereinten Nationen, in: VN 31 (1983), 47-51; *Yves Beigbeder*, Threats to the International Civil Service, London-New York 1988; *M. J. Peterson*, The General Assembly in World Politics, London-Sydney 1986, 165 ff.; vgl. auch *Schwebel*, United Nations Secretary-General (Anm. 10), 344: „The antagonism of some UN members to the concept of an independent, career international civil service, and, in some measure, insistence upon ever-wider geographical distribution in staff appointments, have tended to weaken the Secretariat's efficiency and exclusively international responsibility."

[39] *Claude* (Anm. 18), 195.

sensus" kennzeichnete.[40] Dies wirkte sich etwa in den Reformmaßnahmen nach 1986 dahingehend aus, daß der Generalsekretär für die von ihm zu ergreifenden Maßnahmen eine Prioritätensetzung durch die Generalversammlung geradezu forderte, statt auch hier „aus eigenem Recht" solche Prioritäten zu setzen[41], wozu er rechtlich durchaus befugt ist.

Hier zeigt sich denn auch die Kehrseite des Abrückens vom Modell des britischen civil service in der Ausgestaltung des Amtes des UN-Generalsekretärs. Eines der wichtigsten Momente des Verwaltungsmodells des britischen civil service ist die Ministerverantwortlichkeit, d. h. eine weitestgehende Rückendekkung des Verwaltungspersonals durch die Träger der politischen Verantwortung. Je mehr sich das Amt des Generalsekretärs jedoch vom Modell des britischen civil service entfernte, desto schwieriger wurde es für den Generalsekretär, das Sekretariat von politischer Kontrolle und damit auch von politischen Pressionen von Seiten der Mitgliedstaaten freizuhalten. *Dag Hammarskjöld* ist insbesondere deswegen noch heute im New Yorker Sekretariat in bester Erinnerung, weil er das UN-Personal bedingungslos gegen Druck von außen abgeschirmt und in Schutz genommen hat.[42] Wo immer man von UN-Beamten darauf hingewiesen wird, wird dies implizit oder explizit mit der Aussage verbunden, daß gerade dies den ihm nachfolgenden Amtsinhabern nicht mehr gelungen sei.[43] Die vielzitierte „Moral" der UN-Bediensteten werde dadurch nachhaltig negativ beeinträchtigt.

Das Amt des Generalsekretärs ist insgesamt also durch eine Vielzahl von Spannungen gekennzeichnet: der Spannung zwischen seinen politischen und seinen administrativen Aufgaben; der Spannung zwischen seiner Rolle als Sprecher genuin internationaler Interessen einerseits und dem Zwang, sich der Unterstützung möglichst aller Mitgliedstaaten bzw. Organe und Organisationen des UN-Systems zu vergewissern; der Spannung zwischen seiner Stellung als Chef des Sekretariates hier und seiner Autorität „aus eigenem Recht" dort. Diese Spannungen finden in den Jahresberichten an die Generalversammlung deutlichen Niederschlag. Die einzelnen Amtsinhaber unterscheiden sich durchaus darin, wie sie den Ausgleich zwischen den verschiedenen Polen dieser Spannungsverhältnisse vornehmen. Doch sind die Akzente, die sie jeweils setzen, nicht allein von ihrer persönlichen politischen Intention, sondern oft auch von den Notwendigkeiten der politischen Umstände diktiert. Aus diesem Grunde wird die folgende Auswertung der Jahresberichte die Berichte jedes einzelnen Generalsekretärs als Block behandeln; ihr vorangestellt wird jeweils eine kurze Charakterisierung des Amtsinhabers und Darstellung des politischen Hintergrundes seiner Amtsperiode.

---

[40] Interview im Sekretariat, New York 6. Dezember 1989.

[41] Vgl. unten, S. 286 f.

[42] Einzelheiten unten, S. 132 ff.

[43] Interviews in New York November 1988, 28. November 1989.

2. Die Jahresberichte der Generalsekretäre im einzelnen

Die Einleitungen der Jahresberichte bzw. seit 1977 die Jahresberichte selbst erfüllen insgesamt drei Funktionen: sie sind zum einen Kurzbericht über die Tätigkeit der Organisation und Ausblick auf die Fortführung der behandelten Programme; sie sind zweitens eine Art Zustandsbericht über den Stand der UN im Rahmen ihres weltpolitischen Umfeldes aus der internationalen Perspektive des Generalsekretärs; und sie geben dem Generalsekretär drittens Gelegenheit, seine „Prärogativfunktion" vor der Generalversammlung und der Weltöffentlichkeit zu artikulieren und Vorschläge für die weitere Arbeit der UN zu unterbreiten. Die Auswertung der Berichte erfolgt unter einer fünffachen Fragestellung:

1. Welches Bild der Gesamtorganisation wird jeweils gezeichnet? Wie stellen sich Sinn und Aufgabe der Organisation und wie die Intentionen der Charta in der Interpretation des Generalsekretärs dar? Welche Reformvorschläge werden unterbreitet?
2. Wie wird das Amt des Generalsekretärs gesehen? Wie werden die oben genannten Spannungen gesehen bzw. aufgelöst? Wie wird insbesondere das Verhältnis zwischen den politischen und den administrativen Befugnissen gesehen?
3. Spiegeln sich in den Jahresberichten die Positionen der Mitgliedstaaten oder einzelner Gruppen von Mitgliedstaaten? Werden diese zu einem Ausgleich gebracht? Wird auch die Position des UN-Personals vertreten? Gelingt es, differierende Positionen zu integrieren?
4. Werden Kriterien für die Effizienz und Effektivität der Organisation benannt und wenn ja, welche? Wie wird die Beziehung zwischen Effizienz und Effektivität gesehen?
5. Welche besonderen Probleme werden unter den Stichworten „Effizienz" und „Effektivität" angeführt, was wird zu ihrer Lösung vorgeschlagen?

a) Trygve Lie

Mit der Wahl von *Trygve Lie* zum ersten Generalsekretär unterstrichen die Mitgliedstaaten, daß sie von dem im Völkerbund maßgebenden Modell des reinen Verwaltungssekretärs Abschied nehmen und einen politischen Generalsekretär wollten. Der norwegische Diplomat *Lie* hatte sich gerade wegen seiner diplomatischen Fähigkeiten und politischen Ambitionen einen Namen gemacht.[44] „In the Cause of Peace" — schon dieser Titel seiner Memoiren[45] zeigt an, worin *Lie*

---

[44] *Goodrich* (Anm. 9), 721. Zu *Lie* siehe auch *Schwebel,* The Secretary-General (Anm. 10); *Rovine* (Anm. 8); *Franck,* Nation against Nation (Anm. 8), 119 f.

[45] *Trygve Lie,* In the Cause of Peace, New York 1954; vgl. dort auch S. 42 zu seiner Antrittsbotschaft.

den Akzent im Verständnis des Amtes setzte: Repräsentant und Promotor des Hauptzieles der UN, der Wahrung des Weltfriedens, zu sein.[46]

Die Amtszeit von *Lie* (1946-1952), in der er der Generalversammlung sieben Jahresberichte vorlegte, ist von zwei Entwicklungslinien gekennzeichnet, welche sowohl die politischen als auch die administrativen Funktionen des Amtes herausforderten: von der Überlagerung des in der Charta vorgesehenen Systems der kollektiven Sicherheit durch die Entstehung des Systems der nuklearen Abschrekkung, der Etablierung von Selbstverteidigungsbündnissen und vom Beginn des „kalten Krieges" einerseits und vom Aufbau des UN-Systems und seiner Verwaltung sowie von der durch die soziale und ökonomische Nachkriegssituation bedingten Aufnahme operativer Tätigkeiten der Organisation andererseits. Fragen der Rüstungskontrolle und Abrüstung, die Berlin-Krise von 1948 und der Korea-Krieg, weiterhin die Entscheidung für New York als Sitz der Organisation, die Regelung der Beziehungen zu den Sonderorganisationen und die Einstellung geeigneten Personals sowie schließlich die Gründung der Flüchtlings- und Kinderhilfswerke und andere humanitäre Leistungen der Organisation sind die großen, in den Jahresberichten behandelten Themen aus der Amtszeit des ersten Generalsekretärs.

Lies Sicht der Weltorganisation ist im einleitenden Absatz seines fünften Jahresberichtes nahezu leitmotivisch zusammengefaßt:

> „The judgement of the San Francisco Conference was that the best hope of preventing a third world war from occurring sooner or later lay in the creation, maintenance, and development of a universal, world-wide organization within which could be peacefully contained all the different ideologies and conflicting aims of all nations of the world."[47]

Vier Elemente sind aus diesem Leitmotiv hervorzuheben: erstens ist der Wille der Gründungsväter und ist die Charta für *Lie* entscheidender Bezugspunkt für die Tätigkeit der Weltorganisation. Überragendes Ziel ist für ihn — zweitens — die Wahrung des Weltfriedens, die Verhinderung eines dritten Weltkrieges und die Schaffung friedensfördernder Strukturen im internationalen System. Wo *Lie* von anderen Zielen der UN spricht — etwa in den letzten Berichten von Entwicklungshilfe —, werden diese Ziele in unmittelbarem Zusammenhang mit der Friedenswahrung gesehen.[48] Ein drittes Element, das *Lie* in jedem seiner Berichte behandelt hat, ist die anzustrebende Universalität der Organisation, die in seinen Augen nicht durch Bedenken der Mitglieder gegenüber beitrittswilligen Regierungen[49] verhindert werden dürfe. Die Ermöglichung eines friedlichen Pluralismus

---

[46] Vgl. *Franck,* Nation against Nation (Anm. 8), 119.

[47] CF I, 322.

[48] CF I, 469.

[49] CF I, 466: „. . . the question is not simply one of admitting what are believed to be good or bad Governments, but of admitting States. It is the interests of the peoples of the applicant States that should be the main concern."

durch die UN, d. h. die Transformation des internationalen Systems zu einem solchen, das vom Willen der Staaten zu Gewaltlosigkeit und Mäßigung geprägt ist, ist schließlich das vierte Element seiner Sicht der UN.

Realistischerweise geht *Lie* nicht davon aus, daß die UNO in einer den Staaten vergleichbaren Weise handeln könne[50]; vielmehr sieht er in der Organisation ein Instrument, dessen sich die Staaten bedienen können und dessen Erfolg in den vier genannten Punkten auch davon abhängig ist, in welcher Weise und in welchem Ausmaß die Staaten die Organisation nutzen.[51] In diesem Zusammenhang ist jedoch hervorzuheben, daß *Lie* immer wieder betont, schon die Existenz der Organisation habe die internationalen Beziehungen insoweit qualitativ verändert, als die Zusammenarbeit in den UN den Staaten Mäßigung auferlegte. So weist er darauf hin, daß die UN der einzige Ort seien, an dem die antagonistischen Supermächte miteinander Kontakt hätten[52]; die weit über 1000 Sitzungen im Rahmen der Organe der Weltorganisation schon im ersten Jahr des Bestehens sprächen für sich.[53] Hier wird in der Tat die von *Franck* hervorgehobene und dem Funktionalismus zugrunde liegende Erwartung der Nachkriegszeit greifbar, daß der Kontakt der Staaten in internationalen Organisationen einen pädagogischen Friedenseffekt habe.[54] Zweitens ist darauf hinzuweisen, daß er der Generalversammlung in diesem Zusammenhang einen hohen Stellenwert einräumt: in ihr seien alle Nationen auf der Grundlage der Gleichheit vertreten; sie ziehe die Aufmerksamkeit der Weltöffentlichkeit auf sich, wodurch sie einerseits zum „supreme testing ground of the policies of Member nations" werde; nicht zuletzt habe sie sich auch als eine wirksame Ergänzung des Sicherheitsrates insbesondere hinsichtlich der Kriegsverhütung erwiesen.[55] Andererseits ermögliche sie es, die historischen Erfahrungen demokratischer Institutionen für eine fortschreitende Verrechtlichung der internationalen Beziehungen fruchtbar zu machen.[56]

---

50 Freilich mahnt er verschiedentlich die darauf abzielende Implementierung von Art. 43 der Charta an (etwa CF I, 155 ff.) und geht auch mit seinem Vorschlag, eine UN-Force einzurichten (dazu unten, S. 158), weit über das hinaus, was die Mitgliedstaaten zu akzeptieren bereit waren.

51 CF I, 55: „The United Nations is no stronger than the collective will of the Nations that support it. Of itself it can do nothing. It is a machinery through which the nations can cooperate". Vgl. auch I, 216. Kritisch zu dieser Sicht der UN *Leland M. Goodrich,* Hammarskjöld, the U.N., and the Office of the Secretary-General, in: IO 28 (1974), 467-483 (470).

52 CF I, 216.

53 UN Doc. A/315 vom 14. Juli 1947, vii.

54 *Franck,* Nation (Anm. 8); zum Funktionalismus unten, § 12.

55 CF I, 222. Vgl. auch 157, 64 (Die Generalversammlung „can do a valuable service by giving comprehensive guidance to the organs and to Member States of the United Nations regarding their relationship with the Franco regime").

56 CF I, 157: „The growth in effectiveness of the Organization will be measured by the extent to which it draws upon and adopts to new uses the rich reservoir of historical experience in parliamentary institutions and other institutions of democratic government."

Lie sieht die *Aufgaben des Generalsekretärs* vorwiegend darin, die oben skizzierten Ziele und Funktionen der UN zu fördern und ins Bewußtsein der Weltöffentlichkeit zu heben. Das bedeutet erstens, daß er deutliche Appelle an die Mitgliedstaaten richtet, sich der Charta-Verpflichtungen bewußt zu sein, Gebrauch von der Organisation zu machen und sich außenpolitische Mäßigung aufzuerlegen.[57] Zweitens bedeutet es, daß der Generalsekretär von Anfang an ein Initiativrecht in Anspruch nimmt, den Mitgliedstaaten und Organen der UN Vorschläge zur Stärkung der Organisation und ihrer Effektivität zu unterbreiten.[58] Drittens zieht er — wenn auch behutsam — die Konsequenz, auch zu einzelnen Entscheidungen der Organe billigend — wie im Falle der „Uniting for Peace"-Resolution — oder kritisch — wie im Falle der Aufnahmepraxis neuer Mitglieder[59] — Stellung zu nehmen. Seine administrativen Funktionen werden in den Berichten nur insofern angesprochen, als *Lie* über die jeweils erfolgten Maßnahmen zum Aufbau eines qualifizierten Personalbestandes u. ä. berichtet bzw. in neutraler Form Schwierigkeiten — etwa genügend geeignete Bewerber in allen Mitgliedstaaten zu finden — anspricht.

In den Jahresberichten *Lies* wird dessen Bemühen deutlich, Parteilichkeit zu vermeiden „in favour of a balanced and objective support of Charter purposes and the collective interests of the whole membership".[60] Um einem *genuin internationalen Interesse* als Grundlage der Organisation und auch seines Amtes Ausdruck zu verleihen, beruft sich *Lie* einerseits auf die Charta[61], andererseits jedoch häufiger auch auf die „Völker" der Vereinten Nationen[62]. Wo er die Erwartungen an die Weltorganisation nicht in ausreichendem Maße erfüllt sieht, richtet er Mahnungen an die Mitgliedstaaten, insbesondere an die ständigen Mitglieder des Sicherheitsrates.[63]

Welche *Kriterien der Effizienz und Effektivität der UN* lassen sich nun aus seinen Jahresberichten herauslesen? An erster Stelle steht für *Lie* die Effektivität der kollektiven Sicherheit, deren Vorrang er gegenüber den entstehenden Bündnissen der kollektiven Selbstverteidigung immer wieder verteidigt.[64] Als Bedin-

---

57 Vgl. etwa CF I, 55: „As the Preparatory Commission foresaw, the Secretary-General in certain circumstances must speak for the organization as a whole. It is with a deep sense of responsibility that I appeal to members . . .".

58 Vgl. etwa CF I, 55; I, 223; I, 411 u. ö.

59 CF I, 414.

60 So *Cordier / Foote* in ihrer Einführung zum ersten Jahresbericht, CF I, 48 f.

61 Z. B. CF I, 324 auf Art. 103; vgl. auch CF I, 464.

62 So etwa im Zusammenhang der Allgemeinen Erklärung der Menschenrechte, CF I, 221; vgl. auch CF I, 464, 466.

63 So bereits im ersten Jahresbericht, CF I, 54 f.: „While the United Nations must take responsibility for its success or failure to fulfill its functions as laid down in the Charter, it cannot properly be held responsible for inability to achieve goals which by the terms of the Charter may not be within its reach. I should be failing in my duty . . . if I did not emphasize the absolute necessity that the Powers should seek agreement among themselves . . .".

gung für die Effektivität der kollektiven Sicherheit wird die Einigkeit der fünf ständigen Mitglieder des Sicherheitsrates angesehen. In diesem Sinne etwa betont er, daß eine Lösung der Krise um die Blockade Berlins die Effektivität der Organisation steigern würde. Um der sich immer deutlicher abzeichnenden Nicht-Einigkeit der ständigen Mitglieder des Sicherheitsrates entgegenzuwirken, schlägt er regelmäßige Sitzungen dieses Organs auf Außenminister- oder Regierungschef-Ebene vor.[65] Schließlich begrüßt er die „Uniting for Peace"-Resolution als einen Schritt zur Stärkung der Rolle der Organisation.[66] Darüber hinaus werden folgende Aussagen über Kriterien der Effektivität und Effizienz der Organisation gemacht:

Effektivität:

— ein immer wieder angeführtes Kriterium ist die Universalität der Mitgliedschaft;[67]

— ein zweites Kriterium — der Stellenwert der UN in der Außenpolitik der Mitgliedstaaten — läßt sich aus dem immer wiederkehrenden Appell entnehmen, die Mitglieder sollten in ihrer Außenpolitik besseren und stärkeren Gebrauch von der Organisation machen und die Empfehlungen ihrer Organe beachten;[68]

— als ein weiteres Kriterium wird die Beseitigung unrealistischer und falscher Vorstellungen über die Leistungsfähigkeit der Organisation angeführt;[69]

— schließlich werden eine Kontrolle und sorgsame Planung des Wachstums und Ausbaus der Organisation sowie eine Koordination zwischen der UN und den Sonderorganisationen als Effektivitätskriterien angeführt.[70] Bei diesem Kriterium überlappen sich Effektivität und Effizienz, denn die Planungs- und Koordinationsbemühungen „are helping to promote the best and most

---

64 CF I, 402, 411, 468 ff.

65 CF I, 414.

66 CF I, 407.

67 CF I, 332, 414, 466 u. ö.

68 CF I, 331, 414, und besonders 142: „Constant use of the machinery of the United Nations by the Member States, and a growing tradition among them of respect for and observance of its decisions and recommendations, is the way to strengthen the Organization and to develop its powers."

69 Vgl. CF I, 138 und 463 ff., wo er u. a. zwei „Mythen" über die UN („that the organization is paralysed by the veto" und „that it is ruled by automatic majorities arbitrarily seeking to impose their will") zurechtzurücken sucht, indem er auf das Gesamtbild der UN verweist und sagt: „policies that are wise and that advance the cause of peace can gain a wider measure of support if they are pursued in the United Nations than they could be by the traditional methods of diplomacy" (466).

70 CF I, 83, 154 f.: „The existence of so many agencies covering such varied fields inevitably calls for effective coordination of their work with that of the organs of the United Nations itself".

efficient use of the resources of the United Nations and the specialized agencies".[71]

Effizienz:

— erstes Effizienzkriterium ist der Aufbau eines „wahrhaft internationalen" Sekretariates und die Einrichtung angemessener Verwaltungsstrukturen;[72]

— ein weiteres Effizienzkriterium ist eine sachgerechte Arbeitsverteilung, insbesondere durch den Verwaltungsaufbau und die Budgetgestaltung, sowie die Erstellung von Richtlinien für die Politik der Organisation. Die Verantwortung für dieses Kriterium liegt in der Sicht *Lies* hauptsächlich bei der Generalversammlung;[73]

— ein drittes Kriterium schließlich ist die Vermeidung von Doppelarbeit und von verschwenderischem Umgang mit Arbeitskraft und Finanzmitteln. In diesem Zusammenhang warnt *Lie* ausdrücklich vor einem zu starken Wachstum der Organisation.[74]

Zwei *besondere Vorschläge* zum Ausbau der Organisation sind schließlich hervorzuheben: zum einen befürwortet *Lie* eine regionale Dezentralisierung der Organisation durch die Einrichtung von Regionalbüros[75], wie sie — freilich in modifizierter Form — durch die Gründung der regionalen Wirtschaftskommissionen dann auch erfolgte. Zum anderen hat er sich in seinem letzten Bericht zur operativen Tätigkeit der Organisation geäußert und gefordert, technische Hilfe allein sei nicht ausreichend, sondern müsse im Sinne einer Entwicklungsförderung durch Kapital-Investitionen ergänzt werden. In diesem Zusammenhang weist er darauf hin, daß Entwicklungspolitik keine Angelegenheit der Barmherzigkeit sei, sondern sich aus den Zielen und Grundsätzen der Organisation ergebe.[76]

b) Dag Hammarskjöld

Der Schwede *Dag Hammarskjöld*[77] führte sich als ausgesprochener Mann der Verwaltung im Sekretariat ein. Die Übergriffe des McCarthyanismus auf die

---

[71] CF I, 155.

[72] Vgl. besonders CF I, 53.

[73] CF I, 51.

[74] CF I, 59: „The larger the number of agencies the greater is the financial burden on Member Governments and the greater are the dangers of overlapping and duplication. As new problems arise it would be well to consider whether it would not be better to assign them either to the Secretariat of the United Nations or to one of the organizations which now exist, rather than to create new machinery."

[75] CF I, 61.

[76] CF I, 463, 470.

[77] Zu *Hammarskjölds* Amtszeit siehe die Biographie von *Brian Urquhart,* Dag Hammarskjöld, New York 1972, sowie *Goodrich,* Hammarskjöld (Anm. 51).

Gebäude des UN-Sekretariates boten ihm bei Amtsantritt eine erste Gelegenheit, sich vor die UN-Bediensteten zu stellen.[78] Doch sollte *Hammarskjöld* die damit noch verstärkten Erwartungen, er werde ein administrativer und nicht so sehr politischer Generalsekretär sein, gerade nicht erfüllen.[79] Schon die weltpolitischen Entwicklungen der fünfziger Jahre schrieben ihm eine aktive politische Rolle zu. In seine Amtszeit (1953 - 1961) fielen die Genfer Gipfelkonferenz 1955 und die am Beginn der Herausbildung des politischen Selbstbewußtseins der Entwicklungsländer stehende Bandung-Konferenz, die Suez-Krise und die Kongo-Krise mit jeweils friedenssichernden Operationen der UN, der Beginn der Entkolonisierung und der Durchbruch der UN zur Universalität der Mitgliedschaft, aber auch die im Schatten der „hohen Politik" stehende, doch nicht minder wichtige und folgenreiche Gründung der Internationalen Atomenergie-Behörde (IAEA) 1957 und des Weltraumausschusses der UN (Committee on the Peaceful Uses of Outer Space, COPUOS) 1959. In seiner eigenen Sicht sah *Hammarskjöld* die UN und ihren Generalsekretär vor drei große Herausforderungen gestellt:

> „[F]irst, the relationship of the peoples of Asia and Africa with the peoples of Western traditions; second, economic development for that majority of mankind which has so far shared so little in the fruits of the industrial age; third, the unresolved conflict between the ideologies that divide the world."[80]

Hammarskjölds Bild der Organisation weist denn auch gegenüber demjenigen seines Vorgängers deutlich andere Akzentsetzungen auf. Zwar übernimmt er in seinen frühen Berichten die Ansicht *Lies,* die Organisation sei ein Instrument der Mitgliedstaaten und ihre Leistungsfähigkeit sei von dem politischen Gebrauch, den diese davon machen, abhängig[81], doch macht er bereits früh deutlich, daß er die Möglichkeiten, welche die Organisation bereithält, bei weitem nicht für ausgeschöpft hält. In seiner Sicht stellen Friedenssicherung, Entwicklungshilfe und Menschenrechtsschutz drei gleichberechtigt nebeneinander stehende Zielsetzungen der UN dar, denen freilich jeweils nur sehr unzureichende exekutive Leistungsmöglichkeiten der Organisation gegenüberstehen.[82] Schon daraus läßt sich seine Intention erkennen, zur dynamischen Weiterentwicklung der UN beizutragen und hierzu auch Initiativen zu ergreifen.

Dabei stellt er immer wieder heraus, daß die Weltorganisation als Verhandlungsforum[83], als Instrument der Friedensdiplomatie[84] und als Gestaltungsrahmen

---

78 *Urquhart* (Anm. 77), 66 - 70; *Goodrich,* Hammarskjöld (Anm. 51), 472 f.

79 So auch *Joseph P. Lash,* Dag Hammarskjöld's Conception of his Office, in: IO 16 (1962), 543 - 566 (542).

80 CF III, 268.

81 CF II, 67, 73.

82 CF II, 71, 73.

83 CF III, 270 f.; 636. In diesem Zusammenhang weist er gelegentlich Kritik am „one State-one vote"-Prinzip der Willensbildung in der Generalversammlung mit dem Argument zurück, daß die Verhandlungen, welche zu einer Resolution führten, weit wichtiger seien als das Abstimmungsergebnis.

für die neu entstehenden, heute sog. „Nord-Süd-Beziehungen“[85] ohne Alternative sei. Es entspricht diesem Verständnis, daß er in den Berichten — die er als einziger Generalsekretär persönlich verfaßte[86] — einen eigenen Abschnitt der „Rolle der UN in der Weltpolitik“ widmete. Dennoch läßt sich bis in die Diktion hinein das Bemühen *Hammarskjölds* erkennen, die Rolle der UN als die Politik der Mitgliedstaaten darzustellen und damit die Mitgliedstaaten in seinen Bericht einzubinden.[87]

Diesen staatsmännisch-integrativen Stil behält er auch bei, als er in den Jahresberichten 1959 bis 1961 mit großem Nachdruck für eine Reform der Organisation plädiert. Vor allem in den beiden letzten Berichten — die unter dem Eindruck massiver Kritik an seiner Rolle im Kongo-Konflikt entstanden sind[88] — führt er den Mitgliedstaaten vor Augen, daß sich in der Praxis der Organisation zwei Konzeptionen einer Weltorganisation herausgebildet haben: eine Konzeption als statische Konferenzmaschine, die von den Staaten genutzt werden könne oder auch nicht, und eine Konzeption der Organisation als dynamisches Instrument zur Herbeiführung wirksamer zwischenstaatlicher Zusammenarbeit. Es sei an den Mitgliedstaaten, sich für eine der beiden Konzeptionen zu entscheiden.[89] Da in der Charta insofern ein Ungleichgewicht festzustellen sei, als zwar die Ziele und Grundsätze der Organisation auf breitem Raum geschildert seien, der Durchführung jedoch jenseits von Art. 24 kaum Aufmerksamkeit geschenkt werde, sei die Befolgung von Entscheidungen des Sicherheitsrates und Empfehlungen der Generalversammlung das entscheidende Kriterium dafür, ob die UN zur Konferenzmaschine erstarre oder aber sich als ein lebendiger Organismus weiterentwickle.[90]

Dieser Argumentationslinie folgt auch seine *Sicht des Amtes des Generalsekretärs. Hammarskjöld* rechtfertigt die aktive politische Rolle, die er gespielt hat, damit, daß die Mitgliedstaaten durch den Sicherheitsrat oder die Generalversammlung ihn mit politischen Aufgaben betraut haben. Selbst als er in der Kongo-Krise — erstmals — auf Art. 99 zurückgreift, sucht er diese — rechtlich durchaus eigenständige — Handlungsgrundlage zusätzlich im Nicht-Handeln des Sicher-

---

84 CF III, 636 u. ö.

85 CF II, 545.

86 *Franck*, Nation against Nation (Anm. 8), 132.

87 Vgl. CF III, 269, wo er nicht abstrakt von der Charta spricht, sondern formuliert: „The governments signatories to the Charter have formulated here a policy which ...“. Geradezu programmatisch ist die Formulierung in seinem ersten Jahresbericht (CF II, 67): „In the chapters that follow, the Governments of Member States will find a comprehensive review of their efforts, during the past year, to make progress, through the United Nations, towards constructive solutions of problems of common concern to them all.“

88 *Lash* (Anm. 79), 553 ff.; *Goodrich*, Hammarskjöld (Anm. 51), 477 ff.

89 CF IV, 448 f.; V, 542 f.

90 CF V, 552 ff.

heitsrates und im oben bereits erwähnten Vollzugsdefizit zu rechtfertigen.[91] Andererseits versteht sich *Hammarskjöld* jedoch keineswegs als verlängerter Arm der Mitgliedstaaten, sondern als oberster internationaler Beamter. Damit sind zwei weitere Elemente seines Amtsverständnisses angesprochen: Einmal ist das Sekretariat aus seinem Selbstverständnis als Generalsekretär nicht wegzudenken. Das Sekretariat und seine Gestaltung nimmt nicht nur sehr breiten Raum in seinen Berichten ein, sondern erscheint auch in seiner Sicht als die einzige Möglichkeit, das Vollzugsdefizit der Charta in der Praxis auszugleichen. Dazu sei jedoch ein neutrales und effizientes Sekretariat, das sich seinen Aufgaben flexibel anpassen könne, erforderlich. So spricht er sich für eine regionale, entschieden aber gegen eine ideologische Verteilung der Sekretariatsposten aus[92] und verweist immer wieder auf Art. 100 der Charta:

> „The exclusively international character of the Secretariat is not tied to its composition, but to the spirit in which it works and to its insulation from outside influences as stated in Article 100. While it may be said that no man is neutral in the sense that he is without opinions and ideals, it is just as true that, in spite of this, a neutral secretariat is possible. Anyone of integrity, not subjected to undue pressures, can, regardless of his own views, readily act in an „exclusively international" spirit and can be guided in his actions on behalf of the Organization solely by its interests and principles, and by the instructions of its organs."[93]

Neben der Bedeutung, die er dem Sekretariat zuschreibt, ist zweitens seine Sicht des Generalsekretärs im Gesamtgefüge der UN-Organe hervorzuheben. Dabei ging *Hammarskjöld* davon aus, daß die Charta dem Generalsekretär durchaus eigene politische Kompetenzen zuschreibt, die umso wichtiger seien, als die übrigen Organe der UN keine Legislativorgane seien und sich in ihren Aufgabenzuweisungen an den Generalsekretär in aller Regel nur auf recht vage formulierte, also interpretationsbedürftige Aufträge einigen könnten. Daraus resultierte für ihn geradezu die besondere Verantwortung des Generalsekretärs für eigenständiges politisches Handeln, eine Verantwortung, die er gelegentlich mit der des amerikanischen Präsidenten verglich.[94]

Das Vertrauen in die menschliche Fähigkeit zu „dienen" ist das wohl entscheidende ethische Motiv der Politik *Hammarskjölds*. Es prägt insbesondere seine Versuche, die *Spannungen seines Amtes* als Chef des internationalen Dienstes, als Treuhänder der Mitgliedschaftsinteressen und als Welt-Staatsmann *zum Aus-*

---

91 CF IV, 451; vgl. auch III, 284, 288; V, 127; V, 553 f.

92 CF V, 556. Vgl. *Goodrich*, Hammarskjöld (Anm. 51), 474 f. mit dem zutreffenden Hinweis, es sei die Sowjetunion gewesen, die um einer stärkeren Kontrolle des Generalsekretärs willen den regionalen zugunsten eines nationalen Proporzes verdrängt habe.

93 CF V, 556. Vgl. auch seine berühmte „Oxforder Rede": The International Civil Servant in Law and in Fact, Oxford 1961. Zum Ganzen *Beigbeder* (Anm. 38), 29 ff.

94 Zum ganzen mit ausführlichen Zitaten *Hammarskjölds Lash* (Anm. 79) und *Hans J. Morgenthau*, U Thant, in: *ders.* (ed.), Truth and Power. Essays of a Decade 1960-1970, Washington-London 1970, 121-126 (122 f.).

gleich zu bringen. Einerseits spricht er die Mitglieder des Sekretariates und spricht er die Mitgliedstaaten in ihrer Verantwortung unmittelbar an, so daß sie sich in den Jahresberichten „ihres" Generalsekretärs vertreten fühlen können; andererseits unterbreitet er den Mitgliedstaaten Vorschläge für die Sekretariatsgestaltung, die dem Sekretariat ermöglichen sollen, den Aufgaben der Weltorganisation besser gerecht zu werden. Ausdrücklich heißt er die neu aufgenommenen Mitglieder in der Weltorganisation willkommen; er drängt immer wieder darauf, die Positionen und besonderen Bedürfnisse der Entwicklungsländer zu berücksichtigen, ohne sich freilich gegen die überwiegende Definition der Entwicklungskonzeption der UN von Investitionsinteressen her durchsetzen zu können.[95] *Hammarskjöld* ist sich der Tatsache bewußt, daß es die kleineren Staaten sind, die ein besonderes Interesse an der Existenz und am Ausbau der Organisation haben. So stützt er sich denn in seiner Rechtfertigung gegen insbesondere sowjetische und französische Angriffe auf sein Handeln im Kongo-Konflikt auf die Mehrheit der mittleren und kleineren Staaten, was nachhaltige Auswirkungen auf das Verhältnis der Entwicklungsländer zum UN-Sekretariat haben sollte.[96]

An *Effektivitäts- und Effizienzkriterien* begegnen in den Berichten *Hammarskjölds* eine Reihe der bereits von *Lie* benannten Kriterien wieder; sie werden jedoch wesentlich erweitert und in eine deutlich durchgeformte Gesamtperspektive der UN und ihrer Fortentwicklung eingebettet. Hinsichtlich der Effektivität der Organisation werden die Universalität der Mitgliedschaft und der Gebrauch der UN als Instrument der Mitgliedstaaten ebenso immer wieder angeführt wie unzureichende Finanzausstattung der freiwilligen Programme oder die Korrektur falscher Erwartungen an das UN-System. Besonderen Nachdruck legt *Hammarskjöld* auf die Befolgung von Entscheidungen der UN-Organe und auf die Achtung des allgemeinen Völkerrechts.[97] Überragendes Kriterium für die Effektivität der UN ist jedoch ein effizienter und flexibler internationaler „civil service" i. S. des Art. 100 der Charta.[98] Ergänzend sind folgende Kriterien anzuführen:

— Konsens unter den Mitgliedstaaten durch Verhandlungen und die Bereitschaft zu Konfliktminderung;

— zureichende Öffentlichkeitsarbeit: die Arbeiten der Organisation etwa im Bereich der Atomenergie und die Probleme atomarer Rüstungskontrolle seien von der Öffentlichkeit zu wenig zur Kenntnis genommen worden;[99]

— informelle Kontakte und Verhandlungen unter den Mitgliedstaaten und zwischen Mitgliedstaaten und Sekretariat. Besonders weist *Hammarskjöld* auf

---

95 Dazu *Klaus Hüfner,* Vorzeitige Gedanken eines Generalsekretärs. Dag Hammarskjölds als politischer Entwicklungsökonom, in: VN 30 (1982), 5-9.

96 So zutreffend *Lash* (Anm. 79), 566.

97 CF II, 68 f.; IV, 453.

98 Vgl. auch *Goodrich,* Hammarskjöld (Anm. 51), 471 ff.

99 CF III, 639.

die Bedeutung der Ständigen Vertretungen der Mitgliedstaaten hin[100], zu denen er regen Kontakt unterhielt;

— schließlich Klarheit über die Konzeption der Organisation als ganzer und über ihre Weiterentwicklung auf Seiten der Mitgliedstaaten. In den letzten Jahresberichten, die insgesamt diesem Problem gewidmet sind, wird deutlich, daß *Hammarskjöld* allein eine dynamisch sich fortentwickelnde, an ihren Aufgaben wachsende und in diesem Sinne reformfähige Organisation für effektiv hält. In diesem Zusammenhang verweist er u. a. ausdrücklich auf Art. 55 der Charta.[101]

Bezüglich der *Effizienz* der Organisation konzentrieren sich seine Ausführungen zumeist auf das Sekretariat und dessen Gestaltung, für die er immer wieder Vorschläge unterbreitet. Diese werden stets in möglichst wirtschaftlicher, dabei aber sachgerechter und flexibler Aufgabenerfüllung gerechtfertigt. Besonderer Nachdruck wird auf schnelles und kompetentes Reagieren auf solche Aufgaben gelegt, die sich unvorhergesehen stellen und für deren Erledigung von seiten der anderen UN-Organe lediglich Rahmenrichtlinien erstellt werden können. Auch hier erscheint eine vom Generalsekretär selbst zu gewährleistende Reformfähigkeit des Sekretariates als Kriterium. Zwei weitere Kriterien sind zu erwähnen:

— Bei der Koordination führt *Hammarskjöld* insofern ein neues Thema in die Debatte ein, als er eine deutliche Abstimmung der UN-Politik mit nationalen Politiken, etwa den Entwicklungsplänen der Entwicklungsländer, als Voraussetzung effizienter UN-Politik anführt;[102]

— für den Bereich der technischen Hilfe und für die Effizienz der operativen Tätigkeit der Organisation fordert er eine stärkere Integration einzelner Projekte und Programme in eine Gesamtplanung.[103]

Zwischen Effektivität und Effizienz besteht in der Sicht *Hammarskjölds* eine klare Rangordnung. Zwar legt er immer wieder deutliches Schwergewicht auf administrative Effizienz, aber betont zugleich, daß diese — wie auch die Organisation selbst — kein Selbstzweck sein könne. Vielmehr wird Effizienz stets als Bedingung der Effektivität der Organisation in der Verfolgung ihrer Aufgaben und Ziele verstanden und dieser untergeordnet. Im 11. Jahresbericht geht er ausdrücklich auf Wirtschaftlichkeit und eine Prioritätensetzung ein, wie sie die Generalversammlung zum wiederholten Male gefordert hatte. Er begrüßt den zur Gründung des Special United Nations Fund for Economic Development führenden *Scheyven*-Bericht und die nachfolgenden Beschlüsse von ECOSOC und Generalversammlung[104] mit folgender Begründung:

---

100 CF IV, 449.

101 CF II, 334 ff.

102 CF IV, 188.

103 CF II, 555.

104 UNYB 1955, 91 ff.; 1956, 165 ff.

„The need to devote additional resources to the most urgent of the tasks which the United Nations system exists to serve underlines the importance of economy in the allocation and use of the total resources that can be made available. On the administrative side, Member governments are familiar with the views of the Secretary-General and the steps he has taken toward reducing administrative costs. But economy is also, and primarily, a question of the number and scope of programmes that Member governments ask the United Nations to undertake. ... The tendency still persists to proliferate programmes which are then frequently endowed with inadequate resources. This dichotomy has proved to be one of the most stubborn ailments afflicting the participation by Member governments in international organization. So long as it continues the capacity of the world community to respond adequately to the really great needs of our time will be impaired. Economy must not be achieved at the expense of effective performance of the major tasks which are rightly entrusted to the United Nations. But economy by concentration of resources upon these tasks is an objective greatly to be desired.“[105]

Hammarskjöld macht also letztlich die Mitgliedstaaten dafür verantwortlich, daß auf der einen Seite durch ein immer weiter beschleunigtes Programmwachstum die Erwartungen an die Organisation erhöht, auf der anderen Seite aber durch mangelnde finanzielle Ausstattung der Organisation deren Effektivität beeinträchtigt werde.

Drei *besondere Vorschläge Hammarskjölds* verdienen schließlich Erwähnung: wie sein Vorgänger und auch wie seine Nachfolger regte er verschiedentlich regelmäßige Treffen des Sicherheitsrates auf Außenministerebene und damit eine Implementierung des Art. 23 der Charta an. Das gleiche Verfahren empfahl er für den Wirtschafts- und Sozialrat.[106] Hinsichtlich der Konfliktlösung durch die UN sah er ein Tätigwerden der Organisation dann als nicht effektiv an, wenn eine Supermacht in den entsprechenden Konflikt involviert sei. Daraus zog er die Schlußfolgerung, es müsse Aufgabe der Organisation sein, möglichst frühzeitig präventiv tätig zu werden und insbesondere zu versuchen, Konflikte bereits in ihrem Entstehungsstadium aus den Ost-West-Auseinandersetzungen herauszuhalten.[107]

c) U Thant

Die starke politische Rolle, die *Hammarskjöld* bis zu seinem tragischen Tod gespielt hat, hatte zur Folge, daß sein Nachfolger die Führung der Organisation unter Bedingungen antrat, die nicht zu unrecht als „Vertrauenskrise“ der Organisation bezeichnet wurden. Einerseits war das Vertrauen zumindest zweier ständiger Mitglieder des Sicherheitsrates in den Generalsekretär nachhaltig gestört, andererseits schürte das Absichern *Hammarskjölds* bei den mittleren und kleineren

---

105 CF III, 283.

106 CF IV, 446.

107 CF V, 131.

Staaten das Mißtrauen der bis dahin über eine sichere Mehrheit verfügenden USA gegenüber der Generalversammlung und der sich nunmehr abzeichnenden neuen Mehrheit der Entwicklungsländer. Hinzu kam, daß die Organisation durch die Kosten der Kongo-Operation, die sich auf mehr als 400 Mio. $ beliefen, und die Weigerung der Sowjetunion und Frankreichs, ihren Teil der Kosten an die Organisation zu zahlen, in eine lang anhaltende Finanzkrise geriet. Die Tatsache, daß sich die Einführungen in die Jahresberichte *U Thants* im Vergleich mit denen seines Vorgängers als unambitionöse Rechenschaftsberichte darstellen, daß andererseits aber *U Thant* über zwei Amtsperioden hinweg (1961 - 1971) das Amt des Generalsekretärs innehatte, mag die Vermutung nahelegen, daß die Mitgliedstaaten mit der Wahl des Ständigen Vertreters Burmas bei den UN einen unpolitischen und schwachen Generalsekretär bestellt hatten. Doch ist dies bei aller Kritik, die *U Thant* insbesondere in seinen politischen Tätigkeiten erfahren hat[108], nur bedingt zutreffend.

U Thant war der erste Generalsekretär der UN, der nicht aus dem europäisch-amerikanischen Kulturkreis stammte. Seine Konzeption der Weltorganisation und sein Selbstverständnis als Generalsekretär unterschieden sich erheblich von denjenigen seiner Vorgänger, was seine Ursachen weniger in den persönlichen Ansichten *U Thants* als vielmehr im weitreichenden Wandel der Organisation während seiner Amtszeit[109] hatte. Äußerlich schlägt sich dieser Wandel im organisatorischen Wachstum der UN nieder; während *U Thants* Amtszeit (1961 - 1971)[110] wurden u. a. das UNDP, die UNIDO, das Welternährungsprogramm und UNCTAD, UNITAR und die JIU gegründet.[111] Der Generalsekretär macht immer wieder deutlich, daß dieser Wandel in veränderten und wachsenden Anforderungen an das UN-System begründet liege:

> „Perhaps the most decisive change in the last 25 years is the change in the scale of world problems and the accelerating pace of that change. Developments in population, technology and damage to the environment have shown us what the authors of the Charter perhaps did not sufficiently appreciate, namely that scientific and technological advance is the most important single factor in bringing about changes not only in the lives of the peoples, but also in the balance of power in the world."[112]

---

108 Dazu *Alan James*, U Thant and His Critics, in: YBWA 26 (1972), 43 - 64; *Morgenthau* (Anm. 94). Besondere Enttäuschung und Kritik hat der Rückzug der Friedenssicherungstruppen aus Suez 1967, nachdem der ägyptische Präsident *Nasser* seine Zustimmung zu ihrer Stationierung zurückgezogen hatte, hervorgerufen.

109 Einen Überblick über seine Amtszeit gibt *U Thant* selbst im ersten Teil der Einleitung zu seinem letzten Jahresbericht, UN Doc. A / 8401 / Add. 1 vom 17. September 1971, 1 - 19.

110 *U Thant* fungierte nach dem Tode *Hammarskjölds* zunächst als geschäftsführender Generalsekretär, ließ jedoch bei seiner Wiederwahl 1965 den Beginn seiner Amtszeit auf 1961 verlegen.

111 Vgl. UN Doc. A / 8401 / Add. 1, 11.

112 A. a. O., 18.

Gleichzeitig beklagt er einen ständigen Niedergang der friedenssichernden Funktionen der UN; in jedem Jahresbericht wird minutiös über Weltkonflikte — Kongo, Vietnam, den Nahen Osten, CSSR — berichtet, und *U Thant* macht keinen Hehl aus seiner Enttäuschung darüber, daß die UN in den meisten Konflikten keine friedenserhaltende oder friedensstiftende Rolle spielen konnte.[113]

So ist denn auch *U Thants Sicht der Weltorganisation* von zwei Polen geprägt: auf der einen Seite steht die Einsicht in eine von Nationalismus und staatlicher Souveränität geprägte Welt, und auf der anderen Seite die Notwendigkeit, die UN zu einer Entwicklungsorganisation auszubauen:

> „At this stage the United Nations system provides the best available and workable method by which nationalism and national sovereignty can evolve in order to keep pace with the vast changes that have made the nations of the world interdependent. If this evolution can succeed, we may achieve a world concert of nations which preserves the best elements of nationalism."[114]

Für *U Thant* stellen die UN ein Zentrum zur Harmonisierung einzelstaatlicher Politiken, d. h. insbesondere ein Verhandlungsforum dar, wie dies Art. 1 Ziff. 4 der Charta nahelegt.[115] Der Beitrag der Organisation zur Erfüllung der Entwicklungsprobleme gem. Art. 55 der Charta ist in seiner Sicht die entscheidende Herausforderung an die Organisation, da Entwicklung „the long slow road to peace" sei.[116] Im Angesicht dieser Herausforderung — und hier knüpft er ausdrücklich an *Hammarskjöld* an — müsse die Organisation dynamisch weiterentwickelt werden.[117] Die Steigerung ihrer Effektivität im Lichte der wachsenden Aufgaben ist die Perspektive, die *U Thant* zur Organisation einnimmt.

So sieht er es auch als *Aufgabe des Generalsekretärs* an, Vorschläge für die Weiterentwicklung der Organisation zu unterbreiten bzw. ihr diejenigen Probleme vor Augen zu führen, welche ein Tätigwerden und den dazu notwendigen organisatorischen Ausbau der UN erfordern.[118] Die Entwicklungsproblematik, das Abrüstungsproblem, das Bevölkerungswachstum, Umweltfragen und die Chancen wie

---

113 Vgl. a. a. O., 1: „In my previous nine introductions, I have been compelled to report more failures of the Organization than successes in the political field ..."; und CF VIII, 159: „I am well aware that this document must make gloomy reading."

114 UN Doc. A / 8401 / Add. 1, 17. Vgl. auch *U Thant*, Die Rolle des Generalsekretärs der Vereinten Nationen, in: VN 19 (1971), 154-160 (156).

115 Vgl. etwa UN Doc. A / 5501 / Add. 1 vom 20. August 1963, 6 f. sowie UN Doc. A / 8401 / Add. 1, 1.

116 UN Doc. A / 7601 / Add. 1 vom 15. September 1969, 10. Vgl. auch UN Doc. A / 5201 / Add. 1 vom 24. August 1962, 5: „... that the constructive work of the United Nations ‚for the promotion of the economic and social advancement of all peoples' is the solid basis on which the political effectiveness of the United Nations must rest. The steady and unobstrusive work of the United Nations and its family of agencies to further economic and social progress may not make headlines, but it is more lasting in its contribution to the prosperity, and the peace, of the world."

117 UN Doc. A / 5201 / Add. 1, 1.

118 Vgl. z. B. UN Doc. A / 8001 / Add. 1 vom 14. September 1970, 1.

auch die Folgen von Wissenschaft und Technologie sind die Themen, die in seinen Berichten durchgehend behandelt werden. Hinsichtlich der friedenssichernden Funktionen des Generalsekretärs geht *U Thant* davon aus, daß das Amt für „stille Diplomatie“[119] und gute Dienste prädestiniert sei, zumal das Handeln des Generalsekretärs das Einverständnis der betroffenen Mitgliedstaaten voraussetze. Zunehmend sieht er sich genötigt, seine „stille Methode“ der Friedenssicherung gegen Mißverständnisse und Fehlerwartungen zu verteidigen.[120]

U Thant ist sich bewußt, daß Art. 98 der Charta ihn in die politischen Auseinandersetzungen zwischen den Mitgliedstaaten einbezieht.[121] Sein Verständnis als Vermittler hält ihn jedoch nicht davon ab, deutlich die Position der mittleren und kleinen Staaten in der UN herauszustellen und sich ggf. zu eigen zu machen. Wie bereits seinem Vorgänger bieten sich auch ihm Diskussionen über die Einführung einer Stimmengewichtung als Gelegenheit, die Gleichheit der Staaten zu verteidigen.[122]

Die Steigerung ihrer Effektivität ist für *U Thant* das politische Programm, das die Weltorganisation zu bewältigen hat. Bei seinen zahlreichen Hinweisen etwa auf die mangelnden finanziellen Ressourcen der operativen Programme wird deutlich, daß *U Thant* die Mitgliedstaaten nicht nur statisch auf Charta-Bestimmungen, sondern vor allem auch auf das in der Charta und insbesondere im immer wieder zitierten Art. 55 angelegte dynamische Wachstum der Organisation verpflichtet sieht.[123] Auf Effizienzfragen geht er nur am Rande ein; nur gelegentlich nimmt er in kurzen Ausführungen auf die Sekretariatsgestaltung Bezug, und die doch deutliche Effizienz-Kritik etwa des *Jackson*-Berichtes übergeht er.[124] Aus seinen zahlreichen Berichten über und Vorschlägen zur Steigerung der Effektivität der Organisation lassen sich jedoch folgende *Effektivitätskriterien* herausarbeiten:

— Wie seine Vorgänger führt er immer wieder die Universalität der Mitgliedschaft als Kriterium an. Nicht zuletzt die Nicht-Mitgliedschaft einiger Konfliktparteien sei für die abnehmende Rolle der UN in der Friedenssicherung verantwortlich.[125]

---

[119] Den Begriff hatte *Hammarskjöld* im 10. Jahresbericht eingeführt. Vgl. CF II, 543.

[120] Etwa UN Doc. A / 7601 / Add. 1, 21; A / 8401 / Add. 1, 16; vgl. hierzu auch *James* (Anm. 108), 52 ff.

[121] Vgl. *U Thant* (Anm. 114).

[122] So UN Doc. A / 5201 / Add. 1, 5; A / 8401 / Add. 1, 7. Er ist durchaus bereit, in Kauf zu nehmen, daß bei Beibehaltung des „one State, one vote“-Prinzips Problemlösungen außerhalb der UN vorgezogen würden.

[123] Vgl. UN Doc. A / 7601 / Add. 1, 11: „... the UN has become increasingly preoccupied with the transfer of operative technology to the developing countries as a key to closing the ever-widening technological gap. In view of the magnitude and complexity of the problem, it is quite clear that the United Nations machinery for this purpose needs considerable streamlining and strengthening. ...“

[124] Vgl. UN Doc. A / 8001 / Add. 1, 9; A / 8401 / Add. 1, 9. — Zum *Jackson*-Bericht unten, S. 177 ff.

— Auch die Rationalisierung der Verfahren der Generalversammlung war bereits bei seinen Vorgängern angesprochen worden. Sie wird in den Berichten *U Thants* — etwa durch die Forderung nach Straffungen der Tagesordnungen — auf seine Konzeption der UN als Verhandlungsforum i. S. des Art. 1 Ziff. 4 der Charta bezogen.[126]

— Immer wieder mußte sich *U Thant* mit der finanziellen Notlage der Organisation auseinandersetzen. Dabei macht er zum einen deutlich, daß die Rückstände in der Finanzierung von Friedensoperationen die Effektivität der Organisation insgesamt bedrohen; zum andern verweist er darauf, daß es inkonsequent sei, zwar einerseits einer zunehmenden Anzahl von Programmen zuzustimmen, diese jedoch andererseits nicht mit den zu ihrer Implementierung erforderlichen freiwilligen Finanzmitteln auszustatten.[127] Klage über unzureichende Ressourcen wird in jedem Bericht geführt.

— Rationalisierung und Koordination der Tätigkeiten der UN und ihrer Sonderorganisationen sind ebenfalls immer wiederkehrende Forderungen zur Steigerung der Effektivität der UN, die oft im Zusammenhang mit der zweiten Entwicklungsdekade gestellt werden. Diese Forderungen münden in den letzten Berichten *U Thants* in Reformvorschläge für den Budget-Prozeß, die eine rationale Programmplanung und eine zentrale Steuerung der Programmdurchführung herbeiführen sollen.[128]

— In Zusammenhang damit stehen auch Mahnungen an die Generalversammlung, durch klare Zieldefinitionen Planung und Prioritätensetzung zu ermöglichen sowie durch Mäßigung sich auf auch hinsichtlich der Durchführung konsensfähige Resolutionen zu beschränken.[129] Ausdrücklich wird eine Politisierung als effektivitätshemmend bezeichnet.[130]

— Die Information der Öffentlichkeit über die Tätigkeit der UN — sowohl über die guten Dienste des Generalsekretärs im Bereich der Friedenssicherung als auch über die Entwicklungstätigkeit der Organisation — werden als wichtige, bislang zu wenig entwickelte Bedingung der Effektivität der UN angeführt.[131] In diesem Zusammenhang wird auf die Rolle von Nicht-Regierungsorganisationen verwiesen[132], aber auch die Dokumentationsflut der UN-Organe kritisiert.[133]

---

125 UN Doc. A / 5501 / Add. 1, 7; A / 7601 / Add. 1, 23; A / 8001 / Add. 1, 20; A / 8401 / Add. 1, 13.

126 CF VI, 211.

127 UN Doc. A / 7601 / Add. 1, 2.

128 UN Doc. A / 6301 / Add. 1 vom 15. September 1966, 1, 6; A / 7601 / Add. 1, 11 f.; A / 8001 / Add. 1, 16 f.

129 UN Doc. A / 8401 / Add. 1, 11, 18.

130 UN Doc. A / 6001 / Add. 1 vom 20. September 1965, 2.

131 A / 6301 / Add. 1, 2; A / 7601 / Add. 1, 1.

132 UN Doc. A / 8401 / Add. 1, 14.

133 A. a. O., 12.

— Aber auch die Information der Organisation über die Politik der Staaten ist in der Sicht *U Thants* unzureichend. Im Bereich der Abrüstung fordert er eine bessere Unterrichtung der UN ebenso wie im Bereich der Konfliktprävention.[134] Mehr UN-eigene Studien und eine Verstärkung der wissenschaftlichen Beratung des Generalsekretärs werden vorgeschlagen.[135]

— Als effektivitätshemmend bezeichnet *U Thant* eine nur unzureichende Berichtigung von Fehlern in der Organisation sowie eine mangelhafte Aufnahme von Kritik.[136]

An *besonderen Vorschlägen* des dritten Generalsekretärs sind hervorzuheben sein Engagement für das Mekong-Projekt[137], für die Einrichtung einer UN-Universität[138] sowie für eine stärkere Auseinandersetzung der Organisation mit Fragen der Wissenschaft und Technologie, ihrer Bedeutung für die Entwicklungszusammenarbeit sowie deren soziale und politische Konsequenzen.[139]

d) Kurt Waldheim

In der Amtszeit von *Kurt Waldheim* (1972-1981)[140] erfährt das Wachstum der Vereinten Nationen seinen Höhepunkt; 1980 verfügen die UN über mehr als 50 Entscheidungsorgane, die das Sekretariat zum Tätigwerden veranlassen können.[141] Zahlreiche internationale Konferenzen unter der Ägide der Vereinten Nationen, allen voran die Umweltkonferenz von 1972 und die seit 1973 tagende Seerechtskonferenz, sowie Sondertagungen der Generalversammlung greifen globale Probleme auf, z. T. mit der Absicht umfassender völkerrechtlicher Regelung. Mitte der siebziger Jahre erreicht die Diskussion um eine sog. „Neue Weltwirtschaftsordung" auf der 6. Sondertagung der Generalversammlung 1974 ihren Höhepunkt. Die Dekolonialisierung ist mit Erreichen der Unabhängigkeit der ehemals portugiesischen Kolonien und Zimbabwes sowie der Aufnahme Mozambiques und Angolas in die UN nahezu abgeschlossen. Sicherheitspolitisch steht am Anfang der Amtszeit *Waldheims* die „Entspannungspolitik", die mit der KSZE-Schlußakte vom 1. August 1975 einen Höhepunkt erfährt, während am Ende seiner Amtszeit die sowjetische Invasion in Afghanistan den Ost-West-Konflikt wieder verschärft und die Geiselnahme in der amerikanischen Botschaft

---

134 UN Doc. A / 8001 / Add. 1, 1; A / 8401 / Add. 1, 12.

135 UN Doc. A / 7601 / Add. 1, 7; A / 8401 / Add. 1, 7.

136 UN Doc. A / 8401 / Add. 1, 11; vgl. *U Thant* (Anm. 114), 158.

137 UN Doc. A / 8401 / Add. 1, 5; zu diesem Projekt ausführlich *Detlev Christian Dicke*, Die administrative Organisation der Entwicklungshilfe durch die Vereinten Nationen, Frankfurt 1972.

138 UN Doc. A / 7601 / Add. 1, 23; A / 8401 / Add. 1, 11.

139 Vgl. etwa UN Doc. A / 8001 / Add. 1, 8.

140 Vgl. *Gitta Bauer*, Der unterschätzte Generalsekretär. Zur Amtszeit Kurt Waldheims (1972-1981), in: VN 30 (1982), 1-5.

141 UN Doc. A / 35 / 1 vom 10. September 1980, 11.

von Teheran sowie der Ausbruch des Golfkrieges zwischen dem Irak und Iran erneut die Aufmerksamkeit auf den Konfliktherd „mittlerer Osten" lenken. Hungerkatastrophen in Bangladesh und der Sahel-Zone sowie das dramatisch wachsende Flüchtlingsproblem in Afrika und Asien stellen die Organisation vor neue humanitäre Aufgaben. Obgleich die friedenssichernden Operationen der UN unter *Waldheims* Führung organisatorisch funktionieren und auch im Gegensatz zu den Anfangsjahren politisch deutlich weniger umstritten sind, zeigt sich in den UN und insbesondere auch in den Berichten ihres Generalsekretärs Enttäuschung über den Ausbruch neuer Konflikte, ohne daß die Organisation diese hätte verhindern können.

Vor diesem Hintergrund ist es zu verstehen, daß die Stärkung der Wirksamkeit der Organisation angesichts wachsender Anforderungen das Grundmotiv der Jahresberichte *Waldheims* darstellt. Der ehemalige Außenminister Österreichs und langjährige ständige Vertreter seines Landes bei den Vereinten Nationen kehrt in diesen Berichten wieder zu einem stärker analytischen Ansatz zurück; neben Berichten über einzelne Schwerpunkte der Tätigkeit der Organisation — Friedenssicherung, Friedenstruppen, Abrüstung, Menschenrechte, Entwicklungsfragen, Nothilfe durch die UN, internationale Konferenzen und innerorganisatorische Fragen nehmen breiten Raum ein — analysiert er jeweils den Entwicklungsstand der Organisation mit dem Ziel, Wege zu ihrer Effektivitätssteigerung aufzuzeigen.[142]

Das dabei zugrunde gelegte *Verständnis der Vereinten Nationen,* das oft in historischen Ausführungen dargelegt wird, geht aus von einer pragmatischen Sicht der Leistungsfähigkeit der UN im internationalen System. Die UN als „Forum" erscheinen als — notwendige — Ergänzung regionaler Zusammenarbeit und bilateraler Diplomatie; das ursprüngliche Konzept einer primär der Sicherung und notfalls Wiederherstellung des Weltfriedens gewidmeten Organisation sei lange einem pragmatischen Ansatz gewichen, nach dem der Organisation drei Funktionen zukämen: das alltägliche Bemühen um Friedenssicherung, Konflikteindämmung und Konfliktprävention; die — bei weitem überwiegende — mittelfristige Befassung mit globalen Problemen wie Abrüstung, Entwicklung, Handel, Bevölkerung, Umwelt, natürliche Resourcen, See- und Weltraumrecht; sowie schließlich die langfristige Aufgabe, durch die praktische Bewährung der UN in der kooperativen Lösung der mittelfristigen Probleme die Organisation zu einem verläßlicheren Instrument internationaler Ordnung und Zusammenarbeit fortzuentwickeln.[143] Dabei wird immer wieder betont, daß die UN den Staaten eine Vielfalt von Handlungsmöglichkeiten anbieten, daß jedoch überzogene Erwartungen an die Organisation deren Wirksamkeit zu vermindern geeignet seien. Die

142 Insbesondere in diesen Teilen macht sich die Handschrift *Brian Urquharts* bemerkbar, der die Jahresberichte *Waldheims* verfaßte. Vgl. *Franck,* Nation against Nation (Anm. 8), 132.

143 UN Doc. A / 9001 / Add. 1 vom 23. August 1973, 2.

UN sei kein Weltstaat, sondern ein — freilich unverzichtbares — Instrument zum Ausgleich nationaler Souveränitäten und Interessen.[144] Andererseits wird jedoch auch betont, daß die UN Interessen der Staatengemeinschaft als Ganzer repräsentieren und daß sich in der Zusammenarbeit in der UN zumindest im Keim die Entwicklung einer Staatengemeinschaft abzeichne.[145] Für die Fortentwicklung der UN sieht *Waldheim* durchaus realistisch die Notwendigkeit, verschiedene Konzeptionen der Mitgliedstaaten von einer Weltorganisation — einen diplomatischen, problemlösungsorientierten Ansatz hier und einen parlamentarischen, auf das Austragen von Meinungskonflikten und Mehrheitsentscheidungen hin angelegten Ansatz dort — zu integrieren.[146] So betont er einerseits den — auch von *U Thant* in den Vordergrund gestellten — Charakter der UN als Forum i. S. von Art. 1 Ziff. 4 der Charta, verweist andererseits aber auch auf die Notwendigkeit, daß die UN im Angesicht globaler Problemlagen politische Programme i. S. von Richtlinien für künftiges Staatenverhalten formulieren und verabschieden müssen. Schließlich macht er auf die zu sehr verkannte Funktion der Organisation aufmerksam, normative Ziele und Prinzipien lebendig zu halten, die nicht von heute auf morgen mittels Abstimmung verwirklicht werden können.[147]

In den Jahresberichten *Waldheims* finden sich auffallend wenige Ausführungen über die *Rolle des Generalsekretärs*. Aus den wenigen Äußerungen wird jedoch deutlich, daß *Waldheim* die Ausübung seines Amtes im politischen Willen der Mitgliedstaaten zu legitimieren sucht.[148] Diese Haltung, die nicht ohne Kritik geblieben ist[149], bringt eine besondere Sensibilität auch für die Widersprüche

144 U. a. UN Doc. A / 31 / 1 / Add. 1 vom 31. August 1976, 7: „The United Nations is both the best available means of reconciling international differences and the best means available to the international community for harmonizing and concerting its approach to vital common objectives". Vgl. auch UN Doc. A / 32 / 1 vom 1. September 1977, 1.

145 A. a. O., 2 und 6 sowie UN Doc. A / 35 / 1 vom 10. September 1980, 12.

146 UN Doc. A / 35 / 1 vom 10. September 1980, 2.

147 A. a. O., 12.

148 Vgl. dazu auch *Alan James*, Kurt Waldheim: Diplomat's Diplomat, in: YBWA 37 (1983), 81-96, der u. a. unter Hinweis auf die zahlreichen Reisen *Waldheims* hervorhebt, daß dieser die Weltpolitik aus der Perspektive der Außenministerien gesehen habe.

149 Sie bedeutete de facto, daß *Waldheim* in aller Regel die Position der Mehrheit vertrat, was sich z. B. in häufiger Kritik an Israel und Südafrika niederschlug. *Waldheim* wurde von den westlichen Mitgliedstaaten angekreidet, daß er zur Verurteilung des Zionismus als Rassismus durch die Generalversammlung geschwiegen hat. Geradezu katastrophale Folgen hatte seine Haltung jedoch für das Sekretariat: da er den politischen Wünschen und dem Druck der Mitgliedstaaten bei Personalentscheidungen im Sekretariat keinen Widerstand entgegensetzte, ist in seiner Amtszeit die Unabhängigkeit des Sekretariates und die Moral seiner Bediensteten nachhaltigen Belastungen ausgesetzt gewesen. Vgl. dazu *Bauer* (Anm. 140) sowie zum Sekretariat *Seymour Maxwell Finger / Nina Hanan*, The United Nations Secretariat Revisited, in: Orbis 1981, 197-208, m. w. N. sowie *John P. Renninger*, Improving the United Nations, in: Journal of Development Planning 17 (1987), 85-111 (91 ff.).

mit sich, durch welche der „politische Wille“ der Mitgliedstaaten in den UN gekennzeichnet ist. Solche Widersprüche hält er ihnen denn auch nicht selten vor Augen. Besonders fällt der Hinweis auf, daß die Regierungen einerseits durch immer neue Programme dem Sekretariat und dem Generalsekretär beständig wachsende Aufgaben zuschreiben, daß sie andererseits jedoch weder klare Ausführungsbestimmungen noch zureichende finanzielle Mittel zur Verfügung stellen. Auch würden Resolutionen nur sehr unzureichend befolgt.[150] In dieser Hinsicht versteht sich Generalsekretär *Waldheim* als „custodian of the decisions of the United Nations“.[151] Den exekutiven Aufgaben des Sekretariates und ihrer Organisation wie auch den Sekretariatsangehörigen und ihren Problemen schenkt *Waldheim* — entgegen der von ihm mitzuverantwortenden Malaise des Sekretariates gerade in seiner Amtszeit — deutlich mehr Aufmerksamkeit als sein Vorgänger.[152] Politisch begreift er seine Aufgabe als eine vermittelnde; er sucht insbesondere die Kommunikation zwischen den Staaten aufrecht zu erhalten und zu fördern.[153] Dem dienten nicht zuletzt die häufigen Reisen in die Hauptstädte der Mitgliedstaaten und in Konfliktregionen. Zwar kann seine Grundeinstellung, den Mitgliedstaaten mit seinen guten Diensten und mit den Möglichkeiten der Organisation zur Verfügung zu stehen[154], als ein *integratives* Bemühen gewertet werden; wenn er sich aber zum Anwalt der dynamischen Entwicklung der Organisation macht, tut er dies in aller Regel unter Hinweis auf die seiner Ansicht nach mangelnde Bereitschaft der Mitgliedstaaten, die UN in gebotenem Ausmaß zu nutzen und zu fördern.[155] Gelegentlich treibt er die Mitgliedstaaten förmlich an, das Ziel einer der Charta entsprechenden Organisation energischer zu verfolgen.[156]

Die Tatsache, daß es die ausdrückliche Absicht der Jahresberichte *Waldheims* ist, Wege zur Erhöhung der Effektivität der Organisation aufzuzeigen, läßt bereits eine Fülle von *Kriterien der Effizienz und Effektivität* der UN vermuten. Hauptkriterium zur Beurteilung der geschichtlichen Wirksamkeit der UN ist für ihn, inwieweit es der Organisation gelingt, die an sie herangetragenen Probleme in einer solchen Weise anzugehen, welche „a working balance between national sovereignty and national interests on the one hand and the long-term interests of the world community on the other“ herbeiführe. Doch bleibt dieses Kriterium

150 So etwa UN Doc. A / 31 / 1 / Add. 1 vom 31. August 1976, 4; A / 32 / 1, 9; A / 34 / 1, 9.

151 UN Doc. A / 31 / 1 / Add. 1, 4.

152 Etwa UN Doc. A / 33 / 1, 9 f.; A / 35 / 1, 8, 11; A / 36 / 1, 3, 10.

153 Vgl. UN Doc. A / 31 / 1 / Add. 1, 10.

154 So UN Doc. A / 8701 / Add. 1, 3 und A / 34 / 1, 2 („I feel strongly that the Secretary-General should be available“).

155 UN Doc. A / 9001 / Add. 1, 4 f., 8 („. . . not all governments are fully prepared to accept the consequences of their membership in the United Nations . . .“); A / 31 / 1 / Add. 1, 11.

156 Vgl. UN Doc. A / 32 / 1, 2; A / 34 / 1, 12.

ebenso wie die zahlreichen, oft beschwörenden Appelle, die Wirksamkeit der Organisation zu erhöhen, letztlich eine nicht operationalisierbare Leerformel.

Konkrete Kriterien ergeben sich hingegen aus einer Reihe von Reformvorschlägen, die *Waldheim* unterbreitet. Dabei ist zunächst hervorzuheben, daß im Gegensatz zu seinem Vorgänger die *Effizienz* der Organisation wieder stärker in den Vordergrund rückt.[157] Dabei macht *Waldheim* deutlich, daß mangelnde Effizienz das öffentliche Image der Organisation nachhaltig beeinträchtigen und damit indirekt die Effektivität der Organisation schmälern könne.[158] Vor allem die Einführung des Programmhaushaltes und die damit verbundene Einführung von mittelfristigen Plänen und einem Evaluierungsverfahren gaben ihm Gelegenheit, Sparsamkeit „as well as the most effective utilization of resources through their redeployment, as appropriate, and a rearrangement of priorities" zu fordern bzw. sich in der Budgetgestaltung zu diesen Kriterien zu bekennen.[159] Weiterhin betont er, daß gerade eine internationale Organisation, in der es ebenso viele Konzepte effizienter Verwaltung wie Mitgliedstaaten gebe und in der organisatorische Fragen immer auch hochpolitische Fragen seien[160], einer ständigen Kontrolle („review") ihres administrativen Apparates bedürfe.[161] Damit sind deutlich auch Grenzen der Effizienz einer Weltorganisation angesprochen. In deren Rahmen werden folgende einzelne Effizienzkriterien angeführt:

— Mit dem Appell, weniger Konferenzen abzuhalten und die Zahl der abgegebenen Statements zu reduzieren, weist *Waldheim* darauf hin, daß die „absortive capacity of governments" in den UN zu stark strapaziert sei.[162]

— Verfahrensabläufe seien daraufhin zu prüfen, ob sie nicht gestrafft und entlastet werden könnten.[163] In diesem Zusammenhang wird öfter die Generalver-

157 Vgl. UN Doc., A / 10001 / 1 / Add. 1 vom 11. August 1975, 9: „There is an urgent need for improving the efficiency of the U.N. system".

158 UN Doc. A / 32 / 1 vom 1. September 1977, 8.

159 UN Doc. A / 34 / 1, 11; vgl. auch A / 36 / 1, 9 sowie A / 35 / 1, 11 zum neuen Budgetverfahren: „As part of this process there are a number of actions which will greatly assist in this endeavour. These include the medium-term plan, which more systematically involves intergovernmental organs in the review process; the programme budget which gives increased emphasis to programme aspects particularly in the economic and social sectors; and an evaluation of the effectiveness and impact of United Nations programmes which will enable the Organization to draw more systematically on its own experience and help it to concentrate on approaches and methods which have proved most effective. Such measures are essential for the identification of activities that are of marginal usefulness or obsolete. Obviously the efficiency and effectiveness of the Organization cannot be radically improved solely by actions initiated within the Secretariat. The other essential is the active participation of Governments and their readiness to take the necessary hard decisions to terminate marginally useful activities."

160 UN Doc. A / 31 / 1 / Add. 1, 5 f.

161 UN Doc. A / 32 / 1, 9.

162 UN Doc. A / 33 / 1, 9.

163 Etwa UN Doc. A / 35 / 1, 11.

sammlung angesprochen[164]: einerseits hebt *Waldheim* verschiedentlich die Vorstrukturierung von Verhandlungspositionen durch Gruppenbildung positiv hervor[165]; andererseits drängt er verschiedentlich auf eine Reduzierung der Tagesordnung der Generalversammlung. Auch eine Reorganisation des Verfahrensablaufs im 5. Ausschuß im Zuge der Haushaltsneugestaltung wird begrüßt.[166]

— Schließlich weist er verschiedentlich darauf hin, daß die Dokumentation im UN-System ungerechtfertigt hohe Kosten bei nicht immer gegebenem Informationswert verschlinge und zudem die Aufnahmekapazität der Delegierten deutlich überfordere.[167]

Das allgemeine Klima der internationalen Beziehungen und das öffentliche Image der Vereinten Nationen sind die Komplexe, die den Jahresberichten *Waldheims* zufolge die Effektivität der UN am stärksten beeinträchtigen. Immer wieder betont er, es müsse negativen Perzeptionen der Organisation begegnet und vorgebeugt werden; der Grad, in dem die Organisation ihre Aufgaben erfülle, die Wertschätzung, der sich die UN-Mitgliedschaft bei den einzelnen Regierungen erfreue, und der unmittelbare Kontakt mit den Vereinten Nationen etwa durch Informationsbesuche von Regierungsmitgliedern und Parlamentariern am Sitz der Organisation werden im einzelnen als mögliche Wege hierzu benannt.[168] Ein zweiter eigenständiger Komplex sei das Vertrauen, welches dem Sicherheitsrat entgegengebracht werde.[169] Obgleich das in der Charta vorgesehene Verfahren der kollektiven Sicherheit sich nicht habe entwickeln können, wird doch dem Sicherheitsrat bescheinigt, ein für die Friedenssicherung unverzichtbares Verhandlungsverfahren entwickelt zu haben. Für den Erfolg der Friedenssicherung insgesamt nennt er vier Kriterien: Abrüstung, Respekt für Entscheidungen der UN-Organe, Weiterentwicklung der friedenssichernden Techniken der UN[170] sowie eine stärkere Herausbildung von friedensschaffenden Möglichkeiten.[171] Wie bei seinen Vorgängern nimmt auch bei *Waldheim* die Kritik an mangelnder finanzieller Ausstattung einen relativ breiten Raum ein; er betont dabei, daß einerseits die gestiegenen humanitären Anforderungen an die Organisation erhebliche Mittel von anderen operativen Tätigkeiten abzögen, daß andererseits aber

164 So UN Doc. A / 33 / 1, 9.

165 So UN Doc. A / 31 / 1 / Add. 1, 6; A / 34 / 1, 1; A / 35 / 1, 1.

166 UN Doc. A / 32 / 1, 8.

167 Ebd.

168 Zu diesem Komplex insgesamt UN Doc. A / 31 / 1 / Add. 1, 10; A / 32 / 1, 2; A / 34 / 1,10; A / 35 / 1, 2.

169 UN Doc. A / 9601 / Add. 1, 5; A / 10001 / Add. 1, 1 f.; A / 32 / 1, 2; A / 33 / 1, 2.

170 Die Friedenstruppen sieht er geradezu als einen Beweis für die Dynamik einer sich fortentwickelnden und den Anforderungen und Bedingungen des internationalen Systems sich anpassenden UN an. Dazu UN Doc. A / 43 / 1, 4; vgl. auch A / 8701 / Add. 1, 5 und A / 9001 / Add. 1, 3.

171 UN Doc. A / 10001 / Add. 1, 3 ff.

die mangelnde Finanzausstattung dazu führe, daß institutionelle Möglichkeiten etwa der technischen Hilfe brachlägen.[172] Darüber hinaus werden folgende Einzelkriterien genannt:

— Ausrichten der Tätigkeiten — besonders im operativen Bereich — an den vorwiegenden Bedürfnissen der Mitgliedstaaten;[173]

— Modernisierung internationaler Organisationen insgesamt unter der Vorgabe, einen Mittelweg zu finden zwischen Dezentralisierung einerseits und Vermeidung unkontrollierten Wachstums andererseits;[174]

— dem Wachstum der Organisation müsse mit einer steigenden Steuerungsfähigkeit des Systemganzen begegnet werden, wobei auf die Rolle des ECOSOC verwiesen wird;[175]

— in der Konzeption der Entwicklungstätigkeit müsse deutlicher zwischen ökonomischer und sozialer Tätigkeit unterschieden werden, ohne zwischen beiden Bereichen eine Trennungslinie zu ziehen.[176]

e) Javier Pérez de Cuéllar

Der fünfte Generalsekretär der UN nahm sein Amt unter denkbar schlechten weltpolitischen Bedingungen auf.[177] Der sowjetische Einmarsch in Afghanistan hatte die Beziehungen zwischen den Supermächten deutlich verschlechtert. Am Persischen Golf, im Tschad und um die Falkland-Inseln konnten militärische Auseinandersetzungen von den UN weder verhindert noch beendet werden; die UN-Friedenstruppen im Libanon wurden von einer multilateralen Streitmacht unter Führung der USA beiseite geschoben, wodurch das Gesamtkonzept der Friedenstruppen in Frage gestellt schien. 1985 erreichte der politische Konflikt in der Weltorganisation einen Höhepunkt: die Vereinigten Staaten verließen die UNESCO und erzwangen mit massiven Beitragszurückhaltungen Reformen in der UNO. Mit der Demonstration von Reformbereitschaft nach 1985 und insbesondere unter dem Einfluß der politischen Wandlungen in Osteuropa begann sich das Blatt jedoch zu wenden: die Beendigung des Afghanistan-Konflikts, in dessen Verlauf sich in der Generalversammlung eine Mehrheit für die Verurteilung einer Supermacht gefunden hatte, und des Golf-Krieges zwischen Iran und dem Irak, der Friedensnobelpreis für die UN-Friedenstruppen, die Unabhängigkeit Namibias, Vermittlungserfolge u. a. in Zentralamerika und im West-Sahara-

---

172 UN Doc. A / 31 / 1, 10 und A / 36 / 1, 7.

173 UN Doc. A / 35 / 1, 11.

174 UN Doc. A / 31 / 1 / Add. 1, 8.

175 UN Doc. A / 9001 / Add. 1, 6 f.

176 UN Doc. A / 8701 / Add. 1, 5.

177 Zu seiner Amtszeit vgl. die Würdigung von *Donald H. Shannon*, Ernüchterung, Erfahrung, Erleichterung. Zur Amtszeit von *Javier Pérez de Cuéllar*, in: VN 40 (1992), 1 - 4.

Konflikt, einmütige Resolutionen in der 1990 vom Irak entfachten Golfkrise und zur Beilegung des Kamputschea-Konflikts sind nur einige Stationen erfolgreicher UN-Politik, die insgesamt in der Öffentlichkeit den Eindruck einer „wiedererwachten" Weltorganisation erweckten. Am Ende der Amtszeit *Pérez de Cuéllars* steht schließlich der zweite Golfkrieg einerseits, in dem der Sicherheitsrat nach gescheiterten Vermittlungsbemühungen des Generalsekretärs die Paralysierung seiner Handlungsfähigkeit überwinden konnte, und der Erfolg der Vermittlungsbemühungen *Pérez de Cuéllars* in El Salvador andererseits.

An der Konsolidierung der Weltorganisation nach 1986 hatte Generalsekretär *Pérez de Cuéllar* nicht geringen Anteil. Der in multilateraler Diplomatie im Rahmen der UN erfahrene peruanische Diplomat und Völkerrechtler *Pérez* benutzte seinen ersten Jahresbericht[178] dazu, eine umfassende Initiative zur Neubelebung der kollektiven Sicherheit unterhalb der Schwelle von Charta-Änderungen vorzulegen. Diese Initiative fand in der Generalversammlung weiten Widerhall und die Unterstützung insbesondere westlicher Mittelmächte[179]; es gelang *Pérez*, der durch die Praxis seiner Vorgänger gewachsenen eigenständigen politischen Rolle des Generalsekretärs politische und rechtliche Anerkennung zu verschaffen, wenn er sie auch gelegentlich nur sehr zurückhaltend ausübte.[180] In seinen Jahresberichten spiegeln sich sowohl die tiefe politische Krise der Organisation und die Anstrengungen zu ihrer Überwindung als auch Erfolge der UN im Falle der von einem breiten Konsens getragenen Nutzung ihrer Instrumente im Bereich der Friedenssicherung[181] nach 1986.

Pérez de Cuéllars Bild der UN ist geprägt von einer deutlichen Priorität der Friedenssicherung. Ihrer Wiederbelebung widmet er nicht nur den kompletten ersten Jahresbericht, sie steht auch in den nachfolgenden Berichten und insbesondere seinem letzten Jahresbericht[182] stets an erster Stelle und nimmt breiten Raum ein. Besonderen Nachdruck legt er auf die völkerrechtlichen Verpflichtungen der Mitgliedstaaten, wie sie sich aus der Charta ergeben.[183] Immer wieder fordert er die Staaten auf, sich erneut zu den Verpflichtungen der Charta zu bekennen. Ausdrücklich nimmt *Pérez de Cuéllar* Kritik an der Weltorganisation auf, doch versteht er es immer wieder deutlich zu machen, daß die UN sich gerade dort zum allseitigen Nutzen der Mitgliedstaaten entwickelt habe, wo ihre vielfältigen Leistungen keine Schlagzeilen gemacht haben. In vielen Bereichen der internatio-

---

178 UN Doc. A / 37 / 1 vom 7. September 1982.

179 Vgl. den Bericht über die *Pérez*-Initiative in: VN 32 (1984), 201 f.

180 So wurde er z. B. für sein relativ spätes Tätigwerden im Irak-Kuwait-Konflikt kritisiert.

181 Die Erfahrung mit der Beilegung der Afghanistan-Krise habe z. B. gezeigt, wie wirksam ein Mandat des Generalsekretärs sein könne, wenn es vom Sicherheitsrat gestützt werde und breiten Rückhalt bei den Mitgliedstaaten fände, so UN Doc. A / 43 / 1 vom 14. September 1989, 1. Vgl. auch A / 46 / 1 vom 13. September 1991.

182 UN Doc. A / 46 / 1.

183 Z. B. UN Doc. A / 40 / 1 vom 3. September 1985 mit Bezug auf den Terrorismus.

nalen Politik habe sich das Spektrum der Handlungsmöglichkeiten durch die Schaffung internationaler Organisationen erheblich erweitert; konkret weist er auf Flüchtlingsfragen, die Bekämpfung des Hungers und die Bekämpfung und Ausrottung von Krankheiten hin.[184] Auch unter den veränderten weltpolitischen Bedingungen der ausgehenden achtziger Jahre mit einer deutlichen Ost-West-Entspannung und der Herausbildung einer Mehrzahl von wirtschaftlichen Machtzentren sei die UN für die Supermächte der geeignete Ort, weltpolitischen Einfluß auszuüben, was freilich ein Ernstnehmen der Anliegen und Interessen der übrigen Mitgliedstaaten erfordere.[185] Der Vorteil, den die UN und besonders die Generalversammlung gerade auch in diesem Zusammenhang biete, sei darin zu sehen, daß hier alle Positionen zu weltpolitischen Fragen zu Wort kämen, Verhandlungen initiiert würden und Verhandlungsforen bereitstünden. In diesem Sinne spricht er gelegentlich von einer „Parlamentarischen Diplomatie" im Rahmen der UN.[186]

Auffallend ist ein sehr differenziertes Bild von den Aufgaben der einzelnen Organe und insbesondere von ihrem Zusammenwirken.[187] So ist auch sein Verständnis der *Rolle des Generalsekretärs* eingebettet in das Bild einer Gesamtarbeitsteilung der Organisation, wobei wiederum die friedenssichernden Funktionen der Organisation die Struktur dieser Arbeitsteilung bestimmen. Vermittlung auf dem Wege stiller Diplomatie ist für ihn eine zwar notwendige Aufgabe des Generalsekretärs, doch gibt er sich nicht damit zufrieden. *Pérez* drängt deutlicher als seine Vorgänger darauf, den Generalsekretär auf der Grundlage von Art. 99 in die Lage zu versetzen, bereits weit im Vorfeld akuter Konflikte tätig zu werden. Hierzu bedarf es einer eigenen Informationsbeschaffung durch das Sekretariat; der Aufbau entsprechender Einrichtungen wurde in seiner Amtszeit begonnen.[188] Die damit aufzubauende Frühwarn-Kapazität sei nicht Selbstzweck, sondern stehe in engem Zusammenhang mit dem Ziel, auch den Sicherheitsrat zu befähigen, frühzeitiger und wirksamer handeln zu können.[189] In seinem letzten Jahresbericht

---

184 UN Doc. A / 40 / 1.

185 UN Doc. A / 43 / 1.

186 So dezidiert in UN Doc. A / 43 / 1.

187 Vgl. UN Doc. A / 39 / 1 vom 5. September 1984 sowie *Pérez de Cuéllar* (Anm. 3), 68.

188 1987 wurde im Zuge der allgemeinen Reformmaßnahmen im Sekretariat ein „Office for Research and the Collection of Information" eingerichtet (dazu *John P. Renninger*, Early Warning: What Role for the United Nations? In: *ders.* (ed.), The Future Role of the United Nations in an Interdependent World, Dordrecht-Boston-London 1989, 207-219 und UN Doc. JIU / REP / 90 / 2, „The Co-ordination of Activities Related to Early Warning of Possible Refugee Flows", Ziff. 36 ff., 74 ff.). Freilich haben sich einige westliche Mitgliedstaaten, darunter die Bundesrepublik Deutschland, stärker für den Aufbau einer Frühwarn-Kapazität des Sekretariates engagiert als Generalsekretär *Pérez de Cuéllar* diese Möglichkeit denn auch genutzt hat. Einem Interview im Sekretariat zufolge (New York, 28. November 1989) hat dies seine Ursache darin, daß *Pérez* oft nur auf einen sehr engen Berater-Stab zurückgriff. — Das Office wurde im Zuge der Sekretariatsreform *Boutros Boutros-Ghalis* wieder aufgelöst.

189 So UN Doc. A / 37 / 1, 3.

konnte er zwar auf die Eröffnung einiger Verbindungsbüros im Nahen und Mittleren Osten verweisen, doch sei die Frühwarnkapazität des Generalsekretärs alles andere als zureichend, dabei jedoch wichtiger denn je.[190]

Auch jenseits der Friedenssicherung ist in der Beurteilung *Pérez de Cuéllars* der Handlungsspielraum des Generalsekretärs zu sehr eingeengt. Die Vielzahl autonomer Entscheidungsgremien im UN-System lege seinem Handeln ebenso Fesseln an wie die nicht selten auftretenden Konflikte zwischen Mandaten der Generalversammlung, den Vorschriften der Charta und den Interessen der UN-Mitarbeiter.[191] Letzteren wird in den Berichten ebenso wie der Organisationsstruktur des Sekretariates viel Aufmerksamkeit gewidmet.[192] Das Sekretariat erscheint dabei eher als Gehirn der Organisation denn als Ausführungsorgan; ihm soll die Aufgabe zukommen, Informationen bereitzustellen und eine rasche Anpassung der Organisation an sich wandelnde Anforderungen von seiten der Mitgliedstaaten zu gewährleisten.[193]

Insbesondere angesichts der UN-Krise Anfang der achtziger Jahre und bei der Durchführung von Reformmaßnahmen wird in den Berichten die Intention einer *Integration der Mitgliedstaaten* deutlich. Die Charta sowie die Bedeutung der UN als Ausdruck der „hopes and aspirations of mankind" werden als Focus einer solchen Integration angeführt. Es gebe, so betont *Pérez,* ein internationales Interesse, und Teil dieses Interesses sei eine besser funktionierende Weltorganisation.[194] Ihm liegt daran, einen Ausgleich der nationalen Interessen — auch der Industriestaaten — an den UN und diesem internationalen Interesse zu finden. Eine leistungsfähige Weltorganisation und der Standpunkt partikulärer Interessen sind für ihn ein nicht überwindbarer Gegensatz.[195] In diesem Sinne richtet er etwa die Mahnung an die Entwicklungsländer, daß die mangelnde Berücksichtigung von Minderheitspositionen und deren Schutz gerade bei Haushaltsentscheidungen die Effektivität der Organisation erheblich beeinträchtige.[196]

An einzelnen *Kriterien der Effizienz und Effektivität der UN* wiederholt *Pérez de Cuéllar* einerseits eine Reihe der bereits von seinen Vorgängern genannten

---

190 UN Doc. A / 46 / 1, 3 f.

191 UN Doc. A / 38 / 1 vom 12. September 1983.

192 Eine der ersten Amtshandlungen bestand im Auswechseln des Personalchefs, vgl. *Bauer* (Anm. 140), 3; vgl. aber auch kritisch *Renninger* (Anm. 149).

193 UN Doc. A / 38 / 1.

194 Vgl. UN Doc. A / 39 / 1 vom 5. September 1984.

195 So allgemein UN Doc. A / 40 / 1 vom 3. September 1985 und A / 37 / 1 mit Blick auf den Sicherheitsrat, den er auffordert, jenseits der Austragung bilateraler Differenzen ein aufgabenorientiertes Organbewußtsein zu entwickeln.

196 So UN Doc. A / 38 / 1 und deutlicher noch A / 40 / 1 vom 3. September 1985, wo er darauf hinweist, daß Zweifel an der Problemlösungskapazität und -kompetenz der UN ebenso wie Zweifel einzelner Regierungen, die UN so beeinflussen zu können, daß sie die erreichten Ergebnisse mittragen können, insofern effektivitätshemmend seien, als sie die UN zum Sündenbock ungelöster Weltprobleme machten.

— so verweist auch er auf die effektivitätshemmende Wirkung unkontrollierten Wachstums des Systems [197] —, andererseits die von der „Gruppe der 18" angeführten und von GA Res. 41 / 213 [198] übernommenen Kriterien, für deren Umsetzung in konkrete Reformmaßnahmen er die primäre Verantwortung trägt. Auffallend ist jedoch ein gelegentliches caveat: die Kritik, die UN-Bürokratie sei zu aufgebläht, zu kostenintensiv und überdies politisiert, müsse ernst genommen werden; man müsse andererseits aber auch Verständnis für die Probleme einer internationalen Organisation entwickeln, die sich aus (damals) 157 Mitgliedern und damit auch verschiedenen Vorstellungen effizienter und effektiver Verwaltung zusammensetze. [199] Insoweit sei ein gewisser Effizienzverlust nicht zu vermeiden. In gleiche Richtung geht der Hinweis, die Leistungen der UN könnten nicht ohne weiteres etwa an der Zahl zustandegekommener völkerrechtlicher Verträge gemessen werden, da z. B. Leistungen wie die Schaffung von Problembewußtsein — etwa in der Verschuldungsproblematik oder hinsichtlich der besonderen Probleme Afrikas — nicht quantifizierbar seien. [200] Auch finde eine Straffung der Tagesordnung der Generalversammlung eine Grenze am Charakter dieses Organs als Repräsentant der Universalität der Mitglieder; Verhandlungen der Staaten zu einzelnen Tagesordnungspunkten vor Beginn der Generalversammlung könnten indessen die Konsensbildung erleichtern. [201]

Hinsichtlich der wirtschaftlichen und sozialen Zusammenarbeit, auf die er jeweils ausführlich eingeht, führt er im Jahresbericht 1985 aus, die ursprüngliche sektorale Arbeitsteilung des UN-Systems werde in jüngster Vergangenheit immer häufiger durchbrochen, da mit zunehmend komplexer werdenden Problemen häufiger die UNO, nicht aber die funktionalen Sonderorganisationen befaßt werden müssen. Dies sei zwar insofern zu begrüßen, als dadurch die Sonderorganisationen entlastet würden, aber es setze eine sehr viel stärkere Koordination der UN-Politiken auf nationaler Ebene einerseits und eine bessere Nutzung des ECOSOC als Problemfindungs- und Koordinationsorgan andererseits voraus.

Ein besonderer Stellenwert kann dem letzten Jahresbericht *Pérez de Cuéllars* beigemessen werden. [202] Hier zieht er einerseits Konsequenzen aus dem weltpolitischen Wandel für die Bedeutung der UN und bilanziert andererseits die Reformen nach 1985. Angesichts der Erfolge in der Friedenssicherung könne an der Effektivität der UN kein Zweifel mehr bestehen. Der Sicherheitsrat habe die Paralysierung seiner Handlungsfähigkeit überwunden, die Rolle des Generalsekretärs sei gebührlich gestärkt, und das Zusammenspiel beider Organe habe sich bewährt. Für präventive Diplomatie jedoch sei der Generalsekretär nicht zureichend ausge-

---

197 UN Doc. A / 38 / 1.

198 Dazu unten, S. 285 ff.

199 UN Doc. A / 38 / 1.

200 UN Doc. A / 39 / 1.

201 UN Doc. A / 40 / 1.

202 UN Doc. A / 46 / 1.

stattet. Wenn er auch hinsichtlich des Reformprozesses die Konzentration auf die Funktionsfähigkeit der Organisation hervorhebt, so sind kritische Töne dennoch unüberhörbar: es sei erforderlich, über die rein verwaltungstechnischen Aspekte einer UN-Reform hinauszublicken. Statt die Anatomie des Sekretariats zu durchleuchten, wird eine auf die steigende Tätigkeit der Organisation konzentrierte Haltung der Generalversammlung und der Mitgliedstaaten angemahnt: Der Generalversammlung hält *Pérez* vor, durch zu detaillierte Regelungen die dem Generalsekretär in Art. 100 zugeschriebene Verantwortung für die Effektivität des Sekretariates über Gebühr eingeengt zu haben. Den Mitgliedstaaten, und hier vor allem den Hauptbeitragszahlern, hält er deren primär fiskalisches Reformkonzept vor: Finanzielle Zurückhaltung und eine Politik des Nullwachstums seien mit steigenden Anforderungen an die UN nicht auf einen Nenner zu bringen. Er fordert m. a. W. eine deutliche Verlagerung von der Effizienzperspektive zu einer effektivitätsorientierten Politik der UN-Reform.

3. Zusammenfassung

Die Generalsekretäre der Vereinten Nationen stellen die Organisation in ihren Jahresberichten als ein Instrument der Mitgliedstaaten dar, das einerseits in der Charta eine vom politischen Interesse der Staaten unabhängige Rechtsgrundlage und Rechtfertigung besitzt, dessen Wirksamkeit andererseits jedoch vom politischen Willen der Mitgliedstaaten abhängt, von diesem Instrument Gebrauch zu machen. Ihr ganz überwiegendes Anliegen ist es, bei den Mitgliedstaaten für eine Festigung und Stärkung einer effektiven Weltorganisation zu werben. Politisch wird dies in der Notwendigkeit gerechtfertigt, daß den Staaten in einer pluralistischen Staatenwelt zur Aufrechterhaltung des Friedens unter der Herrschaft des Rechts Verfahren zur Konfliktbereinigung zur Verfügung stehen müssen und daß angesichts zunehmender globaler Probleme bei gleichzeitig wachsender Interdependenz dieser Probleme ständige Verhandlungsforen bereitzustellen, Problemlagen zu erkennen und Verhandlungen zu ihrer Lösung zu initiieren sind. Dabei macht sich eine Verlagerung des Schwergewichts von der Friedenssicherung im engeren Sinne der Friedenswahrung nach Kap. VII der Charta hin zu einem differenzierteren Ansatz bemerkbar, der Konfliktbewältigung und Konfliktprävention einerseits und Friedensförderung durch wirtschaftliche und soziale Aktivitäten im Sinne eines umfassenden Friedensbegriffs andererseits einbezieht und z. T. sogar in den Vordergrund stellt. Damit ist zugleich auch eine Verlagerung der Maßstäbe verbunden, nach denen die Wirksamkeit der Organisation beurteilt wird: steht in den Anfangsjahren der Beitrag der Organisation zur Schaffung einer Weltfriedensordnung oder doch zur Kriegsverhütung im Vordergrund, so treten bald die organisatorischen Erfordernisse einer Weltorganisation hinzu, die durch zwischenstaatliche Zusammenarbeit auf allen Sachgebieten der internationalen Politik konsensfähige Problemlösungen vorbereiten und aushandeln soll.

In der Beurteilung der Effektivität und Effizienz der Organisation läßt sich ebenfalls eine deutliche Problemverlagerung beobachten: bei der von allen Generalsekretären vorgenommenen Gegenüberstellung der Aufgaben der Organisation hier und der zur Verfügung stehenden Organisationsstruktur dort überwiegt zunächst deutlich die Intention, zur Steigerung ihrer Effektivität i. S. ihrer Problemlösungskapazität einen Ausbau der Organisation herbeizuführen. In Ansätzen schon bei *Hammarskjöld*, deutlich aber bei *Waldheim* und *Pérez de Cuéllar* wird dies jedoch von dem Gedanken überlagert und schließlich in den Hintergrund gedrängt, daß die Struktur des UN-Systems angesichts der an die UN herangetragenen Aufgaben zu wenig effizient genutzt werde und insofern organisatorische Straffung und Reformmaßnahmen erforderlich seien.

Ein drittes Ergebnis ist im Blick auf das Amt des Generalsekretärs selbst festzuhalten: die auffallendste Entwicklung ist wohl darin zu sehen, daß die eigenständige politische Rolle des Generalsekretärs im Rahmen der friedenssichernden Funktionen der UN sich der rechtlichen und politischen Anerkennung der Mitgliedstaaten versichern konnte. Hatte *Hammarskjöld* bei der Befreiung der Amerikaner in China noch erhebliche Auseinandersetzungen um die Ausfüllung des ihm von der Generalversammlung erteilten Mandats durchzustehen, so war die Befreiung französischer Geiseln aus den Händen der POLISARIO Weihnachten 1977 durch *Waldheim* eine eigenständige Initiative des Generalsekretärs, deren Rechtmäßigkeit trotz des Fehlens eines jeglichen Mandats nicht mehr bestritten wurde.[203] Daß damit auch der politische Einfluß des Generalsekretärs gesteigert wurde, zeigt u. a. die Tatsache, daß *Pérez de Cuéllar* 1986 bis 1988 zusammen mit dem Generalsekretär der OAS erstmals als ein neben den teilnehmenden Regierungen gleichberechtigtes Mitglied in der internationalen Kommission mitwirkte, die den Friedensprozeß „Esquipulas II" in Zentralamerika überwachte.[204] Damit jedoch sind ohne Zweifel auch die Erwartungen der Mitgliedstaaten an die Bedeutung des Generalsekretärs für die Effektivität der Organisation insgesamt gestiegen, was der letzte Jahresbericht *Pérez de Cuéllars* deutlich unterstreicht.

Welches nun die Erwartungen der Mitgliedstaaten an die Effektivität der Organisation insgesamt sind und welche Rolle Effizienzüberlegungen in ihrer UN-Politik spielen, ist im folgenden näher zu untersuchen.

---

203 Vgl. *Thomas M. Franck*, The Prerogative Power of the Secretary-General, in: Public International Law and the Future World Order, Fs. A. J. Thomas, Littleton 1987, 5-1 – 5-20, der zu dem Schluß kommt: „the only important winner in the intrainstitutional power struggle had been the Secretary-General" (5-16).

204 Dazu *Hugo Caminos / Roberto Lavalle*, New Departures in the Exercise of Inherent Powers by the UN and OAS Secretaries-General: The Central American Situation, in: AJIL 83 (1989), 395-402.

§ 6 Der Topos „Effizienz" und „Effektivität" in der Reformgeschichte der UN bis 1985

Die Vereinten Nationen kennen den Ruf nach Reformen und kennen Reformmaßnahmen kleineren und größeren Ausmaßes nicht erst seit der Finanzkrise der achtziger Jahre. Nicht nur flossen Reformüberlegungen des Völkerbundes in die Gestaltung der UN-Charta ein, sondern schon im ersten Jahrzehnt des Bestehens der Organisation wurden Expertengremien eingesetzt, welche Reformstrategien für Teilbereiche der Organisation erarbeiten sollten.[1] Die Geschichte des Sekretariates etwa ist ebenso wie die Geschichte des Koordinationssystems eine ununterbrochene Reformgeschichte. Im folgenden ist die Funktion des Topos „Effizienz" und „Effektivität" der Vereinten Nationen im Reformprozeß der UN bis 1985 näher zu untersuchen. Dies soll zunächst in einem Überblick der Reformgeschichte bis 1985 und anhand der Tätigkeit eines der wichtigsten mit Reformfragen befaßten Hilfsorgane, des Charta-Ausschusses, geschehen. Hierbei ist insbesondere auch auf rechtliche und politische Rahmenbedingungen einer Charta-Reform einzugehen.

1. Reformen der UN bis 1985 im historischen Überblick

Im Überblick über die Reformgeschichte der UN lassen sich nach Intensität und Komplexität der Maßnahmen die vier folgenden Ebenen unterscheiden, auf denen Reformen vorgeschlagen, diskutiert oder durchgeführt werden:

Auf einer ersten Ebene werden *kleinere, meist organisatorische Korrekturen* angestrebt bzw. durchgeführt, wie etwa die Erhöhung der Mitgliederzahl in Ausschüssen oder Organen, um die Repräsentanz der Mitgliedschaft in diesen angemessen zu gewährleisten. Auf entsprechende Diskussionen auf der Konferenz von San Francisco wurde bereits hingewiesen[2]; eine Erweiterung des Sicherheitsrates und des ECOSOC[3] wurde aufgrund der seit Beginn der sechziger Jahre stark gewachsenen Mitgliederzahlen vorgenommen. Andere Beispiele für solche Korrekturen oder Kleinreformen sind etwa die Straffung von Verfahrensabläufen, Änderungen in Geschäftsordnungen[4] oder die Verbesserung der Kommunikation

---

1 Schon die erste Generalversammlung setzte ein „Committee on Procedures and Organization" ein, das im Zusammenwirken mit dem Generalsekretär Vorschläge unterbreiten sollte „to economize the time of the General Assembly", GA Res. 102 (I) vom 15. Dezember 1946. Vgl. insgesamt zum folgenden *Klaus Dicke*, Reform der UN, in: *Rüdiger Wolfrum* (Hrsg.), Handbuch Vereinte Nationen, 2. Aufl. München 1991, 663-673.

2 Vgl. oben, S. 20 f.

3 Einzelheiten unten, S. 160, 172 f.

4 So etwa die Straffung des Ablaufs der Generaldebatte und anderer Verfahren in der Generalversammlung, dazu *Beate Lindemann / Dagmar Hesse-Kreindler*, Ausschußsystem, in: Handbuch Vereinte Nationen (Anm. 1), 26-34, Rdn. 13, 26.

zwischen Gremien und Organen durch gemeinsame Beratungen oder den Austausch von Dokumenten. — Eine zweite Ebene stellen die *Neueinrichtung* einzelner Organe oder die *Neuorganisation* einzelner Tätigkeitsbereiche dar. Beispiele sind die Gründungen der UNCTAD, UNIDO, des UNEP u. a., die annähernd beständige Umorganisation des Sekretariates, über die fast jede Ausgabe des UN-Yearbook Auskunft gibt, die Neuorganisation der Flüchtlingshilfe in den fünfziger Jahren bis zur Gründung des UNHCR[5], die Neuorganisation der technischen Hilfe bis zur Gründung des UNDP[6] oder die mit GA Res. 46 / 182 vom 19. Dezember 1991 (Annex) und GA Res. 47 / 168 vom 22. Dezember 1992 erfolgte Neuordnung der humanitären Hilfe. Mit solchen organisatorischen Maßnahmen soll die Leistungsfähigkeit der Organisation gesteigert bzw. neuen Anforderungen aus dem internationalen System angepaßt werden. — Als eine dritte Reformebene sind Bemühungen um eine *Strukturreform* zu nennen. Hierunter fallen einerseits etwa die Kompetenzverschiebung vom Sicherheitsrat auf die Generalversammlung in der Friedenssicherung durch die „Uniting for Peace“-Resolution, die Einführung von Entwicklungsdekaden zur stärkeren Planung und Steuerung der Entwicklungstätigkeit der Organisation, die Umstellung auf einen Programmhaushalt 1974 / 75 oder die Umstrukturierung der Tätigkeit im Wirtschafts- und Sozialbereich durch die Reformresolution 32 / 197 vom 20. Dezember 1977.[7] Mit solchen Strukturreformen reagiert die Organisation erstens auf gesteigerte Anforderungen aus dem internationalen System, zweitens auf die Notwendigkeit, die aufgrund von Neueinrichtungen und Neuorganisationen erhöhte Komplexität der Organisation zu bewältigen, und drittens auf Defizite und Fehlentwicklungen, welche die Effizienz und Effektivität des Systems insgesamt mindern. Strukturreformen betreffen den Aufbau und die Entscheidungsfindung der Organisation zumindest in Teilbereichen sowie das Zusammenwirken ihrer Organe. Bei ihnen stellt sich nicht zuletzt die Frage einer möglichen Änderung der in der Charta grundgelegten Kompetenz- und Organisationsstruktur. — Als eine vierte Ebene schließlich sind *Totalrevisionen* anzusehen. Obgleich eine Totalrevision bislang nicht stattgefunden hat, liegen doch einige einschlägige Überlegungen dazu vor. Ein Beispiel ist der für die Reformdebatte nach 1985 wichtige *Bertrand*-Bericht, der die Reformfähigkeit der UN in ihrer derzeitigen Gestalt grundsätzlich bezweifelt und einen Neuansatz, eine „Weltorganisation der dritten Generation“ fordert, die ihrerseits nicht mehr nur Modifikationen, sondern eine Neukonzeption der Charta voraussetzt.[8]

---

5 Vgl. unten, S. 198.

6 Dazu *Tobias Stoll,* Technische Hilfe, in: Handbuch Vereinte Nationen (Anm. 1), 828 - 838; *Herbert Sahlmann,* UNDP — Entwicklungsprogramm der Vereinten Nationen, a. a. O., 895 - 904.

7 Dazu im einzelnen *Dicke,* Reform (Anm. 1), m. w. N.

8 *Maurice Bertrand,* Some Reflections on Reform of the United Nations, UN Doc. JIU / REP / 85 / 9 = A / 40 / 988, 1985. Ausführlich dazu unten, S. 281 ff.

Wie bei der Darstellung ihrer rechtlichen, organisatorischen und politischen Wirksamkeitsbedingungen gezeigt wurde, handelt es sich bei den UN um eine Organisation, die schon nach dem Willen ihrer Gründungsurkunde auf ein dynamisches Wachstum und damit auch auf eine ständige Anpassung ihres organisatorischen Gefüges an sich wandelnde Aufgaben und eine sich verändernde Umwelt hin angelegt ist. Versteht man unter „Reform" diesen Prozeß der Anpassung einer Organisation an Wandlungen in den Aufgaben und in der Umwelt[9], dann gehört ein nicht geringes Maß an Reformfähigkeit zu den Wirksamkeitsbedingungen der UN hinzu. Zwei Konstanten in der Reformgeschichte der UN scheinen dies zu belegen: Zum einen gehören Reformen zumindest auf den beiden ersten der oben genannten Ebenen seit Gründung der Organisation zu ihrem Alltag und zum andern wurde kaum eine Reforminitiative oder -maßnahme der UN nicht damit begründet, daß sie die Effizienz oder die Effektivität der Organisation angesichts neuer sachlicher Herausforderungen erhöhen werde. Diese beiden Konstanten sind im folgenden zunächst zu belegen.

In einem groben Überblick läßt sich die Geschichte der UN-Reformen bis 1985 in zwei Phasen einteilen.[10] In einer ersten, bis Anfang der sechziger Jahre währenden Phase ging es im wesentlichen um den Aufbau und weiteren Ausbau der Sekretariatsstruktur sowie um eine den politischen Anforderungen gerecht werdende Einrichtung von Neben- und Unterorganen. Reformimpulse gingen in der Hauptsache vom Generalsekretär aus.[11] Die zweite, bis Mitte der achtziger

[9] Zu diesem Reformbegriff allgemein *Eberhard Laux,* Bürokratiekritik und Verwaltungsvereinfachung. Ursachen — Zusammenhänge — Erträge, in: DöV 41 (1988), 657-665; im Zusammenhang mit dem UN-System *John R. Mathiason / Dennis C. Smith,* The diagnostics of reform: the evolving tasks and functions of the United Nations, in: Public Administration and Development 7 (1987), 143-163; *Philippe G. Le Prestre,* The Ecology of International Organizations, in: International Interactions 12 (1985), 21-44 (22 ff.) und *Dicke,* Reform (Anm. 1), Rdn. 2.

[10] Vgl. *Maurice Bertrand,* Can the United Nations Be Reformed? In: *Adam Roberts / Benedict Kingsbury* (Hrsg.), United Nations, Divided World. The UN's Role in International Relations, Oxford 1988, 193-208 (194 ff.).

[11] Ein typisches Beispiel ist die Einsetzung eines „UN Field Service". Unter dem Abschnitt „Proposals for further strengthening of the United Nations" hatte der Generalsekretär (UN Doc. A / 565) die Einsetzung einer 1000-5000 Mann starken „Guard Force" vorgeschlagen. Mit Res. 270 (III) vom 24. April 1949 hat die Generalversammlung einen entsprechenden Ausschuß eingesetzt, dem der Generalsekretär einen detaillierteren Vorschlag vorlegte (UN Doc. A / AC.29 / 1). Danach sollte die Guard Force Aufgaben bei Missionen der UN logistischer, aber auch polizeilicher Art wahrnehmen, u. a. Überwachungsaufgaben bei Waffenstillständen und Plebisziten übernehmen. Nach starkem Widerstand der Ostblockstaaten, die darin einen Charta-Verstoß sahen und auf die alleinige Kompetenz des Sicherheitsrates verwiesen, wurde im Ausschuß die Funktion der Guard auf die Logistik und Gewährleistung der Sicherheit von UN-Missionen und auf Wachpflichten in den Hauptquartieren eingeschränkt. Die Generalversammlung nahm mit Res. 297 (IV) vom 22. November 1949 die Empfehlungen des Ausschusses (UN Doc. A / 959, in: GAOR, 4th. sess., suppl. 13) an und betonte, der UN Field Service „will contribute to the more efficient operation of United Nations missions." Zum Ganzen vgl. auch *Jost Delbrück,* Die Entwicklung des Verhältnisses von Sicherheitsrat und Vollversammlung der Vereinten Nationen, Kiel 1964, 86 f.

Jahre währende Reformphase ist gekennzeichnet durch die Bewältigung der ersten großen Finanzkrise der Organisation in Folge des UN-Engagements im Kongo, durch ein erhebliches Anwachsen der Mitgliedschaft und einen deutlichen Anstieg der Entwicklungstätigkeit der Organisation. In dieser Phase weisen mehrere Expertenberichte auf Strukturmängel und Fehlentwicklungen des UN-Systems hin. Sie umfaßt denn auch den bislang einzigen umfassenden Ansatz einer Umstrukturierung im Bereich der operativen Tätigkeiten in den Jahren 1974-1979 („restructuring exercise“). Die Reforminitiativen gehen nun zunehmend von den Mitgliedstaaten, und hier in erster Linie von der neuen Mehrheit der Entwicklungsländer, aus.

Diese beiden Reformphasen sollen daraufhin untersucht werden, welche Reformmaßnahmen jeweils auf den vier oben genannten Ebenen mit der Effizienz bzw. Effektivität der Organisation und ihrer Tätigkeit in Verbindung gebracht werden. Ziel der Analyse ist es, einerseits Konstanten und Entwicklungen in der Beurteilung der Organisation als effektiv und effizient bzw. nicht effektiv und nicht effizient herauszuarbeiten und andererseits solche strukturellen Effizienz- und Effektivitätsprobleme zu identifizieren, die näherer Analyse bedürfen.

a) Die Aufbauphase der Organisation bis 1959

Auf der Ebene *kleinerer Korrekturen* sind in der ersten Phase zwei Schwerpunkte hervorzuheben: die Erhöhung der Mitgliedschaft in verschiedenen Organen und Ausschüssen sowie Straffungen und Rationalisierungen von Verfahren, insbesondere in der Generalversammlung. Bei den Diskussionen um eine Erhöhung der Mitgliederzahl in Organen und Gremien lassen sich einige wichtige Differenzierungen herausstellen. Die erste ergibt sich aus dem bereits angeführten Beispiel aus UNCIO, bei dem es um die Anzahl der Mitglieder im Exekutivausschuß der Vorbereitungskommission ging.[12] Feldmarschall *Smuts* hatte für die Beibehaltung der urspünglichen Mitgliederzahl von 14 votiert, mit dem Argument, daß „the executive committee would *not* deal *with policy* but *with administrative detail* which it must do wisely, efficiently and quickly, and that the smaller the body, the more expeditiously it could work“.[13] Indessen konnte sich in der Folgezeit weder die Unterscheidung in Verwaltungs- und politische Tätigkeit noch der Gedanke, daß ein Gremium in Verwaltungsfragen umso effizienter entscheiden könne, je kleiner es sei, durchsetzen. Das gilt insbesondere für den ECOSOC und seine Unterorgane, in denen sich bald zeigen sollte, daß sie von den Mitgliedstaaten als ausschließlich politische Organe angesehen wurden. Die nur begrenzte Mitgliedschaft im ECOSOC und die Konzipierung dieses Organs als funktionales Exekutivorgan war von Anfang an deshalb umstritten, weil sie insbesondere in der Sicht kleinerer Staaten keine zureichende Repräsentanz der

---

12 UNCIO 5, 261 (Antrag Belgiens). Vgl. oben, S. 21.

13 A. a. O., 293 (Hervorhebung K. D.). Unterstützt wurde er von Lord *Halifax*.

UN-Mitglieder gewährleistete. Zwar konnte Argentinien 1947 noch gedrängt werden, einen bereits eingebrachten Vorschlag zur Erhöhung der ECOSOC-Mitglieder[14] zurückzuziehen; doch schon am 1. Dezember 1950 hatte die Generalversammlung folgende Richtlinie für eine Reform der Mitgliedschaftsregelung verabschiedet: „it is desirable that the largest number of Member States compatible with efficiency should be enabled to participate in the organization and work of the Economic and Social Council and its subordinate bodies".[15] Hier schwingt der Gedanke *Smuts'* noch nach; Repräsentanz und Effizienz erscheinen als zwei Pole, die zum Ausgleich gebracht werden müssen. Unter dem Druck steigender Mitgliederschaft aber scheint sich die Effizienz bereits einige Jahre später aus der Repräsentanz zu ergeben und damit politischen Erwägungen untergeordnet zu werden. 1958 beschloß die Generalversammlung im Blick auf den ECOSOC,

> „an increase in the membership of the Economic and Social Council is desirable in order to achieve a wider representation *and thus* to make the council a more effective organ for carrying out the obligations placed upon it under Chapters IX and X of the Charter of the United Nations, and that such an increase should be designed as to preserve the expeditious conduct of the work of the Council."[16]

Ziel einer Erhöhung der Mitgliedschaft ist nunmehr die Effektivität des Organs im Hinblick auf die Implementierung der Charta-Ziele, die mit breiterer Repräsentanz zu steigern sei. Ein Effizienzkriterium (expeditious conduct) wird nur noch als nachgeordnete Bedingung (should) umschrieben. Die Betonung liegt jedoch auf dem politischen Kriterium der Repräsentanz.

Ein zweiter Schwerpunkt betrifft die Rationalisierung von Verfahren, deren Notwendigkeit sich schon in der 3. Generalversammlung zeigte. Mit der Begründung, daß die Länge von Debatten und Sitzungen zugenommen habe, setzte die Generalversammlung 1949 einen Sonderausschuß ein „(to) consider methods and procedures which would enable the General Assembly and its committees to discharge their functions more effectively and expeditiously".[17] Der Ausschuß erarbeitete Änderungsvorschläge zur Verfahrensordnung der Generalversammlung — im wesentlichen Straffungen von Debatten —, welche diese 1950 annahm, „mindful of the importance of adapting its organization and procedures to its increasing responsibilities".[18] Um dies zu ermöglichen, wird der Generalsekretär aufgefordert, wann immer es ihm erforderlich erscheine, Vorschläge zur Verfahrensreform zu unterbreiten. Effektivität i. S. der Aufrechterhaltung der Arbeitsfähigkeit durch organisatorische Anpassungen erscheint hier als dauerndes Reformpostulat der Generalversammlung; angesichts zunehmender Anforderungen sol-

---

14 UN Doc. A / 354.

15 So GA Res. 409 C (V) vom 1. Dezember 1950.

16 GA Res. 1300 (XIII) vom 10. Dezember 1958 (Hervorhebung K. D.); vgl. UNYB 1958, 106-108.

17 GA Res. 271 (III) vom 24. April 1949.

18 GA Res. 362 (IV) vom 22. Oktober 1949 mit Annex I und II; hier: Präambel.

len organisatorische Anpassungen verhindern, daß die Generalversammlung bei der sach- und zeitgerechten Erfüllung der ihr von der Charta gestellten Aufgaben behindert wird.

Zwei Gesichtspunkte aus der Diskussion dieses Problembereichs sind bemerkenswert: zum einen wurde hervorgehoben, daß Kenntnis und Befolgung von Verfahrensregeln eine erste wichtige Voraussetzung für die Effektivität der Organisation darstellen.[19] Diese Aussage zieht sich — und zwar keineswegs nur auf Verfahrensregeln beschränkt, sondern auf Resolutionen der Generalversammlung generell und völkerrechtliche Normen ausgeweitet — wie ein roter Faden durch die Reformdiskussionen der UN. Zum andern haben Jugoslawien und die Sowjetunion in einer Erklärung ihres Stimmverhaltens betont, daß eine verfahrensrechtliche Einschränkung des Aktionsradius von Mitgliedstaaten in der Generalversammlung unter Gesichtspunkten der Rationalisierung den „demokratischen" Charakter dieses Organs beeinträchtigen könnten; die UdSSR sprach sogar von einer Verletzung der „democratic principles on which the United Nations was based".[20] Hier tritt die Rationalisierung von Verfahren bzw. die Verfahrenseffizienz in eine deutliche Spannung zu der Modellvorstellung einer demokratisch organisierten Weltorganisation, um deren Aufrechterhaltung willen durchaus auch ineffektiv und ineffizient erscheinende Verfahren hinzunehmen seien. Auch hier drängen also politische Kriterien solche der Organisationseffizienz in den Hintergrund.

Die nur selten in einem Guß erfolgende Verabschiedung von Verfahrensordnungen, auf die hier nicht näher einzugehen ist, gehört in Teilen bereits zur zweiten Reformebene, derjenigen der *Neueinrichtungen*. Daß sie im Vordergrund dieser ersten Reformphase steht, ergibt sich aus der Notwendigkeit, die Arbeitsfähigkeit der Organisation durch die Errichtung eines funktionsfähigen Unterbaus herbeizuführen. Für die Organisation des Sekretariats erläßt die Generalversammlung auf ihrer ersten Sitzung Richtlinien. Dort fordert sie, daß die Verwaltungsorganisation des Sekretariats mit der größtmöglichen Effizienz vorgenommen werden soll; als Vorgaben werden die Charta-Verpflichtungen des Sekretariats und derjenigen Organe genannt, welche auf Unterstützung durch das Sekretariat angewiesen sind. Weitergehende Kriterien werden nicht angeführt; dem Generalsekretär wird — der Logik von Art. 101 der Charta folgend — die Freiheit eingeräumt, von den einschlägigen Vorschlägen der Vorbereitungskommission abzuweichen „to the end that the most effective distribution of responsibilities and functions among the units of the Secretariat may be achieved".[21] Hier liegt ein früher Beleg dafür vor, daß ein Mandat nicht nur im Sinne der Effektivität ausgelegt werden soll, wofür etwa die Auslegungsmaxime des „effet utile"[22] eine Handhabe

19 UNYB 1948 / 49, 39.

20 UNYB 1948 / 49, 40.

21 GA Res. 13 (I) vom 13. Februar 1946.

bieten würde, sondern um der Effektivität eines Organs willen sogar von ihm abgewichen werden kann.

Nun hat sich die Generalversammlung in der Folgezeit jedoch nicht immer bereit gefunden, dem Generalsekretär bei der Gestaltung des Sekretariates freie Hand zu lassen. 1952 wird ein Ausschuß zur Reorganisation des Sekretariates eingesetzt[23], 1959 ein weiterer Expertenausschuß eingerichtet und eine dauernde Überprüfung der Sekretariatsstruktur als „nützlich" eingefordert[24]. Die aus der Generalversammlung kommenden Vorschläge zur Sekretariatsorganisation[25] stellen die Gestaltung dieses Organs deutlich unter politische Kriterien. Schon die zweite Generalversammlung hat eine gleichgewichtige geographische Verteilung bei der Besetzung von Sekretariatsstellen gefordert und darauf hingewiesen, dies stehe nicht in Widerspruch zu den in Art. 101 Abs. 3 der Charta genannten Kriterien.[26] Die nachfolgende Praxis macht einen solchen Widerspruch jedoch unübersehbar. Der schon beim ECOSOC und bei der Generalversammlung beobachtete Trend, politische Kriterien über solche der Organisationseffizienz und -effektivität zu stellen, greift auch auf das Sekretariat über. Damit wird die Rangordnung der Kriterien des Art. 101 Abs. 3, der die persönliche Qualifizierung des Personals über dessen gerechte geographische Verteilung stellt, mißachtet.[27] Der 1959 eingesetzte Expertenausschuß wird 1960 beauftragt, dem Problem der gerechten geographischen Verteilung besondere Aufmerksamkeit zu schenken.[28] Der Bericht des Ausschusses[29], der Vorschläge für einen Katalog von Stellen enthält, welche dem Regionalproporz unterworfen werden sollen, wird 1961 beraten. Diese Beratungen werden jedoch überlagert durch den sowjetischen Vorschlag, den Generalsekretär durch eine „Troika" zu ersetzen.[30] Das Scheitern dieses Vorschlages beendet die Sekretariatsreformen in dieser Phase.

22 Die Auslegungsmaxime des „effet utile" besagt, daß die Bestimmung eines Vertrages so auszulegen ist, daß der Zweck der Norm und des Vertrages insgesamt möglichst effektiv zum Tragen kommen. Dazu *Alfred Verdross / Bruno Simma*, Universelles Völkerrecht. Theorie und Praxis, 3. Auflage Berlin 1984, § 780.

23 GA Res. 681 (VII) vom 21. Dezember 1951.

24 GA Res. 1446 vom 5. Dezember 1959. Vgl. auch Doc. A / 4776.

25 UNYB 1952, 91 ff.; 1954, 348 f.; 1959, 434 f.; 1960, 586 f.; 1961, 575 ff.

26 GA Res. 153 (II) vom 15. November 1947.

27 *Beate Lindemann / Karin Hesse-Kreindler*, Sekretariat, in: Handbuch Vereinte Nationen (Anm. 1), 738-745. 1960 werden im 5. Ausschuß hierzu drei Rechtsauffassungen vertreten: einmal die Überordnung der persönlichen Qualifikation; zweitens eine Gleichgewichtigkeit von persönlicher Qualifikation und gerechter geographischer Verteilung; und drittens eine Unterordnung der persönlichen Qualifikation unter gerechte geographische Verteilung (UNYB 1960, 557-559). Chartakonform ist allein die erste Auffassung. Dazu auch *Bruno Simma* et al. (Hrsg.), Charta der Vereinten Nationen. Kommentar, München 1991, 1025-1051 (1049 ff.) *(Göttelmann)*, sowie *Yves Beigbeder*, Threats to the International Civil Service, London-New York 1988.

28 GA Res. 1559 (XV) vom 18. Dezember 1960.

29 UN Doc. A / 4776 vom 14. Juni 1961.

30 Zum Troika-Vorschlag *Inis L. Claude*, Swords into Plowshares, 4th ed. New York 1971, 128, 152.

Das dominierende Effektivitätsargument bei den zahlreichen Neugründungen in dieser ersten Phase stellt die jeweilige Neueinrichtung unter die Vorgabe, daß durch sie einzelne, konkret benannte Bestimmungen der Charta in die Praxis umgesetzt werden sollen. Typisch sind insoweit die Schaffung des Interimsausschusses der Generalversammlung und der International Law Commission (ILC). Die Errichtung des Interimsausschusses wird begründet mit der Notwendigkeit, daß auch außerhalb der Vollversammlungen eine Gewähr „for the effective performance of these duties“, nämlich der Aufgaben der Generalversammlung nach Art. 11, 25, 13 und 14 der Charta, gegeben sein müsse.[31] Bei Gründung der ILC wird ausdrücklich auf Art. 13 Abs. 1 lit. a der Charta Bezug genommen.[32] Dieser unmittelbare Verweis auf Rechtsgrundlagen begegnet auch bei anderen Organen und auf der Ebene von Neben- und Unterorganen. Die Gründung des ACC[33] etwa wird damit begründet, daß dieses Organ für eine wirksame Umsetzung der Sonderabkommen mit den Sonderorganisationen erforderlich sei. Und der Sonderausschuß für den Balkan setzte Beobachtergruppen ein „to carry out efficiently the duty imposed to it by the General Assembly“, also unter ausdrücklicher Berufung auf das von der Generalversammlung verabschiedete Mandat.[34] Mit diesen sehr detaillierten Bezügen zur Charta und zum internen Organisationsrecht wird ein Moment der Rechtlichkeit der Verwaltung im Aufbau der UN gewahrt.

Eine bemerkenswerte Entwicklung von Effizienz- und Effektivitätsargumenten ergibt sich im Blick auf die Gründung von Fonds und die Gestaltung der in Art. 55 angelegten operativen Tätigkeiten der Organisation. Die Generalversammlung hat bereits auf ihrer ersten Sitzung solche Organe gegründet, die für die Ausübung ihrer Tätigkeit freiwilliger Beiträge der Mitgliedstaaten bedürfen, und damit den Grundstein für die Zweiteilung des UN-Haushalts in einen ordentlichen und einen freiwilligen Haushalt gelegt. Am Schluß von Gründungsresolutionen solcher Fonds wird regelmäßig die Formel verwendet, es sei „the effective operation of the Fund ... dependent upon the financial resources which are put to its disposal“[35], um daran anschließend die Mitgliedstaaten sowie ggf. gesellschaftliche Gruppen und Individuen zu großzügiger Finanzierung aufzufordern. Die operative Tätigkeit der Organisation, soweit sie über solche Fonds organisiert ist, wird damit als eine freiwillige Tätigkeit der Mitgliedstaaten angesehen, bei denen die UN-Organe eine lediglich assistierende Rolle spielen. Darauf deutet auch der Finanzierungsvorbehalt („... to be utilized and administered, to the extent of its available resources ...“) sowie die Klausel hin, daß Maßnahmen

31 GA Res. 111 (II) vom 13. November 1947.

32 GA Res. 174 (II) vom 21. November 1947.

33 E / Res. 13 (III) vom 21. September 1946.

34 UNYB 1947 / 48, 298.

35 So GA Res. 58 (I) vom 14. Dezember 1946, mit der der United Nations International Children's Emergency Fund gegründet wurde; der Fond wurde mit GA Res. 802 (VIII) vom 6. Oktober 1953 in United Nations Children's Fund (UNICEF) umbenannt.

des Fonds ergriffen werden sollen „in agreement with the government concerned", also dem Empfängerstaat. In der Praxis führt dies oft dazu, daß Geber- und Empfängerstaat bilaterale Abmachungen treffen, die über den entsprechenden Fond abgewickelt werden. Damit ist der in Art. 55 der Charta gesteckte Rahmen einer die internationale Zusammenarbeit *fördernden* Tätigkeit nicht überschritten, obgleich damit in einem ersten Ansatz die unmittelbare Verteilung von Ressourcen in den Bereich der Tätigkeiten der Organisation eingeführt wird.

Demgegenüber haben sich die Akzente bei der Gründung des Special Fund in den Jahren 1958 ff. jedoch deutlich verschoben. Die Generalversammlung betont in der — einstimmig verabschiedeten — Resolution 1219 (XII), das Expanded Programme of Technical Assistance, das 1957 in mehr als 100 Staaten und abhängigen Gebieten technische Hilfe geleistet hatte[36], sei „of proven effectiveness in promoting the economic development of the less developed countries", und in der Präambel dieser Resolution wird nicht mehr auf einzeln aufgelistete Charta-Artikel, sondern allgemein auf die in der Charta zum Ausdruck kommende „Bestimmung" („determination") der UN, „to promote social progress and better standards of life in larger freedom, and for these ends, to employ international machinery for the promotion of the economic and social advancement of all peoples" Bezug genommen.[37] Hier liegt bereits eine weiterführende Interpretation des Art. 55 vor: Entwicklungsförderung hat sich als eigenständiges Ziel, und die Einrichtung einer „international machinery" als dazugehöriges Mittel etabliert. Auf dem Hintergrund dieser noch näher zu erläuternden Auslegung von Art. 55 wird nunmehr betont, daß das „Expanded Programme" dringende Erfordernisse der Entwicklungsförderung nicht befriedigen könne, und zwar insbesondere solche, die Investitionen der Industriestaaten ermöglichen und absichern würden. Diese Begründung führt zur Einrichtung des Special Fund, durch den das Finanzvolumen der ‚erwiesenermaßen effektiven' operativen Entwicklungstätigkeit der Organisation erhöht werden soll.[38] Das Instrument als solches — technische Hilfe und ihre Organisation durch freiwillige Fonds — findet allgemeine Zustimmung als „effektiv"; die Finanzausstattung soll jedoch durch die Gründung des neuen Fonds erhöht werden. Diese Logik der Ausweitung der operativen Tätigkeiten der Organisation ist ein erster Schwerpunkt, der genauerer Analyse unterzogen werden soll.[39]

---

36 Vgl. GA Res. 1215 (XII) vom 14. Dezember 1957.

37 Diese Formel, die sich aus Elementen der Präambel, Art. 1 Ziff. 3 und Art. 55 der Charta zusammensetzt, wird etwa auch verwendet, als die Generalversammlung von der Entscheidung der Weltbank über die Gründung der International Development Association (IDA) Kenntnis nimmt (GA Res. 1420 (XIV) vom 15. Dezember 1959). Dort ruft die Generalversammlung auch ihr „interest in new forms of international financing for the purpose of accelerating the economic development of under-developed countries", dem bereits in den fünfziger Jahren verschiedene Tagesordnungspunkte gewidmet waren, in Erinnerung.

38 GA Res. 1219 (XII) vom 14. Dezember 1957 mit dem Titel „Financing of Economic Development" und Res. 1240 (XIII) vom 14. Oktober 1958.

Auf der Ebene von *Strukturreformen* stehen in dieser ersten Reformphase der Organisation das System der kollektiven Sicherheit, der ECOSOC und seine Aufgaben sowie — in Zusammenhang damit — Fragen der Koordination der Tätigkeiten der Organisation im Vordergrund.

Das System der kollektiven Sicherheit nach Kapitel VII der Charta hatte sich schon sehr bald nach Gründung der Organisation als nicht effektiv erwiesen. Ausschlaggebend dafür war zum einen der Abstimmungsmodus im Sicherheitsrat, der unter den Bedingungen des sich entwickelnden „Kalten Krieges" Entscheidungen dieses Organs immer wieder am Veto der Sowjetunion scheitern ließ. Der Einsatz amerikanischer Truppen im Korea-Konflikt im Auftrag der Vereinten Nationen war insoweit eine atypische Ausnahme; die Entscheidung des Sicherheitsrates war bei Abwesenheit der Sowjetunion ergangen.[40] Zum andern war die kollektive Sicherheit in der Praxis hinter den kollektiven Selbstverteidigungsbündnissen NATO und Warschauer Pakt, die sich auf Art. 51 der Charta stützen konnten, und hinter regionalen Entwicklungen in Amerika und Europa zurückgetreten.[41] Die sich aus diesen Entwicklungen ergebende faktische Ineffektivität der kollektiven Sicherheit wurde von einigen Staaten von Anfang an als Argument für verschiedene Initiativen angeführt, auf dem Wege einer Charta-Änderung Zusammensetzung und Abstimmungsmodus des Sicherheitsrates zu ändern — freilich ohne Erfolg.[42]

Zumindest äußerlich größerer Erfolg war hingegen einer Initiative der Vereinigten Staaten beschieden, die Ineffektivität der kollektiven Sicherheit dadurch zu mindern, daß im Falle eines Versagens des Sicherheitsrates der Generalversammlung subsidiär die Kompetenz übertragen werden sollte, sich mit einer Bedrohung des Weltfriedens zu befassen und entsprechende Maßnahmen zu empfehlen. Diese Initiative schlug sich nieder in der „Uniting for Peace"-Resolution, die gegen den heftigen Widerstand der Sowjetunion und der sozialistischen Staaten verabschiedet wurde.[43] Diese Resolution ist nicht nur insofern von Bedeutung, als sie eine deutliche Verschiebung des Schwergewichts vom Sicherheitsrat auf die Generalversammlung[44] signalisiert; vielmehr wird mit ihr erstmals der Weg einer durch Mehrheitsentscheidung vorgenommenen Interpretation, Ergänzung oder Ausweitung des Charta-Rechtes beschritten. Wenn auch die „Uniting

---

39 Dazu unten, S. 198 ff.

40 Die Sowjetunion hatte damit gegen die Vertretung Chinas in den UN durch die nationalchinesische Regierung protestieren wollen. Zum Korea-Konflikt siehe *Silke Brammer,* Konflikte Korea, in: Handbuch Vereinte Nationen (Anm. 1), 462-468; *Thomas Franck,* Nation Against Nation. What Happened to the U.N. Dream and What the U.S. Can Do About it, New York 1985, 33 ff.

41 Dazu statt anderer *Jacob Robinson,* The General Review Conference, in: IO 8 (1954), 316-330 (321 f.).

42 Vgl. etwa UNYB 1947 / 48, 59 f. zu einem entsprechenden Antrag Argentiniens.

43 Vgl. oben, S. 93.

44 Dazu ausführlich *Delbrück* (Anm. 11).

for Peace"-Resolution zunächst insofern keine große Wirkung zeitigte, als sie das System der kollektiven Sicherheit nur sehr eingeschränkt effektiver gestalten konnte[45], so wurde doch ihre Präzedenzwirkung für eine fortschreitende Interpretation des Charta-Rechtes in der Folgezeit immer wieder angeführt. In diesem Zusammenhang ist hervorzuheben, daß auch die zunächst opponierende Sowjetunion sich später durchaus auf diese Resolution berufen hat. Insgesamt ist die Resolution als ein wichtiger Beitrag dazu zu werten, den normativen Anspruch der kollektiven Sicherheit und die Kompetenz der UN zur Wahrung des Weltfriedens gegenüber einer faktischen Ineffektivität des in der Charta vorgesehenen Instrumentariums auf Dauer aufrecht erhalten zu haben.

Ein neben dem Sicherheitsrat zweites Organ, dem seit Beginn der fünfziger Jahre immer wieder vorgehalten wurde, daß es seine von der Charta vorgesehenen Aufgaben nicht erfülle, ist der ECOSOC. Die Praxis zeigte schon bald, daß der ECOSOC zwei Konstruktionsfehler enthielt[46]: einmal haben die Regierungen den Rat und auch seine Unterorgane, wie etwa die Menschenrechtskommission, nicht — wie ursprünglich vorgesehen — mit Experten in persönlicher Kapazität oder doch zumindest Vertretern aus den Fachressorts[47], sondern mit Diplomaten beschickt. Dadurch entwickelte sich der ECOSOC zu einem zusätzlichen Forum politischer Konfliktaustragung und bot — zumal unter den Bedingungen des Kalten Krieges — das Bild eines „competitive exhibitionism".[48] Zweitens war das Organ von seiner Aufgabenstellung her zu breit und auch widersprüchlich konzipiert. Schon 1952 berichteten ihm 57 Gremien, die mit z. T. sehr weit auseinanderliegenden Aufgaben betraut waren.[49] So konnte der ECOSOC die ihm von der Charta zugewiesene Koordinationsaufgabe schon für seinen eigenen Unterbau nur unzureichend erfüllen, geschweige denn Koordinationsaufgaben im Gesamtsystem wahrnehmen. Beide Fehlentwicklungen — die unzureichende Koordination der wirtschaftlichen und sozialen Tätigkeit der Organisation und das Brachliegen der Aufgabe einer Systemkoordination — stellen seither einen der wichtigsten Bezugspunkte aller Ansätze zu einer Reform der UN dar.

Die Lücke, die durch das Versagen des ECOSOC in Bezug auf die Koordination im UN-System entstand, suchte die Generalversammlung durch eine Reihe sehr

---

[45] Lediglich von der durch die Resolution geschaffenen Möglichkeit der Einberufung von Notstandssondertagungen der Generalversammlung wurde in der Folgezeit Gebrauch gemacht; vgl. dazu *Barbara Nolte*, Uniting for Peace, in: Handbuch Vereinte Nationen (Anm. 1), 950-956.

[46] Dazu *A. Loveday*, An Unfortunate Decision, in: IO 1 (1947), 279-290; *ders.*, Suggestions for the Reform of the Economic and Social Machinery, in: IO 7 (1953), 325-341.

[47] Für eine Beschickung mit Experten hatten sich die USA, für eine diplomatische Besetzung die UdSSR und für eine gemischte Zusammensetzung das Vereinigte Königreich ausgesprochen. Vgl. *Loveday*, An Unfortunate Decision (Anm. 46), 280.

[48] *Loveday*, Suggestions (Anm. 46), 327.

[49] Man stelle sich vor, daß in der Regierung eines Staates das Wirtschafts- oder das Sozialministerium für Fragen des Grundrechtsschutzes zuständig sei.

detaillierter Richtlinien zu schließen. In mehreren Resolutionen mahnte sie an, die Effektivität der Organisation nicht durch eine Proliferation von Neueinrichtungen zu beeinträchtigen. So empfahl sie, die Erforderlichkeit von Neueinrichtungen jeweils an dem Kriterium zu prüfen, ob die von dem geplanten Ausschuß oder Organ zu erfüllende Aufgabe nicht auch vom Sekretariat wahrgenommen werden könne.[50] Die Herbeiführung einer „effektiveren Koordination" wurde in diesem Zusammenhang bereits 1947 als eines der drängenden Strukturprobleme der Organisation erkannt.[51] Mit Resolution 310 (IV) vom 24. November 1949 fordert die Generalversammlung die Mitgliedstaaten auf, bei der Initiative für neue Projekte zurückhaltend zu sein und nur solche Vorschläge einzubringen, für die *dringender Bedarf* bestehe und die *effektiv durchgeführt* werden könnten. Zur Begründung führt die Generalversammlung an, daß eine weitere Proliferation der Tätigkeiten der UN die Effektivität der Organisation insgesamt gefährden und die notwendige Konzentration auf Programme von vordringlicher Bedeutung beeinträchtigen könne. Sowohl die *Partizipationsmöglichkeiten* als auch die *finanziellen Lasten* aus *der Mitgliedschaft* seien bei verschiedenen Mitgliedern der UN an Grenzen gestoßen. Der ECOSOC wird aufgefordert, Kriterien für eine entsprechende Prioritätensetzung zu erstellen.

Daraufhin beauftragt der ECOSOC seinen Koordinationsausschuß, sich mit der Frage zu befassen. Der vom Koordinationsausschuß erstellte Bericht stellt folgende Kriterien zusammen:

> „Urgency: is there a pressing need for action of the kind proposed?
>
> Feasibility:
>
> a) Can qualified personnel be made available?
> b) Are local conditions likely to be favourable?
> c) Will the Governments concerned participate?
>
> Scope:
>
> a) Will the proposed action benefit directly or indirectly a significant number of Member States?
> b) Will the proposed action benefit directly or indirectly a significant number of people?
>
> Preparation and Co-ordination:
>
> a) Have the necessary preliminary studies and preparations been made?
> b) Has full acount been taken of works already carried out in this field by other organizations?
> c) Have the possibilities of action or financing from sources other than United Nations and the specialized agencies been fully explored?
> d) Is the organ or agency concerned best suited to undertake the proposed action?
> e) Can the proposed action be integrated into other projects in the same field?

---

[50] So GA Res. 183 (II) vom 20. Oktober 1947.

[51] GA Res. 125 (II) vom 20. November 1947.

Results:

a) Are results likely to be significant in relation to the outlay of effort and financial resources and are they likely to accrue within a reasonable time?

b) Will those results be demonstrable?

c) Will the States concerned be in a position to carry on the proposed activities after they have ceased to be under international auspices?

d) Will the proposed action assist and stimulate national action so as to ensure that the international effort extended produces the maximum results at the national or regional level?

e) Will the proposed action assist a significant number of those Member States or those peoples whose needs for economic and social advancement are greatest?

f) Will the proposed action further significantly the total effort of the United Nations and the specialized agencies for the promotion of the economic and social objectives outlined in the Charter?"[52]

Freilich macht der Ausschuß sofort auch deutlich, daß sein Konsens über diese Kriterien soweit nun auch nicht gehe, gleich die anstehenden Projekte des ECOSOC nach diesen Kriterien zu überprüfen. Die Generalversammlung billigt 1950 den Bericht und die Kriterien des Koordinierungsausschusses[53] und fordert die Sonderorganisationen und den ECOSOC auf, diese bei der Prüfung der vorgesehenen Programme für 1952 anzuwenden. Bei Initiativen für neue Projekte sollen zugleich solche Projekte benannt werden, „which may be deferred, modified or eliminated".

Ebenso wie diese Aufforderung blieben die oben genannten Kriterien der Prioritätensetzung das, was sie rechtstechnisch darstellen: Empfehlungen an die Sonderorganisationen und an die Mitgliedstaaten der UN, deren Befolgung weder sanktionsbewehrt war noch von einer eigenen Organisationseinheit überwacht werden konnte. Zwar sprechen die Richtlinien der Generalversammlung deutlich die Sprache zentraler politischer Steuerung; gegenüber der Autonomie der Sonderorganisationen und der Souveränität der Mitgliedstaaten konnten sie sich indessen nicht durchsetzen. In dem noch näher darzustellenden Versuch, ein innerorganisatorisches Instrumentarium zu schaffen, das eine stärkere Beachtung solcher Kriterien ermöglichen sollte[54], lag denn auch einer der Schwerpunkte der zweiten Reformphase nach 1960.

Zu Überlegungen in Bezug auf eine *Totalrevision* schließlich hat in der ersten Phase bis 1960 insofern Anlaß bestanden, als die Charta in Art. 109 vorschreibt, daß die 10. Generalversammlung sich mit der Frage einer Charta-Revision befassen soll, falls eine solche nicht bereits vorher stattgefunden habe. Anstöße hierzu hat es immer wieder gegeben, wobei die Frage der Zusammensetzung und der Abstimmungsmodalitäten des Sicherheitsrates jeweils im Zentrum standen. Auch

52 UN Doc. E / 1810 and Corr. 1; Annex zu E / Res. 324 (XI) vom 9. August 1950.

53 GA Res. 413 (V) vom 1. Dezember 1950.

54 Unten, S. 276 ff.

waren die Vereinigten Staaten 1953 noch durchaus gewillt, ihre auf der Konferenz von San Francisco gegebene Zusage hinsichtlich einer solchen Revisionsmöglichkeit einzulösen. Als sich jedoch abzeichnete, daß insbesondere die Sowjetunion sich allen Änderungsbestrebungen widersetzte, nahm auch die US-Regierung die Haltung ein, daß man die Charta keinesfalls durch Neuverhandlungen gefährden solle. So verging die 10. Generalversammlung, ohne sich mit einer Charta-Änderung zu befassen.[55]

Hinzuweisen ist jedoch auf recht weitgehende Vorschläge für eine Charta-Revision, die außerhalb der UN diskutiert wurden. *Grenville Clark* und *Louis B. Sohn*, zwei amerikanische Völkerrechtler, hatten bereits 1953 eine vollständig ausgearbeitete revidierte Charta mit einer Kommentierung der einzelnen Änderungen zur Diskussion gestellt.[56] Ihre Vorschläge zeichnen sich durch stärkere supranationale Elemente aus, die insgesamt ihrer — dem Legalismus des Völkerbundes nicht unähnlichen — Konzeption einer von der Durchsetzbarkeit her konzipierten internationalen Rechtsordnung entsprangen. Ihr Entwurf einer Weltorganisation trägt den Charakter einer Behörde zur Durchsetzung des Weltrechts. Konsequent soll ihrem Entwurf zufolge der Sicherheitsrat in „Executive Council“ umbenannt und mit der Funktion betraut werden, die Einhaltung des Völkerrechts sicherzustellen. Die Generalversammlung soll nach Bevölkerungsgröße zusammengesetzt und mit Legislativkompetenzen versehen werden; ihr soll die Hauptverantwortung für die Wahrung des Weltfriedens zugesprochen werden. Art. 55 ist nicht geändert; die Kapitel IX und X insgesamt sollen aber insofern ergänzt werden, als eine Weltentwicklungsbehörde die Ziele des Art. 55 durchführen soll. Sie sollte nach der Vorstellung der Autoren aus den Mitteln gespeist werden, welche durch Abrüstungsmaßnahmen freigesetzt würden.

Erwähnenswert ist dieser Vorschlag einer supranationalen Totalrevision insoweit, als er durchaus typisch ist für das gerade in der öffentlichen Meinung westlicher Industriestaaten immer wieder auftauchende Modell einer internationalen Organisation, das deren Effektivität an durchsetzungsfähigen Ausführungsbehörden und letztlich an der notfalls mit Gewalt zu vollziehenden Rechtsdurchsetzung, an der Konzeption des souveränen Staates also, mißt.

b) Die Reformdiskussion bis 1985

Die zweite Reformphase ist die eigentliche Wachstumsphase der Organisation. Von 1960 bis 1985 treten der UNO 59 Mitgliedstaaten bei, darunter 1973 die

---

55 Näheres zur Charta-Revision unten, S. 180 f.

56 *Grenville Clark / Louis B. Sohn*, Peace Through Disarmament and Charter Revision, vorläufige Fassung 1953, in Buchform veröffentlicht unter dem Titel „World Peace Through World Law“, Cambridge 1958 (2. Aufl. 1960; dt. Übersetzung unter dem Titel „Frieden durch ein neues Weltrecht“, Frankfurt 1961). Zu ähnlich gelagerten Vorschlägen der Weltföderalisten vgl. *Max Habicht*, Proposals of World Federalists for United Nations Charter Revision (The Indian Institute of Culture, Transaction No. 19), Bangalore 1954.

beiden deutschen Staaten. Neueinrichtungen wie UNCTAD, das UNDP, das UNEP oder UNIDO suchen organisatorische Antworten auf neue, nunmehr zunehmend vom wirtschaftlichen Nord-Süd-Gefälle diktierte Herausforderungen an das UN-System zu geben. Das enorme Wachstum der von den Mitgliedstaaten an die Organisation herangetragenen Aufgaben einerseits und dasjenige der Untergliederungen des Systems andererseits führt letztlich zu dem die zweite Reformphase prägenden Versuch, verschiedene Momente politischer Planung und Steuerung in die Entscheidungsfindung der Organisation einzubauen: 1961 wird auf amerikanische Initiative hin die Erste[57], 1970 die Zweite Entwicklungsdekade eingeführt, um die Entwicklungstätigkeit der Organisation aufzustocken und planvoller gestalten zu können.[58] 1974 / 75 wird das Haushaltsverfahren umgestellt und ein zweijähriger Programmhaushalt eingeführt, der in einem weiteren Schritt in eine sich über 5 Jahre erstreckende mittelfristige Planung eingebettet wird.[59] Damit soll nicht zuletzt der Budget-Prozeß als politisches Steuerungsinstrument nutzbar gemacht werden. In den siebziger Jahren werden darüber hinaus Forschungs-, Kontroll- und Evaluierungseinrichtungen geschaffen, um eine bessere Umsetzung der Anforderungen an das System in Leistungen zu ermöglichen und die Beachtung administrativer Effizienz- und Effektivitätskriterien zu fördern. Die Generalversammlung verabschiedet in den sechziger, besonders aber in den siebziger Jahren eine ganze Reihe von Deklarationen und Resolutionen, die zumindest den Anspruch erheben, das geltende Völkerrecht im Blick auf neu entstandene Problemlagen progressiv weiterzuentwickeln.[60] Je mehr die Generalversammlung dabei in die Rolle eines „Quasi-Gesetzgebers“[61] hineinrückt, desto stärker rückt das Problem der Willensbildung in der Generalversammlung ins

---

57 GA Res. 1710 (XVI) und Res. 1715 (XVI) vom 19. Dezember 1961; dazu auch GA Res. 1708 (XVI) vom selben Tage („Planning for Economic Development“).

58 GA Res. 2626 (XXV) vom 24. Oktober 1970. Die Resolution besteht aus 84 (!) Paragraphen und ist wie folgt gegliedert: A. Preamble; B. Goals and Objectives; C. Policy Measures; D. Review and Appraisal of Both Objectives and Policies; E. Mobilization of Public Opinion. Schon diese Gliederung verrät deutlich die Handschrift des Anfang der siebziger Jahre in westlichen Industriestaaten vorherrschenden sozial- bzw. wohlfahrtsstaatlichen Planungsdenkens, während die Resolutionen zur ersten Entwicklungsdekade lediglich Empfehlungen an die Mitgliedstaaten zu erhöhten und koordinierten Anstrengungen aussprechen. Zu den Dekaden auch unten, S. 245 ff.

59 Vgl. *Rüdiger Wolfrum*, Haushalt, in: Handbuch Vereinte Nationen (Anm. 1), 268-275, Rdn. 5.

60 Zu den wichtigsten zählen: GA Res. 1514 (XV) vom 14. Dezember 1960 („Declaration on the Granting of Independence to Colonial Countries and Peoples“); GA Res. 2625 (XXV) vom 24. Oktober 1970 („Declaration on Principles of International Law Concerning Friendly Relations and Co-operation Among States in Accordance with the Charter of the United Nations“); GA Res. 3201 (S-VI) vom 1. Mai 1974 („Declaration on the Establishment of a New International Economic Order“); GA Res. 3281 (XXIX) vom 12. Dezember 1974 („Charter of Economic Rights and Duties of States“).

61 Zum Begriff und seiner Problematik siehe *Klaus Dicke*, Völkerrechtspolitik und internationale Rechtsetzung. Grundlagen — Verfahren — Entwicklungstendenzen, in: ZG 3 (1988), 193-224 (196 ff., 217 ff.)

Zentrum politischer und wissenschaftlicher Aufmerksamkeit[62], zumal der neu gebildete Block der Entwicklungsländer auch in politisch umstrittenen Fragen — Israel, Südafrika, Zulässigkeit des bewaffneten Befreiungskampfes u. a. — seine Stimmenmehrheit als Machtmittel einzusetzen suchte.[63] Insbesondere die Sitzung der Generalversammlung von 1974 war von einer scharfen Konfrontation zwischen westlichen Staaten hier und den Entwicklungsländern sowie den osteuropäischen Staaten dort beherrscht.

Mitte der siebziger Jahre wird im Bereich der operativen Entwicklungstätigkeit die Notwendigkeit einer Strukturreform des UN-Systems unabweisbar; ein hierfür eingesetzter Expertenausschuß bereitet Empfehlungen vor, die sich 1977 in der Reformresolution 32 / 197 niederschlagen; diese in den UN als „restructuring exercise“[64] bezeichnete Reform gilt bis Ende der achtziger Jahre trotz erheblicher Vollzugsdefizite als einzige wirkliche Strukturreform des Systems.[65] Und schließlich führen umfängliche Debatten über die Tunlichkeit einer Charta-Änderung 1974 zur Einsetzung eines Sonderausschusses für die Charta und die Stärkung der Rolle der Organisation, der sich nach anfänglichen kontroversen Debatten zu einem eigenständigen Reforminstrument entwickeln sollte. Wegen seiner exemplarischen Bedeutung für den Reformprozeß der UN ist dieser Ausschuß in einem gesonderten Abschnitt zu behandeln.[66]

Reformen aufgrund wachstumsbedingter Anpassungen des Systems oder einzelner seiner Untergliederungen bestimmen zunächst auf der Ebene von *Kleinreformen* das Bild. Hier seien nur zwei Beispiele herausgegriffen. Zweimal, 1971 und 1984, sah sich die Generalversammlung zu Änderungen ihrer Verfahrensord-

---

62 Obgleich die Anzahl der in streitiger Abstimmung getroffenen Entscheidungen der Generalversammlung gegenüber konsensualen Entscheidungen im wesentlichen gleich geblieben ist, wurde der politischen Bedeutung von Mehrheitsentscheidungen einerseits sowie der völkerrechtlichen Relevanz von Deklarationen und Resolutionen der Generalversammlung andererseits jedoch deutlich erhöhte Aufmerksamkeit zuteil. Aus der Fülle der Literatur vgl. nur *Louis B. Sohn,* United Nations Decision-Making: Confrontation or Consensus? In: Harvard International Law Journal 15 (1974), 438 - 445; *James Frederick Green,* Decision-Making on Economic and Social Questions in the United Nations, in: *Seymour Maxwell Finger / Joseph R. Harbert* (eds.), U.S. Policy in International Institutions: Defining Reasonable Options in an Unreasonable World, Boulder 1978, 313 - 326 („Consideration needs to be given not only to *what* decision the United Nations should reach on substantive issues, but *how* the General Assembly and other bodies should make these decisions“, 314). Vgl. ferner die vorzügliche Darstellung des Zustandes der UN Mitte der siebziger Jahre von *Christian Tomuschat,* Tyrannei der Minderheit? Betrachtungen zur Verfassungsstruktur der Vereinten Nationen, in: GYIL 19 (1976), 278 - 316 mit zahlreichen Nachweisen, u. a. zu der völkerrechtlichen Relevanz von Resolutionen und Deklarationen der Generalversammlung (297, Anm. 1).

63 Dazu ausführlich *Tomuschat* (Anm. 62), m. w. N.

64 Statt anderer *R. Krishnamurti,* Restructuring the UN System, in: IO 34 (1980), 629 - 639 m. w. N.

65 *Dicke,* Reform (Anm. 1), Rdn. 8.

66 Unten, S. 180 ff.

nung veranlaßt mit dem Ziel „to discharge in the most efficient manner the functions incumbent upon it under the Charter of the United Nations".[67] Ein 1970 eingesetzter Ausschuß[68], der in einem umfangreichen Bericht wertvolles Material über die bisherigen Sitzungen der Generalversammlung zusammentrug und auswertete[69], kam zwar zu einer Reihe von Empfehlungen, stellte insgesamt aber fest, daß die Geschäftsordnung der Generalversammlung die Arbeitsfähigkeit des Organs sehr wohl sicherstelle, wenn sie nur angewandt würde — ein weiterer Beleg für *Regelbefolgung* als Effektivitätskriterium. Die Generalversammlung übernahm diese Forderung in ihre Res. 2837; die Geschäftsordnung wurde nur in einigen wenigen Punkten geringfügig geändert. Obgleich die Resolution mit der Aufforderung schließt, die Effizienz der Generalversammlung von Zeit zu Zeit zu überprüfen, kommt es zu einer weiteren Änderung der Geschäftsordnung erst 1984. Entsprechende Vorschläge waren vom oben erwähnten Charta-Ausschuß erarbeitet worden. Seine Schlußfolgerungen wurden mit Res. 39/88 B vom 13. Dezember 1984 übernommen und als Annex der Geschäftsordnung der Generalversammlung[70] hinzugefügt. Die Empfehlungen zielen auf eine Bereinigung der Tagesordnung durch Zusammenlegung einzelner Tagesordnungspunkte bzw. durch Überweisung von Spezialfragen an entsprechende Spezialorgane u. ä. Auch hier wird eine Befolgung bereits bestehender Regeln angemahnt. Adressat dieser Mahnung sind die Mitgliedstaaten in der Generalversammlung — ein Indiz dafür, daß ein „Organbewußtsein" in diesem Hauptorgan auch 1984 zumindest nicht sehr ausgeprägt ist. In gleiche Richtung weist auch die in einer Fußnote dokumentierte Uneinigkeit darüber, ob die Zusammenlegung von Tagesordnungspunkten der Zustimmung der Delegationen bedürfe oder nicht. Schließlich ist bemerkenswert die Aufforderung in den beiden letzten Empfehlungen der Resolution, die Mandate von Hilfsorganen sorgsam und Resolutionen so klar wie möglich zu formulieren, um Überlappungen und Verdoppelungen von Arbeit zu vermeiden. Darüber hinaus solle die Generalversammlung periodisch die Nützlichkeit von Hilfsorganen überprüfen.

Das zweite Beispiel für kleinere Reformen sind die bis heute einzigen Änderungen der Charta, mit denen die Mitgliedschaft im Sicherheitsrat von 11 auf 15 und — zweimal — im ECOSOC zunächst von 18 auf 27, später auf 54, erhöht wurde.[71] Obgleich die jeweiligen Charta-Änderungen erst nach langen, mit hohem

---

67 So GA Res. 2837 (XXVI) vom 17. Dezember 1971 und — gleichlautend — 39/88 B vom 13. Dezember 1984.

68 GA Res. 2632 (XXV) vom 9. November 1970.

69 UN Doc. A/8426.

70 UN Doc. A/520/rev. 15.

71 Zum folgenden ausführlich *Egon Schwelb*, Amendments to Article 23, 27 and 61 of the Charter of the United Nations, in: AJIL 59 (1965), 834-856; *ders.*, The 1963/65 Amendments to the Charter of the United Nations. An Addendum, in: AJIL 60 (1966), 371-378; *ders.*, The 1971 Amendment to Article 61 of the United Nations Charter and the Arrangements Accompanying it, in: ICLQ 21 (1972), 497-529; *ders.*,

diplomatischen Aufwand geführten Verhandlungen zustandekamen, kann man sie doch aufgrund ihrer nur begrenzten unmittelbaren Auswirkungen zu den kleineren Reformen zählen. An ihrem Zustandekommen lassen sich indessen einige typische Entwicklungen in der Reformgeschichte der UN aufzeigen. Der Anstoß für die erste Erhöhung der Mitgliederzahl im ECOSOC ging von der regionalen Wirtschaftskommission für Afrika aus, auf deren Initiative hin der ECOSOC die Generalversammlung aufforderte, eine Erhöhung seiner Mitgliedschaft zu beschließen, damit er „can remain the effective and representative organ", das Kap. IX und X der Charta fordern.[72] 1963 wurden dann in der Generalversammlung mehrere Anträge — u. a. ein asiatischer, ein lateinamerikanischer und ein afrikanischer — zur Erhöhung der ECOSOC-Mitgliedschaft eingebracht. Doch stellte die Sowjetunion jedem Ansinnen auf Änderung der Charta ihr kategorisches Nein entgegen. Ausschlaggebend für ihre Haltung war der Protest gegen die Vertretung Chinas in den UN durch Nationalchina. Es gelang nun während der Sitzung der Generalversammlung den „Entwicklungsländern", die drei Entwürfe aus Afrika, Asien und Lateinamerika zu einem einheitlichen Entwicklungsländer-Antrag zusammenzufassen. Es handelt sich hierbei insofern um eine wichtige Wende in der Geschichte der UN, als erstmals die Entwicklungsländer als einheitliche politische Kraft auftraten, und dies gegen das Nein einer Supermacht.[73] Der Entwicklungsländer-Antrag wurde als Resolution 1991 (XVIII) am 17. Dezember 1963 verabschiedet, und zwar gegen die Stimmen Frankreichs und der Sowjetunion bei Enthaltung der USA und Großbritanniens. Damit hatte die Resolution zwar die nach Art. 108 der Charta erforderliche Mehrheit in der Generalversammlung erreicht; doch bedurfte die so eingeleitete Änderung der Charta der Ratifikation durch 2 / 3 der UN-Mitglieder, wobei die ständigen Mitglieder des Sicherheitsrates durch Nicht-Ratifizierung das Inkrafttreten verhindern konnten. Nachdem China signalisiert hatte, daß es einer Erhöhung der Mitglieder im ECOSOC zustimmen würde, gab die Sowjetunion ihre Zurückhaltung auf und ratifizierte die Charta-Änderung. Die übrigen ständigen Mitglieder des Sicherheitsrates folgten; die Änderung trat 1965 in Kraft. — Diese Episode hatte den Entwicklungsländern gezeigt, daß erstens ein einheitliches Auftreten die bisherige westliche Mehrheit in der Generalversammlung — und nunmehr auch im ECOSOC — ablösen konnte, und daß zweitens auch aussichtslos scheinende Initiativen von Erfolg gekrönt sein können. Beide Erfahrungen trugen ohne Zweifel zu dem politischen Selbstbewußtsein bei, mit dem die Entwicklungsländer in der Folgezeit in der Generalversammlung als Block auftraten.

Entry into Force of the Second Amendment to Article 61 of the United Nations Charter, in: AJIL 68 (1974), 300-305.

[72] E Res. 974 C (XXXVI) vom 22. Juli 1963.

[73] Vgl. *Schwelb*, Amendments (Anm. 71), 840 f.

Die Initiative für die zweite Erhöhung der Mitgliedschaft im ECOSOC verrät bereits eine gewisse Institutionalisierung des Reformprozesses. Sie ging aus von einer allgemeinen Überprüfung dieses Organs und seiner Leistungsfähigkeit[74], die auf folgendem Hintergrund erforderlich geworden war: Die Gründungen von UNCTAD, UNDP und UNIDO hatten neue Organe in solchen Bereichen geschaffen, die zur Kompetenz des ECOSOC gehörten, und das Verhältnis dieser neuen Organe zum ECOSOC — insbesondere hinsichtlich seiner Koordinationsfunktion — war „nebulös".[75] Wiederum wurde eine Erhöhung der Mitgliedschaft zur Hauptforderung einer ECOSOC-Reform erhoben.[76] Für eine moderate Anhebung der Mitgliedschaft sprachen sich u. a. die USA aus, dagegen waren wiederum Frankreich und die Sowjetunion. Die Befürworter begründeten ihre Haltung damit, daß ein auf breitere Mitgliedschaft gestellter ECOSOC glaubwürdiger (weil repräsentativer) und leistungsfähiger (weil auf breiterer Erfahrungsgrundlage arbeitend) sein werde. Auch hier wird — wie bereits in der ersten Reformphase — *möglichst breite Interessenvertretung* als Effektivitätskriterium angeführt. Die UdSSR konnte sich dieser Logik jedoch nicht anschließen. Eine nochmalige Erhöhung der Mitgliedschaft werde nicht die Effektivität des ECOSOC erhöhen, sondern eine zweite Generalversammlung schaffen. Mit Resolution 2847 (XXVI) vom 20. Dezember 1971 beschloß die Generalversammlung eine Erhöhung der ECOSOC-Mitglieder auf 54; die Resolution wurde mit 105 Ja-Stimmen bei 15 Enthaltungen gegen die Stimmen Frankreichs und der Sowjetunion verabschiedet. Bei den Debatten im 2. Ausschuß ist lediglich die Frage der geographischen Verteilung der Mitglieder — allerdings heftig — umstritten gewesen. Im Ergebnis stellt sich diese — für spätere Festlegungen eines Regionalproporzes beispielhafte[77] — Verteilung wie folgt dar:

Tabelle 6

Regionalgruppe	1963	1971
Afrika	7	14
Asien	5	11
Lateinamerika	5	10
Westeuropa und andere	7	13
Osteuropa	3	6

[74] GA Res. 2097 (XX) vom 20. Dezember 1965.

[75] So der Vertreter Ghanas im ECOSOC; Hinweis bei *Schwelb,* The 1971 Amendment (Anm. 71), 499.

[76] U. a. in GA Res. 2626 (XXV) vom 24. Oktober 1970. *Schwelb,* a. a. O. 500, weist darauf hin, daß, obgleich die Erhöhung der Mitgliederzahl von 1965 die westliche Dominanz im ECOSOC beendet hatte, dennoch gewisse Vorbehalte gegen eine westliche Überrepräsentanz weiter bestanden.

[77] Dazu *Tomuschat* (Anm. 62), 285, und *Christoph Schreuer,* Regionalisierung, in: Handbuch Vereinte Nationen (Anm. 1), 679-686.

Wiederum kam es trotz des Widerstandes zweier ständiger Mitglieder des Sicherheitsrates zur Ratifikation, und wiederum gab China den Ausschlag. Nachdem die VR China als legitimer Repräsentant Chinas in den UN anerkannt worden war[78] und der Erhöhung der Mitgliedschaft im ECOSOC zugestimmt hatte, stellte die Sowjetunion ihre Bedenken hintan und ratifizierte die Charta-Änderung; Frankreich folgte.

Diese Episode ist insofern aufschlußreich, als sich hinter der Kontroverse zwischen den Befürwortern einer Ausweitung des ECOSOC einerseits und der Gegenauffassung der Sowjetunion andererseits eine konzeptionelle Kontroverse verbirgt, die sich im Laufe der siebziger Jahre zuspitzte und die letztlich für die politische Krise der UN Mitte der achtziger Jahre verantwortlich ist: dem Argument der Entwicklungsländer, eine Erhöhung der Mitgliedschaft im ECOSOC steigere die *Effektivität* dieses Organs, steht das Argument der Sowjetunion gegenüber, daß hierdurch die *Effizienz* der Organisation insofern Einbußen erleide, als der ECOSOC aufgebläht und politisiert werde. Die Ratifikation der Charta-Änderung durch die Sowjetunion trotz dieser Bedenken konnte Anfang der siebziger Jahre noch einen sich bereits abzeichnenden Dissens in der Mitgliedschaft über die einer Reform der UN zugrundezulegende Konzeption der Weltorganisation verdecken.

Bei den recht zahlreichen Reformen des Sekretariats in dieser zweiten Phase stand das Herstellen einer Balance zwischen einer — erwünschten — administrativen Dezentralisierung einerseits und einer zentralen Kontrolle und Koordination andererseits im Zentrum.[79] Immer wieder wurden Expertenberichte erstellt und Umstrukturierungen innerhalb dieses Hauptorgans vorgenommen. Insgesamt jedoch bot das Sekretariat kaum das Bild eines den Charta-Bestimmungen entsprechenden Organs. Empirische Studien über Einstellung und Motivation der UN-Bediensteten haben ergeben, daß eine mangelhafte Qualifikation des Personals und eine eindeutig an Kriterien politischen Einflusses orientierte Rekrutierungspolitik die Effizienz des Sekretariats entgegen den Vorgaben aus Art. 100 und 101 der Charta negativ beeinträchtigten.[80] Die bereits am Ende der ersten Phase zu beobachtende Tendenz, die UN-Organe dem politischen Gravitationsfeld mitgliedstaatlichen Einflusses zu unterstellen, hat sich damit in einer Weise des Sekretariates bemächtigt, welche die relativ große Bedeutung, die dieses Hauptorgan noch Anfang der sechziger Jahre aufgrund seiner konzeptionellen Arbeit gerade im Entwicklungsbereich hatte, erheblich beeinträchtigte.[81]

---

78 GA Res. 2758 (XXVI) vom 25. Oktober 1971.

79 Vgl. UNYB 1980, 1189 f.; 1981, 1376 ff.; 1982, 1483 ff.; ferner *Klaus Dicke*, Dezentralisierung, in: Handbuch Vereinte Nationen, (Anm. 1), 77-85.

80 Dazu statt anderer *Seymour Maxwell Finger / Nina Hanau*, The United Nations Secretariat Revisited, in: ORBIS 25 (1981), 197-208 m. w. N. Vgl. auch *Theodor Meron*, The United Nations Secretariat. The Rules and the Practice, Lexington 1977, 173 ff., *Beigbeder* (Anm. 27) und *Franck* (Anm. 40), 94 ff.

Die zahlreichen *Neugründungen* in dieser zweiten Phase lassen sich im Überblick nach zwei Schwerpunkten unterscheiden: Neugründungen werden vorgenommen, um die *operative Effektivität* der UN zu steigern, und sie werden vorgenommen, um die *administrative Effizienz* der Organisation zu erhöhen. Zur ersten Gruppe gehören Organe und Einrichtungen wie der Kapital-Entwicklungsfond (UNCDF) und zahlreiche weitere Fonds, UNCTAD, das UNEP und UNDP, UNIDO, das World Food Programme (WFP), das Forschungs- und Ausbildungsinstitut UNITAR, das Programm für UN-Volonteers (UNV), das Siedlungsprogramm HABITAT u. a. Zur zweiten Gruppe, in der sich die bereits angesprochene Tendenz zur Institutionalisierung des Reformprozesses manifestiert, gehören die Gemeinsame Inspektionsgruppe (JIU), der Sekretariatsausschuß (ICSC) sowie zahlreiche Sonderausschüsse und Expertengremien zur Überprüfung einzelner Tätigkeitsbereiche der Organisation bzw. einzelner Organe.

Mit den Neugründungen der ersten Gruppe[82] verlagert sich der Schwerpunkt der Tätigkeit der Organisation zugunsten der Entwicklungshilfe. Die Resolutionen, mit denen die Generalversammlung neue Organe einrichtet, begründen dies dadurch, daß jeweils Defizite an Leistungen für Entwicklungshilfe konstatiert, die Notwendigkeit erhöhter Anstrengungen und Leistungen betont sowie die Schaffung neuer Institutionen als Mittel, diese herbeizuführen, gerechtfertigt werden. Als Funktion dieser Institutionen wird die Formulierung von politischen Programmen festgelegt, die von der Gesamtheit der Mitglieder zu implementieren sind. Maßstab für die Effektivität der Organisation wird bei dieser Strategie die wirtschaftliche Lage der Entwicklungsländer[83], deren Verbesserung durch geeignete institutionelle Vorkehrungen als sich aus Art. 55 und 56 der Charta ergebendes Ziel hergeleitet wird.[84]

Die zweite Gruppe von Neueinrichtungen, die Einsetzung zahlreicher Expertengremien und Gründung administrativer Hilfsorgane, zielt auf den Abbau von Reibungsverlusten im UN-System und eine Erhöhung ihrer administrativen Effizienz. An erster Stelle zu nennen ist die Einrichtung der Joint Inspection Unit 1968, welche die interne und externe Rechnungsprüfung durch unabhängige Untersuchungen des Managements und der Koordination im UN-System ergän-

---

81 Dazu *John P. Renninger*, Improving the United Nations, in: Journal of Development Planning 17/1987, 85-111 (91 ff.), der Politisierung, mangelnde Qualifikation und mangelnde Führung des Sekretariates als Hauptursachen für die abnehmende Effektivität der Organisation insgesamt ansieht.

82 Vgl. exemplarisch die Gründungsresolution von UNCTAD, GA Res. 1995 (XIX) vom 30. Dezember 1964.

83 Während noch 1960 in Resolutionen der Generalversammlung von „under-developed countries" die Rede ist, wird dies bald durch die Sprachregelung „developing countries" ersetzt. Zur Entwicklungspolitik der UN in dieser Phase vgl. allgemein *Kenneth Dadzie,* The United Nations and the Problem of Economic Development, in: *Roberts/Kingsbury* (Anm. 10), 139-157; *Robert E. Riggs/Jack C. Plano,* The United Nations. International Organization and World Politics, Chicago 1988, 302 ff.

84 Dazu ausführlich am Beispiel UNCTAD u. a. unten, S. 202 ff.

zen soll. Im Bereich des Personalmanagements wurde 1972 / 74 die International Civil Service Commission (ICSC) eingerichtet, nachdem der International Civil Service Advisory Board 1970 das Vertrauen der Generalversammlung verloren hatte. Ergebnis war eine recht weitgehende Vereinheitlichung der Regeln über Personalangelegenheiten im UN-System; doch sieht sich der ICSC am Ende der zweiten Reformphase zunehmender Kritik ausgesetzt.[85] Als typische Reformmaßnahmen können darüber hinaus etwa ein Vorstoß von Malta sowie Trinidad und Tobago 1964 in der Generalversammlung, einen Gesamtüberblick über die Tätigkeit der Organisation zu erstellen[86], oder die Einrichtung von Expertengremien zur Vorbereitung einzelner Reformvorhaben angeführt werden. In unzähligen Mandaten fordern Generalversammlung und ECOSOC „reviews“ einzelner Tätigkeitsbereiche der Organisation. Die administrative Steuerung und die Koordination des Systems sind die beiden Schwerpunkte, die dabei immer wieder im Zentrum stehen. Dabei ist auffallend, daß hier — wie auch bei den operativen Neueinrichtungen — das Organisieren i. S. des Einrichtens als Effektivitätsgewinn betrachtet wird. Mit der Schaffung dieser administrativen Hilfsorgane soll den Mitgliedstaaten eine Art innerorganisatorischer Effizienz- und Effektivitätskontrolle entgegengestellt werden, mit deren Hilfe eine stärkere Einhaltung der vom ECOSOC und von der Generalversammlung beschlossenen Effizienz- und Effektivitätskriterien ermöglicht werden soll. Der Versuch, solchermaßen eine Effizienz- und Effektivitätskontrolle zu institutionalisieren, ist ein zweiter, näherer Analyse zu unterziehender Schwerpunkt.[87]

Auf der Ebene von *Strukturreformen* sind in dieser Phase der Reformgeschichte zwei in sich geschlossene Reformansätze hervorzuheben; sie verdanken ihren Anstoß zwei Expertenberichten, die sich mit der Leistungsfähigkeit der Organisation im Bereich der wirtschaftlichen und sozialen Tätigkeit insgesamt befassen: dem *Jackson*-Bericht von 1969 und dem Bericht einer 25-köpfigen Expertengruppe aus dem Jahre 1975, der 1977 in die bereits angeführte Resolution 32 / 197 einging. Der *Jackson*-Bericht[88] hatte auf Drängen der Industriestaaten hin die Effizienz und Kapazität des Systems im Bereich der Entwicklungshilfe zu überprüfen. Er geht von der Prämisse aus[89], daß die Entwicklungshilfe größerer Ressourcen bedürfe und diese in zunehmendem Ausmaß von internationalen Organisationen erbracht und verwaltet werden müßten. Diese Prämisse — die nicht ganz ohne Kritik geblieben ist[90], aber doch den damals überwiegenden

---

85 Dazu *Yves Beigbeder*, Management Problems in United Nations Organizations. Reform or Decline? London 1987, 79 ff.; *ders.* (Anm. 27).

86 UNYB 1965, 499.

87 Dazu unten, § 8.

88 A Study of the Capacity of the United Nations Development System, 2 Bde, UN Doc. UN / DP / 5 (Sales No. E.70.I.10), 1969.

89 Dazu *Robert W. Cox*, The Pearson and Jackson Reports in the Context of Development Ideologies, in: YBWA 1972, 187 - 202 (200).

90 Ebd.

Konsens der Staaten wiedergibt[91] — ist insofern hervorzuheben, als sie das von einer westlichen Mehrheit formulierte Entwicklungskonzept etwa noch der ersten Entwicklungsdekade verbindet mit dem starken Drängen der Entwicklungsländer nach einem Ausbau der multilateralen Instrumentarien der Entwicklungshilfe. *Jackson* stellt nun in einer umfänglichen und sehr kritischen Untersuchung[92] in insgesamt zehn Punkten strukturelle und organisatorische Defizite fest, zu deren Behebung Empfehlungen unterbreitet werden. In der Hauptsache wird beklagt das Fehlen einer einheitlichen, der Entwicklungszusammenarbeit gewidmeten Organisation, das Fehlen eines „brain trust", der — vor allem auch aufgrund der starken Autonomie der Sonderorganisationen — eine zureichende Planung und Prioritätensetzung ermöglichen würde; ferner starke Verzögerungen bei der Projektdurchführung, eine Vernachlässigung von Nachfolgemaßnahmen und mangelnde Erfolgskontrolle, unzureichend qualifiziertes Personal, rückständige Managementmethoden u. a. m. Dieser Katalog von Defiziten zieht sich seither wie ein roter Faden durch alle Expertenstudien zur Reform der UN.[93] Das der *Jackson*-Studie zugrundeliegende organisatorische Gesamtkonzept einer zentral konzipierten, dezentral durchgeführten und mit Hilfe moderner Organisationsprinzipien und Managementmethoden überwachten und kontrollierten Entwicklungspolitik der UN dient seither — explizit oder implizit — der Beurteilung der UN-Entwicklungspolitik als Maßstab. In ihren Empfehlungen legte die Studie besonderes Gewicht auf die Reorganisation und Stärkung des UNDP und insbesondere des „resident representative", der mit weiteren Kompetenzen ausgestattet werden sollte, um eine verbesserte Planung und Koordination der Entwicklungszusammenarbeit auf Länder- und Regionalebene zu ermöglichen.[94] *Jackson* macht deutlich, daß es mit einzelnen Korrekturen nicht getan sei, sondern daß die von ihm vorgeschlagene Strukturreform als notwendige Einheit zu begreifen sei und langfristig durch eine Reform des ECOSOC und die Schaffung eines Generaldirektors für Entwicklung im Sekretariat ergänzt werden müsse.

Der 1975 vorgelegte Reformbericht der „Gruppe der 25"[95] griff eine Reihe der Diagnosen — und damit auch das Grundkonzept — aus der *Jackson*-Studie

---

91 Zur UN als Instrument der Entwicklungspolitik vgl. *Walter M. Kotschnig*, The United Nations as an Instrument of Economic and Social Development, in: IO 22 (1968), 16-43.

92 Zum *Jackson*-Bericht vgl. *Renninger* (Anm. 81), 86 ff.; *Eberhard Kurth*, UN-Entwicklungssystem am Scheidewege. Jackson-Studie zwingt zu Reformen, in: VN 18 (1970), 80-88; *Friedrich Georg Seib*, Die Befähigung des UN-Systems zu wirksamer Entwicklungshilfe. Der Jackson-Bericht aus heutiger Sicht, in: VN 22 (1974), 179-182; *Markus Timmler*, Pearson-Bericht und Jackson-Studie für DD 2, in: Außenpolitik 21 (1970), 225-238; *Dharam P. Ghai*, The United Nations Capacity Study. An Evaluation of the Jackson Report, in: JWTL 1970, 245-254.

93 Vgl. dazu den vergleichenden Überblick bei *Renninger* (Anm. 81).

94 Zu den Aufgaben und Kompetenzen des resident representative siehe *Manfred Kulessa*, Der Resident Co-ordinator, in: Handbuch Vereinte Nationen (Anm. 1), 686-693; *Sahlmann* (Anm. 6).

auf und ergänzte sie z. T. durch institutionelle Vorschläge, so z. B. eine Zusammenlegung des ACC und ACABQ oder die Schaffung einer Entwicklungsbehörde zur Beratung und Kontrolle der Entwicklungstätigkeit der Organisation sowie zu ihrer Koordinierung.[96] Beklagt wird auch hier u. a. eine unzureichende Dezentralisierung im operativen Bereich und mangelnde Koordination auf regionaler Ebene, eine Fragmentierung der finanziellen Ressourcen und mangelnde Qualifikation des UN-Personals.

Gegenüber den weitreichenden, zum großen Teil sehr präzisen Vorschlägen nehmen sich die im Ergebnis beschlossenen Reformmaßnahmen dieser zweiten Phase sehr bescheiden aus und rechtfertigen es kaum, von einer „restructuring exercise“ zu sprechen. Die Reformen bestehen im wesentlichen aus einer Straffung der Programmplanung unter Einbeziehung von Länderprioritäten im UNDP sowie in der Einrichtung der Stelle eines Generaldirektors für Entwicklung im UN-Sekretariat.[97] Auch wird die Arbeit des ACC etwas gestrafft und mit anderen Koordinationsgremien abgestimmt. Die — sehr umfangreiche — Reformresolution 32 / 197 vom 20. Dezember 1977, welche die Empfehlungen der Gruppe der 25 übernimmt, wird insgesamt hingegen — zu Recht — als Musterbeispiel einer beschlossenen, aber nicht durchgeführten Reformresolution angesehen.[98] Ihre Implementierung wurde immer wieder, so z. B. vom ECOSOC im Zuge seiner jüngsten Reformüberlegungen, eingefordert.[99] Die Resolution wurde zu einem Zeitpunkt verabschiedet, als sich die Mitgliedstaaten aufgrund der stark polarisierenden Auseinandersetzungen um die „Neue Weltwirtschaftsordnung“ von einem Konsens über eine stärker zentralisierte Organisation der Entwicklungszusammenarbeit weiter denn je entfernt hatten.

Zu den beiden ersten Reformphasen der UN ist zusammenfassend festzuhalten, daß auf der ersten der untersuchten Ebenen Effizienz und Effektivität i. S. der Arbeitsfähigkeit der Organisation verstanden und durch organisatorische Maßnahmen verbessert werden. Hier liegt der Schwerpunkt auf der Effizienz, die als Wirtschaftlichkeit und Sparsamkeit und als Vermeidung von Überlappungen und Doppelarbeit verstanden wird. Auf der zweiten und dritten Ebene dagegen steht die Effektivität i. S. der Aufgabenerfüllung im Vordergrund. Hier vollzieht sich

---

95 „A New United Nations Structure for Global Economic Co-operation“, UN Doc. A / 32 / 34; dazu *Renninger* (Anm. 81), 88 f.

96 Die Koordination war Gegenstand einer weiteren, zuerst 1974 (UN Doc. E / 5491) veröffentlichten Expertenstudie, die 1978 in erweiterter Fassung als Buch erschien: *Martin Hill*, The United Nations System: Coordinating its Economic and Social Work, Cambridge 1978. Zu diesem Bericht *Renninger* (Anm. 81), 87 f.

97 Zur Funktion des Generaldirektors *Ingo v. Ruckteschell*, Die neue wirtschaftspolitische Spitze der Vereinten Nationen, in: VN 27 (1979), 11 - 16; *Peter A. Köhler*, Sozialpolitische und sozialrechtliche Aktivitäten in den Vereinten Nationen, Baden- Baden 1987, 547 ff.

98 So *David Steele*, The Reform of the United Nations, London-Sydney-Wolfeboro 1987, 22.

99 E / Res. 1988 / 77 vom 27. September 1988.

der Ausbau der Organisation zu einem System operativer Entwicklungstätigkeit. Statt indessen die in der ersten Reformphase erstellten Kriterien für einen Effektivität und Effizienz gewährleistenden Ausbau des Systems anzuwenden, wird der administrative Apparat der UN zunehmend ausgebaut. Programmplanung, Koordination und Kontrolle sind Folgeprobleme, die wiederum durch die Schaffung eigener Institutionen angegangen werden. Damit wird freilich nicht verhindert, daß mangelnde Planung, Steuerung, Koordination und Kontrolle immer wieder als Defizite der Effizienz und Effektivität der Organisation angesprochen werden. Der Ausbau der operativen Tätigkeiten der Organisation, das Problem der Koordination und Steuerung des UN-Systems und Fragen der Evaluierung und Kontrolle stellen insofern drei Schwerpunkte dar, die näherer Analyse bedürfen. An einzelnen Defiziten oder Beeinträchtigungen der Effizienz und Effektivität der Organisation sind mangelnde Regelbefolgung, zu unklare Mandate sowie das Verdrängen organisatorischer durch politische Kriterien der Effizienz und Effektivität festzuhalten.

Bevor das oben angesprochene Auseinanderfallen des Grundkonsenses über den organisatorischen Charakter der UN dargestellt werden soll, ist in einem etwas ausführlicheren Exkurs auf die Ebene der *Totalrevision* einzugehen. Denn einerseits wurde auf dieser Ebene durch den 1974 eingerichteten „Sonderausschuß für die Charta und die Stärkung der Rolle der Organisation" ein eigenständiges, bis heute bestehendes, insgesamt recht erfolgreiches Reforminstrument geschaffen. Andererseits ist es zur Abschätzung der Realisierungschancen von Reformen größeren Ausmaßes von entscheidender Bedeutung, ob und in welchem Umfang Änderungen der Charta möglich sind.

2. Der Sonderausschuß für die Charta und die Stärkung der Rolle der Organisation

a) Einsetzung und Mandat des Ausschusses

Die UN-Charta sieht in Art. 108 und 109 zwei unterschiedliche Änderungsverfahren vor.[100] Beiden gemeinsam ist eine entscheidende Hürde: Änderungen der Charta bedürfen für ihr rechtswirksames Zustandekommen einer Zwei-Drittel-Mehrheit des beschließenden Gremiums — der Generalversammlung nach Art. 108 und einer Mitgliederkonferenz nach Art. 109 —, und sie bedürfen ferner

[100] *Leland M. Goodrich / Edvard Hambro / Anne Patricia Simons,* Charter of the United Nations. Commentary and Documents, 3. Aufl. New York-London 1969, zu Art. 108 und 109; *Bruno Simma* et al. (Hrsg.), Charta der Vereinten Nationen. Kommentar, München 1991, zu Art. 108 (1108 ff.) und 109 (1124 ff.); *Meinhard Schröder,* Revision der Charta, in: Handbuch Vereinte Nationen (Anm. 1), 701-707; *Michael M. Gunter,* Recent Proposals in the United Nations to Amend the Charter, in: Case Western Reserve Journal of International Law 10 (1978), 763-783.

der Ratifizierung durch zwei Drittel der Mitglieder der Vereinten Nationen einschließlich der ständigen Mitglieder des Sicherheitsrates. Diesen kommt bei Charta-Änderungen also letztlich ein Vetorecht zu. Da sich insbesondere die Sowjetunion und die Vereinigten Staaten immer wieder entschieden gegen Charta-Änderungen ausgesprochen und statt dessen die getreue Befolgung der Charta bzw. ihre evolutive Weiterentwicklung gefordert haben, hat sich diese Bestimmung in der Tat als Hemmnis für Charta-Änderungen erwiesen. Darüber kann auch die Tatsache nicht hinwegtäuschen, daß — wie bereits dargestellt — seit 1945 dreimal Bestimmungen der Charta geändert wurden, um die Mitgliedschaft im Sicherheitsrat und ECOSOC zu erhöhen. Damit hat die Organisation zwar eine gewisse Anpassung an die gewachsene Mitgliedschaft vorgenommen, Änderungen der Verfahrensweise, insbesondere der Abstimmungsmodalitäten, einzelner Organe oder gar weitergehende Strukturreformen waren damit jedoch nicht verbunden.

Das zweigliedrige Änderungsverfahren in Art. 108 und 109 ist Ergebnis eines Kompromisses auf der Konferenz von San Francisco: insbesondere die kleineren Staaten hatten sich hier entschieden gegen die Veto-Position der ständigen Mitglieder des Sicherheitsrates — nicht nur in der Wahrung des Weltfriedens[101], sondern auch im Charta-Änderungsverfahren — gewandt. Um ihre Zustimmung zu diesen Vorrechten und damit auch die Ratifikation der Charta sicherzustellen, wurde ihnen in Gestalt der in Art. 109 vorgesehenen Revisionskonferenz die Möglichkeit einer Überprüfung der Charta eingeräumt.[102] Gegen die Fixierung eines obligatorischen Datums für eine solche Konferenz wandten sich jedoch wiederum mit Erfolg die ständigen Mitglieder des Sicherheitsrates. So legt denn Art. 109 Abs. 3 lediglich fest, daß auf der Tagesordnung der zehnten Generalversammlung der Vorschlag zur Einberufung einer Revisionskonferenz stehen soll, falls eine solche Konferenz bis zu diesem Zeitpunkt noch nicht einberufen sein sollte.

Im Vorfeld der zehnten Generalversammlung hatte sich zwar u. a. der amerikanische Außenminister *Dulles* für eine Änderung der Charta eingesetzt. Vorschläge für Änderungen wurden insbesondere von kleineren Staaten vorgebracht und bezogen sich auf Kap. VII sowie XI ff. der Charta, insbesondere auf das Veto-Vorrecht der ständigen Mitglieder des Sicherheitsrates.[103] Auch die Einführung einer Stimmenwägung im Abstimmungsverfahren der Generalversammlung sowie eine Verbesserung der Koordinationsinstrumentarien wurden erwogen. Doch stießen alle Änderungsvorschläge auf den entschiedenen Widerspruch der Sowjetunion.[104] Auch wurde bereits in diesem Stadium darauf hingewiesen, daß

---

101 Vgl. oben, S. 79 f.

102 *Robinson* (Anm. 41), 317.

103 Bereits 1946, 1947 und 1948 hatten Anträge Kubas und Argentiniens vorgelegen, in einem Verfahren nach Art. 109 der Charta „abolish the privilege of the veto“, in: IO 8 (1954), 113.

die Organisation trotz aller Unzulänglichkeiten in der Charta[105] und in der faktischen Entwicklung[106] ein beachtliches Potential an Anpassungs- und Wandlungsfähigkeiten hervorgebracht habe. Verwiesen wurde dabei insbesondere auf die „Uniting for Peace"-Resolution.[107] So hat im Ergebnis die zehnte Generalversammlung in Resolution 992 (X) vom 21. November 1955 die Einberufung einer Revisionskonferenz auf einen „geeigneten" Zeitpunkt vertagt. Zwar wurde ein Vorbereitungsausschuß eingesetzt, doch befand dieser Jahr für Jahr, die Zeit für eine Revisionskonferenz sei noch nicht reif. 1967 beschloß die Generalversammlung, daß dieser Ausschuß nicht mehr jährlich zusammentreten solle.[108] Ergebnis des gesamten Verfahrens war letztlich nur die Erstellung des — freilich äußerst nützlichen — Repertory of Practice of the United Nations Organs.[109]

Unter ausdrücklichem Hinweis auf die Notwendigkeit, die Charta an die veränderten Gegebenheiten — u. a. die gestiegene Mitgliederzahl und die gewachsenen Anforderungen an die Organisation — anzupassen, kam erst 1969 wieder eine Diskussion über eine Charta-Änderung in Gang.[110] Kolumbien hatte den Tagesordnungspunkt „Need to consider suggestions regarding the review of the Charter of the United Nations" auf die Tagesordnung der Generalversammlung gebracht. In drei Resolutionen forderte die Generalversammlung 1969, 1970 und 1972 die Mitgliedstaaten auf, dem Generalsekretär entsprechende Vorschläge zu unterbreiten. Nachdem 1974 38 Antworten von seiten der Mitgliedstaaten eingegangen waren, von denen jedoch nur die wenigsten konkrete Änderungsvorschläge enthielten, legte der Generalsekretär dem zuständigen 6. Ausschuß einen entsprechenden zusammenfassenden Bericht vor. Im Ausschuß kam es zwischen dem 2. und 9. Dezember 1974 zu einer z. T. heftig geführten Debatte über die Tunlichkeit einer Charta-Revision.

104 Zu den Debatten um eine Chartaänderung im Vorfeld der 10. Generalversammlung siehe den Bericht in IO 8 (1954), 113-115; *Robinson* (Anm. 41) sowie *Lawrence S. Finkelstein,* Reviewing the United Nations Charter, in: IO 9 (1955), 213-231.

105 Bereits *Hans Kelsen* hatte in der Ergänzung seiner Kommentierung der Charta auf Unzulänglichkeiten hingewiesen, die eine Charta-Revision erforderlich machten. *Hans Kelsen,* The Law of the United Nations. A Critical Analysis of its Fundamental Problems, New York 1951, 911 ff.

106 Dazu *Finkelstein* (Anm. 104), 213: „The greatest impediment to fully effective operation of the United Nations has been the absence of that great power accord which the majority feared at San Francisco."

107 *Finkelstein* (Anm. 104), 215.

108 GA Res. 2285 (XXII) vom 5. Dezember 1967 spricht nur noch davon, daß die Kommission am Leben erhalten werden solle. In der Folgezeit hatte die Generalversammlung „keine Zeit", sich mit der Materie zu befassen, vgl. GA Res. 2535 (XXIV) vom 12. Dezember 1969.

109 Vgl. Bericht in IO 10 (1956), 137 f.

110 Zur Entstehung des Ausschusses im Zuge dieser Diskussion siehe *Bengt Broms,* The Special Comittee on the Charter of the United Nations and the Strengthening of the Role of the Organization, in: GYIL 20 (1977), 77-102; *Hans G. Petersmann,* Die Revision der Charta der Vereinten Nationen, in: VN 24 (1976), 108-112; ferner *Gunter* (Anm. 100).

Grundlage der Debatte war neben dem Bericht des Generalsekretärs ein von Argentinien und zahlreichen blockfreien Staaten eingebrachter Antrag, einen ad hoc-Ausschuß mit der Aufgabe zu betrauen, konkrete Vorschläge für eine Änderung der Charta zu erarbeiten. Eingeführt wurde der Antrag durch den Außenminister der Philippinen *Romulo*, der 1945 zu den Unterzeichnern der Charta gehört hatte. Er rief die vielfältigen Tätigkeiten der Vereinten Nationen hinsichtlich der Bemühungen um eine Neue Weltwirtschaftsordnung, der Verbesserung der Landwirtschaft in den Entwicklungsländern, der gerechten Verteilung von Ressourcen, der Bevölkerungspolitik und der Friedenssicherung in Erinnerung und kam zu dem Ergebnis:

> „Those questions require more efficiency on the part of the United Nations, whose value was not questioned, but whose ability to adapt was doubted. The mechanisms of the United Nations prevented the Organization from assuming the planetary role it was called upon to play.“[111]

Die Väter der Charta hätten das Wachstum der Organisation durch den Beitritt zahlreicher neuer Mitglieder und ein starkes Anwachsen der Aufgaben nicht vorhergesehen. Dem Wachstum der Organisation und den neuen Anforderungen trügen die von der Regierung der Phillipinen vorgeschlagenen Änderungen[112] Rechnung: Streichung der Feindstaatenklauseln; Errichtung einer „machinery“ zur friedlichen Streitbeilegung; Verankerung der Friedenssicherungs-Operationen in der Charta; Verbesserung des repräsentativen Charakters des Sicherheitsrates; Einschränkung des Einstimmigkeitsprinzips auf vitale Sicherheitsfragen; Erhöhung der Wirksamkeit des IGH; Stärkung des ECOSOC und Rationalisierung der mit Menschenrechten befaßten Gremien. Er betonte jedoch einschränkend, daß solche Änderungen die Wirksamkeit der Organisation nicht automatisch verbessern würden; vielmehr sei daran zu erinnern, daß the „effective use of the Organization was dependent on the will of States“.[113]

Romulo unterscheidet hier also deutlich zwischen der Effizienz und der Effektivität der Organisation. Erstere wird als Qualität der Organisation selbst und als solche von deren verfassungsrechtlich festgeschriebener Struktur abhängig gesehen; Kriterium zu ihrer Beurteilung ist die Anpassungsfähigkeit der Organisation an neue Anforderungen, Interessen und Aufgaben. Diese Anpassungsfähigkeit soll durch die vorgeschlagenen Charta-Änderungen gewährleistet werden. Die Effektivität der Organisation hingegen, die faktische Erfüllung der ihr gestellten Aufgaben und Ziele, sieht er vom politischen Willen der Mitglieder abhängig. Effizienz erscheint als organisatorische, Effektivität als politische Kategorie.

Auf die Effektivität der Organisation hebt auch ein anderer Befürworter von Charta-Änderungen, der Vertreter Rwandas, ab:

---

111 GAOR, 6th Cte., 29th sess., SR. 1512, Ziff. 22.

112 UN Doc. A / 9739. Es handelt sich um die Antwort der Philippinen auf die oben erwähnte Anfrage des Generalsekretärs.

113 GAOR, 6th Cte., 29th Sess., SR. 1512, Ziff. 29.

„The need to review the Charter so that it might meet the interests of all countries was therefore a question of primary importance for all those who wished the United Nations to be more effective.“[114]

Das Interesse an einer effektiven Organisation wird hier in untrennbaren Zusammenhang damit gebracht, daß die UN die Interessen aller Mitgliedstaaten befriedigen. Für die Gegenposition, die Charta-Änderungen ablehnt, spielt zunächst die Effizienz der Organisation keine Rolle. In aller Kürze formuliert der Vertreter der Mongolei die kategorische Ablehnung von Charta-Änderungen:

„In the final analysis, the effectiveness of the United Nations depended on the compliance of member States with their obligations under the Charter.“[115]

Auch der Vertreter Kanadas bediente sich dieses Arguments, richtet es jedoch als Mahnung insbesondere an die Großmächte.[116]

Unter Bekräftigung der Aussage, daß die Effektivität der Organisation vom politischen Willen der Mitglieder abhängig sei, hat Jugoslawien und haben die USA der Forderung der Philippinen nach einer Charta-Änderung und deren Begründung widersprochen. Sie wiesen darauf hin, daß die Anpassungsfähigkeit der Organisation an gewandelte Aufgabenstellungen durch Interpretationen der Charta, wie sie etwa in Gestalt der „Friendly Relations“- Deklaration[117] vorlägen, gewährleistet sei. Der Vertreter der USA sieht im Wandel der Charta durch fortschreibende Interpretation geradezu einen Beweis für die Effektivität der Organisation:

„[T]he Charter had, through the normal process of interpretation and evolution, undergone very significant modifications as times and circumstances had changed, as new members with new views had joined the United Nations and as better understanding of the needs of the Organization had been gained. The fact that the Charter had allowed such flexibility was clear evidence of its fundamental value and wisdom. As general political needs had changed, so, in many cases, had collective interpretations of the provisions of the Charter. Such changes had taken place gradually, but effectively, with the participation of all Member States. Thus, the Charter was a living, current document and an avenue of change which was vastly preferable to sudden, radical shifts, which, because of the diversity of Member States, would almost inevitably lead to a loss of the fundamental consensus which was the foundation of the Charter. The loss or weakening of that consensus could only diminish the effectiveness of the United Nations.“[118]

---

114 A. a. O., SR. 1517, Ziff. 31.

115 A. a. O., SR. 1515, Ziff. 27. Diese Position wurde von sowjetischer Seite noch Ende der achtziger Jahre vertreten. Vgl. *N. B. Krylov*, Enhancing the Role and Effectiveness of the United Nations in Strengthening International Legal Order, in: *William E. Butler* (ed.), The Non-Use of Force in International Law, Dordrecht 1989, 111-118 (112). Zur veränderten Haltung nach der von *Gorbatschow* annoncierten Wende in der UN-Politik siehe *Theodor Meron*, „Exclusive Reserves“ and the New Soviet Policy Toward the UN Secretariat, in: AJIL 85 (1991), 322-329.

116 SR. 1516, Ziff. 30.

117 GA Res. 2625 (XXV) vom 24. Oktober 1970, Annex (Anm. 60).

Als Beispiele führt er im einzelnen an die Verankerung des Rechts auf Selbstbestimmung zunächst als Prinzip, dann als Recht; das Verbot der Einmischung in die inneren Angelegenheiten; die „Uniting for Peace“-Resolution, die 1967 von der anfänglich heftig gegen sie opponierenden Sowjetunion zur Einberufung einer Notstandssondertagung der Generalversammlung genutzt wurde, und schließlich die im Konsens angenommene „Friendly Relations“-Deklaration.

Die Effektivität der Organisation hängt dieser Auffassung zufolge weniger in einem unspezifischen Sinne vom „politischen Willen der Mitglieder“, sondern in erster Linie vom Konsens der Mitglieder *in* der Organisation, der sich in der kollektiven Interpretation der Charta niederschlage und fortschreibe, ab. Die USA wandten sich gegen die Vorschläge der Charta-Revision, gerade weil sie diesen Konsens gefährden könnten.[119] Damit bekennen sie sich zugleich zur Modellvorstellung einer internationalen Organisation, die sich durch Konsens integriert, die durch solche Integration auf dem Wege der Interpretation die Charta fortentwickelt und so die Organisation neuen Anforderungen und auch gewandelten Interessenlagen anpaßt.

Ein dezidiertes Gegenmodell wurde hingegen vom Vertreter Boliviens, der Charta-Änderungen befürwortete, vorgetragen.[120] Grundlegend für ihn war der Hinweis auf den demokratischen Charakter von Mehrheitsentscheidungen. Der Vertreter Boliviens folgt damit der Vorstellung von einem parlamentarischen Modell einer „demokratisch“ strukturierten internationalen Organisation. Praktische Konsequenz war die Forderung nach einer Stärkung der — nach dem Mehrheitsprinzip entscheidenden — Generalversammlung sowie nach Abbau der Sonderrechte der ständigen Mitglieder des Sicherheitsrates im Gesamtbereich der Friedenssicherung. Sowohl das Für und Wider in Bezug auf Chartaänderungen als auch die Konkurrenz zwischen einem konsensual-integrativen und parlamentarisch-demokratischen Modell der internationalen Organisation sollte für die weiteren Debatten des Ausschusses bestimmend sein.

Die Debatte des sechsten Ausschusses führte zu einem widersprüchlichen Ergebnis. Zum einen hatte sich gezeigt, daß insbesondere die Ostblockstaaten unter Führung der Sowjetunion sowie die Vereinigten Staaten jedem Gedanken an eine Charta-Änderung entschiedenen Widerspruch entgegenbrachten. Auch das Argument Kolumbiens, bei den drei bislang erfolgten Änderungen der Charta sei ebenfalls der Widerstand derjenigen Staaten, welche sich jetzt gegen Charta-Änderungen wandten, zu überwinden gewesen und auch überwunden worden, konnte nicht darüber hinwegtäuschen, daß ein politischer Spielraum für eine Charta-Änderung nicht gegeben war. An diesem Ergebnis wird man wohl bis

---

118 GAOR, 6th. Cte., 29th sess., SR. 1517, Ziff. 37.

119 Sie hielten diese Position konsequent durch und schlossen sich am Ende einem von Saudi-Arabien eingebrachten Kompromißpapier an.

120 GAOR, 29th sess., 6th Cte., SR. 1517, Ziff. 43 ff.

heute festhalten müssen. Charta-Änderungen stießen in der Vergangenheit immer wieder auf entschiedenen Widerspruch der ständigen Mitglieder des Sicherheitsrates, vielleicht mit Ausnahme der VR China, die sich bereits in der Debatte 1974 für eine Änderung ausgesprochen hatte.[121] Als Ende der siebziger und Anfang der achtziger Jahre im Zuge der ECOSOC-Reformen über Optionen gesprochen wurde, welche eine Charta-Änderung erforderlich machten, erklärte der Vertreter der Sowjetunion eine Charta-Änderung kategorisch für unannehmbar. Hinter dieser Position, die von den USA geteilt wird, steht die Befürchtung, eine auch nur marginale Änderung der Charta könne einen Präzedenzfall für Änderungen auch der Charta-Bestimmungen über den Sicherheitsrat bedeuten.[122]

Die von Japan und zu Beginn der neunziger Jahre von Deutschland angemeldeten Anwartschaften auf einen ständigen Sitz im Sicherheitsrat haben die Debatte um eine Charta-Revision erneut in Gang gebracht. Dabei sind einerseits die USA, Großbritannien und Rußland schon aus finanziellen Gründen an einer stärkeren Einbindung Japans und Deutschlands in die UN-Friedenssicherung interessiert. Eine Reihe von Gründen sprechen zudem für eine Bereinigung der Charta: u. a. die obsolet gewordene Feindstaatenklausel, das angesichts des Wortlauts von Art. 23 der Charta rechtlich keineswegs unproblematische Eintreten Rußlands in die Nachfolge der UdSSR, eine mögliche Auflösung oder Umwidmung des Treuhandsystems und auch die nach wie vor anstehende ECOSOC-Reform. Andererseits aber haben etwa Frankreich und die USA verschiedentlich eine ablehnende Haltung bekundet, letztere auf der 47. Generalversammlung mit dem Argument, eine Charta-Revision könne die Funktionsfähigkeit und Effektivität der UN genau in dem Augenblick gefährden, in dem die Organisation ihrer ursprünglichen Bestimmung nach zu wirken beginne. Freilich haben sich in Beantwortung einer vom Generalsekretär an die Mitgliedstaaten gerichteten Anfrage eine Reihe von Staaten für eine Charta-Revision ausgesprochen. So ergibt sich für die meisten Entwicklungsländer gerade aus der wiedergewonnenen Handlungsfähigkeit des Sicherheitsrates die Notwendigkeit einer stärker repräsentativen Zusammensetzung dieses Organs. Die Blockfreien haben sich auf ihrem Gipfel in Djakarta 1992 ausdrücklich für eine „Demokratisierung" der UN ausgesprochen und eine entsprechende Arbeitsgruppe eingesetzt.[123]

---

121 Dies bedeutet jedoch nicht, daß die VR China mit einer Änderung der Bestimmungen über den Sicherheitsrat einverstanden wäre. Vgl. *Donald J. Puchala / Roger A. Coate,* The Challenge of Relevance: The United Nations in a Changing World Environment, Hanover 1989, 23, sowie *Suzanne Ogden,* China's Position on U.N. Charter Review, in: Pacific Affairs 1979, 210-241.

122 So *John P. Renninger,* ECOSOC — Options for Reform. UNITAR, Policy and Efficacy Studies No. 4, New York 1981, 22 m. w. N. Eine Charta-Änderung wurde dennoch besonders von den Entwicklungsländern nach dem Scheitern von den in GA Res. 32 / 197 angestrebten Reformen wieder ins Gespräch gebracht. Dazu *Davidson Nicol / John P. Renninger,* The Restructuring of the United Nations Economic and Social System: Background and Analysis, in: Third World Quaterly 4 (1982), 74-92 (87) sowie *Mohammed Bedjaoui,* Towards a new international economic order, Paris-London 1979, 204 ff.

In dieser Diskussion begegnet der Konflikt zwischen Repräsentativität und Effektivität aufs neue. Selbst wenn die 50. Generalversammlung die Frage einer Charta-Revision behandeln wird — ein Vorbereitungsausschuß wurde 1993 eingesetzt —, ist beim derzeitigen Diskussionsstand mit einer Bereitschaft der ständigen Ratsmitglieder, Änderungen hinsichtlich der Zusammensetzung und Abstimmungsmodalitäten des Sicherheitsrates zuzustimmen, nur schwerlich zu rechnen. —

1974 konnten sich die Befürworter einer Charta-Änderung zunächst insofern durchsetzen, als der 6. Ausschuß im Ergebnis den argentinischen Resolutionsentwurf, nach dem Möglichkeiten der Charta-Revision weiter untersucht werden sollten, mehrheitlich angenommen und der Generalversammlung zur Verabschiedung empfohlen hat. Ein sowjetischer Gegenentwurf wurde zugunsten des von Saudi-Arabien eingebrachten vermittelnden Entwurfs, der die Verhandlungen über die Einsetzung eines Sonderausschusses vertagen wollte, zurückgezogen. In der Abstimmung konnte sich dieser vermittelnde Entwurf jedoch nicht durchsetzen; der argentinische Entwurf wurde mit 77 : 20 : 32 Stimmen angenommen. Die Generalversammlung folgte der Empfehlung des 6. Ausschusses und verabschiedete am 17. Dezember 1974 Resolution 3349 (XXIX), mit der ein aus 42 Mitgliedern bestehender ad hoc-Ausschuß zur Charta-Revision eingesetzt wurde.

Wie nicht anders zu erwarten, wurde die Debatte um das Ob einer Charta-Änderung auf der ersten Tagung des Ausschusses fortgesetzt.[124] Sahen die Befürworter von Charta-Änderungen 30 Jahre nach Verabschiedung der Charta den Zeitpunkt gekommen, nunmehr auch die neuen Mitglieder an der Gestaltung der „Verfassung“ der Organisation zu beteiligen, so wiesen die Gegner einer Änderung darauf hin, daß gerade die Beitrittswilligkeit und Mitarbeit zahlreicher neuer Staaten zeige, wie sehr sich die Charta in der vorliegenden Fassung bewährt habe. Zentraler Gegenstand der ersten Debatte des Ausschusses war über die allgemeine Frage nach der Tunlichkeit einer Charta-Änderung hinaus eine Reform der Zusammensetzung und Abstimmungsmodalitäten des Sicherheitsrates; doch auch für den ECOSOC und das Sekretariat wurden Reformvorschläge unterbreitet.

Neben diesen organbezogenen Vorschlägen schälte sich jedoch ein zweiter, themenbezogener Reformansatz heraus, der dem Ausschuß in der Folgezeit den

---

123 Zu dieser Diskussion siehe *Rajaram Panda,* Japan, Germany and the UN Security Council, in: Indian Quarterly XLVIII (1992), 51-69; *Dip Narain Mishra,* Restructuring the United Nations. U.S. vs. NAM, a. a. O., 72-76; *Virginia Morris / M.-Christiane Bourloyannis,* The Work of the Sixth Committee at the Forty-Seventh Session of the UN General Assembly, in: AJIL 87 (1993), 305-323; *Klaus Dicke,* Die UN-Charta — Ausbau und ungenutzte Möglichkeiten, in: Hanns-Seidel-Stiftung (Hrsg.), Nach Überwindung des Ost-West-Konflikts. Gedanken zur „Neuen Weltordnung“, München 1994, 48-75, sowie den Bericht von *Christiane Philipp* in: VN 41 (1993), 173-175.

124 Dazu *Broms* (Anm. 110), 82-89. Die Darstellung von *Broms* ist die einzige Quelle für die erste Tagung des Ausschusses, da die Generalversammlung vergessen hatte, die Erstellung zusammenfassender Berichte anzuordnen.

Weg aus der Sackgasse, die Charta ohne eine Charta-Änderung zu reformieren, weisen sollte. Verschiedene Staaten hatten darauf hingewiesen, daß die Effektivität der Organisation in den Bereichen der Friedenssicherung und der friedlichen Streitbeilegung verbessert werden müsse. Zwar wurde gerade auch in diesem Zusammenhang die Notwendigkeit einer Charta-Änderung vertreten; da jedoch aufgrund fehlender vorbereiteter Anträge keine konkreten Vorschläge vorlagen, konnten die Gegner einer Charta-Änderung für die Erarbeitung solcher Vorschläge die Richtlinie ausgeben, „it would be most important to investigate all the means which existed on the basis of the present Charter before proposals for amendment were even considered".[125] Hier wurde erstmals die Aufgabe, sich der unterhalb einer Charta-Änderung liegenden Mittel für eine Reform der Organisation und damit auch der faktischen Effektivität der Organisation anzunehmen, als Arbeitsgrundlage des Ausschusses formuliert.[126] Dies kann durchaus als erster Schritt einer Annäherung an die amerikanische Position gewertet werden.

Daß diese Aufgabe Eingang in das Mandat des Charta-Ausschusses gefunden hat, beruht auf der Tatsache, daß der 6. Ausschuß 1975 den Bericht des ad hoc-Ausschusses zusammen mit einem rumänischen Vorschlag beraten hat, der sich teilweise mit den Aufgaben des ad hoc-Ausschusses zur Charta-Reform überschnitt. Rumänien hatte 1972 das Thema „Strengthening of the Role of the United Nations with regard to the maintenance and consolidation of international peace and security, the development of cooperation among all nations and the promotion of the rules of international law in relations between States" auf die Tagesordnung der Generalversammlung gebracht und die Einsetzung eines entsprechenden Ausschusses vorgeschlagen. Die Zusammenfassung beider Tagesordnungspunkte im 6. Ausschuß führte dazu, daß die vier gegen Charta-Änderungen opponierenden ständigen Mitglieder des Sicherheitsrates insofern ihre Position änderten, als sie sich Reformüberlegungen unterhalb der Schwelle von Charta-Änderungen gegenüber aufgeschlossen zeigten. Unter der Voraussetzung, daß diese Schwelle nicht überschritten würde, zeigten sie sich bereit, der Fortsetzung des ad hoc-Ausschusses zuzustimmen.[127]

---

125 *Broms* (Anm. 110), 87.

126 Für die spätere Arbeit des Ausschusses weist auf diese Arbeitsgrundlage hin *Michael Koch*, Stillstand unter der Flagge des Fortschritts. Die Erklärung von Manila zur friedlichen Streitbeilegung, in: VN 4 / 1983, 124 - 126 (125).

127 *Broms* (Anm. 110), führt folgende amerikanische und sowjetische Äußerungen als Belege an: „There is clearly much to be done in the field of dispute settlement and prevention, and much to be done in terms of making the United Nations system more effective. We must seek to accomplish as much as is humanely possible within the existing Charter before distracting ourselves with more ambitious and less likely schemes involving amendments to the Charter" (amerikanische Pressemitteilung vom 15. November 1975). Im sowjetischen Statement wurde *Gromykos* Rede in der Generaldebatte mit folgender Passage zitiert: „The Charter is the foundation of the entire structure of the United Nations. It has stood the test of time, and fully retains its significance for the future. It is in the strict observance of the Charter, rather than in its revision, that one should look for resources for the further enhancement of the effectiveness of the United Nations and the strengthening of its authority". Vgl. auch *Krylov* (Anm. 115).

Ergebnis der Debatte im 6. Ausschuß war die Empfehlung an die Generalversammlung, den ad hoc-Ausschuß in einen „Sonderausschuß für die Charta der Vereinten Nationen und die Stärkung der Rolle der Organisation“ umzuwandeln; die Generalversammlung folgte der Empfehlung und verabschiedete mit Res. 3499 (XXX) das Mandat des neuen Ausschusses. Dieses Mandat verknüpft eine weitere Prüfung der Vorschläge zur Charta-Revision mit der Aufgabe des von Rumänien vorgeschlagenen Ausschusses, die Effektivität der Organisation in den Bereichen Friedenssicherung, friedliche Streitbeilegung, Kooperation und Förderung der Regeln des Völkerrechts zu stärken. Doch betont das Mandat des Ausschusses ausdrücklich, solchen Vorschlägen Priorität einzuräumen, über welche Übereinstimmung erzielbar sei. Diese Konsensklausel geht auf einen Vermittlungsvorschlag Frankreichs zurück und ermöglichte erst die allgemeine Zustimmung zum Ausschußmandat.[128] Letztlich kommt damit die amerikanische Vorstellung einer integrativ-evolutiven Fortentwicklung der Organisation zum Durchbruch.

b) Reformtätigkeit des Ausschusses

Die Sacharbeit des Ausschusses begann zunächst schleppend. 1976 und 1977 mußte die Generalversammlung feststellen, daß der Ausschuß sein Mandat nicht erfüllt habe[129]; erst 1978 konnten Fortschritte verbucht werden.[130] Drei Themenbereiche hatten sich herausgeschält, in denen eine Einigung möglich erschien und die die Generalversammlung auf die Tagesordnung der nächsten Ausschußsitzung setzte[131]: die friedliche Streiterledigung, Fragen der Friedenssicherung und „the question of rationalization of existing procedures of the United Nations“. In diesen drei Sachbereichen konnten folgende Ergebnisse erzielt werden:

Im Bereich der *friedlichen Streiterledigung* wurde 1982 mit der „Manila-Deklaration“[132] ein Dokument erstellt, das die Charta-Verpflichtungen sowie die — spärlichen — von der UN erarbeiteten Instrumente der friedlichen Streitbeilegung in Erinnerung ruft, dem also bestenfalls deklaratorische Bedeutung zukommt[133], obgleich ursprünglich ein multilateraler Vertrag zur friedlichen Streit-

---

[128] *Petersmann* (Anm. 110), 110.

[129] GA Res. 31 / 28 vom 29. November 1976; GA Res. 32 / 45 vom 8. Dezember 1977.

[130] GA Res. 33 / 94 vom 16. Dezember 1978.

[131] A. a. O., Ziff. 3.

[132] GA Res. 37 / 10 vom 15. November 1982, Annex.

[133] Dazu *Koch* (Anm. 126); ferner *Christian Tomuschat,* Neuformulierung der Grundregeln des Völkerrechts durch die Vereinten Nationen: Bewegung, Stillstand oder Rückschritt? In: EA 38 (1983), 729 - 738. Zur Einordnung der Deklaration auf dem Hintergrund der Rolle der UN bei der friedlichen Erledigung von Streitigkeiten vgl. auch *Bengt Broms,* The Role of the United Nations in the Peaceful Settlement of Disputes, in: UNITAR (Hrsg.), The United Nations and the Maintenance of International Peace and Security, Dordrecht-Boston-Lancaster 1987, 73 - 98 (86 ff.) und *Rüdiger Wolfrum,* Ursprüngliche Aufgabenzuweisung und jetzige Aktivitäten der Vereinten Nationen: Fakti-

beilegung zur Diskussion stand und „the need to develop the machinery for the pacific settlement of international disputes“ hervorgehoben wurde.[134] Inhaltlich enthielt die Manila-Deklaration im Ergebnis jedoch weder eine Erweiterung der Verfahren noch eine Verstärkung der Verpflichtungen der Staaten im Hinblick auf eine friedliche Streitbeilegung.[135] Höhere praktische Relevanz versprach man sich von einem ebenfalls vom Charta-Ausschuß angeregten Projekt, das die Erstellung eines Handbuches der existierenden Streiterledigungsverfahren durch den Generalsekretär zum Ziel hat. Das Projekt wurde 1991 abgeschlossen.[136] Schließlich hat die Generalversammlung 1989 in einem auf rumänische Initiative zustandegekommenen Beschluß den Staaten im Falle einer Streitigkeit den Weg zu einem ad hoc zu gründenden Streitbeilegungsausschuß eröffnet. Freilich ist auch hier fraglich, ob dies eine wirkliche Neuerung bedeutet, da die Einsetzung eines solchen Ausschusses durch den Sicherheitsrat oder auf Ersuchen der Parteien durch den Generalsekretär auch ohne eine solche Rahmenregelung erfolgen könnte.[137]

Im Bereich der *Friedenssicherung* konnte die Generalversammlung 1988 eine vom Charta-Ausschuß erarbeitete Deklaration zur Konfliktprävention[138] verabschieden, der sehr viel weiterreichende Bedeutung als der Manila-Deklaration zukommt. Zwar hält sich diese Deklaration im Rahmen der in der Charta festgelegten Bestimmungen, doch handelt es sich ohne Zweifel um eine Fortentwicklung der in der Praxis der Organisation entstandenen Möglichkeiten der Friedenssicherung. Denn die Rolle des Sicherheitsrates und der Generalversammlung, insbesondere aber die des Generalsekretärs werden durch die Deklaration insoweit gestärkt, als ein möglichst frühzeitiges Eingreifen dieser Organe im Falle eines Konfliktes vorgesehen wird und die dafür erforderlichen Grundlagen geschaffen werden. Insbesondere hinsichtlich der Rolle des Generalsekretärs wird dabei in sehr weiter Auslegung des Art. 99 der Charta dessen Kompetenz gestärkt, bereits frühzeitig eigene Initiativen der Friedensdiplomatie zu ergreifen.[139] Zudem wird

---

scher Wandel und normative Bewertung, in: *ders.* (Hrsg.), Die Reform der Vereinten Nationen. Möglichkeiten und Grenzen, Berlin 1989, 129-156 (135 ff.).

[134] *Broms* (Anm. 133), 85 f.

[135] Im Gegenteil: in § 10 der Deklaration wird das Recht der Staaten, zwischen den Methoden der Streitbeilegung frei zu wählen, ausdrücklich hervorgehoben. *Tomuschat* (Anm. 133) spricht insoweit zurecht vom souveränitätsdevoten Charakter der Deklaration.

[136] UN Doc. A / 46 / 33 vom 16. August 1991, Annex und GA Res. 46 / 85 vom 9. Dezember 1991.

[137] UN Doc. A / AC.182 / L.47 (Vorschlag Rumäniens, in dem diese Initiative als Implementierung der Manila-Deklaration bezeichnet wird) und GA Dec. 44 / 155 vom 12. Dezember 1989; dazu den Bericht in: VN 38 (1990), 144 f.

[138] GA Res. 43 / 51 vom 5. Dezember 1988; dazu *Klaus Dicke,* Der kategorische Konjunktiv der Friedenssicherung, in: VN 37 (1989), 91-95; *Tullio Treves,* La prévention des conflits internationaux dans la déclaration adoptée en 1988 par l'assemblée générale de l'O.N.U., in: AFDI 34 (1988), 436-453.

das Zusammenspiel von Generalsekretär, Generalversammlung und Sicherheitsrat in der frühzeitigen Erkennung von und Befassung mit internationalen Konflikten gestärkt. Insgesamt zielt die Deklaration darauf ab, die rechtliche Zuständigkeit der Organisation für Fragen der Friedenswahrung zu bekräftigen und diese bereits bei der Entstehung von Konflikten in stärkerem Umfange als bisher zur Geltung zu bringen. Der Stärkung konfliktpräventiver Elemente im System der UN-Friedenssicherung dient auch die vom Charta-Ausschuß vorbereitete Deklaration über das „fact-finding“, welche die Generalversammlung 1991 verabschiedet hat.[140]

Im Bereich der *Rationalisierung von Verfahren* — der im Ausschuß umstritten war — konnten hingegen der Generalversammlung lediglich die bereits erwähnten Empfehlungen zur Straffung ihrer Arbeit vorgelegt werden, die als Annex der Geschäftsordnung der Generalversammlung angehängt wurden.[141] Algerien bemerkte im 6. Ausschuß zu diesem Tagesordnungspunkt, er solle einem kompetenteren Gremium — also etwa dem mit administrativen Fragen befaßten 5. Ausschuß — überstellt werden.[142]

1992 hat sich der Ausschuß in seiner Generaldebatte erneut mit der Frage einer Charta-Revision befaßt. Hierbei wurden einerseits Vorbehalte gegen den vom Ausschuß eingeschlagenen und insbesondere von den USA verteidigten evolutiven Weg einer UN-Reform durch das Charta-Recht interpretierende und fortschreitende Deklarationen zum Ausdruck gebracht; dieses Verfahren berge die Gefahr, Unsicherheiten in das Recht der UN hineinzutragen. Andererseits wurde jedoch — und zwar im Zusammenhang mit der Zusammensetzung des Sicherheitsrates — deutlich ausgesprochen, daß Forderungen nach Charta-Änderungen den möglichen Untergang der Organisation in Kauf nähmen. Gerade die Arbeit des Ausschusses habe gezeigt, daß im Rahmen der Charta durchaus Konsens über die Regelung einzelner Sachfragen erreichbar sei.[143]

Auf der Tagesordnung des Ausschusses stehen seit 1991 folgende Fragen: Erstens der in der „Agenda for Peace“ enthaltene Vorschlag, die Generalversammlung möge dem Generalsekretär nach Art. 96 Abs. 2 der Charta das Recht

---

139 *Treves* (Anm. 138) hebt in diesem Zusammenhang zutreffend entsprechende Vorschläge des Generalsekretärs hervor, die Eingang in die Deklaration gefunden haben. Vgl. oben, S. 150.

140 GA Res. 46 / 59 vom 9. Dezember 1991; dazu *M.-Christiane Bourloyannis,* Fact-Finding by the Secretary-General of the United Nations, in: New York University Journal of International Law and Politics 22 (1989 / 90), 641-669.

141 GA Res. 39 / 88 B vom 13. Dezember 1984, Annex.

142 UN Doc. A / C.6 / 43 / SR.17; ebenso Zypern, a. a. O. SR.20. Freilich wies der Vertreter des Yemen darauf hin, dieser Tagesordnungspunkt dürfe nicht „be considered only from the economic standpoint. It must be treated comprehensively from the standpoint of the usefulness and effectiveness of the Organization's role“, UN Doc. A / C.6 / 43 / SR.18, para. 15.

143 UN Doc. A / 37 / 33 vom 18. März 1992, paras. 11 ff., 18 ff.

einräumen, in Streitfällen Gutachten des Internationalen Gerichtshofes einzuholen. Hiergegen besteht das u. a. von den USA geäußerte Bedenken, dieses Recht sei bisher mit guten Gründen nur zwischenstaatlich zusammengesetzten Organen, nicht aber einer einzigen Person zugestanden worden. Zweitens befaßt sich der Ausschuß mit der Kooperation der UN mit regionalen Organisationen in der Friedenssicherung. Auch dieser Frage hatte *Boutros-Ghali* in der „Agenda for Peace" breiten Raum gewidmet. Hier liegt inzwischen ein Deklarationsentwurf vor. Ein dritter Tagesordnungspunkt ist der Hilfe und Entschädigung für Staaten gewidmet, welche durch die Anwendung von Zwangsmaßnahmen nach Kap. VII Nachteile hinnehmen müssen. Schließlich liegt dem Ausschuß der Entwurf von Regeln für die Vermittlung zwischenstaatlicher Streitigkeiten vor.[144]

Bei der Beurteilung des Sonderausschusses als Reforminstrument sind nicht nur der Inhalt dieser Dokumente, sondern vor allem auch die Konsequenzen, welche sie hervorgerufen haben, zu berücksichtigen. Im Bereich der friedlichen Streitbeilegung hat die Manila-Deklaration ein Verfahren nach sich gezogen, das die mit der Deklaration ursprünglich angestrebten, jedoch nicht erreichten Ziele in jährlich wiederkehrenden Resolutionen in Erinnerung ruft und den Generalsekretär beauftragt, bei den Mitgliedstaaten und bei internationalen Organisationen Stellungnahmen einzuholen „on the implementation of the Manila Declaration . . . and on ways and means of increasing the effectiveness of this document".[145] Im Ergebnis hat dieses Verfahren, das letztlich den vom Sonderausschuß zu erfüllenden Auftrag in die Generalversammlung verschiebt, zu einer Debatte über eine Ausweitung des Ausschußmandates geführt.[146] Die eingestandene Ineffektivität eines solchen deklaratorischen Dokuments und der in den Debatten des Sonderausschusses und des 6. Ausschusses immer wiederkehrende Hinweis darauf, es komme für die Effektivität friedlicher Streitbeilegung letztlich alles auf den politischen Willen der Mitgliedstaaten an, belegen in überaus deutlicher Weise die Einschätzung *Tomuschats,* in der Manila-Deklaration komme eine gewandelte Rechtsauffassung in den Vereinten Nationen zur Geltung. Die Unrast, mit welcher die Generalversammlung solche deklaratorischen Resolutionen erstellt, sei „Ausdruck einer gewandelten Geisteshaltung, die das Recht und den es tragenden politischen Willen als eine unauflösliche Einheit sieht. Aus einer

---

144 Hierzu UN Doc. A / 47 / 33 und GA Res. 47 / 38 vom 25. November 1992.

145 GA Res. 42 / 150 vom 7. Dezember 1987, § 4.

146 Für eine Zusammenlegung der Tagesordnungspunkte, die sich mit der friedlichen Streitbeilegung befassen, sprach sich im 6. Ausschuß die Bundesrepublik Deutschland aus. Ihr Votum zielt auf eine Beendigung des „Implementierungsverfahrens": es habe „no merit: what mattered was that States should show the political will needed for a better implementation of the principles of the peaceful settlements of disputes", UN Doc. A / C.6 / 44 / SR.9, para. 41. So auch schon eine Stellungnahme der EG-Staaten am 23. November 1987 im 6. Ausschuß, wiedergegeben im Bericht des Generalsekretärs A / 43 / 530, 5 f. Vgl. dagegen die umfassenderen Vorstellungen der Sowjetunion, die an einem internationalen Vertrag zur friedlichen Streitbeilegung festhielten, UN Doc. A / C.6 / 44 / SR.11, para. 27.

solchen Sicht bedarf jede Norm regelmäßiger Bestätigung und Bekräftigung“.[147] Die Folge einer solchen Rechtsauffassung ist letztlich Unsicherheit über das geltende Recht und damit ein Objektivitätsverlust des Rechts.[148]

Grundsätzlich andere Konsequenzen zeitigte dagegen die Deklaration zur Konfliktprävention. Ihr wurde kein „Implementierungsverfahren“ angeschlossen; vielmehr hat sich aus den Verhandlungen dieser Deklaration selbst die von der Bundesrepublik Deutschland vorgebrachte Initiative ergeben, mit der Frage des „fact-finding“ einen zentralen Gesichtspunkt dieser Deklaration vertieft zu behandeln und ihr eine eigene Deklaration zu widmen. Nach der mit GA Res. 46/59 verabschiedeten Deklaration soll zum einen die allgemeine Frühwarn-Kapazität des Sekretariates gestärkt werden, um dem Generalsekretär eine möglichst effektive Wahrnehmung seiner Funktionen im Rahmen der Konfliktprävention zu ermöglichen. Andererseits soll die Möglichkeit einer Tatsachenermittlung durch Sicherheitsrat und Generalversammlung im Frühstadium akuter Konflikte dadurch gestärkt werden, daß hierfür eine Verfahrensordnung einschließlich eines wirksamen follow up-Verfahrens erstellt wird. Die Bedeutung dieser Deklaration für die Handlungsfähigkeit der UN wird deutlich, wenn man den Widerstand in Betracht zieht, gegen den in der ersten Hälfte der achtziger Jahre entsprechende Missionen zur Untersuchung der Produktion bakteriologischer und chemischer Waffen allgemein und des irakischen Giftgas-Einsatzes gegen die kurdische Bevölkerung im besonderen durchgesetzt wurde. In beiden Fällen gelang es jedoch, die Ostblockstaaten bzw. den Irak in der Generalversammlung zu isolieren.[149] Auch im Bereich des Menschenrechtsschutzes, in dem fact-finding ein unerläßliches Instrument darstellt, wurde die Handlungsfähigkeit der UN durch ein allgemein anerkanntes Verfahren, nach dem solche Untersuchungen durchgeführt werden, erheblich gefestigt.

Wie ist nun der Unterschied zwischen der Manila-Deklaration hier und den Deklarationen zur Konfliktprävention und zum „fact-finding“ dort zu erklären? Einerseits ist darauf hinzuweisen, daß letztere zustande gekommen sind aufgrund der deutlich geänderten Haltung der Sowjetunion nach 1987. Der Durchbruch in den Verhandlungen dieser Deklaration konnte erst erreicht werden, als die Sowjetunion sich in einem Memorandum ausdrücklich zu einer Stärkung der Friedenssicherung durch die UN bekannt hatte.[150] Möglicherweise sah man auf seiten der Sowjetunion hierin einen Weg, einen Rückzug aus Afghanistan ohne Gesichtsverlust in die Wege leiten zu können. Die Manila-Deklaration hingegen wurde zu einer Zeit erheblicher Ost-West- und auch Nord-Süd-Spannungen ver-

---

147 *Tomuschat* (Anm. 133), 730.

148 *Krystyna Marek*, Sur la notion de progrès en droit international, in: Schweizerisches Jahrbuch für internationales Recht 38 (1982), 28-43.

149 Dazu *Franck*, Nation against Nation (Anm. 40), 248-251.

150 „Towards comprehensive security through the enhancement of the role of the United Nations“, UN Doc. A/43/629 vom 22. September 1988.

handelt und verabschiedet. Doch auch ein methodischer Unterschied sticht ins Auge: der Konsens, der zur Manila-Deklaration führte, konnte nach aller Erfahrung mit der ausgesprochenen Zurückhaltung aller Staaten hinsichtlich einer über die Charta hinausgehenden Verpflichtung auf Verfahren der friedlichen Streitbeilegung nur ein kleinster gemeinsamer Nenner sein. Der Konsens, der zur Deklaration über die Konfliktprävention führte, richtete sich hingegen zunächst auf die Methode: im Lichte einer Überprüfung der Praxis die Bestimmungen der Charta so auszulegen, daß sich daraus effektivere Möglichkeiten für die Organe der UN ergäben. Zutreffend resümiert denn auch der Vertreter Spaniens im 6. Ausschuß, der Sonderausschuß sei seiner Funktion gerecht geworden, Änderungen der Charta aus Interessen des Augenblicks heraus ebenso zu vermeiden wie eine Versteinerung ihrer Bestimmungen und damit ein Auseinandertreten von Anspruch und Wirklichkeit der Charta.[151] Der inhaltliche Dissens, der etwa in einem Gegenentwurf der sozialistischen Staaten zur ursprünglichen Initiative der Bundesrepublik Deutschland zum Ausdruck kam, erwies sich als verhandelbar. So konnten etwa in der Frage der Informationsbeschaffung oder hinsichtlich des Vorrangs des Sicherheitsrates nach Art. 24 der Charta bei einem gleichzeitigen Abheben auf das Zusammenspiel der mit Friedenssicherung befaßten Organe Rechtsauffassungen konsensual festgeschrieben werden, denen zumindest die sozialistischen Staaten bislang widersprochen hatten.

Zusammenfassend ergibt sich für die Beurteilung des Sonderausschusses als Reforminstrument folgendes Bild:

Erstens hat es der Ausschuß nicht vermocht, die Auseinandersetzungen über das Für und Wider einer Charta-Änderung zu beenden. Immer wieder betonen insbesondere die Entwicklungsländer die Notwendigkeit, die Privilegien der ständigen Mitglieder des Sicherheitsrates auf dem Wege einer Charta-Änderung abzubauen. Doch wurde durch die Einrichtung des Ausschusses diese Debatte in zweifacher Hinsicht kanalisiert: einmal konnte sie durch die Einrichtung eines zuständigen Gremiums aus anderen Gremien ferngehalten und in der Generalversammlung auf das Mandat des Sonderausschusses hin konzentriert behandelt werden. Zum andern konnte im Ausschuß durch die Deklarationen zur Konfliktprävention und zum fact-finding der Weg einer fortschreitenden Interpretation der Charta als kompromißfähige Alternative etabliert werden, und dies im nach wie vor zentralen Tätigkeitsbereich der UN, dessen Effektivität bis 1990 am wenigsten positiv bewertet wurde, dem der Friedenssicherung.

Zweitens wird man festhalten müssen, daß eine förmliche Revision der UN-Charta als mögliche Reformstrategie unter den derzeitigen Bedingungen nach wie vor fraglich ist. Dies gilt jedoch nur für die UNO. Reformmaßnahmen in den Sonderorganisationen können zumindest teilweise auf dem Wege einer Ände-

---

[151] UN Doc. A / C.6 / 43 / SR.18, Ziff. 67 f. Ebenso die Bundesrepublik Deutschland A / C.6 / 43 / SR.15, Ziff. 62.

rung der Gründungsdokumente[152] vorgenommen werden, da hier die Sperrminorität der ständigen Mitglieder des Sicherheitsrates nicht gegeben ist. So hat etwa die ILO 1986 nach langen Vorarbeiten eine Änderung ihrer Satzung vorgenommen.[153] Auch die Gründungsdokumente der Internationalen Fernmelde-Union (ITU), der Internationalen Schiffahrtsorganisation (IMO), der FAO und der UPU wurden in den achtziger Jahren den neuen Anforderungen an diese Organisationen angeglichen.[154]

Drittens hat sich die Reformfähigkeit der Organisation in einem Teilbereich unter der Voraussetzung bestätigt, daß nicht — wie bei der Manila-Deklaration — Maximalziele angestrebt, sondern konkrete Einzelfragen behandelt werden, die sich aus der Praxis der Organisation selbst ergeben. Als Voraussetzung einer Einigung hat sich — wie im übrigen im Bereich der Friedenswahrung generell[155] — der Konsens der beiden Supermächte erwiesen. Ermöglicht und herbeigeführt wurde dieser Konsens freilich durch eine Initiative westlicher Mittelmächte.

Für die Reformfähigkeit der UN ist daraus die Konsequenz zu ziehen, daß unterhalb einer Charta-Änderung der oben angesprochene evolutiv-integrative Weg einer Fortentwicklung der Praxis im Rahmen der Charta-Bestimmungen, allerdings verbunden mit deren konsentierter Neuinterpretation, sich im Bereich der Friedenssicherung als gangbarer Weg erwiesen hat. Es wird im folgenden zu fragen sein, ob dieses Ergebnis auch auf andere Tätigkeitsbereiche der Organisation übertragen werden kann.

§ 7 Effektivität vs. Effizienz — Interessen und Konzeptionen der Mitgliedstaaten beim Ausbau des UN-Systems

In den beiden historischen Längsschnittanalysen über die Jahresberichte des Generalsekretärs und die Reformgeschichte bis 1985 konnte eine Vielfalt von Topoi der Effizienz und der Effektivität der UN aufgezeigt werden. Diejenigen Topoi, die mit der Schaffung neuer Einrichtungen des UN-Systems, mit der Koordination des UN-Systems sowie mit seiner Steuerung und Kontrolle zusam-

---

152 Dazu allgemein *Ralph Zacklin*, The Amendments of the Constitutive Instruments of the United Nations and Specialized Agencies, Leyden 1968; *Lester H. Phillips*, Constitutional Revision in the Specialized Agencies, in: AJIL 62 (1968), 654-678.

153 *Victor-Yves Ghèbali*, The International Labour Organisation. A Case Study on the Evolution of U.N. Specialised Agencies, Boston-Dordrecht-Lancaster 1989, 171 ff.

154 Vgl. *Dicke*, Reform (Anm. 1), Rdn. 17.

155 Dazu umfassend *Ernst B. Haas*, The Collective Management of International Conflict, 1945-1984, in: UNITAR (ed.), The United Nations and the Maintenance of International Peace (Anm. 133), 3-70.

menhängen, sind im folgenden in problemorientierten Querschnittsanalysen näher zu untersuchen. Dabei soll das Hauptaugenmerk auf der Frage liegen, welche Ursachen für die nach 1985 eingeleiteten Reformen der UN zutagetreten, welche Strategien im einzelnen vorgeschlagen und ergriffen werden und wie diese Strategien ihrerseits unter Effizienz- und Effektivitätsgesichtspunkten zu beurteilen sind.

Das erste näher zu untersuchende Problem ist in verschiedenen Interessen und konkurrierenden Konzeptionen der UN auf seiten der Mitgliedstaaten zu sehen. Die bisherigen Untersuchungen, insbesondere zum Wachstum des UN-Systems und zur Reform bis 1985, haben folgendes ergeben: Mit der Gründungsresolution der UNCTAD rückt die Effektivität der Organisation in den Vordergrund mitgliedschaftlicher Politik. Effektivität wird dabei nicht an politisch vorgegebenen, effizienzorientierten organisatorischen Richtlinien, wie sie etwa GA Res. 310 (IV) vom 29. November 1949 und der ECOSOC 1950 formuliert hatten, sondern an der offenen Zielsetzung von Art. 55 der Charta und an den zu ihrer Umsetzung formulierten politischen Programmen des ECOSOC und der Generalversammlung bemessen. „Steigerung der Effektivität der Organisation" wird dabei zu einem Topos, der den organisatorischen Ausbau der UN — insbesondere im Bereich der operativen Tätigkeiten — rechtfertigt. Schon in der zweiten Hälfte der 70er Jahre kommt indessen eine dezidierte Gegentendenz zu dieser Wachstumsstrategie der Organisation zum Tragen, in deren Zentrum massive Kritik an der Ineffizienz der Organisation steht. Der Austritt der Vereinigten Staaten aus der UNESCO 1984 und und die Verweigerung ihrer Beiträge an die Organisation sind der Höhepunkt dieser Tendenz.

Effektivität hier und Effizienz dort erscheinen vor diesem Hintergrund als Chiffren für unterschiedliche Reformstrategien, hinter denen sich wiederum die Interessen jeweils verschiedener Gruppen von Mitgliedstaaten zu verbergen scheinen. Diese Interessen, ihr seit Mitte der 70er Jahre zunehmender Konflikt und die Frage nach Möglichkeiten ihres Ausgleichs sollen im folgenden im Zentrum stehen.

1. Das Interesse der Entwicklungsländer an einem effektiven UN-System

Mit dem in den 50er Jahren geprägten Begriff „Entwicklungsländer"[1] werden in einem technischen Sinne diejenigen Staaten bezeichnet, denen die Industriestaaten bestimmte wirtschaftliche Leistungen zu günstigen Bedingungen zur Verfügung stellen. Diese Staaten werden in einer Liste des Development Assistance Committee der OECD (DAC-Liste) sowie in — umfangreicheren und differen-

---

1 Vgl. *Joachim Betz*, Entwicklungsländer, in: *Rüdiger Wolfrum* (Hrsg.), Handbuch Vereinte Nationen, 2. Aufl. München 1991, 123-130.

zierten — Listen der Vereinten Nationen aufgeführt. In einem politischen Sinne bezeichnet der Begriff die in der sog. „Gruppe der 77" (G 77) zusammengeschlossenen, heute weit über 100 zählenden Staaten.[2] Die G 77 wurde 1964 anläßlich der ersten Welthandelskonferenz (UNCTAD I) in Genf gegründet und hat sich seither als recht stabiler Block in allen Bereichen der UN etabliert. Im Genfer Sekretariat der UNCTAD hat die G 77 ein organisatorisches Zentrum. Die G 77 umfaßt außer den älteren, meist zu den Gründungsmitgliedern der UN zählenden lateinamerikanischen und zeitweise einigen wenigen europäischen Staaten (Jugoslawien, Malta, Rumänien) überwiegend solche Staaten, die im Zuge des Entkolonisierungsprozesses nach 1945 entstanden und meist unmittelbar nach ihrer Entstehung den UN beigetreten sind.

Die Entwicklungsländer haben von vorneherein ein anders gelagertes und in vielen Aspekten stärkeres Interesse am Ausbau der UN als die Industriestaaten des Nordens. Da die UN im Zuge der Entkolonisierung für nicht wenige Entwicklungsländer Geburtshilfe bei deren Staatswerdung leisteten[3], identifizieren sie sich von vorneherein stark mit den UN. Ihre Repräsentanz in der Weltorganisation — wie umgekehrt auch die Repräsentanz von Einrichtungen der UN in ihrem Staat — ist für sie ein Symbol ihrer Souveränität. „Along with the national flag, and the national airline, the UNDP office is becoming a symbol of sovereignty, too".[4] Hauptmotiv ihres politischen Zusammenschlusses und der sehr weitgehenden Abstimmung ihrer Politik in den UN im Rahmen der G 77 war die Einsicht, daß die numerische Mehrheit in den Entscheidungsgremien der UN ihr stärkstes internationales Machtmittel darstellt.

Aber nicht nur aufgrund der vom Grundsatz der souveränen Gleichheit der Staaten hergeleiteten Stimmacht bzw. aufgrund der von der Entkolonisierungspolitik der Organisation geleisteten „Geburtshilfe" haben die Entwicklungsländer von vorneherein ein starkes Interesse an den UN an den Tag gelegt. Vielmehr fanden sie beim Beitritt zu den UN eine Organisation vor, die schon Ende der fünfziger Jahre ein ausdifferenziertes System multilateraler technischer Hilfe — zunächst zur Bewältigung der Nachkriegsfolgen in Europa und Asien, dann zunehmend zur wirtschaftlichen und sozialen Unterstützung der „unterentwikkelten" Mitglieder der Organisation — herausgebildet hatte. Zwei für die spätere Entwicklungspolitik der Organisation entscheidende Weichenstellungen waren bereits erfolgt, als man von „Entwicklungsländern" noch nicht sprach: die grundsätzliche Entscheidung, daß die Organisation auf der Grundlage von Art. 55 f.

---

2 Vgl. *Betz* (Anm. 1); *Sabine von Bennigsen*, Block- und Gruppenbildung, in: Handbuch Vereinte Nationen (Anm. 1), 62-71; *Klaus Hüfner*, Die Vereinten Nationen als Forum der Dritten Welt, in: PVS Sonderheft 16 (1985), 349-361.

3 Dazu *John Dugard*, Recognition and the United Nations, Cambridge 1987; *Philipp Kunig*, Entkolonisierung, in: Handbuch Vereinte Nationen (Anm. 1), 104-110.

4 So der Inder *Hari Mohan Mathur*, Experts of the United Nations in Third World Development: A View from Asia, in: *David Pitt* / *Thomas G. Weiss* (eds.), The Nature of United Nations Bureaucracies, London-Sydney 1986, 165-186 (166).

der Charta operativ tätig werden sollte — insbesondere zur Förderung der wirtschaftlichen Entwicklung der „unterentwickelten Länder“ — sowie die Organisation der operativen Tätigkeiten durch freiwillige Fonds. Diese Weichenstellungen sind zunächst darzustellen.

a) Die Grundlegung der technischen Hilfe

Waren z. B. bei der Gründung der UNESCO operative Programme der Organisation ausdrücklich nicht in deren Satzung aufgenommen worden[5], so zeigte sich in der UNO selbst doch ein sehr nachdrückliches Interesse kleinerer Staaten daran, Programme technischer Hilfe nicht bilateral, sondern multilateral durchzuführen. Die multilaterale Abwicklung wurde bilateralen Leistungen deswegen vorgezogen, weil damit eine einseitige Abhängigkeit von den Geberstaaten vermieden werden konnte.[6] Auf Anregung des Libanesen *Charles Malik* haben die UN bereits 1948 eine Expertengruppe nach Haiti gesandt, um die dortige Regierung in wirtschaftlichen und sozialen Fragen zu beraten. Nachdem weitere Anträge rasch eingingen, wurde nach vorbereitenden Arbeiten des ECOSOC am 4. Dezember 1948 mit GA Res. 200 (III) die Grundlage für das Technische Hilfe-Programm der UN gelegt. 1949 wurde eine Erweiterung des Programms vorgenommen und ein eigener Haushalt sowie ein Verteilungsschlüssel der Mittel auf die an der Durchführung beteiligten Organisationen (UNO, FAO, ICAO, ILO, UNESCO, WHO) erstellt.[7] Wurde die technische Hilfe zunächst aus dem ordentlichen Haushalt der UN finanziert, so führte man mit den oben genannten Resolutionen von 1949 die Einrichtungen freiwilliger, von den UN verwalteter Fonds ein.

Bis Anfang der sechziger Jahre waren in den UN acht freiwillige Programme gegründet worden. Dabei gingen das Kinderhilfswerk UNICEF[8] und der Hohe Flüchtlingskommissar (UNHCR)[9] unmittelbar auf die Bewältigung sozialer und

---

[5] Die amerikanische Delegation auf der Gründungskonferenz der UNESCO war — entgegen früheren Verlautbarungen der USA — ausdrücklich angewiesen worden, einer operativen Tätigkeit der Organisation im Bereich des Wiederaufbaus von Erziehungssystemen die Zustimmung zu verweigern. Gründe waren z. T. finanzielle Bedenken des Kongresses, z. T. aber auch die Befürchtung, die Organisation könne andernfalls in den Souveränitätsbereich der Mitgliedstaaten eingreifen. Dazu *Eberhard Eyl*, Das ordentliche Haushalts- und Finanzwesen der Organisation der VN für Erziehung, Wissenschaft und Kultur, Berlin 1979, 35; *Georg N. Shuster*, UNESCO: Assessment and Promise, New York 1963, 7; *Walter H. C. Laves / Charles A. Thomson*, UNESCO — Purpose, Progress, Prospects, Bloomington 1957, 21.

[6] Vgl. *John G. Stoessinger*, Financing the United Nations System, Washington 1964, 191 ff.

[7] GA Res. 304-307 (IV) vom 16. November 1949. Zum Ganzen vgl. ausführlich *Peter A. Köhler*, Sozialpolitische und sozialrechtliche Aktivitäten in den Vereinten Nationen, Baden-Baden 1987, 227 ff.

[8] GA Res. 57 (I) vom 11. Dezember 1949; zur Entstehungsgeschichte von UNICEF siehe oben, S. 163.

[9] GA Res. 538 (VI) vom 2. Februar 1952; 832 (IX) vom 21. Oktober 1954; 1166 (XII) vom 31. Dezember 1958.

humanitärer Folgeprobleme des Weltkrieges zurück. Ebenfalls der Verfolgung humanitärer Ziele diente die Schaffung der UN Relief and Works Agency for Palestine Refugees in the Near East (UNRWA).[10] Das Expanded Programme on Technical Assistance (EPTA)[11] und der Special United Nations Fund for Economic Development (SUNFED)[12] sind hingegen Instrumente der Entwicklungshilfe, während der Congo-Fund auf die Friedenssicherungsmaßnahmen der Organisation im Kongo zurückgeht. Nur zeitweilig existierte die International Refugee Organization (IRO) und die United Nations Korean Reconstruction Agency (UNKRA).[13]

Aus den Gründungsresolutionen dieser Programme sind zusammenfassend folgende Beobachtungen festzuhalten: Erstens wurde mit ihnen die Einrichtung freiwilliger Fonds festgeschrieben, deren Finanzmittel auf jährlich stattfindenden Beitragskonferenzen von den Mitgliedstaaten auf freiwilliger Basis in Aussicht gestellt und über gesonderte Konten verwaltet wurden. Über das Pro und Contra der Einrichtung freiwilliger Fonds herrschte keineswegs Einmütigkeit. Es waren eine Reihe praktischer Gründe, die die Staaten diesen Weg einschlagen ließen: Die Einbeziehung operativer Aufgaben, die nur einen Teil der Mitgliedstaaten begünstigten, in den regulären Haushalt hätte aus politischen und / oder finanziellen Gründen die Ablehnung des Gesamtbudgets zur Folge gehabt.[14] Auch sind Regierungen eher bereit, Finanzmittel zur Verfügung zu stellen, wenn diese — insbesondere auch von den nationalen Parlamenten — als nicht dauerhafte, sondern disponible Verpflichtungen begriffen werden. Aus diesen Gründen hätte es ohne die Einrichtung freiwilliger Fonds operative Tätigkeiten der Weltorganisation wohl nur in sehr beschränktem Ausmaß gegeben[15]; Versuche, SUNFED

---

[10] GA Res. 302 (IV) vom 8. Dezember 1949; das Mandat wurde erweitert durch GA Res. 2252 (ES-V) vom 4. Juli 1967.

[11] Oben, Anm. 7. Zur Entwicklung des Programms für technische Hilfe siehe darüber hinaus *Robert E. Asher / Walter Kotschning / William Adam Brown* u. a., The United Nations and Economic and Social Co-operation, Washington 1957, 593 ff.; *Henry Simon Bloch,* The Fiscal Advisory Functions of United Nations Technical Assistance, in: IO 11 (1957), 248-260; *Robert Loring Allen,* United Nations Technical Assistance: Soviet and East European Participation, in: IO 11 (1957), 615-634.

[12] GA Res. 923 (X) vom 19. Dezember 1955; dazu den Bericht in: IO 9 (1955), 93 ff., sowie *Köhler* (Anm. 7), 342 ff.

[13] Die IRO wurde mit GA Res. 62 (I) und 83 (I) vom 15. Dezember 1946 eingerichtet. Sie war bis zum 28. Februar 1952 tätig *(Eberhard Jahn,* Flüchtlinge, in: *Rüdiger Wolfrum / Norbert J. Prill / Jens A. Brückner* (Hrsg.), Handbuch Vereinte Nationen, 1. Aufl. München 1977, 117-125 (118)). — Zu UNKRA, gegründet durch GA Res. 410 (V) vom 1. Dezember 1950, UNYB 1950, 275-283. Die Tätigkeit der UNKRA wurde am 31. August 1960 eingestellt.

[14] Die Sowjetunion hatte bei Gründung der IRO den Vorschlag unterbreitet, die Staaten sollten sich diejenigen Haushaltstitel aussuchen können, zu denen sie Beiträge entrichten. Der Vorschlag fand entschiedenen Widerspruch Brasiliens und einiger westlicher Staaten und wurde abgelehnt. GAOR Sess. 1, 5th Cte., SR. 1 November to 13 December 1946, 173 f.

[15] Vgl. auch *Stoessinger* (Anm. 6), 191 ff. *Allen* (Anm. 11), der die erstaunlich hohen Beiträge zur technischen Hilfe hervorhebt, weist darauf hin, daß es im Rahmen von

durch eine Einschußverpflichtung aus dem regulären Haushalt der UN abzusichern, haben denn auch die Verhandlungen erschwert und in die Länge gezogen.[16] Lediglich im Falle der IRO gab es eine Mischfinanzierung aus dem regulären Haushalt dieser Sonderorganisation und freiwilliger Beiträge ihrer 18 Mitglieder.[17]

Zweitens ist festzuhalten, daß in den hier angeführten Gründungsresolutionen überwiegend unmittelbar auf Art. 55 der Charta Bezug genommen wird. Art. 55 wird damit einerseits als offener Gestaltungsauftrag und andererseits als Rechtsgrundlage operativer Tätigkeiten interpretiert. Über die Einbeziehung von Sonderorganisationen in die Durchführung dieser Programme gewinnt er darüber hinaus eine Ausstrahlungswirkung auch auf solche Sonderorganisationen, welche operative Tätigkeiten nicht explizit vorsehen. Die Effektivität der Organisation wird in diesem Zusammenhang als Implementierung der Kooperationsziele des Art. 55 und der darauf bezogenen Kooperationspflicht des Art. 56 interpretiert[18]; parallel gelagerte Beispiele für die Argumentation mit einem sich aus der Charta herleitenden dynamischen Effektivitätsgebot finden sich auch außerhalb der Tätigkeitsbereiche des Art. 55.[19] Über die Annahme eines dynamischen Effektivitätsgebotes in bezug auf die Chartaziele wird damit letztlich eine Interpretation der Kompetenzen der UN dahingehend vorgenommen, daß die Aufgabe des „Förderns" die Einrichtung freiwillig finanzierter und von der Organisation durchgeführter Hilfsprogramme einschließt. Dies wird zusätzlich dadurch abgestützt, daß Fragen der wirtschaftlichen und sozialen Hilfe in enge Beziehung zum Auftrag der Friedenssicherung gestellt werden.[20] Schon die erste Ausgabe des „Repertory of Practice of United Nations Organs" läßt in diesem Zusammenhang erkennen, daß Entwicklungshilfe den Schwerpunkt der Tätigkeiten im Bereich des Art. 55 darstellt.[21]

EPTA jenseits von dessen rhetorischer Verurteilung als Instrument des US-Imperialismus zu einer sehr frühen Kooperation der Sowjetunion mit westlichen Staaten gekommen sei.

16 Vgl. *Köhler* (Anm. 7), 342 ff.

17 *Stoessinger* (Anm. 6), 192.

18 Vgl. etwa GA Res. 1322 (XIII) vom 12. Dezember 1958, in der die Bedeutung des Handels „for economic and social progress" hervorgehoben und auf dieser Grundlage die „desirability of utilizing most effectively all means at the disposal of the ECOSOC . . . with a view to promoting and expanding trade and to furthering international cooperation aimed at the promotion of international trade" postuliert wird.

19 Die Gründungsresolution der Abrüstungskommission (GA Res. 502 (VI) vom 11. Januar 1952) stellt die gesamten Bemühungen der UN im Bereich der Abrüstung und Rüstungskontrolle unter das der Charta zugrundeliegende „desire that the UN develop an effective collective security system". Abrüstungsmaßnahmen werden als Mittel zu diesem Zweck gerechtfertigt.

20 So etwa im Falle der UNKRA, oben Anm. 13; ferner grundlegend in GA Res. 290 (IV) vom 1. Dezember 1949 („Essentials of Peace") und in zahlreichen Resolutionen zu wirtschaftlichen, sozialen und humanitären Fragen, z. B. GA Res. 400 (V) vom 20. November 1950 oder GA Res. 525 (VI) vom 26. Januar 1952.

21 Repertory of Practice of United Nations Organs III, New York 1955, zu Art. 55, Ziff. 101 ff.; vgl. zum ganzen auch *Rüdiger Wolfrum*, Kommentar zu Art. 55 a und b,

Darüber hinaus lassen sich drittens weitere, je nach Art und Aufgabe der Einrichtung variierende Effektivitätsargumente festhalten. Organisatorisch werden die Neugründungen meist aus der Notwendigkeit der Spezialisierung und Arbeitsteilung gerechtfertigt.[22] Bei der Gründung von Fonds wird in aller Regel darauf verwiesen, daß deren „effective operation is dependant upon the financial resources", welche die Mitgliedstaaten ihnen zur Verfügung stellen.[23] Dieses Argument wird als Aufforderung der Generalversammlung an die Mitgliedstaaten in den jährlichen Resolutionen zum Bericht des Fonds wiederholt.[24] Bei der Gründung humanitärer Einrichtungen wird auf die Unabhängigkeit und Neutralität des Organs oder der Einrichtung als Bedingung ihrer Effektivität verwiesen.[25] Darin ist ebenso ein funktionales Effektivitätsargument zu sehen wie in den Qualifikationsmerkmalen für Personen, die in Expertengremien zu berufen sind. So sollen die Mitglieder der ILC anerkannte Experten im Völkerrecht[26], mindestens drei Mitglieder des ACABQ Verwaltungs- bzw. Finanzexperten[27] sein. Diese funktionalen Effektivitätsargumente stehen jedoch grundsätzlich in einem Spannungsverhältnis zur politischen Forderung nach gerechter geographischer Verteilung bzw. werden in aller Regel davon überlagert. Insofern stellt sich bei ihnen grundsätzlich das bereits angesprochene Problem des Ausgleichs zwischen funktionaler Effektivität und Repräsentativität.

Und schließlich ist viertens festzuhalten, daß in der Gestaltung der wirtschaftlichen und sozialen Zusammenarbeit insgesamt sich die liberalen ordnungspolitischen Vorstellungen der westlichen Industriestaaten unter Führung der USA durchsetzen konnten. Diese ruhten auf zwei Säulen: der Liberalisierung des Welthandels einerseits, wie er nach dem Scheitern der ITO 1948 durch die GATT-Regeln angestrebt wurde, und auf einem funktionalistischen Ausbau der internationalen Zusammenarbeit, d. h. der Errichtung sachspezifischer und im wesentlichen als unpolitisch angesehener Fachorgane.[28] In dieser letzten Hinsicht wurde an die Tradition der fachlichen Zusammenarbeit unter dem Völkerbund

---

in: *Bruno Simma* et al. (Hrsg.), Charta der Vereinten Nationen. Kommentar, München 1991, 702-719.

22 So z. B. im Falle der UNKRA (Anm. 13), deren Aufgaben sich partiell mit denjenigen der United Nations Commission for Unification and Rehabilitation of Korea überlappen: „... that it is nevertheless desirable to set up a special authority with broad powers to plan and supervise rehabilitation and relief and to assume such functions and responsibilities related to planning and supervision, to technical and administrative matters, and to questions affecting organization and implementation ...".

23 So bereits GA Res. 57 (I).

24 Für UNICEF vgl. etwa GA Res. 835 (IX) vom 14. Dezember 1954.

25 So in Annex zu Res. 319 (IV), der das Statut des UNHCR enthält.

26 GA Res. 174 (II) vom 21. November 1947.

27 GA Res. 14 B (I) vom 13. Februar 1946.

28 So auch *Robert W. Cox*, Problems of Global Management, in: *Tobi T. Gati* (ed.), The US, The U.N., and the Management of Global Change, New York-London 1983, 68 ff. (70).

angeknüpft. Zwar wurde sowohl bei Gründung des EPTA als auch im Zusammenhang mit der ersten Entwicklungsdekade das Fehlen einer Gesamtkonzeption der wirtschaftlichen und sozialen Zusammenarbeit als Desiderat hervorgehoben, doch lassen sich aus den entsprechenden Resolutionen keine einen umfassenden Gestaltungswillen verratenden Programme herauslesen. Die Empfehlungen an die Mitgliedstaaten beschränken sich vielmehr auf die Aufforderung, ihre politischen und finanziellen Anstrengungen zu erhöhen.[29] Auch sind einzelne Effektivitätskriterien fast ausschließlich funktionaler Natur.

Die Tätigkeit der UN im Bereich des Art. 55 der Charta war somit als dezentral organisierte, technische Hilfestellung der UN für die Mitgliedstaaten ohne übergreifende ordnungspolitische Korrekturfunktion für die geltende Weltwirtschaftsordnung konzipiert. Diese Konzeption einer funktional gegliederten und gegenüber der Politik der Mitgliedstaaten subsidiären Tätigkeit internationaler Organisationen war einerseits mit den vorherrschenden liberalen ordnungspolitischen Vorstellungen der fünfziger und sechziger Jahre in Einklang. Sie wurde andererseits aber schon sehr früh als unzureichend im Blick auf die weltwirtschaftlichen Restriktionen der unterentwickelten Länder angesehen.[30] Entscheidende Variable für die Wirksamkeit internationaler Organisationen i. S. der geschilderten Vorstellungen war insgesamt jedoch die — besonders auf Seiten der USA de facto ausgesprochen große — Bereitschaft, die unter den aufgeführten Bedingungen arbeitenden operativen Programme der UN mit Finanzmitteln auszustatten.

b) Entwicklungsländerinteressen bei Neugründungen nach 1960

Dieses Bild änderte sich nun im Zuge der Gründung von UNCTAD grundlegend. Seit Anfang der sechziger Jahre fließen nunmehr dezidierte Entwicklungsländer-Interessen in das Verständnis einer im wirtschaftlichen und sozialen Bereich effektiven Weltorganisation ein. Dieses Verständnis wird darüber hinaus von entwicklungspolitisch ausgerichteten Konzeptionen einer Umgestaltung der Weltwirtschaftsordnung entscheidend mitgeprägt.

Die Einberufung einer Welthandelskonferenz war bereits in der Resolution der Generalversammlung zur Ersten Entwicklungsdekade[31] vorgesehen; es war dies ein Ergebnis der Enttäuschung solcher Entwicklungsländer, die nicht oder erst seit kurzer Zeit Mitglieder des GATT waren, und nach deren Einschätzung ausschließlich die westlichen Industriestaaten von der „Liberalisierung" des Welthandels durch das GATT profitierten.[32] Hinzu kam deren Mißtrauen in den

---

29 Insoweit typisch sind noch die Resolutionen zur ersten Entwicklungsdekade GA Res. 1710 (XVI) und 1715 (XVI) vom 19. Dezember 1961.

30 So hat der Generalsekretär bereits bei der Gründung von EPTA das Fehlen einer entwicklungspolitischen Konzeption des UN-Systems beklagt. Vgl. oben, S. 137.

31 GA Res. 1710 (XVI) und 1715 (XVI) vom 19. Dezember 1961.

damals als nicht repräsentativ empfundenen ECOSOC, so daß sich als — zunächst von der Sowjetunion unterstütztes — Ziel der Entwicklungsländer die Schaffung einer neuen Welthandelsorganisation herausschälte, die gegenüber dem ECOSOC autonom sein sollte.[33] Maßgeblich für die konzeptionelle Ausprägung einer neuen Welthandelsorganisation waren die ökonomischen Analysen und Konzepte des damaligen Generalsekretärs der lateinamerikanischen Wirtschaftsorganisation der UN, *Prebisch.*[34] Ziel von UNCTAD I war es nicht, wie das GATT es tat, Verhandlungsstrukturen zu schaffen, sondern durch Mehrheitsentscheidung eine Charta von den Welthandel regulierenden Prinzipien zu verabschieden und auf diesem Wege eine neue, die Entwicklungsländer begünstigende und ihre ökonomische Entwicklung stabilisierende Welthandelsordnung herbeizuführen.[35] Gleichzeitig sollte eine neue, auf der Grundlage von „one State, one vote" entscheidende Organisation geschaffen werden, die sich künftig mit Fragen des Welthandels befassen sollte. Hinsichtlich dieser „continuing machinery" konnten die Entwicklungsländer ihre Vorstellungen insofern durchsetzen, als einerseits eine unmittelbar der Generalversammlung zugeordnete „autonome Organisation" vorgesehen wurde und andererseits für das Abstimmungsverfahren dieser Organisation das von den Industriestaaten geforderte Vetorecht einer Sperrminorität der wichtigsten Handelsländer zugunsten eines reinen Mehrheitsprinzips verworfen wurde; allerdings wurde ein gegebenenfalls Abstimmungen vorzuschaltendes Vermittlungsverfahren vorgesehen.[36]

In der UNCTAD-Gründungsresolution selbst[37] werden zwei Motive sichtbar, welche für die folgenden Jahre sowohl das Verfahren der internationalen Zusammenarbeit in den UN als auch seine politische Handhabung verändern sollten: Erstens hat die Generalversammlung in einer nahezu leitmotivischen Formulierung ihre Überzeugung betont, *„that adequate and effectively functioning organizational arrangements are essential if* the full contribution of international trade to the accelerated economic growth of the developing countries is to be successful-

---

32 *Geoffrey L. Goodwin,* The United Nations Conference on Trade and Development: Beginning of a New Era?, in: YBWA 19 (1965), 1-25; ebenso — auch im Hinblick auf die Gründung der UNIDO — *Cox* (Anm. 28), 76. Vgl. auch *Ralf Marxen,* UNCTAD — Konferenz der Vereinten Nationen für Handel und Entwicklung (Welthandels- und Entwicklungskonferenz), in: Handbuch Vereinte Nationen (Anm. 1), 887-895; *Martin K. Ruge,* Der Beitrag von UNCTAD zur Herausbildung des Entwicklungsvölkerrechts, Frankfurt 1976, 5 ff.; *Franz Nuscheler,* UNCTAD. Ein Beispiel für die Ohnmacht politischer Institutionen?, in: *Hans-Hermann Hartwich* (Hrsg.), Macht und Ohnmacht politischer Institutionen, Opladen 1989, 306-321; *Hüfner* (Anm. 2).

33 *Goodwin* (Anm. 32), 8.

34 Dazu ausführlich *Goodwin* (Anm. 32).

35 A. a. O. 18 ff.

36 A. a. O. 22 f. Das ursprüngliche Bestreben der Entwicklungsländer, UNCTAD als Sonderorganisation zu etablieren, scheiterte jedoch. Dazu hätte es eines multilateralen Vertragsschluß-Verfahrens bedurft.

37 GA Res. 1995 (XIX) vom 30. Dezember 1965.

ly realized through the formulation and implementation of the necessary policies."[38] Die sich hinter dieser Formulierung verbergende Konzeption der UN als Entwicklungshilfeorganisation fand bei weiteren Neugründungen Bestätigung: in der Generalversammlung obsiegte gegenüber den Bedenken westlicher Staaten und auch der Sowjetunion, eine Anhäufung operativer Programme und Organe bewirke eine Effizienzminderung u. a. durch Kompetenzüberlappungen, Doppelarbeit und zunehmend unmöglicher werdende Steuerungsfähigkeit des Systemganzen, regelmäßig der Standpunkt von der „usefulness of creating new bodies for specific major tasks which they could carry out with greater effectiveness than existing agencies with partial responsibilities in the same area".[39]

Zweitens: Inhaltlich wird „adäquat" und „effektiv" in der UNCTAD-Resolution auf den Welthandel bezogen; eine Herleitung der Neugründung aus Art. 55 der Charta oder — wie oben im Falle der UNKRA geschildert — aus der differenziert dargelegten Notwendigkeit einer Arbeitsteilung und Spezialisierung unterbleibt jedoch.[40] „Organizational arrangements" an sich werden damit zu einem pauschalen, nicht näher begründungsbedürftigen Selbstzweck, wie auch die in anderen Zusammenhängen verwendete Formel „to employ new machinery"[41] zeigt. Diese Formel wird mit der Förderung internationaler Zusammenarbeit bzw. der Entwicklungszusammenarbeit schlechthin gleichgesetzt, ohne nähere inhaltliche Qualifikationen zu erfahren. Dem folgt in gewisser Weise auch das Repertory of Practice insofern, als es unter Art. 55 alle Resolutionen und Entscheidungen der UN-Organe verzeichnet, welche auf „international cooperation", ebenfalls ohne nähere inhaltliche Qualifizierung, bezogen sind. Die Kompetenz, welche UN-Organen nach Art. 55 der Charta zukommt, wird somit nicht inhaltlich, sondern organisatorisch bestimmt: Die Förderung zwischenstaatlicher Zusammenarbeit gem. Art. 55 verlangt demnach eine insofern adäquate Ausgestaltung des UN-Organisationsgeflechts, als die UN sich jedes an sie herangetragenen Problems, dessen Lösung zwischenstaatliche Zusammenarbeit verlangt, annehmen können muß. Die inhaltliche Bestimmung kommt dabei der Generalversammlung zu; sie entscheidet, zu welchen Zwecken und auf welchen Sachgebieten Neueinrichtungen erforderlich sind. Ihr wird insofern ein deutlich erweiterter politischer Gestaltungsspielraum zugeschrieben.

Daraus ergeben sich zwei Konsequenzen: erstens — und hierin zeigt sich eine deutliche Parallele zur Entwicklung der staatlichen Verwaltung[42] — sind die

---

38 Ebd. (Hervorhebung K. D.).

39 So UN Doc. A / 6418 vom 19. September 1966, Ziff. 9. Mit dem Zitat wird die Position der Entwicklungsländer im Hinblick auf die Einrichtung des Kapital-Entwicklungsfonds wiedergegeben.

40 Vgl. *Marxen* (Anm. 32), Rdn. 3.

41 Etwa schon GA Res. 1521 (XV) vom 15. Dezember 1960, in der in einer geradezu *Rousseauschen* Stilisierung des Art. 55 die Rede ist von der „determination of peoples of the United Nations to employ international machinery for the promotion of the economic and social advancement of all peoples . . .".

Sachprobleme, welche in den Aufgabenbereich der UN fallen, prinzipiell unabschließbar geworden. Entscheidend ist, daß die Mehrheit der Staatengemeinschaft befindet, daß ein Sachproblem internationaler Zusammenarbeit bedarf. Zweitens bekommt die Generalversammlung deutlich Züge eines internationalen Gesetzgebers, während dem Wirtschafts- und Sozialrat aufgrund der Koordinationsfunktionen der neu gegründeten Organe Kompetenzen entzogen werden und ihm insgesamt eine bestenfalls untergeordnete Rolle beigemessen wird. Diese Tendenz wird unterstrichen dadurch, daß eine zunehmende Anzahl von Resolutionen ab Mitte der sechziger Jahre nicht auf Art. 55 der Charta, wohl aber auf vorangehende Resolutionen der Generalversammlung Bezug nimmt, die damit als eine programmatische Konkretisierung der Förderung der wirtschaftlichen und sozialen Zusammenarbeit durch die UN angesehen werden.[43]

Das zweite Motiv, das mit der UNCTAD-Resolution sichtbar wird, ist eine in die Zukunft gerichtete Dynamisierung dieses quasi-parlamentarischen Konzepts. Denn eine weitere Bestimmung der UNCTAD-Gründungsresolution besagt: „The Conference will review, in the light of experience, the effectiveness and further evolution of institutional arrangements . . .“.[44] Hier werden keine Kriterien für eine regelmäßige Kontrolle oder gar Evaluierung neu errichteter Organe oder Programme erstellt — die sehr ausführlichen Kriterien des ECOSOC aus dem Jahre 1950[45] hätten hier durchaus Anwendung finden können, werden jedoch nicht herangezogen —, sondern es wird eine Annexkompetenz des neugeschaffenen Plenarorgans zum Ausbau der neu gegründeten Organisationseinheit formuliert. Überträgt man dies auf die Organisationsstruktur der UN insgesamt, wird damit eine weitere Ausdehnung des Machtbereichs von Plenarorganen erreicht: die der Generalversammlung und anderen auf der Grundlage „one State, one vote“ entscheidenden Organen oder aber Staatenkonferenzen zugeschriebenen „gesetzgeberischen“ Funktionen werden zusätzlich durch eine Kontrollkompetenz ergänzt; nicht aber werden auch nur andeutungsweise Kriterien für die Ausübung dieser Kontrolle benannt. Einziges Kriterium für die Bemessung der Effektivität von UNCTAD ist das „Licht der Erfahrung“, d. h. die Beurteilung durch die Mehrheit der Konferenz.

Auf dieser Grundlage kam es dann in den siebziger und achtziger Jahren zu einer Vielzahl von Staatenkonferenzen, Mandaten, die sich an einzelne Organe des UN-Systems richteten, sowie Anforderungen von Berichten des Generalsekretärs, die jeweils zum Ziel hatten, eine Bestandsaufnahme und kritische Überprüfung der internationalen Zusammenarbeit auf einzelnen Sachgebieten vorzuneh-

---

42 Vgl. oben, S. 33 f.

43 *Christian Tomuschat,* Die Charta der wirtschaftlichen Rechte und Pflichten der Staaten. Zur Gestaltungskraft von Resolutionen der UN-Generalversammlung, in: ZaöRV 36 (1976), 444-491 (483). Vgl. auch *Samuel A. Bleicher,* The Legal Significance of Re-Citation of General Assembly Resolutions, in: AJIL 63 (1969), 444-478.

44 GA Res. 1995 (XIX).

45 Oben, S. 167.

men.[46] Das Mandat „to assess“ oder „to review“ wurde in diesem Zusammenhang neben dem Topos „to employ new machinery“ zu einer zweiten weithin gebräuchlichen Chiffre der Steigerung der Effektivität zwischenstaatlicher Zusammenarbeit im Bereich des Art. 55 der Charta.[47] Mit ihr soll der Zustand einer funktional dezentralisierten Organisation ohne zentrales Planungs- und Steuerungsorgan überwunden werden.

Ein drittes Motiv macht sich schließlich bei der Gründung des United Nations Capital Development Fund (UNCDF) geltend. Die Gründung dieses Fonds geht letztlich auf die Unzufriedenheit der Entwicklungsländer mit den Kreditvergabepraktiken und den diese bestimmenden Entscheidungsverfahren der Weltbankgruppe bzw. des IMF zurück. Die lange Vorgeschichte der Gründung des Fonds[48] erklärt sich daraus, daß die Industriestaaten einer Proliferation operativer Entwicklungshilfe-Programme erheblichen Widerstand entgegensetzten. Bereits 1960 war die Gründung des Fonds „im Prinzip“ beschlossen worden[49]; als Begründung wird der schon erläuterte Zusammenhang zwischen Institutionalisierung und erhöhter Entwicklungsleistung angeführt.[50] Der politische Grund für die erst Ende 1966 erfolgte Gründung des Fonds ist im Bemühen der Entwicklungsländer zu sehen, einerseits die Anzahl der operativen Programme des Systems zu steigern und andererseits das Netz solcher Institutionen auszubauen, die nicht wie die Weltbank nach einem gewichteten Stimmverfahren entscheiden und damit den Geberländern die Entscheidung über Höhe und Gestaltung von Zuwendungen vorbehalten. Die Bedenken insbesondere der USA und des Vereinigten Königreiches, mit der Neugründung werde eine letztlich ineffektive Verdoppelung bereits bestehender organisatorischer Möglichkeiten erreicht, wurde mit folgender Begründung beiseite geschoben:

> „A new institution along the lines of the proposed fund would not be bound by the traditions guiding most of the existing agencies and could therefore adapt its lending

---

46 Exemplarisch für die Zweite Weltraumkonferenz *Klaus Dicke,* „To assess the adequacy and effectiveness“. Überlegungen zur Verbesserung der politischen Wirksamkeit der Vereinten Nationen am Beispiel der Weltraumpolitik, in: *Klaus Dicke / Klaus Hüfner* (Hrsg.), Die Leistungsfähigkeit des VN-Systems: Politische Kritik und wissenschaftliche Analyse, Bonn 1987, 44-63 (49 ff.).

47 Vgl. auch den Hinweis auf die Initiative Trinidads und Tobagos, einen Gesamtüberblick über die operative Tätigkeit der Organisation zu erstellen, oben, S. 177.

48 GA Res. 2186 (XXI) vom 13. Dezember 1966. Dazu *Mahdi Elmandjra,* The United Nations System. An Analysis, London 1973, 62-67; ferner *Köhler* (Anm. 7), 349 f. sowie der Bericht in IO 21 (1967), 445-450.

49 GA Res. 1521 (XV) vom 15. Dezember 1960.

50 „... Bearing in mind the determination of the peoples of the United Nations to employ international machinery for the promotion of the economic and social advancement of all peoples;
... Recognizing further that the present flow of capital from the economically advanced countries to the underdeveloped countries for the economic and social development of the latter is wholly inadequate in nature and scope ...
Considering the need for the United Nations to supplement all existing efforts for capital assistance to the underdeveloped countries ...“.

terms better to the needs of the developing countries. UNCTAD and UNOID were cited as examples to illustrate the usefulness of creating new bodies for specific major tasks which they could carry out with greater effectiveness than existing agencies with partial responsibilities in the same area."[51]

Die größere Effektivität trotz partieller Überlappungen wird schlicht festgestellt; Fragen der Effizienz werden auch hier übergangen. Der schließlich mit GA Res. 2186 (XXI) vom 13. Dezember 1966 gegründete Fond wurde nie wirksam, da die Industriestaaten den Beitragskonferenzen fernblieben oder nur unbedeutende Zahlungszusagen machten.[52] Der Fond ging schließlich im UNDP auf.[53]

Insgesamt ist somit in bezug auf Neugründungen nach 1960 festzuhalten, daß das Bemühen der Entwicklungsländer deutlich erkennbar dahin geht, eine Vielzahl fachlich differenzierter, sich dennoch aber in ihren Kompetenzen z. T. überschneidender Neueinrichtungen mit operativen Aufgaben zu schaffen. Da diese jeweils über ein nach dem Prinzip „one State, one vote" entscheidendes Plenarorgan verfügen, wird damit im Ergebnis insofern ein neues Moment in das Organisationsgeflecht der UN eingeführt, als der Katalog verfügbarer Verhandlungsstrategien nunmehr durch das Mittel „Wahl des Forums" ergänzt wird. Diese Strategie weist zwei Aspekte auf: erstens kann ein Thema, das sich etwa im Rahmen von UNCTAD oder UNIDO als nicht verhandelbar erweist, in einem anderen Gremium auf die Tagesordnung gesetzt oder aber zum Gegenstand einer eigenen Staatenkonferenz gemacht werden. Diese Möglichkeit wird unterstützt durch die Betonung der „Interdependenz" der von den neu gegründeten Organen zu behandelnden Probleme, die in fast keiner der Gründungsresolutionen fehlt.[54] Zweitens kann die Bedeutung mehrheitlich verabschiedeter Prinzipien und übergreifender Programme dadurch unterstrichen werden, daß sie in Beschlüssen möglichst vieler Organe festgehalten werden.[55] Die Gestaltung der Tagesordnungen der verschiedenen Plenarorgane im UN-System wird damit als ein Instrument mitgliedstaatlicher Einflußnahme von nicht zu unterschätzender Bedeutung sichtbar.[56]

---

51 So faßt der Bericht des mit GA Res. 1521 eingesetzten Ausschusses die Position der Entwicklungsländer zusammen (UN Doc. A / 6418 vom 19. September 1966, Ziff. 9).

52 Für 1982 sagten 35 Staaten 25 Mio. US $ zu; davon fielen 78 % auf die Niederlande und vier skandinavische Staaten. Angaben bei *Hüfner* (Anm. 2), 355.

53 Dazu *Köhler* (Anm. 7), 349 f. m. w. N.

54 Dazu auch *Cox* (Anm. 28), 72 f., 76.

55 Dazu *Christian Tomuschat,* Tyrannei der Minderheit? Betrachtungen zur Verfassungsstruktur der VN, in: GYIL 19 (1976), 278-316 (279 f.).

56 Vgl. auch *Nuscheler* (Anm. 32), mit Blick auf UNCTAD.

c) Das Bemühen um eine „Neue Weltwirtschaftsordnung"

Mit den Mitte der siebziger Jahre verabschiedeten Resolutionen und Deklarationen zur Errichtung einer Neuen Weltwirtschaftsordnung[57] werden die bei den Neugründungen beobachteten Motive der Entwicklungsländer verstärkt und in einer geschlossenen Konzeption konzentriert; darüber hinaus werden sie durch eine völkerrechtliche Komponente erweitert. Die auf der 6. Sondertagung der Generalversammlung verabschiedete Deklaration über die Errichtung einer neuen Weltwirtschaftsordnung[58] und das dazugehörige Aktionsprogramm[59] verstehen sich von ihrem Anspruch her als ein Gesetzgebungsakt der Generalversammlung. Darauf deuten nicht nur die programmatischen Vorhaben der beiden Resolutionen, sondern auch ihre Intention, die völkerrechtlichen Rahmenbedingungen der internationalen Wirtschaftsordnung ändern zu wollen. Die Erklärung der ständigen Souveränität über die natürlichen Ressourcen und ihre rechtliche Garantie durch entsprechende Enteignungsregelungen sowie handelsrechtliche Vorzugsbedingungen für Entwicklungsländer sind dabei die wichtigsten der angestrebten völkerrechtlichen Neuerungen.

Beide Resolutionen wurden im Konsens verabschiedet. Nun entfalten gemäß dem Katalog der Völkerrechtsquellen in Art. 38 des IGH-Statuts Resolutionen der Generalversammlung auch dann keine völkerrechtliche Bindungswirkung, wenn sie einstimmig oder im Konsens verabschiedet werden.[60] Angesichts dieser — Mitte der siebziger Jahre jedenfalls eindeutigen[61] — Rechtslage erscheint es unverständlich, daß einige Industriestaaten gegen diese Resolutionen Vorbehalte erklärt haben.[62] Das Instrument des Vorbehalts ist im Vertragsschlußverfahren üblich, bezieht sich also auf einen Völkerrecht setzenden Vorgang.[63] Sinn dieses

---

57 Zum Ganzen *Ursula Heinz*, Weltwirtschaftsordnung, in: Handbuch Vereinte Nationen (Anm. 1), 1080-1089, m. w. N.

58 GA Res. 3201 (S-VI) vom 1. Mai 1974.

59 GA Res. 3202 (S-VI) vom 1. Mai 1974.

60 Zum Problem *Jochen Abr. Frowein*, Der Beitrag der internationalen Organisationen zur Entwicklung des Völkerrechts, in: ZaöRV 36 (1976), 147-167; *Tomuschat*, Die Charta der wirtschaftlichen Rechte und Pflichten (Anm. 43); *Klaus Dicke*, Völkerrechtspolitik und internationale Rechtsetzung. Grundlagen — Verfahren — Entwicklungstendenzen, in: ZG 3 (1988), 193-224; *Frowein*, The Internal and External Effects of Resolutions by International Organizations, in: ZaöRV 49 (1989), 778-790, jeweils m. w. N.

61 Seit der Nicaragua-Entscheidung des Internationalen Gerichtshofes von 1986 wird man zumindest einstimmig verabschiedeten Resolutionen internationaler Organisationen einen höheren Stellenwert im Prozeß der Gewohnheitsrechtsbildung zuschreiben müssen als bisher. Die hier geschilderten Vorgänge schlagen sich in der Entscheidung des IGH nieder.

62 Zum Hintergrund *Tomuschat*, Die Charta (Anm. 43), 445 ff.; vgl. auch *Alfred Verdroß / Bruno Simma*, Universelles Völkerrecht. Theorie und Praxis, 3. Aufl. Berlin 1984, 813 ff.

63 *Verdroß / Simma* (Anm. 62), 466 ff.

Instrumentes ist es, Teile eines Vertrages außer Anwendung zu stellen, ohne den gesamten Vertrag dazu ablehnen zu müssen. Mit der Anwendung dieses Instruments auf Resolutionen der Generalversammlung erfahren diese ohne Zweifel eine Aufwertung, wenn auch nicht mit der Konsequenz, daß ihnen nunmehr grundsätzlich Rechtsverbindlichkeit zuerkannt würde.[64]

Bedjaoui hat in seiner Studie über die neue Weltwirtschaftsordnung[65] jedoch gerade diese Konsequenz gezogen. Sein von der UNESCO veröffentlichtes Buch handelt nur am Rande von Wirtschaftsfragen, es enthält in der Hauptsache eine auf demokratische Prinzipien zurückgeführte Konzeption internationaler Organisationen.[66] Für ihn ist es nicht nur die auf den Mehrheitsverhältnissen beruhende politische Attraktivität von Resolutionen internationaler Organisationen für Entwicklungsländer, die ihn die Forderung nach einer Anerkennung der Rechtsverbindlichkeit von Resolutionen erheben läßt. Vielmehr sieht er in deren Rechtsverbindlichkeit bereits geltendes Völkerrecht.[67] Dies wird einerseits aus der Staatengleichheit gefolgert; denn Resolutionen seien in demokratischen Prinzipien legitimiert und sie korrigierten darüber hinaus das prinzipielle Ungleichgewicht zwischen Industriestaaten und Entwicklungsländern, wie es sich insbesondere in dem erstere begünstigenden Vertragsschlußverfahren niederschlage. Andererseits jedoch dient die im Vergleich zu anderen Rechtsquellen höhere Effektivität der Resolutionen als Rechtfertigung: Resolutionen könnten von Organen internationaler Organisationen schneller erstellt werden als ein Vertrag durch eine Staatenkonferenz; sie könnten flexibler gestaltet werden und sie seien jederzeit reversibel. Damit seien sie das effektive Instrument schlechthin, um durch fortschreitende Völkerrechtsentwicklung eine auch materielle Staatengleichheit herbeiführen zu können. Insgesamt zeichnet *Bedjaoui* ein von nicht wenigen Stellungnahmen von Entwicklungsländern in der Generalversammlung bestätigtes Bild einer auf demokratischen Grundsätzen beruhenden internationalen Organisation, der parastaatlicher Charakter zukomme.

Dieser Anspruch wurde auch von der Generalversammlung erhoben, als sie mit der „Charta der wirtschaftlichen Rechte und Pflichten der Staaten" ein Dokument verabschiedete, das — wie bereits die Bezeichnung „Charta" andeutet — völkerrechtliche Prinzipien einer neuen Weltwirtschaftsordnung festschreiben will.[68] Das Verfahren, in dem die Charta zustande kam, gleicht eher einem Gesetzgebungsverfahren, in dem die „Mehrheitsfraktion" von vorneherein auf

64 Umfassend hierzu *Tomuschat,* Die Charta (Anm. 43).

65 *Mohammed Bedjaoui,* Towards a new international economic order, Paris-New York-London 1979.

66 Vgl. auch den Teilabdruck in *Georges Abi-Saab* (ed.), The Concept of International Organization, Paris-London 1981, 207-245.

67 *Bedjaoui* (Anm. 65), 138-144. Zu früheren Positionen, die in die gleiche Richtung weisen, *Tomuschat,* Die Charta (Anm. 43), 474 f.

68 GA Res. 3281 (XXIX) vom 12. Dezember 1974.

die erforderliche Mehrheit rechnen konnte, denn einem Verhandlungsverfahren, welches die Zustimmung aller Beteiligten zum Ziel hatte.[69] In der Charta der wirtschaftlichen Rechte und Pflichten wird der Anspruch einer „demokratischen" Weltorganisation aber auch insofern aufgegriffen, als die hier niedergelegten Grundzüge der Neuen Weltwirtschaftsordnung nunmehr in die Verhandlungen auf allen Ebenen des UN-Systems hineingetragen werden und dort als Richtlinien dienen sollen.[70]

Die Charta konnte nicht mehr im Konsens verabschiedet werden; sie stieß bei den meisten Industriestaaten auf Ablehnung.[71] Damit wird ein Auseinanderfallen des Grundkonsenses nicht nur über die politische Ausrichtung der Fortentwicklung der UN, sondern auch über deren rechtliche Grundprinzipien und das Verständnis internationaler Organisation überhaupt sichtbar. In dem Bestreben der Entwicklungsländer nach Einführung einer neuen Weltwirtschaftsordnung verdichten sich deren Interessen zu einem aus „demokratischen" Prinzipien hergeleiteten, effektivitätsorientierten Totalansatz. Im Kern dieses Ansatzes steht eine Bewertung von Resolutionen der Generalversammlung als Akte internationaler Gesetzgebung. Effektivität bedeutet damit letztlich Rechtsetzung durch Mehrheitsentscheidung und Erhöhung finanzieller Mittel für Entwicklungshilfe durch die Schaffung möglichst vieler Programme, Organe und Verhandlungsebenen auf diesem Wege. „Growth in itself seemed to have become a major goal, though it was naive to equate size with quality and effectiveness" — diese Beurteilung des amerikanischen Delegierten im 5. Hauptausschuß der Generalversammlung[72] bestätigt sich nicht zuletzt im Leerlaufen gerade solcher Neugründungen, welche unter Berufung auf das Aktionsprogramm zur Errichtung einer Neuen Weltwirtschaftsordnung zustandekamen.

Geradezu ein Paradebeispiel ist in diesem Zusammenhang die Einrichtung des „Zwischenstaatlichen Ausschusses für Wissenschaft und Technologie im Dienste der Entwicklung".[73] Die Gründung des Ausschusses schließt eine Entwicklung ab, in der die Vereinten Nationen seit 1963 das nicht zuletzt von Generalsekretär *U Thant* neu ins Bewußtsein gerückte Problem der Wissenschaft und Technologie als Wirtschaftsfaktor in entwicklungspolitische Programme umzusetzen suchten.[74] Die Gründung des Ausschusses ist Teil eines Aktionsplanes, den die „Wie-

---

69 Dies war denn auch ausdrücklich einer der Gründe für die Ablehnung der Charta durch Großbritannien; vgl. *Tomuschat,* Die Charta (Anm. 43), 461.

70 Vgl. GA Res. 3281 (XXIX), Art. 9-11.

71 Siehe *Verdroß / Simma* (Anm. 62), 813 ff. m. w. N. sowie detailliert für die einzelnen Verhandlungsschritte sowie Artikel der Charta *Tomuschat,* Die Charta (Anm. 43).

72 UN Doc. A / C.5 / 40 / SR.16, Ziff. 31.

73 GA Res. 34 / 218 vom 19. Dezember 1979.

74 Dazu *Klaus-Heinrich Standke,* Die schwierige Umsetzung eines Entwicklungsfaktors in Politik. Wissenschaft und Technologie in der Strategie für die Dritte Entwicklungsdekade, in: VN 29 (1981), 159-163, der zurecht darauf hinweist, daß auch in den westlichen Industriestaaten der Bedeutung von Wissenschaft und Technologie als Wirt-

ner Konferenz über Wissenschaft und Technologie im Dienste der Entwicklung" 1979 verabschiedet hatte; die Konferenz ihrerseits geht unmittelbar auf die 7. Sondertagung der Generalversammlung über Entwicklung und internationale wirtschaftliche Zusammenarbeit zurück.[75] Die Generalversammlung folgt den Empfehlungen des in Wien verabschiedeten Aktionsplanes und ergreift mit Res. 34 / 218 eine Reihe organisatorischer Maßnahmen, die in der Präambel mit einer sehr ausführlichen Begründung versehen werden.

Zu Beginn dieser Begründung wird die Anwendung von Wissenschaft und Technologie im Entwicklungsprozeß in den Rahmen der Errichtung einer Neuen Weltwirtschaftsordnung gestellt; die Beseitigung von Ungleichheit zwischen entwickelten Staaten und Entwicklungsländern wird als Ziel besonders unterstrichen. Zweitens wird die Interdependenz des Problems „Wissenschaft und Technologie im Dienste der Entwicklung" herausgehoben: Friede, Sicherheit und nationale Unabhängigkeit werden als Bedingung für ihre Nutzung genannt; Abrüstungsmaßnahmen könnten Ressourcen für wirtschaftliche und soziale Entwicklung freimachen. Drittens wird in bezug auf internationale Organisationen ausgeführt, daß die bestehenden wissenschaftlichen und technologischen internationalen Beziehungen dringend der Umgestaltung bedürfen. In diesem Zusammenhang wird über die Rolle der Vereinten Nationen gesagt:

> „Affirming the central role of the United Nations in the promotion of science and technology for development and the need to strengthen that role, through, inter alia, *new institutional arrangements* and *additional and substantially increased financial ressources,*
>
> Reaffirming the need to strengthen the role of the United Nations system in the field of science and technology through, inter alia, new institutional arrangements and new substantial resources in addition to those which currently exist,
>
> Recognizing the need for adopting effective means of utilizing new science and technology for overcoming obstacles to development and also the role to be played by science and technology in the development strategies for the future, (. . .)."[76]

Dem wird im operativen Teil der Resolution in sechs Hauptabschnitten Rechnung getragen. Abschnitt I bestätigt das Wiener Aktionsprogramm. Mit Abschnitt II wird der zwischenstaatliche Ausschuß gegründet; er ersetzt einen entsprechenden Unterausschuß des ECOSOC, dem 54 Mitglieder angehörten. Der neue Ausschuß ist offen für alle Staaten[77]; er tagt einmal im Jahr und berichtet über den Wirtschafts- und Sozialrat der Generalversammlung. Seine Aufgabe soll darin bestehen, für die Generalversammlung politische Leitlinien zur Harmonisie-

---

schaftsfaktor erst in den sechziger Jahren durch die Gründung von Forschungs- und Technologieministerien Rechnung getragen wurde.

75 GA Res. 3362 (S-VII) vom 16. September 1975.

76 Ebd. (Hervorhebungen K. D.).

77 An der 10. Sitzung des Ausschusses vom 21. August bis 1. September 1989 nahmen 80 Staaten teil. Von den Industriestaaten war lediglich das Vereinigte Königreich ferngeblieben.

rung der Politik im UN-System in bezug auf Wissenschaft und Technologie im Dienste der Entwicklung zu formulieren, wobei er vom Wiener Aktionsplan ausgehen und die Errichtung einer Neuen Weltwirtschaftsordnung als übergreifendes Ziel im Auge behalten solle. Ferner soll er eine koordinierte Implementierung des Aktionsplanes im UN-System fördern, Prioritäten formulieren und einen Operationsplan erstellen, die Aktivitäten, Programme und Ressourcenmobilisierung im UN-System überwachen, Möglichkeiten schaffen, neue wissenschaftliche und technische Entwicklungen möglichst früh für Entwicklung anwenden zu können, sowie Direktiven für das neu errichtete Finanzierungssystem erarbeiten. Zwei bislang ebenfalls dem ECOSOC zugeordnete Beratungsgremien werden dem neuen Ausschuß zugeordnet. Unter III. wird das bereits bestehende Büro für Wissenschaft und Technologie im Sekretariat durch ein Zentrum für Wissenschaft und Technologie im Dienste der Entwicklung ersetzt; ihm steht ein beigeordneter Generalsekretär vor, der unmittelbar dem Generaldirektor für Entwicklung untersteht. Abschnitt IV ist der Koordination im UN-System gewidmet. Sie soll auf Sekretariats-Ebene durch den Generaldirektor für Entwicklung wahrgenommen werden. Die Organisationen des UN-Systems werden aufgefordert, ihm dabei u. a. über das ACC beizustehen. Die Mitarbeit aller UN-Organisationen am Ausschuß — hier werden die Sonderorganisationen ausdrücklich genannt — soll ebenfalls durch den Generaldirektor für Entwicklung koordiniert werden. Der Generalsekretär wird schließlich mit dem Erstellen einer Studie beauftragt

> „of the activities, mandates and working methods of all the various organs, organizations and bodies of the United Nations system in the field of science and technology for development and to examine the possibilities of improving the efficiency of the system in that field.“[78]

Unter Abschnitt VI schließlich wird ein langfristig geplantes, eigenständiges Finanzierungssystem etabliert. Bis zu dessen Zustandekommen, das für 1982 avisiert wird, soll ein Interimsfond unter der Verwaltung des UNDP eingesetzt werden, der aus freiwilligen Leistungen gespeist werden soll. Als Mindestsumme werden 250 Mio $ angesetzt; Direktiven für die Verwaltung des Interimsfonds sind der Resolution als Anhang beigegeben. Das Finanzierungssystem wurde indessen zum 31. Dezember 1986 wieder aufgelöst; sein Vermögen und seine Funktionen gingen an einen UN Fund for Science and Technology for Development im Rahmen des UNDP über.[79] Eine weitere organisatorische Änderung betrifft den Ausschuß selbst, der seit 1987 lediglich alle zwei Jahre tagt.

Die zehnte Tagung des Zwischenstaatlichen Ausschusses im August 1989 war einer Bestandsaufnahme der Erfüllung des Aktionsprogramms von 1979 gewidmet. Die Bilanz war überwiegend ernüchternd. Unter anderem hält der entsprechende Bericht folgende Mängel fest: fehlende Kohärenz und Effektivität der Entwicklungshilfe im Bereich von Wissenschaft und Technologie, unzureichende

78 Ebd.

79 GA Res. 41 / 183 vom 8. Dezember 1986.

Prioritätensetzung und mangelnde Koordination der multilateralen Zusammenarbeit.[80] Die Industriestaaten, von Anfang an zurückhaltend, hatten keine ausreichenden Geldmittel für den Fond zur Verfügung gestellt. Die Finanzierung blieb in den achtziger Jahren sogar hinter den Zusagen auf der Wiener Konferenz zurück.[81] Geradezu ein Seminarbeispiel für ein durchrationalisiertes, in alle organisatorischen und programmatischen Verästelungen hinein geplantes, der Interdependenz des Gegenstandes durch Einbeziehung aller betroffenen Untergliederungen des UN-Systems Rechnung tragendes Gesetzgebungsvorhaben der Generalversammlung[82] ist damit praktisch wirkungslos.

So trug denn auch der Vertreter eines Industriestaates 1989 im Ausschuß vor, daß die Errichtung eines Aktionsprogramms an sich noch keine internationalen Probleme löse. Die Gründung eines Ausschusses verbürge keineswegs konkrete Erfolge.[83] Die Industriestaaten waren sich in der Forderung einig, die vom Ausschuß auf der Grundlage des Wiener Aktionsprogramms erarbeitete Programmatik in die Entwicklungstätigkeit des ECOSOC bzw. des UNDP zu integrieren.

Steigerung der Effektivität der UN durch gesetzgeberische Programmplanung — diese von der Entwicklungsländer-Mehrheit geschaffene und getragene Konzeption internationaler Zusammenarbeit in den Vereinten Nationen scheiterte letztlich daran, daß seine organisatorischen Voraussetzungen die Kluft zwischen der Programme beschließenden Mehrheit und der unterliegenden, aber die Hauptlast der Finanzierung tragenden Minderheit nicht nur nicht überbrücken konnte, sondern überhaupt erst entstehen ließ. Die Notwendigkeit, diese Kluft durch konsensverbürgende Verhandlungs- und Entscheidungsverfahren zu überbrükken[84], stellt ein erstes strukturelles Effektivitätsproblem der UN dar, an dessen Bewältigung die Reformen nach 1985 zu bemessen sind.

2. Die UN-Politik der Vereinigten Staaten und die Problematik der Beitragszurückhaltungen

„Consider, first, the problem of efficiency: what inducement is there, in an era of budgetary plenty, to use one's resources wisely: Why go through the unpleasant business of establishing priorities when one has the luxury of expandable means? Why close off ineffective or unworkable programs when appropriations for them continue to flow? Profligacy, after a certain point, can become the enemy of effectiveness, and stringency its ally".[85] Diese, nicht auf die Verein-

80 UN Docs. A / CN.88; A / CN.89; ein Bericht findet sich in VN 37 (1989), 206 f.

81 Vgl. GA Res. 44 / 14 D vom 26. Oktober 1989 und UN Doc. A / 44 / 37.

82 Vgl. die Resolutionen 44 / 14 A-E vom 26. Oktober 1989.

83 UN Doc. A / 44 / 37 vom 25. September 1989, Ziff. 87.

84 Vgl. insoweit die Mahnung des Generalsekretärs, oben, S. 152.

85 *John Lewis Gaddis,* Containment and the Logic of Strategy, in: National Interest No. 10 (1987 / 88), 36.

ten Nationen bezogenen, Fragen und Feststellungen des Politikwissenschaftlers *John Lewis Gaddis* formulieren sehr treffend auch die Grundeinstellung der amerikanischen Öffentlichkeit zu den Vereinten Nationen, wie sie sich Mitte der achtziger Jahre darstellte. Sie sind zugleich ein Beleg dafür, daß diese Grundeinstellung ihre Wurzel in der amerikanischen politischen Kultur hat: Die Bereitstellung oder die Verweigerung von Finanzmitteln ist ein im amerikanischen politischen System fest verankertes Rezept politischer Einflußnahme. Der Kongreß kann ganze Ministerien durch die Verweigerung von Finanzmitteln zumindest auf Zeit entlassen; und die Alumni der Harvard Law School reagieren auf die „Critical Legal Studies" mit der Zurückhaltung finanzieller Unterstützung. Value-for-money-Bilanzen gehören zur politischen Entscheidungsfindung in der Außenpolitik und insbesondere in der Finanzierung internationaler Organisationen. Wie kommt es dazu, daß die Vereinigten Staaten Mitte der achtziger Jahre auf das Instrument der Beitragszurückhaltung zurückgreifen, und wie ist dieses Instrument zu beurteilen?

Es kann kein Zweifel daran bestehen, daß die UN-Politik der Vereinigten Staaten von Amerika einen entscheidenden Faktor für die Entwicklung der UN und ihre Wirksamkeit darstellt. Dies hat seine Ursache zum einen darin, daß die USA mit 25% des regulären Beitrags zum UN-Haushalt und mit 28,86% aller freiwilligen Haushalte (1982)[86] den weitaus größten Anteil der finanziellen Lasten der Organisation bestreiten. Es hat zum andern aber auch historische, organisatorische und politische Gründe: Ein Vergleich der UN mit dem Völkerbund zeigt, daß die Mitgliedschaft der militärischen und ökonomischen Supermacht USA eine notwendige Voraussetzung für das Funktionieren des gesamten UN-Systems, und zwar gerade auch in seinen operativen Tätigkeiten, darstellt. So haben die USA entscheidenden Anteil am Aufbau der UNO und der Sonderorganisationen, an der Formulierung ihrer Satzungen und am Ausbau des Organisationsgeflechts des UN-Systems gehabt.

Die Gründung der UNO selbst und die Grundzüge der Gestaltung ihrer Charta gehen ebenso maßgeblich auf amerikanische Vorstellungen zurück wie die Politik der Organisation in den 50er und frühen 60er Jahren von amerikanischen Initiativen geprägt war. Mit der „Uniting for Peace"-Resolution versuchten die USA, neben dem durch die damalige Veto-Praxis der Sowjetunion paralysierten Sicherheitsrat dem Konzept der kollektiven Sicherheit dadurch zur Wirksamkeit zu verhelfen, daß sie der Generalversammlung entsprechende subsidiäre Kompetenzen zusprachen. Die Schaffung von Einrichtungen und Programmen der Vereinten Nationen zur technischen Hilfe auf der Grundlage freiwilliger Beiträge geht ebenso auf amerikanische Initiative zurück wie die Planung und Einrichtung der

---

[86] *Thomas M. Franck,* Nation against Nation. What Happened to the U.N. Dream and What the U.S. Can Do About it, New York-Oxford 1985, 259 f., und ausführlich *Robert F. Meagher,* United States Financing of the United Nations, in: *Gati* (ed.), The US (Anm. 28), 101 - 128.

ersten Entwicklungsdekade oder die Gründung des World Food Programme (WFP) 1961.[87] Auch das Nebeneinander der UNO als politisches System der kollektiven Sicherheit und autonomer Sonderorganisationen als im wesentlichen technische Agenturen internationaler funktionaler Zusammenarbeit geht auf Vorstellungen der Vereinigten Staaten von Amerika zurück.[88] Schließlich sind bis auf den heutigen Tag zahlreiche organisatorische Einzelheiten des UN-Systems vom Personalmanagement über die Finanzverwaltung bis hin zur Gestaltung des Programmhaushalts, der Anfang der 70er Jahre eingeführt wurde, von amerikanischen Vorbildern geprägt. Hier wirkt sich besonders die Tatsache aus, daß die Organisation ihren Hauptsitz in den Vereinigten Staaten hat.

Verraten also Struktur und Aufbau der Vereinten Nationen in zahlreichen Aspekten amerikanische Handschrift[89], so hat umgekehrt auch Kritik an den Vereinten Nationen in den Vereinigten Staaten eine lange Geschichte. Die amerikanische Politik in der UNESCO etwa ist von Anfang an stets insofern zwiespältig gewesen, als die Vereinigten Staaten zwar einerseits immense Anstrengungen zur Verwirklichung der UNESCO-Programme unternommen, andererseits aber auch immer wieder harsche Kritik an der Organisation vorgetragen haben.[90] 1953 sah sich die amerikanische Delegation bei der 2. außerordentlichen Tagung der Generalkonferenz der UNESCO veranlaßt, vielfältigen Vorwürfen der amerikanischen Öffentlichkeit gegen die UNESCO durch ein dem Secretary of State zur Verbreitung übergebenes Informationspapier[91] entgegenzutreten. Diese Vorwürfe besagen u. a., die Organisation sei kommunistisch unterwandert, übe kommunistische und subversive Einflüsse auf die amerikanische Jugend und Bevölkerung aus, sei atheistisch und erfülle nicht die Erwartungen ihrer Gründer. Schließlich sei der Anteil der Vereinigten Staaten am Budget der Organisation (damals 33 1 / 3 %) durch keinerlei Gegenleistungen gerechtfertigt. Die Delegation widerlegt die Vorwürfe Punkt für Punkt durch faktenreiche Informationen über Aufbau und Tätigkeit der UNESCO. Zu dem Haushaltsargument führt die Delegation aus, daß die Vereinigten Staaten dem Satz von 33 1 / 3 % zugestimmt hätten — einem Satz, der im übrigen weitaus höher wäre, wenn die Zahlungsfähigkeit das einzige Kriterium für die Beitragsbemessung sei —, und daß es schon der nationale Selbstrespekt gebiete, an einer Organisation mitzuwirken, deren Zielsetzung

---

87 Vgl. *Richard P. Stebbins / Elaine P. Adam* (eds.), Documents on American Foreign Relations 1961, New York 1962, 473 ff., 532 ff., 538 ff.

88 Siehe dazu den informativen Beitrag von *Robert W. Gregg*, The Politics of International Economic Cooperation and Development, in: *Lawrence S. Finkelstein* (ed.), Politics in the United Nations System, Durkem-London 1988, 106-147 (108 ff., 115 ff.).

89 So auch *Cox* (Anm. 28), 68 ff. mit dem Hinweis, daß die meisten funktionalen Einrichtungen in der Frühzeit der Weltorganisation von Amerikanern geleitet wurden.

90 Vgl. *Shuster* (Anm. 5), 3.

91 „An Appraisal of the United Nations Educational, Scientific and Cultural Organization by the Delegation of the United States of America to the Second Extraordinary Session of the General Conference of UNESCO", July 1-4, 1953 (Department of State Publication 5209).

in so deutlicher Übereinstimmung mit den Grundwerten der amerikanischen Demokratie stehe. Überdies komme es den USA sehr wohl auch ökonomisch zugute, die Gemeinschaft der freien Nationen zu stärken. Nach der Widerlegung der Vorwürfe im einzelnen wird ein kurzer sachlicher Überblick über die Arbeit der UNESCO gegeben. Dabei sieht sich die Delegation noch einmal genötigt, in zwölf Punkten den „Nutzen" aufzulisten, den die Vereinigten Staaten aus ihrer Mitgliedschaft in der UNESCO ziehen: Die Förderung der Kommunikation und des Austauschs in den Bereichen Kultur, Wissenschaft und Erziehung bedeute die Verbreitung amerikanischer kultureller Errungenschaften auf der ganzen Welt, was den Amerikanern Respekt einbringe, den sie durch politische Führung und Macht allein nicht erlangen könnten; durch technische Hilfe würden amerikanische Technik und Methoden besonders in weniger entwickelten Staaten verbreitet, was sicherlich auch eine gesteigerte Nachfrage nach amerikanischen Wirtschaftsgütern nach sich ziehe; die Beseitigung von Zöllen auf amerikanische Film- und Druckwerke sei ein bedeutender Schritt in die Richtung eines „free flow of information", ebenso die Senkung von Post- und Frachtkosten; Erziehungsprogramme für die Rundfunkanstalten und bedeutende Gemälde seien durch Vermittlung der UNESCO in die Vereinigten Staaten gelangt; auch die amerikanische Wissenschaft profitiere von den bibliographischen und Übersetzungsdiensten der UNESCO; der Austauschplan für Schulbücher habe amerikanischen Verlagen mehr als 1,2 Mio $ pro Jahr gebracht und trage doch auch wesentlich zur Kenntnis der amerikanischen Kultur in allen Teilen der Welt bei; schließlich diene die Verbreitung von Informations- und Bildungsmaterial über die Grundsätze der Vereinten Nationen — einschließlich der kollektiven Sicherheit — dem gerade von den Vereinigten Staaten hochgehaltenen demokratischen Selbstverständnis der freien Welt. Defizite, insbesondere im organisatorischen Aufbau der UNESCO, werden keinesfalls verschwiegen, Vorschläge zu ihrer Behebung werden skizziert. Den Abschluß des Papiers bilden einige Meinungen aus anderen Mitgliedstaaten zur UNESCO.

Wenn also auch immer schon Spannungen zwischen Befürwortern und Kritikern der UN bestanden und insofern der von *Franck* erweckte Eindruck einer zunehmenden Desillusionierung der amerikanischen Öffentlichkeit über die UN[92] hinsichtlich der Erwartungen an die kollektive Sicherheit, nicht aber für das Gesamtbild der UN zutreffend erscheint, so nehmen doch seit Beginn der 70er Jahre die Spannungen zwischen den USA und der Weltorganisation deutlich sichtbar zu. Anlaß hierzu geben einerseits politische Entscheidungen der UN-Organe — insbesondere solche, die sich gegen Israel richten oder dirigistische Ordnungsmomente in die Weltwirtschaft einführen wollen — und innerorganisatorische Fehlentwicklungen andererseits.[93] Im einzelnen konzentriert sich das Unbehagen insbesondere des amerikanischen Kongresses auf folgende Punkte:

---

[92] *Franck,* Nation against Nation (Anm. 86); *ders.*, US Foreign Policy and the U.N., in: Denver Journal of International Law and Policy 14 / 15 (1985 / 87), 159 - 170.

— in der Generalversammlung und anderen Entscheidungsgremien hatte die Zahl der Entscheidungen, die gegen die Stimme der USA getroffen wurden, signifikant zugenommen;

— das Budget der UNO und der Sonderorganisationen war nicht nur beständig gewachsen, sondern wies auch einen zunehmenden Anteil von Ausgaben für operative Tätigkeiten auf und nahm damit eine unmittelbare Redistribution von Mitgliedschaftsbeiträgen vor;

— in den Sonderorganisationen und den mit Entwicklungshilfe-Aufgaben betrauten Organen war es aufgrund massiver Korruption, mangelhafter Planung und fehlender Erfolgskontrollen zu verschwenderischem und nicht mehr kontrollierbarem Mißbrauch von Finanzmitteln gekommen. Insbesondere die FAO und die UNESCO standen insofern im Zentrum der Kritik;[94]

— den Sonderorganisationen allgemein wurde — ausgelöst u. a. durch antiisraelische Entscheidungen in der ILO, der UNESCO, der IAEA u. a. — eine „Politisierung“, d. h. eine unzulässige Unterordnung ihrer satzungsgemäßen Aufgaben unter die allgemeinpolitischen Interessen der Mehrheit vorgeworfen;[95]

— die politischen Programme der Entwicklungsländer-Mehrheit — Neue Weltwirtschaftsordnung, Neue Weltinformations- und Kommunikationsordnung, „Recht auf Entwicklung“ u. a. — haben in zunehmendem Maße eine Frontstellung gegen die liberal-demokratischen Grundlagen westlicher Verfassungsstaaten erkennen lassen.

Nachdem Kongreß und Administration in der 2. Hälfte der 70er Jahre Reformvorschläge ausgearbeitet hatten[96] und nachdem der zeitweilige Rückzug der USA

---

93 *Meagher* (Anm. 86), 103 ff.; *Hollis W. Barber*, The United States versus the United Nations, in: IO 27 (1973), 139-163. Zu den „UN shocks“ *David A. Kay*, The United Nations and United States Foreign Policy, in: *ders.* (ed.), The Changing United Nations. Options for the United States, New York-London 1977, 11-16 (12 f.); ferner *Franck*, Nation against Nation (Anm. 86), 184 ff., 260 ff.; *Richard S. Williamson*, The United Nations: Some Parts Work, in: ORBIS 32 (1988), 187-197.

94 Siehe dazu nur die Reportagen von *Graham Hancock*, Lords of Poverty. The Power, Prestige, and Corruption of the International Aid Business, New York 1989, sowie *Otto Matzke*, Parkinson und die Welternährungshilfe. Ein Beispiel für die internationale Bürokratisierung, in: Aus Politik und Zeitgeschichte B 7-1976, 3 ff.; *ders.*, Unzureichende Effizienzkontrolle und Erfolgskontrolle im UNO-System, in: Aus Politik und Zeitgeschichte B 20-1981, 17-37.

95 Zur Diskussion um die „Politisierung“ der Sonderorganisationen siehe *Daniel G. Partau*, Documentary Study of the Politicization of UNESCO. American Academy of Arts and Science, Boston 1975; *Gene M. Lyons / David B. Baldwin / Donald W. McNemar*, The „Politicization“ Issue in the UN Specialized Agencies, in: *Kay* (ed.), The Changing United Nations (Anm. 93), 81-92; *Victor-Yves Ghèbali*, The „Politicization“ of UN Specialized Agencies: The UNESCO-Syndrome, in: *Pitt / Weiss* (eds.), The Nature (Anm. 4), 118-136; *Douglas Williams*, The Specialized Agencies and the United Nations. The System in Crisis, New York 1987, 55 ff.; *Klaus Dicke*, Krise und Reform der UNESCO, in: Jahrbuch Dritte Welt 1989, München 1988, 72-88 (80 ff.).

aus der ILO (1976-1980) gezeigt hatte, daß die Vereinigten Staaten ihrer Kritik am UN-System durchaus Nachdruck zu verleihen gewillt waren,[97] erreichte zu Beginn der *Reagan*-Administration die Konfrontation mit den UN einen Höhepunkt. Ausschlaggebend hierfür waren zum einen eine Reihe kritischer Veröffentlichungen der damals einflußreichen Heritage-Foundation, die den Nutzen und Wert der UN aufgrund deren als grundsätzlich antiamerikanisch und antiwestlich eingestufter Politik überhaupt in Frage stellten,[98] und zum andern die Ernennung von *Jeanne Kirkpatrick* zur ständigen Vertreterin der USA bei den UN im Kabinettsrang und eine von ihr vorgenommene gründliche Umbesetzung der UN-Vertretung der USA in New York.[99] Ergebnis war eine strikt gegen die Sowjetunion und die Entwicklungsländer-Mehrheit gerichtete UN-Politik nach 1982, die sich u. a. in einer Serie amerikanischer Vetos im Sicherheitsrat und dem Bemühen äußerte, eine Symmetrie zwischen Beitragsleistung und Einfluß in der Organisation herbeizuführen.

Ansatzpunkt für eine Beeinflussung der UN im Blick auf das letztgenannte Ziel war die Haushaltsgestaltung. In den Haushaltsdebatten des 5. Ausschusses der Generalversammlung stand im Zentrum der Beiträge der amerikanischen Delegierten die unmißverständliche Forderung nach einem Null-Wachstum des Budgets,[100] das durch die Streichung überholter oder ineffektiver Programme bei

---

96 United States Senate, Committee on Foreign Relations, Proposals on United Nations Reform, 1978 (95th, 2d). Vgl. auch den äußerst materialreichen Band von *Seymour Maxwell Finger / Joseph R. Harbert* (eds.), U.S. Policy in International Institutions: Defining Reasonable Options in an Unreasonable World, Boulder 1978.

97 Dazu *Franck* (Anm. 86), 266.

98 *Burton Y. Pines* (ed.), A World without a U.N. What would happen if the UN shut down? Heritage Foundation, Washington 1984; *Gray L. Dorsey*, Beyond the United Nations. Changing Discourse in International Politics and Law, New York-London 1986; *Roger A. Brooks*, The UN Department of Public Information: A House of Mirrors, in: Political Communication and Persuasion. An International Journal 3 (1985), 141-165. Weitere Nachweise — und einige Richtigstellungen der nicht immer von Sachkenntnis geprägten Kritik der Heritage-Foundation — bei *John Gerard Ruggie*, The United States and the United Nations: Toward a new Realism, in: IO 39 (1985), 343-356 (Anm. 7 und 13).

99 *Seymour Maxwell Finger*, The Reagan-Kirkpatrick Policies and the United Nations, in: Foreign Affairs 62 (1983 / 84), 436-457; *M. E. Galey*, Reforming the Regime for Financing the United Nations, in: Howard Law Journal 31 (1988), 543-574. *Ruggie* (Anm. 98), 355 macht darauf aufmerksam, daß der Kabinettsrang der Ständigen Vertreterin bei den UN sich insofern als ineffektiv erwiesen habe, als sie dadurch starkem politischem Druck der innerstaatlichen Willensbildungsorgane ausgesetzt war. Von dieser Praxis wurde denn auch bald wieder abgewichen; mit der Ernennung von *Walters* zum UN-Botschafter wurden die USA zudem wieder durch einen erfahrenen Diplomaten vertreten.

100 Zu der in der sog. „Genfer Gruppe“, einem informellen Zusammentreffen der westlichen Hauptbeitragszahler der Sonderorganisationen, abgestimmten Forderung eines Null-Wachstums siehe *André Lewin*, Le Group de Genève et les budgets de la famille des Nations Unies: vingt années d'effort pour aboutir à la croissance zèro, in: AFDI 30 (1984), 637-648, sowie *M. J. Peterson*, The General Assembly in World Politics, Boston 1986, 127.

gleichzeitigem Einfrieren der Gesamtausgaben auf dem Stand von 1980 erreicht werden sollte. Es sei untragbar, daß 10 % der Mitglieder der Vereinten Nationen 80 % des Budgets finanzierten, daß 147 Staaten zusammen weniger als die USA alleine zahlten und daß die OECD-Staaten 1983 bis 1985 73,6 % der Ausgaben leisteten[101], daß aber die Mehrheit der Generalversammlung ohne ausgewiesene Prioritätensetzung und ohne Streichung ineffektiver Programme stets neue, die Ausgaben der Organisation steigernde Vorhaben beschließe.[102] Jahr für Jahr wurde auf den wachsenden Unmut des Senats und des Repräsentantenhauses hingewiesen. Es gehe nicht an, daß sich internationale Organisationen dem Trend zu Haushaltskürzungen in den Mitgliedstaaten verschlössen.[103] Zudem seien organisatorische Reformen überfällig. Im einzelnen wird beklagt, daß die Sekretariatsstruktur zu kopflastig sei; daß Konferenz- und Informationsdienste nicht mehr kontrollierbar seien; daß „frivolous activities" wie ein Übermaß an Reisen 1. Klasse Finanzmittel verschwendeten; daß zwischenstaatliche Organe unzulässigen Druck auf das Sekretariat ausübten und umgekehrt einzelne Sekretariatsabteilungen bei Delegationen Lobby betrieben; daß einzelne Budgetposten Chartaprinzipien verletzten[104]; daß sinkende Mittel der freiwilligen Haushalte auf Kosten des regulären Haushaltes kompensiert wurden und anderes mehr.[105]

Die im einzelnen von den USA im 5. Ausschuß vorgetragenen Kritikpunkte an der Organisation werden von den übrigen westlichen Industriestaaten im wesentlichen geteilt. Zutreffend faßt *Meltzer* die Stoßrichtung westlicher Reformbemühungen dahingehend zusammen, daß „improving efficiency and the centralization of budgeting, planning and programming functions, as well as the implementation of an independant evaluation mechanism for operations within the UN system represent essential features of any restructuring design".[106] Doch hebt sich die Politik der USA insbesondere von derjenigen der EG-Staaten und Japans insofern ab, als die Einstellung der Vereinigten Staaten die des Geldgebers, diejenige der EG-Staaten jedoch die des mitverantwortlichen Beitragszahlers ist.

---

101 Zu den Debatten um die Beitragsfestsetzungen 1982, die erhebliche amerikanische Unzufriedenheit auslösten, *Franck,* Nation against Nation (Anm. 86), 256-259.

102 Vgl. UN Doc. A / C.5 / 37 / SR.8, Ziff. 30: „Divorcing the right to vote for programmes from the necessity to pay for their execution simply invited and encouraged waste".

103 UN Doc. A / C.5 / 36 / SR.10, Ziff. 62: Internationale Organisationen „had lost touch with economic reality. If the support of all donor countries was to be maintained, the UN should adapt to the real world and use the contributions it received effectively". In gleichem Sinne auch der Vertreter der DDR, in: UN Doc. A / C.5 / 40 / SR.20, Ziff. 1.

104 Mit dieser Begründung haben die UdSSR und einzelne andere Ostblockstaaten den UN-Haushalt seit 1947 regelmäßig abgelehnt.

105 Vgl. u.a. UN Docs. A / C.5 / 36 / SR.10, Ziff. 57 ff.; A / C.5 / 37 / SR.8, Ziff. 30 ff.; A / C.5 / 38 / SR.12, Ziff. 64 ff.; A / C.5 / 40 / SR.11, Ziff. 49 ff.

106 *Ronald I. Meltzer,* Restructuring the United Nations System: Institutional Reform Efforts in the Context of North-South Relations, in: IO 32 (1978), 993-1018 (1012). Vgl. auch zur Position Japans *Wakamizu Tsutsui,* Japan's Role in International Organizations with Particular Reference to the United Nations, in: AVR 25 (1987), 24-38 (34 ff.).

Dies zeigt sich zunächst an einer Äußerlichkeit: Während die EG-Staaten und Japan den Begriff der „main contributors" verwenden, sprechen die Vertreter der USA im 5. Ausschuß von „donor countries".[107] Die Unterscheidung in Geber- und Empfängerländer ist im Blick auf die freiwilligen Haushalte sicherlich korrekt; sie widerspricht jedoch eklatant dem von den USA während der Finanzkrise von 1965 vehement vertretenen Prinzip der kollektiven finanziellen Verantwortlichkeit[108], welches nach dem Rechtsgutachten des IGH den Charta-Bestimmungen über das reguläre Budget der UN zugrunde liegt.[109] Die sich in der Wortwahl niederschlagende Konfrontation USA - UN findet ihre strategische Entsprechung: während die EG-Staaten und Japan sowohl in der UNO als auch in den Sonderorganisationen darauf setzen, auf dem Verhandlungswege Verfahrensverbesserungen zu erreichen,[110] wird die Drohung der USA mit Beitragszurückhaltungen immer deutlicher.

Eine partielle Zurückhaltung von Beiträgen durch Mitgliedstaaten als Instrument der Beeinflussung oder als Reaktion auf für unrechtmäßig erachtete Handlungen der UN hat eine lange Geschichte. Mit ihrer Weigerung, die Kosten für die Kongo-Operation zu tragen, haben die UdSSR und Frankreich 1964 / 5 eine Finanz- und Verfassungskrise der Organisation hervorgerufen.[111] Beispiele für amerikanische Praxis sind Kürzungen der Mittel des UNFPA, dessen „Geburtenkontrollpolitik" nicht die Zustimmung der USA fand[112], die Zurückhaltung von Beiträgen für die zu errichtende Meeresbodenbehörde seit 1983 oder Ende der achtziger Jahre die Androhung bzw. der Vollzug partieller Beitragszurückhaltungen im Zusammenhang mit einer Aufwertung der PLO.[113] Ein Novum in der

---

107 So in UN Doc. A / C.5 / 36 / SR.10, Ziff. 62 u. ö.

108 Vgl. den damaligen UN-Botschafter *Goldberg* in: UN Doc. A / AC. 121 / PV.15, Ziff. 8 ff. (= AJIL 60 (1966), 106).

109 Certain Expenses of the United Nations, in: ICJ Reports 1962, 151.

110 Vgl. etwa die sehr sachliche Stellungnahme Belgiens für die EG-Staaten, UN Doc. A / C.5 / 40 / SR.19, Ziff. 11 ff., die mit der Zusage an den Generalsekretär schließt, ihn bei weiteren Konsolidierungen des Haushalts zu unterstützen (Ziff. 21). Zur japanischen Reforminitiative von 1985 unten, S. 285, sowie *Tsutsui* (Anm. 106), 34 ff. Zu den Sonderorganisationen *Dicke* (Anm. 95) und *Klaus Hüfner,* UNESCO zwischen Krise und Reform, in: Der Überblick 3 / 1990, 84 f.

111 Vgl. den Bericht von *Jost Delbrück,* Die Vereinten Nationen in der Zeit vom 1.7.1961 bis 20.6.1966, in: JIR 14 (1969), 345 - 374 (362 ff.). Zum Problem von Beitragsverweigerungen generell siehe *Christian Tomuschat,* Die Beitragsverweigerung in internationalen Organisationen, in: Fs. F. A. Mann, München 1977, 439 ff.; UN Doc. A / C.5 / 35 / 13, annexes; *Elisabeth Zoller,* The „Corporate Will" of the United Nations and the Rights of the Minority, in: AJIL 81 (1987), 610 ff.; *Eckart Klein,* Beitragspflichten und Stimmrecht. Notwendigkeit und Möglichkeiten, das Entscheidungsverfahren über Ausgaben der Vereinten Nationen neu zu strukturieren, in: *Rüdiger Wolfrum* (Hrsg.), Die Reform der Vereinten Nationen. Möglichkeiten und Grenzen, Berlin 1989, 69 - 94.

112 *Gayl D. Ness / Steven R. Brechin,* Bridging the Gap: International Organizations as Organizations, in: IO 42 (1988), 245 - 273 (258).

113 *Richard W. Nelson,* International Law and U.S. Withholding of Payments to International Organzations, in: AJIL 80 (1986), 973 - 983 (973 f.); *Frederic L. Kirgis,*

Geschichte der Organisation stellt jedoch die durch das *Kassebaum*-Amendment von 1985 i. V. mit dem *Grumm-Rudman-Hollings*-Act beschlossene sehr weitgehende Beitragszurückhaltung mit dem Ziel dar, die Organisation zu einer Änderung von in der Charta geregelten Verfahren zu veranlassen. Sec. 143 des *Kassebaum*-Amendments[114] lautet:

„(a) FINDINGS. — The Congress finds that the United Nations and its specialized agencies which are financed through assessed contributions of member states have not paid sufficient attention in the development of their budgets to the views of the member governments who are major financial contributors to those budgets.

(b) VOTING RIGHTS. — In order to foster greater financial responsibility in preparation of the budgets of the United Nations and its specialized agencies which are financed through assessed contributions, the Secretary of State shall seek the adoption by the United Nations and its specialized agencies of procedures which grant voting rights to each member state on matters of budgetary consequence. Such voting rights shall be proportionate to the contribution of each such member state to the budget of the United Nations and its specialized agencies.

(c) LIMITATION ON ASSESSED CONTRIBUTIONS. — No payment may be made for an assessed contribution to the United Nations or its specialized agencies in excess of 20 percent of the total annual budget of the United Nations or its specialized agencies (respectively) for the United States fiscal year 1987 and following years unless the United Nations and its specialized agencies have adopted the voting rights referred to in subsection (b)."

Mit seiner Forderung an die UN zielt der amerikanische Kongreß nicht mehr nur auf eine Konsolidierung des Finanzgebarens und Verbesserung des Managements in der Organisation, sondern auf eine Neugestaltung des Entscheidungsverfahrens über das UN-Budget. Die UN-Charta sieht für Haushaltsentscheidungen eine 2 / 3-Mehrheit der Generalversammlung auf der Grundlage der Stimmengleichheit der Mitglieder vor, während in denjenigen Organisationen, die — etwa durch Kreditvergabe — unmittelbar operativ tätig werden, das Entscheidungsverfahren in der Regel auf dem Prinzip der Stimmgewichtung basiert.[115] Dies gilt für die Organisationen der Weltbankgruppe und den Weltwährungsfonds (IWF) ebenso wie für die Satzung der — seinerzeit freilich nicht zustandegekommenen — International Trade Organization (ITO), für neuere Organisationen wie IFAD, UNIDO und andere. Das auf dem Prinzip „one State, one vote" basierende Entscheidungsverfahren der Generalversammlung hat — wie bereits dargelegt — dazu geführt, daß operative Programme der UN in aller Regel aus freiwilligen Fonds finanziert werden; hierbei wird den „Geber-Ländern" eine größere Kontrol-

---

Admission of „Palestine" as a Member of a Specialized Agency and Withholding the Payment of Assessments in Response, in: AJIL 84 (1990), 218-230.

114 99 Stat. 405 vom 16. August 1985, in: ILM 25 (1986), 27. Einzelheiten zur Entstehungsgeschichte bei *Galey* (Anm. 99).

115 Dazu *Klaus Dicke*, Deciding upon the Budget of the United Nations: A Comparison, in: *Rüdiger Wolfrum* (ed.), Law of the Sea at the Crossroads. A Continuing Search for a Universally Accepted Régime, Berlin 1991, 183-211 (198 ff.), m. w. N.

le über die Verwendung der zur Verfügung gestellten Mittel eingeräumt.[116] Trotz dieser Abkopplung operativer Programme vom regulären Haushalt der UN wurde in der Geschichte der Organisation von amerikanischer Seite immer wieder die Forderung nach einer Einführung des „weighted voting" in das Abstimmungsverfahren der Generalversammlung erhoben. Diese Forderung nunmehr durchzusetzen ist das operative Ziel des *Kassebaum*-Amendments.

Daß mit dem *Kassebaum*-Amendment gegen Normen des Völkerrechts verstoßen wurde, ist auch von amerikanischer Seite grundsätzlich nicht in Frage gestellt worden.[117] In der völkerrechtlichen Literatur hat es verschiedene Versuche gegeben, an sich völkerrechtwidrige Beitragszurückhaltungen juristisch zu rechtfertigen. Eine Argumentationslinie besagt dabei, daß die Praxis von Beitragszurückhaltungen einerseits und der Verzicht auf die Anwendung an sich vorgesehener Sanktionen gegen Staaten, die Beiträge zurückhalten, andererseits ein gewohnheitsrechtliches Beitragsverweigerungsrecht geschaffen haben.[118] Eine andere Argumentationslinie sieht in Beitragszurückhaltungen Repressalien, auf welche die Mitgliedstaaten im Falle völkerrechtswidriger Handlungen internationaler Organisationen insofern verwiesen seien, als ihnen andere Rechtswahrungsmöglichkeiten nicht zur Verfügung stünden. Dabei wird verschiedentlich auf die EG und die dort bestehende Klagemöglichkeit beim Europäischen Gerichtshof verwiesen.[119] Beide Argumentationen können indessen in bezug auf das *Kassebaum*-Amendment nicht überzeugen. Ein völkergewohnheitsrechtliches Recht auf Beitragsverweigerungen existiert nicht, wie nicht zuletzt das amerikanische Bekenntnis zur kollektiven Finanzierung internationaler Organisationen in der Finanzkrise von 1965 belegt.[120] Beitragszurückhaltungen werden von der ganz überwiegenden Zahl der Staaten und auch von den USA als grundsätzlich völkerrechtswidrig angesehen. Als Repressalie wird man Beitragszurückhaltungen nur unter — nicht zuletzt durch die IGH-Entscheidung von 1965[121] — sehr eingeschränkten Bedingungen immerhin in Betracht ziehen können. Zu diesen Bedingungen zählen neben dem Vorliegen einer rechtswidrigen Handlung insbesondere die Ausschöpfung völkerrechtskonformer Abhilfen und die Verhältnismäßigkeit der als Repressalie eingesetzten Maßnahme. Treffen jedoch diese engen Voraussetzungen schon in den meisten Fällen amerikanischer Beitragszurückhaltungen der Vergangenheit nicht zu, so gilt dies erst recht für das *Kassebaum*-Amendment. Denn weder

---

116 Dazu die oben (Anm. 11) genannte Literatur.

117 Vgl. insoweit UN-Botschafter *Walters*, zitiert bei *Nelson* (Anm. 113), 973; weitere Belege aus den parlamentarischen Beratungen des *Kassebaum*-Amendments bei *Zoller* (Anm. 111).

118 Vgl. *Franck* (Anm. 86), 259 und die von *Zoller* (Anm. 111), 615 f. vorgestellten (und zurückgewiesenen) Argumentationen.

119 Vgl. *Tomuschat* (Anm. 111), sowie die Diskussion im Anschluß an *Klein* (Anm. 111), 100 ff.

120 Vgl. insoweit *Zoller* (Anm. 111), 619.

121 Oben, Anm. 109.

reagieren die USA damit gezielt auf einen bestimmten Völkerrechtsbruch der UN, noch kann die Maßnahme als notwendig und verhältnismäßig angesehen werden, wie u. a. die ungewöhnlich deutliche Stellungnahme der EG-Staaten zeigt[122], zumal sie zu einem Zeitpunkt ergriffen wurde, da innerhalb der Organisation Reformmaßnahmen bereits eingeleitet waren.

Die Rechtfertigung der Beitragszurückhaltungen durch die USA war denn auch politischer, nicht juristischer Natur.[123] Der politische Zweck, die UN im Sinne amerikanischer Vorstellungen effizienter zu gestalten, heiligt danach das rechtswidrige Mittel der Beitragsverweigerung. Damit folgten die Vereinigten Staaten ein weiteres Mal einer Doktrin, die mit den Bedingungen der Möglichkeit eines Völkerrechts als Grundlage einer pluralistischen Staatengemeinschaft grundsätzlich nicht vereinbar ist.[124] So wird der Eindruck unabweisbar, daß die durch äußeren Druck, nicht aber auf dem Wege der dafür vorgesehenen innerorganisatorischen Verfahren angestrebte Änderung des Abstimmungsverfahrens letztlich allein auf eine Wiederherstellung des amerikanischen Einflusses auf die Organisation zielte, den die USA bis in die sechziger Jahre hinein ausgeübt haben.

Mit der 1985 eingeschlagenen Politik der Beitragsverweigerung stellten sich die Vereinigten Staaten aber auch politisch in einen Gegensatz zu ihrer im Charta-Ausschuß ausdrücklich formulierten Politik einer Fortentwicklung der Organisation durch konsensuale Integration.[125] Wie zuvor schon im Falle der ILO und UNESCO, wird die Effizienz der Organisation zur Chiffre einer auf amerikanischen Traditionen, Vorstellungen und Interessen beruhenden politischen Konzeption[126], an der die Wirklichkeit der UN insgesamt gemessen wird. Insoweit ist der Austritt aus der UNESCO konsequent gewesen und war als Warnung an die UN insgesamt zu verstehen.

---

[122] Memorandum to the United States Concerning the Financial Situation of the United Nations vom 14. März 1986, in: ILM 25 (1986), 482 f. („... the Twelve urge the U.S. Government to take the necessary steps to enable the United States to meet its international obligations ...").

[123] Vgl. die Stellungnahmen der Rechtsberater (sic!) des amerikanischen Justiz- und Außenministeriums vor der American Society of International Law vom 29. Mai 1986, in: ASIL Proceedings 1986. 12 ff.; ASIL Newsletter May / July 1986, 2 ff.

[124] Vgl. zu anderen Beispielen aus der Zeit der *Reagan*-Administration nur *Stuart S. Malawer,* Reagan's Law and Foreign Policy, 1981 - 1987: the „Reagan Corollary" of International Law, in: Harvard International Law Journal 21 (1988), 85 - 109.

[125] Dazu oben, S. 184 f.

[126] Vgl. den Rechtsberater des State Department (Anm. 123), 2 ff., der den Grundsatz „no taxation without representation" anführte. Das Unbehagen der Vereinigten Staaten richtet sich indessen nicht gegen das Fehlen, sondern gegen die auf Art. 2 Abs. 1 und Art. 17 der UN Charta beruhende *Form* der „representation", nämlich das Prinzip „one State, one vote". Auch hier stellt ein — durchaus zutreffendes — politisches Argument — daß nämlich die Mehrheitsentscheidungen über das Budget ohne Rücksicht auf politische „Mäßigung" getroffen werden — das Ansinnen, eine rechtliche Regelung derogieren zu können, ohne sich der hierfür bereitstehenden Verfahren, in diesem Fall Art. 108 und 109 der Charta, zu bedienen.

Stanley Hoffmann hat die darin zum Ausdruck kommende politische Strategie bereits Mitte der siebziger Jahre wie folgt gekennzeichnet: er sieht in ihr „the uselessness or ineffectiveness of America's traditional tool of problem solving: the apolitical pragmatism that stresses efficiency above all . . . and tries to fragment obstacles or to leave the hard core of divergence for the end. This works well only when the political and social values of the contenders are compatible . . . or else when . . . one of the actors enjoys so overwhelming a superiority that he can remodel his enemies according to his values and go pretty far in selecting the means . . ."[127] *Hoffmann* macht damit auf zwei konstante Faktoren der amerikanischen UN-Politik aufmerksam, die einen Grundkonsens in der Organisation solange sicherten, wie die USA auf eine Mehrheit in den UN rechnen konnten, die aber mit dem Wegfall dieser Mehrheit den Grundkonsens in der Organisation in Frage stellten:

1. „Effizienz" ist eine Chiffre für eine politische Einstellung zu internationalen Organisationen, die sich in Form einer Nutzen-Kosten-Analyse darstellt. Befürworter und Kritiker der Vereinten Nationen bedienen sich der gleichen Argumentationsweise: was haben die UN den USA gebracht bzw. nicht gebracht?[128] Von den sieben Kriterien, die Assistant Secretary for International Organization Affairs *Williamson* für die Beurteilung amerikanischer Mittelzuwendungen zu internationalen Organisationen anführt, lautet das erste Kriterium: „The level of direct benefit or substantive importance of the agency's work to the United States in political, strategic, or economic terms"; erst an letzter Stelle wird genannt „Organization performance in fulfillment of its chartered mission".[129] Bei dieser Rangordnung sind noch so berechtigte innerorganisatorische Effizienzforderungen mit dem nicht konsensfördernden Verdacht behaftet, ausschließlich oder doch maßgeblich das nationale Interesse der USA zum Inhalt zu haben.
2. Das nationale Interesse der Vereinigten Staaten im Blick auf die Vereinten Nationen artikuliert sich nicht in erster Linie in Form politischer Strategien, die in den einzelnen Organen und Untergliederungen der Organisation angesichts zu treffender Sachentscheidungen eingeschlagen werden sollen, sondern als Totalansatz, der von materiellen politischen und sozialen Ordnungsvorstellungen und „Werten" bestimmt wird. *William Buckley* hatte in diesem Sinne schon 1974 den wachsenden amerikanischen Unmut gegenüber den UN in die Formel gekleidet: „Obviously our country attaches importance to the

[127] *Stanley Hoffmann,* No Choices, No Illusions, in: Foreign Policy 25 (1976/77), 97-140 (123).

[128] Neben dem oben, S. 215 f. ausführlich vorgestellten Beispiel aus der UNESCO vgl. *Donald J. Puchala,* American Interests and the United Nations, in: Political Science Quarterly 97 (1982/83), 571-588 (572): „Do we get our money's worth from the United Nations? What has the world organization done for the United States lately?"

[129] *Richard S. Williamson,* UN Agencies and the Budget, in: Department of State Bulletin 88, No. 2133, April 1988, 81-85 (84).

values and ideals of the United Nations. The question is whether the United Nations attaches any importance to the values and ideals of the United States."[130] Diese Perspektive führt erstens dazu, daß die gerade auch in den achtziger Jahren sehr starken amerikanischen Verhandlungserfolge in den Vereinten Nationen übersehen werden.[131] Zweitens werden Pluralismus und Staatengleichheit als „Verfassungsgrundlage" der UN und damit auch als Voraussetzung eines Grundkonsenses in der Organisation zugunsten einer Symmetrie amerikanischer und internationaler Wert- und Ordnungsvorstellungen zurückgestellt.

In den Vereinigten Staaten ist seit Beginn der sechziger Jahre im Blick auf die Vereinten Nationen von den „changing United Nations" die Rede.[132] Die Außenpolitik der USA ist insofern seit den amerikanischen Plänen für eine Nachkriegsordnung nach dem Zweiten Weltkrieg konstant geblieben, als sie auch die sich wandelnde Weltorganisation politisch an Demokratie, Pluralismus und Menschenrechten und wirtschaftlich an liberalen Grundsätzen auszurichten sucht. Mit der auf amerikanische Initiative zurückgehenden Grundentscheidung für operative Tätigkeiten der Organisation auf der Grundlage von Art. 55 der Charta, mit dem Einführen planerischer Momente durch die erste Entwicklungsdekade, stärker aber noch mit der Einführung eines Programmhaushaltes und der seither nicht mehr verstummenden Forderung nach einer zentralen Finanz- und Projektkontrolle haben die Vereinigten Staaten maßgeblich mit dazu beigetragen, daß sich die UN — wie von *Hammarskjöld* gefordert[133] — insofern zu einem „lebendigen Mechanismus" weiterentwickeln konnten, als sie sich in sehr viel stärkerem Maße als der Völkerbund wirtschaftlichen und sozialen Fragen annahmen.

Mit dem Wandel der UN zu einer primär mit Entwicklungsfragen befaßten Organisation ändert sich indessen die Grundlage für eine amerikanische UN-Politik in mehrfacher Weise:

1. Der Wandel der Mehrheitsverhältnisse in der Organisation mit den geschilderten Folgen hat die nach dem Zweiten Weltkrieg ohne Zweifel vorhandene starke Identifizierung der amerikanischen Öffentlichkeit mit den Vereinten Nationen relativiert und zu Beginn der achtziger Jahre ins Gegenteil verkehrt.

2. Amerikanische Initiativen in den UN können sich nicht mehr durch Mehrheitsentscheidungen der Generalversammlung durchsetzen, sondern müssen

---

130 *William F. Buckley*, U.N. Journal: A Delegate's Odyssey, New York 1974, 58.

131 Vgl. dazu die beeindruckende Auflistung von *Puchala* (Anm. 128), 575 f., die ihn zu der Schlußfolgerung führt: „throughout its 35-year history, the organization's principles and most of its actions have been consistent with U.S. interests". Ähnlich *Cox* (Anm. 28), 70, 73. Vgl. auch *Franck*, Nation against Nation (Anm. 86), 248, der zusammenfassend betont: „playing from our strengths, we can still sporadically evoke the powerful coalition of democratic forces that once moved the organization."

132 Vgl. bereits die oben, Anm. 87 genannte Dokumentation.

133 Vgl. oben, S. 134.

durch langwierige Verhandlungen Erfolg suchen. Obgleich die USA zusammen mit Israel als einzige Staaten nicht einer Regionalgruppe angehören, sind solche Erfolge dennoch nicht ausgeblieben. Sie sind im Ergebnis vielleicht wirkungsvoller[134], sicher aber nicht annähernd so spektakulär wie etwa die „Uniting for Peace"-Resolution.

3. Die Tätigkeit der Organisation im Bereich des Art. 55 der Charta überschreitet den amerikanischen Ansatz einer funktional dezentralisierten Organisation in Richtung auf einen integrativen Ansatz, welcher der steigenden „Interdependenz" der Entwicklungsproblematik mit nahezu allen übrigen Sachaufgaben der UN Rechnung trägt. So hat z. B. der UNHCR in jüngster Zeit verstärkt darauf aufmerksam gemacht, daß er seine spezifische Sachaufgabe, die Flüchtlingshilfe, ohne ein entwicklungspolitisches Programm, welches die Ursachen von Flüchtlingsbewegungen insbesondere in Afrika zu beseitigen sucht, nicht länger sachgerecht wahrnehmen kann.[135]

4. Die Tätigkeit der UN hat sich auch insoweit geändert, als den Entscheidungen ihrer Willensbildungsorgane eine starke ordnungspolitische Komponente zugewachsen ist, die vor allem bei solchen Problemen hervortritt, die die Staatengemeinschaft als ganze betreffen. Diese ordnungspolitische Komponente läßt sich gerade auch bei technischen Fragen beobachten, wie etwa die Frequenzregelungen durch die ITU und die darum kreisenden Diskussionen und Verhandlungen belegen.[136]

Diese veränderten Voraussetzungen — darauf haben insbesondere *Cox, Puchala* und *Meagher*[137] aufmerksam gemacht — fordern gerade um der ordnungspolitischen Bedeutung der UN willen eine konzeptionell und strategisch andere UN-Politik, als die USA sie bis in die Mitte der sechziger Jahre verfolgen konnten. Es ist unbestreitbar, daß der partielle Rückzug der Vereinigten Staaten aus den UN und insbesondere die Beitragszurückhaltungen der Organisation Reformen aufgezwungen haben, die anders wohl nicht oder nicht in ähnlichem Ausmaß zustande gekommen wären, und deren Zustandekommen zu einer deutlich positiveren Einstellung der Vereinigten Staaten zur UN geführt hat. Es fragt sich

---

134 Vgl. die von *Franck*, Nation against Nation (Anm. 86), 248 ff. angeführten Beispiele (bakteriologische und chemische Waffen, Flüchtlingsproblem, „medical ethics", Totalitarismus, Religiöse Toleranz), in denen es jeweils gelang, Entscheidungen der Generalversammlung herbeizuführen, welche grundlegende Wertentscheidungen der Staatengemeinschaft verdeutlichten mit der Konsequenz, daß entgegenstehende Staatspraxis des Irak, Irans, der VR China, der Sowjetunion u. a. „kollektive Delegitimierung" erfuhren. Zum Konzept der „kollektiven Legitimierung" bzw. „Delegitimierung" vgl. *Inis L. Claude*, Collective Legitimization as a Political Function of the United Nations, in: IO 20 (1966), 367 - 379.

135 Dazu *Horst-Wolfram Kerll*, Flüchtlingsverwaltung oder Flüchtlingspolitik? Zur Notwendigkeit einer umfassenden Herangehensweise, in: VN 37 (1989), 155 - 161.

136 Dazu *Jost Delbrück*, Weltinformations- und Kommunikationsordnung, in: Handbuch Vereinte Nationen (Anm. 1), 1057 - 1072, m. w. N.

137 Oben, Anm. 28, 128 und 86.

jedoch nicht zuletzt wegen der angedrohten und zeitweilig praktizierten Bereitschaft der USA, die Mitwirkung in der UN zur Disposition zu stellen und Lösungen außerhalb der Weltorganisation zu suchen, ob dies zu einer wirklichen Stärkung der in der Charta niedergelegten Grundsätze einer Weltordnung oder nicht vielmehr zu einer mittel- und langfristigen Schwächung der amerikanischen Verhandlungsposition in der Organisation geführt hat.

3. Zusammenfassung

Die Politik der Entwicklungsländer hier und die Politik der USA dort verraten zwei deutlich voneinander unterschiedene Konzeptionen einer effektiven Weltorganisation. Das bis in die sechziger Jahre hinein verfolgte Konzept funktional dezentralisierter Organisation besonders zum Aufbau der technischen Hilfe wird von der wachsenden Mehrheit der Entwicklungsländer aufgegriffen und in zwei Schritten umgedeutet: In einem ersten Schritt wird die Einrichtung neuer Organe und Organisationseinheiten mit einem aus Art. 55 der Charta hergeleiteten Effektivitätsgebot gleichgesetzt. Frühe Versuche der Generalversammlung und des ECOSOC, das aus diesem Effektivitätsgebot resultierende Wachstum der Organisation durch Effizienzkriterien zu steuern, bleiben dabei unberücksichtigt. Organisatorisches Wachstum wird schließlich zum Selbstzweck. In einem zweiten Schritt wird das Effektivitätsgebot auf das Programm der „Neuen Weltwirtschaftsordnung" bezogen und findet in einer gesetzgeberische Kompetenzen beanspruchenden, mehrheitlich entscheidenden Generalversammlung institutionellen Ausdruck. Diese *aus „demokratischen" Grundsätzen hergeleitete Konzeption der Effektivität* ist der entscheidende Faktor, der zum bereits dargestellten Wachstum der Organisation beiträgt.

Sowohl das Wachstum der UN als auch die politische Praxis der Entwicklungsländer in der Organisation läßt mit Beginn der achtziger Jahre eine Konzeption der UN deutlich werden, die in der Sicherung der *Organisationseffizienz* den entscheidenden Faktor für die Effektivität der UN sieht. Im Kern dieser Konzeption stehen die funktionale Dezentralisierung der operativen Tätigkeiten auf der Grundlage freiwilliger Haushalte einerseits sowie ein integriertes Programmplanungs-, Budget- und Evaluierungsverfahren andererseits. Ein modernes Organisationsmanagement, finanzielle Konsolidierung und eine Beschränkung des Haushalts sollen das Wachstum der Organisation eindämmen, Auswüchse ineffizienter Strukturen beseitigen und die Tätigkeit der Organisation kontrollierbar gestalten. Träger dieses Konzepts sind die USA und andere westliche Industriestaaten, in Teilen aber auch die Sowjetunion und andere Staaten der osteuropäischen Gruppe.

Diese beiden Konzeptionen führen zu einem paradoxen Ergebnis: einerseits stärken sie sich gegenseitig, andererseits aber schließen sie sich aus. Sie stärken sich gegenseitig insofern, als sowohl das auf Wachstum zielende Effektivitätsgebot als auch die Forderung nach zentraler Effizienzkontrolle die Generalversammlung als zentrale Steuerungsinstanz des UN-Systems ins Spiel bringen. Diametral entgegengesetzt sind sie aber insofern, als der Generalversammlung — und anderen zwischenstaatlichen Entscheidungsorganen — nach der ersten Konzeption ein „demokratisches", nach der zweiten Konzeption aber ein „ständisches", nämlich nach finanziellen Beiträgen gestaffeltes, Entscheidungsverfahren zugeschrieben wird. Dieser Konflikt ist es, der zu Beginn der achtziger Jahre ausbricht. Die Reformen nach 1985 sind im folgenden daraufhin zu untersuchen, ob sie das Dilemma, in welches die Konzeptionen Effektivität durch Wachstum hier und Effektivität durch Organisationseffizienz dort führten, überwinden konnten und können.

§ 8 Strukturelle Effektivitäts- und Effizienzprobleme im UN-System: Koordination und Kontrolle

Eine der wichtigsten politischen Funktionen der Topoi „Effizienz" bzw. „Effektivität" der UN besteht darin, Defizite und strukturelle Fehlentwicklungen zu identifizieren, die umfassende Reformmaßnahmen erfordern. Dies gilt in besonderem Maße für zwei strukturelle Effizienz- und Effektivitätsprobleme, die in der Reformgeschichte der UN, soweit sie bislang nachgezeichnet wurde, immer wieder angesprochen und von den verschiedenen Akteuren des UN-Systems in den Mittelpunkt ihrer Beurteilung gestellt wurden: das Problem der Koordination und dasjenige der Effizienzkontrolle und Evaluierung. Die Topoi „Effizienz" und „Effektivität" beleuchten diese beiden strukturellen Probleme bzw. Problembereiche in mehrfacher Hinsicht: erstens werden die zur Koordination und Kontrolle zur Verfügung stehenden Instrumente bzw. deren Handhabung weithin als ineffektiv beurteilt; insofern wird immer wieder auf die Notwendigkeit ihrer Reform und Ergänzung sowie der Schaffung neuer Instrumente hingewiesen. Zweitens werden die Effizienz und Effektivität der Organisation i. S. einer von allen Mitgliedstaaten als befriedigend empfundenen Aufgabenerfüllung als u. a. davon abhängig betrachtet, inwieweit es gelingt, die Koordination und Kontrolle im System zu stärken.[1] Drittens handelt es sich bei der Koordination hier und der Kontrolle dort um miteinander verschränkte Probleme effizienter und effektiver Verwaltung, die in Verwaltungs- und Organisationslehren einen hohen Stellenwert einnehmen. Über die Einführung moderner Managementmethoden in die Administration internationaler Organisationen[2] enthalten diese eine unmittelbare

---

1 Stellvertretend für unzählige Belege sei die Stellungnahme des Vorsitzenden des CPC angeführt: „To ensure the effectiveness of action on the national, regional and global levels, it was necessary for Member States and organizations of the United Nations system to strengthen co-ordination", UN Doc. E/1990/4 vom 16. November 1989, Ziff. 25.

Praxisrelevanz. Viertens schließlich werden sich nach dem Ergebnis der bisherigen Untersuchung auch die in bezug auf Koordination und Kontrolle vorgeschlagenen Reformstrategien und -maßnahmen danach unterscheiden lassen, ob und in welchem Sinne der Effizienz oder aber der Effektivität der Organisation Vorrang eingeräumt wird. Unter diesen Aspekten sind im folgenden zunächst die beiden genannten Strukturprobleme der Koordination und Kontrolle sowie die institutionellen Lösungsansätze bis Mitte der achtziger Jahre näher zu untersuchen. Unter „Kontrolle" wird dabei sowohl die Effizienzkontrolle durch Rechnungsprüfung, Managementkontrolle u. a. als auch die Effektivitätskontrolle durch Evaluierung verstanden.

1. Koordination als Effektivitätsproblem des UN-Systems

Die Entwicklung des UN-Systems wurde bislang weitgehend unter dem Aspekt seiner Differenzierung und seines Wachstums dargestellt. Zugleich wurde dabei immer wieder auf die Forderung einer verbesserten Koordination im UN-System hingewiesen. In der Organisationslehre stellen Differenzierung und Koordination zwei analytische Aspekte des organisatorischen Gestaltens dar, die sich gegenseitig bedingen.[3] In den folgenden beiden Abschnitten ist zu untersuchen, inwieweit es den Vereinten Nationen gelungen ist, den vielfältigen Differenzierungen des Systems angemessene Koordinations- und Kontrollmechanismen zur Seite zu stellen, dadurch die Ziele des Gesamtsystems in den Aktivitäten der verschiedensten Untergliederungen zu wahren und damit letztlich den Anspruch einer einheitlich und i. S. optimaler Aufgabenerfüllung effektiv handelnden Organisation — eben eines „UN-*Systems*" — einzulösen.

Zunächst ist der Begriff der Koordination von dem der Kontrolle zu unterscheiden. Beides sind organisatorische und politische Begriffe zugleich. Sie unterscheiden sich jedoch darin, daß Koordination gestalterische und planerische Aspekte aufweist und ex ante vorgenommen wird, während Kontrolle auf die Beschaffung von Information über die Implementierung von Programmen und für eine bessere Gestaltung in der Zukunft zielt und ex post durchgeführt wird. Auch hinsichtlich der Mittel unterscheidet sich die Koordination von der Kontrolle insofern, als Koordination mittels Zielvorgaben die Steuerung des Organisationsganzen und Kontrolle mittels Untersuchung eine Überprüfung der technischen Durchführung bzw. des Erfolges von einzelnen Maßnahmen, Projekten, Systemeinheiten oder Tätigkeitsbereichen anzielt.

---

[2] *Yves Beigbeder,* Management Problems in United Nations Organizations. Reform or Decline?, London 1987; *Maurice Bertrand,* Planification, programmation, budgétisation e l'evaluation a l'ONU, in: AFDI 32 (1986), 401-425; *Werner J. Feld / Robert S. Jordan,* International Organizations. A Comparative Approach, New York 1983, 85 ff.

[3] Vgl. *Wilhelm Hill / Raymond Fehlbaum / Peter Ulrich,* Organisationslehre 1. Ziele, Instrumente und Bedingungen der Organisation sozialer Systeme, Bern-Stuttgart, 3. Aufl. 1981, 28.

Die Generalversammlung hat schon sehr früh den Mitgliedstaaten das aus der dezentralen Struktur des UN-Systems[4] sich ergebende Koordinationsproblem vor Augen gehalten. Auf ihrer zweiten Tagung stellt sie in einer Resolution fest:

> „... it is essential, in order to prevent overlapping of activities and duplication of effort, to develop more effective coordination in the economic and social fields among the organs of the United Nations, among the United Nations and the specialized agencies, and among the specialized agencies themselves, and to provide means for the relative urgency and importance of projects."[5]

Bereits in dieser Aussage wird das Koordinationsproblem als zentraler Faktor für die Effizienz der Organisation erkannt. Kriterien der Effizienz sind dabei die Vermeidung von Überschneidungen und Verdoppelung von Tätigkeit — damit implizit auch sparsamer Umgang mit Ressourcen — einerseits und die relative Dringlichkeit von Projekten andererseits. Die Entwicklung und Ausgestaltung dieser Kriterien ist eine erste Frage, der im folgenden nachgegangen werden soll. Weiterhin wird in der zitierten Aussage der Generalversammlung erkannt, daß sich Koordinationsprobleme auf einer Vielzahl von Ebenen stellen, das Koordinationsproblem im UN-System also keinesfalls eindimensional zu begreifen und zu lösen ist. Ob und wie sich die unterschiedlichen Koordinationsmechanismen auf den verschiedenen Ebenen bewährt haben und wie sie ineinandergreifen, ist die zweite näher zu untersuchende Frage. Um der Komplexität des Problems gerecht zu werden, aber auch um die einer wirksamen Koordination entgegenwirkenden Faktoren zu bestimmen, sind zunächst die verschiedenen Ebenen darzustellen, auf denen sich Koordinationsaufgaben stellen.

a) Die verschiedenen Ebenen des Koordinationsproblems

Um eine Differenzierung verschiedener Koordinationsebenen im UN-System vornehmen zu können, bieten sich verschiedene Ansätze an. Es wäre etwa ein prozeßorientierter Ansatz der Politikformulierung und Implementierung im UN-System denkbar, der das Handeln der UN idealtypisch in verschiedene Prozeßphasen aufgliedern und nach den Koordinationsleistungen in diesen einzelnen Phasen fragen würde. Die Empfehlungen der Reformresolution 32 / 197 vom 20. Dezember 1977 oder die rationale Durchplanung des politischen Gestaltungsprozesses in bezug auf Wissenschaft und Technologie für Entwicklung[6] etwa legen einen

---

[4] Dazu insgesamt *Klaus Dicke*, Dezentralisierung, in: *Rüdiger Wolfrum* (Hrsg.), Handbuch Vereinte Nationen, 2. Aufl. München 1991, 77-85; *Klaus Hüfner*, UN-System, a. a. O., 966-973; *Mahdi Elmandjra*, The United Nations System: An Analysis, London 1973; *Evan Luard*, International Agencies: The Emerging Framework of Interdependence, New York 1977, 264 ff.; *Peter A. Köhler*, Sozialpolitische und sozialrechtliche Aktivitäten in den Vereinten Nationen, Baden-Baden 1987, 514 ff. und — kritisch in bezug auf das Vorliegen von Koordinationserfordernissen überhaupt sowie den „System"-Anspruch der UN — *Robert McLaren*, The UN system and its quixotic quest for coordination, in: IO 34 (1980), 139-148.

[5] GA Res. 125 (II) vom 20. November 1947.

solchen Ansatz insofern nahe, als sie einen zentralen Prozeß der Planung, Programmierung und Kontrolle bei dezentraler Durchführung postulieren. In der Tat stellen sich Koordinationsprobleme im gesamten Prozeß der Politikgestaltung im UN-System von der Initiative und Planung über die Entscheidung und Finanzierung bis hin zur Durchführung und Kontrolle. Die Abstimmung von Initiativen etwa in der Gruppe der 77 oder der zwölf EU-Staaten, die Planung der Entwicklungstätigkeit der Organisation durch das Instrument der Entwicklungsdekaden, die Entscheidungsverfahren der „parlamentarischen Diplomatie" in den Organen und Ausschüssen des UN-Systems, besonders bei den Finanzierungsverhandlungen unter dem Tagesordnungspunkt „operational activities for development", sowie schließlich die Durchführung technischer Hilfe unter Federführung des UNDP und die sektorübergreifenden Evaluierungen des CPC sind Beispiele für solche funktionalen Koordinationsleistungen im UN-System, wie sie bei operativen Tätigkeiten der Organisation erforderlich sind. Auf sie ist im einzelnen noch zurückzukommen.

Ein solcher prozeßorientierter Ansatz würde indesssen voraussetzen, was erst Ergebnis effektiver Koordinationsmechanismen sein kann: daß es ein einheitlich handelndes UN-System überhaupt gibt.[7] Dagegen scheint schon die Tatsache zu sprechen, daß die UN aus 184 souveränen Mitgliedstaaten gebildet wird und sich organisatorisch aus der UNO und zahlreichen autonomen Organisationen in der UNO sowie aus 16 sehr auf ihre Autonomie bedachten Sonderorganisationen zusammensetzt. Das UN-„System" entbehrt sowohl eines für alle Untergliederungen verbindliche Entscheidungen treffenden Organs als auch einer hierarchischen administrativen Organisationsstruktur. Daher scheint es angemessener, zur Unterscheidung relevanter Koordinationsebenen zunächst bei den im UN-System entscheidenden und handelnden Akteuren anzusetzen.

Auf dieser Grundlage hat *Elmandjra* eine Unterscheidung in vier Koordinationsebenen vorgeschlagen[8], der im folgenden in leicht modifizierter Form gefolgt werden soll. Koordinationsbedarf und Koordinationsleistungen sind danach auf folgenden Ebenen zu analysieren: 1. der Ebene nationalstaatlicher Organisation der UN-Politik; 2. der Ebene politischer Koordination zwischen den Mitgliedstaaten; 3. der Ebene des UN-Sekretariates und 4. der Ebene des Zusammenwirkens zwischen UNO und den Sonderorganisationen.

aa) Die Ebene nationalstaatlicher Koordination der UN-Politik

Schon der *Bruce*-Bericht hatte die Mitgliedstaaten des Völkerbundes zu einer stärkeren Koordination ihrer nationalen Politik in internationalen Organisationen

---

6 Dazu oben, S. 210 ff.

7 Entgegen aller Rhetorik wird eben dies betritten von *McLaren* (Anm. 4), 143.

8 *Elmandjra* (Anm. 4), 124 - 128 mit Schaubild 10 (125). Vgl. auch *Donald J. Puchala / Roger A. Coate,* The Challenge of Relevance: The United Nations in a Changing World Environment, Hanover 1989, 83 ff.

aufgerufen und sie aufgefordert, die Tätigkeiten des Völkerbundes der politischen Öffentlichkeit in stärkerem Ausmaße bekannt zu machen. Ähnliche Hinweise finden sich in den Jahresberichten der UN-Generalsekretäre sowie in zahlreichen Initiativen der Generalversammlung.[9] Diese auf stärkere nationale Koordination zielenden Appelle mögen zunächst insofern verwundern, als doch dem ersten Anschein nach die Mitwirkung der Staaten in internationalen Organisationen in aller Regel in den Kompetenzbereich eines einzigen Organs, des Außenministeriums, fällt[10] und somit zentral organisiert ist. Doch ist bereits innerhalb der Außenministerien zwischen der diplomatischen Vertretung bei internationalen Organisationen und der Zentrale zu unterscheiden: während die diplomatischen Vertretungen in unmittelbarer Nähe zu den Entscheidungsprozessen der betreffenden Organisation operieren, ist die Zentrale innerstaatlichen Willensbildungsprozessen sehr viel stärker ausgesetzt.[11]

Für die Gestaltung der auswärtigen Beziehungen läßt sich im 20. Jahrhundert allgemein eine Verschiebung vom diplomatischen Corps auf die Administration beobachten. Damit ist auch der Ansatzpunkt für den eigentlichen Koordinationsbedarf auf nationalstaatlicher Ebene gegeben: innerhalb der Regierung sind es immer mehr Fachressorts und innerhalb dieser immer mehr Abteilungen, welche im Rahmen ihrer Aufgabenerfüllung mit internationalen Organisationen zusammenarbeiten müssen, wobei die koordinierende Aufgabe und Funktion der Außenministerien zunehmend schwieriger wird. Dies hat auch Auswirkungen auf die diplomatische Vertretung bei den Vereinten Nationen in Genf und New York, da das Finanzministerium, das Wirtschaftsministerium, das Ministerium für zwischenstaatliche Zusammenarbeit, neuerdings auch das Ministerium für Umweltschutz u. a. eigene Fachvertreter in die ständigen Vertretungen entsenden.[12]

Koordinationsbedarf auf nationalstaatlicher Ebene entsteht weiterhin, weil die Anzahl der internationalen Organisationen und Organe, in denen die Staaten präsent sein müssen, ständig zugenommen hat.[13] Dabei wirken zwei Faktoren

---

[9] Vgl. *Elmandjra* (Anm. 4), 126 f. Zum Völkerbund oben, S. 71 ff.

[10] So etwa nach § 11 der Geschäftsordnung der Bundesregierung. Zum ganzen *Georg Dahm / Jost Delbrück / Rüdiger Wolfrum,* Völkerrecht I / 1, Berlin-New York 1989, §§ 41, 30; hier S. 257.

[11] Mit guten Gründen hat die Bundesregierung daher den Vorschlag, den UN-Botschafter in den Rang eines Staatsministers zu erheben, abgelehnt. Vgl. BT Drs. 11 / 3963 vom 9. Februar 1989, 4.

[12] Zu entsprechenden Entwicklungen in den Vereinigten Staaten und zur Koordination ihrer UN-Politik durch das Bureau of International Organization Affairs im State Department siehe *Robert E. Riggs / Jack C. Plano,* The United Nations. International Organization and World Politics, Chicago 1988, 65 ff. Für Frankreich vgl. *Gérard Cohen Jonathan,* L'état face a la proliferation des organisations internationales, in: *Societé Francaise pour le Droit international* (Hrsg.), Les organisations internationales contemporaines, Paris 1988, 177-203 (185 ff., 190 ff.); für Indien *K. P. Saksena,* Reforming the United Nations. The Challenge of Relevance, New Delhi et al. 1993, 213 ff. — Vergleichende empirische Studien zur Organisation der UN-Politik fehlen, soweit ersichtlich.

einer einheitlichen Politik in internationalen Organisationen entgegen: zum einen erschwert das Rotationsprinzip in den diplomatischen Diensten die Entstehung eines institutionellen Gedächtnisses, welches zur Kohärenz und Kontinuität der nationalen UN-Politik wie auch der Politik eines multilateralen Organs beitragen könnte.[14] Zum andern können bei der gleichen Sachfrage in verschiedenen internationalen Organisationen unterschiedliche Positionen oder auch divergierende Ressortinteressen zum Tragen kommen.[15] Hinzu kommt, daß in der multilateralen Diplomatie[16] die Wahrung nationaler Interessen der besonderen Rahmenbedingung unterliegt, daß diese bei Anwesenheit aller Verhandlungspartner artikuliert werden und sich nach verschiedenen Seiten kompromißfähig darstellen müssen. Dies wird durch das inzwischen in allen UN-Untergliederungen gebräuchliche Konsens-Verfahren verstärkt, da dieses Verfahren auch zeitlich flexible Kompromißbereitschaft fordert und ein Kompromiß im UNDP dem gleichzeitig vom gleichen Staat in der UNIDO eingegangenen Kompromiß u. U. entgegengesetzt sein kann.[17]

Ein dritter Aspekt nationalstaatlicher Koordination ist darin zu sehen, daß die „outputs" internationaler Organisationen der Aufnahme und Umsetzung in die nationale Politik bedürfen. Zur Aufnahme von „outputs" zählt für alle Mitgliedstaaten die Befolgung bindender Entscheidungen etwa des Sicherheitsrates oder anderer mit supranationalen Kompetenzen ausgestatteter Organe bzw. Organisationen[18] sowie die Berücksichtigung empfehlender Resolutionen internationaler

---

13 Die Bundesrepublik Deutschland ist Mitglied in ca. 160 internationalen Organisationen. Eigene Erhebungen aus: Fundstellennachweis B, BGBl. II 1989, Nr. 1a, 13. Januar 1989.

14 Hier gibt es jedoch deutliche Unterschiede zwischen den einzelnen Staaten: So hatte sich etwa bei sowjetischen Diplomaten durchaus ein solches „institutionelles Gedächtnis" herausgebildet, was darauf zurückzuführen war, daß multilateral eingesetzte sowjetische Diplomaten — anders als in den meisten westlichen Staaten — ausschließlich auch im multilateralen Bereich rotierten.

15 Ein Beispiel aus der jüngeren Vergangenheit ist etwa die Frage des Verwaltungsanteils von UNDP-Mitteln bei solchen Projekten, die von Sonderorganisationen durchgeführt werden. Bei der Frage, ob der Satz von 13% Verwaltungskostenanteil der UNDP-Mittel angehoben werden solle, nahmen Vertreter derselben Regierung im UNDP-Verwaltungsrat eine ablehnende, in Sonderorganisationen jedoch eine befürwortende Haltung ein. Interview in Genf, 13. September 1989. Die Bundesregierung hatte für diese Frage durch interministerielle Absprachen im Frühjahr 1990 eine einheitliche Haltung herbeigeführt (Mitteilung eines Beamten des BMZ, Berlin 11. November 1990). Andere Beispiele bei *Puchala / Coate* (Anm. 8), 86; *Cohen Jonathan* (Anm. 12), 197 ff.

16 Dazu *Jost Delbrück*, Politische Instrumente zur Beeinflussung von Regierungen: Diplomatie, Völkerrecht und Internationale Organisationen, in: *Gerhard Fels / Reiner K. Huber / Werner Kaltefleiter / Rolf F. Pauls / Franz-Joseph Schulze* (Hrsg.), Strategie-Handbuch Bd. 1, Herford-Bonn 1990, 113 - 132 (119, 127).

17 Vgl. *Puchala / Coate* (Anm. 8), 87.

18 Dazu *Peter Roesgen*, Rechtsetzungsakte der Vereinten Nationen und ihrer Sonderorganisationen. Bestandsaufnahme und Vollzug in der Bundesrepublik Deutschland, Bonn 1985.

Organisationen, die zwar nicht rechtsverbindlich sind, jedoch bona fide aufgenommen werden müssen.[19] Von besonderer Bedeutung ist die Aufnahme von „outputs“ für solche Staaten, die von seiten der Vereinten Nationen — oder anderer internationaler Organisationen — technische Hilfe in Anspruch nehmen. Hier bedarf es einer Einbindung einzelner multilateraler Projekte in die Gesamtplanung der nationalen Fachressorts bzw. die Entwicklungsplanung der nationalen Regierung.[20]

Die Koordination auf dieser nationalstaatlichen Ebene wird ausschließlich nach nationalem Recht geregelt. Dies bedeutet, daß sie von den verschiedenen Modalitäten der innerstaatlichen Willensbildung maßgeblich mitgeprägt wird. So resultiert etwa die vergleichsweise hohe Intensität, in der sich der amerikanische Kongreß mit internationalen Organisationen allgemein und den Vereinten Nationen speziell befaßt[21], u. a. aus den Modalitäten der amerikanischen Budgetbewilligung. In der Bundesrepublik Deutschland hat sich das Parlament hingegen lange Zeit damit abgefunden, daß der maßgebliche Einfluß auf die Gestaltung der Politik in internationalen Organisationen bei der Regierung liegt. Erst nachdem die Einschränkungen der nationalen Politik durch zunehmenden Einfluß internationaler Organisationen unübersehbar geworden sind[22], hat sich auch der Deutsche Bundestag verstärkt mit internationalen Organisationen befaßt. 1988 etwa richtete die SPD-Fraktion eine große Anfrage an die Bundesregierung über „Aktivitäten der Bundesrepublik Deutschland in den Vereinten Nationen“.[23] Erst in seiner 12. Legislaturperiode hat der Deutsche Bundestag einen Unterausschuß des Auswärtigen Ausschusses geschaffen, der sich mit der Politik in den Vereinten Nationen befaßt. Die Bundesregierung hatte bereits 1988 einen wissenschaftlichen UN-politischen Beirat beim Auswärtigen Amt ins Leben gerufen.

---

19 Vgl. dazu den engagierten Beitrag von *Philip Kunig,* Deutsches Verwaltungshandeln und Empfehlungen internationaler Organisationen, in: Fs. Karl Doehring, Heidelberg 1989, 529-551.

20 *Elmandjra* (Anm. 4), 124. Vgl. auch am Beispiel des Mekong-Projekts *Detlev Christian Dicke,* Die administrative Organisation der Entwicklungshilfe durch die Vereinten Nationen, Frankfurt 1972, 11, 76 ff.

21 Vgl. oben, S. 218.

22 Dazu allgemein *Ulrich Scheuner,* Die internationalen Probleme der Gegenwart und die nationale Entscheidungsstruktur, in: *Wilhelm Hennis / Peter Graf Kielmansegg / Ulrich Matz* (Hrsg.), Regierbarkeit. Studien zu ihrer Problematisierung 1, Stuttgart 1977, 255-295; *Jost Delbrück,* Internationale und nationale Verwaltung. Inhaltliche und institutionelle Aspekte, in: *G. A. Jeserich / Hans Pohl / Georg Christoph von Unruh* (Hrsg.), Deutsche Verwaltungsgeschichte V, Stuttgart 1986, 386-403.

23 BT Drs. 11 / 2427; Antwort der Bundesregierung BT Drs. 11 / 3963 vom 9. Februar 1989. Zum Ganzen jetzt *Klaus Hüfner,* Deutsche UN-Politik im Bundestag, in: DGVN (Hrsg.), 20 Jahre deutsche Mitgliedschaft in den Vereinten Nationen auf dem Prüfstand, Bonn 1994, 37-47.

bb) Die Koordination zwischen den Mitgliedstaaten

In allen internationalen Organisationen hat sich ein der Souveränität der Staaten Rechnung tragendes Entscheidungsverfahren durchgesetzt; funktionale und repräsentative Komponenten der Entscheidungsfindung haben sich dagegen in internationalen Organisationen nur sehr bedingt herausbilden können. Einmal wurde die Beteiligung und der Einfluß von Experten in den politischen Entscheidungsgremien in den Hintergrund gedrängt. Nur wenige Expertenausschüsse haben eigene Entscheidungskompetenzen. Zwar werden zu Beratungszwecken durchaus nicht wenige Expertengremien eingesetzt, doch nur relativ selten werden von Experten vorbereitete Empfehlungen unmittelbar auch in Entscheidungen umgesetzt.[24] Ausnahmen sind neben den Expertenausschüssen zur Überwachung von Menschenrechtskonventionen[25] die Expertengremien der 25[26] bzw. der 18[27] im Reformprozeß sowie mit Einschränkungen der Fünfte Hauptausschuß der Generalversammlung und in dessen Rahmen das ACABQ bzw. der sechste Hauptausschuß und die ILC. Beim Wirtschafts- und Sozialrat konnte sich — wie dargelegt — eine Besetzung durch Vertreter der Fachressorts für Wirtschaft und Soziales gegen eine diplomatische Vertretung nicht durchsetzen.

Auch für das Fehlen repräsentativer Momente ist der ECOSOC ein Beispiel: die Erhöhung seiner Mitglieder auf 54 ist ein Indiz für die durchgehend zu beobachtende fehlende Bereitschaft der Staaten, sich durch andere Staaten in Organen mitvertreten zu lassen. So hat sich die geographische Gruppierung der Staaten im UN-System lediglich als Instrument proportionaler Stellenverteilung, nicht aber als Kern einer auf Regionalgruppen bezogenen repräsentativen Willensbildungsstruktur in den UN entwickelt. Auch in den Diskussionen um eine Änderung der Zusammensetzung des Sicherheitsrates wurden Gesichtspunkte etwa einer regionalen Repräsentation bisher von den ständigen Mitgliedern jedenfalls nicht aufgegriffen.

Soll es jedoch in den zahlreichen zwischenstaatlichen Organen und Gremien der UN bei einem vertretbaren Verhandlungsaufwand zu mehrheitlich oder konsensual gefaßten Entscheidungen kommen, ist eine Abstimmung der politischen Einstellungen und Präferenzen der 184 Mitgliedstaaten unerläßlich. Eine solche

---

[24] Vgl. *Beigbeder* (Anm. 2), 45 ff. Vgl. dagegen zum weitverbreiteten Einsatz von Experten bei der Durchführung operativer Programme *Hari Mohan Mathur*, Experts of the United Nations in Third World Development: A View from Asia, in: *David Pitt / Thomas G. Weiss* (eds.), The Nature of United Nations Bureaucracies, London-Sydney 1986, 165 - 186. Einen Überblick über die 28 Expertengremien des UN-Systems (Stand: 1986) gibt UN Doc. E / AC.51 / 1986 / 6 vom 13. März 1986.

[25] Dazu der Bericht von *Philip Alston,* Effective Implementation of International Instruments on Human Rights, Including Reporting Obligations under International Instruments on Human Rights, UN Doc. A / 44 / 668 vom 8. November 1989, 11 ff.

[26] Oben, S. 177 f.

[27] Unten, S. 285 ff.

Abstimmung bedarf der Vorstrukturierung bereits im Vorfeld der Sitzungen einzelner Organe und Gremien, die grundsätzlich auf zweifache Weise möglich ist: einmal durch das Aushandeln gemeinsamer Positionen durch einzelne Gruppen von Staaten im Vorfeld der Entscheidungsfindung, und zum anderen durch die Vorlage etwa von Sekretariatsberichten in Entscheidungsgremien, die auf Konsens zielende Vorschläge unterbreiten, sachlich begründen und dadurch entscheidungsvorbereitend wirken. Mit *Taylor* kann man insofern zwischen Harmonisierung und Koordination unterscheiden.[28]

Der entscheidende Faktor für die *Harmonisierung* in dem genannten Sinne ist die zwischenstaatliche Gruppenbildung.[29] Über die Jahre hinweg hat sich in den Untergliederungen des UN-Systems und insbesondere in der Generalversammlung eine konstante Gruppenzusammenarbeit folgender Staatengruppierungen ergeben: Die wichtigste und auffälligste dieser Gruppen ist die „G 77", auf deren Zusammenwirken in allen Bereichen des UN-Systems bereits verschiedentlich hingewiesen wurde.[30] Zum Teil sich mit der G 77 überlappend und ebenso einflußreich ist die Bewegung der Blockfreien.[31] Eine dritte wichtige Gruppe bilden die EG / EU-Staaten[32], die seit Inkrafttreten der Einheitlichen Akte verpflichtet sind, in internationalen Organisationen „auf die Annahme gemeinsamer Standpunkte" hinzuarbeiten.[33] Diese Gruppen nehmen Abstimmungen in zahlreichen Sitzungen[34] vor und während der Sitzungsperiode der Generalversammlung und anderer Organe vor.

---

28 *Paul Taylor,* Co-ordination in international organization, in: *A. J. R. Groom / Paul Taylor* (eds.), Frameworks for International Co-operation, London 1990, 29-43 (41).

29 *Sabine von Bennigsen,* Block- und Gruppenbildung, in: Handbuch Vereinte Nationen (Anm. 4), 62-71, m. w. N.

30 Zur internen Organisation der G 77 vgl. *Klaus Hüfner,* Die Vereinten Nationen als Forum der Dritten Welt, in: PVS-Sonderheft 16 (1985), 349-361 (359).

31 Dazu *M. S. Rajan / V. S. Mani / C. S. R. Murthy* (eds.), The Nonaligned and the United Nations, New York 1987; *Sally Morphet,* The Non-Aligned in ‚the New World Order': The Jakarta Summit, September 1992, in: International Relations 11 (1993), 353-380.

32 *Klaus Dieter Stadler,* Die Zusammenarbeit der Zwölf in der Generalversammlung der Vereinten Nationen in den achtziger Jahren, in: EA 43 (1988), 181-190; *ders.,* Die Europäische Gemeinschaft in den Vereinten Nationen. Die Rolle der EG in Entscheidungsprozessen der UN-Hauptorgane am Beispiel der Generalversammlung, Baden-Baden 1991; *Ingolf Pernice,* Die EG als Mitglied der Organisationen im System der Vereinten Nationen, in: ER 3 / 1991, 273-281.

33 Art. 30 Ziff. 7 (a) der Einheitlichen Europäischen Akte vom 28. Februar 1986, der insoweit eine langjährige, im Rahmen der Europäischen Politischen Zusammenarbeit geübte Praxis der EG-Staaten festschreibt. Vgl. auch BT Drs. 11 / 3963 vom 9. Februar 1989, 5, mit dem zutreffenden Hinweis, daß Gemeinschaftspositionen, da sie in aller Regel bereits einen Kompromiß darstellen, als Verhandlungsgrundlage häufiger akzeptabler sind als die Positionen einzelner Staaten.

34 Für die EG nennt *Stadler,* Die Zusammenarbeit (Anm. 32), 182, 190 folgende Zahlen: 1980: 176 Arbeitssitzungen, 1981: 245; 1983: 208; 1984: 273; 1985: 258. Die Ständigen Vertreter der EG-Staaten konferieren wöchentlich.

Eine weitere wichtige Gruppe bildeten bis Ende der 80er Jahre die sozialistischen Staaten Osteuropas, deren Abstimmungsverhalten jedoch schon auf der 44. Generalversammlung deutliche Auflösungstendenzen verriet. Ähnlich der EG / EU nehmen auch die im Nordischen Rat versammelten Staaten eine weitgehende Abstimmung ihrer UN-Politik vor; dies schlägt sich nicht selten in skandinavischen Initiativen nieder. Die vermittelnde Position, welche die skandinavischen Staaten oft einzunehmen vermochten, dürfte sich jedoch nach dem Ende des Ost-West-Gegensatzes und der Aufnahme Schwedens, Norwegens (und Österreichs) in die EU abschwächen. Für innerorganisatorische und Budget-Fragen schließlich ist auf die Abstimmung der wichtigsten Beitragszahler der Sonderorganisationen im Rahmen der sog. „Genfer Gruppe" hinzuweisen.[35]

Die Harmonisierung im Rahmen dieser Gruppen schlägt sich in aller Regel in gemeinsam getragenen Initiativen, in gemeinsam ausgearbeiteten Resolutionsentwürfen oder Arbeitspapieren nieder, die in den Verhandlungsprozeß einzelner Organe oder Ausschüsse eingebracht werden. Dabei fungiert meist ein Staat als Sponsor, dem sich weitere Staaten anschließen können. Im Falle der G 77 und der EU trägt der jeweils die Präsidentschaft innehabende Staat in Generaldebatten die gemeinsame Position vor, ohne daß freilich andere Mitglieder der Gruppen auf eigene Debattenbeiträge verzichten würden. So wird ihnen trotz der Einbindung in eine Gruppe ermöglicht, den eigenen Standpunkt und das eigene „Profil" zur Geltung bringen zu können. Eine Art „Fraktionszwang" wird nicht ausgeübt.[36]

Eine zweite, wenn auch schwer im einzelnen nachweisbare, Harmonisierung politischer Präferenzen ergibt sich aufgrund der Ausstrahlung von Abstimmungen im Rahmen internationaler Organisationen oder Staatenkonferenzen außerhalb der UN. Hier ist vor allem auf den Einfluß der Organisation für Afrikanische Einheit (OAU), der Arabischen Liga und der OECD hinzuweisen. Während im Falle der beiden erstgenannten Organisationen formelle Kontakte zu den Vereinten Nationen bestehen, die sich in ausführlichen jährlichen Berichten an die Generalversammlung[37] und Beiträgen in der jährlichen Generaldebatte niederschlagen, beschränkt sich der unmittelbare Einfluß der OECD im wesentlichen auf die Weltbankgruppe und einige wenige Wirtschaftsorganisationen. In diesem Zusammenhang ist auch auf gelegentliche Abstimmungen im Rahmen des Weltwirtschaftsgipfels oder sonstiger zwischenstaatlicher Absprachen — meist auf der Ebene von Fachministerien[38] — hinzuweisen. Der gesamte hier angesproche-

---

35 Vgl. oben, S. 218 und Anm. 100.

36 Die Übereinstimmung der EG-Staaten bei Abstimmungen über Resolutionen der Generalversammlung betrug 1980-1985 zwischen 71 und 84%. *Stadler,* Die Zusammenarbeit (Anm. 32), 183 f.

37 Vgl. etwa GA Res. 44 / 4 und 44 / 7 vom 17. Oktober 1989, 44 / 8 vom 18. Oktober 1989 und 44 / 17 vom 1. November 1989 und die jeweils dort genannten Berichte.

38 *Barbara B. Crane,* Policy Coordination by major Western powers in bargaining with the Third World: debt relief and the Common Fund, in: IO 38 (1984), 399-428. — Vgl. auch *Saksena* (Anm. 12), 69 u. ö.

ne Komplex gehört zu den am wenigsten erforschten Bereichen der internationalen Beziehungen.

Eine dritte, sehr diffuse Schicht der Harmonisierung läßt sich etwa anhand einer Analyse der Generaldebatten oder des Stimmverhaltens feststellen: Es zeigt sich ein deutlicher Zusammenhalt von Staatengruppen, die über einen gemeinsamen kulturellen und / oder historischen Hintergrund oder eine gemeinsame Rechtskultur verfügen. Typisch ist eine deutlich sichtbare relative Nähe lateinamerikanischer und westeuropäischer Staaten[39], die sich wohl daraus erklären läßt, daß beide Rechtskreise dem Völkerrecht hohe Priorität einräumen und über breite gemeinsame Traditionsstränge der Völkerrechtslehre verfügen. Deutlich sichtbar ist auch eine gewisse Kohärenz der frankophonen Staaten Afrikas untereinander und nicht selten auch mit der ehemaligen Kolonialmacht Frankreich.[40] Die beiden letztgenannten Schichten einer Harmonisierung treten bei wirtschaftlichen und Entwicklungsfragen deutlich in den Hintergrund; bei regionalen Konflikten und bei allgemeinen UN-politischen Stellungnahmen lassen sie sich jedoch deutlich beobachten.[41]

Im Unterschied zur Harmonisierung ist die *Koordination* an die Beteiligung eines UN-Organs, in aller Regel des Sekretariates, gebunden. Die G 77 stellt insofern ein Beispiel für Harmonisierung und Koordination zugleich dar, als das Sekretariat der UNCTAD für sie als eine Art clearing-Stelle fungiert, die durch Ausarbeitung von Berichten und Entwürfen über die G 77 auch in der Generalversammlung aktiv wird. Als Koordinationsinstrumente sind hier jedoch insbesondere die zahlreichen Berichte aus den Fachabteilungen des Sekretariates zu nennen, mit denen dieses die Entscheidungsfindung in zwischenstaatlichen Entscheidungsorganen vorbereitet. Dabei kommt es bei der Abfassung solcher Berichte sehr oft zu Vorverhandlungen, um die Akzeptanz der im Bericht vorgeschlagenen Maßnahmen zu sichern. So wurde Ende der achtziger Jahre schon während der Abfassung der Berichte des Law of the Sea- Office an die Generalversammlung zur Vorbereitung der Resolution über das Seerecht Verhandlungen mit den USA geführt mit dem Ziel, diese zumindest zur Stimmenthaltung zu bewegen.[42]

---

39 Interviews New York, November 1989.

40 Vgl. dazu *Petra Stephan,* Das Abstimmungsverhalten der frankophonen Staaten Afrikas in der Generalversammlung der Vereinten Nationen, unveröffentlichte Magisterarbeit, Kiel 1991.

41 Insgesamt dazu *Klaus Dicke,* Zwischen weltpolitischer Analyse, politischem Meinungskampf und Ritual der Staatengleichheit. Die Generaldebatte der 41. Generalversammlung, in: Vereinte Nationen 36 (1988), 1 - 7. Aufschlußreich auch die Schlußdokumente der Regionaltreffen zur Vorbereitung der Menschenrechtsweltkonferenz 1993, in: DGVN (Hrsg.), Gleiche Menschenrechte für alle. Dokumente zur Menschenrechtsweltkonferenz der UN in Wien 1993, Bonn 1994.

42 Verschiedene Interviews in New York, Oktober und November 1989. Vgl. UN Doc. A / 44 / 650 und GA Res. 44 / 26 vom 20. November 1989, der freilich die USA — wie in den Jahren zuvor — nicht zustimmte.

Instrument aller genannten Formen der Harmonisierung und Koordination ist die sog. „parlamentarische Diplomatie“[43], ein Entscheidungsverfahren, das sich organisatorisch zwar im Rahmen quasi-parlamentarischer Institutionen bewegt, von seinen Mitteln her aber ganz überwiegend von Verhandlungen geprägt ist.[44] Es wurde bereits darauf hingewiesen, daß der starke Rückgriff auf das Konsensverfahren in diesem Zusammenhang höhere Anforderungen an die Verhandlungs- und Kompromißbereitschaft stellt. Dies hat für das Erscheinungsbild der Willensbildung vor allem in der Generalversammlung zwei Folgen: zum einen nimmt die Zahl informeller Verhandlungen in dem Maße zu, in dem das Konsensverfahren in den Vordergrund rückt. Der Verhandlungsaufwand steigt also nicht unbeträchtlich. Damit nimmt zum andern aber die Transparenz der Entscheidungsfindung ab, denn von informellen Treffen werden keine Protokolle erstellt. So ist insgesamt festzuhalten, daß die Formen der Harmonisierung und Koordination auf der zwischenstaatlichen Ebene zwar eine gewisse Vorstrukturierung der Entscheidungsfindung im Einzelfall bewirken, nur sehr bedingt jedoch eine auch nach außen hin erkennbare politische Infrastruktur hervorbringen, wie sie im nationalen Rahmen durch Parteien und deren Programme oder auch durch Regierungsprogramme geschaffen wird. Aufgrund des außerordentlich hohen Verhandlungsbedarfs in internationalen Organisationen ist daher von einem nicht zu übersehenden Maß an vergleichsweise ineffizienten und zudem der Öffentlichkeit nur schwer zugänglichen Willensbildungsvorgängen auszugehen.

cc) Administrative und politische Koordination auf Sekretariatsebene

Ein eigenes Sekretariat gehört zu den konstitutiven Merkmalen einer internationalen Organisation. Kern des Aufgabenbereichs der Sekretariate sind administrative Leistungen, welche die Arbeitsfähigkeit einer Organisation sicherstellen. Dazu gehören vor allem: Konferenzdienste, Dokumentation und Information, Vorbereitung des Haushaltsplanes, finanzielle und verwaltungstechnische Abwicklung der Organisationstätigkeit, Personalverwaltung u. a. Schon aus diesen administrativen Aufgaben resultieren eine Reihe von Koordinationsanforderungen wie etwa die Abstimmung der Sekretariatsarbeit auf die Sitzungsperioden der zwischenstaatlichen Entscheidungsorgane oder die Abstimmung zwischen den einzelnen Abteilungen, die im einzelnen immer wieder Anlaß zu Empfehlungen und Mahnungen seitens der Generalversammlung und anderer Organe gegeben haben, solche Koordinationsleistungen zu verbessern.[45]

---

43 Den Begriff prägte wohl *Dean Rusk*, Parliamentary Diplomacy. Debate v. Negotiation, in: World Affairs Interpreter 26 (1955), 121 ff.; vgl. auch *Philip Jessup*, Parliamentary Diplomacy, in: RdC 89 (1956 I), 181-320 (181-188; 266 ff.).

44 Vgl. *Delbrück* (Anm. 16) und *G. E. Nascimento e Silva*, Diplomacy, in: EPIL 9 (1986), 78-87 (78-80) m. w. N.

Das UN-Sekretariat ist jedoch als eine eigenständige Koordinationsebene auch deshalb anzusehen, weil ihm über diese Verwaltungsaufgaben hinaus starker politischer Einfluß zugewachsen ist. Verschiedene Faktoren haben hierzu beigetragen: das Sekretariat untersteht dem Generalsekretär, an dessen politischen Funktionen[46] es unmittelbar teilhat. Die UNTAG-Operation in Namibia etwa hat dem Sekretariat nicht nur einen erheblichen organisatorischen Aufwand abverlangt; auch hat sich vor allem die Rechtsabteilung z. B. bei der Gestaltung der Wahlgesetze unmittelbar eingeschaltet, was sowohl die Rückkopplung zu anderen UN-Organen als auch zu den am Verhandlungsprozeß beteiligten Staaten und innerstaatlichen Gruppierungen erforderte. Auch verlangt die bereits an anderer Stelle dargelegte Beeinträchtigung der administrativen Funktionen des Generalsekretärs durch seine politischen Aufgaben eine gewisse Kompensation; dies war nicht zuletzt einer der Gründe dafür, daß die Generalversammlung 1977 die Einführung der Stelle eines Generaldirektors für Entwicklung beschlossen hat, dem weitgehende Koordinationsaufgaben im Bereich der operativen Tätigkeit der UN übertragen wurden.[47]

Darüber hinaus hat das Sekretariat Aufgaben in solchen Bereichen wahrzunehmen, die nicht von einer Sonderorganisation oder einer autonomen Organisation der UN abgedeckt werden. Die Organisation der Friedenstruppen und die Koordination der Katastrophenhilfe[48] sind hier die wichtigsten Aufgaben; aber auch Statistik, Bevölkerungsfragen, technische Hilfe im Bereich nationaler Verwaltungsorganisation u. a. sind zu nennen.[49]

Auf einen weiteren Faktor haben *Riggs / Plano* aufmerksam gemacht: den mehr als 25.000 Bediensteten des UN-Sekretariates fehlt der Hintergrund einer gemeinsamen politischen Kultur mit der Konsequenz, daß Richtlinien, wie sie etwa in nationalen Verwaltungstraditionen verankert sind, ebensowenig vorhanden sind wie jene Akzeptanz, auf die eine nationale Verwaltung aufgrund langjäh-

---

45 Vgl. nur die folgenden Beispiele: GA Res. 42 / 207 B vom 11. Dezember 1987, Abs. 5 (zentrale Planung der Konferenzdienste); 43 / 224 B vom 21. Dezember 1988 (Disziplinarrecht); 44 / 200 C vom 21. Dezember 1989 (Einführung elektronischer Datenverarbeitung) und die dort jeweils angegebenen Dokumente.

46 Dazu oben, S. 119 ff.

47 GA Res. 32 / 197 vom 20. Dezember 1977, Ziff. 2. Dazu *Saksena* (Anm. 12), 40, 72 f.

48 Zu diesem Zweck hat die Generalversammlung 1971 durch GA Res. 2816 (XXVI) das Office of the UN Disaster Relief Coordinator (UNDRO) in Genf eingerichtet. UNDRO ging am 1. April 1992 in der neu geschaffenen Abteilung des Sekretariats für humanitäre Angelegenheiten auf. Dazu *Jürgen Dedring*, Humanitäre Diplomatie statt humanitäre Intervention, in: VN 41 (1993), 51 - 56.

49 Im offiziellen Informationsblatt der UN für Stellenbewerber (Formular RECR-I.8 / E (1990)) wird die Tätigkeit des Sekretariats wie folgt beschrieben: „The Secretariat is concerned with the areas of economic development, social welfare, population, human settlements, statistics, natural resources, public administration, trade and development, environmental problems and other technical fields not specifically the concern of one of the specialized agencies.“

rig bewährter Sachkenntnis und vielfältiger persönlicher Kontakte bei ihrer „Klientel" rechnen kann.[50] Der „international civil service" wird deutlich von nationalen Loyalitäten beherrscht.[51] Dies hat insofern weitreichende Auswirkungen vor allem auf die informierende und Entscheidungen vorbereitende Tätigkeit des Sekretariates, als etwa bei der Abfassung von Berichten politische Verhandlungen in das Sekretariat hineingetragen werden. Da die gestalterischen Einflüsse, die das Sekretariat hat, sich insgesamt als eine „Politik durch Administration"[52] darstellen, ist insbesondere die regionale Verteilung von Sekretariatsposten zu einem politisch wichtigen Koordinationsproblem geworden.[53]

dd) Die Koordination zwischen der UNO und den Sonderorganisationen

Von allen Koordinationsproblemen im UN-System ist der Koordination zwischen der UNO und den Sonderorganisationen sowohl in der Praxis der UN-Organe als auch in der wissenschaftlichen Literatur[54] die größte Aufmerksamkeit geschenkt worden. Dies hat seinen Grund primär darin, daß die Koordination zwischen UNO und Sonderorganisationen alle übrigen Ebenen der Koordination im UN-System mit einschließt[55] und auf besondere Hindernisse stößt: Bei den Sonderorganisationen handelt es sich — wie bereits an anderer Stelle ausführlich dargelegt — um eigenständige internationale Organisationen mit eigener Satzung und eigener Mitgliedschaft, die durch ein Beziehungsabkommen mit den UN in Verbindung gebracht sind. Diese Beziehungsabkommen schaffen zwar Kommunikationsmöglichkeiten zwischen der UNO und den Sonderorganisationen; eine

---

[50] *Riggs / Plano* (Anm. 12), 100 ff.

[51] Ein banales, aber sehr sprechendes Beispiel: ein am East River sein Büro beziehender Beamter beobachtete, daß die Besorgung eines Aktenbocks nicht auf dem Dienstweg, sondern über eine philippinische Sekretärin erfolgte, die ihrerseits über gute Kontakte zum philippinischen Personal der Beschaffungsstelle verfügte. Interview New York, 20. November 1989.

[52] *Riggs / Plano* (Anm. 12), 109 f.

[53] Vgl. GA Res. 44 / 185 A vom 19. Dezember 1989. Zum Ganzen ausführlich *Klaus Dicke,* Reform des Sekretariats und die veränderte Rolle des Generalsekretärs, in: *Klaus Hüfner* (Hrsg.), Reform der UN, Opladen 1994, 225-239.

[54] Hier allerdings ganz überwiegend aus völkerrechtlicher Sicht. Vgl. *Wilfred C. Jenks,* Co-ordination: A New Problem of International Organization. A Preliminary Survey of the Law and Practice of Inter-Organizational Relationships, in: RdC 77 (1950 II), 151-302; *ders.*, Co-ordination in International Organization: An Introductory Survey, in: BYIL 28 (1951), 29-89; *Jacques Dagory,* Les Rapports entre les institutions specialises et l'organisation des Nations Unies, in: RGDIP 73 (1969), 285 ff.; sowie die oben, S. 98, Anm. 77 angegebene Literatur.

[55] Dieser Aspekt wird nur unzureichend berücksichtigt, wenn man die Koordination zwischen der UNO und den Sonderorganisationen — *Elmandjra* folgend — als „inter-Secretariat co-ordination" faßt. Vgl. auch *J. Berteling,* Inter-Secretariat Co-ordination in the United Nations System, in: NILR 24 (1977), 21-42. — Zum Problem insgesamt siehe *Douglas Williams,* The Specialized Agencies and the United Nations. The System in Crisis, New York 1987.

wirkliche Koordinationsordnung etablieren sie aber nicht. Nicht nur wurden alle Versuche der Generalversammlung zurückgewiesen, den Sonderorganisationen politische Vorgaben zu machen; auch die Finanzkontrolle über die Sonderorganisationen gem. Art. 17 der Charta, die der Generalversammlung im Zusammenwirken mit dem ACABQ obliegt, war zu Beginn der achtziger Jahre auf ein bloßes zur-Kenntnis-Nehmen der Verwaltungshaushalte einiger weniger Sonderorganisationen zusammengeschrumpft.[56]

Die unterentwickelten Koordinationsmöglichkeiten zwischen der UNO und den Sonderorganisationen stehen in einem nicht zu übersehenden Gegensatz zu dem ständig steigenden Bedarf an Koordination. Letzterer ist auf folgende Faktoren zurückzuführen: Erstens haben die Sonderorganisationen sich wie auch die UNO zu universalen Organisationen entwickelt; nicht nur traten ihnen in aller Regel die neu entstandenen Staaten bei, auch die anfangs zurückhaltenden Staaten des Ostblocks suchten schließlich eine Mitwirkung in den Sonderorganisationen einschließlich der Weltbank und des Weltwährungsfonds.[57] Zweitens haben die Sonderorganisationen die ursprünglich meist begrenzte Aufgabenstellung ihrer Satzung in aller Regel insofern überschritten, als Entwicklungsfragen auch hier in den Vordergrund traten. Mehr und mehr kommt es zu Projekten, die von mehreren Organisationen zugleich geplant und durchgeführt werden. Nach der Gründung des UNDP wurden solche gemeinsamen Projekte erleichtert, da die Finanzierung im UNDP konzentriert wurde.[58] Es konnte angesichts der dezentralen Struktur des UN-Systems und eines überwiegend von der „Interdependenz" her denkenden Ansatzes nicht ausbleiben, daß es zu Überlappungen und Verdoppelungen von Tätigkeiten kam.[59] So stellen — drittens — viele der Sonderorganisationen technische Möglichkeiten zur Verfügung, welche auch von anderen Einrichtungen des UN-Systems sinnvoll genutzt werden können, freilich nur unter der Voraussetzung, daß deren Aufgaben und Programme aufeinander abgestimmt werden.

Die Differenzierung der Koordinationsprobleme auf den vier genannten Ebenen hat gezeigt, daß sich hinter der Forderung nach effektiver Koordination eine Fülle organisatorischer und politischer Faktoren verbirgt, daß jedoch politische Hindernisse überwiegen.[60] Denn die Kompetenz zur Koordination impliziert bei steigender Tätigkeit und Ausdifferenzierung der Organisation zugleich eine Kom-

---

56 Dazu *Klaus Hüfner*, UN-System, in: Handbuch Vereinte Nationen (Anm. 4), sowie UN Doc. A / 45 / 798 vom 27. November 1990.

57 *Ludwig Gramlich*, Die UdSSR als neues Mitglied von IWF und Weltbankgruppe, in: Recht in Ost und West 34 (1990), 22-29.

58 *Dicke* (Anm. 20) sowie *Victor Umbricht*, Joint Activities of International Organizations, in: *René-Jean Dupuy* (Hrsg.), A Manual on International Organizations, Dordrecht-Boston-Lancaster 1988, 362-378.

59 Beispiele aus der UNESCO, ILO und UNIDO etwa bei *A. F. Ewing*, Reform of the United Nations, in: JWTL 20 (1986), 131-141 (132).

60 So auch *Luard* (Anm. 4), 268.

petenz zur Politikgestaltung, die von vornherein zum Souveränitätsanspruch der Staaten, aber auch zum Autonomieanspruch der Sonderorganisationen und anderer Untergliederungen des UN-Systems im Widerspruch steht. Diesen grundlegenden Konflikt in Institutionen aufzuheben und in politische Entscheidungen umzusetzen ist der unter dem Aspekt der Koordination wichtigste aus dem Organisationsgeflecht des UN-Systems selbst und aus seinem Wachstum resultierende Impetus für eine UN-Reform. Damit ist nun zu fragen, welche Institutionen und Verfahren dem UN-System zur Verfügung stehen und wie deren Effektivität zu beurteilen ist.

b) Koordinationsorgane und ihre Effektivität

Die in der Völkerbundzeit noch durchaus lebendige Vorstellung eines „international government" scheint heute schon aufgrund der kaum mehr überschaubaren Koordinationsprobleme im UN-System nicht mehr tragfähig. Auch die Bezeichnung „UN-System" kann unter diesem Gesichtspunkt durchaus als ein Euphemismus erscheinen, trägt doch der Begriff des „Systems" die Vorstellung einer durch Kommunikation sich erhaltenden und nach außen hin einheitlich wahrnehmbaren Ordnung in sich. Das UN-System ist jedoch nicht nur durch eine dezentrale Struktur und zunehmende Ausdifferenzierung, sondern auch durch das Fehlen eines die Einheit seines Handelns sicherstellenden Entscheidungsorgans gekennzeichnet.[61] Können die Koordinationsbemühungen der UN-Organe den im Begriff „UN-System" liegenden Anspruch dennoch einlösen?

Einen Überblick über alle mit Koordinationsaufgaben betrauten Organe zu erstellen würde den Rahmen dieser Arbeit sprengen, da neben den von der Charta und den frühen Organisationsentscheidungen der Generalversammlung vorgesehenen Organen seit Anfang der sechziger Jahre kaum ein neu gegründetes Organ nicht mit Koordinationsaufgaben auf dem von ihm betreuten Fachgebiet versehen wurde.[62] Das primär für Koordinationsaufgaben vorgesehene Organ, der ECOSOC, büßte im Rahmen dieser Entwicklung den Großteil seiner Bedeutung ein. Im folgenden ist deshalb zunächst darzustellen, welche Koordinationsinstrumente Generalversammlung und ECOSOC einerseits und das bereits 1948 zur Koordination zwischen der UNO und den Sonderorganisationen gegründete Administrative Committee on Coordination (ACC) andererseits hervorgebracht haben und welche Koordinationsleistung sie erbringen bzw. erbringen können.

---

[61] Vgl. *Luard* (Anm. 4), 312: „The decentralized character of the UN-system in itself, far from being a weakness, as often alleged, is one of its strengths, providing diversity in style and programme, specialization in techniques, and a less unwieldy structure. It is central direction which is lacking."

[62] Als Beispiele seien nur der zwischenstaatliche Ausschuß für Wissenschaft und Technologie für Entwicklung, oben, S. 210 f., die Joint Inspection Unit, unten, S. 268, oder die United Nations University (UNU) (dazu *Klaus Hüfner*, Universität der Vereinten Nationen, in: Handbuch Vereinte Nationen (Anm. 4), 973-979, Rdn. 3) genannt.

aa) Generalversammlung und ECOSOC: ihre Instrumente und Hilfsorgane zur Koordination

Die Aufgabenerweiterung der Organisation im wirtschaftlichen, sozialen und humanitären Bereich und die dadurch bedingte organisatorische Ausgestaltung des UN-Systems haben dazu geführt, daß sich das Problem der Koordination nicht mehr — wie in der ersten Reformphase — als ein mehr oder weniger technisches Problem der Vermeidung von Doppelarbeit und Überschneidungen, sondern zunehmend als ein solches der politischen Steuerung des Gesamtsystems darstellt. Dies schlägt sich nicht zuletzt darin nieder, daß die Effizienzkriterien, welche die Koordinationsfrage bestimmen, sich im Laufe der siebziger Jahre ändern: standen bis dahin negative Kriterien der Wirtschaftlichkeit und Sparsamkeit, nämlich die Vermeidung von Doppelarbeit, Überschneidungen und verschwenderischem Mitteleinsatz, im Vordergrund, so werden diese nunmehr durch politische Kriterien der Prioritätensetzung in den Hintergrund gestellt oder ersetzt. Eine Studie des Generalsekretärs über die Organisation der operativen Tätigkeiten aus dem Jahre 1986[63] macht dies deutlich. Einerseits wird hier betont, daß die Dezentralisierung und Diversifizierung des Systems den Entwicklungsländern hilft „to cope with complex and multidisciplinary development processes", andererseits müsse jedoch eine „adequate coherence of action" sichergestellt sein. Hierfür werden im Text die folgenden Kriterien angeführt:

— das normative Kriterium, daß der Mensch im Mittelpunkt des Entwicklungsprozesses stehen müsse;

— die Relevanz von Entwicklungsprojekten für die Bedürfnisse und Anforderungen der Empfängerstaaten;

— die „cost-effectiveness" der Programme, ihre Effizienz also i. S. der Wirtschaftlichkeit;

— die vom UNDP zu beachtende Priorität für die am wenigsten entwickelten Staaten.

Der ECOSOC — so wird weiter betont — habe keine signifikante Rolle bei der Harmonisierung und Koordination im Blick auf diese Kriterien spielen können. Welche Verfahren und Instrumente der Prioritätensetzung und Programmplanung hat nun die Generalversammlung entwickelt, um den genannten Kriterien Geltung zu verschaffen?

Auszugehen ist zunächst von drei sehr unterschiedlichen Programmplanungsinstrumenten, welche bereits in den sechziger und siebziger Jahren entwickelt und eingeführt wurden: die Entwicklungsdekaden, das UNDP und die mittelfristige Programmplanung.

---

63 UN Doc. A/31/350 vom 27. Mai 1986 („Operational Activities of the United Nations System").

War die erste *Entwicklungsdekade*[64] als eine einmalige, wenn auch sich über 10 Jahre erstreckende Konzentration der Anstrengungen zum Ausgleich weltweiter Entwicklungsdisparitäten eingeführt worden, so hatte sich nach ihrem Ablauf das Instrument der UN-Dekaden, -Jahre und -Tage allgemein durchgesetzt,[65] um die Aufmerksamkeit der Staatengemeinschaft auf besonders zu beachtende Probleme zu lenken. Das Instrument insgesamt hat durch übermäßigen Gebrauch gewiß an Effektivität eingebüßt. Versuche des ECOSOC, insbesondere die Zahl der UN-Jahre zu reduzieren, wurden zwar von der Generalversammlung aufgegriffen, im Ergebnis jedoch nicht umgesetzt.[66] Die Weichen für eine zweite Entwicklungsdekade wurden bereits Mitte der sechziger Jahre gestellt, als sich zeigte, daß die 1961 ins Auge gefaßten Ziele — u. a. eine Sicherung der jährlichen Wachstumsrate des Volkseinkommens in den Entwicklungsländern um 5 % und ein Anteil des Bruttosozialprodukts der Industriestaaten von 1 % für Entwicklungshilfe — nicht erreicht würden. Unter der Vorgabe, die Erarbeitung einer einheitlichen Entwicklungsstrategie als Gestaltungsaufgabe des gesamten UN-Systems zu begreifen und realistische sowie die Bedürfnisse der Entwicklungsländer berücksichtigende Zielbestimmungen vorzunehmen[67], wurden 1966 die Vorarbeiten für die zweite Dekade eingeleitet[68]; am Vorbereitungsausschuß wirkte auch die damals der UNO noch nicht beigetretene Bundesrepublik Deutschland mit.[69] Schon äußerlich fallen bei der zweiten Dekadenstrategie[70] zwei Unterschiede zur ersten Dekade auf: Übertrug die Resolution zur ersten Dekade die Formulierung von Maßnahmen dem Generalsekretär, so übernahm die Generalversammlung dies für die Strategie der zweiten Dekade selbst. In 84 operativen Paragraphen — Res. 1710 (XV) hatte noch derer 12 — legte sie ein geschlossenes Strategiekonzept vor, das quantitative Zielvorgaben ebenso wie ein Konzept der Programmierung, Durchführung und Evaluierung vorsah. Hinsichtlich der Überwachungsmechanismen stieß jedoch der Vorschlag westlicher Staaten, ein zentralisiertes Evaluierungsverfahren anzuwenden, auf den unüberwindlichen Widerspruch der Entwicklungsländer-Mehrheit.[71]

---

64 GA Res. 1710 (XV) vom 19. Dezember 1961, ergänzt durch Finanzierungsbestimmungen in GA Res. 1715 (XV) vom gleichen Tage. Zu den Entwicklungsdekaden insgesamt *Köhler* (Anm. 4), 555 ff.

65 *Hans D'Orville*, Internationale Tage, Wochen, Jahre und Jahrzehnte der Vereinten Nationen. Abgenutztes Instrument oder notwendiger Resonanzboden internationaler Politik, in: VN 31 (1983), 37-46.

66 GA Dec. 35 / 424 vom 5. Dezember 1980 hat Richtlinien des ECOSOC (E Res. 1980 / 67 vom 25. Juli 1980) übernommen, nach denen UN-Jahre u. a. nur alle zwei Jahre ausgerufen werden sollen. Vgl. aber die Bilanz der danach ausgerufenen UN-Jahre in: VN 37 (1989), 16 ff. Für die Dekaden hat der ECOSOC mit Res. 1989 / 84 vom 24 Mai 1989 restriktive Richtlinien erlassen.

67 Vgl. insoweit GA Res. 2084 (XX) vom 20. Dezember 1965.

68 GA Res. 2218 B (XXI) vom 19. Dezember 1966 und 2411 (XXIII) vom 17. Dezember 1968.

69 VN 17 (1969), 57 ff., 89 ff.

70 GA Res. 2626 (XXV) vom 24. Oktober 1970. Die Verabschiedung wurde mit den Feiern zum 25. Jahrestag der UN gekoppelt.

Zwar gingen vom Programm der zweiten Entwicklungsdekade Impulse für eine Serie von Weltkonferenzen aus, doch war bei der Überprüfung der Ergebnisse 1975[72] die Bilanz wiederum ernüchternd. Die faktischen Änderungen der weltwirtschaftlichen Rahmenbedingungen Anfang der siebziger Jahre — insbesondere der Zusammenbruch des Systems von Bretton Woods und die Entwicklung der Rohstoffpreise — hatten den auch der zweiten Entwicklungsdekade zugrundeliegenden Wachstumshoffnungen die Grundlage entzogen. Obgleich Zweifel angebracht waren, ob „Entwicklung" durch numerische Zielgrößen programmierbar und ob globale Zielsetzungen überhaupt zweckmäßig seien[73], begannen 1977 die Vorbereitungen zur dritten Dekade.[74] Gegenüber der zweiten Dekade ergaben sich schon in einem frühen Stadium der Verhandlungen die folgenden vier neuen Momente: die neue Dekade sollte nicht mehr ein „in sich geschlossenes Referenzwerk"[75] darstellen, sondern ihre Grundausrichtung durch das Aktionsprogramm für die Errichtung einer Neuen Weltwirtschaftsordnung erhalten, wobei die erforderlichen institutionellen Änderungen und Ausweitungen des UN-Systems ausdrücklich hervorgehoben wurden; sie sollte Zielsetzungen mit einem Gesamtpaket von Maßnahmen verbinden, den Bereich der Sozialpolitik einbeziehen und die nationale und kollektive Eigenständigkeit und Verantwortung der Entwicklungsländer herausstellen. Die normative Vorgabe, daß der Mensch im Mittelpunkt der Entwicklung stehen solle, wird wiederholt. Gliederung und Aufbau der mit GA Res. 35 / 56 am 5. Dezember 1980 verabschiedeten Dekadenstrategie entsprechen dem Zuschnitt der Resolution für die zweite Dekade. Die Anzahl der operativen Paragraphen war auf 180 gestiegen.

Die am 21. Dezember 1990 verabschiedete Strategie für die 4. Entwicklungsdekade[76] kommt mit 112 operativen Paragraphen aus. Sie weist keine Bezüge zur „Neuen Weltwirtschaftsordnung" mehr auf; statt dessen wird der Konsens der 18. Sondergeneralversammlung über internationale wirtschaftliche Zusammenarbeit von April / Mai 1990 angeführt. Die Formulierung der Ziele ist sehr viel weicher als in den Vorgängerdokumenten; auf Quantifizierungen wird weitestgehend verzichtet. Es sollte ein Dokument erarbeitet werden, dessen Vorgaben auch bei veränderten weltwirtschaftlichen Rahmenbedingungen Bestand haben

71 *Köhler* (Anm. 4), 572 f. Vgl. auch oben, S. 170, Anm. 59.

72 GA Res. 3517 (XXX) vom 15. Dezember 1975. Zur Bilanz der zweiten Dekade vgl. *Peter V. Saladin,* Die Strategie für das dritte Entwicklungsjahrzehnt, in: Außenwirtschaft 36 (1981), 259 - 287 (261 f.), und *Hans Zwiefelhofer,* Die internationale Gemeinschaft am Beginn der dritten Entwicklungsdekade, in: VN 29 (1981), 41 - 47.

73 *Saladin* (Anm. 72), 261, 263; *Konrad Seitz,* Die Krise der Entwicklung in der Dritten Welt, in: EA 36 (1981), 417 - 427 (421): „Es gibt keine globale Entwicklungsstrategie, die auf Singapur und Zentralafrika, Brasilien und Indien gleichermaßen anwendbar wäre."

74 GA Res. 31 / 182 vom 21. Dezember 1971 und 33 / 193 vom 29. Januar 1979.

75 *Saladin* (Anm. 72), 266; vgl. auch *Köhler* (Anm. 4), 580 ff.

76 GA Res. 45 / 199 vom 21. Dezember 1990.

können. Ein starker menschenrechtlicher Bezug fällt ebenso auf wie eine deutlich verstärkte Betonung der Eigenverantwortlichkeit der Entwicklungsländer.

Bei der Bewertung der Dekaden wird allgemein hervorgehoben, daß es sich um per definitionem „utopische" Dokumente[77] handele, d. h. um die „Vorgabe politischer Zielsetzungen, die durch internationale und nationale Aktion erst ausgefüllt werden müssen".[78] Die Zielsetzungen wurden indessen weder durch nationale noch durch internationale Aktion erreicht, wie bereits die Tatsache zeigt, daß die meisten Industriestaaten das Minimalziel der zweiten Entwicklungsdekade von 0,7 % des Bruttosozialproduktes als staatliche Entwicklungshilfe nach wie vor unterschreiten.[79] In bezug auf internationale Aktionen konnten die Dekaden zwar einige wichtige Staatenkonferenzen initiieren, die völkerrechtlich bindende Übereinkommen oder Verhaltenskodices verabschiedeten; ihrem „strategischen" Anspruch aber werden sie in keiner Weise gerecht.[80] Auch werden die Ziele der Dekaden in der politischen Auseinandersetzung nur selten verwendet bzw. im Rahmen nationaler politischer Willensbildung als Maßstab der Entwicklungspolitik herangezogen.[81] So kann den Dekaden eine Koordinationsleistung bestenfalls in dem Sinne zugesprochen werden, daß durch sie zumindest ansatzweise von den Organisationseinheiten des UN-Systems und den Mitgliedstaaten geteilte Konzeptionen von „Entwicklung" formuliert wurden. Eine irgendwie geartete strategische Bedeutung für das UN-System insgesamt haben die Dekaden nicht.

Daß jedoch alle mit den Entwicklungsdekaden zusammenhängenden Resolutionen im Konsens verabschiedet wurden und sich fast alle Staatengruppen an den Verhandlungen mit eigenen Entwürfen beteiligt haben, zeigt, daß die Staaten offensichtlich ein großes Interesse daran haben, auf die Formulierung der Dekadenziele Einfluß zu nehmen. Der Konsens über die Entwicklungskonzeption ist ihnen so wichtig, daß sie einzelne Formulierungen hinzunehmen bereit sind, die sicher nicht in ihrem nationalen Interesse liegen — so die Bezüge zur „Neuen Weltwirtschaftsordnung" in der zweiten und dritten Dekade für die Industriestaaten und wohl auch die Bezüge zu den Menschenrechtspakten in der vierten Dekade für einige Entwicklungsländer. Bei vorsichtiger Bewertung kann dies hinsichtlich der vierten Entwicklungsdekade zu der Schlußfolgerung Anlaß ge-

---

77 So *Saladin* (Anm. 72), 280.

78 *Köhler* (Anm. 4), 596.

79 Vgl. z. B. GA Res. 42 / 196 vom 11. Dezember 1987, Präambel.

80 Vgl. *Saksena* (Anm. 12), 57. — Eine Liste der wichtigsten Weltkonferenzen ist abgedruckt bei *Volker Rittberger*, Konferenzen, in: Handbuch Vereinte Nationen (Anm. 4), 417 f.

81 In der Bundesrepublik Deutschland waren 1988 Hinweise auf die Entwicklungsdekade weder in der Debatte um den Entwicklungsbericht der Bundesregierung noch in der Debatte über den Etat des BMZ nachweisbar; vgl. BT PlPr. 11 / 80, 5400 ff.; 11 / 108, 7501 ff. — Vgl. jedoch *Erhard Eppler*, Bedeutende Rolle der UNO in der zweiten Entwicklungsdekade, in: VN 18 (1970), 170 - 173.

ben, daß hier im Ansatz ein Konsens jenseits der Auseinandersetzungen um die „Neue Weltwirtschaftsordnung“ gefunden wurde, der den Staaten einen flexibleren Spielraum für länder-, regional- bzw. sektorspezifische Entwicklungspolitik[82] einräumt, gleichzeitig aber auch die Bedeutung von Menschenrechten und Demokratie für nationale Entwicklungsprozesse[83] stärker in den Vordergrund rückt. Damit wäre zumindest eine — wenn auch nicht quantitativ meßbare — Koordinationsleistung in bezug auf das erste vom Generalsekretär in seiner Studie von 1986[84] genannte Kriterium erbracht.

Das zweite hier zu untersuchende Koordinationsinstrument betrifft die technische Hilfe. Mit der Schaffung des *Entwicklungsprogramms der Vereinten Nationen (UNDP)* im Jahre 1965[85] verfolgte die Generalversammlung das Ziel, ein einheitliches Organ für die Finanzierung und Koordination der operativen Tätigkeiten des UN-Systems zu schaffen. Nach anfänglichen Widerständen seitens der Sonderorganisationen, die ihre finanzielle Unabhängigkeit durch das UNDP gefährdet sahen, kam es erst 1970 als Reaktion auf die *Jackson*-Studie[86] zu einer Gesamtregelung der operativen Tätigkeiten zur technischen Hilfe durch die sog. „Konsensus-Resolution“.[87] Die wichtigsten Änderungen waren einerseits die Einigung darüber, daß das Konsensverfahren effizienter als Mehrheitsentscheidungen sei[88], sowie andererseits die Einführung des Amts des „Resident Representative“, der als Leiter der jeweiligen Projekte in den Empfängerstaaten die Koordi-

---

82 In diese Richtung weisen deutlich die jüngsten Sondertagungen der Generalversammlung, und hier insbesondere die 18. Sondertagung im April 1990 über internationale wirtschaftliche Zusammenarbeit. *Jürgen Kramer* spricht in seinem Bericht (VN 38 (1990), 138 - 140) angesichts der Ergebnisse (GA Res. S-18 / 3 vom 1. Mai 1990) zurecht vom „neuen Geist der Kooperation“. Erwähnenswert ist in diesem Zusammenhang auch das von der Generalversammlung geforderte Bemühen „to transfer responsibility for resource management effectively to the recipient countries“. Dazu die Studie des Generaldirektors für Entwicklung UN Doc. A / 45 / 273 / Add. 2 vom 18. Mai 1990, hier S. 2.

83 Vgl. dazu *Volkmar Köhler,* Die Neuorientierung der Entwicklungshilfe, in: EA 46 (1991), 153 - 160 (hier bes. 160). Hinzuweisen ist auch auf jüngste Tendenzen der Generalversammlung, dem Demokratiegebot größere Aufmerksamkeit zu schenken (GA Res. 43 / 157 vom 8. Dezember 1988, 44 / 146 vom 15. Dezember 1989 und 45 / 150 vom 18. Dezember 1990, jeweils zur „Verstärkung der Wirksamkeit des Grundsatzes regelmäßiger und unverfälschter Wahlen“). Auf die weitreichende Bedeutung dieser Tendenz macht aufmerksam *Christian Tomuschat,* Bewahrung, Stärkung, Ausgestaltung. Zur künftigen Menschenrechtspolitik Deutschlands in der Weltorganisation, in: VN 39 (1991), 6 - 10 (8 f.).

84 Oben, Anm. 63.

85 Das UNDP wurde durch GA Res. 2029 (XX) vom 22. November 1965 durch Zusammenlegung des EPTA und des Special Fund geschaffen. Zu Entstehung, Entwicklung und Arbeitsweise siehe *Herbert Sahlmann,* UNDP — Entwicklungsprogramm der Vereinten Nationen, in: Handbuch Vereinte Nationen (Anm. 4), 895 - 904, m. w. N.; *Köhler* (Anm. 4), 447 ff.

86 Oben, S. 177 f.

87 GA Res. 2688 (XXV) vom 11. Dezember 1970.

88 Dazu *Köhler* (Anm. 4), 457.

nation zwischen dem Empfängerstaat und den beteiligten UN-Einheiten, und hier besonders auch der regionalen Wirtschaftsorganisationen, übernehmen sollte.

Das Entwicklungsprogramm, das von einem Verwaltungsrat und einem Administrator geleitet wird, ist primär eine Planungs- und Finanzierungsagentur. Seine Arbeitsweise und seine Koordinationsleistungen können an folgenden Zahlen aus dem Jahr 1984 verdeutlicht werden: in diesem Jahr hatten 125 Regierungen 651 Mio. $ für das UNDP und 145 Regierungen 420 Mio. $ für zweckgebundene Fonds zur Verfügung gestellt. 22 verschiedene Fonds und Programme werden vom UNDP verwaltet.[89] Die Mittel werden von den Staaten auf einer einmal jährlich stattfindenden Bewilligungskonferenz[90] zugesagt. Das UNDP betreute über 6.000 Entwicklungsprojekte in 150 Staaten bzw. Territorien; an diesen Projekten waren 24 Entscheidungsorgane der UN und 28 Ausführungsorgane („executing agencies") beteiligt.[91] Da die vom UNDP finanzierten Projekte in aller Regel eine Laufzeit von drei bis fünf Jahren haben, hat das UNDP einen eigenen Planungszyklus[92] eingeführt, in dem nach einem bestimmten Schlüssel („Planungsleitzahl") die Mittel auf Länderprogramme und — zu einem wesentlich geringeren Teil — auf regionale und globale Programme verteilt werden. Die Hauptkriterien für die Zuteilung sind Pro-Kopf-Einkommen und Bevölkerungszahl; die am wenigsten entwickelten Staaten erhalten einen zusätzlichen Bonus. Über die Verwendung der Mittel entscheiden die Empfängerstaaten nach Beratung mit dem „Resident Representative" selbst; dies hat zu einem deutlich geringeren Einfluß der Geberländer auf die Mittelverwendung geführt, als dies bei der Entscheidung für freiwillige Haushalte im Bereich der operativen Tätigkeiten zugrunde gelegt wurde; als Konsequenz wählten Industriestaaten häufiger die Weltbankgruppe bzw. regionale Entwicklungsbanken als Finanzierungsorganisationen, da ihnen deren Abstimmungsverfahren einen größeren Einfluß auf die Mittelverwendung gewährt. Daran konnte auch die Tatsache nichts ändern, daß im UNDP selbst ganz überwiegend im Konsensverfahren entschieden wird, was den Geberländern eine aufhebende Einspruchsmöglichkeit gibt.

Drei Koordinationsleistungen des UNDP sind zusammenfassend hervorzuheben: erstens werden die verschiedenen Fonds des UN-Systems zusammengefaßt, einheitlich verwaltet und nach einem Präferenzsystem verwendet. Zweitens kommt es über den „Resident Representative" und die in der UNDP-Zentrale

---

[89] Einen Überblick auf dem Stand von 1984 gibt *Hans d'Orville*, Die operativen Aktivitäten im Dienste der Entwicklung. Ein Überblick über Fonds, Programme und andere Finanzierungsorgane im wirtschaftlichen und sozialen Bereich der Vereinten Nationen, in: VN 32 (1984), 54-60.

[90] Vgl. etwa GA Res. 44/208 vom 22. Dezember 1989. GA Res. 33/419 enthält die Verfahrensordnung für Bewilligungskonferenzen.

[91] Alle Angaben aus UN Doc. A/41/350. — Einen Überblick bis 1991 gibt UN Doc. A/47/419/Add. 2 vom 1. Oktober 1992.

[92] GA Res 2688 (XXV) vom 11. Dezember 1970, Annex.

eingerichteten Regionalbüros[93] zumindest ansatzweise zu einer Koordination zwischen der nationalen Planung der Empfängerstaaten, der Programmplanung der UN-Entscheidungsorgane sowie der ausführenden Einheiten des UN-Systems. Drittens werden die operativen Tätigkeiten im zweiten Hauptausschuß der Generalversammlung unter dem Tagesordnungspunkt „operational activities for development" im Zusammenhang verhandelt. Der Anschein, beim UNDP handele es sich um *die* zentrale Koordinationseinrichtung im UN-System, trügt indessen. Ohne Zweifel hat das UNDP zu einer Konzentration und Rationalisierung der operativen Tätigkeiten des UN-Systems beigetragen, wenn auch die Größenordnung der von ihm verwalteten Mittel — die 1990 erstmals die 1 Mrd. $ — Schwelle überschritt — hinter den Leistungen der Weltbank und der bilateralen Entwicklungshilfe zurückbleibt. Bezeichnend ist jedoch eine gewisse Unsicherheit über die Rechtsstellung des UNDP im UN-System: Das UNDP ist keine Sonderorganisation, obgleich sein Administrator mit Personalhoheit ausgestattet und den Generaldirektoren der Sonderorganisationen auch insofern gleichgestellt ist, als er im ACC vertreten ist. Dennoch handelt es sich beim UNDP um ein Hilfsorgan der Generalversammlung, das mit einem eigenen zwischenstaatlichen Entscheidungsgremium[94] ausgestattet ist; über den ECOSOC ist das UNDP der Generalversammlung verantwortlich, der die „letztinstanzliche" Entscheidungsgewalt über die UNDP-Aktivitäten zusteht. Das UNDP wird deshalb als „semiautonom" bezeichnet.[95] Mit den ausführenden Organisationen ist das UNDP durch besondere Abkommen verbunden; die Verantwortlichkeit der Durchführungsorganisation gegenüber dem UNDP ist dabei verbesserungsbedürftig.[96] Der Resident Representative schließlich, der in den meisten Fällen auch als vom Generalsekretär ernannter UN Resident Coordinator fungiert, d. h. nicht vom UNDP verwaltete UNO-Projekte vor Ort koordinieren soll, steht oft unter der Spannung dieser doppelten Loyalität und ist für die zu erbringenden Koordinationsleistungen insgesamt zu schlecht ausgestattet, zumal er in aller Regel als der Repräsentant der UN vor Ort schlechthin angesehen wird.[97]

Von diesen effektivitätshemmenden Faktoren abgesehen ist das UNDP jedoch die wichtigste Nahtstelle im UN-System zwischen multilateraler Finanzierung der technischen Hilfe hier und länderspezifischen Entwicklungsprogrammen dort, wobei das UNDP eine starke Priorität zugunsten der am wenigsten entwickelten Länder setzt.

---

93 *Köhler* (Anm. 4), 461, 467.

94 Die 48 Regierungsvertreter, die den Verwaltungsrat bilden, werden vom ECOSOC auf Vorschlag der Generalversammlung gewählt.

95 *Cynthia Day Wallace*, United Nations Development Programme, in: EPIL 5 (1983), 307-310 (306). Vgl. jedoch *Köhler* (Anm. 4), 463, der im UNDP ein „Organ des gesamten UN-Systems" sieht.

96 *Sahlmann* (Anm. 85), Rdn. 21.

97 *Manfred Kulessa*, Der Resident Co-ordinator, in: Handbuch Vereinte Nationen (Anm. 4), 686-693, sowie UN Doc. A / 45 / 273 / Add. 2, Ziff. 44 ff.

Das dritte hier näher zu untersuchende Koordinations- und Steuerungsinstrument schließlich ist der *„mittelfristige Plan"*, den die Generalversammlung nach langen Vorarbeiten erst nach 1980 eingeführt hat. Die Vorarbeiten gehen auf die Umgestaltung des Haushaltsverfahrens zurück, zu der die Generalversammlung seit 1962 unter dem Eindruck des amerikanischen „Programme-Planning-Budgeting"-Systems Überlegungen anstellte und die 1972 durchgeführt wurde.[98] Nach dem ersten Programmhaushalt dauerte es jedoch noch einmal 12 Jahre, ehe die Generalversammlung den ersten mittelfristigen Plan 1984-1989[99] verabschiedete[100]; auf Vorschlag des Generalsekretärs verlängerte sie diesen Plan bis 1991.[101] Der mittelfristige Plan 1992 bis 1997 wurde von der 45. Generalversammlung verabschiedet.

Der mittelfristige Plan 1984 bis 1989 hat einen Umfang von 561 Seiten und 150 Seiten Ergänzungen; schon die Gliederung umfaßt 40 Seiten. Der Plan gliedert sich in drei Hauptprogramme (Political, Legal and Humanitarian; Public Information; Economic and Social) und insgesamt 24 Kapitel, die jeweils wiederum in einzelne Programme und Unterprogramme untergliedert sind. Die wichtigsten Ziele des Planes[102] sind: er soll eine getreue Übersetzung der „legislative mandates" aller zwischenstaatlichen Entscheidungsorgane des UN-Systems in durchführbare Programme vornehmen; nach Annahme durch die Generalversammlung soll der Plan die „principle policy directive" des Systems darstellen und als Rahmen für die Erstellung des Zwei-Jahres-Haushalts dienen; durch Einbeziehung von Evaluierungsverfahren soll die Identifizierung solcher Projekte ermöglicht werden, die abgeschlossen, obsolet, von geringem Nutzen oder ineffektiv sind. Um eine Prioritätensetzung im Blick auf den Haushalt zu ermöglichen, hat die Generalversammlung folgende Kriterien festgelegt[103]: auf der Ebene der Kapitel des Planes soll eine möglichst präzise Beschreibung der zu lösenden Probleme und derjenigen Lösungsvorgaben vorgenommen werden, welche sich aus autoritativen Quellen, nämlich der Charta, der Strategie der dritten Entwicklungsdekade, den Resolutionen zur Neuen Weltwirtschaftsordnung u. a. ergeben. Auf der Ebene von Subprogrammen, welche die Nahtstelle zwischen Plan und Budget darstellt, sollen durch Entscheidung der Generalversammlung operable Unterprogramme beschlossen, geändert oder zurückgewiesen werden, und dies auf der Basis des Haushaltsplanes sowie unter Berücksichtigung von sog. „Pro-

---

[98] GA Res. 3043 (XXVII) vom 19. Dezember 1972. Dazu insgesamt *Rüdiger Wolfrum*, Haushalt, in: Handbuch Vereinte Nationen (Anm. 4), 268-275, Rdn. 5, 8, *Bertrand* (Anm. 2) und UN Doc. A / 44 / 272 vom 10. Mai 1989, Ziff. 5 ff.

[99] UN Doc. A / 37 / 6, modifizierte Fassung A / 39 / 6. Arbeiten an einem Plan 1980-1983 (GA Res. 35 / 9 vom 3. November 1980) wurden nicht vollendet.

[100] GA Res. 39 / 238 vom 18. 12. 1984

[101] GA Res. 42 / 215 vom 21. Dezember 1987, 43 / 219 vom 21. Dezember 1988.

[102] Niedergelegt in GA Res. 34 / 224 vom 20. Dezember 1979, 34 / 225 vom gleichen Tage, 35 / 9 vom 3. November 1980.

[103] GA Res. 36 / 228 A vom 18. Dezember 1981, Teil II.

gramm-Performanz"-Berichten, Evaluationsberichten und Entscheidungen zwischenstaatlicher Organe. Alle Tätigkeiten der UN — solche aus dem ordentlichen Budget und solche aus freiwilligen Haushalten — sollen Berücksichtigung finden. Schließlich soll die Prioritätensetzung grundsätzlich orientiert sein an „the importance of the objective to Member States, the capacity of the organization to achieve it and the real effectiveness and usefulness of the results".[104]

Die Lösung der Koordinationsprobleme durch eine wirksame Programmplanung ist eines der wichtigsten Anliegen der bereits häufiger zitierten Reformresolution 32 / 197 gewesen. In den ersten beiden Abschnitten der von dieser Resolution übernommenen Empfehlungen der Gruppe der 25 wird eine Funktionsbeschreibung für Generalversammlung und ECOSOC in bezug auf die Programmplanung vorgenommen, die nicht zuletzt durch die Gründung des UNDP erforderlich geworden war. Die Generalversammlung ist demnach mit der Aufgabe betraut „to function as the principal forum for policy-making and for the harmonization of international action"[105]. Sie soll sich auf das Erstellen von Globalstrategien, Politiken und Prioritäten für das Gesamtsystem konzentrieren und ferner die Verhandlungen in anderen Foren innerhalb und außerhalb des UN-Systems mit dem Ziel beobachten, Richtlinien für die Organe und Organisationen innerhalb des UN-Systems und Empfehlungen für diejenigen außerhalb des Systems zu erstellen. Die Arbeit des zweiten und dritten Hauptausschusses solle stärker aufeinander abgestimmt werden. Das Sekretariat und andere mit Entscheidungsvorbereitungen befaßte Organe werden angehalten, die „legislative directives" der Generalversammlung zu befolgen bzw. in ihren Berichten zu berücksichtigen.

Dem ECOSOC sollen die folgenden vier Funktionen zukommen: einmal soll er das zentrale Gremium für die Diskussion globaler und „interdisziplinärer" Fragen im Wirtschafts- und Sozialbereich sein und als solches Empfehlungen an die Mitgliedstaaten und das UN-System als Ganzes richten. Zweitens soll er die Implementierung der von der Generalversammlung verabschiedeten Programme im wirtschaftlichen und sozialen Bereich überwachen und evaluieren und eine abgestimmte Durchführung der Entscheidungen von UN-Konferenzen, Generalversammlung und anderer Entscheidungsorgane sicherstellen. Drittens soll er grundsätzlich die Koordination aller Tätigkeiten des UN-Systems im wirtschaftlichen und sozialen Bereich vornehmen, um den Prioritätensetzungen der Generalversammlung Geltung zu verschaffen. Viertens schließlich soll er umfassende „policy-reviews" erstellen, ebenfalls auf das gesamte UN-System bezogen und ebenfalls mit dem Ziel, die Prioritäten der Generalversammlung durchzusetzen. Um diese Aufgabe adäquat erfüllen zu können, wird eine organisatorische Reform u. a. durch Straffung seines Unterbaus gefordert.

---

104 Ebd., Abs. 4.

105 GA Res. 32 / 197 vom 20. Dezember 1977, Annex, Ziff. 1 a).

Hinter dieser Funktionsbeschreibung verbirgt sich die auch für den mittelfristigen Plan leitende Konzeption, Planung, Programmierung, Durchführung und Evaluierung als einen geschlossenen Prozeß rationaler Politikgestaltung zu begreifen. Diese Konzeption macht die Generalversammlung 1982 für die Programmplanung und Haushaltsgestaltung verbindlich. Mit Res. 37 / 234 verabschiedet sie „Regulations Governing Programme Planning, the Programme Aspects of the Budget, the Monitoring of Implementation and the Methods of Evaluation". Die Last, diese Konzeption in die Praxis umzusetzen, ruht auf einem bis 1987 aus 21, seither aus 34 Regierungsvertretern bestehenden, vier bis sechs Wochen im Jahr tagenden Organ, dem *Committee for Programme and Coordination* (CPC). Das Mandat dieses 1962 gegründeten und 1966 in CPC umbenannten Organs[106] legt fest, das CPC solle als primäres Hilfsorgan des ECOSOC und der Generalversammlung für Planung, Programmierung und Koordination fungieren. Seine Hauptaufgabe besteht in der Überprüfung der Programme des mittelfristigen Plans. Dazu werden ihm fünf Aufträge erteilt: das CPC soll in Nicht-Haushaltsjahren den mittelfristigen Plan und in Haushaltsjahren das Zwei-Jahres-Budget überprüfen, und zwar insbesondere die finanziellen Implikationen von Programmänderungen und die Resultate der Tätigkeiten, die im mittelfristigen Plan ausgewiesen sind; es soll Vorschläge zur „order of priorities" in bezug auf die Programme des Plans machen; es soll dem Sekretariat bei der Programmgestaltung Hilfestellung leisten durch eine Auslegung der „legislativen Absichten" der Entscheidungsorgane; es soll die Entwicklung und den Einsatz von Evaluierungsverfahren beraten; und es soll schließlich durch Empfehlungen die Arbeitsprogramme des Sekretariats zur Umsetzung von Entscheidungen zwischenstaatlicher Entscheidungsorgane überprüfen, nicht zuletzt um dabei Überschneidungen und Doppelarbeit zu verhindern. Darüber hinaus soll es für alle Organisationen des UN-Systems auf sektoraler Basis deren Programme und Aktivitäten beraten, um dem ECOSOC eine Systemkoordination zu ermöglichen, den Organisationen einschlägige Empfehlungen unterbreiten sowie eine Implementierungskontrolle in solchen Feldern durchführen, die vom ECOSOC bzw. der Generalversammlung benannt werden. Das CPC soll mit dem ACC und dem ACABQ zusammenarbeiten; besonders werden die Beziehungen zur Joint Inspection Unit geregelt: die Inspektoren haben das Recht, an Sitzungen des CPC teilzunehmen, und das CPC wird verpflichtet, die Berichte der JIU zu allen Art. 55 der Charta berührenden Fragen zu beraten und der Generalversammlung darüber zu berichten.

Wichtig zur Beurteilung der Leistungsfähigkeit des CPC ist ein Blick auf seine Mitgliedschaft: Die 34 Mitglieder werden von der Generalversammlung auf Vorschlag des ECOSOC auf der Grundlage gleicher geographischer Verteilung

---

[106] E Res. 2008 (LX) vom 14. Mai 1976 mit Auflistung der früheren Resolutionen, Annex.

der Mitglieder für drei Jahre gewählt.[107] Von 1982 bis 1990 waren im CPC die folgenden Staaten ununterbrochen vertreten: Kamerun, Trinidad und Tobago, die UdSSR, Frankreich, Großbritannien, die USA und die Bundesrepublik Deutschland. Darüber hinaus waren von den Mitgliedern des Jahres 1990 11 Staaten länger als eine Wahlperiode im CPC vertreten: Kenia, Marokko, Uganda, China, Indien, Japan, Pakistan, Rumänien, Jugoslawien, Argentinien und Kolumbien.[108] Aus dieser Auflistung geht zweierlei hervor: Erstens weist die Mitgliedschaft im CPC eine gewisse Kontinuität auf, die als unerläßliche Voraussetzung für ein „institutionelles Gedächtnis" anzusehen ist, auf welches dieses Organ angesichts seiner Planungs- und Koordinationsaufgaben angewiesen ist. Zweitens sind nicht nur die Hauptbeitragszahler, sondern auch die größten Staaten über längere Zeit im CPC vertreten gewesen; eine Ausnahme machen lediglich Nigeria (Mitglied 1983-85) und Mexiko (1988-90); Nigeria wurde 1990 für drei Jahre gewählt. Indonesien und Brasilien waren 1972-1974, 1984-1989 und 1991-1993 bzw. 1975-1989 und 1991-1993 Mitglieder.

Bis 1980 hatte das CPC eine Bewertungsskala für die Zuteilung von Finanzmitteln an Programme erstellt, deren Anwendung jedoch auf technische und politische Probleme stieß, so daß nur ca. 30% der Mittel des regulären Haushaltes 1980-81 diesem Bewertungsverfahren unterzogen wurden.[109] Auf Ersuchen der Generalversammlung erstellte das CPC daraufhin neue Kriterien der Prioritätensetzung, die zu der oben bereits geschilderten Res. 36/228 A führte[110], welche ihrerseits in die Kodifizierung der Regeln zur Programmplanung, Budgetgestaltung und Evaluierung durch die 37. Generalversammlung[111] Eingang fand. Obgleich diese Resolution Regeln kodifizierte, die unter maßgeblicher Mitwirkung des CPC in den mehr als zehn Jahre währenden Planungsarbeiten der UN entstanden waren, bildete sie nicht den Abschluß eines Reformvorgangs, sondern den Ausgangspunkt für die Mitte der achtziger Jahre einsetzenden Reformen. In mehreren Resolutionen hat die Generalversammlung seither zu den Regeln der Programmplanung Stellung genommen;[112] sie betonte dabei „the need to improve continuously the programme planning, budgeting, monitoring and evaluation process in the organization".[113] Auf die Änderungen nach 1985 ist im Zusammenhang mit dem Haushaltsverfahren noch zurückzukommen.

---

107 GA Dec. 42/318 vom 17. Dezember 1987.

108 Vgl. die Angaben in: New Zealand Ministry of External Relations and Trade (ed.), United Nations Handbook 1990, Auckland 1990, 73 f.; 1992, Auckland 1992, 120 ff.

109 UN Doc. A/44/272, Ziff. 6.

110 Oben Anm. 103 und begleitender Text. Vgl. auch UN Doc. A/44/272, Ziff. 7 m. w. N.

111 GA Res. 37/234, Annex.

112 GA Res. 40/240 vom 18. Dezember 1985; 41/213 vom 19. Dezember 1986; 42/215 vom 21. Dezember 1987; 43/219 vom 21. Dezember 1988; 44/194 vom 21. Dezember 1989.

113 GA Res. 43/219, Präambel.

Obgleich der Generalversammlung, dem ECOSOC und dem CPC also Anfang der achtziger Jahre ein Instrument zur Verfügung stand, nach den drei Kriterien (a) Bedeutung eines Zieles für Mitgliedstaaten, (b) Fähigkeit der Organisation, das Ziel zu erreichen, und (c) Effektivität und Nützlichkeit der Resultate Prioritäten zu setzen, blieb der Erfolg aus. Die EG-Staaten und die Sowjetunion haben 1985 Kritik am CPC geübt, da es noch kein Projekt aufgrund erwiesener Ineffektivität gestrichen habe.[114] Der Generalsekretär hat zutreffend darauf hingewiesen, daß das prinzipielle Dilemma der Prioritätensetzung im ersten Kriterium, der Bedeutung eines Zieles für Mitgliedstaaten, verborgen ist:

> „it can be regarded as almost axiomatic that while some objectives are important to some Member States, other objectives are important to other Member States, and that therefore there are no objectives identified in the medium-term plan which are not important, at least to some Member States. Inasmuch as all activities are based on legislative mandates, it can be assumed that the legislation would not have been introduced in the first place unless it was deemed important to its sponsor or sponsors. Consequently, satisfying the first criterion is a highly political act, which must be resolved in the negotiating process between Member States.“[115]

Damit wird das Dilemma deutlich, vor welchem die Generalversammlung als Planungs- und Koordinationsorgan steht: Die der Generalversammlung zugeordneten Instrumente der Koordination und Planung sind unter der Prämisse geschaffen worden, daß die Generalversammlung ein quasi-legislatives Entscheidungsorgan sei. Von ihren Kompetenzen und ihrer Zusammensetzung her ist sie dies schon deswegen nicht, weil sie außer dem Sekretariat und dem Generalsekretär keine Organe und Organisationseinheiten an ihre Beschlüsse zu binden vermag. Zudem wurde verschiedentlich darauf hingewiesen, daß die faktische Regelbefolgung, selbst die Befolgung ihrer eigenen Beschlüsse durch die Generalversammlung, im UN-System ausgesprochen gering ausgebildet ist. Die Generalversammlung ist vielmehr ein Organ der multilateralen oder „parlamentarischen“ Diplomatie, in dem nicht Mehrheitsentscheidungen, sondern Verhandlungsprozesse zum Erfolg führen. Dies erklärt, warum sektorale Ansätze, wie sie in Sondertagungen der Generalversammlung zu einzelnen Problemen — den Problemen des afrikanischen Kontinents, der Drogenbekämpfung, der wirtschaftlichen Zusammenarbeit u. a. — oder sektorale Weltkonferenzen erheblich höhere Koordinationsleistungen erbringen als die mit großem Aufwand entwickelten Planungsprogramme zur Systemsteuerung: hier wird außerhalb von Strategien und Planungen sachbezogen verhandelt. Die Notwendigkeit, „demokratische“ und gesetzgebungstechnische Rhetorik in der Willensbildung der UN durch Verhandlungsprozesse zu ersetzen, ist die zweite strukturelle Herausforderung des UN-Systems an die Reformen nach 1985.

---

114 *Beigbeder* (Anm. 2), 42 f.

115 UN Doc. A / 44 / 272, Ziff. 26.

bb) Das Administrative Committee on Coordination (ACC)

Die bisher vorgestellten Lösungsansätze für das Koordinationsproblem haben die Sonderorganisationen nur insofern einbeziehen können, als sie u. a. vorsehen, von der Generalversammlung, dem ECOSOC oder anderen zwischenstaatlichen Gremien zu verabschiedende Empfehlungen an diese zu richten. Selbst die in der Charta vorgesehene Haushaltskontrolle der Generalversammlung über das ACABQ hat sich nicht zu einem Instrument wirklicher Koordination zwischen der UNO und den Sonderorganisationen entwickeln können. Lediglich im Rahmen des UNDP kam es über gemeinsame Ausschüsse und Abkommen zu koordinierten Projekten. Eine institutionalisierte Koordination zwischen der UNO und den Sonderorganisationen hat jedoch auf der Ebene der Sekretariate stattgefunden. Sie wurde durch das Administrative Committee on Coordination (ACC) vermittelt.

Das ACC ist das älteste zu Koordinationszwecken eingerichtete Spezialorgan des UN-Systems.[116] Es wurde 1948 von der Generalversammlung auf Vorschlag des ECOSOC gegründet und besteht aus dem Generalsekretär, der den Vorsitz führt, und den Generalsekretären bzw. Generaldirektoren der Sonderorganisationen sowie dem Administrator des UNDP; seit 1978 nehmen auch der Präsident der Weltbank und der Direktor des IMF häufiger an Sitzungen des ACC teil. Die Arbeit des ACC wird durch einen aus über 10 Unterorganen bestehenden Unterbau, der im Laufe der Zeit mehrfach geändert wurde, vorbereitet und unterstützt. Es tagt dreimal jährlich.

Ursprünglicher Gründungszweck war eine möglichst effektive Umsetzung der Beziehungsabkommen zwischen den Sonderorganisationen und der UNO sowie eine über den Regelungsbereich dieser Abkommen hinausgehende Absprache zwischen den Organisationen. Schon bei der Gründung wurde indessen das prinzipielle Problem dieses Organs sichtbar. Einmal wurde das Mandat des ACC[117] nicht genau festgelegt. Dies mag darauf zurückzuführen sein, daß der ECOSOC und die Generalversammlung den obersten Beamten der UNO und der Sonderorganisationen einen gewissen Organrespekt zollen wollten. Schon damit wurde indessen deutlich, daß mit dem ACC nicht ein Unterorgan des ECOSOC zur Erfüllung seiner Koordinationsaufgabe, sondern ein eigenständiges, seine Autorität aus derjenigen der obersten Verwaltungsbeamten herleitendes Organ geschaffen worden war. Durch wiederholte Versuche, das ACC durch eigene Abteilungen des UNO-Sekretariats zu steuern, sollte der Generalsekretär

---

116 Zum ACC *Berteling* (Anm. 55); *Elmandjra* (Anm. 4), 74 ff.; *Luard* (Anm. 4), 269 ff.; *Martin Hill*, The Administrative Committee on Co-ordination, in: *Evan Luard* (ed.), The Evolution of International Organizations, London 1966, 92 ff. und *Williams* (Anm. 55), 108 ff.

117 E Res. 13 (III) vom 21. September 1946. Vgl. ferner GA Res. 32 / 197, Abs. 50-58.

— im ACC der „primus inter pares“ — anstelle des ECOSOC zur obersten Koordinationsautorität im UN-System gemacht werden. Diese Versuche scheiterten jedoch immer wieder am Widerstand der Sonderorganisationen.

Verschiedene Faktoren wirken dem Wahrnehmen einer koordinierenden Funktion im UN-System durch das ACC entgegen. Die nicht dem UN-Sekretariat angehörenden Mitglieder des ACC sind nicht dem ECOSOC, sondern ihren jeweiligen zwischenstaatlichen Entscheidungsgremien verantwortlich. Das ACC berichtet zwar dem ECOSOC, doch seine Verhandlungen sind vertraulich und ‚geheimnisumwittert'.[118] Die Mitglieder des ACC vertreten eher die Interessen ihrer eigenen Organisation denn das Gesamtinteresse des UN-Systems; die Opposition gegen Koordinationsabteilungen im Sekretariat oder aber gegen das UNDP sprechen insoweit eine ebenso deutliche Sprache wie die zahlreichen Beispiele dafür, daß etwa in Notfällen — *Williams*[119] nennt den Union Carbite-Fall in Bhopal und die afrikanische Hungersnot 1984 und 1985 — verschiedene Organisationen von sich aus ohne Absprache tätig werden, um das Feld zu besetzen. Im Ergebnis bleiben die Tätigkeiten dabei unkoordiniert; das ACC jedenfalls spielt hier keine Rolle. So ist dieses Organ weit davon entfernt, die Rolle eines „UN-Government“, die ihm gelegentlich zugeschrieben wird, zu spielen. Das ACC ist nicht in der Lage, die Federführung für einen bestimmten Sektor oder einen bestimmten Fall einem UN-Organ zuzuschreiben.

Insgesamt sind drei punktuelle Erfolge des ACC hervorzuheben. Zum einen gelang es nicht zuletzt durch den Einfluß des Generalsekretärs, die Politisierung der technischen Arbeiten der Sonderorganisationen zumindest in den späten sechziger Jahren einzudämmen.[120] Zweitens hat das ACC eine wichtige Kommunikationsrolle insofern, als die einzelnen Organisationen des UN-Systems gegenseitig über Programme und Tätigkeiten informiert sind. Und drittens sind zumindest grobe Angleichungen von Verwaltungsverfahren im Bereich Personal und Management über das ACC zustandegekommen.

Keine Reforminitiative seit Mitte der sechziger Jahre hat darauf verzichtet, eine Stärkung der Rolle des ACC vorzuschlagen. U. a. sind stärkere Bindungen zum ACABQ einerseits und zum CPC andererseits vorgeschlagen worden. Seit Ende der sechziger Jahre hält das ACC regelmäßig gemeinsame Sitzungen mit dem CPC ab. Diese Treffen werden zwar als „a unique forum for the exchange of views at a high level between representatives of Member States and executive heads of the United Nations System“[121] gepriesen, doch spiegeln die Berichte von diesen gemeinsamen Sitzungen eher die gesamte Bandbreite der Koordina-

---

118 Vgl. *Williams* (Anm. 55), 109.

119 A. a. O., 110 f.

120 *Hill* (Anm. 116), 111.

121 So der Vorsitzende des CPC, in: UN Doc. E / 1990 / 4 vom 16. November 1989, Ziff. 22

tionsprobleme wider als daß sie zu deren Lösung beitragen. Typisch sind insofern die Äußerung eines Teilnehmers: „there remained the need to enhance the effectiveness and efficiency of that unique instrument for coordinating . . .“ zum einen und das Kontern eines Vorschlages, drei Organe zusammenzulegen mit dem Hinweis, es sei wesentlich effektiver, jedes dieser Organe durch mehr finanzielle Zuwendungen zu stärken, zum andern.[122]

Zusammenfassend läßt sich feststellen, daß hinsichtlich des Koordinationsproblems sich hinter der Rhetorik einer die Einheit des „UN-Systems“ herstellenden „legislation“ Staats- und Organisationsegoismen verbergen, die einer effektiven Koordination immer wieder im Wege stehen. Andererseits haben jedoch Impulse zur Steigerung der Effizienz und Effektivität des UN-Systems insbesondere im Bereich des Art. 55 zu organisationsinternen Richtlinien geführt, welche vom Konzept eines einheitlichen Prozesses der Planung, Programmierung, Haushaltsgestaltung und Evaluierung ausgehen. Ehe nun der Frage nachzugehen ist, ob und in welchem Umfang die Reformen nach 1985 diesem Konzept zur Anwendung verhalfen, sind zunächst die Evaluierungsinstrumente des UN-Systems darzustellen.

2. Effizienzkontrolle und Evaluierung im UN-System

Unabhängige Finanzkontrollen nach den Maßstäben von Sparsamkeit und Wirtschaftlichkeit gehören zu den ältesten Bestandteilen der öffentlichen Verwaltung. Sie sind älter als das Budgetrecht der Parlamente und von diesem nach Ziel und Methoden zu unterscheiden.[123] Auch internationale Organisationen kannten von Anfang an Einrichtungen der Finanzkontrolle. Das Kontrollsystem der UN bestand zunächst aus Einrichtungen der internen und externen Rechnungsprüfung. Der im Zuge der Finanzkrise der Organisation nach der Kongooperation 1965 eingesetzte ad hoc-Expertenausschuß zur Überprüfung der Finanzlage der UN und ihrer Sonderorganisationen[124] kam jedoch zu dem Ergebnis, dieses System sei insgesamt unzureichend und müsse durch eine umfassende Managementkontrolle und Evaluierung ergänzt werden.[125] Managementkontrolle bedeutet dabei eine laufende Überprüfung der Verfahren und Methoden, die bei der Planung und Durchführung einzelner Verwaltungsaufträge angewandt werden. Unter Evaluierung versteht man „systematische Untersuchungen laufender oder abgeschlossener Projekte / Programme durch die verantwortliche Organisationseinheit und in der Regel unter der Einschaltung externer, d. h. nicht mit der

---

122 A. a. O., Ziff. 26, 53.

123 *Michael Kloepfer*, Finanzkontrolle, in: Evangelisches Staatslexikon Bd. 1, 3. Aufl. Stuttgart-Berlin 1987, 866-871.

124 GA Res. 2049 vom 13. Dezember 1965.

125 UN Doc. A / 6343, paras. 60 ff.

Planung und Durchführung der Projekte / Programme befaßter Gutachter"[126]. Durch die vom Ausschuß vorgeschlagene Ausweitung der Kontrollsysteme sollte somit neben der Effizienz i. S. der Sparsamkeit und Wirtschaftlichkeit bei der Mittelverwendung auch die Effektivität, also der Grad der Zielerreichung, in die Kontrolle einbezogen werden.

Nachdem sich die Generalversammlung den Empfehlungen des Expertenausschusses angeschlossen hatte[127], entwickelte sich neben der Rechnungsprüfung ein komplexes Kontroll- und Evaluierungssystem, das ebenfalls sowohl Momente der internen als auch solche externer Kontrolle aufweist. Um eine unabhängige Kontrolle der UN-Administration zu gewährleisten, wurde mit der Joint Inspection Unit 1968 ein eigenes Organ zur Managementkontrolle und Evaluierung eingerichtet. Mit der Einführung von Programmhaushalten gewannen die unterschiedlichen Kontroll- und Evaluierungseinrichtungen dann auch im Budgetprozeß zunehmend an Bedeutung. Seither werden Planung und Evaluierung — wie oben dargelegt — im Zusammenhang behandelt.

Sowohl die Organe der externen Rechnungsprüfung als auch die Evaluierungssysteme berichten der Generalversammlung, deren 5. Ausschuß zusammen mit dem ACABQ als Zentrum einer *politischen* Effizienz- und Effektivitätskontrolle angesehen werden kann, welchem die oben genannten Einrichtungen der *fachlichen* Aufsicht und Kontrolle zuarbeiten. Zur politischen Effizienz- und Effektivitätskontrolle tragen darüber hinaus aber auch unzählige Berichte an die Generalversammlung und den ECOSOC, von diesen angeforderte Expertenstudien[128] sowie in einzelnen Fällen auch Staatenkonferenzen bei, die zur Überprüfung einzelner Politikfelder eingesetzt werden.[129]

Die Entwicklung und Tätigkeit dieser Kontrollsysteme ist im folgenden daraufhin zu befragen, welchen Prüfungskriterien das UN-System und seine vielfältigen Tätigkeiten dabei unterworfen werden, welche Reformanstöße von ihnen ausgehen, wie die Prüfungsergebnisse im Rahmen der politischen Kontrolle durch die Generalversammlung bewertet und ob bzw. in welchem Umfang Konsequenzen aus ihnen gezogen werden.

---

[126] *Klaus Bodemer*, Evaluierung, in: Pipers Wörterbuch der Politik Bd. 1, München-Zürich 1985, 216 f.

[127] GA Res. 2150 (XXI) vom 4. November 1966.

[128] Etwa die Studie von *Alston* (Anm. 25).

[129] Vgl. *Klaus Dicke*, ‚To assess the adequacy and effectiveness'. Überlegungen zur Verbesserung der politischen Wirksamkeit der Vereinten Nationen am Beispiel der Weltraumpolitik, in: *ders. / Klaus Hüfner* (Hrsg.), Die Leistungsfähigkeit des VN-Systems: Politische Kritik und wissenschaftliche Analyse, Bonn 1986, 44-63.

a) Das System der Rechnungsprüfung

Wie jede öffentliche oder private Organisation bedürfen auch internationale Organisationen einer externen Rechnungsprüfung, welche die Korrektheit der Rechnungslegung prüft und bestätigt. Internationale Organisationen greifen dabei entweder auf einen oder mehrere Rechnungshöfe ihrer Mitgliedstaaten oder aber auf private Wirtschaftsprüfer zurück[130]; lediglich die EU hat seit 1975 einen eigenen Rechnungshof.[131] Von der externen Rechnungsprüfung zu unterscheiden ist die interne Finanzkontrolle zur Verhinderung finanzieller Unregelmäßigkeiten und zur Einhaltung von Grundsätzen der Sparsamkeit und Wirtschaftlichkeit. Während die interne Kontrolle laufend finanzielle Vorgänge überwacht und etwa bei Unregelmäßigkeiten unmittelbar eingreifen kann, besteht die Hauptaufgabe der ex post vorgenommenen externen Rechnungsprüfung darin, die Entlastung der Sekretariate sachlich vorzubereiten und darüber hinaus den Mitgliedstaaten eine Kontrollmöglichkeit über die Mittelverwendung zu schaffen. Daneben kommt ihr in aller Regel eine unterschiedlich ausgestattete Beratungsfunktion zu.

Die Vereinten Nationen verfügen über ein zweigleisiges System der Rechnungskontrolle, das für das gesamte UN-System relativ weitgehend vereinheitlicht ist[132]; lediglich die Weltbankgruppe hat ein eigenes System.[133] Das Kontrollsystem der UN besteht aus einer von den Sekretariaten vorgenommenen internen Rechnungskontrolle einerseits und der externen Rechnungsprüfung andererseits. Die interne Rechnungsprüfung wird in der UNO von einer Abteilung des Sekretariats, die 1968 dem damals geschaffenen Unter-Generalsekretär für Verwaltung und Management unterstellt wurde, wahrgenommen. Diese Zuordnung, die die Unabhängigkeit der Abteilung negativ beeinträchtigen kann, wurde 1980 von

---

130 Während die UNO und die NATO jeweils drei Mitgliedstaaten beauftragen, begnügen sich die meisten anderen internationalen Organisationen mit dem Rechnungshof eines Mitgliedstaates, in der Regel demjenigen des Sitzstaates, so von den Sonderorganisationen die IMO, ICAO, UPU und ITU. Für FAO, WMO, UNESCO und das GATT fungiert der britische Schatzkanzler als Rechnungsprüfer. Lediglich die WTO beauftragt kommerzielle Wirtschaftsprüfer. Vgl. *Henry G. Schermers,* International Institutional Law, Alphen 1980, § 988-992, sowie *Richard Szawlowski,* Finanzen und Finanzrecht der internationalen zwischenstaatlichen Organisationen, in: Handbuch der Finanzwissenschaft Bd. 4, 2. Aufl. Tübingen 1964, 311-348 (345 ff.) sowie UN Doc. A / C.5 / L.902; A / 7938, S. 22 ff.

131 *Claus Ehlermann,* Der Europäische Rechnungshof, Baden-Baden 1976; *Chris Kok,* The Court of Auditors of the European Communities: „The Other European Court in Luxembourg", in: Common Market Law Review 26 (1989), 345-367.

132 *Elmandjra* (Anm. 4), 176.

133 Obgleich das System der Rechnungsprüfung von den Mitgliedstaaten, und hier insbesondere von den Staaten der westlichen Gruppe und der ehemaligen Sowjetunion, stets mit großem Interesse bedacht wurde, hat es in der Literatur so gut wie keine Beachtung gefunden. Knapp informiert *Beigbeder* (Anm. 2), 53-64 sowie *Schermers* (Anm. 130). Einen Überblick über Entstehung und Funktion der Rechnungskontrolle geben UN Doc. A / C.5 / L.902 vom 17. Oktober 1967 sowie UN Doc. A / 7938 vom 21. September 1970. Vgl. insgesamt auch *Elmandjra* (Anm. 4), 87, 136, 176.

einem Expertenausschuß getadelt[134]; der Empfehlung des Ausschusses, die Abteilung dem Generalsekretär unmittelbar zu unterstellen, wurde indessen bis zur Sekretariatsreform *Boutros-Ghalis* 1993 nicht gefolgt.[135] Die externe Rechnungsprüfung wird für die UNO von dem 1946 eingerichteten Board of Auditors ausgeübt, der sich aus den Präsidenten von drei jeweils für drei Jahre gewählten[136] Rechnungshöfen der Mitgliedstaaten zusammensetzt[137]; auf die entsprechenden Regelungen in den Sonderorganisationen wurde bereits hingewiesen.[138] Die Berichte des Board of Auditors, der von einem Ausschuß unterstützt wird, werden zunächst mit dem ACABQ und dann zusammen mit dessen Stellungnahme im 5. Ausschuß beraten, der der Generalversammlung schließlich einen Resolutionsentwurf vorlegt.[139]

Um die Verfahren und Maßstäbe der Rechnungskontrolle im UN-System zu vereinheitlichen, wurde bereits 1949 das sog. „UN Panel of External Auditors", dem neben dem Board of Auditors die Rechnungsprüfer der FAO, WHO, ILO und UNESCO angehören, eingesetzt.[140] Diesem in unregelmäßigen Abständen zusammentretenden Gremium kommt für die Vereinheitlichung der Prüfungsmaßstäbe und -methoden, insbesondere aber für die gegenseitige Information der Rechnungsprüfer große Bedeutung zu.

Rechtsgrundlage für die Tätigkeit der Rechnungsprüfinstanzen sind — auf der Grundlage von Art. 17 der Charta[141] — die Finanzregeln der UN bzw. der

---

134 Report of the Committee of Governmental Experts to Evaluate the Present Structure of the Secretariat in the Administrative, Finance, and Personnel Areas, UN Doc. A / 37 / 44, para. 24.

135 *Beigbeder* (Anm. 2), 54 mit Hinweis auf anders gelagerte Praxis der WHO; *Dicke*, Sekretariat (Anm. 53).

136 Gegen eine Rotation der Rechnungsprüfer wurde gelegentlich geltend gemacht, daß die fehlende Vertrautheit mit der Organisation einen Effizienzverlust der Rechnungsprüfung mit sich bringe, so UN Doc. A / C.5 / L.902. Dies wird sicherlich durch die größere Unbefangenheit „frischer" Rechnungsprüfer nicht vollständig auszugleichen sein. Vgl. auch *Klaus Dicke*, Deciding upon the Budget of the United Nations: A Comparison, in: *Rüdiger Wolfrum* (ed.), The Law of the Sea at the Cross-Roads: The Continuing Search for a Universally Accepted Régime, Berlin 1991, 189-211 und anschließende Diskussion.

137 Ein Vorschlag der Vereinigten Staaten von Amerika auf der 1. Generalversammlung, kommerzielle Wirtschaftsprüfer zu beauftragen, hat sich nicht durchgesetzt. Vgl. UNYB 1946 / 47, 221 f. — Mit GA Res. 74 (I) vom 7. Dezember 1946 wurden die Rechnungshöfe der Ukraine, Kanadas und Schwedens als erste Rechnungsprüfer eingesetzt. Der Rechnungshof der Bundesrepublik Deutschland amtierte 1989 bis zum 30. Juni 1992; siehe GA Dec. 43 / 320 vom 9. Dezember 1988 und UN Doc. A / 44 / 103 vom 22. Februar 1989.

138 Oben, Anm. 129.

139 Die erste Resolution war GA Res. 147 (II) vom 20. Oktober 1947. Für die letzten Jahre siehe Res. 36 / 65, 37 / 12, 38 / 30, 39 / 66, 40 / 238, 41 / 176, 42 / 206, 43 / 216 und 44 / 183 vom 19. Dezember 1989.

140 GA Res. 347 (IV) vom 24. November 1949, Annex B; geändert durch GA Res. 1438 (XIV) vom 5. Dezember 1959.

Sonderorganisationen einerseits[142] und die Mandate der entsprechenden Organe andererseits. Sowohl die Finanzregeln als auch die Mandate enthalten nun Aussagen darüber, nach welchen Kriterien die Effizienz und z. T. auch die Effektivität der Organisation überprüft werden sollen. Welche sind dies, und wie haben sie sich praktisch bewährt? Zunächst zu der internen Rechnungsprüfung:

Die Aufgaben der Abteilung des Sekretariats für interne Rechnungsprüfung sind in der Finanzordnung der UNO[143] geregelt. Danach soll die Abteilung unabhängige Prüfungen aller Rechnungen durchführen, und zwar gemäß allgemein akzeptierten, gemeinsamen Standards der Rechnungsprüfung.[144] Nach dieser bei 184 Staaten nicht sehr konkreten Vorgabe wird die Regel bestimmter. Es heißt weiter:[145]

> „The Division shall review, evaluate and report on the soundness, adequacy and application of systems, procedures and related internal controls. The audits shall encompass the following elements:
>
> (a) Compliance — a review of financial transactions to determine whether they are in compliance with General Assembly resolutions, financial and staff regulations and rules, and administrative instructions;
>
> (b) Economy and efficiency — an appraisal of the operational efficiency and economy with which financial, physical and human resources are utilized;
>
> (c) Effectiveness — a review of programmes and activities financed from regular and extrabudgetary resources to compare implementation of output with the commitments set out in the programme narratives in the approved programme budget."

Gefordert wird also eine Legalitätskontrolle, eine Wirtschaftlichkeitskontrolle sowie eine Evaluierung bzw. Implementierungskontrolle der im Programmhaushalt ausgeworfenen Programme. Um diese Prüfungsmaßstäbe zu konkretisieren, hat die Abteilung für innere Rechnungsprüfung ein Handbuch und eine Zusammenstellung von Standards entwickelt, deren Kriterien im wesentlichen vergleichbaren Handbüchern des General Accounting Office der USA entnommen sind.[146]

---

141 Art. 17 enthält freilich keine Kriterien der Rechnungsprüfung. Art. 17 Abs. 3 trägt der dezentralen Struktur des UN-Systems Rechnung.

142 UN Doc. A / 7938 enthält eine — freilich auf dem Stand von 1970 befindliche — Kompilation der einschlägigen Regeln.

143 UN Doc. ST / SGB / Financial Rules / 1 / Rev. 3 (1985). Für die Sonderorganisationen — die hier ausgeklammert bleiben — vgl. UN Doc. A / 7938, Teil 2. Eine Tätigkeitsbeschreibung der Abteilung findet sich auch in den Zweijahreshaushalten, z. B. UN Doc. A / 42 / 6 (Sect. 28 F) vom 6. März 1987 (bes. S. 7).

144 „... in conformity with generally accepted common auditing standards ...", Financial Regulations and Rules of the United Nations, UN Doc. ST / SGB / Financial Rules / 1 / Rev. 3 (1985), Rule 110.41.

145 Ebd.

146 Die Standards, die in einem internen Abteilungspapier ohne Dokumentennummer zusammengefaßt sind, sind „adapted from the ‚Standards for the Internal Controls in the Federal Government', issued by the United States General Accounting Office in 1983."

Darin sind sowohl Standards für das Rechnungsprüfungs-Verfahren als auch für die Qualifikation der Rechnungsprüfer enthalten. Besondere Betonung wird auf die Unabhängigkeit und Professionalität der Rechnungsprüfer gelegt. Erstere sei durch den unmittelbaren Zugang des Abteilungsleiters zum Untergeneralsekretär für Verwaltung und Management und notfalls zum Generalsekretär sowie durch einen eigenen Code of Ethics zureichend gewährleistet.[147]

Unabhängigkeit und Professionalität der Rechnungsprüfer sind auch die entscheidenden Kriterien für die jährliche Rechnungsprüfung, welche die Weltbank für die von ihr finanzierten Projekte verlangt. Nach den in einer Broschüre veröffentlichten Richtlinien fordert die Weltbank Informationen über die Ausbildung und Erfahrung der von den Empfängerstaaten eingesetzten Rechnungsprüfer; in der Regel werden staatliche Rechnungsprüfer akzeptiert, in Zweifelsfällen jedoch besteht die Bank auf privaten Rechnungsprüfern, die in Übereinstimmung mit dem Empfängerland bestellt werden.[148]

Wie die Prüfungsmaßstäbe der internen Rechnungsprüfung im einzelnen angewandt werden, läßt sich nur schwer beantworten, da die Tätigkeit der Internal Audit Division sich im wesentlichen im Verborgenen abspielt und die ca. 1500 Empfehlungen, welche die Abteilung jährlich abgibt[149], vertraulich sind, was um der Unabhängigkeit der Abteilung willen auch erforderlich ist. Doch kann bereits das Vorhandensein der Prüfungsstandards durchaus dazu beitragen, das Vertrauen in die interne Rechnungsprüfung zu stärken.

Den Debatten im 5. Ausschuß läßt sich im Hinblick auf die Effektivität der internen Rechnungskontrolle entnehmen, daß sowohl hinsichtlich der Ausstattung als auch des Ausbildungsstandes der Abteilung Defizite bestehen.[150] Darauf weist auch das ACABQ hin, als es 1984 eine Anregung des Board of Auditors aufgriff und unterstützte, eine Überprüfung der „programme performance" in die Aufgaben der Internal Audit Division einzubeziehen.[151] Eine für die Mitgliedstaaten nachvollziehbare Kontrollfunktion übt die interne Rechnungsprüfung jedoch nicht aus. Als 1984 Vorschläge zur Stärkung der Internal Audit Division in eine

147 Der damalige Leiter der Internal Audit Division stellte Verf. dankenswerterweise das Manuskript des 1989 / 1990 erstellten Handbuches zur Verfügung.

148 Dazu „Guidelines for Financial Reporting and Auditing of Projects Financed by the World Bank", IBRD (02) F4, März 1982.

149 Interview New York, 15. November 1989.

150 Vgl. UN Doc. A / C.5 / 39 / SR.4, para. 15 (USA), para. 27 ff. (Japan mit dem Vorschlag, das Verfahren des internal audit in das Budgetverfahren zu integrieren). Ferner A / C.5 / 39 / SR.5, para. 16 (Kanada mit dem Hinweis, daß die Mittel für die Abteilung seit 1975 nicht mehr aufgestockt wurden, obgleich die regulären und extrabudgetären Tätigkeiten der Organisation im gleichen Zeitraum um 86 bzw. 120% gestiegen seien). Die Internal Audit Division bestand 1989 aus 50 Mitarbeitern; das ACABQ betrachtete dies als zu wenig und hat verschiedentlich eine Aufstockung der Abteilung vorgeschlagen.

151 UN Doc. A / 39 / 510 vom 20. September 1984, para. 14 f.

Resolution aufgenommen werden sollten, wollte der Vertreter der Philippinen im 5. Ausschuß zuvor gerne wissen, was diese Abteilung eigentlich dürfe und tue.[152] Lediglich über die Berichte des Board of Auditors, also indirekt, erfahren die Mitgliedstaaten über die Tätigkeit der internen Rechnungsprüfer.[153] Wohl aber kann der Abteilung, die nicht als Kontroll-, sondern eher als Beratungsinstrument konzipiert ist, eine präventive und edukatorische Funktion bei der Einhaltung von Grundsätzen der Sparsamkeit und Wirtschaftlichkeit sowie der Programmvorgaben durch das Sekretariat nicht abgesprochen werden.

Fast alle Organisationen im UN-System verfügen über eigene Audit Divisions[154], die jedoch in aller Regel über nur unzureichende personelle und finanzielle Mittel verfügen — ein Indiz dafür, daß effizienzsichernden Managementmethoden im UN-System bei weitem noch nicht gebührende Beachtung geschenkt wird. Ihre Direktoren treffen einmal jährlich zur Abstimmung der Arbeitspläne und Besprechung methodischer Fragen zusammen. Die jeweiligen Prüfungen sind so aufeinander abgestimmt — auch mit der externen Rechnungskontrolle —, daß Überschneidungen weitgehend vermieden werden. Die Internal Audit Division der UN kann — wenn sie ein entsprechendes Mandat von der betreffenden Organisation, etwa dem UNDP, erhält, auch außerhalb des Sekretariates Prüfungen durchführen. Die Internal Audit Division ist darüber hinaus die einzige Abteilung des Sekretariates, die über eigene Haushaltsmittel für Ausbildungs- und Weiterbildungszwecke verfügt. Für Entwicklungsländer hat das Department of Technical Co-operation for Development im Rahmen der technischen Hilfe ein Kursprogramm organisiert.[155]

Bedeutend effektiver im Sinne einer wirklichen, von den Mitgliedstaaten nachvollziehbaren Kontrolle ist jedoch das Verfahren der externen Rechnungsprüfung. Nach einem feststehenden Arbeitsplan, der sowohl die Verteilung auf die drei Mitglieder des Board of Auditors als auch die Zeitabstände der Überprüfung einzelner Organe und Einrichtungen der UNO festlegt[156], erstellen die Rechnungsprüfer einen sehr detaillierten und umfänglichen Bericht, der im Sommer mit dem ACABQ beraten und dem 5. Ausschuß zusammen mit der Stellungnahme des ACABQ vorgelegt wird. Das Verfahren endet mit einer ausführliche Empfeh-

---

152 UN Doc. A / C.5 / 39 / SR.5, para 33.

153 Vgl. UN Doc. A / 39 / 5, Bd. 1.

154 Quelle des folgenden: Interview New York, 15. November 1989.

155 Siehe die Studie „Training of Government Accountants and Auditors", UN Doc. ST / TDC / SER.E / 9, New York 1989.

156 Für 1990 sah der Plan folgendes vor: („j" bedeutet jährliche Überprüfung, „z" Überprüfung im zwei-Jahres-Rhythmus): *Rechnungshof der Bundesrepublik Deutschland:* UNDP (j); UNFPA (j); UNOC (z); UNCTAD (z); ITC (z); UNDRO (z); ECE (z); ECA (z); IGH (z); UNOV (z); UNDRWA (j).

Rechnungshof Ghanas: UNICEF (j); UNHHSF (z); UNEP (z); UNHCR (j); Friedenstruppen (z); ESCAP (z); ESCWA (z); UNU (z).

Rechnungshof der Philippinen: Headquarters (z); Trust Funds und Special Accounts (z); UNTCD (z); UNITAR (j); ECLAC (z); WFC (z); UNUSPF (j).

lungen und Anweisungen an die Sekretariate enthaltenden Resolution der Generalversammlung.[157] Seit Mitte der achtziger Jahre enthalten die Berichte des Board of Auditors auch Stellungnahmen der Verwaltungen zu einzelnen Beobachtungen und Empfehlungen, was im 5. Ausschuß als nützlich, wenn auch inhaltlich meist nicht zufriedenstellend bewertet wird.[158]

Die Aufgaben der externen Rechnungsprüfer sind insgesamt etwas weiter gesteckt als diejenigen der internen Rechnungsprüfung. Dies ergibt sich bereits aus Res. 74 (I), nach welcher der Board folgende Aufgaben zu erfüllen hat: Überprüfung aller Konten und der Buchführung, Überprüfung der rechtmäßigen Anordnung finanzieller Transaktionen einschließlich der Zahlungen aus dem Working Capital Fund; Würdigung der internen Prüfungen nach Art und Umfang; Stellungnahme zu finanziellen Auswirkungen der Verwaltungsorganisation, nicht aber zu „reinen Verwaltungsfragen"; schließlich werden detaillierte technische Prüfungskriterien für die Kontenführung und Wirtschaftlichkeit aufgelistet. Am Ende der Resolution wird eine Formel für das Zertifikat der Rechnungsprüfer formuliert. Die Prüfungsmaßstäbe werden 1949 dahingehend ergänzt, daß der Board „in addition to certifying the accounts, may make such observations as it may deem necessary with respect to the efficiency of the financial procedures, the accounting system, the internal financial controls, and, in general, the financial consequences of administrative practices".[159] Bereits hier wird also das Moment der Managementkontrolle verstärkt. Die anzustellende Effizienzkontrolle bezieht sich nunmehr auch auf Verfahren der Finanzierung, Finanzabwicklung und Verwaltung der Organisationseinheiten der UNO. Diese Tendenz der Einbeziehung von Management- und Verwaltungskontrolle läßt sich seither immer wieder zumindest als Forderung im 5. Ausschuß verfolgen. Sie wurde durch Res. 2150 (XXI) unterstrichen und ebbte auch dadurch nicht ab, daß mit derselben Resolution die JIU als das für Mangementkontrolle zuständige Organ eingerichtet wurde.[160] In den Sonderorganisationen gehen die Prüfungsmaßstäbe in einigen wenigen Fällen so weit, auch die Zweckmäßigkeit von Ausgaben und allgemeine Managementfragen, nicht aber „general policy matters"[161] einzubeziehen.

In den Berichten der externen Rechnungsprüfer wird nun in der Tat eine Fülle finanzieller und administrativer Mißstände ans Licht gebracht. Abgesehen von gelegentlichen Unterschlagungen, Mißbräuchen, Fehlkalkulationen u. ä., die prinzipiell nicht zu verhindern sind und jeweils im Einzelfall aufgedeckt, abgestellt und geahndet werden müssen, offenbaren sich eine ganze Reihe struktureller Mißstände, etwa in den Bereichen Reisekosten, im Beschaffungswesen, bei der

157 Vgl. die in Anm. 139 genannten Resolutionen und die jeweils darin benannten Dokumente.

158 So z. B. der Vertreter Irlands für die EG, UN Doc. A / C.5 / 39 / SR.5, Ziff. 1.

159 GA Res. 347 (IV) vom 24. November 1949, Annex A, Ziff. 6.

160 Vgl. unten, S. 268 ff.

161 UN Doc. A / C.5 / L.902 vom 17. Oktober 1967, S. 4 f.

Bestellung, Vergütung und Kontrolle von Experten. Beklagt werden das Fehlen angemessener Buchführungs- und Rechnungsprüfungs-Maßnahmen, fehlende Projektevaluation u. a. mehr. Wenn der Vertreter Algeriens im 5. Ausschuß einmal die Frage stellte[162], warum die Externen Rechnungsprüfer Jahr für Jahr die gleichen Mängel hervorhöben, statt nach den Ursachen zu fragen, so ist das erste zwar zutreffend, die Ursachen hingegen werden sehr wohl genannt: in aller Regel liegen sie in der Nicht-Befolgung von Resolutionen der Generalversammlung oder sonstiger organisationsrechtlicher Vorschriften. So hatte die Generalversammlung bereits auf ihrer 33. Tagung beschlossen, Flüge in der ersten Klasse nur noch bei Reisen von über 9 Stunden Dauer zuzulassen. Das UNDP und UNFPA brauchten sieben Jahre, UNICEF acht Jahre, um diese Bestimmung schließlich auch anzuwenden.[163] So wird denn auch im 5. Ausschuß das Verfahren der externen Rechnungsprüfung insgesamt positiv gewürdigt, die Implementierung durch die entsprechenden Verwaltungsspitzen aber in aller Regel deutlich kritisiert bzw. überhaupt eingefordert.

Wenngleich auch die Debatten des 5. Ausschusses von finanzieller und administrativer Expertise geprägt sind, so zeigt sich hier doch in der politischen Grundrichtung die gleiche Konfrontation zwischen einer effizienzorientierten und einer effektivitätsorientierten Konzeption, die schon beim Ausbau des UN-Systems in den siebziger Jahren zu beobachten war. Die Vereinigten Staaten betonen gerade heraus, daß die UN in ihrer Mittelverwaltung und Finanzkontrolle die gleiche Sorgfalt und die gleichen Standards erreichen müssen wie die USA. Die Entwicklungsländer werden aufgefordert, das Bemühen der USA zu stützen, die Effizienz der Organisation durch vernünftigen Mitteleinsatz statt durch die Forderung nach Aufstockung der Mittel zu erhöhen.[164] Während der 40. Tagung der Generalversammlung betonte der amerikanische Delegierte, der Kongreß werde in Zukunft noch stärker als bisher bei der Bewilligung von Geldern für die UN die Berichte der External Auditors prüfen, um eine Kontrolle darüber zu haben, was mit den von den USA zur Verfügung gestellten Mitteln geschieht.[165] Ähnlich wies der Vertreter Japans darauf hin, daß der Ruf von UNDP nach höheren Beiträgen der Mitgliedstaaten wohlwollender aufgenommen würde, wenn Anzeichen für eine Verbesserung in der Rechnungsführung und Evaluierung erkennbar wären.[166]

Die Entwicklungsländer hingegen sehen — bei allen Zugeständnissen hinsichtlich der Versäumnisse im einzelnen — das Hauptproblem in einer unzureichenden Mittelausstattung der UN und ihrer daraus resultierenden Ineffektivität. Brasilien

---

162 UN Doc. A / C.5 / 40 / SR.5, Ziff. 15 f.

163 Darauf weist hin der Vertreter Japans, A / C.5 / 40 / SR.7, Ziff. 3. Vgl. dazu auch *Graham Hancock*, Lords of Poverty. The Power, Prestige, and Corruption of the International Aid Business, New York 1989, 91, der ähnliche Beispiele nennt.

164 UN Doc. A / C.5 / 38 / SR.5, Ziff. 3

165 A / C.5 / 40 / SR.7, Ziff. 7

166 A / C.5 / 38 / SR.5, Ziff. 13.

etwa merkt an, das UNDP habe um größerer Effizienz willen trotz erheblicher Bedenken seitens der Entwicklungsländer ein zentrales Evaluationsbüro eingerichtet; dadurch würden Mittel für operative Tätigkeiten abgezogen.[167] Mexiko protestierte gegen den in der Diskussion verwendeten Begriff der „Geber-Länder" und betonte, daß alle Staaten in gleicher Weise ihr Vertrauen in die ausführenden Organe der UN legten.[168] Algerien forderte diejenigen Mitgliedstaaten auf, sich mit kritischen Äußerungen zurückzuhalten, welche Mittel zurückbehielten, die zur Sanierung der für die Entwicklungsländer so wichtigen Einrichtungen wie UNITAR erforderlich wären.[169] Diese Beispiele dürfen jedoch nicht darüber hinwegtäuschen, daß auch aus den Reihen der Entwicklungsländer Initiativen im 5. Ausschuß ergriffen werden, um die Effizienz der Organisation im Detail zu erhöhen. So hat etwa Benin dem Ausschuß das Problem von Expertenverträgen und deren Kontrolle mit Nachdruck unterbreitet.[170]

Die EU unterbreitete verschiedene Verfahrensvorschläge zur Verbesserung der Kontrollmöglichkeiten der Generalversammlung, und zwar insbesondere im Hinblick auf die Implementierung der Empfehlungen der Rechnungsprüfer.[171] Auf ihre Initiative hin fordert die Generalversammlung in ihren das Rechnungsprüfungsverfahren abschließenden Resolutionen die Verwaltungsspitzen der Organisationen und Programme auf, die notwendigen Maßnahmen zur Beseitigung der angemahnten Mißstände zu ergreifen. Die zwischenstaatlichen Entscheidungsorgane werden aufgefordert, die Durchführung solcher Maßnahmen zu überprüfen; ferner soll der Board of Auditors die auf seine Empfehlung hin ergriffenen Maßnahmen in den Jahresberichten i. S. einer Erfolgskontrolle kommentieren.[172]

Verfolgt man die Debatten im 5. Ausschuß und die daraus resultierenden Resolutionen der Generalversammlung in den achtziger Jahren, so werden folgende Trends erkennbar: einmal ist insgesamt das Interesse der Staaten an den Debatten nicht überwältigend. Lediglich die USA, die UdSSR, die EG, Japan, Kanada und einige wenige Entwicklungsländer wie die Philippinen beteiligen sich regelmäßig. Doch fällt inhaltlich auf, daß die Resolutionen seit der 40.

---

167 A / C.5 / 35 / SR.4, Ziff. 23. Vgl. auch Marokko in A / C.5 / 40 / SR.6, Ziff. 10.

168 A / C.5 / 39 / SR.5, Ziff. 24: „... the instances in which those agencies had not maintained minimum levels of efficiency were decreasing, and it was for all member states to ensure their effectiveness".

169 A / C.5 / 40 / SR.5, Ziff. 15. Vgl. auch Kenia, A / C.5 / SR.7, Ziff. 15: „... while propriety, efficiency and cost-effectiveness were sound goals, it was important not to loose sight of the significance of the environment in which those bodies operated or of the role of the member States to which they provided services". Vgl. insgesamt auch *Saksena* (Anm. 12).

170 A / C.5 / 37 / SR.6, Ziff. 17 und SR.7, Ziff. 89 ff.

171 Vgl. A / C.5 / 37 / SR.6, Ziff. 14 ff.; A / C.5 / 39 / SR.5, Ziff. 1 ff.

172 Vg. GA Res. 38 / 30 vom 25. November 1983; 39 / 66 vom 13. Dezember 1984; 40 / 238 vom 18. Dezember 1985, Ziff. 6-8.

Generalversammlung detaillierter und bestimmter werden. Sowohl Verfahrensverbesserungen als auch das Drängen auf Einhaltung der Empfehlungen der Auditors einschließlich einer follow-up Kontrolle bestimmen ihren Inhalt, was insgesamt ein stärkeres Bewußtsein der Mitglieder der Generalversammlung für Fragen der Wirtschaftlichkeit und ein Bewußtsein der Notwendigkeit, das Budgetmanagement zu verbessern, anzeigen mag.

b) Managementkontrolle und Evaluierung im UN-System — ihre Bedeutung und ihre Auswirkungen

Um den Entscheidungsorganen des UN-Systems eine der Koordination und Planung korrespondierende Kontrolle zu ermöglichen, wurden im UN-System eine Reihe von Einrichtungen der Managementkontrolle und der Evaluierung geschaffen. Ihre Gründung geht auf das Bemühen zurück, die Effizienz der Organisation durch eine Modernisierung des Budgetverfahrens und die Einführung moderner Managementmethoden zu steigern. Im folgenden ist zunächst die Joint Inspection Unit und daran anschließend die Entwicklung von Evaluierungsverfahren zu schildern.

aa) Die Joint Inspection Unit — Mandat und Praxis

Die JIU ist aus der Finanzkrise der UN nach dem Kongo-Konflikt und den politischen Verhandlungen zu deren Beilegung hervorgegangen.[173] Frankreich hatte für die Zahlung seiner Beiträge zur Finanzierung von Friedenstruppen einen Kassensturz der Organisation zur Bedingung gemacht.[174] Daraufhin hat die Generalversammlung 1965 beschlossen, einen Expertenausschuß einzusetzen „to examine the Finances of the United Nations and the Specialized Agencies".[175] Auf der Grundlage eines vom Generalsekretär zu erstattenden Finanzberichts und in Zusammenarbeit mit dem ACABQ sollte der Ausschuß zwei Aufgaben erfüllen: erstens sollte er „the entire range of the budgetary problems" der UN untersuchen, und zwar einschließlich der Budgetverfahren sowie der haushaltstechnischen Abstimmung zwischen der UNO und den Sonderorganisationen; zweitens sollte er einen Bericht mit Empfehlungen erarbeiten,

---

173 Die Joint Inspection Unit hat in der Literatur relativ wenig Beachtung gefunden. Zu nennen sind: *Elmandjra* (Anm. 4), 75 f., 129 ff.; *Yves Beigbeder*, The Joint Inspection Unit of the United Nations. The First Ten Years (1968-1978), in: International Journal of Government Auditing 6 (1979), 11-14, 20; *ders.*, Management Problems (Anm. 2), 65-78; *Victor-Yves Ghebali*, L'évolution du Corps commun d'inspection des Nations Unies, in: AFDI 32 (1986), 439-453; *Siegfried Schumm*, Die Joint Inspection Unit als Versuch der Einführung organisatorischer Rationalität in internationalen Organisationen, in: *Dicke / Hüfner* (Anm. 129), 72-81; *Klaus Hüfner*, Joint Inspection Unit, in: Handbuch Vereinte Nationen (Anm. 4).

174 *Elmandjra* (Anm. 4), 133.

175 GA Res. 2049 (XX) vom 13. Dezember 1965.

„to secure better utilization of the funds available through rationalization and more thorough co-ordination of the activities of the organizations, and, on the other hand, to ensure that any expansion of those activities takes into account both the needs they are intended to meet and the costs member States will have to bear as a result."

Mit diesem letzten Auftrag trägt die Generalversammlung den mit der Mitgliederzahl steigenden Anforderungen an die Organisation Rechnung und führt zugleich ein dynamisches, auf das Wachstum der Organisation zugeschnittenes Moment in die Wirtschaftlichkeitskontrolle ein. Es überrascht nicht, daß es im Ausschuß zu einer Kontroverse darüber kam, ob der letztgenannte Punkt des Mandats dahingehend zu verstehen sei, daß die Aktivitäten der Organisation sich in einem von den Mitgliedstaaten im voraus festgelegten Finanzrahmen zu bewegen hätten, oder aber ob nicht eine solche Vorgabe die Flexibilität der Organisation ungebührlich einschränke.[176]

Der Zweiteilung seines Mandats entsprechend erfüllte der Ausschuß seine Aufgabe durch Vorlage zweier Berichte. In einem ersten Bericht[177] wird die Finanzlage der Organisation dargelegt, und in einem zweiten Bericht[178] wird sehr konzise und mit großer Konzentration das Koordinationsproblem des UN-Systems in seiner ganzen Bandbreite untersucht. Ohne in dem erwähnten Streit um die Auslegung des Mandats zu einem Ergebnis zu gelangen, konzentrierte sich dieser zweite Bericht „on the basic measures needed to ensure greater efficiency and real value for money in the vital work of human, social and economic development". Die Überlegungen des Berichts zielen im einzelnen „to over-all efficiency, to the elimination of possible duplication or overlapping, to improved methods of budget preparation, to inspection and control, to better administration, long-term planning and evaluation and to the best utilization of available resources, both human and material"[179]. Der Bericht hält sich damit im Rahmen von Effizienz- und Wirtschaftlichkeitsüberlegungen[180]; auch Koordinationsfragen werden unter diesem Gesichtspunkt betrachtet.

Eine der Empfehlungen des Ausschusses richtete sich darauf, das Kontrollsystem der UN durch die Gründung einer Inspektionsgruppe zu verstärken.[181] Die

---

176 UN Doc. A / 6343, Ziff. 16.

177 UN Doc. A / 6289 vom 26. März 1966.

178 UN Doc. A / 6343.

179 UN Doc. A / 6343, Ziff. 17.

180 So zutreffend auch *Hüfner* (Anm. 173), Rdn. 1.

181 *Elmandjra* (Anm. 4), 135 und — ihm folgend — *Köhler* (Anm. 4), 523, sehen in der Empfehlung, mit der JIU ein neues Organ im UN-System zu schaffen, einen Widerspruch zu der Empfehlung desselben Expertenausschusses, zur Koordination im UN-System keine neuen Organe zu schaffen, sondern die bestehenden Mechanismen besser aufeinander abzustimmen. Dies ist unzutreffend. Die letztgenannte Empfehlung ist ausdrücklich auf die Koordination im UN-System bezogen, während die Einrichtung der JIU empfohlen wird, um Evaluation und Kontrolle zu verbessern. Der Ausschuß hat m. a. W. die zu errichtende JIU ausdrücklich nicht als ein Koordinationsinstrument konzipiert.

Rechnungskontrolle allein wurde demnach für nicht zureichend erachtet. Der Inspektionseinheit sollten „the broadest powers of investigation in all matters having a bearing on the efficiency of the services and the proper use of funds“ gegeben werden.[182] Vorbild für dieses Kontrollorgan waren neben dem General Accounting Office der USA entsprechende Einrichtungen in Frankreich und Großbritannien.[183] Die Generalversammlung hat mit Res. 2150 (XXI) vom 4. November 1966 die Empfehlungen des Expertenausschusses gebilligt und u. a. die Sonderorganisationen wie den Generalsekretär als Vorsitzenden des ACC aufgefordert, geeignete Schritte zur Umsetzung dieser Empfehlungen zu unternehmen. Nach Absprache mit den Sonderorganisationen benannte der Generalsekretär diejenigen Staaten, welche Inspektoren stellen sollten.[184] Als Mandat der JIU, die am 1. Januar 1968 ihre Arbeit aufnahm, waren die von der Generalversammlung gebilligten Empfehlungen des Expertenausschusses anzusehen; dort war auch festgehalten, daß die Gruppe zunächst nur versuchsweise für vier Jahre eingesetzt werden sollte.[185]

Doch hatte die JIU ihre Arbeit noch nicht aufgenommen, als ihr Mandat bereits um wesentliche Punkte erweitert wurde. Ebenfalls 1966 hat die Generalversammlung mit Res. 2188 (XXI) beschlossen, dem Dauerproblem der Koordination durch einen allgemeinen Überblick über die Programme und Tätigkeiten der UN im Bereich der wirtschaftlichen, sozialen und technischen Zusammenarbeit beizukommen. Dabei wird nicht nur erneut eine Umsetzung der Empfehlungen der Guppe der 14 gefordert und insoweit auf die wenige Wochen alte Res. 2150 Bezug genommen, sondern das damals gerade erweiterte und in Enlarged Committee on Programme and Co-ordination (ECPC) umbenannte CPC wird aufgefordert, in einem Bericht „a clear and comprehensive picture of the existing operational and research activities of the United Nations family of organizations in the field of economic and social development and an assessment thereof“ vorzulegen. Für diesen Bericht stellt nun die Generalversammlung fünf Vorgaben auf. Der Bericht solle berücksichtigen:

> „(i) The maximum concentration of resources, at present and increasing levels, on programmes of direct relevance to Member States;
>
> (ii) A flexible, prompt and effective response to the specific needs of individual countries and regions, as determined by them, within the limits of available resources;
>
> (iii) The minimum burden on the administrative resources of Member States and of members of the organizations in the United Nations system;
>
> (iv) The evolution of an integrated system of long-term planning on a programme basis;

---

182 So UN Doc. A / 6343, Ziff. 67 B c.

183 *Beigbeder*, Management Problems (Anm. 2), 65.

184 Vgl. UN Docs. A / 6465 und A / 6635. Für die Besetzung der Inspektionsgruppe wurde also das für die Benennung von Experten übliche Verfahren gewählt.

185 Vgl. GA Res. 2360 vom 19. Dezember 1967.

(v) The institution of systematic procedures for evaluating the effectiveness of operational and research activities."

Drei Jahre später waren aus diesen Prüfungskriterien „objectives" geworden, „which should guide the organizations in the United Nations system in carrying out their research and operational activities in the field of economic and social development".[186] Nicht ohne Einfluß darauf war der Endbericht des ECPC, in dem die JIU nicht nur positiv gewürdigt, sondern auch mit einer neuen Aufgabe versehen wurde. Der Bericht empfahl, eine feste Zusammenarbeit zwischen dem CPC und der JIU zu etablieren. Die Berichte der JIU sollten unmittelbar dem ACABQ zugeleitet werden, um diesem Gelegenheit zu frühzeitiger Stellungnahme zu geben. Die Abstimmung und enge Zusammenarbeit zwischen CPC und JIU sollte insgesamt die Inspektionseinheit zu einem zusätzlichen Organ im Koordinationssystem der UN aufwerten.[187]

1970 wird die Erprobungsphase der JIU von der Generalversammlung verlängert[188]; 1972 noch einmal bis zum 31. 12. 1979.[189] Mit Res. 31 / 192 vom 22. Dezember 1976 schließlich wird die JIU mit Wirkung vom 1. Januar 1978 als dauerhafte Einrichtung eingesetzt; ihr Status ist der eines Nebenorgans der Generalversammlung und der Vollversammlungen der Sonderorganisationen.[190] Letztere wurden eingeladen, dem Statut der JIU durch Notifizierung beim Generalsekretär zuzustimmen; mit Ausnahme der Weltbankgruppe und des IFAD[191] kamen die Sonderorganisationen dem nach.

Nach der Satzung von 1978[192] besteht die JIU aus 11 unabhängigen Inspektoren, die über Verwaltungs- und Finanzerfahrung verfügen und aus verschiedenen Staaten stammen sollen. Die Amtszeit beträgt 5 Jahre; sie ist einmal verlängerbar. Den Inspektoren steht am Sitz der JIU in Genf ein kleines Sekretariat mit einem Forschungsstab zur Seite. Die Inspektionseinheit erstellt ein Jahresprogramm, in welches Anforderungen und Vorschläge der beteiligten Organisationen und der Koordinationsgremien des UN-Systems eingehen. Dieses Jahresprogramm wird dem Generalsekretär und dem ACABQ zugeleitet; es liegt der Generalversammlung allerdings erst zu einem Zeitpunkt vor, in dem es bereits zu drei Vierteln

---

186 So GA Res. 2579 (XXIV) vom 15. Dezember 1969, in welcher die Generalversammlung die Ergebnisse des ECPC-Berichts billigt.

187 Dazu insgesamt UN Doc. E / 4748, Ziff. 27.

188 GA Res. 2735 (XXV) vom 17. Dezember 1970.

189 GA Res. 2924 B (XXVII) vom 24. November 1972.

190 Nicht ganz unplausibel, aber doch wohl unzutreffend ordnet *Elmandjra* (Anm. 4), 75 ff., die JIU dem ACC zu.

191 Vgl. *Ghébali* (Anm. 173), 440 f. Die Organisationen und Organisationseinheiten, die mit der JIU zusammenarbeiten und zu ihrer Finanzierung beitragen, sind aufgelistet in UN Doc. A / 43 / 37 vom 24. August 1984, Ziff. 2 f.

192 GA Res. 31 / 192 vom 22. Dezember 1976, Annex. Art. 1 Abs. 1 sieht das Inkrafttreten am 1. Januar 1978 vor.

durchgeführt ist.[193] Über seine Tätigkeit erstattet die JIU der Generalversammlung jährlich Bericht.

Die JIU erstellt Berichte, Vermerke und vertrauliche Briefe.[194] Die Berichte richten sich an die Vollversammlungen des UN-Systems und enthalten solche Empfehlungen, welche zu ihrer Umsetzung deren Zustimmung bedürfen. Die Vermerke richten sich an die Verwaltungsspitze der jeweiligen Organisation und enthalten vorläufige Vorschläge, zu deren Umsetzung kein Beschluß der jeweiligen Vollversammlung erforderlich ist. Mit vertraulichen Briefen machen die Inspektoren die Verwaltungsspitze der betreffenden Organisation auf Mißstände oder Vorkommnisse aufmerksam, die sie nicht für geeignet halten, in einen Bericht aufgenommen zu werden. In der Erstellung der Berichte einschließlich der Themenwahl sind die Inspektoren völlig frei. Die Satzung sieht lediglich vor, daß die Empfehlungen der Inspektoren vor der Fertigstellung des Berichts „against the collective wisdom of the Unit" geprüft werden sollen.[195] Die JIU ist damit kein Kollegialorgan im eigentlichen Sinne[196]; selbst wenn eine Mehrheit der Inspektoren sich den Empfehlungen eines Kollegen nicht anschließt, sind „Alleingänge" eines Inspektors möglich.[197] Schon dadurch wird die Entwicklung eines einheitlichen Prüfungsmaßstabes, der die Arbeit der JIU leiten könnte, erheblich erschwert. Andererseits aber stärkt dies die Unabhängigkeit der Inspektoren.

Die Satzung selbst gibt nur äußerst vage Vorgaben für einen solchen Prüfungsmaßstab. Artikel 5, der das Mandat der JIU enthält, sichert den Inspektoren zunächst „the broadest powers of investigation in all matters having a bearing on the efficiency of the services and the proper use of funds" zu. Die Inspektionen sollen sich also primär auf die Wirtschaftlichkeit des Mitteleinsatzes richten. Abs. 3 bekräftigt dies noch einmal; er verlangt von der Unit, sich zu vergewissern, daß die Tätigkeiten der Organisationen „are carried out in the most economical manner and that the optimum use is made of resources available". Doch die Abs.

---

193 Dies mag man unter dem Aspekt der Unabhängigkeit positiv werten; doch das United States General Accounting Office fordert in einer Untersuchung über die JIU (United Nations: more can be done to strengthen the U.N. Joint Inspection Unit, Washington 1986, GAO / NSIAD 86-141) wohl sehr zurecht einen mittelfristigen Arbeitsplan mit Prioritäten. Vgl. *Hüfner* (Anm. 173), Rdn. 19.

194 Art. 11 Abs. 1 der Satzung. Zur Erläuterung siehe Guidelines of the Joint Inspection Unit, Annex zum Jahresbericht 1988, UN Doc. A / 43 / 37 vom 24. August 1988, 18.

195 Näheres hierzu bei *Ghébali* (Anm. 173), 442 ff.

196 Die Satzung spricht ohne erkennbare Systematik abwechselnd von „den Inspektoren" oder „der Einheit".

197 Der bekannteste Fall ist der *Bertrand*-Bericht, dem sich die Mehrheit der Inspektoren nicht anschloß. Vgl. UN Doc. A / 41 / 34 vom 9. September 1986, Ziff. 36, sowie *Ghébali* (Anm. 173), 443 und 450 zur Kritik des GAO am Individualismus der JIU-Berichte. Vgl. auch die im Rahmen der ILO von einem schwedischen Delegierten geäußerte scharfe Kritik an der Arbeitsweise der Inspektoren in: ILO Doc. GB 228 / PV — Minutes of the 228th Session, S. XI / 4.

2 und 4 gehen über diese Prüfungs- und Beratungsfunktion hinaus: Nach Abs. 2 sollen die Inspektoren „provide an independent view through inspection and evaluation aimed at improving management and methods and at achieving greater co-ordination between organizations". Mag die Managementkontrolle noch der Überprüfung und Steigerung der Wirtschaftlichkeit des Mitteleinsatzes dienen, so ist in der Formulierung unabhängiger Vorschläge zur Verbesserung der Koordination eine darüber hinausgehende politische Funktion zu sehen. Nach Ansicht eines Mitgliedes des 5. Ausschusses soll die JIU gar eine Vermittlungsfunktion zwischen den Sekretariaten und deren Interessen einerseits und den Mitgliedstaaten und deren politischen Anforderungen an die UN andererseits wahrnehmen.[198] Diese Ansicht kann sich auf Abs. 4 der Satzung stützen, nach dem die JIU den mit externer Evaluation beauftragten „intergovernmental bodies", also insbesondere dem CPC und ACABQ, Hilfestellung leisten soll „in carrying out their responsibilities for external evaluation of programmes and activities". Auf eigene Initiative oder auf Anforderung hin soll die JIU darüber hinaus Organisationen bei der Evaluierung methodisch beraten, die Evaluationsmethoden periodisch überprüfen „and make ad hoc evaluations of programmes and activities" — d. h. also, selbst externe Evaluierung vornehmen. Mit der Kompetenz der Programmbewertung sind die Untersuchungen der JIU auch auf die Effektivität der Organisationen und ihrer Programme gerichtet.

Um das Mandat der JIU auszuführen, können die Inspektoren Reformempfehlungen abgeben, haben aber keine Entscheidungsbefugnis. Ihre Berichte müssen von den Verwaltungsspitzen den Entscheidungsgremien der betroffenen Organisationen innerhalb einer Frist von sechs Monaten zur Beratung vorgelegt werden; über Maßnahmen, die aufgrund von JIU-Berichten ergriffen werden, ist die JIU zu informieren. Sie kann ihrerseits wiederum Berichte über die Implementierung erstellen.[199]

Die Arbeitsweise der JIU, die prinzipiell von den Mitgliedstaaten wie von den Sekretariaten akzeptiert wird, hat verschiedentlich zu Kritik geführt. Neben kritischen Anmerkungen des ACABQ bzw. in den Verhandlungen des 5. Ausschusses der Generalversammlung sind insbesondere einige Studien des General Accounting Office der USA[200] zu nennen. Obgleich die JIU im Laufe ihrer Tätigkeit eine Vielzahl wissenschaftlich durchaus interessanter und sehr informativer Berichte[201] hervorgebracht hat, hat ihre Tätigkeit jedoch nicht in dem gewünschten

198 So der Vertreter Marokkos im 5. Ausschuß der Generalversammlung, UN Doc. A / C.5 / 38 / SR.24, Ziff. 38 f. Er hebt die Unabhängigkeit der JIU mit der Begründung hervor: „Its function made it the arbitrator between Governments and the Secretariat, a role which was frequently difficult to play, since it required the reconciliation of opposing interests."

199 Die — weitgehend unzureichende — Implementierung der JIU-Berichte ist verschiedentlich Gegenstand deutlicher Kritik gewesen. Vgl. *Ghébali* (Anm. 173), 451 ff.

200 Dazu *Hüfner* (Anm. 173), Rdn. 19 m. w. N.

Ausmaß zur Stärkung der Effizienz der Organisation beigetragen. Die Ursachen hierfür sind vielfältiger Art. Die Bestellung der Inspektoren erfolgt nicht nach fachlichen, sondern nach politischen Gesichtspunkten, mit dem Ergebnis, daß lediglich eine Minderheit der Inspektoren über ausreichende Verwaltungserfahrungen verfügt.[202] Weiterhin bestehen manche Berichte aus sehr technischen und hochspezialisierten Abhandlungen, deren Umsetzung in die Praxis von den zwischenstaatlichen Entscheidungsgremien kaum geleistet werden kann. So ist das Interesse für die JIU gerade auch im fünften Hauptausschuß der Generalversammlung eher gering geblieben. Mitte der achtziger Jahre trug dies insofern zum negativen Erscheinungsbild der UN bei, als die vielfältigen Berichte über Mißstände in der UN-Bürokratie als Quelle für kritische Darstellungen der UN in einzelnen Mitgliedstaaten herangezogen wurden.[203] In den Sonderorganisationen wird gelegentlich harte Kritik an der JIU geübt: für einen Bericht über die Personalpolitik der ILO habe sich der Inspektor beim Internationalen Arbeitsamt nicht ausreichend informiert; zudem habe er durch kritische Anmerkungen zur Politik der ILO seine Kompetenzen überschritten.[204] Schließlich ist die Wahl der Themen für die Berichte der JIU ins Ermessen der Inspektoren gestellt; statt eines klaren, auf die Erfordernisse der Organisation abgestellten Arbeitsplanes, wie ihn der 5. Hauptausschuß aufgrund seiner Kompetenz und seines Sachverstandes beschließen könnte, werden an die JIU eine Fülle von Erwartungen herangetragen, welche das ohnehin nicht sehr klare Mandat der Einheit noch weiter verwässern. Dem urspünglichen Gründungsgedanken, die Effizienz der Organisation durch eine von Experten vorgenommene Managementkontrolle und -beratung zu steigern, konnte die Einheit schon insofern nicht gerecht werden, als die meisten ihrer Vorschläge nicht zu einer Verringerung und Konsolidierung der Ausgaben der UN, sondern zu Erhöhungen von Haushaltsposten beitrugen.[205]

Bei aller Kritik an der JIU wurde in den Jahren 1980 - 1985 jedoch grundsätzlich an der Notwendigkeit dieser Einrichtung festgehalten. Allerdings gingen die Reformvorschläge in verschiedene Richtungen: die USA suchten das Mandat der Inspektionsgruppe dahingehend zu ergänzen, daß diese die Erfüllung von Mandaten, die aus Resolutionen der Generalversammlung und anderen Vollver-

---

201 1975 bis 1984 hat die Einheit 115 Berichte veröffentlicht. Da nicht alle Berichte als Dokumente der Generalversammlung zugänglich sind, ist man auf die Jahresberichte der JIU verwiesen, die bis 1979 als Dokumente des 5. Hauptausschusses (A / C.5-) und ab 1980 als Supplement 34 der GAOR veröffentlicht werden.

202 Vgl. die oben, Anm. 197, angeführte kritische Stimme aus der ILO; ferner die deutliche Kritik des ACC, in: UN Doc. E / 1989 / 18 vom 17. März 1989, Ziff. 210 f.

203 So sind Berichte der JIU zusammen mit den Berichten der Rechnungsprüfer die Hauptquellen des Buches von *Hancock* (Anm. 163).

204 Oben, Anm. 196. In seiner Replik wies der Vertreter der Ukraine (a. a. O., S. XI / 6) darauf hin, der 5. Ausschuß der Generalversammlung sei der Ort, an dem solche Kritik vorgebracht werden müsse, da dort der Arbeitsplan der Einheit beraten werde.

205 So der Vertreter der Ukraine im 5. Hauptausschuß der Generalversammlung, UN Doc. A / C.5 / 37 / SR.24, Ziff. 20 ff.

sammlungen hervorgehen, überprüfen solle. Die Sowjetunion wollte die Rolle der JIU auf die Haushaltskonsolidierung konzentrieren. Und die EG schließlich suchte die Bemühungen der JIU zur Stärkung der Evaluierung im UN-System zu stärken. Auf die Evaluierungsverfahren im UN-System ist nun im folgenden kurz einzugehen.

bb) Die Einrichtung eines Evaluierungssystems in den UN

Integrierter Bestandteil jeder Haushaltsplanung ist neben einer Kontrolle der technischen Haushaltsabwicklung eine Überprüfung der Verwirklichung der Haushaltsziele. Nach der Einführung von Programmhaushalten war deshalb auch in den Vereinten Nationen das Bemühen vorhanden, eine regelmäßige Berichterstattung über die im Programmhaushalt bzw. mittelfristigen Plan festgehaltenen Programme und ihre Implementierung einzurichten. Insbesondere die JIU hat immer wieder in diese Richtung gedrängt.[206] Die dabei eingeführten Instrumente und Verfahren zur Evaluierung unterscheiden sich von der administrativ-technischen Kontrolle und Beratung durch die Auditors und die JIU insofern, als sie eine politisch-inhaltliche Kontrolle darstellen, die auf mittelfristige, von der Generalversammlung verabschiedete Programme und deren Erfüllung sowie auf die Umsetzung der daraus resultierenden Unterprogramme und Projekte gerichtet ist. Damit ist sie speziell auf eine Auswertung der Ist-Leistung der UN-Tätigkeiten mit der Perspektive ihrer Verbesserung konzentriert.

Die Errichtung eines Evaluierungssystems in den UN beginnt mit der Neugestaltung der Haushaltspräsentation zur besseren Programmplanung, die mit der Verabschiedung des ersten mittelfristigen Plans durch die Generalversammlung einen ersten Abschluß fand.[207] Sie ist bis heute nicht vollständig abgeschlossen. Ziel des Evaluierungssystems im bereits geschilderten Gesamtprozeß der Planung ist es, die Zielverwirklichung an bestimmten Kriterien zu messen, um den über den Haushalt beratenden und beschließenden Organen Rückschlüsse für eine Verbesserung des gesamten Budgetkreislaufs, d. h. für die Programmplanung, Haushaltsgestaltung, die Rückmeldung über die Zielverwirklichung („monitoring") und die Evaluierung zu ermöglichen.[208] Ehe diese Kriterien und die bisherigen Ergebnisse der Evaluierung näher zu untersuchen sind, ist zunächst ein kurzer Blick auf die Organisation der Evaluierung zu werfen.

---

206 So bereits 1977 in einem Bericht, UNYB 1977, 1051; 1981 zwei Berichte (A / 36 / 181); JIU / REP / 85 / 11 (= A / 41 / 202 vom 7. März 1986) und JIU / REP / 88 / 1. Der letztgenannte Bericht enthält als Annex I einen historischen Überblick über die Einführung von Evaluierungsverfahren in den UN.

207 GA Res. 37 / 234 vom 21. Dezember 1982. Dazu oben, S. 251.

208 Zu den methodischen Gesichtspunkten der Evaluierung vgl. insbesondere die beiden Berichte des Generalsekretärs A / 38 / 133 vom 22. April 1983 sowie A / 43 / 179 vom 16. März 1988. Dort finden sich jeweils auch Informationen über die hier nicht im einzelnen behandelten Evaluierungseinrichtungen.

Grundsätzlich sind zwei Ebenen der Evaluierung zu unterscheiden: zum einen die von den Programm-Managern[209] der einzelnen Einheiten des UN-Systems vorzunehmende Selbst-Evaluierung, und zum andern die von einer eigenen Einheit des Sekretariates im Zusammenwirken mit dem CPC bzw. — auf Anforderung der Generalversammlung oder eines anderen zwischenstaatlichen Gremiums — von anderen Evaluierungseinrichtungen vorzunehmende sog. „in-depth" Evaluierung. Die Selbst-Evaluierung bezieht sich auf die Unterprogramme des mittelfristigen Plans — bei dem Plan 1984-1989 waren dies insgesamt 464; sie ist 1986 zunächst für einen Teil der Unterprogramme verbindlich eingeführt worden.[210] Die Programm-Manager haben danach die Tätigkeit ihrer Einheit einer Analyse zu unterziehen „by measuring accomplishments against stated objectives and to analyze whether and why the results were successful or not".[211] Die Analysen — die vom „Monitoring", also dem Bericht über die Implementierung der Ziele zu unterscheiden sind — sind hauptsächlich für den eigenen Gebrauch der Programm-Manager bestimmt. Allerdings ist alle zwei Jahre eine Zusammenfassung über das Sekretariat und das CPC an die Generalversammlung zu leiten, um die Mitgliedstaaten in der Beratung der Programmhaushalte zu unterstützen. Bis zum 31. Januar 1988 waren 54 solcher Zusammenfassungen beim Sekretariat eingegangen. Bemerkenswert ist, daß UNCTAD, das sich ursprünglich mit Kapazitätsargumenten gegen die verbindliche Einrichtung von Evaluierungsverfahren wandte, sein Soll zu mehr als 200% erfüllte. UNCTAD ist darüber hinaus eine der wenigen Organisationen, in denen die Ergebnisse der Evaluierungen, welche die UNCTAD-eigene Evaluierungseinheit vornimmt, unmittelbar dem zwischenstaatlichen Gremium zugänglich gemacht werden.

Im Unterschied zur Selbstevaluierung richtet sich die „in-depth" Evaluierung auf die im mittelfristigen Plan benannten Hauptprogramme. Sie wird in der Hauptsache auf Anforderung des CPC nach einem von diesem erstellten Plan von einer Zentralen Evaluierungs-Einheit, die der Sekretariatsabteilung für Management und Verwaltung zugeordnet ist, durchgeführt. Es handelt sich hier also um eine zentralisierte Evaluierung. Die im März 1985 aus dem Evaluierungsbüro des Department of International Economic and Social Affairs geschaffene Einheit besteht aus vier UN-Beamten und einem kleinem Stab; mit dieser Besetzung kann sie bestenfalls zwei Berichte im Jahr erstellen, die nach dem 1985 vom CPC festgelegten Plan nach drei Jahren einer Revision unterzogen werden. Die Einheit ist auch verantwortlich für theoretische und methodische Fragen der Evaluierung im UN-System.[212]

---

209 Programm-Manager in diesem Sinne sind die Abteilungsleiter bzw. Verwaltungsspitzen derjenigen Einheiten im UN-System, welche die im mittelfristigen Plan bzw. im Programmhaushalt bezeichneten Programme und Unterprogramme durchführen.

210 Vgl. UN Doc. A / 43 / 179, Ziff. 14 ff. Über die erfolgten Evaluierungen berichtet ausführlich UN Doc. A / 47 / 116 vom 5. April 1992. Dort (S. 25 ff.) auch der Evaluierungsplan für den mittelfristigen Plan 1992-1997.

211 UN Doc. A / 43 / 179, Ziff. 18.

Die Maßstäbe und Kriterien, nach denen die Programmverwirklichung zu Evaluierungszwecken zu analysieren ist, ergeben sich aus einem Handbuch, welches einerseits die von der Generalversammlung als Annex zu Res. 37 / 234 erlassenen „Regulations Governing Programme Planning, the Programme Aspects of the Budget, the Monitoring of Implementation and the Methods of Evaluation" und andererseits Ausführungsbestimmungen des Generalsekretärs enthält; dem Handbuch ist ein Glossar beigefügt.[213] Als Ziel der Evaluierung hatte die Generalversammlung bestimmt:

„(a) To determine as systematically and objectively as possible the relevance, efficiency, effectiveness and impact of the Organization's activities in relation to their objectives;

(b) To enable the Secretariat and Member States to engage in systematic reflections, with a view to increasing the effectiveness of the main programmes of the Organization by altering their content and, if necessary, reviewing their objectives."[214]

Maßstab der Prüfung sind m. a. W. die von den Regierungen der Mitgliedstaaten bzw. den programmformulierenden Organen der UN festgelegten Programmziele. Kriterien der Prüfung sind Relevanz, Effizienz, Effektivität und der „Erfolg" der betreffenden Tätigkeiten. Wie sind diese Kriterien definiert?[215] „Relevanz" bezeichnet das Ausmaß, in der eine Aktivität oder Strategie ein formuliertes Ziel erreicht und gleichzeitig die Problemangemessenheit des Zieles. Dieses Kriterium fragt also nach der Übereinstimmung von Problem, Zielbeschreibung und Zielerreichung durch entsprechende Maßnahmen. Mit „Effizienz" wird die Umsetzung von inputs in outputs bemessen. „Effektivität" bezeichnet den Zielerreichungsgrad, und „Erfolg" bezeichnet die Wandlungen, welche als Ergebnis einer Aktivität zu verzeichnen sind. Bezugspunkt der Prüfungen soll jeweils der Nutzen der Programme für die „Endverbraucher" sein.

In der Praxis hat die Anwendung dieser Kriterien mehr Probleme aufgeworfen als gelöst. Evaluierungen konnten sich deswegen nur schwer durchsetzen, weil sie weitgehend als zusätzlicher Verwaltungsaufwand angesehen wurden und die PPBME rules zwar verteilt, aber nicht gelesen wurden.[216] Der Erfolg einzelner

---

212 Vgl. die sehr kritischen Bemerkungen zur Durchführung von Evaluierungen im UN-System in UN Doc. A / 43 / 179, Ziff. 30 ff.

213 Regulations and Rules Governing Programme Planning, the Programme Aspects of the Budget, the Monitoring of Implementation and the Methods of Evaluation, UN Doc. ST / SGB / PPBME Rules / 1 (1987). Änderungen ergeben sich aus GA Res. 42 / 215. Vgl. UN Doc. A / 43 / 179, Ziff. 64.

214 A. a. O., Regulation 6.1.

215 Zum folgenden a. a. O., rules 106.1 - 106.4.

216 Dazu wie zum folgenden die Berichte des Generalsekretärs über die Anwendung und Ergebnisse von Evaluierungsverfahren, UN Doc. A / 43 / 179, A / 47 / 116.

Programme hat sich oft als nicht meßbar erwiesen; Ursachen sind zum einen die Ungeeignetheit quantifizierender Verfahren und zum andern die oft nur sehr unpräzise Formulierung von Programmzielen in den Resolutionen der entsprechenden Vollversammlungen. Wenn die Ziele hingegen mit hinreichender Präzision formuliert waren, so waren die Kriterien zur Bemessung des Erfolges aus einer sachkundigen Bewertung des Programminhalts selbst zu gewinnen. Die „in-depth"-Evaluierung des Hauptprogramms Menschenrechte bewerkstelligt dies durch Auswertung der wissenschaftlichen Literatur zu Menschenrechten einerseits und ausführliche Beratungen mit dem Genfer Menschenrechtszentrum und den von einzelnen Menschenrechtskonventionen eingesetzten Expertenausschüssen andererseits.[217]

Trotz der Kritik kann den Bemühungen um die Einführung von Evaluierungssystemen ein, wenngleich bescheidener, Erfolg nicht abgesprochen werden: in den Abteilungen, die Selbstevaluierung durchführten, hat dies einerseits zu einer verbesserten Aus- und Fortbildung der UN-Bediensteten und zum andern zu einer verbesserten Kommunikation zwischen verschiedenen Sekretariatsabteilungen geführt.[218] Die Evaluierung durch die Evaluierungseinheit des Sekretariats, die in hohem Maße informative und mit sehr präzisen Empfehlungen versehene Berichte erstellt hat, macht ein grundlegendes Effizienzdilemma der UN deutlich: der Ruf nach administrativer Effizienz steigert die Bürokratisierung des Systems; der Einfluß der Bürokratie hängt aber allein davon ab, ob und in welchem Ausmaße Regierungsvertreter sich deren Empfehlungen zu eigen machen. Die Empfehlungen der Evaluierung des Menschenrechtsprogramms haben nur in ganz wenigen Statements im CPC bzw. im 3. Hauptausschuß der Generalversammlung Niederschlag gefunden. Auch mag die unpräzise Formulierung von Mandaten aus diplomatischen Gründen erforderlich und unvermeidlich sein; sie trägt jedoch dazu bei, Forderungen nach administrativer Effizienz zu unterlaufen.

3. Zusammenfassung

Koordination, Evaluierung und Kontrolle im UN-System sind Folgeprobleme des organisatorischen Wachstums der Organisation, das seinerseits aus den erhöhten Anforderungen seitens der Mitgliedstaaten insbesondere im Bereich der wirtschaftlichen, sozialen und humanitären Tätigkeit der UN resultiert.[219] Nachdem

---

217 Vgl. den Bericht des Generalsekretärs über die Evaluierung des Menschenrechtsprogramms UN Doc. E / AC.51 / 1989 / 2 vom 21. April 1989.

218 Interviews New York, November 1989, mit verschiedenen Bediensteten, die einen Evaluierungskurs besucht hatten. Die Kurse hätten durch die Vermittlung verwaltungstechnischer Kenntnisse die Alltagsarbeit durchaus erleichtert und per saldo die Effizienz der Abteilung erhöht. Freilich — so fügte ein Bediensteter hinzu — die Umsetzung von Evaluierungsrichtlinien bereite ihm nach wie vor Probleme.

die Koordination und Kontrolle anfänglich lediglich auf die Vermeidung von Überschneidungen und Doppelarbeit zielte, wurden beide Probleme seit Beginn der siebziger Jahre zunehmend zum Focus einer rational durchstrukturierten Programmplanung des UN-Systems. Dabei konnte sowohl bei den Koordinations- und Planungsinstrumenten als auch bei den Verfahren der Rechnungskontrolle, der Managementkontrolle und Evaluierungsverfahren festgestellt werden, daß einerseits im Zusammenhang mit dem Programmplanungs-, Haushalts- und Evaluierungssystem eine Konzeption entwickelt wurde, die in sich stimmig ist und höchsten Verwaltungsansprüchen genügt. Fast alle einzelnen Momente dieser Konzeption — der Programmhaushalt, die Programmplanung, die Grundsätze der Rechnungsprüfung, die JIU, die Evaluierungsrichtlinien — sind US-amerikanischen Vorbildern nachgebildet oder doch stark von ihnen beeinflußt. Die Anwendung, erst recht aber das Zusammenspiel der einzelnen Elemente scheitert jedoch regelmäßig an politischen Faktoren: das Sekretariat, dem in der Erarbeitung einer modernen, an effizienter Arbeitsweise und effektiver Programmdurchführung orientierten administrativen Konzeption der UN große Verdienste zukommen, kann auf die Souveränität der Staaten, die Autonomie der Sonderorganisationen und anderer Untergliederungen des Systems nur immer wieder hinweisen; überwinden kann es sie nicht.

So bestätigt der Überblick über Koordinations-, Programmplanungs- und Evaluierungsbemühungen bis Ende der achtziger Jahre nachdrücklich die sehr vorsichtige Formulierung von *Feld / Jordan*, daß „political desiderata may impose constraints on purely rational considerations to set up an effective management model".[220] Für die nun vorzunehmende Analyse der Reformen nach 1985, aber auch für die Theorie internationaler Organisationen bedeutet dies, daß der Spannung zwischen einer politischen Perspektive der UN als Verhandlungsforum hier und als operativer Organisation dort Rechnung zu tragen ist.

§ 9 Die Reform der UN nach 1985

Beim 40. Jahrestag der Gründung der Vereinten Nationen war unter deren Mitgliedern „a widespread feeling of malaise regarding its effectiveness and efficiency"[1] vorherrschend. Die Entwicklungsländer hatten das Scheitern ihrer Bemühungen um eine neue Weltwirtschaftsordnung und um eine entsprechende Ausgestaltung der Weltorganisation vor Augen; die westlichen Staaten kritisierten Mißmanagement und Finanzgebaren der Organisation; der größte Beitragszahler

---

219 So zutreffend *Saksena* (Anm. 12), 43 u. ö.

220 *Feld / Jordan* (Anm. 2), 85.

1 So der Generalsekretär in seinem analytischen Bericht über den Reformprozeß, UN Doc. A / 45 / 226 vom 27. April 1990, Ziff. 242.

war auf deutliche Distanz zur UN gegangen. War in der zweiten Reformphase bei aller Kritik an der Effizienz und Effektivität des multilateralen Instrumentariums des UN-Systems der Multilateralismus an sich unumstritten, ja wurde die Schaffung neuer multilateraler Instrumente vom größten Teil der Mitgliedschaft geradezu als Erfolgsrezept angesehen, die Effektivität der UN zu steigern, so wird die Krise der UN nach 1985 als eine solche des Mulilateralismus selbst empfunden und dargestellt.[2] Das Bild der Organisation in der Öffentlichkeit war angesichts relativer Bedeutungslosigkeit bei der Lösung internationaler Konflikte, innerer Zerstrittenheit der Mitglieder und administrativer Fehlentwicklungen auf einem Tiefpunkt angelangt.

Die amerikanische Beitragszurückhaltung und die dadurch ausgelöste ernsthafte Finanzkrise der Organisation[3] leitete indessen eine dritte, umfangreiche Reformphase der Organisation ein. Die einzelnen Reformmaßnahmen, die in dieser Phase seit 1985 zustandekamen, umfassen drei Komplexe: erstens ein Krisenmanagement zur Aufrechterhaltung der Zahlungsfähigkeit der UN in Gestalt von Personalkürzungen, Einsparungen von Sachmitteln und Rationalisierungsmaßnahmen, zweitens eine Reform der Entscheidungsfindung im Haushaltsverfahren und drittens eine Initiative zur Reform der zwischenstaatlichen Zusammenarbeit im wirtschaftlichen, sozialen und humanitären Bereich, in dessen Zentrum eine Reform des ECOSOC stehen sollte. Der Rahmen der 1985 einsetzenden Reformüberlegungen wurde nicht zuletzt unter dem Einfluß des mit der Gesamtstruktur des UN-Systems hart ins Gericht gehenden *Bertrand*-Berichtes[4] von 1985 sehr weit gesteckt.[5] Die Überlegungen und Debatten wurden und

2 *John de Gara*, Administrative and Financial Reform of the United Nations (The Academic Council of the United Nations System, Reports and Papers 1989-2), Hanover 1989, 2; *Mowaffak Allaf*, The UN Crisis — A Crisis in Global Multilateralism?, Bonn 1986; *K. P. Saksena*, Reforming the United Nations. The Challenge of Relevance, New Delhi 1993.

3 Dazu *Wilfried Koschorreck*, Finanzkrise, in: *Rüdiger Wolfrum* (Hrsg.), Handbuch Vereinte Nationen, 2. Aufl. München 1991, 148-155. Über die finanzielle Situation der Organisation zum 31.12.1989 informieren UN Doc. A / C.5 / 44 / 27 vom 29. November 1989 und A / 44 / 857 vom 8. Dezember 1989.

4 *Maurice Bertrand*, Some Reflections on Reform of the United Nations, UN Doc. JIU / REP / 85 / 9 = A / 40 / 988, 1985.

5 Vgl. u. a. *A. F. Ewing*, Reform of the United Nations, in: JWTL 20 (1986), 131-141; *Paul Tavernier*, Le progressus de reforme des Nations Unies, in: RGDIP 92 (1988), 305-334; *Antonio Donini*, Resilience and Reform: Some Thoughts on the Processes of Change in the United Nations, in: International Relations 9 (1988), 289-315; *John P. Renninger*, Improving the United Nations System, in: Journal of Development Planning 17 (1987), 85-111; *Victor-Yves Ghébali*, La crise du système des Nations Unies, Paris 1988; *United Nations Association — USA*, A Successor Vision: The United Nations of Tomorrow. Final Panel Report, New York 1987; *Christian Tomuschat*, Die Krise der Vereinten Nationen, in: EA 42 (1987), 97-106; *Rüdiger Wolfrum* (Hrsg.), Die Reform der Vereinten Nationen. Möglichkeiten und Grenzen, Berlin 1989; *Klaus Dicke*, Reform der UN, in: Handbuch Vereinte Nationen (Anm. 2), 663-673; *ders.*, Reforming the United Nations. The 1990s and Beyond, in: Japanese-German Center Berlin / German

werden durch eine beachtliche Fülle wissenschaftlicher Publikationen zur UN-Krise und -Reform — oft aus der Feder von UN-Praktikern[6] — unterstützt.

Im folgenden sind nun zunächst die Reformüberlegungen und -maßnahmen nach 1985 im Überblick darzustellen und insbesondere unter dem Gesichtspunkt zu analysieren, ob es gelang, jenseits des Gegeneinanders einer auf organisatorisches Wachstum und Zuwachs der Programme zielenden, effektivitätsorientierten und einer Effizienz in den Vordergrund stellenden Konzeption einen neuen Grundkonsens zu finden. In einem zweiten Schritt ist der Kern dieser Maßnahmen, die Umgestaltung des Haushaltsverfahrens einschließlich der Willensbildung über das Budget, daraufhin zu analysieren, ob die oben geschilderten strukturellen Defizite und Probleme der Koordination und Kontrolle im UN-System verringert und im Blick auf Effizienz und Effektivität der Organisation gelöst werden konnten. Die Darstellung ist abzurunden durch einen kurzen Blick auf die neuen Rahmenbedingungen einer UN-Reform seit dem Ende des Ost-West-Konflikts sowie einzelne Reformschritte seit 1990.

1. Reformdebatten und Reformmaßnahmen nach 1985

Wie in der zweiten Reformphase dem *Jackson*-Bericht, so kommt für die dritte Phase dem *Bertrand*-Bericht maßgebende Bedeutung zu. *Maurice Bertrand*, ein französischer Verwaltungsfachmann mit langjähriger persönlicher Erfahrung in internationalen Organisationen, hat 1985 zum Abschluß seiner 1968 begonnenen Tätigkeit als Inspektor der Joint Inspection Unit einen Bericht über den Zustand des UN-Systems mit umfassenden Reformvorschlägen verfaßt. Obgleich die Umstände der Veröffentlichung des Berichtes auf Kritik stießen[7], fand er bei den Bediensteten der UN und zahlreichen, besonders westlichen, Mitgliedstaaten Beifall, weil er deren Kritik an struktureller Ineffizienz und Ineffektivität des Systems artikulierte und Überlegungen zu konkreten Reformmaßnahmen initiierte.[8] Der Bericht diente als Ausgangspunkt für eine Fülle wissenschaftlicher Veröffentlichungen zur UN-Reform, zu denen *Bertrand* selbst vielfältig beitrug.[9]

United Nations Association / United Nations Association of Japan (eds.), The Role of the United Nations in the 90s, Berlin 1991, 79-86; *ders.*, Entwicklungspolitische Aspekte der UN-Reform, in: e + z 34 (1993), 172-174; DGVN (Hrsg.), Strukturreform der UN? Notwendigkeit, Ansätze und Handlungsspielraum einer Reform der Vereinten Nationen im Bereich der wirtschaftlichen Zusammenarbeit, Bonn 1992; *Saksena* (Anm. 2), jeweils m. w. N.

[6] Vgl. die Nachweise bei *Dicke*, Reform (Anm. 5).

[7] *Victor-Yves Ghébali*, L'evolution du Corps commun d'inspection des Nations Unies, in: AFDI 32 (1986), 439-453 (443); vgl. auch *Bertrand G. Ramcharan*, Revitalizing the United Nations, in: Nordic Journal of International Law 55 (1986), 241-261 (241 f.); *Saksena* (Anm. 2), 108.

[8] *Donini* (Anm. 5), 301. Der Bericht war u. a. auch Gegenstand einer kleinen Anfrage im Deutschen Bundestag; siehe BT Drs. 10/5972 vom 3. September 1986.

Zu der Aufmerksamkeit, die der Bericht erregte, trug sicherlich seine Veröffentlichung kurz vor der Sitzung der Generalversammlung zum 40. Jahrestag der Organisation bei.

Die sechs Kapitel umfassende Studie geht aus von der Tatsache, daß die Kritik an vielfältigen Strukturschwächen der UN eine Intensität erreicht habe, die die Wirksamkeit der Organisation nachhaltig beeinträchtige und das Vertrauen der Öffentlichkeit in die UN untergrabe.[10] Daher sei das Nachdenken über eine Reform der UN zu einer politischen Notwendigkeit geworden, und zwar über eine Reform, die über punktuelle Verbesserungen einzelner Organisationseinheiten hinausgehe und letztlich eine Neuorganisation der UN, eine „Weltorganisation der dritten Generation", ansteuern müsse. Im einzelnen weist *Bertrand* Fehlentwicklungen in Management und Struktur der Organisation auf, wobei er besonderes Gewicht auf die Fragmentierung und Überlappung der Tätigkeiten der Organisation im operativen Bereich legt. Das Fehlen von Prioritätensetzung, die Unmöglichkeit einer Koordination und mangelnde output-Orientierung führten zu bestenfalls mittelmäßigen Programmen; die UN-Mitglieder insgesamt seien an einer Verbesserung der Qualität der outputs nicht ausreichend interessiert. Beklagt wird eine völlig unzureichende und Art. 101 Abs. 3 der Charta in keiner Weise gerecht werdende Qualifizierung des UN-Personals; für Mediokrität würden geradezu Prämien gezahlt. Alle diese Fehlentwicklungen seien zwar durch einzelne Reformmaßnahmen zu korrigieren, doch würde dies insgesamt noch keinesfalls eine zureichende Reform des UN-Systems darstellen. Denn im Ergebnis zeige sich, daß die eigentliche Malaise der Organisation die Konzeptionslosigkeit der Mitgliedstaaten sei:

> „This situation demonstrates that Governments attach only secondary importance to the efficiency of the organizations. The mediocrity of the outputs does not strike them, in most cases, as a major concern, since the benefit they derive is negligible. In short, they do not have a clear picture of what purpose a World Organization could serve, even if it were better run. Therefore, the question is that of the very concept of such an institution."[11]

Im folgenden Abschnitt wendet sich *Bertrand* denn auch konzeptionellen Fragen der Weltorganisation zu. Er beklagt zunächst, daß die Gründungsdoku-

---

9 Vgl. u. a. *Maurice Bertrand,* A Critical Analysis of the Efficiency of the United Nations System. Between Pretention and Reality, in: *Klaus Dicke / Klaus Hüfner* (Hrsg.), Die Leistungsfähigkeit des VN-Systems: Politische Kritik und wissenschaftliche Analyse, Bonn 1987, 64-71; *ders.*, Für eine Weltorganisation der Dritten Generation, Bonn 1988; *ders.*, Can the United Nations Be Reformed?, in: *Adam Roberts / Benedict Kingsbury* (eds.), United Nations, Divided World. The UN's Role in International Relations, Oxford 1988, 193-208.

10 Ein Blick etwa in die deutsche Presse bestätigt dies. Die Finanzkrise der UN und die „Papierverschwendung" in der Organisation waren Pressemeldungen und z. T. ausführliche Artikel wert (vgl. FAZ 30. April 1986; 8. Oktober 1986; 9. Dezember 1987 u. ö.). Erst im Zusammenhang der Golfkrise 1990 nahm auch die Berichterstattung über die Tätigkeiten der UN wieder zu.

11 *Bertrand*-Bericht (Anm. 4), 14.

mente, Mandate und mittelfristigen Haushaltspläne überwiegend unrealistische Formulierungen der Zielsetzung, Tätigkeitsfelder und Programme enthielten; als Beispiel wird das Ziel der Charta „to maintain international peace and security" angeführt. Dies habe zur Folge, daß einerseits die Ineffektivität der Organisation durch „wolkige Redewendungen" überdeckt und andererseits die Effizienz und Effektivität so verschiedener Organisationen wie der FAO, der UNESCO, der UNO, ICAO, WMO u. a. über einen Leisten geschlagen würden. Den Rechtsgrundlagen für die Tätigkeiten des UN-Systems wird damit letztlich die Funktion abgesprochen, einen Maßstab für die Beurteilung der Effizienz und Effektivität der Organisation abzugeben. Anders als es der verbale Konsens über die Bedeutung der UN — dessen normative Implikationen indessen mit keinem Satz gewürdigt oder problematisiert werden — erwarten lasse, spiele die Organisation in der Weltpolitik in Wirklichkeit eine nur untergeordnete Rolle. Daß nur 6,5 % der weltweiten Entwicklungsausgaben und lediglich 0,003 % aller Sicherheitsausgaben der Staaten auf die UN fallen, belege diese relative Bedeutungslosigkeit.[12] Für eine wirklich effektive operative Tätigkeit fehle es der Organisation einerseits an einem Konsens über konkrete Ziele; andererseits sei man schon bei der Gründung, erst recht aber beim Ausbau der Organisation von der falschen Prämisse ausgegangen, das UN-System könne als sektoral gegliederter Verwaltungsapparat tätig sein; man habe darüber seine wichtigste Funktion, als Verhandlungsforum zu dienen, verkannt.[13] In Abschnitt IV, der sich mit den Strukturen der Organisation in den drei Haupttätigkeitsfeldern kollektive Sicherheit, Entwicklungszusammenarbeit und „Weltforum" befaßt, wird die Kritik fortgesetzt. Die kollektive Sicherheit hält *Bertrand* für ein aussichtsloses Unternehmen; statt ihrer sei eine stärkere Betonung des indirekten Weges zum Frieden über eine verbesserte wirtschaftliche Zusammenarbeit vorzuziehen. In der Entwicklungspolitik habe fast jede Organisation ihr eigenes Konzept von Entwicklung, was zu Konfusion, nicht aber zu effektiver Entwicklungszusammenarbeit führe. Die Kritik mündet in die Formulierung von drei grundlegenden Fehlern:

„1. that the ‚maintenance of peace' can be brought about in the modern world through an institution;

2. that the development of the poorer zones in the world can be brought about by a sectoral and therefore non-integrated approach;

3. that negotiations to improve or alter world consensus can be conducted without prior definition of negotiation structures accepted by all the participants."[14]

---

12 A. a. O., 21.

13 Vgl. *Ewing* (Anm. 5), 133 mit Beispielen.

14 A. a. O., 45 / 46; vgl. *Bertrand,* Für eine Weltorganisation (Anm. 9), 47 f., wo er die drei Grundfehler zusammenfaßt: „Mit anderen Worten: Jene Techniken, die zu einer Konvergenz der Standpunkte und Meinungen führen sollen, sind nicht genügend ausgearbeitet. Dies großteils deswegen, weil diesem kollektiven Unterfangen eine solide theoretische Grundlage fehlt, die es erst erlauben würde, wirklich zu verstehen, worum es sich handelt."

„Technik" ist der Schlüsselbegriff im V. Kapitel des *Bertrand*-Berichts.[15] Die Reform der UN wird insofern als technisches Problem vorgestellt, als es gegenüber den bestehenden komplexen und dezentralisierten Strukturen des UN-Systems innovative Verfahren zu entwerfen gelte. Als Modell zieht *Bertrand* hier insbesondere die EG und die Weltwirtschaftsgipfel heran. Da auch diese Modelle im Bereich der Friedenswahrung keine unmittelbaren Erfolge zeitigten, wird diese aus seinen Konstruktionsplänen für eine internationale Organisation der dritten Generation gestrichen. Im Bereich der Entwicklungszusammenarbeit sieht er jedoch in der Integration auf regionaler Ebene ein Erfolgsrezept auch für die UN. Sein Plädoyer richtet sich somit auf die Umgestaltung der UN in eine ökonomische Organisation, deren Organe das Beispiel von Rat und Kommission der EG nachahmen sollten. Aus dem ECOSOC und UNCTAD solle ein „ökonomischer Sicherheitsrat" aus 23 Mitgliedern mit weitgehenden Befugnissen gebildet werden; das UN-Sekretariat und die Sekretariate der größeren Sonderorganisationen sollten zu unabhängigen Kommissionen nach dem Vorbild der EG-Kommission umgestaltet werden.

Mit dem *Bertrand*-Bericht findet die Kritik an der Effizienz und Effektivität der Weltorganisation ihren Höhepunkt. *Bertrand* knüpft insofern an den *Jackson*-Bericht an, als er ausschließlich eine Totalreform für erfolgversprechend hält; die Durchführung seiner Vorschläge würden letztlich eine komplette Neukonzipierung der Charta erfordern. Weiterhin macht *Bertrand* deutlich, daß die zunehmende Kritik an mangelnder Effizienz und Effektivität des UN-Systems die Glaubwürdigkeit und Funktionsfähigkeit der Organisation erheblich beeinträchtigt. Zutreffend sieht *Bertrand* in zwei widersprüchlichen Entwicklungen des UN-Systems in der zweiten Reformphase die eigentliche Ursache für die Krise in der Mitte der achtziger Jahre: einerseits verfolgte der Ausbau des UN-Systems das Ziel, im wirtschaftlichen und sozialen Bereich bei gegebenem Grundkonsens über die Ziele deren politisch-programmatische Umsetzung und administrative Durchführung zu ermöglichen; andererseits zeigte sich jedoch seit Beginn der siebziger Jahre mit zunehmender Deutlichkeit, daß ein Konsens über die Ziele allererst herbeizuführen war.[16] Einerseits stellt sich die Generalversammlung konzeptionell weitgehend als ein quasi-parlamentarisches Steuerungszentrum dar; andererseits ist sie erfolgreich dort, wo sie als Verhandlungsforum benutzt wird, wie etwa bei den Sondertagungen zu sektoralen Problemen.

Bertrand vermag zwar den bereits oben angesprochenen Widerspruch zwischen Diplomatie und Administration pointiert aufzuzeigen, Ansätze oder gar eine Perspektive zu seiner Überwindung weiß er jedoch nicht zu formulieren. So kann

15 Vgl. die Marginalie zu Ziff. 149, a. a. O., 50: „The problem of the structure of a World Organization is technical in character."

16 So auch *Robert W. Cox,* Problems of Global Management, in: *Tobi T. Gati* (ed.), The US, the U.N., and the Management of Global Change, New York-London 1983, 68 ff. (70 ff.).

auch die Gestaltung der von ihm eingeforderten Verhandlungsstrukturen ihrerseits allein in einem politischen Verhandlungsprozeß herbeigeführt werden; sie stellt m. a. W. kein technisches, sondern ein politisches Problem dar.[17] Es überrascht kaum, daß die wirklichen Reformmaßnahmen nach 1985 andere als die im Bericht aufgezeigten Wege einschlugen, daß sich *Bertrand* — der als Mitglied der „Gruppe der 18" an der Gestaltung dieser Reformmaßnahmen beteiligt war — vom Verlauf der Reform zunehmend enttäuscht zeigte und daß schließlich der von ihm vorgelegte technokratische Ansatz im Reformprozeß selbst erhebliche Kritik erfuhr.[18]

Ausgangspunkt der nach 1985 eingeleiteten Reformmaßnahmen[19] war eine japanische Initiative anläßlich des 40-jährigen Bestehens der UN[20], bei dem die sonst so resolutionsfreudige Generalversammlung sich nicht auf eine gemeinsame Resolution hatte einigen können. Japans Ziel war es, die „Glaubwürdigkeit" der Organisation durch eine umfassende Reform, die sich nicht allein auf eine Verbesserung der administrativen Leistungsfähigkeit beschränken dürfe, wiederherzustellen. Die Generalversammlung griff diese Initiative auf und setzte noch 1985 eine aus 18 Experten bestehende Arbeitsgruppe ein, deren Mandat — das gegenüber der japanischen Initiative freilich enger formuliert war — ihr eine Untersuchung der administrativen und finanziellen Effizienz der UN auftrug.[21] Die Einschränkung des Mandates auf administrative und finanzielle Fragen war insoweit konsequent, als die Bewältigung der Finanzkrise das dringlichste Problem darstellte und der Budget-Prozeß sich als Focus lang angestauter Kritik erwiesen hatte.[22] Die sog. „Gruppe der 18" legte bereits der 41. Generalversammlung ihren Bericht vor.[23] Dessen von der Generalversammlung ohne nennenswerte Opposition übernommene 71 detaillierte Empfehlungen konzentrieren sich auf Sparmaßnahmen, eine Reform der Personalstruktur in den Sekretariaten, eine Rationalisierung der Sitzungen von ECOSOC und Generalversammlung, eine

---

17 Dazu auch *Ewing* (Anm. 5), 138.

18 Vgl. *Ramcharan* (Anm. 7), 241 f.; siehe auch *Saksena* (Anm. 2), 108 f.

19 Über den Verlauf der Reformen informieren die Dokumentation von *Joachim W. Müller*, The Reform of the United Nations, 2 Bde., New York 1992 und der sehr hilfreiche dokumentarische Essay von *de Gara* (Anm. 2), ferner *Tavernier* (Anm. 5) sowie die Berichte des Generalsekretärs A / 42 / 234 and Corr. 1; A / 43 / 286 and Corr. 1; A / 44 / 222 and Corr. 1 sowie A / 45 / 226. Vgl. auch *Hans Arnold*, Von Macht und Geld. Die Weltorganisation im Zeichen der Reformdiskussion, in: VN 35 (1987), 1 - 5; *Saksena* (Anm. 2), 109 ff.

20 UN Doc. A / AC.5 / 40 / SR.7.

21 GA Res. 40 / 237 vom 18. Dezember 1985, mit der zugleich der Tagesordnungspunkt formuliert wurde, unter dem die Generalversammlung fortan Reformfragen verhandelte: „Review of the Efficiency of the Administrative and Financial Functioning of the United Nations."

22 *De Gara* (Anm. 2), 8 f. Kritisch hingegen *Saksena* (Anm. 2), für den effizienzorientierte Reformen einen Vorwand darstellen, um Entwicklungsprogramme kürzen zu können.

23 UN Doc. A / 41 / 49 vom 15. August 1986.

strukturelle Reform der zwischenstaatlichen Zusammenarbeit und Verbesserungen in den Budget- und Evaluierungsverfahren. Nach intensiven diplomatischen Vermittlungen konnte schon bei der 41. Tagung der Generalversammlung hinsichtlich der für die USA zentralen, von der Mehrheit der Entwicklungsländer aber abgelehnten Reformforderung, den Haushalt der UN im Konsens zu verabschieden, eine Kompromißformel gefunden werden. Diese fand Eingang in die Reformresolution 41 / 213 vom 19. Dezember 1986[24], die mit wenigen Einschränkungen die Empfehlungen der „Gruppe der 18" übernimmt. Mit der Entscheidung über die Haushaltsgestaltung wird von dieser Resolution der Programm- und Koordinierungsausschuß (CPC) betraut, dessen Entscheidungen künftig nach dem Konsensprinzip erfolgen sollen, ohne daß dies freilich obligatorisch festgeschrieben wurde.[25] Die Mitgliedschaft im CPC wurde 1987 von 21 auf 34 erhöht.[26]

Im Sekretariat hat bereits 1986 ein vom Zwang zu Einsparungen diktiertes Krisenmanagement begonnen, in dessen Zuge u. a. ein Teil der Personalstellen gestrichen bzw. nicht neu besetzt wurde. Davon betroffen waren u. a. neun Unter-Generalsekretäre. In allen Abteilungen wurden Umstrukturierungen aufgrund der Empfehlungen der „Gruppe der 18" begonnen.[27] Unter diesen Einsparungen hat die Arbeitsfähigkeit der Organisation — etwa in der Rechtsabteilung oder im Genfer Menschenrechtszentrum[28] — nicht unerheblich gelitten, zumal die zu bewältigenden Aufgaben seit 1985 in vielen Bereichen zugenommen haben.[29] Sehr zu Recht macht der Generalsekretär in seinem Zwischenbericht von 1987[30] darauf aufmerksam, daß Effizienz und Rationalisierung ihre Grenzen in der Fähigkeit der Organisation finden müssen, ihre Aufgaben zu erfüllen. Zudem beklagte er in ungewöhnlich ungeduldiger Sprache fehlende Vorgaben von seiten der Mitgliedstaaten bzw. der Generalversammlung über Prioritäten bei Stellenkür-

---

24 Zu den Verhandlungen, die zu dieser Resolution führten, ausführlich *H. R. Choudhury*, United Nations Reform: Some Reflections, in: Ethics and International Affairs 2 (1988), 155 - 171. Die Resolution ist in deutscher Sprache abgedruckt bei *Dicke / Hüfner* (Anm. 9), 123 ff., vgl. auch dort 8 f. sowie *Arnold* (Anm. 19).

25 Vgl. dazu die als Erklärung des Präsidenten der Generalversammlung in Anhang II zu GA Res. 41 / 213 wiedergegebenen Auszüge aus einem Rechtsgutachten des Rechtsberaters der Vereinten Nationen, abgedruckt bei *Dicke / Hüfner* (Anm. 9), 128 f.

26 E Res. 1987 / 94 vom 4. Dezember 1987.

27 Zu den Einzelheiten siehe die Berichte des Generalsekretärs (Anm. 19), bes. A / 45 / 226, Ziff. 64 ff.

28 Verschiedene Interviews in Genf und New York, September und November 1989; für das Genfer Menschenrechtszentrum vgl. *Russel Lawrence Barsh*, Making the United Nations Human-Rights Machinery Cost-Effective, in: Nordic Journal of International Law 56 (1987), 183 - 198, mit statistischen Angaben.

29 Darauf macht der Generalsekretär in UN Doc. A / 45 / 226, Ziff. 8, aufmerksam unter Hinweis auf u. a. sechs zusätzliche Einsätze von Friedenstruppen. Für die Rechtsabteilung ist u. a. etwa auf umfangreiche Vorbereitungs- und Überwachungsarbeiten im Zusammenhang mit der Unabhängigkeit Namibias oder die Auseinandersetzungen über die Finanzierung von Friedenstruppen hinzuweisen.

30 UN Doc. A / 42 / 234 vom 23. April 1987.

zungen, weshalb er sich gezwungen sah, eine lineare Kürzung anzuordnen. Auch UNCTAD und die regionalen Wirtschaftskommissionen, und hier mit besonderem Erfolg die ECE, haben ihre Arbeitsweise und ihren Aufbau entsprechend den Empfehlungen der „Gruppe der 18" rationalisiert.[31]

Die Struktur der zwischenstaatlichen Zusammenarbeit, auf die der *Bertrand*-Bericht das Hauptgewicht gelegt hatte, und insbesondere die Rolle des ECOSOC bei deren Koordinierung wird sowohl vom Bericht der „Gruppe der 18" als auch von GA Res. 41 / 213 nur am Rande behandelt. Hier wird eine gesonderte Studie empfohlen und von der Generalversammlung eingefordert. Bereits im Februar 1987 hat der ECOSOC eine Sonderkommission mit der Erstellung einer Studie über die Struktur und Funktion der zwischenstaatlichen Zusammenarbeit auf wirtschaftlichem und sozialem Gebiet betraut.[32] Nachdem diese Kommission ihr Mandat jedoch nicht erfüllen konnte[33], hat der ECOSOC 1988 und 1989 seine eigene „Revitalisierung" beschlossen, Richtlinien dazu erstellt und den Generalsekretär um einen Bericht ersucht.[34] In diesem Bericht[35] geht es im wesentlichen um eine stärkere Unterstützung des ECOSOC durch das Sekretariat. Der Generalsekretär hat der Generalversammlung im November 1989 über die ECOSOC-Reform berichtet, bittet jedoch, die anstehenden Weltkonferenzen, bes. die für 1992 geplante Umweltkonferenz, und die Beratungen des mittelfristigen Plans 1992 - 1997 abzuwarten.[36] Die Generalversammlung hat dies billigend zur Kenntnis genommen.[37] Insgesamt war damit die ECOSOC-Reform vom Reformprozeß auf der Basis von Res. 41 / 213 abgekoppelt, um zunächst im Sande zu verlaufen.[38]

Eine von Res. 41 / 213 geforderte abschließende Bewertung der Reformmaßnahmen wurde im April 1990 der 45. Generalversammlung vorgelegt.[39] Der Generalsekretär ergänzt die bis dahin erstellten Zwischenberichte über die Durchführung der von der „Gruppe der 18" vorgelegten Empfehlungen und faßt die Reformmaßnahmen zusammen. Ausdrücklich legt er dabei rückblickend die Kriterien dar, nach denen in seinem Verständnis die administrative und finanzielle Effizienz der Organisation verbessert werden sollte: die Erfüllung der Charta-

---

31 UN Doc. A / 45 / 226, Ziff. 42.

32 E Res. 1987 / 112 vom 6. Februar 1987.

33 Die Sonderkommission hat am 1. Juni 1988 einen 150 Seiten umfassenden Bericht vorgelegt (UN Doc. E / 1988 / 75), konnte sich jedoch auf Empfehlungen nicht einigen. So enthält der Bericht lediglich eine Dokumentation der vorgelegten Unterlagen und ein Protokoll der Verhandlungen.

34 E Res. 1988 / 77 vom 29. Juli 1988 und E Res. 1989 / 114 vom 28. Juli 1989. Zum Ganzen auch *Saksena* (Anm. 2), 128 ff.

35 UN Doc. E / 1989 / 95.

36 UN Doc. A / 44 / 747; A / 45 / 226, Ziff. 14 ff.

37 GA Res. 44 / 103 vom 11. Dezember 1989.

38 Dieser Eindruck wurde dem Verf. in verschiedenen Gesprächen im Oktober und November 1989 in New York vermittelt.

39 UN Doc. A / 45 / 226.

Aufgaben sei oberster Maßstab der Reform. Für deren Erfolg führte er fünf Voraussetzungen an: — ein „genuine commitment" für eine effektivere Organisation müsse von allen Mitgliedstaaten geteilt werden; partikuläre Interessen am und im UN-System werden ausdrücklich als Reformhindernis hervorgehoben; — die finanziellen Unsicherheiten, unter denen die Organisation seit 1985 steht, müssen beendet werden; — die Verantwortung des Generalsekretärs als oberster Verwaltungsbeamter des UN-Systems dürfe nicht ausgehöhlt werden; — Sekretariat und Mitglieder müssen nationale und bürokratische Eigeninteressen hintanstellen, und — „Reform" sei nicht als ein mit diesem Bericht abgeschlossener, einmaliger Vorgang, sondern als dauernder Prozeß zu verstehen. In der abschließenden Würdigung wurde dann auch deutlich gemacht, daß die bislang ergriffenen Reformmaßnahmen einen politischen Kompromiß darstellen und keinesfalls zureichend seien. Insbesondere im Bereich der Struktur der zwischenstaatlichen Zusammenarbeit und ihrer Koordination seien deutliche Defizite festzustellen. Bewährt hätten sich die Reformen der Entscheidungsfindung, sowohl zwischen Generalsekretär und Sicherheitsrat als auch im Hinblick auf die Budgetgestaltung. Ein politischer Konsens über die im wirtschaftlichen und sozialen Bereich zu ergreifenden Maßnahmen sei jedoch nach wie vor nicht erreicht. Hier sei die zwischenstaatliche Zusammenarbeit von politischen Divergenzen über Prioritäten, die Rolle und den Einfluß verschiedener Untergliederungen des Systems und von starker Interessenpolitik bestimmt.

Der Überblick über die insgesamt nicht sehr weitreichenden Reformen nach 1985 ist nun durch einen Blick auf das Kernstück der Reformen, die Umgestaltung des Haushaltsverfahrens zu ergänzen. Hierbei ist insbesondere die Frage zu stellen, ob und inwieweit es gelang, die oben geschilderten verschiedenen Momente der Programmplanungs-, Budget- und Evaluierungsverfahren zu einem einheitlichen Verfahren zu integrieren und die Konsensfindung in der Organisation durch verfahrensrechtliche Veränderungen auf eine neue Grundlage zu stellen.

2. Die Reform der Budgetgestaltung als Focus effizienz- und effektivitätsorientierter Reformpolitik

Wie im Nationalstaat, so erfüllt der Haushaltsplan auch in internationalen Organisationen eine fünffache Funktion[40]: Erstens ist ihm eine politische *Kompromiß- und Koordinationsfunktion* zuzuschreiben, da durch den Haushaltsplan die „miteinander konkurrierenden politischen Kräfte ... zur Konkretisierung ihrer politischen Ziele genötigt und mit den knappen Ressourcen konfrontiert, zum Kompromiß gezwungen werden".[41] Zweitens erfüllt er eine *finanzwirtschaftliche*

---

40 So statt anderer *Bert Rürup / Werner Patzig*, Öffentlicher Haushalt, in: Görres-Gesellschaft (Hrsg.), Staatslexikon. Recht, Wirtschaft, Gesellschaft, 7. Aufl., Bd. 4, Freiburg-Basel-Wien 1988, 107 - 115 (107).

Ordnungsfunktion: die Ausgabe der Mittel wird unter das Gebot gestellt, diese ökonomisch effizient zu verwenden. Eine *juristische Funktion* kommt ihm drittens insofern zu, als der Haushaltsplan die Rechtsgrundlage für die Ausgaben der Verwaltung darstellt.[42] Viertens hat der Haushaltsplan eine *politische Programmfunktion,* da er die geplante Tätigkeit einer Verwaltung festlegt, durch das zur Verfügung gestellte Finanzvolumen einen Spielraum formuliert und eine Kontrolle der Tätigkeit auf dem Wege einer Rechnungsprüfung ermöglicht. Und fünftens schließlich kommt dem Haushaltsplan aufgrund der Tatsache, daß er Ressourcen verteilt, eine *ökonomische Lenkungsfunktion* zu. Schon diese sehr allgemeine Charakterisierung macht deutlich, daß sich im Haushaltsplan Gesichtspunkte der Effektivität und der Effizienz überschneiden, und erklärt, warum sich gerade an der Frage der Budgetgestaltung der Konflikt der oben gekennzeichneten effizienz- bzw. effektivitätsorientierten Konzeptionen einer internationalen Organisation in besonderer Weise entzündete. Denn schon ein flüchtiger Blick auf Haushaltsdebatten in den UN belegt, daß die effizienzorientierte Konzeption der Industriestaaten einschließlich der ehemaligen Sowjetunion den Schwerpunkt auf die ersten drei der genannten Budget-Funktionen legt, während der effektivitätsorientierte Ansatz der Entwicklungsländer den Schwerpunkt deutlich auf die vierte und fünfte Funktion legt.

Doch sind andererseits in bezug auf den Haushaltsplan gewichtige Unterschiede zwischen den Nationalstaaten und internationalen Organisationen hervorzuheben: Erstens sind von ihrem Volumen her die Haushalte internationaler Organisationen erheblich geringer als staatliche Haushalte. Ein oft zitierter Vergleich besagt, der reguläre Haushalt der UN habe etwa den Umfang desjenigen der New Yorker Feuerwehr.[43] — Die weiteren Unterschiede betreffen im wesentlichen die Voraussetzungen und Verfahren der Entscheidung über den Haushalt. Während im Nationalstaat das Parlament als Treuhänder der Bürger über die Verwendung der von diesen aufgebrachten Finanzmittel entscheidet, haben sich im zwischenstaatlichen Bereich ein vergleichbarer Repräsentationsgedanke sowie die diesem Gedanken entsprechenden Entscheidungsverfahren nicht herausgebildet. Gespeist wird der Haushalt internationaler Organisationen ganz überwiegend aus Beiträgen der Mitgliedstaaten[44], die nach einer insbesondere die unterschiedliche Wirtschaftskraft der Staaten berücksichtigenden Skala von der Gesamtheit

---

[41] *P. Senf,* Kurzfristige Haushaltsplanung, in: HDF 1, 1977, zitiert nach: *Rürup / Patzig* (Anm. 40), 107.

[42] So für internationale Organisationen *Rüdiger Wolfrum,* International Organizations, Financing and Budgeting, in: EPIL 5 (1983), 115-119 (115).

[43] Der reguläre Haushalt der UNO für den Zweijahreszeitraum 1990-1991 hatte ein Volumen von 1.974.634.000 US $. Im Vergleich dazu: die amerikanische Justizverwaltung kostete in einem Jahr (1988) 9.265.000.000 US $ (nach: The Stateman's Year-Book 1988-89, 1696). — Das mit GA Res. 48 / 231 verabschiedete UN-Budget für 1994-95 ist mit 2.580.200.200 US $ beziffert.

[44] Zu anderen Einnahmequellen vgl. für die UN *Rüdiger Wolfrum,* Haushalt, in: Handbuch Vereinte Nationen (Anm. 3), Rdn. 6.

der Mitgliedschaft festgelegt werden.[45] Das Entscheidungsverfahren sowohl über diese Skala als auch über die jeweiligen Haushaltspläne selbst berücksichtigt Ungleichheiten zwischen den Staaten in aller Regel jedoch nicht. Während in den frühen Verwaltungsunionen und in einigen wirtschaftlich tätigen Organisationen wie der Weltbankgruppe und dem IMF ein nach Beitragsleistung und / oder anderen Kriterien gewichtetes Entscheidungsverfahren eingeführt wurde[46], wird in der überwiegenden Zahl internationaler Organisationen, namentlich in den UN und den Sonderorganisationen außer der Weltbankgruppe, auch über den Haushalt nach dem Prinzip „one State, one vote" entschieden, wobei für den Haushaltsplan eine qualifizierte Mehrheit vorgesehen ist.[47] Daraus ergeben sich folgende Besonderheiten in der Budgetgestaltung internationaler Organisationen: Da zwischen den Beiträgen der Staaten erhebliche Divergenzen bestehen, ist es für die Akzeptanz der Haushaltsentscheidungen von besonderer Bedeutung, ob und inwieweit in solchen Fällen, in denen kein gewichtetes Stimmverfahren angewandt wird, den besonderen Interessen derjenigen Staaten, die hohe Beiträge entrichten, verfahrensmäßig Rechnung getragen werden kann. Das Haushaltsverfahren ist insofern in besonderer Weise verfahrensrechtlichen Grundsatzkontroversen, die unmittelbar auf divergierende Interessen zurückzuführen sind, ausgesetzt. Ferner kann im Blick auf den regulären Haushalt der UN etwa von der oben angesprochenen volkswirtschaftlichen Lenkungsfunktion von Haushaltsplänen nicht gesprochen werden, da die Staaten sich in bezug auf redistributive Maßnahmen insofern die Letztentscheidung vorbehielten, als für operative Tätigkeiten freiwillige Fonds eingerichtet wurden.[48]

Das Haushaltsverfahren der UN[49] ist in den Art. 17, 18 Abs. 2 und 19 der Charta festgelegt und wird im einzelnen durch besondere Finanzregeln[50] gesteu-

---

[45] Vgl. *Wilfried Koschorreck*, Beitragssystem, in: Handbuch Vereinte Nationen (Anm. 3), 45-53. Die Skala wird in der Regel für drei Jahre festgelegt. Nach der 1990 gültigen Skala (GA Res. 43 / 223 vom 21. Dezember 1988) zahlten mehr als 2% der Beiträge lediglich die folgenden Staaten (in Klammern die Zahlen für 1991-94 nach GA Res. 46 / 221 vom 20. Dezember 1991): USA (25%); Japan (11,38% (12,45%)); UdSSR (9,99% (6,71%)); Bundesrepublik Deutschland (8,08% (8,93%)), Frankreich (6,25% (6,0%)); Vereinigtes Königreich (4,86% (5,20%)); Italien (3,99% (4,29%)) und Kanada (3,09% (3,09%)), während insgesamt 77 (84) Staaten den Mindestbeitrag von 0,01% zahlen. Die nicht der UNO angehörenden Staaten sowie der Hl. Stuhl zahlen Beiträge für Tätigkeiten der UN, an denen sie partizipieren (GA Res. 44 / 197 B vom 21. Dezember 1989 und der dazugehörende Bericht des Beitragsausschusses UN Doc. A / 44 / 11, Ziff. 50 ff.).

[46] Dazu *Elizabeth McIntyre*, Weigthed Voting in International Organizations, in: IO 8 (1954), 484-497; *Hanna Newcombe / Christopher Young / Elia Sinaiko*, Alternative pasts: a study of weighted voting at the United Nations, in: IO 31 (1977), 579-586; *Henry G. Schermers*, Weighted Voting, in: EPIL 5 (1983), 398 ff.

[47] Hierzu insgesamt *Klaus Dicke*, Deciding upon the Budget of the United Nations: A Comparison, in: *Rüdiger Wolfrum* (ed.), Law of the Sea at the Crossroads. The Continuing Search for a Universal Accepted Regime, Berlin 1991, 189-211 (198 ff.).

[48] Dazu oben, S. 198 ff.

ert. Danach wurde der ordentliche Haushalt der UN bis 1972 jährlich von der Generalversammlung mit $^2/_3$-Mehrheit verabschiedet. Es handelte sich um einen in US-$ aufgestellten sog. „objective-of-expenditure"-Haushaltsplan, der nach einzelnen Organisationseinheiten aufgeschlüsselt die Ausgaben für das kommende Jahr bezifferte. Der finanzwirtschaftlichen Ordnungsfunktion wurde durch die Einführung der bereits dargestellten Rechnungskontrolle Rechnung getragen. Eine wichtige Rolle kommt in diesem Zusammenhang auch dem ACABQ zu, das auf der Grundlage administrativen und finanziellen Expertenwissens die Generalversammlung über deren für Verwaltungs- und Haushaltsfragen zuständigen 5. Hauptausschuß in allen Finanzfragen durch Stellungnahmen und Berichte berät. Das ACABQ prüft die finanziellen Implikationen aller Entscheidungen der Generalversammlung. Obgleich die operativen Tätigkeiten der UN, z. T. auch die Friedenstruppen, aus dem ordentlichen Haushalt der UN ausgegliedert sind und es sich beim UN-Budget insofern um einen fast reinen Verwaltungshaushalt handelt, erwies sich der Typus des „objective-of-expenditure"-Budgets doch bald insofern als unangemessen, als er eine politische Programmfunktion nicht zureichend erfüllen konnte.

Diese Funktion jedoch wurde angesichts zunehmender operativer Tätigkeiten der Organisation und ihres dadurch bedingten Wachstums beständig wichtiger. So wurde der Ruf nach stärkerer Nutzung der Budgetgestaltung zu Zwecken der politischen Planung in den UN schon sehr früh laut. Er ist aus den bereits erörterten Effizienzkriterien des ECOSOC und der Generalversammlung aus den frühen fünfziger Jahren deutlich herauszuhören[51] und wurde mit der Einführung der ersten Entwicklungsdekade erneut virulent. Gleichzeitig mit der Beilegung der auf den Kongo-Konflikt folgenden Finanzkrise leitete die Generalversammlung seit 1962 unter dem Eindruck des Programme-Planning-Budgeting-Systems der USA, und vom Programm der Entwicklungsdekade vor das Erfordernis längerfristiger Planung gestellt, eine Reform der Haushaltsgestaltung ein.[52] Dieser Vorstoß führte jedoch erst Anfang der siebziger Jahre zur Umstellung des UN-Haushalts auf einen zweijährigen Programmhaushalt.[53] Das insbesondere mit

---

49 Dazu *Wolfrum* (Anm. 42); *ders.*, Haushalt, in: Handbuch Vereinte Nationen (Anm. 44); ferner *Dicke* (Anm. 47) jeweils m. w. N.

50 UN Doc. ST / SGB / Financial Rules / 1 / Rev. 3 (1985).

51 Oben, S. 167 f.

52 GA Res. 1797 (XVII) vom 11. Dezember 1962 („Integrated Programme and Budget Policy") mit den Schwerpunkten: Prioritätensetzung für Programme und Projekte; laufende Kontrolle finanzieller Implikationen der Arbeitsprogramme; Berücksichtigung der Vorschläge des ACABQ. Vgl. ferner GA Res. 2150 (XXI) vom 4. November 1966; GA Res. 2370 (XXII) vom 19. Dezember 1967.

53 Mit GA Res. 3043 (XXVII) vom 19. Dezember 1972 führte die Generalversammlung erstmals auf experimenteller Basis einen zweijährigen Haushaltszyklus ein. Das erste Programmbudget (1974 - 1975) wurde mit GA Res. 3195 (XXVIII) vom 18. Dezember 1973 eingeführt.

GA Res. 37 / 234 vom 21. Dezember 1982 zusammenfassend regulierte Haushaltsverfahren stellt sich Mitte der achtziger Jahre wie folgt dar:

Die Haushaltsplanung und -gestaltung vollzieht sich auf zwei Ebenen: wichtigstes *politisches* Planungsinstrument ist der für sechs Jahre erstellte mittelfristige Plan. In ihm werden die Arbeitsziele der Organisation, wie sie sich aus den Mandaten der einzelnen Organisationseinheiten ergeben, in einzelne Unterziele und Programme aufgeschlüsselt.[54] Auf diesen Plan hin soll der jeweilige Zweijahreshaushalt der Organisation abgestimmt werden. Wichtigste Richtlinien hierfür sind eigene Regeln der Prioritätensetzung, nach denen im vorherigen Haushalt aufgenommene Programme beendet werden sollen, wenn sie sich als nicht effektiv erwiesen haben, und nach denen neue Programme nur dann aufzunehmen sind, wenn sie für die Mitgliedstaaten wichtig sind, wenn die Organisation sie erfolgreich durchführen kann und wenn die Resultate nützlich und effektiv sind.[55] Ein Bericht über die Durchführung und ein Evaluierungsverfahren sollen die hierfür erforderlichen Informationen bereitstellen. Planung, Haushaltsgestaltung und Evaluierung werden ausdrücklich als einheitlicher Prozeß verstanden.[56]

Zuständig für die *administrative* Abwicklung des Planungs- und Haushaltsverfahrens ist eine 1982 im Sekretariat geschaffene, dem Unter-Generalsekretär für Verwaltung und Management unterstehende Programmplanungs- und Haushaltskommission (PPBC).[57] Der im Sekretariat erstellte Haushaltsentwurf wird nach einer Stellungnahme des ACABQ im 5. Hauptausschuß der Generalversammlung beraten und von dieser verabschiedet. Nach einem Jahr werden — wiederum auf Vorschlag des Generalsekretärs und nach Anhörung des ACABQ — Korrekturen und Angleichungen vorgenommen, deren Umfang und intensive Beratung in der Praxis letztlich den Zweijahresturnus des Haushaltes in Frage stellten.

Dieses Planungs- und Haushaltsverfahren wurde von der „Gruppe der 18" einer kritischen Überprüfung unterzogen.[58] Die Kritik konzentriert sich auf folgende Punkte:

1. Da eine Orientierung des Haushalts am mittelfristigen Plan nicht stattfinde, sei der Plan als „principle policy directive" wirkungslos.

2. Die Kriterien der Prioritätensetzung — die an sich als ausreichend angesehen werden — würden weder vom Sekretariat noch von den zwischenstaatlichen Entscheidungsgremien angewandt.

---

[54] Zum Plan oben, S. 251 ff.

[55] UN Doc. ST / SGB / 204 = GA Res. 37 / 234, Annex, Regulation 3.15.

[56] A. a. O., Regulations 2.1 und 2.2. Vgl. auch die umfängliche Zielbeschreibung in der Präambel.

[57] UN Doc. A / 37 / 44, Annex I, Ziff. 14.

[58] UN Doc. A / 41 / 49, Kap. VI (Ziff. 57 ff.).

3. Programmplanung und Haushaltsgestaltung geben den Mitgliedstaaten keine zureichende Gelegenheit, die Programme und die für sie vorgesehenen Ausgaben in der gebotenen Gründlichkeit zu prüfen. Daraus resultiere insgesamt:

4. die Praxis, daß bereits bestehende Haushaltsposten von Haushalt zu Haushalt fortgeschrieben werden; eine Effektivitätsprüfung finde nicht statt. Über die Aufnahme neuer Posten entscheiden die jeweiligen zwischenstaatlichen Entscheidungsorgane autonom, ohne daß das CPC oder der ECOSOC eine Gesamtplanung auch nur ansatzweise durchführen könnten.

Freilich konnte sich die „Gruppe der 18" nicht auf einheitliche Reformvorschläge einigen. Der Generalversammlung wurden stattdessen drei mögliche Wege einer Verbesserung vorgeschlagen: erstens eine Konzentration der Planungs- und Haushaltsentscheidungen beim CPC, das in „Committee for Programme Budget and Coordination" umbenannt werden solle. Der Ausschuß solle den gesamten Planungs- und Budget-Prozeß von Anfang an mitgestalten und damit ein Gegengewicht gegen die in der Praxis entstandene Prärogative des Sekretariates bilden. Insbesondere solle hier die Umsetzung der Programme des Plans in Haushaltsposten sowie die Prioritätensetzung erfolgen. Der zweite Vorschlag ging dahin, das CPC und das ACABQ besser aufeinander abzustimmen. Der Generalsekretär solle beiden Organen in Nicht-Haushaltsjahren einen Haushaltsentwurf („outline") zustellen, der auf dem mittelfristigen Plan sowie auf den Entscheidungen der zwischenstaatlichen Organe beruhe sowie die für die Durchführung erforderlichen Mittel einschließlich eines Fonds für unvorhergesehene Aufgaben beziffere. Eine dritte Lösung schließlich sah die völlige Verschmelzung des Planungs- und Budgetverfahrens vor. Ein einziges, zwischenstaatlich besetztes Expertengremium solle im Konsens über Planungs- und Haushaltsfragen entscheiden. Daß die „Gruppe der 18" diesem letzten Vorschlag — aus welchen Gründen auch immer — keine Erfolgschancen einräumte, wird daran ersichtlich, daß „Monitoring, Evaluation and Inspection" in einem eigenen Abschnitt des Berichts, also getrennt vom Haushaltsverfahren, behandelt werden.

Nach entsprechenden Verhandlungen des 5. Ausschusses nahm die Generalversammlung in Res. 41 / 213 eine Revision des Haushaltsverfahrens vor, die sowohl den Empfehlungen der „Gruppe der 18" als auch dem amerikanischen Drängen auf eine Verfahrensänderung Rechnung trug, welche den Hauptbeitragszahlern ein stärkeres Gewicht bei der Haushaltsgestaltung einräumen sollte.[59] Über die Durchführung der in dieser Resolution beschlossenen Verfahrensänderungen wurde der Generalversammlung laufend berichtet. Überdies hat die Generalversammlung in verschiedenen Resolutionen unter dem Stichwort „Programm-Planung" die Richtlinien und Regeln der Programmplanung, der Programm-Aspekte des Budgets, der Implementierungskontrolle und der Evaluierung fortgeschrie-

---

59 Zu Einzelheiten der amerikanischen Position und ihrer Wandlung *Dicke* (Anm. 47).

ben.[60] Auch hier wurde also eine Integration aller zum Programmhaushaltsprozeß gehörender Momente nicht vollzogen. Was hat sich nun in der Praxis geändert, und wie sind die Reformen zu bewerten?

Bei den Beratungen des mittelfristigen Plans 1992 - 1997 und den Haushaltsberatungen nach 1986 wurden folgende neue Verfahrensmomente angewandt[61]: Hinsichtlich des mittelfristigen Plans 1992 - 1997[62] und ebenso bei der Erstellung des Programmhaushaltes 1988 / 89 wurde der Beratungsprozeß insofern verbessert, als den Regierungen bzw. den zwischenstaatlichen Gremien in einem früheren Stadium als bisher Gelegenheit gegeben wurde, zur Programmplanung bzw. zu den Haushaltsprogrammen Stellungnahmen abzugeben. Die Erfahrungen hierbei waren, zumindest was den Haushalt betrifft, zunächst nicht sehr ermutigend; der Generalsekretär berichtet 1990 über Schwierigkeiten, die „pertain to the complexity of scheduling meetings in relation with several constraints and objectives, as well as to the difficulty, for Member States and within the Secretariat, to develop and share a common language on matters of programming and budgeting".[63] Die Schwierigkeiten waren u. a. darauf zurückzuführen, daß weder die Haushaltszyklen des UN-Systems noch die methodische Präsentation der Budgets des UN-Systems zureichend aufeinander abgestimmt waren.[64] Bei den Beratungen des mittelfristigen Plans konnten Schwierigkeiten, die sich aufgrund der nicht aufeinander abgestimmten Sitzungsperioden der Vollversammlungen ergaben, durch einen vom CPC erstellten Beratungsplan für 1989 überwunden werden.[65]

Neu in das Haushaltsverfahren eingeführt wurden drei Momente: erstens erstellt der Generalsekretär in Nicht-Haushaltsjahren einen Entwurf („outline"), der vom ACABQ und vom CPC beraten und von der Generalversammlung verabschiedet wird. In diesem Entwurf werden die Eckdaten für den Zweijahreshaushalt festgeschrieben. Der Entwurf 1992/93[66] — der erste, der sich auf den neuen mittelfristigen Plan bezieht — greift die umfangreichen Untersuchungen und Empfehlungen zur Prioritätensetzung[67] auf und weist „peace-making, Africa, international drug control and the environment and development" als Prioritäten aus, d. h., daß auf diesen Gebieten durch die zu erwartenden Entscheidungen

60 GA Res. 43 / 219 vom 21. Dezember 1988; 44 / 194 vom 21. Dezember 1989.

61 Vgl. die Darstellung des Generalsekretärs in UN Doc. A / 45 / 226, Ziff. 233 ff., sowie *Lothar Koch / Armin Plaga*, Interessenausgleich mit Hindernissen. Das reformierte Haushaltsaufstellungsverfahren der Vereinten Nationen, in: VN 40 (1992), 16 - 19.

62 UN Doc. A / 45 / 6. Die Einleitung datiert vom 18. Mai 1990.

63 UN Doc. A / 45 / 226, Ziff. 235.

64 Dazu die Studie der JIU, Budgeting in Organizations of the United Nations System, UN Doc. JIU / REP / 89 / 9, 2 Bde, Genf 1989.

65 UN Doc. A / 43 / 626 vom 22. September 1988; vgl. auch A / 45 / 226, Ziff. 234.

66 UN Doc. A / 45 / 369 vom 3. August 1990.

67 Dazu zusammenfassend den Bericht des Generalsekretärs UN Doc. A / 44 / 272 vom 10. Mai 1989.

der Generalversammlung Mehrausgaben entstehen. Dem Erfordernis, ein Null-Wachstum des Gesamthaushalts herbeizuführen, wird durch Hinweis auf reduzierte Ausgaben für Namibia Rechnung getragen.[68]

Als zweites neues Moment wird ein außerordentlicher Reservefonds, ausgedrückt in einem prozentualen Anteil des Gesamtbudgets, eingeführt, um anfallende zusätzliche Ausgaben zu decken. Solche Ausgaben wurden in der Vergangenheit vor allem auch dadurch verursacht, daß die Generalversammlung in Nicht-Haushaltsjahren die veranschlagten Mittel für einzelne Programme z. T. nicht unerheblich erhöhte. Um dieser Praxis Einhalt zu gebieten, bestimmt Res. 41 / 213, daß Mehrausgaben, die über die im außerordentlichen Reservefond festgelegte Größenordnung hinausgehen, nur dann vorgenommen werden können, wenn die Mittel dafür durch eine Modifizierung laufender Aktivitäten eingespart werden. Für das Budget 1990/91 legte die Generalversammlung die Größe des außerordentlichen Reservefonds auf 0,75% des Budgets (= 1,5 Mio. $) fest.[69] Der Fond kann nur ein erster Ansatz für die Lösung des Problems „unvorhergesehene Mehrausgaben" sein. Insbesondere die technischen Modalitäten der Vorausberechnung und Festsetzung von Mehrausgaben bedürfen nach wie vor der Verbesserung.[70]

Das dritte neue Moment betrifft die Entscheidung über den Haushalt. Der Versuch der USA, durch das *Kassebaum*-Amendment ihre alte Forderung nach Einführung eines gewichteten Abstimmungsverfahrens in Haushaltsfragen durchzusetzen, führte nicht zum Erfolg. Statt dessen einigte man sich in GA Res. 41 / 213 in einem durch ein Rechtsgutachten des UN-Rechtsberaters gestützten Agreement, das CPC solle die Empfehlungen, die es dem 5. Hauptausschuß in Haushaltsfragen vorlegt, im Konsens treffen. Die eigentliche Haushaltsberatung wird in das CPC verlagert. Dieses in der Folgezeit eingehaltene Agreement gibt den Hauptbeitragszahlern im CPC ein faktisches Veto. Da die Hauptbeitragszahler ihre haushaltspolitische Haltung für das gesamte UN-System im Rahmen der sog. „Genfer Gruppe" — einem regelmäßigen informellen Treffen in der Ständigen Vertretung des Vereinigten Königreiches in Genf — abstimmen und zugleich im CPC vertreten sind, kommt ihnen dadurch bei der Gestaltung und der Kontrolle des UN-Haushalts sowie bei der Programmabstimmung mit anderen Untergliederungen des UN-Systems eine Führungsrolle zu. Die getroffene Regelung führte nicht nur dazu, daß die USA ihre Zahlungen an die UN wieder aufnahmen, sondern auch dazu, daß seit 1987 erstmals in der Geschichte der UN die Haushaltsresolutionen im Konsens verabschiedet wurden. Man wird dem Generalsekretär zwar zustimmen müssen, daß damit das Hauptziel der Reformen, Übereinstimmung über Inhalt und Höhe des Budgets zu erzeugen, erreicht ist[71]; doch scheinen

[68] UN Doc. A / 45 / 369, Ziff. 13 ff.

[69] GA Res. 43 / 214, Art. 6.

[70] UN Doc. A / 45 / 226, Ziff. 239 f.

[71] UN Doc. A / 226, Ziff. 241.

weder die Auseinandersetzungen über Verfahrensfragen der Willensbildung beendet, noch sind damit die Reformen des UN-Systems als abgeschlossen zu betrachten. Der Charta-Ausschuß behandelte seit März 1988 unter dem Tagesordnungspunkt „Rationalisierung von Verfahren im UN-System" u. a. das Konsensverfahren, wobei die Diskussion sich darauf zuspitzte, ob und wie dieses Verfahren möglichst fest etabliert werden könne. Der Entwurf eines entsprechenden Dokuments, den der Ausschuß erarbeitet hat, sieht unter Ziff. 1 vor:

> „Without prejudice to Article 18 of the Charter and with a view to facilitating the work of the United Nations, including, whenever possible, the adoption by the General Assembly of agreed texts of resolutions and decisions, informal consultations should be carried out with the widest possible participation of Member States."[72]

Mit welcher Empfindlichkeit solche Verfahrensfragen jedoch nach wie vor diskutiert werden, zeigt die Reaktion einiger Entwicklungsländer auf die Bemerkung des amerikanischen Delegierten im 6. Hauptausschuß, die Tatsache, daß China und Liechtenstein in den UN gleiches Stimmrecht haben, sei weder als „demokratisch" noch als „undemokratisch" zu qualifizieren: unter Inanspruchnahme ihres Rechts auf Erwiderung verwahrten sich mehrere Entwicklungsländer gegen die darin zum Ausdruck kommende Mißachtung des Grundsatzes der souveränen Gleichheit der Staaten.[73]

Daß Abstimmungsverfahren ein entscheidender Faktor für die Effektivität einer internationalen Organisation sind, geht aus der Mahnung des Generalsekretärs, Entscheidungen ohne Rücksicht auf die in Abstimmungen regelmäßig unterliegenden Minderheiten untergrüben die Effektivität der UN[74], ebenso hervor wie aus der Entscheidung für freiwillige Haushalte zur Finanzierung operativer Tätigkeiten oder der Präferenz der Industriestaaten für Organisationen mit gewichtetem Stimmverfahren bei der Abwicklung multilateraler Entwicklungsprojekte. Auch gehört die Gestaltung von Abstimmungsverfahren zu den am häufigsten und am heftigsten diskutierten Problemen im Recht der internationalen Organisationen. Für die UN sei auf den seit 1945 von Seiten der USA nicht verstummenden Ruf nach Einführung eines gewichteten Stimmverfahrens und entsprechende heftige Abwehrreaktionen kleinerer Staaten oder auf die Diskussionen um das Konsensverfahren gerade im Zusammenhang mit der Reformresolution 41 / 213 hingewiesen. Die Verhandlungen über die Verfahren der Willensbildung in der nach der Seerechtskonvention von 1982 zu gründenden Meeresboden-Behörde stellen in mehrfacher Hinsicht einen Modellfall für die Gesamtproblematik dar.[75]

---

[72] UN Doc. A / 45 / 33 vom 8. März 1990, Ziff. 86.

[73] UN Doc. A / C.6 / 45 / SR.16, Ziff. 55 (USA); SR.17, Ziff. 37 ff. (Erwiderungen). Vgl. auch *Saksena* (Anm. 2).

[74] Oben, S. 152; in gleichem Sinne *N. B. Krylov*, Enhancing the Role and Effectiveness of the United Nations in Strengthening the International Legal Order, in: *W. E. Butler*, The Non-Use of Force in International Law, Dordrecht-Boston-London 1989, 111 - 118 (116).

Im Blick auf diese Diskussionen und auf die eingangs dargelegten Funktionen eines Budgets in internationalen Organisationen lassen sich folgende Effektivitätsfunktionen benennen, in denen zugleich bereits ausführlicher behandelte Topoi wiederkehren. Die Effektivität einer internationalen Organisation hängt von der Gestaltung der Verfahren der Willensbildung in folgender Weise ab:

1. Die Akzeptanz der Ressourcenverteilung bei den Mitgliedern hängt davon ab, inwieweit die besonderen Interessen aller Mitglieder sich in den Verfahren Geltung verschaffen können.
2. Die Akzeptanz der Organisation und ihrer Tätigkeit insgesamt hängt davon ab, inwieweit die Verfahrensregeln zur Willensbildung gerade in Budgetfragen auf Dauer einen innerorganisatorischen Rechtsfrieden sichern können.
3. Die Effektivität der Tätigkeit der Organisation hängt davon ab, daß die zur Verwirklichung ihrer satzungsmäßigen Ziele formulierten Programme mit ausreichenden Finanzmitteln ausgestattet werden.
4. Die Effektivität des Budgets i. S. seiner oben genannten Funktionen hängt davon ab, ob und inwieweit eine Brücke zwischen dem Sekretariat — bzw. der Planung und Durchführung — und den zwischenstaatlichen Entscheidungsgremien geschlagen werden kann.

Im Lichte dieser vier Funktionen ist der Forderung nach Einführung eines gewichteten Stimmverfahrens[76] ebenso zu widersprechen wie der Ansicht, das in Art. 18 der Charta niedergelegte Verfahren der Mehrheitsentscheidung sei als „demokratische" Grundnorm Garant für eine faire und gerechte Lastenverteilung unter den Mitgliedern. Zunächst zum letztgenannten Argument:

Der Schluß, daß Art. 18 in Verbindung mit Art. 1 Ziff. 2 der Charta der Organisation einen „demokratischen" Charakter verleihe, ist verfehlt. Das Mehrheitsprinzip ist in allen demokratischen Systemen eingebettet in ein Regelgeflecht, welches der Gefahr einer „Tyrannei der Mehrheit" Barrieren entgegenstellt.[77] Anzuführen sind etwa das Prinzip der Repräsentation, d. h. der Verpflichtung von Entscheidungsträgern, bei ihren Entscheidungen auch für diejenige Minderheit zu handeln, welche anderen Parteien oder Personen ihre Stimme gegeben haben. Dieses Prinzip findet etwa in Art. 38 GG Niederschlag. Anzuführen sind zweitens Rechtsschutzmöglichkeiten der unterlegenen Minderheit. Anzuführen

---

[75] Zum ganzen *Dicke* (Anm. 47), sowie *Rüdiger Wolfrum*, Decision-Making in the Council: An Assessment and Comparison, in: *ders.* (ed.), The Law of the Sea (Anm. 47), 59 ff., m. w. N.

[76] *Eckart Klein*, Beitragspflichten und Stimmrecht. Notwendigkeit und Möglichkeit, das Entscheidungsverfahren über Ausgaben der Vereinten Nationen neu zu strukturieren, in: *Wolfrum* (Hrsg.), Reform (Anm. 5), 69-94; vgl. auch die Diskussion 95 ff.

[77] Vgl. *Werner Kaltefleiter*, Die Grenzen der Demokratie, in: *Hans Hattenhauer / ders.* (Hrsg.), Mehrheitsprinzip, Konsens und Verfassung, Heidelberg 1986, 137-150, hier bes. 140 ff.; *Ernst Benda*, Konsens und Mehrheitsprinzip im Grundgesetz und in der Rechtsprechung des Bundesverfassungsgerichts, a. a. O., 61-77.

ist schließlich, daß die politische Infrastruktur, in der Mehrheitsentscheidungen erst getroffen werden können, so beschaffen sein muß, daß die Minderheit potentiell Mehrheit werden kann. Diese Voraussetzungen sind in den Vereinten Nationen institutionell nicht gegeben. Abgesehen davon unterliegt es erheblichen Zweifeln, ob das Demokratieprinzip überhaupt auf zwischenstaatliche Organisationen übertragen werden kann.[78] Daraus läßt sich nun jedoch nicht die Konseqenz herleiten, daß Art. 18 der Charta hinfällig wäre. Wohl aber ergibt sich im Hinblick auf die Effektivität der Organisation insgesamt die Forderung, daß das dort festgelegte Verfahren konsensfördernd angewandt werden muß.

Es ergeben sich aber auch Einwände gegen das Beharren auf einem Verfahren der Stimmengewichtung. Denn bei entsprechenden Vorschlägen wird übersehen, daß das Verfahren der Haushaltsgestaltung ein mehrstufiger Prozeß ist, der sich aus einer Vielzahl von Beratungen, Festlegungen und Einzelentscheidungen zusammensetzt: von der Datensammlung und Aufstellung des „outlines" oder Programmhaushaltes durch den Generalsekretär, den Beratungen und Empfehlungen des ACABQ und CPC über die Verabschiedung durch die Generalversammlung bis zur Beurteilung der Durchführung sowie des Nutzens für die Mitgliedstaaten. Die Funktion desjenigen Verfahrens, in dem abschließend über die Annahme des Haushalts entschieden wird, ist es nun, für alle einzelnen Phasen dieses Prozesses ein Verhandlungs- und Kooperationsinteresse aller Beteiligter zu konstituieren.[79] Zieht man in Betracht, daß für die Mehrzahl der Staaten die Anerkennung der souveränen Gleichheit der eigentliche Grund ist, sich der UN-Charta zu unterwerfen[80] und insofern die Einführung von Art. 18 in die Charta den Grundstein für die Universalität der Organisation legte, wird deutlich, daß die Forderung nach Stimmgewichtung einem Grundkonsens in der Organisation nicht förderlich sein kann.

Genau dies gilt aber für das Konsensprinzip. Seine Einführung auf dem Wege eines „agreement" — sowohl durch die „Konsensresolution" des UNDP als auch durch GA Res. 41 / 213 als auch in der oben zitierten Empfehlung des Charta-Ausschusses[81] — ist mit Art. 18 der Charta vereinbar. Die Einhaltung des agreements selbst ist ein Beitrag zum Grundkonsens in der Organisation. Durch das Konsensverfahren werden Minderheiteninteressen, in diesem Falle diejenigen der Hauptbeitragszahler, wirksam geschützt.[82] Und schließlich räumt der für das

---

[78] Dazu die Ausführungen *Kaltefleiters* (Anm. 77) zu den Grenzen der Anwendbarkeit des Demokratieprinzips, bes. 146 ff.

[79] Dazu im einzelnen am Beispiel der Gestaltung des Entscheidungsverfahrens für die Meeresbodenbehörde *Dicke* (Anm. 47).

[80] In der Generaldebatte der 42. Generalversammlung brachte der Vertreter Singapurs dies auf die Formel „Only in the United Nations can we meet as formal equals", UN Doc. A / 42 / PV.4.

[81] Zum UNDP oben, S. 248 ff.; zu Res. 41 / 213 oben Anm. 24; zum Entwurf des Charta-Ausschusses oben Anm. 72.

Konsensverfahren typische Verhandlungsprozeß entscheidungsvorbereitenden Gremien und Organen — in diesem Falle dem Generalsekretär und dem CPC — einen hohen Stellenwert ein.

Daß die Entwicklungsländer bereit sind, der Forderung einer konsensfördernden Entscheidungsfindung entgegenzukommen, zeigt die Tatsache, daß sich weder im IFAD und der UNIDO noch im Gemeinsamen Rohstoff-Fond und der Meeresbodenbehörde das in den sechziger und siebziger Jahren entworfene und ausgestaltete UNCTAD-Modell durchgesetzt hat.[83] Bei den Verhandlungen über die Willensbildung der Meeresbodenbehörde in Haushaltsfragen wurden Vorkehrungen für einen Interessenschutz der Hauptbeitragszahler ausdrücklich anerkannt.[84] Man mag dies durchaus als Anzeichen dafür werten, daß die „disjunction between power and responsibility", die *Jeanne Kirkpatrick* beklagte[85], in dem Sinne überwunden werden kann und durch die Reformen nach 1985 auch überwunden wurde, daß Machtfragen — und solche wird es in einer Gemeinschaft von Staaten immer geben — nicht auf Kosten, sondern im Rahmen der „gemeinsamen Verantwortlichkeit" für die Ziele der UN-Charta gelöst werden.

Auf dieser Grundlage ist eine Überwindung zumindest einiger der in den vorhergehenden Paragraphen aufgezeigten strukturellen Konflikte im UN-System immerhin möglich. Dem Drängen der Industriestaaten nach administrativer Effizienz ist durch eine stärkere Haushaltskontrolle Genüge getan. Den Effektivitätsforderungen der Entwicklungsländer kommt entgegen, daß einerseits eine Prioritätensetzung möglich ist, die unter Wahrung von Effizienzgesichtspunkten die Strategie organisatorischen Wachstums ablöst durch sektorale Konzentration des bestehenden Organisationsgefüges auf vordringliche Probleme. Die jüngsten Entwicklungen in der Flüchtlingspolitik der UN Ende der 80er Jahre sind ein Beispiel dafür: obgleich der unmittelbaren humanitären Hilfe — zu der die UN aufgrund ihrer Universalität und Neutralität in der Regel besser geeignet ist als andere Organisationen[86] — Priorität zukommt, hat die Organisation begonnen, Programme zur Ursachenbekämpfung einschließlich gezielter Maßnahmen der Entwick-

---

82 Dazu ausführlich *Rüdiger Wolfrum*, Konsens im Völkerrecht, in: *Hattenhauer / Kaltefleiter* (Anm. 77), 79-91.

83 *Wolfrum* (Anm. 75); *Dicke* (Anm. 47), jeweils m. w. N.; ebenso *Robert W. Gregg*, The Politics of International Economic Cooperation and Development, in: *Lawrence S. Finkelstein* (ed.), Politics in the United Nations System, Durham-London 1988, 106-147 (138).

84 Vgl. das Statement des Vorsitzenden der Vorbereitungskommission, *José Luis Jesus*, Statement on the Issue of the Universality of the Convention, in: *Wolfrum* (ed.), Law of the Sea (Anm. 47), 245 f.

85 Zitiert nach *Margaret E. Galey*, Reforming the Regime for Financing the United Nations, in: Howard Law Journal 31 (1988), 543-574 (545).

86 So wurde für dringend benötigte Nahrungsmittelhilfe im afghanischen Bürgerkrieg der Hilfe durch das Welternährungsprogramm der UN vor der EG der Vorzug gegeben, weil eine Einschaltung der EG der Volksbefreiungsfront Eritreas internationale Aufwertung gebracht hätte. FAZ, 21. Januar 1991.

lungshilfe zu erstellen[87]; darüber hinaus wurde der Ausbau des politischen Frühwarnsystems im Rahmen der Konfliktprävention mit Priorität auf Flüchtlingsprobleme konzentriert, womit langfristig eine Stärkung der Handlungsfähigkeit der Organisation schon bei der Vermeidung von Flüchtlingsbewegungen erreicht werden soll.[88]

Auch die Spannung zwischen dem Sekretariat und den zwischenstaatlichen Entscheidungsgremien kann insofern entzerrt werden, als die Konzentration der Beratungen im CPC einerseits eine auch über längere Zeit hinweg stringentere Politik der Mitgliedstaaten ermöglicht; hier dürfte sich insbesondere die bereits geschilderte Zusammensetzung dieses Organs positiv auswirken. Andererseits ist das Konsensverfahren, und damit verbunden ein deutlich höherer Verhandlungsbedarf, in stärkerem Maße auf Vorbereitungen des Sekretariates angewiesen, dessen Stellung damit — zumindest indirekt — gestärkt wird.

Mindestens zwei Voraussetzungen müssen jedoch erfüllt sein, soll der Konsens, der sich in der einmütigen Verabschiedung der letzten Budgets zeigte, von Dauer sein: eine Konsolidierung der Finanzausstattung der Organisation und eine stärkere Regelbefolgung durch die Mitglieder und Organe.

Weder die Wiederaufnahme der Zahlungen durch die Vereinigten Staaten noch die Einsparungen haben die prekäre finanzielle Situation der UN verbessern können. Die geschuldeten Mitgliedsbeiträge waren am 31. Dezember 1989 auf 461,2 Mio $ angestiegen.[89] Eine deutlich bessere Beitragsdisziplin aller Mitgliedstaaten einschließlich einvernehmlicher Lösungen bei der Finanzierung der Friedenstruppen ist eine unerläßliche Voraussetzung zur finanziellen Gesundung der Organisation. Für die zweite Voraussetzung — eine deutlich verbesserte Regelbefolgung — sind Vorkehrungen erforderlich, welche das weithin fehlende institutionelle Gedächtnis in der Organisation substituieren können. Hier könnte einer personell verbesserten Joint Inspection Unit eine wichtige Aufgabe zufallen. Im oben erwähnten Bericht über die Budgetverfahren hat der deutsche Inspektor *S. Schumm* der Generalversammlung und den Mitgliedstaaten einen Überblick über die Geschichte ihrer eigenen, größtenteils nicht oder nur mangelhaft durchgeführten Beschlüsse vor Augen gehalten.[90] Die Arbeit des ACABQ und des CPC könnte wohl wesentlich erleichtert werden, wenn in einem frühen Stadium der Beratungen über Regeln, die die finanzielle und administrative Effizienz der UN betreffen, ähnliche Übersichten vorgelegt, aber auch berücksichtigt würden.

---

87 Vgl. *Horst-Wolfram Kerll*, Flüchtlingsverwaltung oder Flüchtlingspolitik? Zur Notwendigkeit einer umfassenden Herangehensweise, in: VN 37 (1989), 155 - 161; GA Res. 45 / 140 A vom 14. Dezember 1990, Ziff. 14.

88 Dazu den Bericht JIU / REP / 90 / 2, Juli 1990.

89 UN Doc. A / C.5 / 45 / 17 vom 8. Oktober 1990; zum Vergleich: 1988: 394,9 Mio $; 1985: 242,3 Mio $; 1979: 95,6 Mio $.

90 Oben Anm. 64.

3. Neue Reformbedingungen und Reforminitiativen nach dem Ende des Ost-West-Konflikts

Unter den neuen politischen Bedingungen nach dem Ende des Ost-West-Konflikts mündeten die 1985 eingeleiteten effizienzorientierten Reformen in die wohl breiteste Reformdiskussion in der Geschichte der UN überhaupt. War zunächst um die Wende zu den neunziger Jahren aufgrund verschiedener Erfolge in der Friedenssicherung von einem „Wiedererwachen" der UN[91] die Rede, so sahen sich die UN jedoch sehr bald in nahezu allen Tätigkeitsbereichen vor die Frage gestellt, ob die Organisation angesichts der neuen Herausforderungen in einem veränderten politischen System über eine angemessene „Verfassung" verfüge, um die ihr gestellten Aufgaben erfüllen zu können. An dieser Stelle kann nur ein kurzer Überblick über die neuen Rahmenbedingungen der UN-Reform, über neue Reforminitiativen sowie über bisherige Erfolge gegeben werden.

Das Ende des Ost-West-Konfliktes brachte zunächst insofern neue Rahmenbedingungen für die Arbeitsweise und damit auch Reform der Organisation mit sich, als im Bereich der Friedenssicherung die beiden Supermächte USA und Sowjetunion bzw. seit 1991 Rußland ein kooperatives Verhältnis zueinander entwickelten. Äußeres Anzeichen war die erste von beiden gemeinsam eingebrachte Resolution der Generalversammlung zur Friedenssicherung am 15. November 1989.[92] Die Folge war erstens, daß die primäre Aufgabe der Organisation, die Friedenssicherung, aufgrund der wiedererlangten Handlungsfähigkeit des Sicherheitsrates ins Zentrum der Tätigkeit und bald auch ins Zentrum von Reformüberlegungen rückte. Zweitens befürchteten jedoch die Entwicklungsländer, daß nunmehr eine Zeit hegemonialen Einvernehmens zwischen beiden Supermächten heranbreche und Reformen im Bereich der Entwicklungshilfe auf der Strecke bleiben würden.[93]

Zu den veränderten Rahmenbedingungen zählen auch über das gewandelte Verhältnis zwischen USA und Rußland hinausgehende Verschiebungen im Akteursgefüge der UN-Politik. Der sechste Generalsekretär der UN, der Ägypter *Boutros Boutros-Ghali,* der am 1. Januar 1992 sein Amt antrat, hat noch stärker als seine Vorgänger eine an den Charta-Aufgaben gemessen effektive Weltorganisation angestrebt, und zwar zunächst im Bereich der Friedenssicherung. Insbesondere seine Funktion als Berichterstatter des Sicherheitsrates und der Generalversammlung nutzte er intensiv, um eigenständige Handlungsoptionen und Reform-

---

[91] Vgl. *Frederick Lister,* Exploiting the Recent Revival of the United Nations, in: International Relations 9 (1989), 419-438; *Günther Doeker / Helmut Volger* (Hrsg.), Die Wiederentdeckung der Vereinten Nationen, Opladen 1990.

[92] GA Res. 44 / 213. Dazu *Saksena* (Anm. 2), 171 f.

[93] *Saksena* (Anm. 2) sowie *Robert O. Matthews,* United Nations Reform in the 1990s: North-South Dimensions, in: *Gerald Dicks* u. a., The State of the United Nations, 1993: North-South Perspectives (ACUNS Reports and Papers 5), Providence 1993, 15-41.

vorschläge zu unterbreiten. Daß sein starkes politisches Engagement und insbesondere seine Leitungsfunktionen bei den nunmehr stark zunehmenden Friedenssicherungs-Operationen jedoch auf Kosten seiner administrativen Funktionen als Verwaltungschef des Sekretariats ging, ließ Ende 1993 die Effizienz des Sekretariats und die Motivation der UN-Bediensteten in einem keineswegs günstigen Licht erscheinen.[94] Insoweit sind Forderungen nach einer Reform der Sekretariatsführung unüberhörbar und keinesfalls unberechtigt.[95]

Eine weitere Folge des Endes des Ost-West-Konfliktes waren Veränderungen in den Stimmblöcken der Generalversammlung, die das Bild der siebziger und achtziger Jahre bestimmt hatten. Die Erhöhung der Mitgliedschaft von 158 in 1989 auf 184 in 1993, die Auflösung des einheitlichen Blocks der sozialistischen Staaten Osteuropas sowie Aufweichungstendenzen in der G 77, die mit dem Austritt Mexikos und dessen Beitritt zur OECD im April 1994[96] einen Höhepunkt fanden, sind die wichtigsten Faktoren. Doch können diese Aufweichungstendenzen nicht übersehen lassen, daß in der Reformpolitik die Blockfreien und die G 77 eine sehr kohärente Position formuliert haben, welche auf effektivitätsorientierte Reformen der Entwicklungspolitik in dem in § 7 erläuterten Sinne, eine stärkere Repräsentativität des Sicherheitsrates und eine „demokratische" Weltorganisation zielt.[97] Schließlich ist — insbesondere in westlichen Industriestaaten — als eine weitere veränderte Rahmenbedingung auf eine stärkere Befassung von Parlamenten hier und Nicht-Regierungsorganisationen dort mit Fragen der UN-Politik und auch der UN-Reform hinzuweisen.

Reforminitiativen sind seit dem Ende des Ost-West-Konfliktes aus vier Quellen hervorgegangen: Die erste Quelle ist die Fortsetzung des Mitte der achtziger Jahre eingeleiteten Reformprozesses. Einerseits wurden Anfang der neunziger Jahre unter Bezugnahme auf die Effizienzreformen verschiedene in sich geschlossene Reformvorschläge[98] vorgelegt und diskutiert. Andererseits wurde die in Res. 41 / 213 ausgeklammerte Reform der zwischenstaatlichen Entscheidungsstruktur im Bereich der wirtschaftlichen und sozialen Tätigkeiten in der Generalversammlung weiter behandelt und fand zunehmende Beachtung.[99] Zu dieser

---

[94] Vgl. *Klaus Dicke*, Reformen des Sekretariats und veränderte Rolle des Generalsekretärs, in: *Klaus Hüfner* (Hrsg.), Reform der Vereinten Nationen, Opladen 1994, 225 - 239.

[95] *Brian Urquhart / Erskine Childers*, A World in Need of Leadership: Tomorrow's United Nations, Uppsala 1990; *Dicke* (Anm. 95), m. w. N.

[96] FAZ vom 25. April 1994.

[97] Zusammenfassend *Saksena* (Anm. 2) sowie *Matthews* (Anm. 93), 24 ff.

[98] UNA-USA, A Successor Vision (Anm. 5); The Nordic UN-Project, The United Nations in Development. Reform Issues in the Economic and Social Fields. A Nordic Perspective, Stockholm 1991; vgl. ferner *Saksena* (Anm. 2); *Matthews* (Anm. 93) sowie *Helmut Volger*, Braucht die UNO neue Strukturen? Konzepte und Chancen einer Reform der Weltorganisation, in: Blätter für deutsche und internationale Politik 9 / 1991, 1087 - 1098 und *Dicke*, Entwicklungspolitische Aspekte (Anm. 5).

[99] UN Doc. A / 47 / 543 vom 19. Oktober 1992; vgl. *Matthews* (Anm. 93), 24 ff.; dazu *Axel G. Koetz / Max Otte*, Krise und Reform der UN-Entwicklungshilfe, in: Außen-

ersten Quelle für Reformimpulse ist schließlich die z. T. auf harsche Kritik stoßende Sekretariatsreform des neuen Generalsekretärs *Boutros-Ghali*[100] zu rechnen.

Die zweite Quelle, aus der sich die umfassende Reformdiskussion seit Beginn der neunziger Jahre speist, ist die nach dem zweiten Golfkrieg einsetzende Diskussion über Funktion und Zusammensetzung des Sicherheitsrates. Diese bereits im Zusammenhang mit dem Charta-Ausschuß angesprochene Diskussion[101] hat die Rahmenbedingungen für Reformen insoweit verändert, als seit Anfang 1994 in einer von der Generalversammlung eingesetzten Arbeitsgruppe über mögliche Revisionen der Charta verhandelt wird.[102] Eine umfassende, alle Tätigkeitsbereiche der UN einschließende Diskussion über eine Charta-Revision hat sich hieraus allerdings bislang nicht ergeben.

Eng mit dieser zweiten Quelle in Verbindung steht drittens der Bericht des Generalsekretärs „An Agenda for Peace"[103]. Dieser vom Sicherheitsrat in Auftrag gegebene Bericht, der sowohl unter den Mitgliedstaaten als auch in der Öffentlichkeit breit diskutiert wurde, zielt eine Steigerung der Effektivität der Friedenssicherung durch die UN an. Die Vorschläge richten sich u. a. auf die Einrichtung einer Eingreiftruppe, eine stärkere Regionalisierung der Friedenssicherung sowie eine Verbesserung der Finanzierung.[104]

Als vierte Quelle für Reformanstöße sind schließlich die beiden Weltkonferenzen über Umwelt und Entwicklung in Rio de Janeiro 1992 und über Menschenrechte in Wien 1993[105] zu nennen. Ziel beider Konferenzen war es, die Effektivität der Organisation in den Tätigkeitsbereichen Umwelt und Entwicklung bzw. Menschenrechte kritischer Überprüfung zu unterziehen und Verbesserungen herbeizu-

---

politik 43 (1992), 185-194; *Mark Imber*, Too many cooks? The post-Rio reform of the United Nations, in: International Affairs 69 (1993), 55-70.

100 Zuletzt UN Doc. A / 48 / 428. Vgl. *Dicke*, Reformen des Sekretariats (Anm. 94); *Matthews* (Anm. 93), 26.

101 Oben § 6; vgl. dazu *Keith Hindell*, Reform of the United Nations?, in: The World Today 48 No. 2 (1992), 30-33; *Klaus Dicke*, Die UN Charta. Ausbau und ungenutzte Möglichkeiten, in: Hanns-Seidel Stiftung (Hrsg.), Nach Überwindung des Ost-West-Konflikts. Gedanken zur „Neuen Weltordnung", München 1994, 48-75 m. w. N.

102 GA Res. 48 / 26 vom 3. Dezember 1994 setzte eine solche Arbeitsgruppe mit der Begründung ein, angesichts der veränderten weltpolitischen Lage und des Anstiegs der Mitgliederzahl bestehe die Notwendigkeit, die Mitgliedschaftsregelungen des Sicherheitsrates zu überprüfen. Dabei sei „the need to continue to enhance the efficiency of the Security Council" zu beachten.

103 An Agenda for Peace. Preventive Diplomacy, Peacemaking and Peace-keeping. Report of the Secretary-General pursuant to the statement adopted by the Summit Meeting of the Security Council on 31 January 1992, UN Doc. A / 47 / 277 vom 17. Juni 1992.

104 Zur Agenda for Peace statt anderer *Matthews* (Anm. 93), 28 ff.

105 Zu Rio vgl. *Imber* (Anm. 99); *Matthews* (Anm. 93), 16 ff.; zur Menschenrechtskonferenz *Rüdiger Wolfrum*, Die Entwicklung des internationalen Menschenrechtsschutzes. Perspektiven nach der Weltmenschenrechtskonferenz von Wien, in: EA 48 (1993), 681-690.

führen. Beide Konferenzen führten zu institutionellen Reformen: in Rio wurde mit der Global Environment Facility ein neues Finanzierungsinstrument und mit der Commission on Sustainable Development eine Institution der Koordination und Effektivitätskontrolle eingeführt. Die Menschenrechtskonfenez in Wien empfahl der Generalversammlung, die Einrichtung eines Hohen Kommissars für Menschenrechte zu erwägen; die Generalversammlung folgte der Empfehlung und richtete dieses neue Amt Ende 1993 ein.

Unter den hier erörterten Aspekten sind drei Ergebnisse festzuhalten: zunächst hat sich der mit GA Res. 43 / 213 gefundene Budgetkompromiß als Ausgangspunkt weiterer technischer Verbesserungen des Programm-Haushaltsverfahrens erwiesen. In den Beratungen der 48. Generalversammlung standen der mittelfristige Plan 1992 - 1997 sowie weitere technische Verbesserungen des Budgetverfahrens im Vordergrund, wobei die Generalversammlung mit Kritik am Generalsekretär nicht sparte.[106] Dies deutet darauf hin, daß unter den Mitgliedstaaten der Haushaltskompromiß Bestand hat. Keinesfalls sind dadurch zweitens jedoch Finanzierungsverhandlungen im weiteren Sinne entschärft worden. Vielmehr zeigte sich sowohl bei der Umweltkonferenz in Rio als auch bei den Debatten über die Reform der wirtschaftlichen und sozialen Tätigkeiten, daß sich nach wie vor eine effizienzorientierte Konzeption der Hauptbeitragszahler und eine effektivitätsorientierte, auf eine Steigerung der Finanzmittel zielende Konzeption der Entwicklungsländer gegenüberstehen. Drittens hat sich gezeigt, daß die Neugründung von Organen trotz der dagegen angeführten Bedenken nach wie vor zu den gebräuchlichsten Reformstrategien gehört.

4. Zusammenfassung

Die Reformen nach 1985 haben im Bereich der Koordination zwischen der UNO und den Sonderorganisationen bzw. anderen autonomen Systemeinheiten kaum sichtbare Erfolge gezeitigt. Deutliche Verbesserungen hingegen waren bei der Gestaltung des Budgets zu verzeichnen. Allerdings konnte auch hier eine Integration aller zum Budgetprozeß gehörender Elemente und eine Vereinheitlichung im UN-System unter Gesichtspunkten einer systemweiten Programmplanung noch nicht erreicht werden. Der stärkeren Konzentration auf administrative Effizienz kann dabei immerhin zugestanden werden, zumindest wichtige Voraussetzungen dafür geschaffen zu haben, daß die Phase der Konfrontation im Bereich der wirtschaftlichen Zusammenarbeit durch eine von Konsensbemühen geprägte Politik überwunden werden kann.

Wie die jüngsten Reformdiskussionen zeigen, kann sich die Reformfähigkeit der UN jedoch nur dann bewähren, wenn die UN auch finanziell in die Lage

---

106 GA Res. 48 / 218 und 48 / 228, beide vom 23. Dezember 1993.

versetzt werden, die ihr von der Charta zugeschriebenen Aufgaben zu erfüllen. Hier zeigt sich jedoch Anfang der 90er Jahre, daß die finanzielle Ausstattung der UN mit den wesentlich gestiegenen Anforderungen kaum Schritt halten kann. Gerade angesichts der Tatsache, daß damit die effektivitätsorientierte Konzeption der Entwicklungsländer politisch neuen Aufwind erhält, ist es insofern Aufgabe der weiteren Reformpolitik, ein den gewandelten weltpolitischen Bedingungen angemessenes, an den Aufgaben, welche die Charta stellt, orientiertes Gesamtkonzept einer wandlungsfähigen Weltorganisation anzuvisieren.

Die damit angesproche Bedeutung und Stellung der Organisation im internationalen System in den Blick zu bringen, ist das Anliegen politischer Theorien internationaler Organisationen. Ihnen ist das abschließende Kapitel gewidmet. Um in einer theoretische Konzeptionen einbeziehenden Gesamtperspektive die Effizienz und Effektivität internationaler Organisationen beurteilen zu können, sollen jedoch zunächst in einer kurzen Zusammenfassung Konstanten und Variablen der Effizienz und Effektivität internationaler Organisationen festgehalten werden, wie sie sich aus der Entwicklung und Reformgeschichte der UN ergeben.

§ 10 Funktion und Bedeutungsgehalt der Topoi „Effizienz“ und „Effektivität“ internationaler Organisationen

In den beiden voranstehenden Kapiteln ging es darum, die historische Entwicklung, rechtliche Grundlegung und Reformgeschichte universaler internationaler Organisationen darzustellen und die Entwicklung der Vereinten Nationen daraufhin zu befragen, welche Aussagen über Effizienz und Effektivität internationaler Organisationen in den Reformdebatten der UN zutage traten. „Effizienz“ und „Effektivität“ wurden dabei als Topoi und nicht als theoretisch definierte Begriffe angesehen, mit denen die Wirksamkeit internationaler Organisationen konzeptionell erfaßt oder gar gemessen werden könnte. Die leitende Frage war, ob bei den im UN-System handelnden Akteuren ein gemeinsames „Wissen“ über Effizienz und Effektivität internationaler Organisationen vorliegt und in welchem Zusammenhang dieses Wissen ggf. mit der Reformpolitik im UN-System steht. In einer systematischen Zusammenstellung der Funktionen und Bedeutungsgehalte der Topoi „Effizienz“ und „Effektivität“ internationaler Organisationen sind im folgenden die Konturen dieses Wissens zu umreißen, um es dann im abschließenden Kapitel mit theoretisch hergeleiteten Aussagen über die Effizienz und Effektivität internationaler Organisationen zu konfrontieren.

Das von den verschiedenen Akteuren im UN-System bei ihrer Beurteilung der Organisation zugrundegelegte „Wissen“ über deren Effizienz und Effektivität weist einerseits eine Reihe von Konstanten auf, zeigt andererseits aber auch

Entwicklungstendenzen der Organisation und ihrer Reformgeschichte auf. Um Konstanten und Entwicklungen unterscheiden zu können, ist zunächst nach dem Bedeutungsgehalt zu fragen, den „Effizienz" und „Effektivität" im Zusammenhang mit den UN aufweisen. Dazu sind die verschiedenen Kriterien aufzulisten, nach denen Effizienz und Effektivität der UN jeweils beurteilt werden.

Die einleitend getroffene Unterscheidung zwischen Effizienz und Effektivität, nach der Effektivität den Zielerreichungsgrad und Effizienz den optimalen Mitteleinsatz meint, hat sich insgesamt bestätigt. Sie entspricht auch den Definitionen, welche die Joint Inspection Unit und das Glossar der Budgetregeln geben. Danach bedeutet Effektivität „the extent to which an activity achieves its stated objectives", während Effizienz „is measured by how well inputs are converted into outputs".[1]

Obgleich diese Definitionen im politischen Sprachgebrauch der Akteure im UN-System nicht ausdrücklich aufgegriffen werden, sind sie auch für diesen gültig. Zwar werden Effizienz und Effektivität gelegentlich verwechselt, doch zielen Aussagen über die Effektivität der Organisation mittelbar oder unmittelbar auf die Verwirklichung der Organisationsziele, während Aussagen über die Effizienz der UN sich ausschließlich auf die innerorganisatorischen Voraussetzungen der Zielerreichung beziehen. Dabei ergibt sich insgesamt eine Rangordnung zwischen Effizienz und Effektivität insofern, als Effizienz Voraussetzung und ihrerseits Kriterium der Effektivität ist; Unterschiede ergeben sich freilich im Hinblick darauf, welcher Stellenwert der Voraussetzung effizienter Organisation eingeräumt wird. Definitionen der Begriffe waren im politischen Sprachgebrauch durchgehend nicht anzutreffen, wohl aber gelegentlich explizite und — weitaus häufiger — implizite Kriterien der Effizienz und Effektivität. Der Bedeutungsgehalt der Topoi „Effizienz" und „Effektivität" internationaler Organisationen ist aus diesen Kriterien zu erschließen.

1. Kriterien der Effektivität und Effizienz im Überblick

In der folgenden Zusammenstellung der Kriterien wird davon abstrahiert, wer diese im einzelnen benannt hat und unter welchen historischen Bedingungen sie formuliert wurden. Damit soll nicht schon eine Allgemeingültigkeit des im Ergebnis gewonnenen Kriterienrasters behauptet werden; diese kann erst eine theoretische Analyse der Kriterien im einzelnen erweisen. Ziel ist vielmehr die Erstellung eines Katalogs, der alle oben angesprochenen und behandelten Kriterien, zunächst der Effektivität, dann der Effizienz, enthält. Erst in einem zweiten Schritt sind

1 Regulations and Rules Governing Programme Planning, the Programme Aspects of the Budget, the Monitoring of Implementation and the Methods of Evaluation, UN Doc. ST / SGB / PPBME Rules / 1 (1987), 30, mit Hinweisen auf ein Glossar der JIU (UN Doc. A / 34 / 286).

die Kataloge daraufhin zu befragen, ob und inwieweit sie von den Akteuren im UN-System geteilt werden, inwieweit sie in der Praxis erfüllt werden und — unter Einbeziehung der Ergebnisse der theoretischen Analyse — wie sich durch ihre praktische Anwendung — oder Nicht-Anwendung — diejenigen Fragen beantworten lassen, die sich aus der Schilderung der historischen und rechtlichen Grundlagen der UN und deren Reformgeschichte ergaben.[2]

a) Effektivität

Topoi über die Effektivität der UN werden ganz überwiegend in normativer Absicht gebraucht. Selbst wo etwa von der erwiesenen Effektivität der technischen Hilfe die Rede ist,[3] soll damit indirekt ein Ausbau entsprechender Tätigkeiten gefordert bzw. begründet werden. Daß es sich um spezifische Reformtopoi handelt, geht daraus hervor, daß Effektivität in aller Regel im Vergleich zum Ist-Zustand als etwas zu stärkendes, auszubauendes, zu steigerndes angesprochen wird. Nicht Effektivität als solche, sondern ihre Erhöhung ist also das als konsentiert unterstellte Ziel, welches entsprechende Aussagen anstreben. Dabei sind jedoch verschiedene Bezugspunkte des Topos zu unterscheiden. Forderungen nach einer Verbesserung der Effektivität können sich beziehen auf:

— die Organisation als solche;

— die Erfüllung der Charta-Ziele, wobei zwischen der Friedenssicherung und den Zielen nach Art. 1 Abs. 3 i. V. m. Art. 55 zu unterscheiden ist. Im ersten Falle ergibt sich aus der rechtlichen Grundlage der kollektiven Sicherheit — besonders auch im Vergleich zum Völkerbund — die besondere normative Vorgabe, der Sicherheitsrat müsse effektiv handeln können; im Bereich der Kooperation nach Art. 55 ergibt sich aus der offenen Formulierung der Ziele und der Notwendigkeit ihrer Umsetzung in konkrete Programme ein dynamisches, nur durch politische Verhandlungen und ihre Institutionalisierung einzulösendes Effektivitätsgebot;

— einzelne Organe der UN oder Untergliederungen des Systems;

— einzelne Programme und Maßnahmen.

Explizit werden Kriterien für die Effektivität nur dort angegeben, wo sich diese auf die Programme der UN oder auf einzelne Organe bezieht. Die im Zusammenhang der Programmevaluierung genannten, also auf einzelne *Programme* bezogenen Kriterien[4] umfassen dabei die wesentlich weiter ausdifferenzierten Kataloge, die in der Frühzeit der Organisation von Generalversammlung und ECOSOC festgelegt wurden und deren präzise Fragen diese Kriterien auch operationalisierbar machen.[5] Es sind dies die folgenden:

---

2 Oben, S. 95 f.

3 Vgl. oben, S. 203 ff.

4 Oben, S. 277.

1. Bedeutung der einzelnen Programme für die Mitgliedstaaten;
2. Befähigung der Organisation, die Programme unter wirtschaftlicher und sparsamer Mittelverwendung durchzuführen;
3. Wirksamkeit und Nutzen der Ergebnisse für die Adressaten.

Für den zweiten Bezugspunkt, für *einzelne Organe*, werden die folgenden Kriterien genannt:

1. Möglichst breite Interessenvertretung bzw. Repräsentativität in den zwischenstaatlichen Entscheidungsorganen;
2. speziell für den Sicherheitsrat fordert die Charta ständige Anwesenheit der Mitglieder; darüber hinaus: stärkere Teilnahme von Außenministern an Sitzungen des Sicherheitsrates;
3. Anerkennung der eigenständigen Aufgaben des Generalsekretärs durch die Mitgliedstaaten;
4. Unabhängigkeit des Sekretariates von politischen Einflüssen.

Für die beiden anderen Bezugspunkte müssen die Kriterien erschlossen werden, und zwar zum einen aus Aussagen darüber, welche Bedingungen für eine Steigerung der Effektivität der UN und ihrer Tätigkeit gegeben sein müssen, und zum andern aus Aussagen darüber, welche Faktoren der Effektivität der Organisation im Wege stehen. Aus diesen Aussagen insgesamt ergeben sich folgende Kriterien der *Effektivität der Charta-Ziele:*

1. Für die Friedenssicherung:
   a) eigene Machtmittel der Organisation oder doch eine Einbettung in Machtstrukturen des internationalen Systems, die eine Durchführung von Maßnahmen ermöglicht;
   b) Konsens im Sicherheitsrat, insbesondere unter den fünf Ständigen Mitgliedern;
   c) Vorkehrungen für den Ausgleich konkurrierender Gerechtigkeitsansprüche durch andere als gewaltsame Mittel;
   d) ausreichende Finanzmittel.
2. Für die Ziele aus Art. 55:
   a) Umsetzung der offenen Zielsetzung durch politische Programme;
   b) zureichende Mittelausstattung insbesondere der operativen Programme.

Und schließlich sind in Bezug auf die Organisation insgesamt die folgenden Kriterien festzuhalten:

---

[5] Oben, S. 167 f.

1. Der politische Wille der Mitgliedstaaten, von der Organisation und ihren Organen und von den Funktionen, welche die Organisation erfüllen kann, Gebrauch zu machen;
2. Rechtsbefolgung und Regelbefolgung, und zwar sowohl die Befolgung des allgemeinen Völkerrechts, die Befolgung der Regeln des internen Organisationsrechts als auch die Befolgung von Empfehlungen der Organisation. Adressaten sind die Staaten, aber auch die Organe der UN;
3. Das Hintanstellen partikularer Interessen hinter einen Grundkonsens der Mitglieder über Ziele und Programme der Organisation;
4. Eine Gestaltung und Handhabung von Entscheidungsverfahren, welche Mäßigung in dem Sinne erlaubt, daß die Rechte der unterlegenen Minderheit Beachtung finden;
5. Eindämmen der organisatorischen Proliferation, um die finanzielle Belastung der Mitgliedstaaten in Grenzen zu halten und die Steuerungsfähigkeit des Systemganzen zu gewährleisten;
6. In gewissem Widerspruch zum zuletzt genannten Kriterium: organisatorisches Wachstum, um die Kapazität der Organisation an neue Aufgaben anzupassen;
7. Eine Koordination zwischen den Untergliederungen der Organisation;
8. Finanzielle Sicherung der Organisation durch Beitragsdisziplin; bessere Finanzausstattung der freiwilligen Programme;
9. Universalität der Mitgliedschaft;
10. Realistische Vorstellungen über die Leistungsfähigkeit der Organisation;
11. Behebung des „Vollzugsdefizits“ der Organisation;
12. Das Klima des internationalen Systems insgesamt;
13. Aufrechterhaltung der Arbeitsfähigkeit durch Anpassung an neue Gegebenheiten; gleichzeitig eine Konzeption von Reform als dauernder Prozeß;
14. Evolutives Fortschreiben des Charta-Rechts durch seine konsentierte Interpretation;
15. Stärkung statt Einschränkung der Funktionen des Generalsekretärs;
16. Verbesserung des Bildes und politischen Images der UN in den Mitgliedstaaten.

Die auf die Organisationsziele und auf die Organisation insgesamt bezogenen Kriterien lassen sich nun danach gliedern, welche Faktoren oder übergreifenden Wirksamkeitsbedingungen internationaler Organisationen mit ihnen angesprochen werden. Es sind dies erstens die *interne Organisationsstruktur der UN*, zweitens das *Verhalten der Mitgliedstaaten*, und drittens der *Zustand und die Beschaffenheit des internationalen Systems*, in dem internationale Organisationen operieren. In dieser Gliederung ergibt sich das folgende Schema, nach welchem in der Praxis die Wirksamkeit internationaler Organisationen beurteilt wird.

Wirksamkeitsfaktoren

Kriterien

Interne Organisationsstruktur	*Mitgliedstaaten*	*Intern. System*
– den Aufgaben angem. Wachstum	– pol. Wille zum Gebrauch	– Klima d. int. Bez.
– Einschränkung d. Proliferation	– Regelbefolgung	– Koordination souv. Staaten
– Koordination d. Systemeinheiten	– Grundkonsens über part. Inter.	– Image der UN
– universale Mitgliedschaft	– Finanzdisziplin	– Machtstruktur, die Durchsetzung erlaubt
– Behebung d. Vollzugsdefizits	– freiwillige Programmbeiträge	
– Anpassung an neue Gegebenheiten	– realistische Vorstellungen über Leistungsfähigkeit int. Org.	
– evolutives Fortschreiben d. Chartarechts	– Mäßigende Handhabung von Entscheidungsverfahren	
– Entscheidungsverfahren mit incentives zur Mäßigung		
– Umsetzung von Zielen in Programme		
– friedlicher Ausgleich konkurrierender Gerechtigkeitsansprüche		
– Organe: Konsens im Sicherheitsrat Repräsentativität Stärkung des Generalsekretärs Unabhängigkeit des Sekretariats		
– Programme: Bedeutung f. Mitglieder Fähigkeit der Organisation zur Durchführung Nutzen für Adressaten		

Festzuhalten ist schließlich die Funktion des Topos „Effektivität" der UN: seine Verwendung ist normativ in dem Sinne, daß die bessere Erfüllung der Organisationsziele als Begründung einer Initiative, einer Maßnahme oder einer Kritik herangezogen wird. Der Wille zur Erfüllung der Charta-Ziele ist es also letztlich, an den appelliert wird. Durch die Verbindung der einzelnen Ziele der Charta — Friedenssicherung und internationale Zusammenarbeit im Bereich der in Art. 55 genannten Politikfelder — mit dem Topos Effektivität wird die UN als Organisation normativ besonders qualifiziert: sie wird unter ein Optimierungsgebot gestellt, das sich aus dem vereinigten Willen der Staaten zur Verfolgung der Charta-Ziele ergibt.[6] Das bedeutet, daß die Ziele der Organisation mit deren innerer Struktur, dem Willen der Staaten und der Beschaffenheit des internationalen Systems in einen Begründungszusammenhang gebracht werden. Organisationsfragen werden dadurch nicht mehr nur als technische Probleme, sondern zugleich in der erweiterten Perspektive der normativen Charta-Ziele gesehen. Dieser Begründungszusammenhang ist ein erster Komplex, auf den im abschließenden theoretischen Teil einzugehen ist.

b) Effizienz

Kann man somit dem Topos „Effektivität der UN" selbst dort, wo er kritisch angewandt wird, eine Legitimationsbedeutung für die UN als Organisation zusprechen, so ist dies für den Topos „Effizienz" nicht der Fall. Im Gegenteil: Effizienzaussagen sind fast ausschließlich kritischer Natur. Der Topos findet seine wichtigste Funktion darin, Mißstände zu identifizieren. Er richtet sich mit einer einzigen Ausnahme auf die Binnenstruktur internationaler Organisationen. Diese Ausnahme ist der Hinweis der *Bruce*-Kommission und des Generalsekretärs der UN, der Völkerbund bzw. die UN als Organisation sei für die Staaten das preiswerteste und daher effizienteste Mittel, internationale Zusammenarbeit zu organisieren. Es ist die Knappheit der — letztlich von den Mitgliedstaaten aufzubringenden — Mittel, die mit Effizienzaussagen als Gesichtspunkt in die Reformdebatten des UN-Systems hineingetragen wird. „Economy and efficiency" tauchen ihrerseits ohne nähere Erläuterung als Kriterien der Effektivität der Organisation auf. Lassen auch hier die im einzelnen genannten Kriterien Funktion und Bedeutungsgehalt des Topos näher erfassen? Folgende Kriterien werden genannt:

1. Eindämmung des organisatorischen Wachstums durch bessere Nutzung vorhandener Einrichtungen;
2. Qualifizierung und Professionalität des Personals, insbesondere in den UN-Sekretariaten und Expertengremien;
3. Vermeidung von Duplizierungen und Überlappungen in der Tätigkeit der Organe und Systemglieder;
4. Sparsamkeit der Mittelverwendung;
5. Begrenzung der Größe von Organen;
6. Straffung und Rationalisierung von Verfahrensordnungen;
7. Klare und eindeutige Formulierung von Mandaten.

---

[6] Vgl. insoweit auch die Formulierung der Präambel der Charta, nach der die Völker der Vereinten Nationen „have resolved to combine our efforts to accomplish these aims".

Effizienzaussagen beziehen sich auf die administrative Durchführung der Organisationsziele und der zu ihrer Operationalisierung formulierten Programme, ohne eine Beziehung zwischen der Organisation und ihren Zielen herzustellen oder anzudeuten. Effizienz bezieht sich m. a. W. auf organisationstechnische Fragen. *Personal, Budgetgestaltung* und *Verwaltungsorganisation* sind die herausstechenden Bezugspunkte für diesen Topos. Als normative Forderung ist Effizienz verankert in Art. 101 Abs. 3 der Charta in Bezug auf das Personal sowie in den Beziehungsabkommen zwischen der UNO und den Sonderorganisationen und zahlreichen internen organisationsrechtlichen Entscheidungen.

Damit ist für den Bedeutungsgehalt des Topos „Effizienz" wenig gewonnen. Effizienzaussagen sind — für sich genommen — apodiktisch in dem Sinne, daß in der politischen Gesprächssituation angenommen wird, der Begriff „Effizienz" erkläre sich den Gesprächspartnern aus sich selbst heraus. Ob theoretische Analysen internationaler Organisationen den Bedeutungsgehalt des Begriffs „Effizienz" näher aufklären und die Forderung nach Effizienz insofern operationalisieren können, ist die zweite im Schlußteil zu behandelnde Frage.

2. Konstanten und Entwicklungstendenzen im Gebrauch der Topoi „Effizienz" und „Effektivität" internationaler Organisationen

Der als bekannt unterstellte Gesichtspunkt, der durch die Topoi Effizienz und Effektivität internationaler Organisationen in die Reformdebatten der Vereinten Nationen hineingetragen wird, ist das Organisationsproblem, wie es von sozialwissenschaftlichen Organisationslehren formuliert wird: Wie sind unter angebbaren einschränkenden Bedingungen welche Mittel zur Erreichung von Zielen wie einzusetzen?[7] Beiden Topoi gemeinsam ist — und hierin liegt eine erste Konstante —, daß sie die Lösung dieses Problems unter ein Optimierungsgebot stellen: Effektivität stellt das Organisationsproblem unter das Gebot, die Organisationsziele fortschreitend zu verwirklichen und die Organisation selbst dieser Aufgabenstellung anzupassen. Effizienz stellt das Organisationsproblem unter das Gebot, beim Einsatz der Mittel möglichst wirtschaftlich und rational vorzugehen.

Fragt man nach den Beziehungen beider Optimierungsgebote zueinander, so ergeben sich zunächst eine Reihe z. T. gegenläufiger Entwicklungen, welche an die Wurzeln der Reformen nach 1985 heranführen. Bis zu Beginn der achtziger Jahre lassen sich für die Steigerung der Effektivität wie auch für die Verbesserung der Effizienz zunächst konstante Entwicklungen festhalten:

Zur *Optimierung der Effektivität* der UN galt der Ausbau des organisatorischen Gerüsts des UN-Systems durch die Neugründung von Unterorganen, die oft mit operativen Aufgaben betraut wurden, bis dahin als die Reformstrategie schlecht-

---

7 Vgl. dazu oben, S. 37 f.

hin. Dies lag bereits deshalb nahe, weil die immer auch mit Budgetsteigerungen verbundene Einrichtungskompetenz die wirksamste Handlungsbefugnis ist, welche den Organen der UN in der Charta verliehen wird. Das Instrument der Friedenstruppen verdankt dieser Kompetenz seine Entstehung[8] ebenso wie das gesamte Instrumentarium der technischen Hilfe. Wurden bis Anfang der sechziger Jahre Neugründungen im Bereich der Tätigkeiten der Organisation nach Art. 55 der Charta unmittelbar aus den dort genannten Zielen begründet, so tritt seit Gründung der UNCTAD an die Stelle dieser Begründung eine Konzeption der UN als Entwicklungshilfeorganisation, in deren Zentrum die als Legislativorgan konzipierte Generalversammlung steht. Der Ausbau des UN-Systems insgesamt hat zur Folge, daß aufgrund zumindest teilweiser Überlappungen und Verdoppelungen von Tätigkeiten, einer erheblich gesteigerten Bürokratisierung der Organisation sowie einer wachsenden Zurückhaltung der finanzkräftigen Staaten, einzelne Programme mit zureichenden Mitteln auszustatten, die Effektivität der Organisation eben nicht steigt, sondern unterlaufen wird.

Auch im Blick auf die *Steigerung der Organisationseffizienz* läßt sich ein konstanter Grundzug festhalten: seit Gründung der Organisation läßt sich der Aufbau und beständige Ausbau von Standards der Effizienz im Bereich Personal, Management und Mittelverwendung, von Instrumenten und Verfahren der Koordination und von Verfahren der Programmplanung und Budgetgestaltung verfolgen. Anfang der siebziger Jahre werden die Bemühungen auf einheitliche, nach hohen technischen Standards ausgerichtete Methoden und Verfahren der Budgetgestaltung einschließlich der Planung und Evaluierung konzentriert. Die Einrichtung einer Managementkontrolle und eines Evaluierungssystems unterstützen diese Bemühungen, tragen freilich ihrerseits zu steigender Bürokratisierung des Systems bei. Konstant geblieben ist bei all diesen Bemühungen jedoch auch die Tatsache, daß effizienzgerichtete Normen und Standards in Spannung und Konkurrenz zu politischen Interessen und Überlegungen stehen, ja oft hinter diese zurücktreten. Dies gilt für Qualifizierungsstandards des Personals, die politischen Proporzregeln untergeordnet werden, ebenso wie für Evaluierungskriterien, die sich z. T. aufgrund ihrer politischen Implikationen als nicht operabel erwiesen haben. Auch wurde gerade bei Effizienzstandards immer wieder auf mangelnde Regelbefolgung hingewiesen.

Damit ist nun die Frage des *Verhältnisses von Effektivität und Effizienz* angesprochen. An verschiedenen Beispielen wurde gezeigt, daß Effektivitäts- und

---

[8] Die Rechtsgrundlage der Friedenstruppen, die in der Charta nicht vorgesehen sind, wird entweder in Art. 39 und 40 der Charta, in Art. 29 der Charta oder in einem über dreißig Jahre entwickelten Satzungsgewohnheitsrecht gesehen. In jedem Fall ist eine Einrichtungskompetenz impliziert. Vgl. dazu *Jochen Abr. Frowein*, Der völkerrechtliche Status von VN-Friedenstruppen und seine Bedeutung für das deutsche Recht, in: *ders.* / *Torsten Stein* (Hrsg.), Rechtliche Aspekte einer Beteiligung der Bundesrepublik Deutschland an Friedenstruppen der Vereinten Nationen, Berlin-Heidelberg-New York 1990, 1-15, sowie die Diskussion.

Effizienzforderungen zueinander in Widerspruch stehen können. So konnten zwar Einsparungen im Zuge der Reformen nach 1985 die UN-Bürokratie reduzieren, beeinträchtigten aber gleichzeitig die Aufgabenerfüllung. Die mit dem Ausbau des organisatorischen Gefüges der UN steigende Komplexität des Systems beeinträchtigte die Effizienz des Systems insbesondere hinsichtlich seiner Koordination beträchtlich. Die Auflösung dieser und anderer Widersprüche zwischen Effektivität und Effizienz führen ein drittes theoretisches Problem vor Augen: Eine erste Möglichkeit ihrer Auflösung ergibt sich aus der in der Tat verschiedentlich vorgebrachten Unterordnung der Effizienz unter die Effektivität. *Hammarskjöld* etwa hatte in diesem Sinne vom Vorrang der Effektivität gesprochen, und es wurden verschiedene Belege dafür angeführt, daß insbesondere kleinere Staaten bzw. Entwicklungsländer Effizienzforderungen nur unter der einschränkenden Bedingung akzeptierten, daß dabei die Effektivität der Organisation als leitender Gesichtspunkt nicht vernachlässigt werden dürfe. Eine zweite Möglichkeit der Auflösung wäre eine Unterordnung der Effektivität unter die Effizienz, die in der Tat den von den Hauptbeitragszahlern getragenen Reformbestrebungen der achtziger Jahre zugrundeliegt. Die von den Hauptbeitragszahlern erhobene und auf dem Hintergrund der Finanzkrise der Organisation durchgesetzte Forderung eines Nullwachstum des Budgets, die Ausrichtung der Reformen nach 1985 auf administrative Effizienz und insbesondere die von den USA in den Vordergrund gestellte Konzeption effizienter Organisation haben eine solche Unterordnung herbeigeführt.

Es hat sich indessen gezeigt, daß beide Rangordnungen in der Gefahr stehen, sich zu nicht konsensfähigen Konzeptionen internationaler Organisationen zu verdichten. Um diese Gefahr zu vermeiden, ist eine dritte Möglichkeit der Auflösung von Widersprüchen zwischen Effektivitäts- und Effizienzforderungen denkbar: die Einbindung von Effizienz und Effektivität in ein normatives Gesamtkonzept internationaler Organisation, die es erlaubt, eine Rangordnung von Forderungen, Standards und Kriterien der Effizienz und Effektivität internationaler Organisationen zu erstellen, welche sich aus deren normativer Bedeutung ergibt. Aus verfassungsrechtlicher Perspektive hatte *Häberle*[9] im Blick auf die nationale Verwaltung betont, daß Effizienz nie an sich, sondern immer nur in Verbindung mit Grundsätzen und Normen Kriterium staatlichen Handelns sein könne. Hatten sich für die Effektivität bereits im Urteil politischer Akteure deutliche normative Bezüge ergeben, deren Gültigkeit freilich noch theoretisch darzulegen ist, so ist eine Verbindung von Effizienz mit Prinzipien und Normen zunächst nicht sichtbar geworden. Ob eine solche möglich ist und wie sie sich ggf. im Rahmen eines normativen Gesamtkonzepts internationaler Organisationen darstellt, ist die dritte im abschließenden theoretischen Teil zu behandelnde Frage.

---

[9] Oben, S. 35, Anm. 30.

Kapitel 4

Effizienz und Effektivität in der Theorie internationaler Organisationen

Die Beurteilung internationaler Organisationen durch die Akteure des internationalen Systems hat insgesamt noch kein einheitliches, allgemein gültiges Kriterienraster, geschweige denn eine in sich stimmige Konzeption ergeben, nach der die Effizienz und Effektivität internationaler Organisationen zu beurteilen oder gar zu messen wäre. Im Gegenteil können sich hinter unterschiedlichen und wechselnden Beurteilungen der UN, ihrer Untergliederungen oder einzelner Tätigkeiten verschiedene, z. T. divergierende Konzeptionen verbergen. Dennoch haben sich in Gestalt immer wiederkehrender Kriterien oder Faktoren der Effizienz und Effektivität der UN Konstanten ergeben, die — systematisch zusammengefaßt und geordnet — durchaus auf weitere Erkenntnis zielende theoretische Aussagen über internationale Organisationen ermöglichen. In der in § 10 vorgenommenen zusammenfassenden Darlegung der Funktion und des Bedeutungsgehalts der Topoi „Effizienz“ und „Effektivität“ internationaler Organisationen ist insoweit ein vorbereitender Schritt für eine theoretische Analyse zu sehen. Was kann die Theorie internationaler Organisationen zur Frage nach deren Effizienz und Effektivität beitragen?

Der methodische Schritt von der Rekonstruktion von Topoi hin zur theoretischen Analyse kann an den beiden Begriffen „Konzept“ und „Konzeption“ erläutert werden. Im Zusammenhang der Auseinandersetzungen um die Weiterentwicklung der Vereinten Nationen in den siebziger und frühen achtziger Jahren wurde gezeigt, daß Forderungen nach Effizienz hier und Effektivität dort verschiedene Konzeptionen internationaler Organisationen bezeichnet haben. Eine Vielzahl unterschiedlicher Konzeptionen internationaler Organisationen wird auch von verschiedenen Theorieansätzen — etwa der realistischen Schule, dem Funktionalismus und der Regime-Theorie, um nur die wichtigsten zu nennen, vertreten. So unterschiedlich die im einzelnen noch vorzustellenden Konzeptionen auch sind, so ist ihnen doch gemeinsam, daß sie sich auf das Konzept internationaler Organisationen beziehen und dieses Konzept verschieden ausdeuten.

Die Unterscheidung zwischen Konzept und Konzeption wird insbesondere von angelsächsischen Rechtsphilosophen[1] herangezogen, um eine kritische Prinzi-

---

1 *John Rawls*, Eine Theorie der Gerechtigkeit, Frankfurt 1975, 21 ff.; *Ronald Dworkin*, Taking Rights Seriously, Cambridge 1978, 134 ff.; 289 ff.; 351.

pienreflexion zu ermöglichen, zugleich aber die Gefahr zu vermeiden, durch eine Verabsolutierung von Prinzipien in Utopien abzugleiten bzw. durch die Vernachlässigung der kritischen Funktion von Prinzipien Konzeptionen zu Ideologien erstarren zu lassen.[2] Kritische Prinzipienreflexion in diesem Sinne bedeutet, den normativen Gehalt handlungsleitender Vorstellungen und Überzeugungen darzulegen, indem nach nicht hintergehbaren Geboten, die für solche Vorstellungen und Überzeugungen bestimmend sind, gefragt und deren Allgemeingültigkeit kritisch überprüft wird. Die europäische Philosophie nennt seit *Platon* solche nicht hintergehbaren Gebote „Ideen". Konzepte sind in diesem Zusammenhang der sprachliche Ausdruck von Ideen — der Idee der Wahrheit, Freiheit, Gerechtigkeit, des Friedens. Konzeptionen hingegen sind interessenbedingte und erfahrungsgebundene Vorstellungen der praktischen Verwirklichung der in Konzepten artikulierten Ideen. Konzeptionen erscheinen notwendigerweise im Plural, da die Pluralität von Erfahrungen, Interessen und Vorstellungen konstitutiv für sie ist. Daher kann es auch nicht Ziel theoretischer Reflexion sein, eine Identität von Konzeption und Konzept anzustreben oder herzustellen[3]; vielmehr ist die prinzipiell unabschließbare, ideologiekritische Aufgabe theoretischer Reflexion im Rahmen politischer Wissenschaft darin zu sehen, Konzeptionen auf das ihnen zugrunde liegende Konzept hin transparent zu machen und zu fragen, ob und inwieweit die Normativität der in Konzepten artikulierten Ideen in Konzeptionen Niederschlag und Beachtung findet. Aufgabe theoretischer Reflexion ist es also m. a. W., die Dialektik zwischen Konzept und Konzeption aufzuzeigen und transparent zu halten.[4] Ihre Intention ist ideologiekritisch, insofern sie verhindern will, daß die in Konzeptionen eingehenden Interessen und Erfahrungen sich als ausschließliche Verwirklichung einer Idee begreifen und darstellen. Ihre Absicht ist normativ, da sie Konzeptionen dem Anspruch allgemeingültiger Normen unterstellt. Die Unterscheidung von Konzept und Konzeption greift die Intention der kritischen Transzendentalphilosophie auf, die Vermittlung von Idee und Wirklichkeit zum Gegenstand aufklärender Reflexion zu machen.

---

[2] Zu diesem Fundamentalproblem politischer Philosophie *Immanuel Kant*, Kritik der praktischen Vernunft, Akademie-Ausgabe V, Berlin 1968, 67 ff.; *Heinrich Böckerstette*, Die Aporien der Freiheit und ihre Aufklärung durch Kant, Stuttgart-Bad Cannstatt 1982, 325 ff.; *Klaus Dicke*, Menschenrechte und europäische Integration, Kehl-Straßburg 1986, 85 ff.

[3] Gegen despotische Konsequenzen der Identitätsphilosophie im Politischen hat sich u. a. *Ernst Vollrath* mehrfach gewandt. Vgl. seine Kritik an der *Hegelschen* Dialektik in: Politische Theorie — Politische Wissenschaft — Politische Philosophie, in: ZfP 29 (1982), 117-131 (125 f.), die darauf hinausläuft, daß Identitätsphilosophie die subjektive Erfahrung als Konstituens des Politischen zugunsten eines objektiven Wissens zum Verschwinden bringt.

[4] Dazu *Winfried Brugger*, Menschenrechte im modernen Staat, in: AöR 114 (1989), 537-588 (565); *ders.*, Theorie und Verfassung des Pluralismus. Eine Skizze im Anschluß an Ernst Fraenkel, in: Staatswissenschaft und Staatspraxis 1 (1990), 529-561 (537 f.; 541 ff.).

Im folgenden ist zunächst das Konzept internationaler Organisationen zu bestimmen. Definitionen und Typologien internationaler Organisationen werden daraufhin befragt, welcher Idee bzw. welchen Ideen sie Ausdruck geben (§ 11). Danach sind die wichtigsten Konzeptionen internationaler Organisationen im Rahmen politischer Theorien der internationalen Beziehungen vorzustellen und auf Aussagen zur Effizienz und Effektivität internationaler Organisationen hin zu befragen (§ 12). In einem dritten Schritt ist dann das Wechselverhältnis zwischen Konzept und Konzeptionen internationaler Organisationen zu untersuchen. Dabei ist nach den Bezugspunkten und den Kriterien für Aussagen über Effizienz und Effektivität internationaler Organisationen sowie nach dem Verhältnis von Effizienz und Effektivität zu fragen. Ziel dieser Erörterung ist es, Kriterien der Effizienz und Effektivität internationaler Organisationen in einen normativen Gesamtzusammenhang einzuordnen (§ 13).

§ 11 Das Konzept internationaler Organisationen

Zunächst ist der Frage nachzugehen, ob in verschiedenen Definitionen und Typologien internationaler Organisationen, wie sie in der wissenschaftlichen Literatur begegnen, ein bestimmtes Konzept internationaler Organisationen Niederschlag findet und wie dieses Konzept ggf. zu beschreiben ist.

1. Internationale Organisationen als Kristallisationspunkte zwischenstaatlicher Kooperation

a) „Internationale Organisation" und „internationale Organisationen"

Bis Mitte der sechziger Jahre wurde der Begriff „internationale Organisation" nahezu einhellig mit den Vereinten Nationen identifiziert. Sowohl der Name der Gründungskonferenz „United Nations Conference on International Organization" als auch wissenschaftliche Abhandlungen über die UN unter dem Titel „Internationale Organisation"[5] zeigen, daß man den Begriff für eine Organisation globalen Zuschnitts mit dem Hauptziel der Friedenssicherung und umfangreichen Befugnissen zur Förderung zwischenstaatlicher Zusammenarbeit in nahezu allen Bereichen der internationalen Verwaltung reserviert hatte.[6] Lediglich die OAS, das

---

[5] Auch die 1947 gegründete Zeitschrift „International Organization" verwendet den Singular als Titel, obgleich das Editorial gerade auf eine Vielzahl neu gegründeter Organisationen hinweist. Freilich heißt es dort auch (1): „Although the United Nations and its specialized agencies are certainly the core ...".

[6] *L. Larry Leonard,* International Organization, New York-Toronto-London 1951, behandelt den Völkerbund und die Vereinten Nationen; *Stanley Hoffmann,* Organisations internationales et pouvoirs politiques des états, Paris 1954, zusätzlich auch das Europäi-

neben der UNO zweite System der kollektiven Sicherheit, sowie NATO und OEEC nahmen den Begriff „Organization" in ihren Namen auf; bei der OAS und der NATO liegt die inhaltliche Verbindung mit der Friedenssicherung auf der Hand. Demgegenüber wurden die Europäischen Zusammenschlüsse EGKS, EWG und EURATOM als „Gemeinschaften" bzw. als „supranationale Integrationsgemeinschaften" bezeichnet, um einerseits ihrer besonderen Zielsetzung, der Herbeiführung einer regionalen Integration, Ausdruck zu geben und um andererseits ihrer die Mitglieder bindenden Rechtsetzungskompetenz Rechnung zu tragen.[7] Wesentlich bescheidener sind demgegenüber die Bezeichnungen „Europarat", „Nordischer Rat" oder „Rat für gegenseitige Wirtschaftshilfe". Sie heben eher auf regelmäßige zwischenstaatliche Konsultationen denn auf eine Institutionalisierung ab, aus der ein den Gründungsstaaten gegenüberstehendes Drittes entstehen soll. Der Begriff „internationale Organisation" war also weniger institutionell als vielmehr inhaltlich bestimmt; er zielt auf die bereits gewürdigte *Schücking*sche Vorstellung einer umfassenden, den Frieden sichernden „Organisation der Welt"[8] oder er bezeichnet „the process by which States establish and develop formal, continuing international structures for the conduct of certain aspects of their relationship with each other".[9]

Erst ein starkes Anwachsen zwischenstaatlicher Einrichtungen seit dem Zweiten Weltkrieg führte dazu, daß sich Mitte der sechziger Jahren die Bezeichnung „Internationale Organisationen" als formalisierender Gattungsbegriff für alle zwischenstaatlichen und darüber hinaus auch nicht-staatlichen internationalen Einrichtungen durchsetzte.[10] Mit dieser Sprachregelung tritt die inhaltliche Bindung des Begriffs „Internationale Organisation" an den Gedanken der Friedenssiche-

---

sche Konzert. Auch *A. LeRoy Bennett,* International Organizations. Principles and Issues, 3. Aufl. Englewood Cliffs 1984, behandelt fast ausschließlich die Vereinten Nationen, ebenso *Philip E. Jacob / Alexine L. Atherton / Arthur M. Wallenstein,* The Dynamics of International Organization, 2. Aufl. Georgetown 1972. *Paul Reuter* hingegen — und mehrere angelsächsische Juristen — wählen für ihre über die UN hinausgehenden Untersuchungen den Begriff „International Institutions" (London 1958).

7 Vgl. statt anderer *Gert Nicolaysen,* Europäisches Gemeinschaftsrecht, Stuttgart 1979, 6 ff.; *Henry G. Schermers,* International Institutional Law, 2. Aufl., Alphen 1980, §§ 40 ff.

8 Dazu oben, S. 56 f.

9 So *Inis L. Claude,* International Organization I, in: International Encyclopedia of Social Sciences 8 (1968), 33-40 (33).

10 Im angelsächsischen Sprachgebrauch wird der Begriff oft mit dem Zusatz „governmental" versehen, um zwischenstaatliche von nicht-staatlichen Organisationen abzuheben. Dies kann jedoch insofern irreführend sein, als Staaten, nicht aber Regierungen Mitglieder internationaler Organisationen sind. Diese Klarstellung war einer der Gründe für die Umbenennung des „Intergovernmental Committee for Migration" in „International Organization for Migration" durch eine Satzungsänderung vom 20. Mai 1987. Dazu *Bernd Jaenicke,* Struktur und Aufgaben der „International Organization for Migration (IOM)", in: ZAR 2 / 1990, 90-95. Vgl. zum Ganzen auch *Volker Rittberger,* Internationale Organisationen, Theorie der, in: *Rüdiger Wolfrum* (Hrsg.), Handbuch Vereinte Nationen, 2. Aufl. München 1991, 363-372 (Rdn. 2 ff.).

rung durch kollektive Sicherheit oder fortschreitende funktionale Kooperation hinter einer einheitlichen Betrachtung vorwiegend des inneren Aufbaus und der Struktur der internationalen Organisationen zurück. Die formalisierende Bezeichnung aller zwischenstaatlichen Einrichtungen als „internationale Organisationen" geht denn auch einher mit dem Bemühen der Völkerrechtswissenschaft, die weitgehend gleichgelagerte Rechtsmaterie des internen Organisationsrechts [11] einheitlicher Behandlung zuzuführen [12]; daneben richten auch die Sozialwissenschaften ihre Untersuchungen darauf aus, technische Fragen der „Organisation" und hier insbesondere der Entscheidungsverfahren internationaler Organisationen wissenschaftlich disziplinübergreifend und vergleichend analysieren [13] zu können. Das Konzept internationaler Organisationen gewinnt die Bedeutung des Einrichtens, der Einrichtung und ihrer inneren Ordnung — die Bedeutung also, die dem Begriff „Organisation" in der Organisationslehre zugeschrieben wird. [14]

In dieser vereinheitlichenden Hinsicht löst der Begriff „internationale Organisationen" denjenigen der „Staatenverbindungen" [15] ab. Mit dem Begriffswandel von „Staatenverbindungen" zu „internationalen Organisationen" findet der in den Staatswissenschaften festgestellte Prozeß des Übergangs von der älteren Verwaltungslehre zur modernen, von organisationssoziologischen Ansätzen geprägten Verwaltungswissenschaft eine Parallele im internationalen Bereich. Auch internationale Organisationen werden dem „Effektivitätskalkül" der modernen Verwaltungswissenschaft zugänglich gemacht. [16] Die Organe internationaler Organisationen und ihre Gestaltung, ihr Zusammenwirken und schließlich die Entscheidungsfindung internationaler Organisationen rücken ins Zentrum des Interesses. [17]

---

[11] Zum Begriff und Inhalt dieses Rechtsgebietes *Rudolf Bernhard*, International Organizations, Internal Law and Rules, in: EPIL 5 (1983), 142-145, m. w. N.

[12] Das Standardwerk ist *Schermers* (Anm. 7); im deutschen Sprachraum *Georg Dahm*, Völkerrecht, Band II, Stuttgart 1961, Kapitel 1; *Ignaz Seidl-Hohenveldern*, Das Recht der internationalen Organisationen, 1. Aufl. Köln-Berlin-Bonn-München 1967 (4. Aufl. 1984).

[13] Vgl. insbesondere die Beiträge in *Robert W. Cox / Harald K. Jacobson*, The Anatomy of Influence. Decision-Making in International Organization, New Haven-London 1973; ferner *Werner J. Feld / Robert S. Jordan*, International Organizations. A Comparative Approach, New York 1983. Einen Überblick über die US-amerikanische Forschungsgeschichte — unter fast gänzlicher Ausklammerung völkerrechtlicher Untersuchungen — bietet *J. Martin Rochester*, The rise and fall of international organization as a field of study, in: IO 40 (1986), 777-813 mit zahlreichen Hinweisen.

[14] Dazu oben, S. 37 f.

[15] Vgl. oben, S. 45 ff.

[16] Vgl. oben, S. 38. Im Editorial der Zeitschrift „International Organization" 1 (1947), 1 heißt es bereits: „To secure efficiency, to choose means appropriate to the ends in view, or to promote the very principle of international cooperation requires a comparative knowledge of international organizations and why they have or have not worked in varying circumstances."

[17] Vgl. *Dahm* (Anm. 12), § 9 ff.

Daß mit diesem begrifflichen Wandel von der Staatenverbindung zu internationalen Organisationen zugleich auch eine größere Autonomie und stärker gefestigte Eigenständigkeit internationaler Organisationen[18] reflektiert wird, zeigt schon ein Blick auf die Bestimmungsmomente internationaler Organisationen, die in der Literatur angeführt werden. Eines der Standardwerke des Rechts der internationalen Organisationen[19] nennt folgende acht Definitionsmerkmale: Internationale Organisationen müssen 1. auf Dauer eingerichtet sein; 2. aus einer völkerrechtlichen Willenseinigung hervorgehen, deren Urheber 3. Staaten und andere Völkerrechtssubjekte sein können, die 4. auf der Basis der Gleichheit miteinander verkehren. Sie müssen weiterhin 5. einem völkerrechtlich ausgewiesenen Ziel dienen, 6. von den Gründungsmitgliedern mit eigenem Willen ausgestattet sein und 7. über mindestens ein Organ verfügen. Als letztes Definitionsmerkmal wird schließlich 8. die Völkerrechtssubjektivität internationaler Organisationen angeführt.[20] In aller Regel beschränken sich Definitionen internationaler Organisationen jedoch auf die drei Merkmale „völkerrechtlicher Vertrag", mindestens drei Mitglieder und Vorhandensein eines den Organisationswillen repräsentierenden oder ausführenden Organs.[21] Das Merkmal „völkerrechtlicher Vertrag" bzw. völkerrechtliche Willenseinigung[22] unterscheidet dabei zwischenstaatliche von nicht-staatlichen internationalen Organisationen.[23]

Entscheidende Bedeutung kommt dem Merkmal „eigene Willensbildung" bzw. „eigener Wille" zu. Bei den von *Seidl-Hohenveldern* genannten Merkmalen tref-

---

18 Vgl. etwa *Robert O. Keohane,* Institutionalizing in the United Nations General Assembly, in: IO 23 (1969), 859-896 (860 ff.).

19 *Seidl-Hohenveldern* (Anm. 12), § 105.

20 Dieses achte Merkmal wird allerdings erst in späteren Auflagen hinzugefügt (vgl. 3. Aufl. 1979, Rdn. 0105). Zur Völkerrechtssubjektivität internationaler Organisationen *Georg Dahm / Jost Delbrück / Rüdiger Wolfrum,* Völkerrecht I / 1, Berlin-New York 1989, 29 ff. m. w. N. und unten, 321 f.

21 So etwa die Definition bei *Michel Virally,* Definition and Classification of international organizations: a legal approach, in: *Georges Abi-Saab* (ed.), The concept of international organization, Paris 1981, 50-66 (51): „an organization can be defined as an association of States, established by agreement among its members and possessing a permanent system or set of organs, whose task is to pursue objectives of common interest by means of cooperation among its members". Deutlicher noch *Rüdiger Wolfrum,* Internationale Organisationen, in: Ergänzbares Lexikon des Rechts, 2. Bearbeitung, Neuwied 1990, 4 / 490: „Verbindung von Völkerrechtssubjekten durch und auf der Grundlage einer völkerrechtlichen Willenseinigung . . . , in der sowohl die Ziele des Zusammenschlusses wie auch die Prinzipien der Zusammenarbeit fixiert werden, wobei die Verbindung mindestens über ein Organ verfügt, in dem sich der Willensbildungsprozeß der Organisation vollzieht." In ähnlichem Sinne schon *Dahm* (Anm. 12), 4.

22 Die Welt-Tourismus Organisation (WTO) in ihrer heutigen Gestalt etwa ist durch völkerrechtliche Willenseinigung, nämlich einen Beschluß der Generalkonferenz ihrer Vorgängerorganisation, und nicht einen völkerrechtlichen Vertrag zustandegekommen. Siehe *Klaus Dicke,* WTO — Weltorganisation für Tourismus, in: Handbuch Vereinte Nationen (Anm. 10), 1148-1151 (Rdn. 2 f.).

23 So auch bereits der ECOSOC mit Res. 288 (X) vom 27. Februar 1950. — Weitere Definitionen bei *Clive Archer,* International Organizations, London 1983, 31 ff.

fen die Ziffern 1. bis 5. auch auf Staatenverbindungen im oben erläuterten Sinne zu.[24] Prinzipiell neu gegenüber der Lehre von den Staatenverbindungen ist jedoch das Merkmal „Ausstattung mit eigenem Willen", mit einem Willen also, der von der Summe der Willen der Mitgliedstaaten zu unterscheiden ist und der von den Organisationsorganen repräsentiert wird.[25] Die Ausstattung mit Willensbildungsorganen bzw. mit Organen, welche den Willen internationaler Organisationen repräsentieren, begründet ihre Handlungsfähigkeit im rechtlichen Sinne und macht internationale Organisationen zum Träger völkerrechtlicher Rechte und Pflichten. Mitte der sechziger Jahre hatte *Nagendra Singh* die Anerkennung der Völkerrechtssubjektivität internationaler Organisationen noch gefordert und darin den entscheidenden Faktor ihrer Effektivität gesehen: „the sooner it is recognized that international organizations which are universal in their character are normal subjects of international law, the better it would be for the effective performance of the future role of international organizations".[26] Schon 1964 war jedoch die Völkerrechtssubjektivität internationaler Organisationen rechtlich anerkannt.[27] Den von *Singh* geforderten „Normalzustand" kann man spätestens 1986 als erreicht ansehen; in diesem Jahr wurde in Wien eine Konvention über das Vertragsrecht zwischen Staaten und internationalen Organisationen sowie zwischen internationalen Organisationen untereinander verabschiedet.[28]

Die Anerkennung der Völkerrechtssubjektivität internationaler Organisationen bedeutet indessen nicht, daß sie in ihren rechtlichen Handlungsmöglichkeiten Staaten gleichgestellt sind. Sowohl die zur Konvention von 1986 führende Wiener Konferenz über das Vertragsrecht internationaler Organisationen als auch die breite völkerrechtliche Debatte über die Bindungswirkung von Resolutionen internationaler Organisationen zeigen, daß eine Durchgriffsmöglichkeit internationaler Organisationen bzw. ihrer Organe auf den Staat bis auf wenige vertragsrechtlich geregelte Ausnahmen[29] nach wie vor nicht gegeben ist. Die Entscheidun-

---

24 Eine Ausnahme ist lediglich die Anerkennung „anderer Völkerrechtssubjekte" als Urheber internationaler Organisationen. Eine internationale Organisationen nicht zureichend von Staatenverbindungen abgrenzende Definition legt *Archer* (Anm. 23), 35 vor: „a formal, continuous structure established by agreement between members (governmental and / or non-governmental) from two or more sovereign states with the aim of pursuing the common interest of the membership."

25 Vgl. auch *Dahm* (Anm. 12), 4.

26 *Nagendra Singh,* The Role of International Organizations, in: Mélanges offerts à Henri Rolin, Paris 1964, 350-373 (352).

27 Vgl. *Alfred Verdross / Bruno Simma,* Universelles Völkerrecht, 3. Aufl. Berlin 1984, §§ 5, 378, 415.

28 Text in: GYIL 29 (1986), 516-547. Dazu *G. E. do Nascimento e Silva,* The 1986 Vienna Convention and the Treaty-Making Power of International Organizations, in: GYIL 29 (1986), 68-85 und *Eckart Klein / Matthias Pechstein,* Das Vertragsrecht internationaler Organisationen, Berlin 1986.

29 Die wichtigste Ausnahme ist die bindende Entscheidungsgewalt des Sicherheitsrates. Zu den Entscheidungskompetenzen der Organisationen des UN-Systems insgesamt siehe *Peter Roesgen,* Rechtsetzungsakte der Vereinten Nationen und ihrer Sonderorgani-

gen, welche Organe internationaler Organisationen treffen, sind keine dem Katalog im IGH-Statut entsprechenden originären Völkerrechtsquellen und auch in dessen Kategorien nur schwer zu erfassen[30], und sie stehen zusätzlich unter der Schranke des völkerrechtlichen Interventionsverbotes, wie es in Art. 2 Ziff. 7 der Charta der Vereinten Nationen verankert ist.[31] Insofern sind internationale Organisationen in ihren Handlungsmöglichkeiten gegenüber den Staaten deutlich eingeschränkt. Eine nach außen wirkende Gesetzgebungskompetenz kommt ihren Plenarorganen jedenfalls nicht zu.

In einem der jüngsten Beiträge zur völkerrechtlichen Debatte über die Bindungswirkung von Resolutionen internationaler Organisationen hat *Frowein* eine Definition internationaler Organisationen vorgelegt, die dem Gefälle zwischen Staaten und internationalen Organisationen Rechnung trägt und die weiterführende Differenzierungen erlaubt. Er sieht in internationalen Organisationen „organized systems of decision-making founded by member states".[32] Diese Definition trägt der Tatsache Rechnung, daß internationale Organisationen heute nicht mehr — wie etwa bei *Robert von Mohl* oder *Lorenz von Stein*[33] — von einer anthropologisch begründeten inhaltlichen Ordnungsaufgabe oder aber ausschließlich von ihrer inhaltlichen Tätigkeit, insofern sie sich aus der Kompetenzzuweisung in der jeweiligen Satzung ergibt[34], begrifflich erfaßt werden. Internationale Organisationen werden vielmehr überwiegend von ihrer tatsächlichen Bedeutung für die Staaten und für das internationale System her erfaßt. *Schreuer* etwa weist zutreffend darauf hin, daß die in anderem Zusammenhang bereits erwähnten Vorbehalte gegen Entscheidungen internationaler Organisationen durch einige Industriestaaten nur aus der tatsächlichen völkerrechtspolitischen Bedeutung internationaler Organisationen zu erklären sind;[35] er widmet seine Ausführungen denn auch den Funktionen, die internationale Organisationen für die Völkerrechtsentwicklung allgemein erfüllen: die Bereitstellung von Informationen, vorbereitende Arbeiten, Empfehlungen, Normsetzung, Formulierung von Rechtspositionen und Ansprüchen und Entscheidungspraxis.[36] Damit benennt er einzelne Lei-

---

sationen. Bestandsaufnahme und Vollzug in der Bundesrepublik Deutschland, Bonn 1985; *Klaus Dicke,* Völkerrechtspolitik und internationale Rechtsetzung. Grundlagen, Verfahren, Entwicklungstendenzen, in: ZG 3 (1988), 193-224.

30 So *Christoph Schreuer,* Die Bedeutung internationaler Organisationen im heutigen Völkerrecht, in: AVR 22 (1984), 363-404 (363 f.). Zum ganzen auch *Jochen Abr. Frowein,* The Internal and External Effects of Resolutions by International Organizations, in: ZaöRV 49 (1989), 778-790, sowie die oben, S. 208, Anm. 60 genannte Literatur.

31 Statt anderer *Frowein* (Anm. 30); *Dicke* (Anm. 29), 215 ff. jeweils m. w. N.

32 *Frowein* (Anm. 30), 778.

33 Oben, S. 47.

34 So *Eberhard Menzel,* Nationale und internationale Verwaltung. Vom Wandel des Verhältnisses zwischen nationaler und internationaler Regelungszuständigkeit, in: DöV 22 (1969), 1-24 im Nachzeichnen der Internationalisierung ursprünglich staatlicher Regelungsgewalt.

35 *Schreuer* (Anm. 30), 366.

stungen, die internationale Organisationen zur Verfügung stellen und derer sich die Staaten bedienen können, um in einzelnen Sachbereichen der internationalen Politik eine Entscheidungsfindung zu ermöglichen oder zumindest zu erleichtern. Umgekehrt können nun internationale Organisationen die Bereitstellung dieser Leistungen nutzen, um ihre Autorität zu festigen.[37] Daraus erklärt sich etwa die Praxis der Sonderorganisationen, ohne vorherige Koordination möglichst rasch solche Bereiche zu „besetzen", in denen sich neuer Entscheidungsbedarf abzeichnet.[38] Hier wird nun die Kompetenzzuweisung durch die Gründungsverträge insofern bedeutsam, als sie den Organisationen deutliche Schranken für ihre Tätigkeit setzt.[39] So sind etwa die weitgehenden Einrichtungsbefugnisse der UN-Hauptorgane durch das Erfordernis eingeschränkt, für die neu zu gründende Einrichtung eine sachliche Zuständigkeit der Organisation bzw. des einrichtenden Organs auszuweisen.[40]

Begreift man internationale Organisationen als von den Staaten gegründete Systeme der Entscheidungsfindung, kommt darüber hinaus ein weiterer Aspekt in den Blick: Die Vielzahl bestehender internationaler Organisationen erlaubt es den Staaten, zur Entscheidungsfindung in bestimmten Sachfragen diejenige Organisation zu nutzen, die hinsichtlich ihrer Mitgliedschaft und ihrer Ausstattung entweder für die betreffende Aufgabe oder aber für die Entscheidungsfindung selbst am geeignetsten ist. Effektivität wird in diesem Sinne zu einem Selektionskriterium für die Staaten, wobei die Angemessenheit der Organisation als Forum wichtiger sein kann als die der Organisation zugewiesenen Sachkompetenzen. So konnten die KSZE-Staaten zur Herbeiführung einer völkerrechtlich verbindlichen und mit einem Kontrollapparat zu versehenden Regelung der Luftreinhaltung in Europa in der zweiten Häfte der siebziger Jahre auf die ECE zurückgreifen, ohne daß diese bis dahin als eine für Umweltschutzaufgaben besonders geeignete Organisation hervorgetreten wäre. Auch hier haben jedoch die Aufgaben, welche der ECE mit der Genfer Konvention von 1979 zuwuchsen, erheblich zur Aufwertung ihrer Autorität beigetragen.[41]

Schließlich haben internationale Organisationen als organisierte Systeme der Entscheidungsfindung durch Staaten in einem zweifachen Sinne eine ordnungspo-

---

36 A. a. O. 367 ff.; vgl. auch *Dicke* (Anm. 29), 211, 215 ff.

37 So zutreffend *Gayl D. Ness / Steven R. Brechin,* Bridging the gap: international organizations as organizations, in: IO 42 (1988), 245-273 (247 f., 252 f.).

38 Oben, S. 257.

39 Zur Bedeutung dieser Schranken im Blick auf die EG siehe *Jost Delbrück,* Die Rundfunkhoheit der deutschen Bundesländer im Spannungsfeld zwischen Regelungsanspruch der Europäischen Gemeinschaft und nationalem Verfassungsrecht, Frankfurt 1986, 20 ff.

40 So der Diskussionsbeitrag von *Michael Bothe* in: *Jochen Abr. Frowein / Torsten Stein* (Hrsg.), Rechtliche Aspekte einer Beteiligung der Bundesrepublik Deutschland an Friedenstruppen der Vereinten Nationen, Berlin-Heidelberg-New York 1990, 33 f.

41 Dazu *Tobias Stoll,* Wirtschaftskommissionen, Regionale, in: Handbuch Vereinte Nationen (Anm. 10), 1117-1133 (Rdn. 26 ff.) m. w. M.

litische Funktion: erstens sind die in ihrem Rahmen getroffenen Entscheidungen entweder Bausteine sich herausbildender völkerrechtlicher Teilordnungen oder etablieren gar in umfassender Weise eine solche Teilordnung. Zweitens repräsentieren internationale Organisationen das allgemeine Völkerrecht und / oder völkerrechtliche Teilordnungen als denjenigen normativen Rahmen, dem sich die Staaten bei ihrer Zusammenarbeit in internationalen Organisationen unterstellen. Das Völkerrecht erscheint damit nicht als eine abstrakte Rechtsordnung, deren Wirklichkeit davon abhängig ist, ob Staaten Normen des Völkerrechts befolgen oder nicht, sondern die Wirklichkeit des Völkerrechts wird von internationalen Organisationen dargestellt.[42] Seine Weiterentwicklung wird durch die oben im einzelnen benannten Leistungen gefördert und in nicht unwesentlichem Maße beschleunigt.

Die genannten Funktionen internationaler Organisationen führen nun insgesamt zu einer Definition internationaler Organisationen, die in ihnen Instrumente zwischenstaatlicher Kooperation sieht.[43] Ob und ggf. welche normativen Momente über den Begriff der Kooperation in das Konzept internationaler Organisationen einfließen, ist zunächst in einer philosophischen Deutung dieses für die Analyse der internationalen Beziehungen wichtigen Begriffs zu klären.

b) Der Begriff „Kooperation" und sein normativer Gehalt

Das Konzept internationaler Organisationen wird in den zuletzt vorgestellten Definitionen zwar formal gefaßt, ist gleichwohl aber inhaltlich bestimmt. Diese inhaltliche Bestimmung ergibt sich aus der Funktion, welche internationalen Organisationen im Übergang vom traditionellen Völkerrecht der Koexistenz zum modernen, globale Ordnungsmomente umfassenden „Völkerrecht der Kooperation" zukommt: Sie repräsentieren solche Bereiche, in denen eine internationale Zusammenarbeit begründet und institutionalisiert wurde und in denen zugleich Elemente der Völkerrechtsordnung entstehen und fortgebildet werden.[44] Das Konzept „internationale Organisationen" ist also funktional mit dem Gedanken internationaler Kooperation verknüpft. Kooperation erscheint nun insofern zunächst als „wertfreier" Begriff[45], als Zusammenarbeit zu jedem denkbaren Zweck vom Angriffskrieg bis zur Errichtung einer Friedensordnung möglich ist. Daher begegnen im Völkerrecht zunächst teleologische Einschränkungen der Koopera-

---

[42] Vgl. hierzu oben, S. 63, Anm. 85 zur Kategorie des darstellenden Handelns.

[43] So etwa *Rochester* (Anm. 13), 778, unter Verwendung einer Definition von *Plano* und *Olton:* „a formal arrangement transcending national boundaries that provides for the establishment of institutional machinery to facilitate cooperation among members in the security, economic, social, or related fields."

[44] Dazu im Anschluß an *Friedman Rüdiger Wolfrum,* International Law of Cooperation, in: EPIL 9 (1986), 193 - 198 (193); *Dicke* (Anm. 29), 219 ff.

[45] *Wolfrum* (Anm. 45), 193: „the significance and value of cooperation depends upon its goal. (...) Cooperation as such has no inherent value ...".

tion dergestalt, daß zwischenstaatliche Zusammenarbeit auf das Ziel des Friedens hin ausgerichtet wird. Dies geht etwa aus dem normativen Zusammenhang hervor, den die Charta der UN und die Satzungen verschiedener Sonderorganisationen zwischen dem Hauptziel der Friedenssicherung und sektoraler zwischenstaatlicher Zusammenarbeit herstellen.[46] Bereits das *Litvinov*-Abkommen von 1933, durch welches die USA und die UdSSR diplomatische Beziehungen aufnahmen, bringt diesen Zusammenhang zum Ausdruck: das Abkommen wird in der Erwartung geschlossen „that our nations henceforth may cooperate for their mutual benefit and for the preservation of peace of the world".[47] Schon hier wird also deutlich, daß Kooperation über den in Verträgen konstituierten konkreten Zweck[48] („mutual benefit") hinaus durch das allgemeine Ziel des Friedens eingeschränkt und auf dieses hingeordnet wird.

Eine philosophische Betrachtung des Begriffs „Kooperation" zeigt jedoch, daß er über solche teleologische Einschränkungen hinaus durchaus eigene normative Elemente enthält, aus denen eine Einschränkung der in Kooperation zu verfolgenden Zwecke begründet werden kann. *Manfred Hättich* weist in der friedensethischen Diskussion der frühen achtziger Jahre darauf hin, daß Kooperation auf korrespondierendes Verhalten angewiesen sei und insofern gegenseitige Verhaltensforderungen der Kooperationspartner impliziere. Die Symmetrie dieser Verhaltensforderungen unterscheide die Politik von einer Liebesethik, wie sie sich etwa aus der Bergpredigt ergebe, da für letztere das Verzeihen, also das Durchbrechen symmetrischer Verhaltensforderungen, konstitutiv ist. In der Kooperation — so *Hättich* weiter — „wird ein drittes wichtig, nämlich das gemeinsame Werk".[49] Die implizierte Symmetrie der Verhaltenserwartungen und der Verweis der Kooperation auf ein opus, ein gemeinsames Werk der Kooperationspartner, sind zwei jeder Kooperation zugrunde liegende normative Momente. Was besagen sie?

Während *Hättich* offen läßt, wie das „gemeinsame Werk" zu bestimmen sei, hat *Max Müller* in einer fundamentalphilosophischen Untersuchung zum Friedensbegriff das gemeinsame Werk als Zentrum der philosophischen Frage nach dem Frieden überhaupt herausgearbeitet.[50] Im historischen Überblick unterscheidet *Müller* das material-ontologische Friedenskonzept des antiken und scholastischen Naturrechtsdenkens vom formal-transzendentalen Friedenskonzept der Neuzeit, das in *Kants* „Zum ewigen Frieden" herausragenden Ausdruck gefunden

---

[46] Dazu oben, S. 85 f.

[47] Litvinov-Abkommen vom 16. November 1933, in: ZaöRV 4 (1934), 83.

[48] Vgl. auch oben, S. 45, 53 zu der Bezeichnung „konkrete Zweckverbände".

[49] *Manfred Hättich,* Weltfrieden durch Friedfertigkeit? Eine Antwort an Franz Alt, München 1983, 20-24 (23). Zum Ganzen auch *Klaus Dicke,* Internationale Kooperation als politikwissenschaftliche Kategorie, in: Christiana Albertina 36 (1993), 5-16.

[50] *Max Müller,* Der Friede als philosophisches Problem, in: *ders.*, Erfahrung und Geschichte. Grundzüge einer Philosophie der Freiheit als transzendentale Erfahrung, Freiburg-München 1971, 357-374 (366 ff.).

hat. Das erste Konzept sei an der Herausbildung einer pluralistischen Staatenwelt, in der jeder Staat beanspruche, Friedensordnung für sich zu sein, zerbrochen. Das zweite Konzept sehe in den drei Bedingungen, die *Kant* für eine dauerhafte Friedensordnung anführt: republikanische Regierungsform, das an die Stelle eines nicht erreichbaren Weltstaates tretende Surrogat eines Völkerbundes und das Weltbürgerrecht, „die transzendental deduzierbaren und jederzeit erfüllbaren Normen einer verantwortbaren Politik, die schlechthin verbindlich sind".[51] Die Formalität der *Kantischen* Ethik überhaupt und auch seines Friedenskonzepts verkenne indessen „das Wesen des Menschen: in der Entäußerung der Werkgestaltung nur er selbst werden zu können, über das sichtbare Werk sich zu sich selbst geschichtlich und gemeinsam vermitteln zu müssen".[52] Diese Kritik — die auf die ebenfalls den Formalismus *Kants* kritisierende Rechtslehre *Hegels* zurückgreift[53] — führt *Müller* dazu, einen Mittelweg zwischen dem material-ontologischen und dem formal-transzendentalen Konzept des Friedens zu suchen: „Diese Mitte müßte in einem inhaltlichen Sinngehalt gefunden werden, der uns alle in einer Friedensordnung vereint, welche nicht nur den Krieg vermeidet, sondern zugleich eine reale inhaltliche Zusammenarbeit ermöglicht und verlangt, die wirklich die Willen der ganzen Welt auf eine Aufgabe hin zu integrieren vermag. Der Pluralismus der zu tolerierenden und nicht zu vereinigenden letzten Überzeugungen tritt in seiner Bedeutsamkeit heute zurück gegenüber den zu bewältigenden ungeheuren Aufgaben, die uns die technisch-zivilisatorische, arbeitsteilige ‚eine' Industriewelt zuschickt".[54] Die technische Zivilisation und ihre Folgenbewältigung als das die Menschheit einigende Werk — ist dieser im 19. Jahrhundert aus der Aufklärung hervorgegangene europäische Gedanke eine Perspektive für internationale Organisationen?

Zunächst ist nicht zu leugnen, daß die technische Zivilisation wie kaum eine andere historische Entwicklung die internationale Politik vor solche Aufgaben stellt, die nur durch internationale Zusammenarbeit gelöst werden können. Von der Sicherheitspolitik über den Umweltschutz bis zur Weltraumpolitik[55] lassen sich hierfür unzählige Beispiele anführen. Schon die Tatsache, daß sich in all

---

51 A. a. O., 369 f.

52 A. a. O., 370.

53 *Georg W. F. Hegel,* Grundlinien der Philosophie des Rechts, Werke Bd. 7, Frankfurt 1970, §§ 34 ff., bes. § 41, Zusatz; dazu *Joachim Ritter,* Person und Eigentum. Zu Hegels „Grundlinien der Philosophie des Rechts" §§ 34-81, in: *ders.,* Metaphysik und Politik. Studien zu Aristoteles und Hegel, Frankfurt 1977, 256-280.

54 A. a. O., 371.

55 Vgl. etwa *Menzel* (Anm. 34); *Jost Delbrück,* Internationale und nationale Verwaltung. Inhaltliche und institutionelle Aspekte, in: *Kurt G. A. Jeserich / Hans Pohl / Georg-Christoph von Unruh* (Hrsg.), Deutsche Verwaltungsgeschichte V, Stuttgart 1986, 386-403 (387 ff.); *Klaus Dicke,* Grenzüberschreitende Umweltverschmutzung als völkerrechtliches Problem, in: *Maria Haendtke-Hoppe / Konrad Merkel* (Hrsg.), Umweltschutz in beiden Teilen Deutschlands, Berlin 1986, 105-122; *Karl Kaiser / Stephan Freiherr v. Welck* (Hrsg.), Weltraum und internationale Politik, München 1987.

diesen Bereichen sektorale Völkerrechtsordnungen herausbilden, zeigt jedoch, daß „der inhaltliche Sinngehalt", der die Menschheit in einer Friedensordnung vereint, eben nicht in der technischen Zivilisation, sondern im Recht zu suchen ist.[56] Einer der Gründe dafür ist darin zu sehen, daß der Pluralismus in seiner Bedeutung eben nicht zurückgetreten ist, sondern im Gegenteil gerade in der konkreten Lösung der einzelnen, sich aus der technischen Zivilisation ergebenden Aufgaben seine Brisanz erweist. Es bedarf nur eines flüchtigen Blickes etwa auf die Auseinandersetzungen um eine völkerrechtliche Kommunikationsordnung oder die Diskussion über die Universalität der Menschenrechte, um zu sehen, daß der kulturelle und politische Pluralismus das eigentliche Problem bei der Gestaltung einer solchen Ordnung darstellt.[57] Es hat somit durchaus einen tieferen Sinn, wenn *Hättich* die inhaltliche Bestimmung des „Werks" der Kooperation offen läßt.

Eine mögliche Bestimmung des „Werks" der Kooperation kann jedoch im zweiten Hinweis *Hättichs* liegen: Kooperation ist inhaltlich möglich für eine grundsätzlich nicht bestimmbare Vielzahl einzelner Zwecke. Diese Zwecke festzulegen, ist Sache der internationalen Politik. Unter der Bedingung kooperativer Verfolgung gemeinsamer Zwecke jedoch erfahren diese und erfährt damit die Richtung der Kooperation eine entscheidende Einschränkung: Kooperation ist festgelegt auf die Form, in welcher Zwecke verfolgt werden sollen: in der Form nämlich, daß die Symmetrie von Verhaltenserwartungen und gleichzeitig der Pluralismus letzter Überzeugungen gewahrt bleibt. Das Gebot der Bindung an eine Form, die beiden Erfordernissen gerecht wird, läßt sich in zwei Grundregeln darstellen, die als Bedingungen der Möglichkeit von Kooperation überhaupt Geltung beanspruchen können:

1. Kooperation kann nicht erzwungen werden. Damit wäre die Freiheit der Zwecksetzung als Element der Kooperation eliminiert. Insofern ist Kooperation ein Gegenbegriff gegen Unterwerfung und Dependenz.
2. Kooperation kann insofern nur in einer künstlich zu schaffenden Situation erfolgen, als sie die gegenseitige Anerkennung der Kooperationspartner als gleichberechtigter Subjekte fordert. Kooperation ist also an die Abstraktion von gegebenen Ungleichgewichten gebunden.

---

[56] Zu der Ambivalenz zwischen technischer und politischer Zivilisation, hinter welcher die Ambivalenz des Begriffs der „bürgerlichen Gesellschaft" deutlich sichtbar wird, *Dicke*, Menschenrechte (Anm. 2), 61 ff., 155 f.

[57] *Jost Delbrück*, Weltinformations- und Kommunikationsordnung, in: Handbuch Vereinte Nationen (Anm. 10), 1057 - 1072; *ders.*, Die kulturelle und individuelle Identität als Grenze des Informationspluralismus?, in: *Rüdiger Wolfrum* (Hrsg.), Recht auf Information — Schutz vor Information, Berlin 1986, 181 ff.; *Eibe H. Riedel*, Recht auf kulturelle Identität. Ein normativer Rahmen für eine „Neue Weltinformationsordnung"?, in: *ders.* / *Johannes Schwartländer* (Hrsg.), Neue Medien und Meinungsfreiheit im nationalen und internationalen Kontext, Kehl-Straßburg 1990, 239 - 265.

Es sind diese beiden Grundregeln, aus denen sich unschwer einzelne Bestimmungen der in Art. 2 der UN-Charta enthaltenen Grundsätze[58] herauslesen lassen, welche durch internationale Organisationen als normativer Rahmen zwischenstaatlicher Kooperation dargestellt werden. In dieser Funktion, deren integrative Bedeutung die USA im Charta-Ausschuß herausgestellt haben[59], können internationale Organisationen selbst als das „Werk" zwischenstaatlicher Kooperation bestimmt werden. In ihrem Rahmen ist Kooperation auf die Idee des Rechts und die Idee des Friedens zugleich ausgerichtet.

Der Begriff der Kooperation kann also herangezogen werden, um das Konzept internationaler Organisationen in einer philosophischen Betrachtung zu erläutern. Das Konzept „internationale Organisationen" übersetzt die Idee des Friedens und die Idee des Völkerrechts in Regeln und Verfahren und gibt ihnen praktische Realität im Sinne einer transzendentalen Rechtstheorie, d. h. es weist ihre Normativität und die Möglichkeit ihrer Verwirklichung zugleich auf. Dieses Konzept „internationaler Organisationen" ist im folgenden anhand verschiedener Typologien internationaler Organisationen näher auszudifferenzieren.

2. Typologien internationaler Organisationen

Die weitgehend formale, organisatorische Betrachtung internationaler Organisationen hat eine Analyse unter dem Gesichtspunkt ihrer inhaltlichen Tätigkeit zunächst in den Hintergrund gedrängt.[60] Insoweit liegt eine Parallele zu Entwicklungen in der modernen Verwaltungswissenschaft vor, in der ebenfalls organisatorische Betrachtungen inhaltliche Systematisierungen der Verwaltungstätigkeit in den Hintergrund drängten.[61] Zwar hat *Kilian* den Versuch unternommen, den Typus einer „internationalen Umweltorganisation" zu definieren[62]; jedoch zeigt seine eigene Untersuchung, daß dieser Versuch insofern wenig hilfreich ist, als eine Vielzahl keinesfalls spezifischer Umweltorganisationen — unter ihnen etwa auch die NATO — gleichwohl zum Umweltschutz durch internationale Organisa-

---

58 Vgl. oben, S. 89.

59 Vgl. oben, S. 184 f.

60 *Dahm* (Anm. 12) gliedert seine Darstellung in einen allgemeinen Teil (Organisationsrecht) und einen materiellen Teil, in dem er den Beitrag internationaler Organisationen zur Schaffung einer internationalen Friedens-, Wirtschafts- und Sozialordnung usw. darstellt. Bei *Seidl-Hohenveldern* (Anm. 12) wird eine Unterteilung nach Tätigkeiten im Anhang vorgenommen (259 ff.). Eine solche Zweiteilung liegt auch sozialwissenschaftlichen Darstellungen, etwa bei *Feld / Jordan* (Anm. 13) oder *Harold K. Jacobsen*, Networks of Interdependence. International Organizations and the Global Political System, New York 1979, zugrunde. Entscheidend ist dabei, daß die inhaltliche Tätigkeit kein Definitionsmerkmal einer internationalen Organisation darstellt.

61 Siehe oben, S. 30 ff.

62 *Michael Kilian*, Umweltschutz durch internationale Organisationen, Berlin 1986, bes. 61 ff.

tionen und zum Aufbau einer entsprechenden völkerrechtlichen Umweltordnung beitragen.[63] Nicht die jeweilige inhaltliche Tätigkeit, sondern die Verfahren und die von ihnen eröffeneten Möglichkeiten, internationale Kooperation auf den Weg zu bringen und durchzuführen, stehen also im Zentrum des Interesses.

Ansätze von Typologien internationaler Organisationen bedienen sich denn auch weitgehend formaler Kriterien. *Schermers* nennt vier Gesichtspunkte, unter denen internationale Organisationen klassifiziert werden können: staatliche vs. nicht-staatliche, solche mit universaler vs. solche mit begrenzter Mitgliederzahl, supranationale vs. zwischenstaatliche und allgemeine vs. funktionale.[64] Ähnlich formale Unterscheidungskriterien verwenden *Jacobsen, Wallace / Singer* und, dem „Yearbook of International Organizations" folgend, *Jacobsen / Reisinger / Mathers*.[65] Zweck solcher Typologien oder Klassifizierungen ist es primär, eine quantitative Bestandsaufnahme internationaler Organisationen und ihres geschichtlichen Wachstums sowie statistische Übersichten zur Partizipation von Staaten an internationalen Organisationen zu ermöglichen. *Wallace / Singer* zählen zwischen 1815 und 1964 252 internationale Organisationen, von denen 65 wieder aufgelöst wurden, und zeigen, daß die Wachstumskurve internationaler Organisationen exponential verläuft.[66] 1984 betrug die Zahl der auf vertragsrechtlicher Basis gegründeten zwischenstaatlichen internationalen Organisationen nach Auskunft des „Yearbook of International Organizations"[67] 365. Welche Dichte die Einbindung der Staaten in internationale Organisationen erreicht hat, zeigt auch eine Übersicht der UNIDO, nach welcher sie 1983 mit 90 anderen internationalen Organisationen in Kooperationsbeziehungen stand.[68]

Von den oben genannten Einteilungskriterien heben lediglich die Unterscheidung in allgemeine vs. funktionale / sektorale bzw. politische vs. technische auf die inhaltliche Tätigkeit der Organisationen ab, ohne diese jedoch genauer zu

[63] Vgl. auch die Besprechungen von *Seidl-Hohenveldern*, in: Österreichische Zeitschrift für öffentliches Recht und Völkerrecht 39 (1988 / 89), 482 - 483 (483), sowie vom *Verf.*, in: GYIL 32 (1989), 535 - 538 (537).

[64] *Schermers* (Anm. 7), §§ 9 ff.

[65] *Jacobsen* (Anm. 60), 12 - 14; *Michael Wallace / J. David Singer*, Intergovernmental Organization in the Global System, 1815 - 1964: A Quantitative Description, in: IO 24 (1970), 239 - 287; *Harold K. Jacobsen / William M. Reisinger / Todd Mathers*, National Entanglements in International Governmental Organizations, in: APSR 80 (1986), 141 - 159.

[66] *Wallace / Singer* (Anm. 65), 250 ff., 275 ff.

[67] *Union of International Associations* (ed.), Yearbook of International Organizations 1984 / 85, Band 1, München-New York-London-Paris 1984, 1626. Weitere statistische Angaben, auch zur Partizipation von Staaten in internationalen Organisationen, bei *Jacobsen et al.* (Anm. 65) auf der Grundlage der vom Yearbook of International Organizations 1981 präsentierten Zahlen.

[68] UNIDO, Directory of International Organizations, UNIDO / CPE.10 vom 1. Februar 1984 (im einzelnen: Afrika: 25 Organisationen; Amerika: 13; Asien: 8; Arabische Staaten: 18; Europa: 5; Interregionale Organisationen: 21).

bezeichnen.[69] „Allgemeine“ und „politische“ Organisationen haben danach gegenüber sektoralen bzw. funktionalen weiterreichende oder sogar unbeschränkte Tätigkeitsfelder. Diese Unterscheidung stellt nun insofern einen wichtigen Bezugspunkt für die theoretische Analyse der Effizienz und Effektivität internationaler Organisationen dar, als die Reichweite der Kompetenz internationaler Organisationen in der Literatur als Kriterium ihrer Effektivität herangezogen wird. Zu überprüfen ist in diesem Zusammenhang vor allem die These, daß funktionale Organisationen mit engen, meist technischen Kompetenzen effektiver als solche mit allgemeinem politischen Auftrag seien.[70] Während diese These auf einem Vergleich verschiedener internationaler Organisationen untereinander beruht, ergibt sich aus der Einordnung der UNO als einzige universale Organisation mit allgemeinen Kompetenzen eine weitere wichtige Aussage: zwar ist grundsätzlich ein Vergleich der UN mit dem Völkerbund möglich, doch angesichts des Wachstums und der Aufgabenfülle der Organisation steht für die UNO keine adäquate Vergleichsgröße — auch und gerade im Hinblick auf ihre Effizienz und Effektivität — zur Verfügung. Daraus folgt, daß Kriterien der Effizienz und Effektivität der UN nur sehr bedingt aus vergleichenden Analysen internationaler Organisationen gewonnen werden können, daß vielmehr umgekehrt die Sonderstellung der UNO zumindest Berücksichtigung finden muß.

Weitergehende Aussagen über internationale Organisationen und ihre Wirksamkeit lassen solche auf die Reichweite der Kompetenz zielende Typisierungen jedoch kaum zu. Insbesondere reichen sie an die Frage, was internationale Organisationen inhaltlich tun, letztlich nicht heran. Auch bereitet die Zuordnung verschiedener Organisationen zu einzelnen Kategorien zuweilen Probleme. Die NATO fällt nach den sektoralen Kriterien von *Feld / Jordan* sowohl unter die Rubrik „Security“ als auch unter die Rubrik „Political“, da Art. 2 des NATO-Vertrages den traditionell von militärischen Allianzen abgedeckten Bereich der Sicherheit weit überschreitet. Innerhalb der UN wird man prima facie Sonderorganisationen wie die WHO, die FAO, die ILO oder die UNESCO als funktionale oder sektorale Organisationen ansehen. Weder die Breite des in ihrer jeweiligen Satzung festgelegten Mandates noch das in der jeweiligen Praxis entwickelte politische Selbstverständnis der Organisationen rechtfertigen jedoch diese Beschränkung.[71] Vielmehr werden diese Organisationen heute mit guten Gründen allgemeinen bzw. politischen Organisationen zugerechnet.[72]

---

69 *Feld / Jordan* (Anm. 13), 12, die wohl die theoretisch anspruchsvollste Untersuchung vorlegen, benennen die einzelnen Sektoren der Tätigkeit internationaler Organisationen in ihrer Typologie: Security, Economic, Political, Social, Cultural.

70 So etwa *Keohane* (Anm. 18), 860: „The Universal Postal Union (UPU) is effective but only in a narrow functional area; the United Nations General Assembly considers a broad range of issues but the effectiveness of its actions is not always high.“

71 Vgl. zur FAO etwa *Hans-Joachim Schütz,* FAO — Ernährungs- und Landwirtschaftsorganisation der Vereinten Nationen, in: Handbuch Vereinte Nationen (Anm. 10), Rdn. 6 f., 17.

Einen über die bisher angeführten Versuche hinausgehenden Vorschlag für eine analytische Typisierung internationaler Organisationen haben demgegenüber *Virally* und *Jacobsen* vorgelegt.[73] *Virally* wählt als intervenierende Variable die allgemeine Funktion jeder zwischenstaatlichen Organisation: die zwischenstaatliche Kooperation. Damit hat er zunächst regionale Integrationsgemeinschaften, in denen er aufgrund ihrer Legislativbefugnisse eine Zwischenform zwischen dem Staat und internationalen Organisationen sieht, abgeschichtet. Das Ziel der Integration umfaßt zwar u. a. zwischenstaatliche Kooperation, geht jedoch entscheidend weiter. Die durch internationale Organisationen gestaltete zwischenstaatliche Kooperation teilt *Virally* nach drei abhängigen Variablen ein: nach der Mitgliedschaft, nach der Kompetenzreichweite und nach den Mitteln der Verwirklichung der Organisationsziele. Dementsprechend unterscheidet er Organisationen mit universaler Mitgliedschaft von solchen mit begrenzter Mitgliedschaft; Organisationen mit allgemeiner von solchen mit sektoral eingegrenzter Kompetenz sowie regelsetzende („standard-setting") von operativ tätigen Organisationen.

Diese Typologisierung bzw. der ihr zugrundeliegende analytische Ansatz vereinigt verschiedene Vorteile in sich. Die Typisierung setzt mit dem übergreifenden Begriff der Kooperation[74] bei einer intervenierenden Variable an, die auf verschiedenen Ebenen normativ ausweisbar und gleichzeitig empirischer Analyse offen ist. Zudem kann sie beanspruchen, weniger komplexe Typisierungen integrieren zu können. Während *Virally* die Tätigkeit internationaler Organisationen in „standard-setting" und „operational" einteilen will, legt *Jacobsen* ein weiter ausdifferenziertes Schema vor und unterscheidet folgende Tätigkeitsarten[75]:

1. Informative Funktionen, worunter er die wie immer geartete Sammlung von Daten und politischen Standpunkten versteht;
2. Normative Funktionen: hierzu zählen Definition und Proklamation von Standards des Staatenverhaltens, und zwar ausdrücklich solcher von völkerrechtlich nicht verbindlicher Art;
3. Regelsetzende Funktionen, die rechtliche Verbindlichkeit anstreben;
4. Funktionen der Norm-Überwachung zur Erhöhung der Regelbefolgung im internationalen System;

---

72 So auch der *Bertrand*-Bericht, UN Doc. A / 40 / 988, 1985, 70 f.

73 *Michel Virally*, De la classification des organisations internationales, in: Miscellanea W. J. Ganshof van der Meersch I, Brüssel 1972, 365-382; *ders.* (Anm. 21); *Jacobsen* (Anm. 60), 12 ff.

74 Ähnlich auch *René-Jean Dupuy*, État et organisation internationale, in: *ders.* (Hrsg.), A Handbook on International Organizations, Dordrecht-Lancaster-Boston 1988, 13-30 (16 ff.).

75 *Jacobsen* (Anm. 60), 89 ff. Vgl. auch die von *Schreuer* (Anm. 30) benannten Funktionen für die Völkerrechtsentwicklung.

5. Operative Funktionen, die eigene Ressourcen internationaler Organisationen sowie einen Beschluß über deren Verwendung voraussetzen. Beispiele sind die technische Hilfe oder der Einsatz von Streitkräften.[76]

Die beiden letztgenannten Funktionen gehen dabei über den von *Schreuer* genannten Kanon, aber auch über die dem Völkerbund zur Verfügung stehenden Handlungsmöglichkeiten hinaus. Auch diese Funktionen sind der Kooperation zuzuordnen: in ihrem Rahmen werden zwar konkrete Pflichten für die Staaten — etwa Berichtspflichten im Rahmen der Norm-Überwachung — konstituiert; wie aber die sehr unterschiedliche Handhabung von Berichtspflichten oder das Beispiel der Stellung von Kontingenten für UN-Friedenstruppen oder auch die jährlichen Beitragskonferenzen für freiwillige Programme der technischen Hilfe zeigen, lassen diese den Staaten bei der konkreten Erfüllung einen nicht unerheblichen Spielraum. Die Friedenstruppen sind geradezu als ein Paradebeispiel für das der Praxis internationaler Organisationen zugrundeliegende Konzept der Kooperation anzusehen: sie sind entstanden als Surrogat für die bis heute nicht erfolgte Aufstellung eigener UN-Truppen nach Art. 43 der Charta. Ihre Einrichtung setzt im Einzelfall eine Entscheidung des Sicherheitsrates sowie die Zustimmung der Konfliktparteien voraus. Für das Aufstellen der Kontingente bedarf es noch einmal der Kooperation: der Generalsekretär richtet ein Ersuchen an Staaten, die Kontingente stellen sollen. Dieses Ersuchen muß zwar aufgrund der übernommenen Mitgliedschaftspflichten bona fide geprüft werden, kann aber aufgrund politischer Erwägungen durchaus auch abgelehnt werden. Erst die positive Entscheidung des ersuchten Staates führt zu einem dann zu schließenden Abkommen mit den UN, welches die Stellung von Kontingenten für Friedenstruppen regelt.[77] Das Beispiel zeigt auch, daß Kooperation ein dem internationalen System der Gegenwart, das von einer starken Heterogenität seiner Akteure sowie vom Fehlen einer zentralen Normsetzungs- und Normdurchsetzungsgewalt gekennzeichnet ist,[78] angemesseneres Konzept darstellt als etwa das Konzept einer ausschließlich von der zentralisierten Rechtsdurchsetzung her definierten Ordnung.

Zusammenfassend kann festgehalten werden, daß das moderne Konzept internationaler Organisationen diese als Katalysator, Forum und Form zwischenstaatlicher Kooperation begreift. Sie dienen den Staaten als Instrument der Zusammenarbeit und stellen gleichzeitig einen Ordnungsrahmen dar, der Ansätze zu Kooperationspflichten enthält und Kooperation normativ einschränkt. Dem Konzept zugrunde liegen die Idee des Rechts und die Idee des Friedens. In dieser Hinsicht besagt der normative Gehalt des Konzepts internationaler Organisationen, daß sie die Imperative des Friedens und der Völkerrechtsordnung darstellen und zugleich Realisierungsmöglichkeiten anbieten.

---

76 Vgl. damit auch bereits die oben genannten Tätigkeitsarten des Völkerbundes, S. 66 f.

77 Zu den Einzelheiten siehe *Frowein / Stein* (Anm. 40).

78 Dazu *Dahm / Delbrück / Wolfrum* (Anm. 20), § 1.

Diese Realisierungsmöglichkeiten indessen werden durch vielfältige Interessen und politische Erfahrungen bedingt. Im folgenden ist nun zu fragen, welche Erfahrungen verschiedene theoretische Konzeptionen internationaler Organisationen im Hinblick auf deren Effizienz und Effektivität zur Geltung bringen und wie diese Konzeptionen im Lichte des oben bezeichneten Konzepts zu beurteilen sind.

§ 12 Operationalisierung der Effizienz und Effektivität internationaler Organisationen im Rahmen theoretischer Konzeptionen internationaler Organisationen?

Für den Gesamtbereich der internationalen Beziehungen im allgemeinen und für internationale Organisationen im besonderen wird in der politikwissenschaftlichen Literatur ein Defizit an theoretischer Analyse beklagt.[1] Dies ist nur bedingt zutreffend. Insbesondere in der englischsprachigen Literatur liegt eine beachtliche Fülle verschiedenster theoretischer Ansätze vor, Funktion und Bedeutung internationaler Organisationen zu erklären und ihre Tätigkeit zu analysieren.[2] Freilich haben einerseits die stark an naturwissenschaftlichen Methoden der Theoriebildung angelehnte Methodik politikwissenschaftlicher Analysen und andererseits gerade die Vielfalt der Ansätze und empirischer Arbeiten dazu geführt, daß Theorien internationaler Organisationen heute nicht in dem Ausmaße historische Erfahrungen und handlungsleitende Perspektiven vermitteln können, wie dies etwa der Funktionalismus und der Realismus in der unmittelbaren Nachkriegszeit beanspruchten und auch beanspruchen konnten. Wenn im folgenden die wichtigsten theoretischen Konzeptionen internationaler Organisationen daraufhin befragt werden sollen, welche Aussagen sie zu deren Effizienz und Effektivität machen und auf welche Prämissen sich diese Aussagen stützen, so geschieht dies nicht zuletzt in der Absicht, diese Konzeptionen miteinander ins Gespräch zu bringen und die Frage nach einer gemeinsamen Perspektive zumindest aufzuwerfen. Dem

---

1 Statt anderer *Volker Rittberger / Hartwig Hummel*, Die Disziplin „Internationale Beziehungen" im deutschsprachigen Raum auf der Suche nach ihrer Identität: Entwicklung und Perspektiven, in: *Volker Rittberger* (Hrsg.), Theorie der internationalen Beziehungen. Bestandsaufnahme und Forschungsperspektiven, PVS-Sonderheft 21 / 1990, 17-47 (19 f.); *Robert O. Keohane*, Institutionalizing in the United Nations General Assembly, in: IO 23 (1969), 859-896 (859 f.); *Ronald J. Yalem*, International Politics: The Continuing Search for Theory, in: International Interactions 9 (1982), 235-257.

2 Vgl. nur die Darstellungen von *J. Martin Rochester*, The rise and fall of international organization as a field of study, in: IO 40 (1986), 777-813; *Volker Rittberger*, Internationale Organisationen, Theorie der, in: *Rüdiger Wolfrum* (Hrsg.), Handbuch Vereinte Nationen, 2. Aufl. München 1991, 363-372; *Paul Taylor*, Prescribing for the reform of international organization: the logic of argument for change, in: Review of International Studies 13 (1987), 19-38.

dient insbesondere die Frage, welchem Konzept internationaler Organisationen die jeweiligen Konzeptionen verpflichtet sind.

Die folgende Darstellung nur einiger weniger Konzeptionen beansprucht nicht, das Feld der Theorie internationaler Organisationen vollständig abzustecken. Auch gibt es im einzelnen durchaus Überschneidungen zwischen den vorgestellten Konzeptionen. Zunächst ist auf den Funktionalismus und den Realismus als auf die zwar ältesten, dennoch aber nach wie vor die theoretische Analyse internationaler Organisationen bestimmenden Konzeptionen einzugehen. Daran anschließend sind einige neuere Theorieansätze zu behandeln, die einzelne Kriterien der Effizienz und / oder Effektivität internationaler Organisationen entfalten bzw. theoretische Aussagen über Effizienz und Effektivität internationaler Organisationen treffen.

1. Funktionalismus und Realismus

Übergreifende Darstellungen der Theorien internationaler Organisationen gehen von einer nach wie vor herrschenden Dominanz des „Realismus" hier und des „Funktionalismus" dort aus.[3] Beide sind nicht nur die ältesten, sondern auch die umfassendsten Theorieansätze; sie sind entstanden aus den Erfahrungen tiefgreifender Wandlungen des internationalen Systems zu Beginn des Jahrhunderts und nicht zuletzt auf dem Hintergrund zweier Weltkriege und beanspruchen, Theorien der internationalen Beziehungen überhaupt zu sein. Der durchaus unterschiedliche Stellenwert und die Bedeutung, welche internationalen Organisationen in ihrem Rahmen zugeschrieben werden, hängen von letztlich philosophisch begründeten Sichtweisen des internationalen Systems bzw. der Geschichte ab. Welches sind diese Sichtweisen, und worin unterscheiden sie sich?

a) Der Funktionalismus

Unter „Funktionalismus" wird in der Theoriegeschichte der internationalen Beziehungen eine breite Palette von Ansätzen verstanden, deren gemeinsamer Nenner darin zu sehen ist, daß sie internationale Kooperation und Integration von der Erfüllung sachlicher Aufgaben bzw. der Lösung von Sachproblemen her zu begreifen suchen. „Functional analysis tries to identify the needs, or problems, which trigger action".[4] Eine funktionalistische Konzeption internationaler Orga-

---

[3] *Rittberger* (Anm. 2), Rdn. 5, 10 ff.; *Taylor* (Anm. 2), 780 f.

[4] *Philip E. Jacob / Alexine L. Atherton / Arthur M. Wallenstein*, The Dynamics of International Organization, 2. Aufl. Georgetown 1972, 2. Zum Funktionalismus insgesamt *Henning Behrens / Paul Noack*, Theorien der internationalen Politik, München 1984, 135 ff.; *Eva Senghaas-Knobloch*, Frieden durch Integration und Association, Stuttgart 1969, 13 ff.; *James E. Dougherty / Robert L. Pfaltzgraff*, Contending Theories of International Relations, 2. Aufl. New York 1981, 431 ff.; *Douglas M. Johnston*, Functionalism in the Theory of International Law, in: CanYIL 26 (1988), 3-59; *Harald Müller*,

nisationen hat sich bereits vor Gründung des Völkerbundes herausgebildet; sie hat insbesondere bei der Gründung und in der Frühgeschichte der Sonderorganisationen der UN bzw. ihrer Vorgängerorganisationen praktische Relevanz erhalten.[5]

Als eigenständige Konzeption wurde der Funktionalismus maßgeblich durch die Schriften *David Mitranys* geprägt.[6] Unter dem Eindruck des Versagens des Völkerbundes in seiner zentralen Intention, der Kriegsverhütung, und der wohlfahrtsstaatlichen Politik in den europäischen Industriestaaten entwickelte *Mitrany* seit den dreißiger Jahren eine Theorie internationaler Friedenssicherung, welche wie folgt zusammengefaßt werden kann: Der militärische Schutz hat als Instrument der Friedenssicherung versagt. Eine realistische Friedenssicherung muß sich deshalb auf die Beseitigung von Kriegsursachen und die Überwindung nationalstaatlicher Separierung der Menschheit konzentrieren: „the problem of our time is not how to keep the nations peacefully apart but how to bring them actively together".[7] Schon hier wird deutlich, daß die Theorie ein langfristig auf die Friedenssicherung bezogenes Programm vorlegt. Als Instrument solcher Friedenssicherung wird eine zwischenstaatliche Zusammenarbeit in zunächst solchen Sachfragen angesehen, in denen sich gemeinsame Interessen abzeichnen, insbesondere in technischen Fragen und im Bereich der Wohlfahrtssicherung. Als Effekt einer solchen Zusammenarbeit — so die Erwartung des Funktionalismus — entwickeln sich mit der Zeit Strukturen und Muster internationaler Kooperation und Solidarität, welche eine tragfähigere Grundlage für friedliche Beziehungen zwischen den Staaten als militärischer Schutz abgeben.[8]

Claude[9] hat folgende Prämissen herausgearbeitet, auf denen die Konzeption *Mitranys* beruht: sie setzt an bei einer Theorie der Kriegsursachen, die sie in

---

Die Chance der Kooperation. Regime in den internationalen Beziehungen, Darmstadt 1993, 9 ff.

[5] Statt anderer *Inis L. Claude,* Swords into Plowshares. The Problems and Progress of International Organization, 4. Aufl. 1971, 391 ff. Vgl. auch oben, S. 53, 69 zu *Woolfe* und der Fabian-Society, zu der *Mitrany* in London in Kontakt stand.

[6] *David Mitrany,* The Progress of International Government, New Haven 1933; *ders.,* A Working Peace System, Chicago (Neuausgabe einer Sammlung von Aufsätzen aus den Jahren 1943-1965), 1966; *ders.,* The Functional Approach in Historical Perspective, in: International Affairs 47 (1970), 532-543; zu *Mitrany* siehe *Paul Taylor,* Functionalism: the Theory of David Mitrany, in: *ders. / A. J. R. Groom* (eds.), International Organisation. A Conceptual Approach, London-New York 1978, 236-252; *Claude* (Anm. 5), 379-385; *John Eastby,* Functionalism and Interdependence, Lanham-New York-London 1985, 4 ff.; *Andrew Wilson Green,* Review Article: Mitrany Reread with the Help of Haas and Sewell, in: Journal of Common Market Studies 8 (1969), 50-69.

[7] *Mitrany,* A Working Peace System (Anm. 6), 28.

[8] *Nagendra Singh,* The Role of International Organizations, in: Mélanges offerts à Henri Rolin, Paris 1964, 350-373 (372) formuliert dieses funktionalistische Credo so: „create circumstances that would foster willingness of the sovereign State to submit itself to the international rule of law by developing the emotional element of international citizenry. This can be achieved only by making more and more use of international organizations in various spheres of life."

[9] *Claude* (Anm. 5), 381-384.

den ökonomischen und sozialen Lebensbedingungen der Menschheit sieht. Die Beseitigung ökonomischer Instabilität und die Erhöhung des kulturellen und sozialen Lebensstandards erscheinen als Mittel, diese Kriegsursachen zu überwinden. Zweitens wird aufgrund der wirtschaftlichen und technologischen Entwicklung der sich nach außen hin abschließende Nationalstaat nicht mehr als geeignetes institutionelles Instrument angesehen, den beschleunigten sozialen Wandel zu steuern. Da technische Entwicklungen, rascher sozialer Wandel und daraus folgende soziale und ökonomische Probleme seine Grenzen überschreiten, kann die Verwaltung des Nationalstaates für sich keine angemessenen Problemlösungen mehr bereitstellen. Ausgehend von dem Grundsatz, daß Art und Reichweite eines Problems — und nicht überkommene Ideologien wie der Nationalismus — die Form der zu ihrer Lösung angemessenen Institutionen bestimmen müssen[10], sucht der Funktionalismus nach geeigneten internationalen Strukturen und Instrumenten, um die territoriale Organisation der Menschheit schrittweise durch eine funktionale zu ersetzen. Er findet sie zunächst in solchen Bereichen, in denen sich grenzüberschreitende Interessen bereits herausgebildet haben, d. h. in der sachlich-technischen Zusammenarbeit der Verwaltungsunionen, internationalen Büros, Kommissionen und Gesellschaften. Der Ausbau solcher Strukturen und Instrumente bewirke — drittens — eine schrittweise Bewußtseinsänderung insofern, als „men will recognize international organization as the giver of good gifts which their states are no longer able to provide".[11] Auf diesem Wege entstehe eine internationale Loyalität, die ihrerseits den Weg für weitere internationale Zusammenarbeit bereite.

Ein wichtiger Gedanke der frühen funktionalistischen Konzeption „aufgabenspezifischer Kooperation"[12] liegt in der Trennung politischer und sachlich-technischer Fragen.[13] „Politisch" wird dabei a priori als dissoziativ bzw. konfliktbehaftet, sachlich-technisch hingegen als a priori kooperativ und konsensfördernd verstanden[14] — ein Verständnis, das in Gestalt der Kritik an nationalstaatlicher Souveränität nach beiden Weltkriegen in Europa weit verbreitet war und dessen z. T. bildungsbürgerliche, z. T. technokratische Wurzeln weit ins 19. Jahrhundert hineinreichen. Der Funktionalismus zieht daraus die Schlußfolgerung, daß „effective international cooperation is more likely to develop through practical activities than through political institutions".[15]

---

10 Zu dieser Prämisse — „form follows function" — siehe auch *Taylor*, Functionalism (Anm. 6), 238 f.

11 *Claude* (Anm. 5), 382.

12 *Senghaas-Knobloch* (Anm. 4), 17.

13 *Jacob / Atherton / Wallenstein* (Anm. 4), 4; *Claude* (Anm. 5), 384.

14 Für *Mitrany* ergibt sich daraus etwa auch eine Fundamentalkritik am englischen Parlamentarismus: Sachkenntnis gilt ihm als effektiver denn Repräsentation. Vgl. *Taylor*, Functionalism (Anm. 6), 239 f.

15 *Evan Luard*, International Agencies. The Emerging Framework of Interdependence, Dobbs Ferry-New York 1977, 324.

Diese Annahme hat der Neo-Funktionalismus und namentlich *Haas*[16] überwunden. Der Hauptaspekt der von *Haas* begründeten neo-funktionalistischen Integrationstheorie war die Frage, wie die Kapazität internationaler Organisationen, ihre Umwelt zu verändern, d. h. Staaten zu beeinflussen, theoretisch zu fassen sei.[17] Eine Transformation des internationalen Systems — so seine Prämisse — könne nur durch eine Veränderung der Perzeptionen der Staaten, in denen er, systemtheoretischen Ansätzen folgend, die „Klientel" internationaler Organisationen sieht, erfolgen. Wenn internationale Organisationen in diesem Sinne effektiv sein sollen, muß ihre Tätigkeit politisch und darf nicht ausschließlich technisch sein. *Haas* spricht in diesem Zusammenhang von einer kreativen Spannung zwischen den Erwartungen der Staaten und den Zielen internationaler Organisationen, die von diesen aufrechterhalten werden müsse. Dazu nennt er vier Kriterien, an der sich eine erfolgreiche Führung internationaler Organisationen ausrichten sollte:[18] Erstens sei eine Sensibilität für die Umwelt internationaler Organisationen, d. h. für die wechselnden Konsensmöglichkeiten der Staaten, erforderlich. Zweitens müsse die Organisation Konflikte zwischen Staaten nicht nur lösen, sondern die Konfliktlösung zu ihren Gunsten nutzen. Damit sind insbesondere solche Strategien der Konfliktlösung angesprochen, welche eine Übereinstimmung der Konfliktparteien auf einer Ebene herbeiführen, welche der Ebene der konkreten Konfliktursachen übergeordnet wird. Drittens müsse eine internationale Organisation dynamische, eigenes Wachstum herbeiführende Programme formulieren, um auf Akzeptanz zu stoßen. Und viertens bedürfe eine internationale Organisation des positiven „feedback", d. h. solcher Reaktionen der Staaten, die pro futuro weitere bzw. mehr Leistungen der erbrachten Art erwarten. Unter diesen Bedingungen sei die Effektivität internationaler Organisationen bei pluralistischen Staaten hoch, bei totalitären Staaten mäßig, d. h. nur in wenigen, mit unmittelbarem technischen Nutzen verbundenen Leistungen gegeben, und bei traditionalistischen Gesellschaften sehr gering, da diese schon aus Selbsterhaltungsgründen keine Einmischungen in innere Angelegenheiten duldeten. Danach hängt die Effektivität einer internationalen Organisation also einerseits von der politischen Qualität ihrer Führungsspitze, andererseits von der inneren Verfassung der Staaten, an die sie sich richtet, ab.

Haas ist in seiner Hinwendung zu politischen Leistungen internationaler Organisationen insofern konsequent geblieben, als er über längere Zeit hinweg empirische Untersuchungen über den Beitrag internationaler Organisationen zur Beilegung und Eindämmung internationaler Konflikte angestellt hat.[19] Doch ist dies

---

16 *Ernst B. Haas*, Beyond the Nation-State. Functionalism and International Organization, Stanford 1964.

17 A. a. O., 86 ff.

18 Vgl. hierzu auch die Interpretation von *Leon Gordenker / Paul R. Saunders*, Organization Theory and International Organisation, in: *Taylor / Groom* (Anm. 6), 84 - 107 (90 - 92); zu *Haas* auch *Green* (Anm. 6), 61 ff.

eher die Ausnahme geblieben. Generell hat der Funktionalismus zu Krisenmanagement und Konfliktlösung ‚wenig anzubieten‘.[20] Das vom Funktionalismus begründete Forschungsinteresse richtet sich vielmehr auf die Zielvorstellung eines „international government" und dessen Herbeiführung bzw. auf das Wachsen einer Weltgemeinschaft durch sich erweiternde Keimzellen funktionaler Zusammenarbeit.[21] Die in den siebziger Jahren aufkommende Kritik an einer „Politisierung" der Sonderorganisationen[22] ist vor diesem Hintergrund zu verstehen: politische Kontroversen in einer funktionalen Organisation gefährden deren Aufgabenerfüllung.

Einen umfassenden Versuch, die Wirksamkeit internationaler Organisationen auf funktionalistischer Grundlage anhand bestimmter Kriterien zu beurteilen, hat *Luard* am Beispiel des UN-Systems vorgelegt. *Luard* betrachtet das Gefüge der Sonderorganisationen und ihr Zusammenspiel mit der UNO als eine Art internationale Regierung zur Bereitstellung von „world services". Er will die relative Wirksamkeit des UN-Systems angesichts seiner gestiegenen Aufgaben durch einen Vergleich mit nationalstaatlichen Organen und Funktionen beurteilen.[23] Hierzu nimmt er „basic tests to judge the effectiveness" des Systems nach folgenden Kriterien vor: — Kompetenz- und Aufgabenverteilung; — Angemessenheit der Institutionen zur Kanalisierung der an sie gerichteten Anforderungen; — rasches und informiertes Entscheiden; — effiziente Ausführung; — Folgemaßnahmen, Evaluation und Langzeit-Planung; — Ausgleich zwischen Entscheidung auf der Grundlage souveräner Gleichheit („democracy") hier und Effizienz dort.

Entlang dieser Kriterien gelangt er zu folgender Diagnose und zu folgenden Reformvorschlägen:[24]

— Hinsichtlich der *Kompetenz- und Aufgabenverteilung* ist das Fehlen einer zentralen Steuerung signifikant. Mit dem *Jackson*-Bericht[25] fordert er eine Zentralisierung der Entscheidungsfindung und eine Dezentralisierung der Durchführung. Seine Empfehlung: Für einzelne Programme solle eine Genehmigungspflicht beim ACC eingeführt werden.

— Die *Organe* hält er insofern für *ungeeignet, eine Kanalisierung der an sie herangetragenen Aufgaben vorzunehmen,* als die Verwaltungsräte der Son-

19 Zuletzt *Ernest B. Haas,* The Collective Management of International Conflict, in: UNITAR (ed.), The United Nations and the Maintenance of International Peace and Security, Dordrecht-Boston-Lancaster 1987, 3-70.

20 So *Taylor,* Functionalism (Anm. 6), 250.

21 Vgl. etwa *Robert E. Riggs / Jack C. Plano,* The United Nations. International Organization and World Politics, Chicago 1988, 235 ff. sowie bereits *Hans J. Morgenthau,* Politics among Nations. The Struggle for Power and Peace, 2. Aufl., New York 1954, 492 ff.

22 Vgl. oben, S. 217 und die dort in Anm. 95 genannte Literatur.

23 *Luard* (Anm. 15), 7 f., 307 ff.

24 A. a. O., 307 ff.

25 Vgl. oben, 177 f.

derorganisationen zu groß seien — das noch effiziente Limit sieht er bei 20 Mitgliedern — und zu selten tagen, und als die Mandate der Vollversammlungen zu vage formuliert seien. Die Sekretariate verfügen über zu wenig mobiles und motiviertes Personal und sollten sich stärker der Langzeit-Planung widmen.

— Da die Mitgliedstaaten die Generaldirektoren der Sonderorganisationen zu wenig kontrollieren können, werde *rasches und informiertes Entscheiden* im ‚bürokratischen Dschungel' erstickt. Zur Abhilfe schlägt er regelmäßige Kabinettsberatungen der Generaldirektoren mit ihren Abteilungsleitern vor.

— Die *Effizienz der Durchführung* sei aufgrund mangelnder Koordination der Programme und — gerade bei den größeren Sonderorganisationen mit Ausnahme der WHO — wegen eines Mangels an ausreichend qualifizierten Experten im Feld gering.

— Hinsichtlich der *Koordination* sieht er zwar Verbesserungen, u. a. durch das (1977 noch:) neue Budgetverfahren, doch fehle es nach wie vor an einem zentralen Koordinationsorgan und ausreichender Kommunikation zwischen UNO und Sonderorganisationen. Auch beklagt er das Fehlen einer politischen Koordination unter den Mitgliedstaaten, das sich z. B. in gruppenkonformem Abstimmungsverhalten niederschlage. In die herrschenden Mehrheitsverhältnisse könne so keine Bewegung gebracht werden.

— Schließlich plädiert er für einen stärkeren Ausgleich zwischen *Effizienz und ‚democracy'*; den Vollversammlungen sollen nur Entscheidungen über Richtlinien, und den regional-repräsentativ besetzten Verwaltungsräten die Entscheidung über Einzelfragen übertragen werden. In diesem Zusammenhang bestätigt er die These, kleinere technische Organisationen wie die UPU, die ITU oder die WMO seien vergleichsweise effizienter als die starken politischen Auseinandersetzungen ausgesetzten größeren Organisationen wie FAO oder UNESCO.

Gegen diese Diagnose bilanziert *Luard* nun die Grundannahmen des Funktionalismus[26] und kommt zu folgenden Ergebnissen: Es sei zwar nicht zu leugnen, daß etwa die internationale Postverwaltung im wesentlichen frei von politischen Auseinandersetzungen und daher vergleichsweise effektiv sei. Aber eine Ausweitung nicht-politischer und daher friedensstiftender Tätigkeiten habe nicht stattgefunden — im Gegenteil: gerade die starke Ausweitung funktionaler Zusammenarbeit habe auch mehr Gelegenheit für politische Kontroversen geschaffen. Die wachsende ordnungspolitische Bedeutung auch der funktionalen Organisationen belegt dies: Konnte *Luard* die ITU noch als frei von politischen Kontroversen ansehen, so rückte diese in den 80er Jahren zusammen mit der UNESCO ins Zentrum der Auseinandersetzungen um eine neue Informations- und Kommunikationsordnung. So habe sich auch die Erwartung, praktische Zusammenarbeit führe

---

26 A. a. O., 324 ff.

zu politischem Konsens, nicht bestätigt; auch hier sei das Gegenteil eingetroffen: „political rivalries inhibit co-operation".[27] Insgesamt gelangt *Luard* zu der Schlußfolgerung, daß zwar die Notwendigkeit funktionaler Zusammenarbeit auch für die Zukunft nicht zu leugnen sei, daß sie aber der Ergänzung bedürfe: „There is need for something over and above functional co-operation if a significant influence on national competitiveness is to be exercised: a deliberate political act of will by member governments, and perhaps by their publics".[28]

Wo *Luard* endet: beim politischen Willen der Staaten, setzen „realistische" Ansätze einer Theorie der internationalen Beziehungen an. Wie wird der Wille der Staaten in diesen Konzeptionen bestimmt und bewertet?

b) Der Realismus

Der für die Politikwissenschaft bedeutendste, auch für heutige Theoriedebatten noch bestimmende Theorieansatz der internationalen Beziehungen nach dem Zweiten Weltkrieg geht auf *Hans J. Morgenthau* und die von ihm begründete „realistische Schule" zurück.[29] *Morgenthaus* 1948 in erster Auflage erschienenes Buch „Politics among Nations: The Struggle for Power and Peace"[30] stellt einen sehr selbstbewußten Theorieanspruch[31] und siedelt eine Theorie der internationalen Beziehungen im Schnittfeld politischer Philosophie und Empirie, letztere verstanden als historische und politische Erfahrung, an. Philosophisch gründet die realistische Schule in einer Anthropologie und Ethik, die das Machtstreben des Menschen und seine Unfähigkeit, eigene Interessen auf Dauer hintanzustellen, als politische Konstanten ansieht.

Die theoretische Stringenz und Aussagestärke der realistischen Schule liegt darin, daß sie einerseits die Begriffe der Macht und des Interesses als die zentralen

27 A. a. O., 325.

28 A. a. O., 327.

29 Vor *Morgenthau* sind Hauptvertreter einer in dessen Sinne „realistischen" Konzeption die amerikanischen Politikwissenschaftler *Schuman, Spykeman,* der Publizist *Walter Lipmann* und der britische Historiker *Edward H. Carr;* einflußreich für die philosophisch-anthropologische Grundlegung war der Theologe *Reinhold Niebuhr.* Von den Schülern *Morgenthaus* sind als die einflußreichsten zu nennen *George Kennan, Henry Kissinger, Thompson, Herz* und *Wolfers.* Dem Morgenthauschen Ansatz verwandt ist *Georg Schwarzenberger,* Power Politics. A Study of World Society, 3. Aufl. London 1964. Zur Realistischen Schule siehe *Dougherty / Pfaltzgraff* (Anm. 4), 84 ff.; *Behrens / Noack* (Anm. 4), 58 ff.; in Deutschland wurde die Realistische Schule insbesondere von *Gottfried-Karl Kindermann* aufgegriffen und weitergeführt; vgl. *ders.* (Hrsg.), Grundelemente der Weltpolitik. Eine Einführung, 2. Aufl. München 1981; *ders.*, Realistische Schule, in: Pipers Wörterbuch zur Politik 5, 402-410.

30 Oben Anm. 21; zuletzt in 6. Aufl., revised by *Kenneth W. Thompson,* New York 1985. Wo nicht anders vermerkt, wird die 2. Aufl. benutzt.

31 Das Buch beginnt mit dem Satz „This book purports to present a theory of international politics". Die ersten Abschnitte sind der Theoriebildung gewidmet; vgl. auch *Morgenthau,* The Intellectual and Political Functions of Theory, in: *ders.*, Truth and Power. Essays of a Decade, 1960-1970, New York-Washington-London 1970, 248-261.

Konstanten der Politik ins Zentrum der Analyse stellt und andererseits den Machtbegriff in mehreren Schichten entfaltet.[32] Historisch wird das Machtproblem insofern entfaltet, als etwa das Gleichgewichtsprinzip insbesondere des Europäischen Konzerts einen eigenen Forschungsschwerpunkt der realistischen Schule darstellt. Systematisch wird der Machtbegriff in der grundlegenden Aussage entfaltet, daß das nationale Interesse der Staaten sowie die zu seiner Durchsetzung zur Verfügung stehenden Mittel die internationalen Beziehungen bestimme. Macht wird hierbei sehr differenziert als Beeinflussung anderer Staaten durch militärische, diplomatische, ideologische, propagandistische und andere Mittel verstanden.[33]

Der Anspruch einer „Realist Theory of International Politics"[34] beinhaltet ein politisches und ein erkenntnistheoretisches Programm. Politisch richtet sich die realistische Schule gegen die insbesondere mit der Gründung der UN verbundenen Erwartungen westlicher Politiker und besonders auch der amerikanischen Öffentlichkeit, die Gründung der Weltorganisation werde eine neue, friedvolle, und d. h. Machtpolitik durch Recht ersetzende Ära der internationalen Beziehungen herbeiführen.[35] Diese jüngst von *Franck* eindrücklich nachgezeichnete Erwartungshaltung[36] wird geschichtsphilosophisch interpretiert als Ausfluß eines für die Neuzeit bestimmenden teleologischen Geschichtsdenkens, das universale ethische Prinzipien als Ziel der Geschichte ansehe. Dem wird ein pragmatisches Denken entgegengehalten und in zuweilen sehr polemischen Formulierungen zu einer „Revolte gegen den historischen Optimismus"[37] umgedeutet, in welche deutliche Momente der theologisch-philosophischen Kritik der Neuzeit und besonders der Aufklärung durch *Reinhold Niebuhr* einfließen. Ziel der Kritik sind die geschichtsphilosophischen Entwürfe, die seit *Abbé de St. Pierre* nach den Bedingungen eines dauerhaften Friedens fragen und diese u. a. in internationalen Organisationen sehen, die liberale Freihandelsbewegung oder Ansätze, die —

---

32 Dazu *Gottfried-Karl Kindermann*, Philosophische Grundlagen und Methodik der Realistischen Schule von der Politik (mit besonderer Berücksichtigung der Werke von Hans J. Morgenthau und Reinhold Niebuhr), in: *Dieter Oberndörfer* (Hrsg.), Wissenschaftliche Politik. Eine Einführung in Grundfragen ihrer Tradition und Theorie, Freiburg 1962, 251-296 (265 ff.).

33 In der Sekundärliteratur wird der Realismus oft zu pauschal auf Analysen militärischer Machtbeziehungen reduziert. Vgl. etwa *Ulrich Albrecht / Hartwig Hummel*, „Macht", in: PVS-Sonderheft 21 (Anm. 1), 90-109 (92 ff.).

34 *Morgenthau*, Politics (Anm. 21), 3 ff.

35 Vgl. die Einführung zu *Erich Hula*, Four Years of the United Nations, in: *Hans J. Morgenthau / Kenneth W. Thompson* (eds.), Principles and Problems of International Politics, 1950, 120. Ähnlich *Hans J. Morgenthau*, Political Limitations of the United Nations, in: *George A. Lipsky*, Law and Politics in the World Community, Berkely-Los Angeles 1953, 143-152 (149 f.) unter Berufung auf Äußerungen des amerikanischen Außenministers *Cordell Hull* und seines britischen Kollegen *Philip Noel-Baker*.

36 *Thomas M. Franck*, Nation against Nation. What Happened to the UN Dream and what the U.S. can do about it, New York-Oxford 1985, 6 ff.

37 *Kindermann*, Philosophische Grundlagen (Anm. 32), 257.

wie *Wilson* — auf eine friedensstiftende Gestaltungskraft der öffentlichen Meinung setzen.[38]

Bereits aus der polemischen Frontstellung dieses umfassenden Ansatzes gegen eine — oft in grober Verkürzung „Idealismus" oder „Utopismus" genannte[39] — geschichts-teleologische Konzeption internationaler Organisationen ergibt sich eine skeptische Grundhaltung gegenüber der Bedeutung und Leistungsfähigkeit internationaler Organisationen, insbesondere auf dem Gebiet der Friedenssicherung. Denn im Zentrum „realistischer" Analysen stehen die Staaten als die einzigen Träger effektiver Macht im internationalen System und ihr Verhältnis zueinander. Dieses ist von Interessen bestimmt, von denen einige — wie die Geschichte lehrt — zum Krieg führen können. Wie der Funktionalismus und der sog. „Idealismus" strebt auch der Realismus eine stabile Friedenssicherung an; freilich bewertet er die Möglichkeiten, die zum Frieden führen, grundsätzlich anders:[40] Realisten setzen auf die diplomatische Kunst, ein Gleichgewicht der Kräfte herbeizuführen und aufrecht zu erhalten. Letztlich orientieren sich realistische Positionen an der Vorstellung eines mit zentraler Durchsetzungsgewalt versehenen Weltstaates.[41] Kollektive Sicherheit, internationale Organisationen zur Förderung des Friedens durch wirtschaftliche und soziale Zusammenarbeit der Staaten oder eine internationale Moral erscheinen gegenüber diesem Modell als idealistische Visionen.

Auch die Einschätzung des Völkerrechts ist vom Modell des mit zentraler Durchsetzungsgewalt versehenen Nationalstaates geprägt. Nicht nur das Recht, sondern jedes Normsystem wird von seiner Durchsetzung her begriffen: „A rule, be it legal, moral, or conventional, is valid when its violation is likely to be followed by an unfavorable reaction, that is, a sanction against its violator".[42] Der Sanktionsmechanismus des Völkerbundes nach Art. 16 der Satzung und Art. 43 der UN-Charta stehen denn auch im Zentrum von *Morgenthaus* Darstellung der kollektiven Sicherheit.[43]

Die Skepsis gegenüber internationalen Organisationen und ihrer Leistungsfähigkeit schlägt sich vor allem darin nieder, daß sich Vertreter der realistischen Schule nur relativ selten mit internationalen Organisationen überhaupt befassen.

---

38 Vgl. *Dougherty / Pfaltzgraff* (Anm. 4), 6 f., 84 ff.

39 Die Bezeichnung „Utopismus" geht auf *Carr* zurück. Vgl. *Dougherty / Pfaltzgraff* (Anm. 4), 6 f. sowie 84 f. („Realism vs. Utopianism"). Wie schwer solch ein Idealismus oder Utopismus heute zu fassen ist, verrät auch der Beitrag „Idealistische Schule" von *Reinhard Meyers*, in: Pipers Wörterbuch der Politik 5, 191 - 195, aus dem nicht eigentlich ersichtlich wird, wer die Vertreter dieser „Schule" sind und welche Argumente sie vertreten; das Literaturverzeichnis weist jedoch fünf Autoren auf, die eindeutig der „realistischen Schule" zuzurechnen sind.

40 Dazu *Rochester* (Anm. 2), 780 ff.

41 Vgl. *Morgenthau* (Anm. 21), 534 f.

42 So *Morgenthau*, Positivism, Functionalism, and International Law, in: AJIL 34 (1940), 260 - 284 (276).

43 *Morgenthau*, Politics (Anm. 21), 274 ff.

Dies gilt freilich nicht für *Morgenthau* selber, der in „Politics among Nations" dem Völkerbund und den UN ausführliche Untersuchungen widmet und auch eigene Untersuchungen zur UN vorgelegt hat.[44] Er weist dabei zunächst durchgehend auf die Diskrepanz zwischen dem Anspruch völkerrechtlicher Normen hier und der politischen Wirklichkeit dort hin, die den Bereich der internationalen Politik deutlich von demjenigen nationalstaatlicher Politik unterscheide. Der Unterschied wird vorwiegend in der dezentralen Struktur des internationalen Systems und dem Fehlen einer zentralen Normdurchsetzungsinstanz gesehen. In einer Interpretation von Präambel, Art. 1 und 2 der Charta weist er weiter darauf hin, daß traditionelle Diplomatie, Konsens und Solidarität der fünf ständigen Mitglieder des Sicherheitsrates sowie die Öffnung für regionale Organisationen sozusagen verborgene Strukturprinzipien der Organisation darstellen, die ihrem universalen Anspruch und ihrer Handlungsfähigkeit in bezug auf Friedenssicherung entgegenliefen. Gerade die kooperativen Momente der UNO-Charta wie z. B. die auf ein politisches Zusammenwirken seiner Mitglieder angelegte Struktur des Sicherheitsrates werden also als entscheidende Faktoren der Ineffektivität internationaler Organisationen gewertet. Damit wendet *Morgenthau* sich gegen das Vorurteil, internationalen Organisationen käme als solchen Autorität zu: „there is no such thing as the policy of an organization, international and domestic, apart from the policy of its most influential member or members".[45] Internationale Organisationen erscheinen als Instrumente derjenigen Mitgliedstaaten, die sich in ihren Foren durchsetzen können; konsequent nehmen denn auch Untersuchungen zu Entscheidungsregeln und Willensbildung in internationalen Organisationen einen relativ breiten Raum ein.[46]

Gegen überzogene Erwartungen an die Weltorganisation weist *Morgenthau* auf zwei Funktionen hin, welche eine internationale Organisation universellen Charakters entfalten könne und welche die UN auch entfalten: erstens stelle sie neue Wege der Diplomatie zur Verfügung, insofern ein ständiger Kontakt der Staatenvertreter in den Organen der UN unvermeidlich sei. Der Beitrag der UN zur diskreten Beilegung der Berlin-Blockade wird in diesem Zusammenhang ausdrücklich gewürdigt. Zweitens üben internationale Organisationen insofern einen Einfluß auf die Außenpolitik der Staaten aus, als diese ihre Politik im Rahmen der UN als zustimmungs- und mehrheitsfähig darstellen müssen. Dies führe zwar in aller Regel dazu, daß die Staaten ihre nationale Interessen im Sinne internationaler Ideale verbrämt darstellen; doch räumt er ein, daß dabei immerhin ein mäßigender Effekt eintrete.[47]

---

44 *Morgenthau*, Politics (Anm. 21), 274 ff., 395 ff., 447 ff., 486 ff.; *ders.*, Political Limitations (Anm. 35); *ders.*, U Thant, in: Truth and Power (Anm. 31), 121-126; *ders.*, Pacem in Terris and the World Community, a. a. O. 283-291.

45 Political Limitations (Anm. 35), 150.

46 Vgl. Politics (Anm. 21), 300 ff. zum Einstimmigkeits- und Mehrheitsprinzip.

47 Political Limitations (Anm. 35), 150 ff.

Zusammenfassend hebt *Morgenthau* hervor, daß, solange eine politische Harmonie der Mitgliedstaaten und ihrer Interessen fehle, die UN bestenfalls als Instrument derjenigen Staatengruppe dienen könne, welche die Mehrheit in der Organisation habe.[48] Und im Blick auf die Friedenssicherung faßt er seine Position zusammen:

> „Whatever functions it is able to fulfill in this respect will not depend primarily upon the legal provisions of the Charter or the institutions established in accordance with them, but upon the political policies pursued by the great powers through the medium of the traditional methods of diplomacy."[49]

Der Realismus und insbesondere *Morgenthau* sind öfter kritisiert als differenziert dargestellt und in Einzelpunkten widerlegt worden. Seine Stärke im Blick auf internationale Organisationen liegt ohne Zweifel darin, daß er die Systembedingtheit ihrer Wirksamkeit, d. h. deren Abhängigkeit von der Machtverteilung und dem Machtgebrauch im internationalen System faßbar macht. Dabei kann das Forum internationaler Organisationen durchaus zu wirksamer Machtausübung genutzt werden. So hat etwa *Morgenthau* selbst in einer sehr subtilen Analyse der Rede *Papst Pauls VI.* vor der UN-Generalversammlung deutlich machen können, daß von ihr eine legitimierende bzw. delegitimierende Wirkung ausgehe: die Identifizierung des Papstes mit der UN delegitimiere nationalstaatliche Souveränitätsansprüche, gerade auch solche katholischer Staaten, zugunsten eines universalen Friedensethos. Die deutliche Betonung der Universalität der UN durch den Papst sei als eine Kritik an der Nicht-Vertretung Rotchinas in der Weltorganisation zu verstehen. Seine Schlußfolgerung belegt die Differenziertheit seiner Machtanalyse:

> „To dismiss the visit as irrelevant because of the lack of such achievement would be to fall into Stalin's error, when he asked how many divisions the Pope has. The Pope indeed has no divisions, that is, no tangible power, but he has a moral authority that is susceptible of being translated into political attitudes, opinions, and actions."[50]

An anderer Stelle hat er die Kompetenzverschiebung in der Friedenssicherung zunächst vom Sicherheitsrat auf die Generalversammlung und dann von dieser auf den Generalsekretär analysiert und dabei die politische Führungsleistung *Hammarskjölds* gewürdigt. Diese sei darin zu sehen, daß *Hammarskjöld* seine Neutralität in dem Augenblick zugunsten klarer Parteinahme aufgegeben habe, „when it came to the fundamental issues of changes in the status quo by violent or illegal means". Sein Nachfolger *U Thant* hingegen habe schon in einer seiner ersten Reden zu erkennen gegeben, daß er Neutralität um jeden Preis vertrete, und damit die letzte Handlungsmöglichkeit einer Organisation aus der Hand gegeben, die „is an important, if not indispensable, instrument for the preservation of peace in the contemporary world".[51]

---

48 A. a. O., 151; vgl. auch U Thant (Anm. 44), 124.

49 A. a. O., 152.

50 *Morgenthau*, Pacem in Terris (Anm. 44), 291.

Insofern der Realismus internationale Organisationen ausschließlich als Funktion staatlicher Macht- und Interessenpolitik begreift, schätzt er die *Effektivität* internationaler Organisationen grundsätzlich sehr gering ein. Eigene Autorität schreibt er ihnen nicht zu. Da ihnen im Vergleich zu den Staaten keine Machtmittel zur Verfügung stehen und ihre erklärte Hauptfunktion, die Friedenssicherung, durch eine Politik des Gleichgewichts oder der Abschreckung besser herbeigeführt würde, wird internationalen Organisationen eine nur relative Bedeutung zugesprochen. Anders bei der *Effizienz:* da internationale Organisationen verlängerte Interessenpolitik der Staaten sind, suchen Realisten die Effizienz für solche Aufgaben, die im Interesse der Staaten liegen, zu steigern.[52]

Während der Funktionalismus von vorneherein nach Möglichkeiten einer Transformation des internationalen Systems fragt und die kooperationsfördernde Rolle internationaler Organisationen ins Zentrum stellt, wird zwischenstaatliche Kooperation von realistischen Analysen grundsätzlich nur i. S. von ad hoc-Zweckarrangements betrachtet. Hier haben neo-realistische Ansätze — etwa *Keohane*[53] — insofern eine gewisse Annäherung zu internationalen Organisationen vollzogen, als sie deren Bedeutung für eine Interessenkoordination hervorheben und der Frage nachgehen, unter welchen Bedingungen zwischen rationalen Egoisten Kooperation entstehen kann.[54] Doch werden dabei die beiden grundlegenden Prämissen des Realismus nicht überschritten, nach denen erstens der Staat der allein wirksam handelnde Akteur der internationalen Beziehungen ist und zweitens dieser Akteur als „rationaler Egoist" anzusehen ist. Die daraus folgende Konzeption des internationalen Systems ist die des *Hobbesschen* Naturzustandes: mangels einer den Staaten übergeordneten, durchsetzungsfähigen Instanz erscheint das internationale System als prinzipiell „anarchisch".[55]

Im Spannungsfeld des Funktionalismus hier und des Realismus dort haben sich in der jüngeren Vergangenheit verschiedene Theorieansätze gebildet, die differenzierte Aussagen zur Effizienz und Effektivität internationaler Organisationen enthalten und zumindest teilweise um eine Operationalisierung dieser Begriffe bemüht sind. Sie können als Ansätze der politischen Ökonomie internationaler Organisationen, organisationssoziologische und regimetheoretische Ansätze zusammengefaßt werden.

---

51 *Morgenthau,* U Thant (Anm. 44), 122 f. (123).

52 So zutreffend *Taylor* (Anm. 2), 25, mit Hinweisen auf die amerikanische Politik gegenüber der UNESCO und UNCTAD.

53 *Robert O. Keohane,* After Hegemony. Cooperation and Discord in the World Political Economy, Princeton 1984.

54 Vgl. dazu unten zur Regime-Theorie.

55 Dazu insbesondere *Hedley Bull,* The Anarchical Society, New York 1977.

2. Neuere Theorieansätze und ihre Aussagen über Effektivität und Effizienz internationaler Organisationen

a) Politische Ökonomie internationaler Organisationen

Die politische Ökonomie der internationalen Beziehungen wird zum einen von ihrem Gegenstand, zum andern von ihrer Methode her definiert. Im ersten Sinne versteht etwa *Gilpin* unter politischer Ökonomie „the reciprocal and dynamic interaction in international relations of the pursuit of wealth and the pursuit of power“.[56] Im methodischen Sinne ist unter politischer Ökonomie der internationalen Beziehungen die Übertragung ökonomischer Erklärungsansätze auf die internationale Politik zu verstehen. In diesem zweiten Sinne wird im folgenden unter politischer Ökonomie internationaler Organisationen die Verwendung ökonomischer Theoreme zur Analyse internationaler Organisationen verstanden. Ehe solche Versuche im einzelnen vorzustellen und zu würdigen sind, ist auf die gemeinsame Prämisse der politischen Ökonomie internationaler Organisationen einzugehen.

Für die Ökonomie ist „Effizienz“ eine zentrale Kategorie. Prämisse ökonomischer Erklärungen sozialen Verhaltens ist das Modell des sich auf der Grundlage von Nutzen-Kosten-Überlegungen unter gegebenen Restriktionen — z. B. Knappheit der Mittel — rational entscheidenden Individuums, das Modell des „homo oeconomicus“.[57] Es wird unterstellt, daß das Individuum unter gegebenen Handlungsmöglichkeiten diejenige auswählt, welche die relativ kostengünstigste ist. Dieses Modell wird auf den Staat übertragen; der Staat handelt danach insofern rational, als er Zwecke verfolgt und hierbei Nutzen-Kosten-Analysen anstellt: „governments organize or join international institutions because they expect to gain benefits or to avoid costs“.[58]

Damit wird grundsätzlich das realistische Leitbild des Staates als rationaler Egoist übernommen; zugleich wird dieses Leitbild nach bestimmten Kriterien zu operationalisieren gesucht. Ausgangspunkt dafür ist die Hypothese, daß es „wahre Präferenzen“ für öffentliche Leistungen gibt und daß die Ökonomie mit ihrem theoretischen Instrumentarium empirische Aussagen hierüber ermöglicht.[59] Auf dieser Grundlage stellt die politische Ökonomie internationaler Organisationen zwei Fragen: sie fragt nach der Effizienz internationaler Organisationen, d. h. nach den Gründen, die Staaten zur Einrichtung und zur Nutzung internationa-

---

56 *Robert Gilpin,* The Political Economy of International Relations, Princeton 1987, 43.

57 Eine prägnante Darstellung bietet *Gebhard Kirchgässner,* Führt der homo oeconomicus das Recht in die Irre?, in: JZ 46 (1991), 104-111 (106 f.).

58 *James Patrick Sewell,* Functional Agencies, in: *Cyril E. Black / Richard A. Falk* (eds.), The Future of the International Legal Order, Princeton 1972, 480-523 (486).

59 Dazu *Wilhelm Pfähler,* Effizienz staatlicher Tätigkeit — was ist das?, in: Finanzarchiv 42 (1984), 86-106.

ler Organisationen bewegen, und sie fragt nach ihrer Effektivität, d. h. den Leistungen, welche sie erbringen und dem Wert, den Staaten diesen Leistungen beimessen. Als Kriterien der Effektivität einer internationalen Organisation wurden u. a. vorgeschlagen a) Bestand und Wachstum einer Organisation im Zeitverlauf; b) zunehmende oder abnehmende Legitimität bei den Mitgliedstaaten; c) quantifizierbare Indikatoren wie die Zahl der unter dem Einfluß internationaler Organisationen beseitigten repressiven Regime, befreite Gefangene oder erbrachte Dienstleistungen, die sich in Geldwert umrechnen lassen. Für eine Effizienzmessung sollen Effizienzverluste im Vergleich zum *Pareto*-Optimum berechnet werden.[60]

In der Überprüfung solcher und ähnlicher Vorschläge haben *Hüfner, Frey* und andere gezeigt, daß weder die Effektivität noch die Effizienz internationaler Organisationen mit diesen Instrumentarien in allgemeingültiger Weise erfaßt bzw. gemessen werden kann. Weder könne der „output" einer internationalen Organisation quantifiziert werden, noch könne von meßbaren Präferenzen der Mitgliedstaaten für die unterschiedlichen von internationalen Organisationen erbrachten Leistungen ausgegangen werden.[61] Um das Aggregationsproblem zu umgehen, setzen *Frey et al.* die Präferenzen der Bürger in ein Verhältnis zu den Entscheidungsverfahren in internationalen Organisationen und gelangen zu dem Ergebnis, daß die Regierungen einen weiten Spielraum haben, Tätigkeiten internationaler Organisationen zu initiieren, die den Präferenzen der Bürger nicht unbedingt entsprechen oder ihnen gar entgegenlaufen können. In anderem Zusammenhang setzen sie das nationale Interesse der Mitgliedstaaten in ein Verhältnis zu den Entscheidungsregeln. Dabei wird die Aufmerksamkeit auf die Fragen gelenkt, welche Interessen bei der Festlegung der Grundregeln der internationalen Organisation involviert und welche ausgeschlossen waren, wie die Entscheidungsverfahren gestaltet sind und welchen Einfluß verschiedene Gruppen von Staaten auf die internationale Organisation und ihre Führung haben. Das Ergebnis bestätigt in sehr allgemeiner Form die in der Reformgeschichte der UN und bei Betrachtung der Interessen und Konzeptionen der Mitgliedstaaten gemachten Beobachtungen: Das Verhalten der Mitglieder in internationalen Organisationen „verändert sich, wenn sich die perzipierten Nutzen und Kosten aus der Aktivität einer internationalen Behörde ändern."[62]

---

[60] Dazu etwa *Nathaniel H. Leff,* Policy Research for Improved Organizational Performance, in: Journal of Behaviour and Organization 9 (1988), 393-403; *Bruno S. Frey / Beat Gygi,* The Political Economy of International Organizations, in: Außenwirtschaft 45 (1990), 371-394 (372 f.).

[61] *Klaus Hüfner,* Konzepte zur Effizienzmessung internationaler Organisationen unter besonderer Berücksichtigung ihrer politischen Aktivitäten: Beispiel Vereinte Nationen, in: *Klaus Dicke / ders.* (Hrsg.), Die Leistungsfähigkeit des VN-Systems: Politische Kritik und wissenschaftliche Analyse, Bonn 1986, 29-43; *Bruno S. Frey / Heinz Buhofer,* Ökonomische Analyse Internationaler Organisationen: Erfassung und Beeinflussung, a. a. O., 11-28; *Frey / Gygi* (Anm. 60), 387.

[62] *Frey / Buhofer* (Anm. 61), 25 f.

Andere Ansätze einer politischen Ökonomie internationaler Organisationen haben versucht, die Theorie der kollektiven Güter[63] oder die Theorie der property rights[64] auf internationale Organisationen anzuwenden. Hierbei konnte in der Konstruktion verschiedener Modelle gezeigt werden, daß die Steuerungskapazität, über die eine internationale Organisation verfügen muß, in Relation zu der Natur des Gutes steht, zu dessen Regulierung, Bewirtschaftung oder Verteilung die Organisation gegründet wurde. In diesen Modellen liegt ohne Zweifel ein theoretisch fundiertes Instrumentarium für vergleichende Analysen insbesondere technischer Fachorganisationen vor.[65] Doch zeigt die Praxis, daß die Staaten internationale Organisationen in der Regel eben nicht nach solchen ökonomischen, sondern nach politischen Gesichtspunkten nutzen: die Wahl der ECE als organisatorischer Rahmen für die Konvention zur Luftreinhaltung in Europa und die ihrem Sekretariat in diesem Zusammenhang zugewiesenen Kompetenzen können sicherlich daraus erklärt werden, daß es sich bei der Luftreinhaltung um eine unteilbare öffentliche Leistung handelt, von der kein Staat ausgeschlossen werden kann und insofern eine auch gegenüber den Staaten handlungsfähige Organisation geschaffen werden muß.[66] Warum aber die europäischen Staaten gleichzeitig im Rahmen der EG und des Europarates Rundfunkregulierungen erarbeiteten, oder warum das Problem des Giftmüll-Tourismus über längere Zeit hinweg in der OECD, in der EG und im Rahmen des UNEP behandelt wurde, läßt sich letztlich allein aus politischen Gründen erklären. Die Staaten sind grundsätzlich bereit, auch in hohem Maße ineffiziente Verhandlungskosten hinzunehmen, um nicht von sie auch nur potentiell betreffenden Verhandlungen ausgeschlossen zu sein. Damit indessen kommt eines der entscheidenden politischen Kriterien der Effektivität internationaler Organisationen wieder in den Blick: das Ausmaß, in dem sie die Gestaltung ihrer Tagesordnungen beeinflussen können. Diese und andere Steuerungsmöglichkeiten internationaler Organisationen werden ausdrücklich thematisiert von organisationssoziologischen Ansätzen.

b) Organisationssoziologische Ansätze

Empirische Aussagen zur „Performanz" einer Organisation oder eines Systems sind das gemeinsame Ziel im einzelnen sehr unterschiedlicher organisationssozio-

---

63 *John Gerard Ruggie*, Collective Goods and Future International Collaboration, in: APSR 66 (1972), 874-893; *Per Magnus Wijkman*, Managing the Global Commons, in: IO 82 (1982), 511-536.

64 *John A. C. Conybeare*, International Organization and the Theory of Property Rights, in: IO 34 (1980), 307-334; *Volkmar J. Hartje*, Zur Effizienz von Institutionen der Meeresnutzung, in: ZgesStW 140 (1984), 712-736.

65 Vgl. *Volker Rittberger*, Internationale Organisationen, Theorie der, in: *Rüdiger Wolfrum / Jens A. Brückner / Norbert Prill* (Hrsg.), Handbuch Vereinte Nationen, 1. Aufl. München 1977, 220-229 (224 f.).

66 Im Falle der ECE kann das Sekretariat bei Überschreiten bestimmter Grenzwerte unmittelbar Verhandlungen einleiten.

logischer Ansätze. Grundlage solcher Ansätze ist die Unterscheidung zwischen einer Organisation hier und der ihr Wirken bestimmenden Umwelt bzw. der von ihr zu beeinflussenden Umwelt dort. Einflüsse der Umwelt, die zur Umsetzung der Organisationsziele geschaffene Struktur und die „Technologie" der Organisation sind die Variablen, die näher bestimmt werden müssen, um Aussagen über die Performanz einer Organisation zuzulassen.[67] „Performanz" bedeutet hierbei Effizienz, d. h. das Verhältnis von inputs und outputs. Performanz wird gemessen, indem der Aufwand und die Kosten zu den Maßnahmen der Organisation in Beziehung gesetzt werden. In dieser Bedeutung wurde der Begriff in den 60er Jahren von der amerikanischen Politikwissenschaft aufgegriffen. Politikwissenschaftliche Performanzanalysen stellen keinen Soll-Ist-Vergleich an, sondern stellen „die Effizienz des politischen Systems dar, und zwar durch eine Relation zwischen output und eingesetzten Mitteln".[68]

Für internationale Organisationen wurden bislang nur wenige Versuche unternommen, Ansätze der empirischen Organisationslehre anzuwenden. In einem Überblick äußerten *Gordenker / Saunders*[69] denn auch Skepsis, ob mit organisationssoziologischen Mitteln die politischen Besonderheiten internationaler Organisationen erfaßt werden können, und erst 1988 legten *Ness / Brechin* eine Forschungsskizze vor, um die Lücke zwischen der Organisationssoziologie und der Analyse internationaler Organisationen zu überbrücken.[70]

Organisationssoziologische Ansätze haben sich zunächst der Systemtheorie, dann aber zunehmend auch ökonomischer Instrumentarien bedient. Gegenüber mikroökonomischen Ansätzen schlagen dabei *Hüfner, Mathiason / Smith* u. a.[71] eine Analyse auf der Macro-Ebene vor, welche mit Hilfe von Näherungsvariablen die Funktion internationaler Organisationen im internationalen System untersucht. Bei der Analyse ihrer „Performanz" werden ausdrücklich politische und normative Bestimmungsmomente einbezogen. Effektivität wird verstanden als „the ability of member states to use the routines enshrined in principles, norms, rules and procedures to moderate successfully the conflicts referred to the organizations. . . . Effectiveness thus consists of a wide scope of activity matched with high success in management".[72] Die Effizienz der Organisation wird dabei der

---

67 Dazu grundlegend *Gayl D. Ness / Steven R. Brechin*, Bridging the Gap: International Organizations as Organizations, in: IO 42 (1988), 245-273; *Philippe G. Le Prestre*, The Ecology of International Organizations, in: International Interactions 12 (1985), 21-44.

68 *Ulrich Weihe*, Performanz, in: Pipers Wörterbuch zur Politik 1, München 3. Aufl. 1989, 685.

69 Oben, Anm. 18.

70 *Ness / Brechin* (Anm. 67).

71 *Hüfner* (Anm. 61); *John R. Mathiason / Dennis C. Smith*, The diagnostics of reform: the evolving tasks and functions of the United Nations, in: Public Administration and Development 7 (1987), 143-163.

72 *Ernst B. Haas*, Regime Decay: Conflict Management and International Organizations, 1945-1981, in: IO 37 (1983), 189-256 (204), aufgegriffen von *Hüfner* (Anm. 61), 40.

Effektivität untergeordnet: „A proper review of the efficiency of the organization must be in terms of effectiveness: has the increase in resources over time in fact led to an equivalent of greater delivery of services in pursuit of the goals which have been set out?“[73]

Die Probleme dieser performanzanalytischen Ansätze liegen darin, daß für vergleichende Studien zu wenig aufbereitete Daten zur Verfügung stehen. So können *Mathiason / Smith* nur das Fehlen zureichend ausgewiesener Kriterienraster zur Analyse der Effektivität des UN-Systems konstatieren und sich darauf beschränken, quantifizierende Effizienzanalysen als im Vergleich zur Vielfalt der outputs des UN-Systems zu eng zu kritiseren. Ihre Forderung geht dahin, eine Reform der UN durch Diagnosen zu unterstützen, welche die Besonderheiten internationaler Organisationen: eine im Vergleich zum Nationalstaat weniger effiziente Bürokratie und eine von souveränen Staaten geprägte Umwelt einbeziehen.[74] *Hüfner* kann durch die Auswertung einiger Fallstudien und empirischer Analysen immerhin zeigen, daß theoretisch die Erstellung von Näherungsvariablen für eine Messung der „politischen Effizienz“ der UN möglich sei, schränkt dies aber sogleich unter Hinweis auf *Haas* und *Bertrand* dahingehend ein, daß ein Konsens zwischen den Mitgliedstaaten sowie zwischen Wissenschaft und Praxis hinsichtlich der Kriterien der „politischen Effizienz“ der UN nicht gegeben sei.[75] Ein weiteres Mal erweist sich die Politik und hier die konzeptionelle Uneinigkeit der Mitgliedstaaten in bezug auf die UN als Störfaktor empirischer Analysen. Die Skepsis der Praktiker *Gordenker* und *Saunders* scheint bestätigt.

d) Die Regime-Theorie

Der jüngste Ansatz zur theoretischen Analyse internationaler Beziehungen ist die sog. Regime-Theorie, die aus Verbindungen neorealistischer und neofunktionalistischer Ansätze hervorgegangen ist. Der Begriff des „Regimes“ als Inbegriff von Normen und Institutionen, nach denen und durch die ein Sachbereich der internationalen Politik geregelt wird, hat sich aufgrund der zunehmenden Verdichtung des Netzes internationaler Normen, Institutionen und Konferenzen in den siebziger Jahren eingebürgert. In der sektoralen Differenzierung einzelner Sachbereiche der internationalen Politik nimmt er ein Moment des Funktionalismus in sich auf; er trägt jedoch auch der Politikverflechtung Rechnung und greift damit ein Anliegen der Interdependenzanalyse auf. Ein Symposium über Regime in Los Angeles 1980 einigte sich auf folgende Definition eines Regimes und seiner Elemente:

---

73 *Mathiason / Smith* (Anm. 71), 151.

74 A. a. O., 161 f.

75 *Hüfner* (Anm. 61), 41.

„Regimes can be defined as sets of implicit or explicit principles, norms, rules, and decision-making procedures around which actors' expectations converge in a given area of international relations."[76]

Dieses Verständnis von Regimen folgt der Prämisse des Realismus, wie sie auch ökonomischen Ansätzen zugrundelag, daß Regime und in ihrem Rahmen u. U. auch internationale Organisationen aus der „rational choice" der Staaten als der Hauptakteure des internationalen Systems entstehen, d. h. daß Staaten freiwillig unter gegebenen Restriktionen eine Selbstkoordination herbeiführen.[77] Regime unterscheiden sich von internationalen Organisationen darin, daß sie keine eigene Rechtspersönlichkeit zu haben brauchen — wie z. B. das Regime der Antarktis —, doch können internationale Organisationen Teile eines internationalen Regimes darstellen — so stellt z. B. die IMO einen Teil des Regimes der Meeresschiffahrt dar.

Einer der wichtigsten Forschungsschwerpunkte der Regime-Analyse ist in der Beantwortung der Frage zu sehen, wie internationale Kooperation zustande kommt und unter welchen Bedingungen Regime entstehen. Hierzu werden in starkem Umfang ökonomische Erklärungsansätze, etwa das Gefangenendilemma, rational choice-Analysen u. a. herangezogen.[78] *Rittberger* sieht die Bedeutung der Regime-Analyse für die Theorie internationaler Organisationen nicht zu Unrecht darin, daß sie eine Hinwendung der Forschung zu den inhaltlichen Tätigkeiten internationaler Organisationen bewirke.[79] Er sieht im einzelnen folgende Vorteile: Die begriffliche Trennung zwischen Regimen und internationalen Organisationen erlaube die Unterscheidung zwischen den einen Sachbereich regelnden Normen und Regeln hier und den organisatorischen Vorkehrungen zur operativen Durchführung dort. Deren Auseinanderfallen wurde bei der Erörterung des Konzepts internationaler Organisationen in der Tat beobachtet. Einen zweiten Vorteil sieht *Rittberger* denn auch darin, daß die Regime-Analyse die zieloffene Kategorie der Kooperation zum Focus wähle.

Demgegenüber hat jedoch *Rochester*[80] die Fragestellung der Regime-Analyse als, gemessen an dem weitergehenden Theorieanspruch des Funktionalismus oder an normativen Konzeptionen internationaler Organisationen, eher bescheiden bezeichnet. In der Tat blendet die Frage, wie eine Kooperation von als rationale Egoisten handelnden Akteuren unter den Randbedingungen eines anarchischen

---

76 *Stephen D. Krasner* (ed.), International Regimes, Ithaca-London 1983, 2.

77 *Michael Zürn*, Gerechte internationale Regime. Bedingungen und Restriktionen der Entstehung nicht-hegemonialer internationaler Regime am Beispiel der Weltkommunikationsordnung, Frankfurt 1987, 9 ff., 14 ff.

78 Vgl. insbesondere *Keohane* (Anm. 53), 18 ff., 65 ff.

79 *Rittberger* (Anm. 2), Rdn. 29. Vgl. auch die vorzügliche Darstellung des Regime-Ansatzes bei *Müller* (Anm. 4).

80 *J. Martin Rochester*, Global Policy and the Future of the United Nations, in: Journal of Peace Research 27 (1990), 141 - 154 (142 f.).

internationalen Systems zustande kommen kann[81], jene normativen Momente aus, die dem auf zwischenstaatliche Kooperation abhebenden Konzept internationaler Organisationen zugrundeliegen. Auch ist die normative Seite der Regime-Analyse, die Bestimmung von Regimen als aus Normen, Prinzipien, Regeln, und Verfahren bestehend, zu undifferenziert, um etwa zwischen politischen Klugheitsregeln, wie immer deduzierten Postulaten und rechtlichen Kooperationspflichten zu differenzieren. Die Notwendigkeit einer solchen Differenzierung stand aber gerade im Zentrum der Auseinandersetzungen etwa um die „Neue Weltwirtschaftsordnung".[82] Indifferent bleibt die Regime-Analyse auch gegenüber der Frage, unter welchen Bedingungen die Einbeziehung einer internationaler Organisation effizient ist. Weder für die Effizienz noch für die Effektivität internationaler Organisationen werden Kriterien angeboten.

3. Zusammenfassung

Dieser kurze Überblick über die wichtigsten Ansätze von Theorien internationaler Organisationen mag genügen, um zusammenfassend festzuhalten, daß in theoretischen Konzeptionen internationaler Organisationen jedenfalls keine über die politischen Urteile der Akteure in internationalen Organisationen hinausgehenden Kriterien der Effizienz und Effektivität internationaler Organisationen entwickelt werden. Insbesondere haben es ökonomische Ansätze bislang nicht vermocht, Effizienz und Effektivität in zureichender Weise zu operationalisieren. Quantifizierungsversuche scheiterten an der Vielzahl der Tätigkeiten internationaler Organisationen einerseits und der Unwägbarkeit staatlicher Interessen andererseits.

Gerade dabei wurde indessen eine realistische und eine funktionalistische Grundannahme bestätigt: bestätigt wurde die „realistische" Grundannahme, daß sich staatliches Handeln in internationalen Organisationen dem empirischen Zugriff als interessengeleitetes Handeln rationaler Egoisten darstellt. Bestätigt wurde aber auch die Annahme des Funktionalismus, daß gerade darin die Chance für internationale Organisationen begründet liegt, ein dauerhaftes Interesse der Staaten an ihrem Bestand und an ihren Leistungen herbeizuführen. Als wichtigstes Mittel hierzu wurde auf die Gestaltung der Tagesordnungen und die politische Führung internationaler Organisationen hingewiesen.

Normative Überlegungen hingegen wurden in allen vorgestellten Konzeptionen weitgehend ausgeklammert. Selbst dort, wo vom Rechtscharakter des Völkerrechts, von der Transformation des internationalen Systems durch wachsende

---

81 Zu dieser Fragestellung vgl. *Rochester*, a. a. O., 143 m. w. N.

82 Vgl. auch *Rüdiger Wolfrum*, International Law of Cooperation, in: EPIL 9 (1986), 193-198, insbesondere im Blick auf die Notwendigkeit der rechtlichen Ausweises konkreter Kooperationspflichten.

Kooperation, von der Steigerung der Effektivität internationaler Organisationen oder von Regeln, Normen und Prinzipien gesprochen wird, geschieht dies unter empirischen Vorzeichen. Die bei der Frage nach dem modernen Konzept internationaler Organisationen hervorgehobene darstellende Funktion internationaler Organisationen, ihre Funktionen bei der Rechtsfortbildung und die normativen Implikationen des Kooperationsbegriffs scheinen in diesem Licht für die Effizienz und Effektivität internationaler Organisationen ohne Bedeutung zu sein. Ist damit auch die eingangs gestellte Frage, ob eine auf Effizienz und Effektivität ausgerichtete Konzeption internationaler Organisationen eine normative, auf die Idee des Friedens und des Völkerrechts hin orientierte Perspektive insbesondere für die Reform der Vereinten Nationen bieten kann, negativ zu beantworten? Dieser Frage sind die abschließenden Überlegungen gewidmet.

Kapitel 5

Schlußfolgerungen: Effizienz und Effektivität internationaler Organisationen und die Reform der Vereinten Nationen

Im folgenden sind zusammenfassend einige Schlußfolgerungen für die Theorie internationaler Organisationen (§ 13) und die Reformpraxis der Vereinten Nationen (§ 14) zu ziehen. Im Zentrum steht dabei die Frage, ob die Begriffe „Effizienz" und „Effektivität" und ihre Anwendung auf internationale Organisationen nicht nur als Topoi anzusehen sind, sondern auch als „praktische Typen" im Sinne *Kants*[1] qualifiziert werden können, ob sie also die normative Bedeutung internationaler Organisationen zum Ausdruck bringen und insofern auch eine handlungsleitende Perspektive in den Reformprozeß der UN einbringen können.

§ 13 Effizienz und Effektivität internationaler Organisationen — Ansatz einer normativen Theorie internationaler Organisationen?

Ausgangspunkt der Untersuchung war die Beobachtung, daß unterschiedliche Reformstrategien mit der Forderung, die Effizienz und / oder Effektivität der Organisation sei zu steigern, begründet werden. In drei Schritten wurden zuerst übergreifende Wirksamkeitsbedingungen internationaler Organisationen, wie sie sich aus deren geschichtlicher Entwicklung und rechtlicher Grundlegung ergeben, dann politische Urteile über die Effizienz und Effektivität internationaler Organisationen seitens der Akteure des UN-Systems sowie schließlich theoretisch hergeleitete Aussagen zu Effizienz und Effektivität internationaler Organisationen vorgestellt. Aus der Notwendigkeit grenzüberschreitender Verwaltungstätigkeit entstanden, wurden internationale Organisationen nach dem Ersten und noch verstärkt nach dem Zweiten Weltkrieg als Instrumente der Friedenssicherung durch kollektive Sicherheit, der Friedensförderung durch sich ausbreitende zwischenstaatliche Zusammenarbeit und der Errichtung und fortschreitenden Weiterentwicklung einer Völkerrechtsordnung angesehen. Das zahlenmäßige Wachstum

[1] Dazu oben, S. 27.

internationaler Organisationen und steigende Anforderungen an ihre Tätigkeit, gleichzeitig aber auch die wachsende Komplexität ihrer internen Organisationsstruktur wurden als signifikante Entwicklungen der internationalen Beziehungen seit dem Zweiten Weltkrieg herausgestellt.

Fragen der Effizienz und Effektivität internationaler Organisationen tauchen in der politischen Praxis auf, seitdem im Rahmen des Völkerbundes und später der UN — im Rahmen internationaler Organisationen selbst also — über deren Reform debattiert und entschieden wird. Argumentative Rückgriffe auf „Effizienz" und „Effektivität" einer internationalen Organisation haben in diesem Zusammenhang eine dreifache Funktion: erstens dienen sie zur Identifizierung von Mißständen und Fehlentwicklungen; insofern ist nur auf die jeweils zu Beginn vieler Reformmaßnahmen erstellten Expertenberichte zu verweisen. Zweitens dienen sie der Rechtfertigung, aber auch der Kritik staatlichen Verhaltens gegenüber und in internationalen Organisationen. Die Appelle des Generalsekretärs und zahlreicher Mitgliedstaaten an den politischen Willen der Staaten, die Effektivitätskonzeption der Entwicklungsländer in den siebziger und achtziger Jahren und die Kritik der USA und anderer westlicher Staaten an Ineffizienz und Ineffektivität der UN sind Beispiele hierfür. Drittens dienen sie der innerorganisatorischen Initiierung und Rechtfertigung konkreter Reformmaßnahmen. Das wichtigste Beispiel ist hier die effizienzorientierte Budgetgestaltung und die Einrichtung verschiedener administrativer Kontrollsysteme.

Effizienz und Effektivität wurden bestimmt als optimaler Mitteleinsatz zur Erreichung gegebener Zwecke hier und als Grad der Zielerreichung dort. Bei „Effizienz" handelt es sich um eine Kategorie der Ökonomie, die etwa durch das *Pareto*-Optimum dargestellt und durch die Definition verschiedener Parameter gemessen werden kann. Effizienz und Effektivität wurden ferner als Momente des Organisationsproblems betrachtet, des Problems also, Ziele durch den Einsatz geeigneter Mittel unter gegebenen Randbedingungen zu erreichen. Ein normativer Gehalt wurde den Begriffen zunächst insofern zugesprochen, als beide ein Optimierungsgebot implizieren: Effizienz das Gebot des sparsamen Mitteleinsatzes, und Effektivität das Gebot optimaler Zielerreichung.

Beide Optimierungsgebote erklären zunächst, warum Effizienz und Effektivität internationaler Organisationen spezifische Reformtopoi sind: Die Beurteilung eines Programms oder einer Maßnahme als ineffizient oder ineffektiv bedeutet zugleich, daß die Zustimmung des Urteilenden zu diesem Programm oder dieser Maßnahme zumindest in Frage gestellt wird. Beziehen sich solche Urteile auf eine Organisation insgesamt, so stellen sie den Urteilenden vor die Alternative des Austritts oder aber des Widerspruchs. Um die erste Möglichkeit zu vermeiden, muß zumal eine universale Organisation Vorkehrungen treffen, um die Optimierungsgebote erfüllen zu können. Insofern konnte Reformfähigkeit geradezu als Existenzbedingung der UN und eines der wichtigsten Kriterien ihrer Effektivität ausgewiesen werden.

Die Analyse der Topoi der Effizienz und Effektivität hat weiterhin ergeben, daß erstens sich die Optimierungsgebote zu interessen- und wertgebundenen Konzeptionen verdichten können und daß zweitens effizienzorientierte Konzeptionen hier und effektivitätsorientierte Konzeptionen dort miteinander in Konflikt treten können. Das letztere war in den UN vor allem zu Beginn der achtziger Jahre der Fall. Wie insbesondere die Gegenüberstellung von Funktionalismus und Realismus ergeben hat, findet diese Situation im Spektrum theoretischer Ansätze zur Analyse internationaler Organisationen eine Entsprechung: Werden internationale Organisationen primär als Instrumente der Interessenverfolgung durch Staaten gesehen, tritt ihre Effizienz in den Vordergrund. Staaten wählen solche Organisationen, welche die Kosten, die bei der Umsetzung von Zielen entstehen, möglichst gering halten, bzw. suchen bestehende Organisationen so zu gestalten, daß die Kosten der Zielerreichung angemessen sind. Werden internationale Organisationen hingegen — wie im frühen Funktionalismus — teleologisch konzipiert, wird die Effizienz der Effektivität untergeordnet. Die Funktion einer internationalen Organisation — etwa Schaffung friedensfördernder Strukturen im internationalen System — läßt die Frage nach Kosten zumindest zweitrangig werden. Die politische Herausforderung sowohl der insoweit gegenläufigen theoretischen Perspektiven als auch der praktischen Situation Anfang der achtziger Jahre besteht in der Frage, ob diese beiden Perspektiven miteinander in Einklang gebracht werden können.[2] Dazu ist zunächst zu fragen, ob beide Konzeptionen und die ihnen zugrundeliegenden Erfahrungen auf das Konzept internationaler Organisationen bezogen werden können, welches anhand unterschiedlicher Definitionen und Typologien internationaler Organisationen (§ 11) nachgezeichnet wurde.

Dieses Konzept internationaler Organisationen kann dahingehend zusammengefaßt werden, daß diese Kristallisationspunkte zwischenstaatlicher Kooperation sind. „Kooperation" ist dabei als Ausdruck der Idee des Friedens und des Völkerrechts zugleich zu begreifen, ist also ein normativer Begriff, der besagt, daß Friede und Völkerrecht nur dann möglich sind, wenn sich die Staaten einer allgemeinen politisch-ethischen Kooperationspflicht sowie denjenigen Regeln unterwerfen, die für Kooperation konstitutiv[3] sind. Als Kristallisationspunkte zwischenstaatlicher Kooperation repräsentieren internationale Organisationen die Idee des Friedens und die Idee des Völkerrechts, d. h. sie geben ihnen Darstellung in Raum und Zeit. Gleichzeitig stellen sie den Staaten aber auch vielfältige Instrumente und Anregungen zur Kooperation zur Verfügung, d. h. sie bieten den Staaten Möglichkeiten an, eigene Interessen zu verfolgen und dabei *zugleich* Friede und Völkerrecht zu verwirklichen. Dieser Zusammenhang wurde dadurch zum Ausdruck gebracht, daß internationale Organisationen als das „Werk" zwischenstaatlicher Kooperation bezeichnet wurden.

---

2 So auch *Paul Taylor,* Prescribing for the reform of international organization: the logic of argument for change, in: Review of International Studies 13 (1987), 19-38.

3 Vgl. die beiden Regeln der Kooperation oben, S. 327.

Die normative Bedeutung internationaler Organisationen kann — wie jede Normativität — empirisch nicht erfaßt werden. Dennoch kann ihr Anspruch formuliert und kann das Verhalten der Staaten an diesem Anspruch gemessen werden. Die normative Bedeutung der Vereinten Nationen besteht darin, den Anspruch des Friedens und des Völkerrechts zu formulieren und das Staatenverhalten an diesem Anspruch meßbar zu machen. Diese Bedeutung muß immer wieder durch eine Erläuterung der normativen Aussagen der Charta dargelegt werden.

Die Charta der Vereinten Nationen enthält grundlegende Rechtsnormen der Staatengemeinschaft und eine Verfahrensordnung für die Organisation Vereinte Nationen, die der Integration der Staatengemeinschaft durch Verwirklichung dieser grundlegenden Rechtsnormen dienen soll. Völkerrechtliche Regeln sind durch verschiedene Momente bestimmt. Zunächst sind es keine moralische Normen, die etwa auf tugendhaftes Verhalten der Staaten zielen; vielmehr ist ihr Normanspruch auf die Bedingungen dafür, daß Staaten in Gemeinschaft handeln können, eingeschränkt. Wie alle Rechtsnormen konstituieren sie eine mittlere Normebene zwischen ethischen Geboten hier und politischen Klugheitsregeln dort. Zweitens sind Normen des Völkerrechts wie alle Normen Imperative. Imperative sind nur unter der Voraussetzung sinnvoll, daß der von ihnen geforderte Inhalt nicht „von selbst" befolgt oder verwirklicht wird. Ebenso wie alle Rechtsnormen rechnen daher auch Normen des Völkerrechts mit ihrer Verletzung. Drittens aber muß der Normanspruch auch von Völkerrechtsnormen einzelne Verletzungshandlungen überdauern können. Dies kann auf vielfältige Weise geschehen. Die Mittel dazu reichen von Sanktionen — wie sie z. B. der Sicherheitsrat vornehmen kann — und Anreizen über politische Verurteilungen — wie sie die Generalversammlung gegenüber dem Kolonialismus oder dem Apartheid-Regime immer wieder ausgesprochen hat — bis hin zum Appell an die Rechtsbefolgung, wie sie der Generalsekretär und Vertreter der Mitgliedstaaten immer wieder vorgebracht haben. Viertens stellen die grundlegenden Völkerrechtsnormen der UN-Charta Wertentscheidungen dar, die der Umsetzung in Verfahren, Strukturen und Institutionen bedürfen, um Wirksamkeit entfalten zu können. Die Tätigkeit der Organisation im Bereich des Menschenrechtsschutzes ist das wohl herausragende Beispiel für eine solche Umsetzung; es zeigt zugleich, daß diese eine prinzipiell nicht abschließbare Aufgabe darstellt.

Stellt man auf diesem Hintergrund die Frage, ob eine auf Effizienz und Effektivität zielende Theorie internationaler Organisationen die normative Bedeutung der Vereinten Nationen erfassen und in eine handlungsleitende Konzeption umsetzen kann, erweisen sich zunächst empirisch ausgerichtete und an der „rational choice" des Staates als „rationaler Egoist" orientierte Ansätze zur Beurteilung oder „Messung" der Effizienz internationaler Organisationen als unzureichend. Modelldarstellungen, in denen Effizienz als Selektionskriterium für ökonomisch kalkulierende Akteure dargestellt wird, mögen im technisch-administrativen Bereich — etwa für Managementstudien der Joint Inspection Unit oder für Prüfungen durch Rechnungshöfe — nützlich sein, eine aus dem normativen Anspruch der UN argumentierende Reformperspektive bieten sie für sich genommen jedoch nicht. Sie bedürfen der Einbettung in einen effektivitätsorientierten Ansatz, in welchem Effektivität auf zwischenstaatliche Kooperation und auf internationale Organisationen als „Werk" des Friedens und der internationalen Gerechtigkeit bezogen sind. Der Funktionalismus bringt, insofern zurecht, ein kritisches Korrektiv gegen jenen Relativismus zur Geltung, der den normativen Anspruch des Friedens und des Völkerrechts in die Beliebigkeit staatlicher Willkür gestellt sieht.

Erst die Verbindung der effizienz- mit einer effektivitätsorientierten Perspektive erlaubt eine Konzeption internationaler Organisationen, die deren Möglichkeiten in den Blick nimmt, ohne ihre Grenzen zu übersehen. Die Möglichkeiten liegen — wie insbesondere der Ansatz von *Haas* gezeigt hat — darin, daß Staaten aus Eigeninteressen sich internationaler Organisationen bedienen, umgekehrt aber internationale Organisationen dies durch Gestaltung der Tagesordnung, Beeinflussung der Staaten durch Information, Bereitstellung von Diensten etc. nutzen können, um die Staaten auf Dauer in ein Kooperationsgeflecht einzubinden. Der Realismus macht darauf aufmerksam, daß Effizienz eine notwendige Voraussetzung für die Nutzung internationaler Organisationen durch Staaten darstellt; Vorkehrungen zur Effizienzsteigerung liegen damit im Eigeninteresse jeder internationalen Organisation. Aus der oben nachgezeichneten normativen Perspektive ergibt sich jedoch auch, daß Effizienz kein Selbstzweck ist, wohl aber ein Mittel, den Bestand des zwischenstaatlichen Kooperationsgeflechts in internationalen Organisationen zu erhalten und weiter auszubauen. Damit sind aber auch ihre Grenzen angesprochen: Internationale Organisationen können nicht analog zum Nationalstaat als legislative Steuerungsorgane der Weltgesellschaft begriffen werden. Weder bietet ihnen das internationale System, in welches sie eingebettet sind, die Möglichkeit, Rechtsnormen durch eine zentralisierte Durchsetzungsinstanz jederzeit autoritativ durchzusetzen, noch sind die Staaten auf anderen als auf kooperativen Wegen bereit, sich Entscheidungen internationaler Organisationen zu unterwerfen. Vielmehr sind internationale Organisationen zu konzipieren als Form, Forum und Instrument zwischenstaatlicher Kooperation: als Form, weil sie zwischenstaatlicher Zusammenarbeit rechtliche Ordnung geben, als Forum und Instrument, weil sie den Staaten von der Initiative bis zur technischen Hilfe bei der Durchführung Gelegenheit und Mittel vielfältiger Kooperation bieten. Im Lichte ihrer normativen Bedeutung ist ihre Effektivität daran zu bemessen, inwieweit sie durch Institutionalisierung zwischenstaatlicher Kooperation „den Strom der rechtscheuenden, feindseligen Neigung" aufhalten[4] können.

Wie ist in dieser Perspektive die Effizienz und Effektivität der Vereinten Nationen zu beurteilen, und welche Konsequenzen ergeben sich für die weitere Reformpolitik der Organisation?

---

[4] *Immanuel Kant*, Zum ewigen Frieden, in: Akademie-Ausgabe VIII, Berlin 1968, 357.

§ 14 Effizienz und Effektivität der Vereinten Nationen — Bilanz und Ausblick auf weitere Reformen

Auf dem Hintergrund der normativen Bedeutung internationaler Organisationen ist abschließend eine Bilanz der bisherigen Entwicklung der Vereinten Nationen im Hinblick auf ihre Effizienz und Effektivität zu ziehen sowie die Frage zu stellen, welche Grundsätze [1] bei künftigen Reformüberlegungen zu berücksichtigen sind. Dabei sind zugleich die Fragen an die Wirksamkeit der UN zu beantworten, die im Anschluß an die Darstellung der historischen und rechtlichen Wirksamkeitsbedingungen internationaler Organisationen formuliert wurden. [2]

Die Charta der Vereinten Nationen ist bewußt als offener Rahmen, als „Verfassung", konzipiert worden, die durch Kooperation der Mitgliedstaaten in den Organen der Organisation auszufüllen ist. Im wichtigsten Tätigkeitsbereich der UN, dem der *Friedenswahrung und Friedenssicherung,* ist dieses Organ der Sicherheitsrat. Durch das politische Ermessen, welches ihm eingeräumt wurde, sollte die Wirksamkeit der Friedenswahrung gegenüber dem Völkerbund gesteigert werden. Gemessen an den sehr hohen Erwartungen, welche der kollektiven Sicherheit gerade in der Gründungsphase der Organisation entgegengebracht wurde, kann dieses Organ gewiß nicht als effektiv angesehen werden. Nicht nur hat das System der kollektiven Sicherheit mehr als 150 Kriege seit dem Zweiten Weltkrieg nicht verhindern können, sondern unter den Bedingungen des Kalten Krieges wurden rasch Alternativen innerhalb und außerhalb der UN geschaffen. Außerhalb der UN war dies die nukleare Abschreckung, die organisatorisch von den durch Art. 51 der Charta gerechtfertigten Bündnissen kollektiver Selbstverteidigung unter Führung der USA hier und der Sowjetunion dort getragen wurde und die in Europa 40 Jahre lang Frieden und Stabilität gesichert hat. Innerorganisatorisch sollte mit der „Uniting for Peace"-Resolution eine Alternative geschaffen werden, die freilich niemals als wirkliches Substitut des Sicherheitsrates Wirkung entfalten konnte. Erst nach der Annäherung der beiden Supermächte USA und UdSSR nach 1987 und dem Ende der bipolaren Struktur des internationalen Systems konnte der Sicherheitsrat die ihm ursprünglich zugedachte Handlungsfähigkeit auch ausüben. Vorausgegangen war die erste gemeinsame Initiative der USA und der Sowjetunion zur Friedenssicherung im Rahmen der UN, die nicht zufällig den Gedanken der Kooperation in den Vordergrund stellt. [3] Ob der seither

---

[1] Zu deren praktischer Umsetzung hat sich Verf. in zahlreichen Einzelbeiträgen geäußert; vgl. die Angaben oben zu § 9.

[2] Oben, S. 95 ff. Vgl. insgesamt auch *Rüdiger Wolfrum,* Ursprüngliche Aufgabenzuweisung und jetzige Aktivitäten der Vereinten Nationen: Faktischer Wandel und normative Bewertung, in: *ders.*, Die Reform der Vereinten Nationen. Möglichkeiten und Grenzen, Berlin 1989, 129-156; *Klaus Dicke,* Reform der UN, in: *Rüdiger Wolfrum* (Hrsg.), Handbuch Vereinte Nationen, 2. Aufl. München 1991, Rdn. 19 ff.

[3] GA Res. 44/21 vom 15. November 1989 „Enhancing International Peace, Security and International Cooperation in all Aspects in Accordance with the Charter of the

gefundene Konsens auf Dauer trägt, kann sicher nicht abschließend beurteilt werden. Doch kann immerhin die Konsequenz gezogen werden, daß die Abstimmungsmodalität des Sicherheitsrates auch anders denn als Aufforderung zum Veto interpretiert werden *kann,* nämlich als Gebot der Charta an die Staaten, sich in Fragen der Friedenssicherung kooperativ zu verhalten. Kollektive Sicherheit kann nur unter der Voraussetzung effektiv sein, daß die Staaten und hier insbesondere die Mitglieder des Sicherheitsrates in Konfliktsituationen eine internationale Kooperationspflicht zur Wahrung des Völkerrechts anerkennen. Diese Kooperationspflicht ergibt sich aus dem Begriff des Völkerrechts selbst, ist jedoch ihrerseits nicht rechtlich erzwingbar. Auch für die Staaten gilt: „Das Rechthandeln mir zur Maxime zu machen, ist eine Forderung, die die Ethik an mich thut".[4] Damit ist für mögliche Reformen des Sicherheitsrates grun dsätzlich festzuhalten, daß der Kooperationspflicht zur Wahrung des Völkerrechts keine Hindernisse erwachsen dürfen.

Im Bereich *wirtschaftlicher, sozialer, humanitärer und kultureller Fragen* hat die Charta der Organisation die offene, der politischen Ausfüllung bedürftige Aufgabe zugewiesen, die Zusammenarbeit der Staaten in diesen Bereichen zu fördern. Von der Organisation und Durchführung zahlreicher internationaler Konferenzen bis hin zu operativen Tätigkeiten hat die UN hier ein breit gefächertes Spektrum von Handlungsmöglichkeiten geschaffen. Die Gründung von Spezialorganen und Sonderorganisationen hat diese Handlungsmöglichkeiten auf nahezu alle Sachgebiete der internationalen Beziehungen ausgeweitet. In allen Politikbereichen ist dabei die Entwicklungshilfe in den Vordergrund getreten. Die Weichenstellung hierfür erfolgte bereits zu einem Zeitpunkt, als die Entwicklungsländer noch nicht die Mehrheit der Mitglieder der UN bildeten.

Die Effektivität der Organisation in diesem Bereich ist je nach Art der Tätigkeit unterschiedlich zu bewerten. Als durchaus effektiv ist die Erarbeitung zahlreicher völkerrechtlicher Regelungswerke — auch hier ist das Paradebeispiel der Menschenrechtsschutz — zu werten. Auch die Institutionalisierung — die Einrichtung von auf einzelne Sachaufgaben hin zugeschnittenen Spezialorganen — kann in der überwiegenden Zahl der Fälle als effektiv gewertet werden. Zweifel ergeben sich jedoch im Hinblick auf Strategien und Projekte im Bereich der wirtschaftlichen Zusammenarbeit, und als weitgehend ineffektiv kann die Planung und Koordination der gesamten Tätigkeiten in diesem Bereich gelten.

Hier vor allem wirken sich die nach wie vor bestehenden *Effizienzdefizite* negativ auf die Aufgabenerfüllung der Organisation aus. Die Charta und das interne Organisationsrecht hatten ausreichende, sachbezogene Qualifizierung des

---

United Nations". Die Resolution wurde im Konsens angenommen. Hierzu siehe *Vladimir F. Petrovsky,* Multifaceted Co-operation: A Post-Confrontational Perspective for the United Nations, in: Disarmament XIII, No. 2, 1990, 267-285.

4 *Immanuel Kant,* Die Metaphysik der Sitten, Akademie-Ausgabe Band VI, Berlin 1968, 231.

Personals, eine den Anforderungen angemessene Erweiterung des organisatorischen Rahmens der UN sowie weite politische Ermessensspielräume der Organe als effizienzbezogene Standards vorgegeben. Obgleich es an Richtlinien, wie diese Standards umzusetzen sind, keineswegs mangelt, wurden sie in der Praxis jedoch in nur äußerst unzureichender Weise erreicht. Die Mitgliedstaaten haben sich weitgehend nicht bereit gezeigt, die von ihnen selbst gesetzten Richtlinien einzuhalten bzw. umzusetzen. Die Qualifizierung des Personals tritt hinter dem Interesse der Staaten zurück, möglichst breit diplomatisch vertreten zu sein; der Ausbau des organisatorischen Rahmens der UN wurde seit Anfang der siebziger Jahre allzu häufig zum Selbstzweck und führte zu starker Bürokratisierung und einem nicht mehr überschaubaren Koordinationsproblem. Erst finanzielle Restriktionen von Seiten der Hauptbeitragszahler erzwangen eine effizienzorientierte Reform in der Organisation. Deren nicht unbeachtliche Erfolge haben jedoch umgekehrt nicht zu einer signifikanten Verbesserung der finanziellen Ausstattung der UN und damit zu einer grundlegenden Bedingung dafür, ihre Effizienz und Effektivität in Einklang zu bringen, geführt.

Eine weitere Frage lautete, ob angesichts des ungebrochenen Pochens der Staaten auf ihre Souveränität *die den Organen der UN zugewiesenen Kompetenzen* ausreichend sind und ob das *Verfahren der Mehrheitsentscheidung* dem innerorganisatorischen Frieden dienlich ist. Die Kompetenzen haben sich nicht nur als ausreichend erwiesen, sondern es ergeben sich durchaus Zweifel, ob weiterreichende, staatliche Souveränität einschränkende Kompetenzen heute erreichbar wären. Das Verfahren der Mehrheitsentscheidung ist nur unter einschränkenden Bedingungen als effektiv anzusehen: In der Praxis der Organisation hat sich sehr weitgehend das Konsensverfahren durchgesetzt. Die Reformen nach 1985 haben dieses Verfahren auch für Entscheidungen über das Budget eingeführt. Der Vorzug des vergleichsweise aufwendigeren Konsensverfahrens ist es, Verhandlungen und kooperative Lösungen zu fördern und zugleich einen Interessenschutz für ansonsten unterliegende Minderheiten zu gewährleisten. Obgleich das Konsensverfahren praktisch vorzuziehen ist, ist jedoch grundsätzlich an Mehrheitsentscheidungen festzuhalten, da die Möglichkeit, bei fehlendem Konsens zu Mehrheitsentscheidungen überzugehen, die Gefahr der Obstruktion mindern kann.

In der Frage der *Koordination und Systemsteuerung* sind die größten Defizite der Organisation zu konstatieren. Das hierfür vorgesehene Organ, der ECOSOC, wird seinen diesbezüglichen Aufgaben kaum gerecht, und die Betreuung fast jedes neu gegründeten Spezialorgans mit sachspezifischen Koordinationsaufgaben potentiert das Problem, statt es abzubauen. Zwischen UNO und Sonderorganisationen findet eine wirkliche Koordination nicht statt. Auch hier ist eine mangelnde Bereitschaft der Mitgliedstaaten, die Möglichkeiten, je eigene Anliegen auf die Tagesordnung einer internationalen Organisation zu bringen, einzuschränken zugunsten einer stärkeren Prioritätensetzung und Koordination der Organisationspolitik insgesamt, für die Ineffektivität der Planung und Ineffizienz des

Koordinationssystems verantwortlich. Hier ist eine Stärkung der Koordinationskompetenzen des Sekretariates und eine bessere Abstimmung zwischen Sekretariat, ECOSOC und Generalversammlung sowie den Sonderorganisationen und Nebenorganen erforderlich. Als geeigneter Ansatzpunkt können das ACC und das CPC angesehen werden, nicht zuletzt weil das letztgenannte Organ aufgrund seiner Zusammensetzung am ehesten geeignet ist, ein für Planungs- und Koordinationsaufgaben unerläßliches institutionelles Gedächtnis auszubilden. Wichtiger noch als innerorganisatorische Reformen sind hier jedoch eine verbesserte innerstaatliche Koordination einzelstaatlicher UN-Politiken sowie stärkere Abstimmung etwa im regionalen Rahmen.

Schließlich wurde die Frage aufgeworfen, wie die Praxis der Organisation das weitgehende Fehlen von *rechtsnormativen Effizienzkriterien* kompensiert hat. In der Rechnungsprüfung, Managementkontrolle, Budgetgestaltung und Evaluierung wurden von der Generalversammlung in Gestalt von Mandaten oder Richtlinien eine Reihe von Effizienzforderungen und auch -kriterien festgelegt. Deren Befolgung und Umsetzung indessen läßt zu wünschen übrig. Durch die Einrichtung der Joint Inspection Unit, die Verbesserung der Budgetgestaltung und der Programmplanung wurden immerhin institutionelle Möglichkeiten geschaffen, Grundsätzen der Effizienz zur Geltung zu verhelfen. Eine weitere Verbesserung und ein stärkerer Gebrauch dieser Möglichkeiten scheint durchaus erforderlich.

Unabhängig von der Frage, ob und in welchem Umfang es in absehbarer Zeit zu einer Revision der Charta kommen wird, kann die Reformfähigkeit der Organisation im Sinne ihrer Anpassung an neue und steigende Aufgaben als eines der wichtigsten Kriterien ihrer Effektivität festgehalten werden. Als entscheidendes Kriterium der Reformfähigkeit wiederum hat sich jedoch immer wieder der politische Wille der Mitgliedstaaten herausgestellt. Die Souveränität und der politische Wille der Mitgliedstaaten sind jedoch alles andere als abstrakte Größen, auf welche Defizite der Effizienz und Effektivität der UN und gescheiterte Reforminitiativen abgeladen werden können. Zu den sich wandelnden politischen Rahmenbedingungen der UN-Reform nach dem Ende des Ost-West-Konfliktes gehört auch eine stärkere innergesellschaftliche und transnationale Diskussion und Kontrolle der internationalen Politik, die sich in parlamentarischer Behandlung der UN-Reform nicht nur in Deutschland einerseits und wachsender Beteiligung von NGOs im Rahmen der UN andererseits darstellt. Diese sich wandelnden Rahmenbedingungen werden die Formulierung und Durchführung der UN-Politik sicher nicht leichter machen; aber sie bieten eine neue Chance, in einer demokratischen Öffentlichkeit das Bewußtsein dafür zu fördern, daß Friede und Gerechtigkeit eine effektive „Organisation der Welt" erfordern. Nur als Teilhabe am gemeinsamen „Werk" der UN kann sich die Souveränität der Staaten als in jenen gemeinsamen Erfahrungen der Menschheit wurzelnder politischer Gestaltungswille darstellen, dem die Charta der Vereinten Nationen seit nunmehr 50 Jahren gültigen Ausdruck gibt.

Literaturverzeichnis

1. Dokumentensammlungen

American Society of International Law (ed.): International Legal Materials, Washington 1969 ff.

Bundesanzeiger-Verlag (Hrsg.): Bundesgesetzblatt.

Cordier, Andrew W. / Foote, Wilder (eds.): Public Papers of the Secretary-General of the United Nations, bisher 8 Bde, New York-London 1968 ff.

Delbrück, Jost (Hrsg.): Friedensdokumente aus fünf Jahrhunderten. Abrüstung, Kriegsverhütung, Rüstungskontrolle, 2 Bde, Kehl-Straßburg 1984.

DGVN (Hrsg.): Gleiche Menschenrechte für alle. Dokumente zur Menschenrechtsweltkonferenz der UN in Wien 1993, Bonn 1994.

Harley, Eugene J. (ed.): Documentary Textbook on the United Nations, 2. Aufl. Los Angeles 1950.

de Martens, Georges Frédéric (Hrsg.): Nouveau Recueil Général de Traites, Göttingen 1843 ff.

Müller, Joachim W.: The Reform of the United Nations, 2 Bde., Dordrecht 1991.

Peaslee, Amos J. (ed.): International Governmental Organizations. Constitutional Documents, 9 Bde. The Hague 1956 ff.

Reichsministerium des Innern (Hrsg.): Reichsgesetzblatt, Berlin.

Sohn, Louis B. (ed.): International Organization and Integration. Annotated Basic Documents of International Organizations and Arrangements, Student edition, Dordrecht-Boston-Lancaster 1986.

Stebbins, Richard P. / Adam, Elaine P. (eds.): Documents on American Foreign Relations 1961, New York 1962.

Strupp, Karl (Hrsg.): Urkunden zur Geschichte des Völkerrechts, 2 Bde, Gotha 1911.

United Nations (ed.): Documents of the United Nations Conference on International Organization, San Francisco 1945, 20 Bde, London-New York 1945 ff.

— Treaty Series. Treaties and international agreements registered or filed and recorded with the Secretariat of the United Nations, New York 1946 ff.

— Repertory of Practice of United Nations Organs, New York 1955 ff.

United Nations Department of Public Information (ed.): Yearbook of the United Nations, New York 1947 ff.

U.S. Department of State (ed.): Postwar Foreign Policy Preparation 1939 - 1945, Washington 1949.

2. Lexika und Handbücher, Kommentare*

Andersen, Uwe / Woyke, Wichard (Hrsg.): Handwörterbuch Internationale Organisationen, Opladen 1985.

Bernhardt, Rudolf (ed.): Encyclopedia of Public International Law, Instalments 1 - 12, Berlin-Heidelberg-New York 1982 ff.

Cot, Jean-Pierre / Pellet, Alain (Hrsg.): La Charte des Nations Unies. Commentaire article par article, Paris-Brüssel 1985.

Dahm, Georg: Völkerrecht, 2 Bde., Stuttgart 1958, 1961.

Dahm, Georg / Delbrück, Jost / Wolfrum, Rüdiger: Völkerrecht I / 1, Berlin-New York 1989.

Dupuy, René-Jean (Hrsg.): A Handbook on International Organizations, Dordrecht-Boston-Lancaster 1988.

Ergänzbares Lexikon des Rechts, Neuwied 1985 ff.; 2. Bearbeitung 1990.

Görres-Gesellschaft (Hrsg.): Staatslexikon. Recht, Wirtschaft, Gesellschaft, 5 Bde., 7. Aufl. Freiburg-Basel-Wien 1985 - 1989.

Goodrich, Leland M. / Hambro, Edvard / Simons, Anne Patricia: Charter of the United Nations. Commentary and Documents, 3. Aufl. New York-London 1969.

Handwörterbuch der Sozialwissenschaften, hrsg. von *Erwin v. Beckerath* u. a., 12 Bde., Tübingen 1956 ff.

Kimminich, Otto: Einführung in das Völkerrecht, 2. Aufl. München 1983.

Krings, Hermann / Baumgartner, Michael / Wild, Christoph (Hrsg.): Handbuch philosophischer Grundbegriffe, Studienausgabe, 6 Bde., München 1973.

Kunst, Hermann / Herzog, Roman / Schneemelcher, Wilhelm / Schlaich, Klaus (Hrsg.): Evangelisches Staatslexikon, 2 Bde., 3. Aufl. Stuttgart-Berlin 1987 (2. Aufl. in einem Band 1975).

New Zealand Ministry of External Relations and Trade (ed.): United Nations Handbook 1990, Wellington 1990 (erscheint jährlich).

Nohlen, Dieter (Hrsg.): Pipers Wörterbuch zur Politik, 6 Bde., 3. Aufl. München 1989.

Oppenheim, L. / Lauterpacht, H.: International Law. A Treatise, Vol. I. Peace, 8th ed. London-New York-Toronto 1955.

Paxton, John (ed.): The Stateman's Year-Book 1988 - 89, London 1989.

Schermers, Henry G.: International Institutional Law, Alphen aan den Rijn 1980.

Schücking, Walther / Wehberg, Hans: Die Satzung des Völkerbundes, 3. Aufl. 1. Bd., Berlin 1931.

Seidl-Hohenveldern, Ignaz: Das Recht der internationalen Organisationen, 1. Aufl. Köln-Berlin-Bonn-München 1967; 4. Aufl. 1984.

Sills, Davis: International Encyclopedia of the Social Sciences, 17 Bde., New York 1968.

* Die Beiträge in den hier aufgeführten Lexika, Handbüchern und Kommentaren werden nicht namentlich in das Literaturverzeichnis aufgenommen.

Simma, Bruno / Mosler, Hermann / Randelzhofer, Albrecht / Wolfrum, Rüdiger (Hrsg.): Charta der Vereinten Nationen, Kommentar, München 1991.

Simma, Bruno / Verdross, Alfred: Universelles Völkerrecht. Theorie und Praxis, 3. Aufl. Berlin 1984.

Strupp, Karl (Hrsg.): Wörterbuch des Völkerrechts und der Diplomatie, 3 Bde. Berlin-Leipzig 1924-1929.

Strupp, Karl / Schlochauer, Hans-Jürgen (Hrsg.): Wörterbuch des Völkerrechts, 3 Bde., Berlin 1960-1962.

Union of International Associations (ed.): Yearbook of International Organizations 1984 / 85, Vol. 1, 21st edition, München-New York-London-Paris 1984.

Wolfrum, Rüdiger (Hrsg.): Handbuch Vereinte Nationen, 2. Aufl. München 1991 (1. Aufl. München 1977).

Woyke, Wichard (Hrsg.): Handwörterbuch Internationale Politik, 2. Aufl. Opladen 1980.

3. Monographien, Sammelbände, Aufsätze

Abi-Saab, Georges: The Concept of International Organization, Paris-London 1981.

Albrecht, Ulrich / Hummel, Hartwig: „Macht", in: PVS-Sonderheft 21 / 1990, 90-109.

Alexy, Robert: Theorie der juristischen Argumentation, Frankfurt 1983.

Allaf, Mowaffak: The UN Crisis — A Crisis in Global Multilateralism?, Bonn 1986.

Allen, Robert Loring: United Nations Technical Assistance: Soviet and East European Participation, in: IO 11 (1957), 615-634.

Alston, Philip: Effective Implementation of International Instruments on Human Rights, Including Reporting Obligations Under International Instruments on Human Rights, UN Doc. A / 44 / 668, New York 1989.

Archer, Clive: International Organizations, London 1983.

Arnold, Hans: Von Macht und Geld. Die Weltorganisation im Zeichen der Reformdiskussion, in: VN 35 (1987), 1-5.

Asher, Robert E. / Kotschnig, Walter / Brown, William Adam u. a.: The United Nations and Economic and Social Co-operation, Washington 1957.

Baehr, Peter R. / Gordenker, Leon: The United Nations. Reality and Ideal, New York 1984.

Baradon, Paul: Die Vereinten Nationen und der Völkerbund in ihrem rechtsgeschichtlichen Zusammenhang, Hamburg 1948.

Barber, Hollis W.: The United States versus the United Nations, in: IO 27 (1973), 139-163.

Barsh, Russel Lawrence: Making the United Nations Human Rights Machinery Cost-Effective, in: Nordic Journal of International Law 56 (1987), 183-198.

Bauer, Gitta: Der unterschätzte Generalsekretär. Zur Amtszeit Kurt Waldheims (1972-1981), in: VN 30 (1982), 1-5.

Baumgart, Winfried: Vom Europäischen Konzert zum Völkerbund. Friedensschlüsse und Friedenssicherung von Wien bis Versailles, 2. Aufl. Darmstadt 1987.

Bedjaoui, Mohammed: Towards a New International Economic Order, Paris 1981.

Behrens, Henning / Noack, Paul: Theorien der internationalen Politik, München 1984.

Beigbeder, Yves: Management Problems in United Nations Organizations. Reform or Decline? London 1987.

— Threats to the International Civil Service, London-New York 1988.

— The Joint Inspection Unit of the United Nations. The First Ten Years (1968-1978), in: International Journal of Government Auditing 6 (1979), 11-14.

Benda, Ernst: Akzeptanz als Bedingung demokratischer Legitimität? Bonn 1988.

— Konsens und Mehrheitsprinzip im Grundgesetz und in der Rechtsprechung des Bundesverfassungsgerichts, in: *Hans Hattenhauer / Werner Kaltefleiter* (Hrsg.), Mehrheitsprinzip, Konsens und Verfassung, Heidelberg 1986, 61-77.

Bennett, A. LeRoy: International Organizations. Principles and Issues, 3. Aufl. Englewood Cliffs 1984.

Berteling, J.: Inter-Secretariat Co-ordination in the United Nations System, in: NILR 24 (1977), 21-42.

Bertrand, Maurice: The U.N. in Profile. How its Resources are Distributed, UNA-USA, New York 1986.

— Some Reflections on Reform of the United Nations, UN Doc. JIU / REP / 85 / 9, New York 1985.

— Can the United Nations be Reformed? In: *Adam Roberts / Benedict Kingsbury* (Hrsg.), United Nations, Divided World. The UN's Role in International Relations, Oxford 1988, 193-208.

— A Critical Analysis of the Efficiency of the United Nations System. Between Pretention and Reality, in: *Klaus Dicke / Klaus Hüfner* (Hrsg.), Die Leistungsfähigkeit des VN-Systems: Politische Kritik und wissenschaftliche Analyse, Bonn 1987, 64-71.

— Für eine Weltorganisation der Dritten Generation, Bonn 1988.

— Planification, programmation, budgétisation e l'évaluation a l'ONU, in: AFDI 32 (1986), 401-425.

von Beyme, Klaus: Die politischen Theorien der Gegenwart, 6. Aufl. Opladen 1992.

Bleicher, Samuel A.: The Legal Significance of Re-Citation of General Assembly Resolutions, in: AJIL 63 (1969), 444-478.

Bloch, Henry Simon: The Fiscal Advisory Functions of United Nations Technical Assistance, in: IO 11 (1957), 248-260.

Böckerstette, Heinrich: Die Aporien der Freiheit und ihre Aufklärung durch Kant, Stuttgart-Bad Cannstatt 1982.

Brierly, J. L.: The League of Nations and the Charter, in: BYIL 23 (1946), 83-94.

— The Law of Nations. An Introduction to the International Law of Peace, 1. Aufl. Oxford 1928, 6. Aufl. 1963.

Broms, Bengt: The Role of the United Nations in the Peaceful Settlement of Disputes, in: UNITAR (Hrsg.), The United Nations and the Maintenance of International Peace and Security, Dordrecht-Boston-Lancaster 1987, 73-98.

— The Special Comittee on the Charter of the United Nations and the Strengthening of the Role of the Organization, in: GYIL 20 (1977), 77-102.

Brooks, Roger A.: The UN Department of Public Information: A House of Mirrors, in: Political Communication and Persuasion. An International Journal 3 (1985), 141-165.

Brugger, Winfried: Menschenrechte im modernen Staat, in: AöR 114 (1989), 537-588.

— Theorie und Verfassung des Pluralismus. Eine Skizze im Anschluß an Ernst Fraenkel, in: Staatswissenschaft und Staatspraxis 1 (1990), 529-561.

Buckley, William F.: U.N. Journal: A Delegate's Odyssey, New York 1974.

Bülck, Hartwig: Zur Dogmengeschichte des europäischen Verwaltungsrechts, in: *ders.*, Völkerrecht und Europäisches Recht, Berlin 1984, 138-174.

Bull, Hedley: The Anarchical Society, New York 1977.

Bourloyannis, M.-Christine: Fact-Finding by the Secretary-General of the United Nations, in: New York University Journal of International Law and Politics 22 (1989 / 90), 641-669.

Caminos, Hugo / Lavalle, Roberto: New Departures in the Exercise of Inherent Powers by the UN and OAS Secretaries-General: The Central American Situation, in: AJIL 83 (1989), 395-402.

Choudhury, H. R.: United Nations Reform: Some Reflections, in: Ethics and International Affairs 2 (1988), 155-171.

Clark, Glenville / Sohn, Louis B.: Peace Through Disarmament and Charter Revision, vorläufige Fassung 1953, in Buchform veröffentlicht unter dem Titel „World Peace Through World Law", Cambridge 1958 (2. Aufl. 1960; dt. Übersetzung unter dem Titel „Frieden durch ein neues Weltrecht", Frankfurt 1961).

Claude, Inis L.: Collective Legitimization as a Political Function of the United Nations, in: IO 20 (1966), 367-379.

— Swords into Plowshares. The Problems and Progress of International Organization, 4. Aufl. New York 1971.

Codding, George A.: The Relationship of the League and the United Nations with the Independent Agencies, in: Annals of International Studies 1 (1970), 65-87.

Conforti, Benedetto: Prolifération organique, prolifération normative et crise des Nations Unies: Réflexions d'un juriste, in: Académie de droit international de la Haye (Hrsg.), L'adaption des structures et méthodes des Nations Unies, Dordrecht-Boston-Lancaster 1986, 153-168.

Conybeare,John A.: International Organization and the Theory of Property Rights, in: IO 34 (1980), 307-334.

Cordovez, Diego: Strengthening United Nations Diplomacy for Peace: The Role of the Secretary-General, in: UNITAR (ed.), The United Nations and the Maintenace of International Peace and Security, Boston-Dordrecht-Lancaster 1987, 161-176.

Cox, Robert W.: Problems of Global Management, in: *Tobi T. Gati* (ed.), The US, the U.N., and the Management of Global Change, New York-London 1983, 68 ff.

— The Pearson and Jackson Reports in the Context of Development Ideologies, in: YBWA 1972, 187-202.

ders. / Jacobson, Harald K.: The Anatomy of Influence. Decision-Making in International Organization, New Haven-London 1973.

Crane, Barbara B.: Policy Coordination by major Western powers in bargaining with the Third World: debt relief and the Common Fund, in: IO 38 (1984), 399-428.

de Cuéllar, Pérez: The Role of the UN Secretary-General, in: *Adam Roberts / Benedict Kingsbury* (eds.), United Nations — Divided World. The UN's Role in International Relations, Oxford 1988, 61-77.

Dadzie, Kenneth: The United Nations and the Problem of Economic Development, in: *Adam Roberts / Benedict Kingsbury* (eds.), United Nations-Divided World. The UN's Role in International Realtions, Oxford 1988, 139-157.

Dagory, Jacques: Les Rapports entre les institutions specialises et l'organisation des Nations Unies, in: RGDIP 73 (1969), 285 ff.

Dedring, Jürgen: Humanitäre Diplomatie statt humanitäre Intervention, in: VN 41 (1993), 51-56.

Delbrück, Jost: Die Entwicklung des Verhältnisses von Sicherheitsrat und Vollversammlung der Vereinten Nationen, Kiel 1964.

— Peacekeeping by the United Nations and the Rule of Law, in: Declarations on Principles. Fs. Bert A. V. Röling, Leyden 1977, 73-99.

— Die kulturelle und individuelle Identität als Grenze des Informationspluralismus?, in: *Rüdiger Wolfrum* (Hrsg.), Recht auf Information — Schutz vor Information, Berlin 1986, 181 - 200.

— Rechtsprobleme der Friedenssicherung durch Sicherheitsrat und Generalversammlung der Vereinten Nationen, in: *Wilhelm A. Kewenig* (Hrsg.), Die Vereinten Nationen im Wandel, Berlin 1975, 131-155.

— Die Rundfunkhoheit der deutschen Bundesländer im Spannungsfeld zwischen Regelungsanspruch der Europäischen Gemeinschaft und nationalem Verfassungsrecht, Frankfurt 1986.

— Die Vereinten Nationen in der Zeit vom 1.7.1961 bis 20.6.1966, in: JIR 14 (1969), 345-374.

— Politische Instrumente zur Beeinflussung von Regierungen: Diplomatie, Völkerrecht und Internationale Organisationen, in: *Gerhard Fels / Reiner K. Huber / Werner Kaltefleiter / Rolf F. Pauls / Franz-Joseph Schulze* (Hrsg.), Strategie-Handbuch Bd. 1, Herford-Bonn 1990, 113-132.

— Internationale und nationale Verwaltung. Inhaltliche und institutionelle Aspekte, in: *G. A. Jeserich / Hans Pohl / Georg Christoph von Unruh* (Hrsg.), Deutsche Verwaltungsgeschichte V, Stuttgart 1986, 386-403.

Delbrück, Jost / Dicke, Klaus: The Christian Peace Ethic and the Doctrine of Just War from the Point of View of International Law, in: GYIL 28 (1985), 194-208.

— Zur Konstitution des Friedens als Rechtsordnung, in: *Uwe Nerlich / Trutz Rendtorff* (Hrsg.), Nukleare Abschreckung — Politische und ethische Interpretationen einer neuen Realität, Baden-Baden 1989, 797-818.

DGVN (Hrsg.): Strukturreform der UN? Notwendigkeit, Ansätze und Handlungsspielraum einer Reform der Vereinten Nationen im Bereich der wirtschaftlichen Zusammenarbeit, Bonn 1992.

Dicke, Detlef Christian: Die administrative Organisation der Entwicklungshilfe durch die Vereinten Nationen, Frankfurt 1972.

Dicke, Klaus: Deciding upon the Budget of the United Nations: A Comparison, in: *Rüdiger Wolfrum* (ed.), The Law of the Sea at the Crossroads: The Continuing Search for a Universally Accepted Régime, Berlin 1991, 189-211.

— Reforming the United Nations. The 1990s and Beyond, in: Deutsch-Japanisches Symposium, hrsg. vom German-Japanese Center Berlin, Berlin 1991, 79 - 86.

— „To assess the adequacy and effectiveness". Überlegungen zur Verbesserung der politischen Wirksamkeit der Vereinten Nationen am Beispiel der Weltraumpolitik, in: *Dicke / Hüfner,* 44-63.

— Zur Bedeutung der Publizität in den internationalen Beziehungen, in: Fs. Johannes Schwartländer, Tübingen 1988, 121-130.

— Gewaltverzicht im Rahmen der KVAE? Eine Prüfung von Gewaltverzichtsabkommen aus völkerrechtlicher und politischer Sicht, in: Beiträge zur Konfliktforschung 15 (1985), 23-35.

— Gerechtigkeit schafft Frieden, in: *Max Müller* (Hrsg.), Senfkorn. Handbuch für den katholischen Religionsunterricht III / 1, Stuttgart 1987, 349-372.

— Völkerrechtspolitik und internationale Rechtsetzung. Grundlagen, Verfahren, Entwicklungstendenzen, in: ZG 3 (1988), 193-224.

— Zwischen weltpolitischer Analyse, politischem Meinungskampf und Ritual der Staatengleichheit. Die Generaldebatte der 41. Generalversammlung, in: Vereinte Nationen 36 (1988), 1-7.

— Der kategorische Konjunktiv der Friedenssicherung, in: VN (1989), 91-94.

— Menschenrechte und europäische Integration, Kehl-Straßburg 1986.

— Krise und Reform der UNESCO, in: Jahrbuch Dritte Welt 1989, München 1988, 72-88.

— Grenzüberschreitende Umweltverschmutzung als völkerrechtliches Problem, in: *Maria Haendtke-Hoppe / Konrad Merkel* (Hrsg.), Umweltschutz in beiden Teilen Deutschlands, Berlin 1986, 105-122.

— Entwicklungspolitische Aspekte der UN-Reform, in: E + Z 34 (1993), 172-174.

— Die UN-Charta — Ausbau und ungenutzte Möglichkeiten, in: Hanns-Seidel-Stiftung (Hrsg.), Nach Überwindung des Ost-West-Konflikts. Gedanken zur „Neuen Weltordnung", München 1994, 48-75.

— Reform des Sekretariats und die veränderte Rolle des Generalsekretärs, in: *Klaus Hüfner* (Hrsg.), Reform der UN, Opladen 1994, 225-239.

ders. / Hüfner, Klaus (Hrsg.): Die Leistungsfähigkeit des VN-Systems: Politische Kritik und wissenschaftliche Analyse, Bonn 1987.

Doeker, Günther / Volger, Helmut (Hrsg.): Die Wiederentdeckung der Vereinten Nationen. Kooperative Weltpolitik und Friedensvölkerrecht, Opladen 1990.

Donini, Antonio: Resilience and Reform: Some Thoughts on the Processes of Change in the United Nations, in: International Relations 9 (1988), 289-315.

Dorsey, Gray L.: Beyond the United Nations. Changing Discourse in international Politics and Law, New York-London 1986.

Dougherty, James E. / Pfaltzgraff, Robert L.: Contending Theories of International Relations, 2. Aufl. New York 1981.

Dubin, Martin D.: Toward the Bruce Report: The Economic and Social Programs of the League of Nations in the Avenol Era, in: *United Nations Library* (Hrsg.), The League of Nations in Retrospect. Proceedings of the Symposium organized by the United Nations Library and the Graduate Institute of International Studies, Berlin-New York 1983, 42-72.

Duchhard, Heinz: Gleichgewicht der Kräfte, Convenance, Europäisches Konzert. Friedenskongresse und Friedensschlüsse vom Zeitalter Ludwigs XIV. bis zum Wiener Kongreß, Darmstadt 1976.

Dugard, John: Recognition and the United Nations, Cambridge 1987.

Dworkin, Ronald: Taking Rights Seriously, Cambridge 1978.

Eastby, John: Functionalism and Interdependence, Lanham-New York-London 1985.

Ehlermann, Claus: Der Europäische Rechnungshof, Baden-Baden 1976.

Eichenberger, Kurt: Der geforderte Staat: Zur Problematik der Staatsaufgaben, in: *Wilhelm Hennis / Peter Graf Kielmansegg / Ulrich Matz* (Hrsg.), Regierbarkeit 1, Stuttgart 1977, 103-117.

Elarabi, Nabil: The Office of the Secretary-General and the Maintenance of International Peace and Security, in: *UNITAR* (ed.), The United Nations and the Maintenance of International Peace and Security, Dordrecht 1987, 177-209.

Ellwein, Thomas / Hesse, Joachim Jens / Mayntz, Renate / Scharpf, Fritz W. (Hrsg.): Jahrbuch zur Staats- und Verwaltungswissenschaft Bd. 1, Baden-Baden 1987.

Ellwein, Thomas: Einführung in die Regierungs- und Verwaltungslehre, Stuttgart-Berlin-Köln-Mainz 1966.

— Verwaltungswissenschaft — die Herausbildung einer Disziplin, in: PVS Sonderheft 13 / 1982, 34-54.

Elmandjra, Mahdi: The United Nations System. An Analysis, London 1973.

Engel, S.: League Reform: An Analysis of Official Proposals and Discussions. 1936-1939, in: Geneva Studies XI (1940), 60-67; 125-135.

Eppler, Erhard: Bedeutende Rolle der UNO in der zweiten Entwicklungsdekade, in: VN 18 (1970), 170-173.

Ewing, A. F.: Reform of the United Nations, in: JWTL 20 (1986), 131-141.

Eyl, Eberhard: Das ordentliche Haushalts- und Finanzwesen der Organisation der VN für Erziehung, Wissenschaft und Kultur, Berlin 1979.

Fach, Wolfgang: Verwaltungswissenschaft — ein Paradigma und seine Karriere, in: PVS Sonderheft 13 / 1982, 55-73.

Feld, Werner J. / Jordan, Robert S.: International Organizations. A Comparative Approach, New York 1983.

Fenwick, Charles G.: International Law, 4. Aufl., New York 1965.

v. Ferber, Christian: Die Gewalt in der Politik, Stuttgart 1970.

Finer, Herman: The United Nations Economic and Social Council, Boston 1946.

Finger, Seymour Maxwell: The Reagan-Kirkpatrick Policies and the United Nations, in: Foreign Affairs 62 (1983 / 84), 436-457.

ders. / Hanan, Nina: The United Nations Secretariat Revisited, in: ORBIS 1981, 197-208.

ders. / Harbert, Joseph R. (eds.): U.S. Policy in International Institutions: Defining Reasonable Options in an Unreasonable World, Boulder 1978.

Finkelstein, Lawrence S.: Reviewing the United Nations Charter, in: IO 9 (1955), 213-231.

Fisch, Jörg: Krieg und Frieden im Friedensvertrag, Stuttgart 1979.

Florino, F.: Le organizzazioni internazionali, Mailand 1949.

Franck, Thomas M.: Nation against Nation. What Happened to the U.N. Dream and What the U.S. Can Do About it, New York-Oxford 1985.

— Finding a Voice: How the Secretary-General Makes Himself Heard in the Council of Nations, in: *Jerzy Makarczyk* (ed.), Essays in International Law in Honour of Judge Manfred Lachs, The Hague-Boston-Lancaster 1984.

— Soviet Initiatives: U.S. Responses — New Opportunities for Reviving the United Nations System, in: AJIL 83 (1989), 531-543.

— The Prerogative Power of the Secretary-General, in: Public International Law and the Future World Order, Fs. A. J. Thomas, Littleton 1987, 5-1-5-20.

— US Foreign Policy and the U.N., in: Denver Journal of International Law and Policy 14 / 15 (1985 / 87), 159-170.

Frei, Daniel: Die Organisation der Vereinten Nationen (UNO), Grüsch 1990.

Frey, Bruno S. / Buhofer, Heinz: Ökonomische Analyse internationaler Organisationen: Erfassung und Beeinflussung, in: *Dicke / Hüfner*, 11-28.

ders. / Beat Gygi: The Political Economy of International Organization, in: Außenwirtschaft 45 (1990), 371-394.

Fried, John H. E.: Relations between the United Nations and the International Labour Organization, in: APSR 41 (1947), 963-977.

Frowein, Jochen Abr.: Der völkerrechtliche Status von VN-Friedenstruppen und seine Bedeutung für das deutsche Recht, in: *ders. / Torsten Stein* (Hrsg.), Rechtliche Aspekte einer Beteiligung der Bundesrepublik Deutschland an Friedenstruppen der Vereinten Nationen, Berlin-Heidelberg-New York 1990, 1-15.

— Der Beitrag der internationalen Organisationen zur Entwicklung des Völkerrechts, in: ZaöRV 36 (1976), 147-167.

— The Internal and External Effects of Resolutions by International Organizations, in: ZaöRV 49 (1989), 778-790.

Gaddis, John Lewis: Containment and the Logic of Strategy, in: National Interest No. 10 (1987 / 88), 36.

Galey, Margaret E.: Reforming the Regime for Financing the United Nations, in: Howard Law Journal 31 (1988), 543 - 574.

de Gara, John: Administrative and Financial Reform of the United Nations (The Academic Council of the United Nations System, Reports and Papers 1989-2), Hanover 1989.

Gehlen, Arnold: Urmensch und Spätkultur, Frankfurt 1974.

Ghai, Dharam P.: The United Nations Capacity Study. An Evaluation of the Jackson Report, in: JWTL 1970, 245 - 254.

Ghébali, Victor Yves: L'évolution du Corps commun d'inspection des Nations Unies, in: AFDI 32 (1986), 439 - 453.

— The League of Nations and Functionalism, in: *A. J. R. Groom / P. Taylor* (eds.), Functionalism: Theory and Practice in International Relations, New York 1975, 141 - 161.

— La Societé des Nations et la réforme Bruce. 1939 - 1940, Genf 1970.

— La crise du système des Nations Unies, Paris 1988.

— The International Labour Organisation. A Case Study on the Evolution of U.N. Specialised Agencies, Dordrecht-Boston-London 1989.

— The „Politicization" of UN Specialized Agencies: The UNESCO-Syndrome, in: *David C. Pitt / Thomas G. Weiss* (eds.), The Nature of United Nations Bureaucracies, New York 1986, 118 - 136.

Gilpin, Robert: The Political Economy of International Relations, Princeton 1987.

Goodrich, Leland M.: Hammarskjöld, the U.N., and the Office of the Secretary-General, in: IO 28 (1974), 467 - 483.

— From League of Nations to United Nations, in: IO 1 (1947), 3 - 21.

— The Political Role of the Secretary-General, in: IO 16 (1962), 720 - 735.

Goodwin, Geoffrey L.: The United Nations Conference on Trade and Development: Beginning of a New Era?, in: YBWA 19 (1965), 1 - 25.

Göppert, Otto: Der Völkerbund (Handbuch des Völkerrechts 4 I B), Stuttgart 1938.

Gordenker, Leon / Saunders, Paul R.: Organization Theory and International Organisation, in: *Paul Taylor / A. J. R. Groom* (Hrsg.), International Organization, New York 1978, 84 - 107.

Göthel, Dieter: Zwischen Eignung und Proporz. Die nationale Repräsentation im Sekretariat der Vereinten Nationen, in: VN 31 (1983), 47 - 51.

Gottlieb, Gidon: A More Effective United Nations? In: *John M. Paxman / George T. Boggs* (eds.), The United Nations: A Reassessment. Sanctions, Peacekeeping, and Humanitarian Assistance, Charlottesville 1973, 1 - 17.

Gramlich, Ludwig: Die UdSSR als neues Mitglied von IWF und Weltbankgruppe, in: Recht in Ost und West 34 (1990), 22 - 29.

Green, Andrew Wilson: Review Article: Mitrany Reread with the Help of Haas and Sewell, in: Journal of Common Market Studies 8 (1969), 50 - 69.

Green, James Frederick: Decision-Making on Economic and Social Questions in the United Nations, in: *Seymour Maxwell Finger / Joseph R. Harbert* (eds.), U.S. Policy in International Institutions: Defining Reasonable Options in an Unreasonable World, Boulder 1978, 313 - 326.

Gregg, Robert W.: The Politics of International Economic Cooperation and Development, in: *Lawrence S. Finkelstein* (ed.), Politics in the United Nations System, Durkem-London 1988, 106-147.

Grotius, Hugo: De mare libero *(James Brown Scott* (ed.), The Freedom of the Seas, New York 1916).

Grunow, Dieter: Bürgernähe der Verwaltung als Qualitätsmaßstab und Zielbezug alltäglichen Verwaltungshandelns, in: PVS Sonderheft 13 / 1982, 237-253.

Gütermann, Christoph: Das Minderheitenschutzverfahren des Völkerbundes, Berlin 1979.

Gunter, Michael M.: Recent Proposals in the United Nations to Amend the Charter, in: Case Western Reserve Journal of International Law 10 (1978), 763-783.

Gzuk, Roland: Messungen der Effizienz von Entscheidungen, Tübingen 1975.

Haas, Ernst B.: The Collective Management of International Conflict, in: UNITAR (ed.), The United Nations and the Maintenance of International Peace and Security, Dordrecht-Boston-Lancaster 1987, 3-70.

— Beyond the Nation-State. Functionalism and International Organization, Stanford 1964.

— Regime Decay: Conflict Management and International Organizations, in: IO 37 (1983), 189-256.

Häberle, Peter: Effizienz und Verfassung, in: *ders.*, Verfassung als öffentlicher Prozeß. Materialien zu einer Verfassungstheorie der offenen Gesellschaft, Berlin 1978, 290-302.

Habermas, Jürgen: Strukturwandel der Öffentlichkeit, Darmstadt-Neuwied, 10. Aufl. 1979.

Habicht, Max: Proposals of World Federalists for United Nations Charter Revision (The Indian Institute of Culture, Transaction No. 19), Bangalore 1954.

Haller, Benedikt: Die auf Meinung gegründete Republik. Zur Rehabilitierung der Meinung in der politischen Philosophie der amerikanischen Revolution, in: *Johannes Schwartländer / Dietmar Willoweit* (Hrsg.), Meinungsfreiheit — Grundgedanken und Geschichte in Europa und USA, Kehl-Straßburg 1986, 85-103.

Hancock, Graham: Lords of Poverty. The Power, Prestige, and Corruption of the international Aid Business, New York 1989.

von Hanstein, Rudolf: Der Einfluß der Vereinten Nationen auf die Sonderorganisationen — Anspruch und Wirklichkeit. Eine Untersuchung am Beispiel der Auseinandersetzungen im Hinblick auf die Dekolonisierung, Frankfurt-Bern-New York-Paris 1988.

Hartje, Volkmar J.: Zur Effizienz von Institutionen der Meeresnutzung, in: ZgesStW 140 (1984), 712-736.

Hartmann, Klaus: Reiner Begriff und tätiges Leben. Lorenz von Steins Grundkonzeption zum Verhältnis von Staat und Gesellschaft und von Rechtsphilosophie und Recht, in: *Roman Schnur* (Hrsg.), Staat und Gesellschaft. Studien über Lorenz von Stein, Berlin 1978, 65-95.

Hartwig, Hermann: Die Suche nach einer wirklichkeitsnahen Lehre vom Staat, in: Aus Politik und Zeitgeschichte B 46-47 / 1987, 3-20.

Hättich, Manfred: Weltfrieden durch Friedfertigkeit? Eine Antwort an Franz Alt, München 1983.

Hauschildt, Jürgen: Entwicklungslinien der Organisationstheorie, in: Christiana Albertina 25, Kiel 1987, 27-38.

Head, John W.: The Challenge of International Environmental Management: A Critique of the United Nations Environment Programme, in: Virginia Journal of International Law 18 (1978), 269-288.

Hegel, Georg W. F.: Grundlinien der Philosophie des Rechts, Werke Bd. 7, Frankfurt 1970.

Heideking, Jürgen: Völkerbund und Vereinte Nationen in der internationalen Politik, in: Aus Politik und Zeitgeschichte B 36 / 83, 10. September 1983, 3-16.

Heintel, Erich: Die naturrechtliche Fundierung des Ordo-Gedankens in der Tradition, in: *Johannes Schwartländer* (Hrsg.), Menschenrechte — Aspekte ihrer Begründung und Verwirklichung, Tübingen 1978, 19-36.

Held, Klaus: Die Zweideutigkeit der doxa und die Verwirklichung des modernen Rechtsstaats, in: *Johannes Schwartländer / Dietmar Willoweit* (Hrsg.), Meinungsfreiheit — Grundgedanken und Geschichte in Europa und USA, Kehl-Straßburg 1986, 9-29.

Henning, Friedrich-Wilhelm: Die Industrialisierung in Deutschland 1800-1914, Paderborn 1973.

Hennis, Wilhelm: Legitimität — zu einer Kategorie der bürgerlichen Gesellschaft, in: PVS Sonderheft 7 / 1976, 9-38.

Hesse, Günter: Staatsaufgaben. Zur Theorie der Legitimation und Identifikation staatlicher Aufgaben, Baden-Baden 1979.

Hesse, Joachim Jens: Staat, Politik und Bürokratie — eine Einführung, in: Politikwissenschaft und Verwaltungswissenschaft, PVS-Sonderheft 13 / 1982, 10-33.

von der Heydte, Friedrich August: Völkerrecht. Ein Lehrbuch I, Köln 1958.

Hill, Martin: The Economic and Financial Organization of the League of Nations. A Survey of Twenty-Five Years' Experience, Washington 1946.

— The United Nations System: Coordinating its Economic and Social Work, Cambridge 1978.

— The Administrative Committee on Co-ordination, in: *Evan Luard* (ed.), The Evolution of International Organizations, London 1966, 92 ff.

Hill, Wilhelm / Fehlbaum, Raymond / Ulrich, Peter: Organisationslehre 1. Ziele, Instrumente und Bedingungen der Organisation sozialer Systeme, Bern-Stuttgart, 3. Aufl. 1981.

Hindell, Keith: Reform of the United Nations? In: The World Today 48 No. 2 (1992), 30-33.

Hirsch, Joachim: Ansätze einer Regierungslehre, in: *Gisela Kress / Dieter Senghaas* (Hrsg.), Politikwissenschaft. Eine Einführung in ihre Probleme, Frankfurt 1972, 231-244.

Hoffmann, Stanley: No Coices, No Illusions, in: Foreign Policy 25 (1976 / 77), 97-140.

— Organisations internationales et pouvoirs politiques des États, Paris 1954.

— International Systems and International Law, in: *Richard B. Gray* (Hrsg.), International Security Systems. Concepts and Models of World Order, Itasca 1969, 127-162.

— International Organization and the International System, in: IO 24 (1970), 389-413.

Holsti, K. J.: International Politics. A Framework for Analysis, Englewood Cliffs, 5. Aufl. 1988.

Hoppmann, Erich: Ökonomische Theorie der Verfassung, in: Ordo 38 (1987), 31-45.

Hüfner, Klaus: Vorzeitige Gedanken eines Generalsekretärs. Dag Hammarskjöld als politischer Entwicklungsökonom, in: VN 30 (1982), 5-9.

— Konzepte zur Effizienzmessung internationaler Organisationen unter besonderer Berücksichtigung ihrer politischen Aktivitäten: Beispiel Vereinte Nationen, in: *Dicke / Hüfner*, 29-43.

— Die UN und ihre Sonderorganisationen. Strukturen, Aufgaben, Dokumente, 2 Bde., Bonn 3. Aufl. 1991 f.

— UNESCO zwischen Krise und Reform, in: Der Überblick 3 / 1990, 84 f.

— Deutsche UN-Politik im Bundestag, in: DGVN (Hrsg.), 20 Jahre deutsche Mitgliedschaft in den Vereinten Nationen auf dem Prüfstand, Bonn 1994, 37-47.

von Humboldt, Wilhelm: Ideen zu einem Versuch, die Grenzen der Wirksamkeit des Staates zu bestimmen, 1792, veröffentlicht 1851.

Hutt, C. W.: International Hygiene, London 1927.

Imber, Mark: Too many cooks? The post-Rio reform of the United Nations, in: International Affairs 69 (1993), 55-70.

Jacob, Philip E. / Atherton, Alexine L. / Wallenstein, Arthur M.: The Dynamics of International Organization, 2. Aufl. Georgetown 1972.

Jacobsen, Harold K.: Networks of Interdependence. International Organizations and the Global Political System, New York 1979.

ders. / Reisinger, William M. / Mathers, Todd: National Entanglements in International Governmental Organizations, in: APSR 80 (1986), 141-159.

Jaenicke, Bernd: Struktur und Aufgaben der „International Organization for Migration (IOM)“, in: ZAR 2 / 1990, 90-95.

James, Alan: Kurt Waldheim: Diplomat's Diplomat, in: YBWA 37 (1983), 81-96.

— U Thant and His Critics, in: YBWA 1972, 43-64.

Jellinek, Georg: Die Lehre von den Staatenverbindungen, Wien 1882.

Jenks, C. Wilfred: Co-ordination in International Organization: An Introductory Survey, in: BYIL 28 (1951), 29-89.

— Co-ordination: A New Problem of International Organization. A Preliminary Survey of the Law and Practice of Inter-Organizational Relationships, in: RdC 77 (1950 II), 151-302.

Jessup, Philip: Parliamentary Diplomacy, in: RdC 89 (1956 I), 181-320.

Johnston, Douglas M.: Functionalism in the Theory of International Law, in: CanYIL 26 (1988), 3-59.

Jonathan, Gérard Cohen: L'etat face a la proliferation des organisations internationales, in: *Societé Francaise pour le Droit international* (Hrsg.), Les organisations internationales contemporaines, Paris 1988, 177-203.

Kaiser, Karl / v. Welck, Stephan (Hrsg.): Weltraum und internationale Politik, München 1987.

Kaltefleiter, Werner: Die Grenzen der Demokratie, in: *Hans Hattenhauer / ders.* (Hrsg.), Mehrheitsprinzip, Konsens und Verfassung, Heidelberg 1986, 137-150.

Kant, Immanuel: Werke, Akademie-Ausgabe, Berlin 1968.

Kay, David A. (Hrsg.): The Changing United Nations. Options for the United States, New York 1977.

— The United Nations and United States Foreign Policy, in: *ders.* (ed.), The Changing United Nations. Options for the United States, New York-London 1977, 11-16.

Kelsen, Hans: The Law of the United Nations. A Critical Analysis of its Fundamental Problems, New York 1951.

Keohane, Robert O.: Institutionalizing in the United Nations General Assembly, in: IO 23 (1969), 859-896.

— After Hegemony. Cooperation and Discord in the World Political Economy, Princeton 1984.

Kerll, Horst-Wolfram: Flüchtlingsverwaltung oder Flüchtlingspolitik? Zur Notwendigkeit einer umfassenden Herangehensweise, in: VN 37 (1989), 155-161.

Kewenig, Wilhelm A.: Common Heritage of Mankind — politischer Slogan oder völkerrechtlicher Schlüsselbegriff? in: Fs. Hans-Jürgen Schlochauer, Berlin-New York 1981, 385-406.

Kilian, Michael: Umweltschutz durch internationale Organisationen, Berlin 1986.

Kindermann, Gottfried Karl: Philosophische Grundlagen und Methodik der Realistischen Schule von der Politik (mit besonderer Berücksichtigung der Werke von Hans J. Morgenthau und Reinhold Niebuhr), in: *Dieter Oberndörfer* (Hrsg.), Wissenschaftliche Politik. Eine Einführung in Grundfragen ihrer Tradition und Theorie, Freiburg 1962, 251-296.

ders.: Grundelemente der Weltpolitik. Eine Einführung, 2. Aufl. München 1981.

Kirchgässner, Gebhard: Führt der homo oeconomicus das Recht in die Irre?, in: JZ 46 (1991), 104-111.

Kirgis, Frederic L.: Admission of „Palestine" as a Member of a Specialized Agency and Withholding the Payment of Assessments in Response, in: AJIL 84 (1990), 218-230.

Klein, Eckart: Beitragspflichten und Stimmrecht. Notwendigkeit und Möglichkeit, das Entscheidungsverfahren über Ausgaben der Vereinten Nationen neu zu strukturieren, in: *Wolfrum* (Hrsg.), Reform der Vereinten Nationen, 69-94.

ders. / Pechstein, Matthias: Das Vertragsrecht internationaler Organisationen, Berlin 1986.

Klüber, Franz: Katholische Eigentumslehre, Osnabrück 1968.

Koch, Michael: Stillstand unter der Flagge des Fortschritts. Die Erklärung von Manila zur friedlichen Streitbeilegung, in: VN 4 / 1983, 125 ff.

Koch, Lothar / Plaga, Armin: Interessenausgleich mit Hindernissen. Das reformierte Haushaltsaufstellungsverfahren der Vereinten Nationen, in: VN 40 (1992), 16-19.

Köhler, Peter A.: Sozialpolitische und sozialrechtliche Aktivitäten in den Vereinten Nationen, Baden-Baden 1986.

Köhler, Volkmar: Die Neuorientierung der Entwicklungshilfe, in: EA 46 (1991), 153-160.

Koetz, Axel G. / Otte, Max: Krise und Reform der UN-Entwicklungshilfe, in: Außenpolitik 43 (1992), 185-194.

Kok, Chris: The Court of Auditors of the European Communities: „The Other European Court in Luxembourg", in: Common Market Law Review 26 (1989), 345-367.

König, Herbert: Zur Effizienz öffentlichen Handelns im Spiegel der nationalen und internationalen Diskussion, in: Die Verwaltung 13 (1980), 57-76.

Kotschnig, Walter M.: The United Nations as an Instrument of Economic and Social Development, in: IO 22 (1968), 16-43.

Krasner, Stephen D. (ed.): International Regimes, Ithaca-London 1983.

Krill, Hans-Heinz: Die Gründung der UNESCO, in: Vierteljahreshefte für Zeitgeschichte 16 (1968), 246-279.

Krishnamurti, R.: Restructuring the UN System, in: IO 34 (1980), 629-639.

Kroker, Rolf: Wachstum und Effizienz der öffentlichen Verwaltung, Köln 1984.

Krüger, Herbert: Finis belli pax est, in: JIR 11 (1962), 200-212.

Krylov, N. B.: Enhancing the Role and Effectiveness of the United Nations in Strengthening International Legal Order, in: *William E. Butler* (ed.), The Non-Use of Force in International Law, Dordrecht 1989, 111-118.

Kunig, Philip: Deutsches Verwaltungshandeln und Empfehlungen internationaler Organisationen, in: Fs. Karl Doehring, Heidelberg 1989, 529-551.

Kunz, Josef L.: Die Staatenverbindungen, Stuttgart 1929.

Kurth, Eberhard: UN-Entwicklungssystem am Scheidewege. Jackson-Studie zwingt zu Reformen, in: VN 18 (1970), 80-88.

Lambert, Henri: Pax Economica. Freedom of International Exchange, Boston 1917.

Lash, Joseph P.: Dag Hammarskjöld's Conception of his Office, in: IO 16 (1962), 543-566.

Laux, Eberhard: Bürokratiekritik und Verwaltungsvereinfachung. Ursachen — Zusammenhänge — Erträge, in: DöV 41 (1988), 657-665.

Lavalle, Roberto: The „Inherent Powers" of the UN Secretary-General in the Political Sphere: A Legal Analysis, in: NILR 37 (1990), 22-36.

Laves, Walter H. C. / Thomson, Charles A.: UNESCO — Purpose, Progress, Prospects, Bloomington 1957.

Leff, Nathaniel H.: Policy Research for Improved Organizational Performance, in: Journal of Behaviour and Organization 9 (1988), 393-403.

Lehmbruch, Gerhard: Einführung in die Politikwissenschaft, Stuttgart, 4. Aufl. 1971.

Le Prestre, Philippe G.: The Ecology of International Organization, in: International Interactions 12 (1985), 21-44.

Leisner, Walter: Effizienz als Rechtsprinzip, Tübingen 1971.

Leonard, L. Lary: International Organization, New York-Toronto-London 1951.

Lewin, André: Le Group de Genève et les budgets de la famille des Nations Unies: vingt années d'effort pour aboutir à la croissance zèro, in: AFDI 30 (1984), 637-648.

Lie, Trygve: In the Cause of Peace, New York 1954.

von Liszt, Franz / Fleischmann, Max: Das Völkerrecht, systematisch dargestellt, 12. Aufl. Berlin 1925.

Lister, Frederick: Exploiting the Recent Revival of the United Nations, in: International Relations 9 (1989), 419-438.

Loveday, A.: Suggestions for the Reform of the Economic and Social Machinery, in: IO 7 (1953), 325-341.

— An Unfortunate Decision, in: IO 1 (1947), 279-290.

Luard, Evan: International Agencies: The Emerging Framework of Interdependence, New York 1977.

— A History of the United Nations I, London 1982.

Luhmann, Niklas: Soziologische Aufklärung Bd. 1, 3. Aufl. Opladen 1972.

— Zweckbegriff und Systemrationalität, Tübingen 1968.

— Politische Theorie im Wohlfahrtsstaat, München-Wien 1981.

— Wie ist soziale Ordnung möglich? In: *ders.*, Gesellschaftsstruktur und Semantik. Studien zur Wissenssoziologie der modernen Gesellschaft, Bd. 2, Frankfurt 1981, 195-285.

Lyons, Gene M. / Baldwin, David B. / McNemar, Donald W.: The „Politicization" Issue in the UN Specialized Agencies, in: *Kay* (ed.), The Changing United Nations, 81-92.

Maier, Hans: Ältere deutsche Staatslehre und westliche politische Tradition, Tübingen 1966.

Malawer, Stuart S.: Reagan's Law and Foreign Policy, 1981-1987: the „Reagan Corollary" of International Law, in: Harvard International Law Journal 21 (1988), 85-109.

Marek, Krystyna: Sur la notion de progrès en droit international, in: Schweizerisches Jahrbuch für internationales Recht 38 (1982), 28-43.

Mathiason, John R. / Smith, Dennis C.: The diagnostics of reform: the evolving tasks and functions of the United Nations, in: Public Administration and Development 7 (1987), 143-163.

Mathur, Hari Mohan: Experts of the United Nations in Third World Development: A View from Asia, in: *David Pitt / Thomas G. Weiss* (eds.), The Nature of United Nations Bureaucracies, London-Sydney 1986, 165-186.

Matthews, Robert O.: United Nations Reform in the 1990s: North-South Dimensions, in: *Gerald Dicks* u. a., The State of the United Nations, 1993: North-South Perspectives (ACUNS Report and Papers 5), Providence 1993, 15-41.

Matz, Ulrich: Der überforderte Staat: Zur Problematik der heute wirksamen Staatszielvorstellungen, in: *Wilhelm Hennis / Peter Graf Kielmansegg / Ulrich Matz* (Hrsg.), Regierbarkeit. Studien zu ihrer Problematisierung, Bd. 1 Stuttgart 1977, 82-102.

Matzke, Otto: Unzureichende Effizienzkontrolle und Erfolgskontrolle im UNO-System, in: Aus Politik und Zeitgeschichte B 20-1981, 17-37.

— Parkinson und die Welternährungshilfe. Ein Beispiel für die internationale Bürokratisierung, in: Aus Politik und Zeitgeschichte B 7-1976, 3 ff.

Maynes, Charles William: The United Nations in Today's World, in: *Toby T. Gati* (ed.), The US, the UN, and the Management of Global Change, New York-London 1983, 329-342.

— The United Nations: Out of Control or out of Touch? In: The Yearbook of World Affairs 1977, 98-111.

Mayntz, Renate: Politische Steuerung und gesellschaftliche Steuerungsprobleme — Anmerkungen zu einem theoretischen Paradigma, in: Jahrbuch zur Staats- und Verwaltungswissenschaft 1 (1987) 89-110.

— Problemverarbeitung durch das politisch-administrative System: Zum Stand der Forschung, in: PVS-Sonderheft 13 / 1982, 74-89.

McIntyre, Elisabeth: Weigthed Voting in International Organizations, in: IO 8 (1954), 484-497.

McLaren, Robert I.: The UN System and its Quixotic Quest for Coordination, in: IO 34 (1980), 139-148.

Meagher, Robert F.: United States Financing of the United Nations, in: *Gati, Tobi T.* (ed.), The U.S., the U.N., and the Management of Global Problems, New York 1983, 101-128.

Meltzer, Ronald I.: Restructuring the United Nations System: Institutional Reform Efforts in the Context of North-South Relations, in: IO 32 (1978), 993-1018.

Menzel, Eberhard: Nationale und internationale Verwaltung. Vom Wandel des Verhältnisses zwischen nationaler und internationaler Regelungszuständigkeit, in: DöV 22 (1969), 1-24.

Meron, Theodor: The United Nations Secretariat. The Rules and the Practice, Lexington 1977.

— „Exclusice Reserves" and the New Soviet Policy Toward the UN Secretariat, in: AJIL 85 (1991), 322-329.

Michaelis, Adolph: Historisch-diplomatische Darstellung der völkerrechtlichen Begründung des Königreichs Belgien, Stuttgart-Tübingen 1836.

Migliazza, A.: Il fenomeno dell' organizzazione e la communità internazionale, Mailand 1958.

Mill, John Stuart: On Liberty, 1859.

Miller, David Hunter: The Drafting of the Covenant, 2 Bde. New York-London 1928.

Mishra, Dip Narain: Restructuring the United Nations. U.S. vs. NAM, in: Indian Quarterly XLVIII (1992), 72-76.

Mitrany, David: The Progress of International Government, New Haven 1933.

— A Working Peace System, Chicago (Neuausgabe einer Sammlung von Aufsätzen aus den Jahren 1943-1965) 1966.

— The Functional Approach in Historical Perspective, in: International Affairs 47 (1970), 532-543.

— The United Nations in Historical Perspective, in: *Kenneth J. Twitchett* (ed.), The Evolving United Nations: A Prospect for Peace, London 1971, 157-190.

von Mohl, Robert: Die Pflege der internationalen Gemeinschaft als Aufgabe des Völkerrechts, in: *ders.*, Staatsrecht, Völkerrecht und Politik 1, Tübingen 1860, 579-636.

Morgenthau, Hans J.: Politics among Nations. The Struggle for Power and Peace, 2. Aufl. New York 1954, 5. Aufl. New York 1975, 6. Aufl., überarbeitet von *Kenneth W. Thompson*, New York 1985.

— U Thant, in: *ders.* (ed.), Truth and Power. Essays of a Decade 1960-1970, New York-Washington-London 1970, 121-126.

— Positivism, Functionalism, and International Law, in: AJIL 34 (1940), 260-284.

— Pacem in Terris and the World Community, in: *ders.*, Truth and Power. Essays of a Decade, 283-291.

— The Intellectual and Political Functions of Theory, in: *ders.*, Truth and Power. Essays of a Decade, 1960-1970, New York-Washington-London 1970, 248-261.

— Political Limitations of the United Nations, in: *George A. Lipsky*, Law and Politics in the World Community, Berkeley-Los Angeles 1953, 143-152.

Morphet, Sally: The Non-Aligned in ‚the New World Order': The Jakarta Summit, September 1992, in: International Relations 11 (1993), 353-380.

Morris, Virginia / Bourloyannis, M.-Christine: The Work of the Sixth Committee at the Forty-Seventh Session of the UN General Assembly, in: AJIL 87 (1993), 305-323.

Mower, Edmund C.: International Government, Boston 1931.

Müller, Harald: Die Chance der Kooperation. Regime in den internationalen Beziehungen, Rarmstadt 1993.

Müller, Max: Der Friede als philosophisches Problem, in: *ders.*, Erfahrung und Geschichte. Grundzüge einer Philosophie der Freiheit als transzendentale Erfahrung, Freiburg-München 1971, 357-374.

von Mutius, Albert: Grundrechtsschutz contra Verwaltungseffizienz im Verwaltungsverfahren?, in: NJW (1982), 2150-2160.

do Nascimento e Silva, G. E.: The 1986 Vienna Convention and the Treaty-Making Power of International Organizations, in: GYIL 29 (1986), 68-85.

Nelson, Richard W.: International Law and U.S. Withholding of Payments to International Organzations, in: AJIL 80 (1986), 973-983.

Ness, Gayl D. / Brechin, Steven R.: Bridging the Gap: International Organizations as Organizations, in: IO 42 (1988), 245-273.

Newcombe, Hanna / Christopher Young / Elia Sinaiko: Alternative pasts: a study of weighted voting at the United Nations, in: IO 31 (1977), 579-586.

Nicol, Davidson: The United Nations Security Council. Towards Greater Effectiveness, UNITAR, New York 1982.

ders. / Renninger, John P.: The Restructuring of the United Nations Economic and Social System: Background and Analysis, in: Third World Quaterly 4 (1982), 74-92.

Nicolaysen, Gert: Europäisches Gemeinschaftsrecht, Stuttgart 1979.

Nordic UN Project: The United Nations in Development. Reform Issues in the Economic and Social Fields. A Nordic Perspective, Stockholm 1991.

Northedge, F. S.: The League of Nations. Its Life and Times 1920-1946, Leicester 1986.

Nuscheler, Franz: UNCTAD. Ein Beispiel für die Ohnmacht politischer Institutionen?, in: *Hans-Hermann Hartwich* (Hrsg.), Macht und Ohnmacht politischer Institutionen, Opladen 1989, 306-321.

Ogden, Suzanne: China's Position on U.N. Charter Review, in: Pacific Affairs 1979, 210-241.

Olson, Mancur: Die Logik des kollektiven Handelns, Tübingen 1968.

Opitz, Peter J.: Die Vereinten Nationen im Wandel: Struktur- und Funktionsveränderungen, in: *ders. / Volker Rittberger* (Hrsg.), Forum der Welt. 40 Jahre Vereinte Nationen, Bonn 1986, 45-76.

d'Orville, Hans: Die operativen Aktivitäten im Dienste der Entwicklung. Ein Überblick über Fonds, Programme und andere Finanzierungsorgane im wirtschaftlichen und sozialen Bereich der Vereinten Nationen, in: VN 32 (1984), 54-60.

— Internationale Tage, Wochen, Jahre und Jahrzehnte der Vereinten Nationen. Abgenutztes Instrument oder notwendiger Resonanzboden internationaler Politik, in: VN 31 (1983), 37-46.

Oser, Gerhard: Austritt, Ausschluß und Suspension der Mitgliedschaft in den Vereinten Nationen mit Rückblick auf die Zeit des Völkerbundes, Bonn 1971.

Panda, Rajaram: Japan, Germany, and the UN Security Council, in: Indian Quarterly XLVIII (1992), 51-69.

Parsons, Talcott: The Social System, New York-London 1966.

Partau, Daniel G.: Documentary Study of the Politicization of UNESCO. American Academy of Arts and Science, Boston 1975.

Partsch, Karl Josef: Die Ideen Walther Schückings zur Friedenssicherung, Kiel 1985.

Pernice, Ingolf: Die EG als Mitglied der Organisationen im System der Vereinten Nationen, in: ER 3 / 1991, 273-281.

Petersmann, Hans G.: Die Revision der Charta der Vereinten Nationen, in: VN 24 (1976), 108-112.

Peterson, M. J.: The General Assembly in World Politics, Winchester Mass. 1986.

Petrolia-Ammaniti, Mary: The Position of the Secretary General of the United Nations in the Organization and in the International Community, in: The Law of the United Nations (Thesaurus Acroasium II), Thessaloniki 1976, 353-368.

Petrovsky, Vladimir F.: Multifaceted Co-operation: A Post-Confrontational Perspective for the United Nations, in: Disarmament XIII No. 2, 1990, 267-285.

Pfähler, Wilhelm: Effizienz staatlicher Tätigkeit — was ist das?, in: Finanzarchiv 42 (1984), 86-106.

Phillips, Lester H.: Constitutional Revision in the Specialized Agencies, in: AJIL 62 (1968), 654-678.

Pines, Burton Y. (ed.): A World without a U.N. What would happen if the UN shut down? Heritage Foundation, Washington 1984.

Pocock, J. G. A.: The Machiavellian Moment. Florentine Political Thought and the Atlantic Republican Tradition, Princeton-London 1975.

Potter, Pitman B.: Origin of the Term International Organization, in: AJIL 39 (1945), 803-806.

— An Introduction to the Study of International Organization, 5. Aufl. New York-London 1948.

Prätorius, Rainer: Soziologie der politischen Organisationen. Eine Einführung, Darmstadt 1984.

Puchala, Donald J.: American Interests and the United Nations, in: Political Science Quarterly 97 (1982 / 83), 571-588.

ders. / Coate, Roger A.: The Challenge of Relevance: The United Nations in a Changing World Environment (The Academic Council on the United Nations System, Reports and Papers 1989-5), Hanover 1989.

Rajan, M. S. / V. S. Mani / C. S. R. Murthy (eds.): The Nonaligned and the United Nations, New York 1987.

Ramcharan, Bertrand G.: Keeping Faith with the United Nations, Dordrecht-Boston-Lancaster 1987.

— Revitalizing the United Nations, in: Nordic Journal of International Law 55 (1986), 241-261.

Randelzhofer, Albrecht: Der normative Gehalt des Friedensbegriffs im Völkerrecht der Gegenwart, in: *Jost Delbrück* (Hrsg.), Völkerrecht und Kriegsverhütung. Zur Entwicklung des Völkerrechts als Recht friedenssichernden Wandels, Berlin 1979, 13-39.

von Raumer, Karl: Ewiger Friede. Friedensrufe und Friedenspläne seit der Renaissance, Freiburg-München 1953.

Rawls, John: Eine Theorie der Gerechtigkeit, Frankfurt 1975.

Reichardt, Christoph / König, Herbert: Zur Effizienz der öffentlichen Verwaltung, in: PVS Sonderheft 13 / 1982, 205-221.

Renninger, John P.: Early Warning: What Role for the United Nations? In: *ders.* (ed.), The Future Role of the United Nations in an Interdependent World, Dordrecht-Boston-London 1989, 207-219.

— Improving the United Nations System, in: Journal of Development Planning 17 (1987), 85-111.

— ECOSOC — Options for Reform. UNITAR, Policy and Efficacy Studies No. 4, New York 1981.

Reuter, Paul: International Institutions, London 1958.

Richter, Bodo: Völkerrecht, Außenpolitik und internationale Verwaltung bei Lorenz von Stein, Hamburg 1973.

Riedel, Eibe H.: Recht auf kulturelle Identität. Ein normativer Rahmen für eine „Neue Weltinformationsordnung“?, in: *ders. / Johannes Schwartländer* (Hrsg.), Neue Medien und Meinungsfreiheit im nationalen und internationalen Kontext, Kehl-Straßburg 1990, 239-265.

Riggs, Robert E. / Plano, Jack C.: The United Nations. International Organization and World Politics, Chicago 1988.

Rittberger, Volker / Opitz, Peter J. (Hrsg.): Forum der Welt. 40 Jahre Vereinte Nationen, Bonn 1986.

Rittberger, Volker / Hummel, Hartwig: Die Disziplin „Internationale Beziehungen" im deutschsprachigen Raum auf der Suche nach ihrer Identität: Entwicklung und Perspektiven, in: *Volker Rittberber* (Hrsg.), Theorie der internationalen Beziehungen. Bestandsaufnahme und Forschungsperspektiven, PVS-Sonderheft 21 / 1990, 17-47.

Ritter, Joachim: Person und Eigentum. Zu Hegels „Grundlinien der Philosophie des Rechts" §§ 34-81, in: *ders.*, Metaphysik und Politik. Studien zu Aristoteles und Hegel, Frankfurt 1977, 256-280.

Robinson, Jacob: The General Review Conference, in: IO 8 (1954), 316-330.

Rochester, J. Martin: The rise and fall of international organization as a field of study, in: IO 40 (1986), 777-813.

— Global Policy and the Future of the United Nations, in: Journal of Peace Research 27 (1990), 141-154.

Roesgen, Peter: Rechtsetzungsakte der Vereinten Nationen und ihrer Sonderorganisationen. Bestandsaufnahme und Vollzug in der Bundesrepublik Deutschland, Bonn 1985.

Rovine, Arthur W.:, The First Years: The Secretary-General in World Politics 1920-1970, Leyden 1970.

von Ruckteschell, Ingo: Die neue wirtschaftspolitische Spitze der Vereinten Nationen, in: VN 27 (1979), 11-16.

Ruge, Martin K.: Der Beitrag von UNCTAD zur Herausbildung des Entwicklungsvölkerrechts, Frankfurt 1976.

Ruggie, John Gerard: The United States and the United Nations: Toward a new Realism, in: IO 39 (1985), 343-356.

— Collective Goods and Future International Collaboration, in: APSR 66 (1972), 874-893.

Rusk, Dean: Parliamentary Diplomacy. Debate v. Negotiation, in: World Affairs Interpreter 26 (1955), 121 ff.

Russell, Ruth B. / Muther, Jeanette E.: A History of the United Nations Charter. The Role of the United States 1940-1945, Washington 1958.

Ryffel, Hans: Grundprobleme der Rechts- und Staatsphilosophie. Philosophische Anthropologie des Politischen, Neuwied-Berlin 1969.

Saksena, K. P.: Reforming the United Nations. The Challenge of Relevance, New Delhi et al. 1993.

Saladin, Peter V.: Die Strategie für das dritte Entwicklungsjahrzehnt, in: Außenwirtschaft 36 (1981), 259-287.

Scharpf, Fritz W.: Verwaltungswissenschaft als Teil der Politikwissenschaft, in: *ders.*, Planung als politischer Prozeß, Frankfurt 1973, 9-32.

Schermers, Henry G.: International Institutional Law, Alphen 1980.

Scheuner, Ulrich: Aufgaben und Strukturwandlungen im Aufbau der Vereinten Nationen, in: *Kewenig* (Hrsg.), Die Vereinten Nationen im Wandel, Berlin 1976, 189-235.

— Die internationalen Probleme der Gegenwart und die nationale Entscheidungsstrukur, in: *Wilhelm Hennis / Peter Graf Kielmansegg / Ulrich Matz* (Hrsg.), Regierbarkeit. Studien zu ihrer Problematisierung 1, Stuttgart 1977, 255-295.

Schiffer, Walter: The Legal Community of Mankind. A Critical Analysis of the Modern Concept of World Organization, New York 1954.

Schmitt, Carl: Der Nomos der Erde im Völkerrecht des Ius Publicum Europaeum, Köln 1950.

Schreuer, Christoph: Die Bedeutung internationaler Organisationen im heutigen Völkerrecht, in: AVR 22 (1984), 363-404.

Schücking, Walther: Die Organisation der Welt, Leipzig 1909.

Schuman, Frederick L.: International Politics. An Introduction to the Western State System, 2. Aufl. New York-London 1937.

Schumm, Siegfried: Die Joint Inspection Unit als Versuch der Einführung organisatorischer Rationalität in internationalen Organisationen, in: *Dicke / Hüfner,* 72-81.

Schwarze, Jürgen: Administrative Leistungsfähigkeit als verwaltungsrechtliches Problem, in: DöV 33 (1980), 581-594.

Schwarzenberger, Georg: Power Politics. A Study of World Society, 3. Aufl. London 1964.

— Formen und Funktionen übernationaler Integrationen in der heutigen Welt, in: EA 12 (1957), 10299-10304.

Schwebel, Stephen M.: The Secretary-General of the United Nations, Cambridge 1952.

Schwelb, Egon: The 1963 / 65 Amendments to the Charter of the United Nations. An Addendum, in: AJIL 60 (1966), 371-378.

— The 1971 Amendment to Article 61 of the United Nations Charter and the Arrangements Accompanying it, in: ICLQ 21 (1972), 497-529.

— Amendments to Article 23, 27 and 61 of the Charter of the United Nations, in: AJIL 59 (1965), 834-856.

— Entry into Force of the Second Amendment to Article 61 of the United Nations Charter, in: AJIL 68 (1974), 300-305.

Scott, George: The Rise and Fall of the League of Nations, New York 1974.

Scott, J. B. (Hrsg.): President Wilson's Foreign Policy. Messages, Addresses, Papers, New York 1918.

Seib, Friedrich Georg: Die Befähigung des UN-Systems zu wirksamer Entwicklungshilfe. Der Jackson-Bericht aus heutiger Sicht, in: VN 22 (1974), 179-182.

Seibel, Wolfgang: Staatswissenschaft — vergessene Disziplin oder neue Herausforderung? In: PVS 30 (1989), 313-316.

Seitz, Konrad: Die Krise der Entwicklung in der Dritten Welt, in: EA 36 (1981), 417-427.

Senghaas-Knobloch, Eva: Frieden durch Integration und Assoziation, Stuttgart 1969.

Sewell, James Patrick: Functional Agencies, in: *Cyril E. Black / Richard A. Falk* (eds.): The Future of International Legal Order, Princeton 1972, 480-523.

Shannon, Donald H.: Ernüchterung, Erfahrung, Erleichterung. Zur Amtszeit von *Javier Pérez de Cuéllar*, in: VN 40 (1992), 1-4.

Shuster, Georg N.: UNESCO: Assessment and Promise, New York 1963.

Siebel, Wiegand: Rationalität und Normorientierung in der Organisation, in: ZgesStW 120 (1964), 678-685.

Singh, Nagendra: The Role of International Organizations, in: Mélanges offerts à Henri Rolin, Paris 1964, 350-373.

Skjelsbaek, Kjell: The UN Secretary-General and the Mediation of International Disputes, in: Journal of Peace Research 28 (1991), 99-115.

Skubiszewski, Krysztof: Implied Powers of International Organizations, in: *Yoram Dinstein* (ed.), International Law at a Time of Perplexity, Dordrecht 1989, 855-868.

Smend, Rudolf: Bürger und Bourgeois im deutschen Staatsrecht, in: — Staatsrechtliche Abhandlungen und andere Aufsätze, 2. Aufl. Berlin 1968, 309-325.

Sohn, Louis B.: United Nations Decision-Making: Confrontation or Consensus? In: Harvard International Law Journal 15 (1974), 438-445.

Stadler, Klaus Dieter: Die Zusammenarbeit der Zwölf in der Generalversammlung der Vereinten Nationen in den achtziger Jahren, in: EA 43 (1988), 181-190.

— Die Europäische Gemeinschaft in den Vereinten Nationen. Die Rolle der EG in Entscheidungsprozessen der UN-Hauptorgane am Beispiel der Generalversammlung, Baden-Baden 1991.

Standke, Klaus-Heinrich: Die schwierige Umsetzung eines Entwicklungsfaktors in Politik. Wissenschaft und Technologie in der Strategie für die Dritte Entwicklungsdekade, in: VN 29 (1981), 159-163.

Steele, David: The Reform of the United Nations, London-Sydney-Wolfeboro 1987.

Stefan, Petra: Das Abstimmungsverhalten der frankophonen Staaten Afrikas in der Generalversammlung der Vereinten Nationen, Magisterarbeit (Manuskript), Kiel 1991.

von Stein, Lorenz: Handbuch der Verwaltungslehre 1, 3. Aufl. 1887.

— Einige Bemerkungen über das internationale Verwaltungsrecht, in: Schmollers Jb. 6 (1882), 1 ff., 396 ff.

Steinberg, Rudolf: Komplexe Verwaltungsverfahren zwischen Verwaltungseffizienz und Rechtsschutzauftrag, in: DöV 35 (1982), 619-631.

Stoessinger, John G.: Financing the United Nations System, Washington 1964.

Szasz, Paul C.: The Role of the UN Secretary-General: Some Legal Aspects, in: New York University Journal of International Law and Politics 24 (1991), 161-198.

Szawlowski, Richard: Finanzen und Finanzrecht der internationalen zwischenstaatlichen Organisationen, in: Handbuch der Finanzwissenschaft Bd. 4, 2. Aufl. Tübingen 1964, 311-348.

Tavernier, Paul: Le progressus de reforme des Nations Unies, in: RGDIP 92 (1988), 305-334.

Taylor, Paul: Prescribing for the reform of international organization: the logic of argument for change, in: Review of International Studies 13 (1987), 19-38.

— Co-ordination in international organization, in: *A. J. R. Groom / Paul Taylor* (eds.), Frameworks for International Co-operation, London 1990, 29-43.

— Functionalism: the Theory of David Mitrany, in: *ders. / A. J. R. Groom* (eds.), International Organization. A Conceptual Approach, London-New York 1978, 236-252.

Ter Meulen, Jacob: Der Gedanke der Internationalen Organisation in seiner Entwicklung, 3 Bde, Den Haag 1921-1940.

Thieme, Werner: Verwaltungslehre, 3. Aufl. Köln-Berlin-Bonn-München 1977.

Thukydides: Geschichte des Pelopponesischen Krieges, hrsg. und übersetzt von *Georg Peter Landmann*, München 1973, Bd. 2.

Timmermann, Manfred: Effizienz der öffentlichen Verwaltung, in: VerwArch 68 (1977), 311-326.

Timmler, Markus: Pearson-Bericht und Jackson-Studie für DD 2, in: Außenpolitik 21 (1970), 225-238.

Tomuschat, Christian: Die Krise der Vereinten Nationen, in: EA 42 (1987), 97-106.

— Bewahrung, Stärkung, Ausgestaltung. Zur künftigen Menschenrechtspolitik Deutschlands in der Weltorganisation, in: VN 39 (1991), 6-10.

— Die Beitragsverweigerung in internationalen Organisationen, in: Fs. F. A. Mann, München 1977, 439 ff.

— Tyrannei der Minderheit? Betrachtungen zur Verfassungsstruktur der Vereinten Nationen, in: GYIL 19 (1976), 278-316.

— Neuformulierung der Grundregeln des Völkerrechts durch die Vereinten Nationen: Bewegung, Stillstand oder Rückschritt?, in: EA 38 (1983), 729-738.

— Die Charta der wirtschaftlichen Rechte und Pflichten der Staaten. Zur Gestaltungskraft von Resolutionen der UN-Generalversammlung, in: ZaöRV 36 (1976), 444-491.

Treves, Tullio: La prévention des conflits internationaux dans la déclaration adoptée en 1988 par l'assemblée générale de l'O. N. U., in: AFDI 34 (1988), 436-453.

Tsutsui, Wakamizu: Japan's Role in International Organizations with Particular Reference to the United Nations, in: AVR 25 (1987), 24-38.

Umbricht, Victor: Joint Activities of International Organizations, in: *René-Jean Dupuy* (Hrsg.), A Manual on International Organizations, Dordrecht-Boston-Lancaster 1988, 362-378.

United Nations Agency — USA: A Successor Vision: The United Nations of Tomorrow. Final Panel Report, New York 1987.

Unser, Günther: Die UNO. Aufgaben und Struktur der Vereinten Nationen, 5. Aufl. München 1992.

Urquhart, Brian: Dag Hammarskjöld, New York 1972.

— The United Nations System and the Future, in: International Affairs 65 (1989), 225-231.

— Die Rolle des Generalsekretärs, in: Außenpolitik 36 (1985), 254-260.

ders. / Childers, Erskine: A World in Need of Leadership: Tomorrow's United Nations, Uppsala 1990.

U Thant, Sithu: Die Rolle des Generalsekretärs der Vereinten Nationen, in: VN 19 (1971), 154-160.

Vaubel, R.: A Public Choice Approach to International Organization, in: Public Choice 51 (1986), 39-57.

Viehweg, Theodor: Topik und Jurisprudenz, 2. Aufl. Tübingen 1965.

Virally, Michel: Definition and classification of international organizations: a legal approach, in: *Georges Abi-Saab* (ed.), The concept of international organization, Paris 1981, 50-66.

— De la classification des organisations internationales, in: Miscellanea W. J. Ganshof van der Meersch I, Brüssel 1972, 365-382.

Volger, Helmut: Die Wiederentdeckung der Vereinten Nationen, in: Blätter für deutsche und internationale Politik 2 / 1989, 3-15.

— Braucht die UNO neue Strukturen? Konzepte und Chancen einer Reform der Weltorganisation, in: Blätter für deutsche und internationale Politik 9 / 1991, 1087-1098.

Vollrath, Ernst: Die Rekonstruktion der politischen Urteilskraft, Stuttgart 1977.

— Politische Theorie — Politische Wissenschaft — Politische Philosophie, in: ZfP 29 (1982), 117-131.

Waldock, Humphrey: General Course of Public International Law, in: RdC 106 (1962 II), 1-251.

Wallace, Michael / Singer, J. David: Intergovernmental Organization in the Global System, 1815-1964: A Quantitative Description, in: IO 24 (1970), 239-287;.

Walters, F. P.: Dumbarton Oaks and the League. Some Points of Comparison, in: International Affairs 21 (1945), 141-154.

Waschkuhn, Arno: Politische Systemtheorie. Entwicklung, Modelle, Kritik. Eine Einführung, Opladen 1987.

Weber, Albrecht: Geschichte der internationalen Wirtschaftsorganisationen, Wiesbaden 1983.

Weber, Hermann: Vom Völkerbund zu den Vereinten Nationen, Bonn 1987.

Weber, Max: Parlament und Regierung im neugeordneten Deutschland, in: Gesammelte politische Schriften, 1921, 126 ff. (Neuausgabe: Zur Neuordnung Deutschlands. Schriften und Reden 1918-1920, Gesamtausgabe I / 16, hrsg. von *Wolfgang J. Mommsen / Wolfgang Schwenther*, Tübingen 1988).

— Wirtschaft und Gesellschaft, 5. Aufl., hrsg. von *Johannes Winckelmann*, Tübingen 1980.

Wehberg, Hans: Entwicklungsstufen der internationalen Organisation, in: Die Friedenswarte 52 (1953 / 55), 193-218.

von Weizsäcker, Carl Christian: Effizienz und Verteilungsgerechtigkeit — ein Widerspruch?, in: *Detlev Rahmsdorf / Hans-Bernd Schäfer* (Hrsg.), Ethische Grundfragen der Wirtschafts- und Rechtsordnung, Berlin-Hamburg 1988, 23-49.

Wijkman, Per Magnus: Managing the Global Commons, in: IO 82 (1982), 511-536.

Williams, Douglas: The Specialized Agencies and the United Nations. The System in Crisis, New York 1987.

Williamson, Richard S.: The United Nations: Some Parts Work, in: Orbis 32 (1988), 187-197.

— UN Agencies and the Budget, in: Department of State Bulletin 88, No. 2133, April 1988, 81-85.

Willke, Helmut: Systemtheorie, Stuttgart-New York 1982.

Wolfrum, Rüdiger (Hrsg.): Die Reform der Vereinten Nationen. Möglichkeiten und Grenzen, Berlin 1989.

— The Principle of Common Heritage of Mankind, in: ZaöRV 43 (1983), 312-337.

— Konsens im Völkerrecht, in: *Hans Hattenhauer / Werner Kaltefleiter* (Hrsg.), Mehrheitsprinzip, Konsens und Verfassung, Heidelberg 1986, 79-91.

— Die Internationalisierung staatsfreier Räume, Berlin-Heidelberg-New York 1984.

— Ursprüngliche Aufgabenzuweisung und jetzige Aktivitäten der Vereinten Nationen: Faktischer Wandel und normative Bewertung, in: *ders.*, Die Reform der Vereinten Nationen. Möglichkeiten und Grenzen, Berlin 1989, 129-156.

— Die Entwicklung des internationalen Menschenrechtsschutzes. Perspektiven nach der Weltmenschenrechtskonferenz von Wien, in: EA 48 (1993), 681-690.

Woolf, Leonard S.: International Government: Two Reports, prepared for the Fabian Research Department, together with a project by a Fabian Committee for a Supernational Authority that will prevent War, London 1916.

Würtenberger, Thomas: Legitimationsmuster von Herrschaft im Laufe der Geschichte, in: JuS 26 (1986), 344-349.

Yalem, Ronald J.: International Politics: The Continuing Search for Theory, in: International Interactions 9 (1982), 235-257.

Zacklin, Ralph: The Amendments of the Constitutive Instruments of the United Nations and Specialized Agencies, Leyden 1968.

Zippelius, Reinhold: Allgemeine Staatslehre (Politikwissenschaft), München, 8. Aufl. 1982.

Zoller, Elisabeth: The „Corporate Will" of the United Nations and the Rights of the Minority, in: AJIL 81 (1987), 610 ff.

Zürn, Michael: Gerechte internationale Regime. Bedingungen und Restriktionen der Entstehung nicht-hegemonialer internationaler Regime am Beispiel der Weltkommunikationsordnung, Frankfurt 1987.

Zwiefelhofer, Hans: Die internationale Gemeinschaft am Beginn der dritten Entwicklungsdekade, in: VN 29 (1981), 41-47.

Personenregister

Sachregister

Kolibri 360 GmbH
Ferdinand-Jühlke-Straße 7
99095 Erfurt, Deutschland
produktsicherheit@kolibri360.de

Druck:
CPI Druckdienstleistungen GmbH
im Auftrag der
Kolibri 360 GmbH
Ferdinand-Jühlke-Str. 7
99095 Erfurt